总主编　干春晖

China Industrial Development Report 2018

2018 中国产业发展报告

——改革开放 40 年中国产业发展：转型升级与未来趋势

上海财经大学中国产业发展研究院

主编　余典范

上海人民出版社

《2018 中国产业发展报告》编委会成员

目　录

序　言

改革开放 40 年中国产业发展：渐进式市场化改革的探索

1978 年以来，中国产业的发展首先得益于开放，利用中国的传统比较优势快速融入全球生产链和价值链，并在此过程中不断改革、逐渐完善我国产业发展的制度环境。回顾改革开放以来我国产业发展的这一段历史，计划与市场配置资源的方式、政府主导与市场化取向的改革这两种力量的拉锯一直贯穿其中，因此，用“砥砺前行”来概括中国产业发展的艰难历程一点也不为过。每当经济陷入周期性的低潮时，产业发展的重点与资源配置的方式总会促进下一轮产业发展格局形成，并且在很大程度上形成了中国产业的结构性特征，这其中包括产业之间的结构、产业的区域结构、产业的所有制结构、产业组织结构等，而这些结构性的特征又往往和体制性的因素交织在一起，给中国产业的转型发展增添了较大的复杂性和挑战。尽管中国产业的发展面临严峻的外部环境冲击和内部改革的压力，但总结改革开放以来中国产业走过的历程，不应该忽视中国作为一个发展中、转型大国的基本国情，产业转型发展的许多市场化取向的改革仍在进行中。因此，一方面我们应该看到 40 年来我国产业转型升级的成就，总体上沿着成熟大国产业发展的轨迹行进；另一方面更应该看到政府与市场在产业发展中的边界与冲突，将此作为新的起点，重点解决产业结构中内生的体制机制问题，继续深入推进市场化取向的改革。

第一，从 40 年产业发展的历程来看，改革开放以来中国顺势而为，在产业的资源禀赋、驱动力的转换、产业转型的方向等方面符合成熟大国的发展规律。这些积累是支撑中国产业转型升级的重要元素。

中国产业发展所需的要素禀赋条件在不断优化升级。对于一个大国来说，要素禀赋是实现产业升级的重要条件，数量庞大且能适应产业结构不断优化的人力资源是中国产业不断升级的基础所在，尽管我国劳动年龄人口的比重在 2010 年之后处于下降的通道，但在劳动资源总量上我们依然具有较大的优势，劳动年龄人口受教育年限也提高到现在的 10.5 年。如果说改革开放以来很长一段时间我们享受的是人口数量红利的话，未来我们更多地要利用好“工程师”红利和人力资本的红利，因为相对于其他发达国家而言，我们不仅拥有大量熟练的工程师，而且相对人工成本也有竞争力优势。我们的资本要素不仅摆脱了改革开放初期的短缺，而且能够有相当比例的资本开始走出去投资，劳均资本的稳步提高促进了劳动生产率的提升，也为我国产业的转型升级提供了保障。技术禀赋是一国产业获得持续竞争力的关键，从技术资源的量来看，我国是一个技术大国，但与技术强国的差距还很大，关键核心技术我们还处处受制于人。从发展的角度来看，改革开放以来中国通过引进外资、引进技术，弥补了我国许多产业技术的不足，带动了整个产业链的发展。

在产业转型升级的驱动力上，中国产业遵循从要素驱动向投资驱动进而向创新驱动为主的转换规律。改革开放初期，由于家庭联产承包责任制的出现，提高了农业的生产效率，释放了大量剩余劳动力，中国利用数量庞大、成本低廉的劳动力要素切入全球价值链，劳动密集型产业因此获得发展。同时，与家庭联产承包责任制推行并行的土地制度开始沿着市场化的道路探索，在不改变国家对土地所有权的前提下，变无偿使用为有偿使用，变无限期限为有限期限，变无流动使用为流动使用，使得土地有了市场价值的特点，在各地发展工业时也成为吸引投资的重要砝码，较低的土地成本在一定程度上促进了中国工业的快速发展。投资驱动在改革开放以来更是我国产业公认的主驱动力量，全社会固定资产投资从 1978 年不足 1000 亿元的投资到 2017 年超过 64 万亿元的巨量规模，并且这中间经历了几次产业投资的高峰，成为不同时期主导产业的主要推动力量，纺织、家电、石化、钢铁、汽车、电子信息、电子商务等产业先后带动了我国产业整体水平的发展。进入“十二五”以后，创新特别是自主创新成为社会共识，并开始发挥对经济的主驱动作用，研发投入占 GDP 的比重越过了 2% 的创新门槛，科技进步对经济增长的贡献也超过了 50%，尽管我们创新的基础和关键环节还存在较大的改善空间，但作为一个追赶型的大国，持续地改善创新水平是迈向创新大国的必由之路。

中国的产业转型符合成熟高收入经济体的轨迹。世界上成功跨越中等收入陷阱的国家是一个小概率事件，对于一个发展中大国更是难上加难，落入中等收入陷阱的原因有很多。从成功跨越中等收入陷阱的国家来看，其中的一个重要特征即是在向高收入迈进的过程中，其工业增加值均在比较长的时期内维持在合理的水平，产业结构并没有“跑偏”。这些国家在人均收入在 9000 国际元左右时，其工业增加值处于 40% 左右的水平，而我国在达到这一收入水平时，工业增加值也基本维持在 40% 左右，产业发展的基础符合成熟高收入经济体的发展轨迹。而且，在产业驱动经济增长上，制造驱动经济增长在改革开放 40 年的历程中一直维持在一个比较稳定、合理的比例，1978 年第二产业的增加值比重 47.7%，而 2018 年上半年其比重为 40.4%，第三产业增加值比重则从 25% 左右上升为 54% 左右，目前的制造和服务双轮驱动的格局基本比较稳定。这样的产业结构也是一个发展中大国实现可持续发展、迈向高质量发展阶段的重要支撑。

第二，改革开放以来在产业发展的方式上我们主要采取了“以点带面”的策略，即先通过试点探路，后总结推广的方式。这种方式的改革采用自下而上得到认可、进而由上而下铺开的方式。“摸着石头过河”是改革开放初期探索中国经济发展之路的真实写照，我们在对外开放、对内改革中均采取了这种方式。最初农业领域的家庭联产承包责任制即是在安徽小范围内试点，且这一试点起初是非公开、自下而上的，且遭受了较大的非议与压力，后来在邓小平和万里的支持下才逐渐得到认可，并在 1982 年时以农村工作的一号文得以肯定和推广。在我们实施对外开放战略时，最初也是以深圳等地作为试验地，充分利用劳动力的优势，通过加工制造推动劳动密集型产业的发展；在积累了开放与改革的经验之后在东南沿海、中西部渐次推广，并在 21 世纪初开始全面开放，在此过程中产业逐渐得以升级。而诸如产业园区这种改革开放以来中国产业集聚发展的重要载体，最初即是由政府主导试点，进而在全国各地不断推广升级，从最初的功能单一的工业园区、到高新技术园区、到目前功能复合的综合园区，这些园区不仅承载了我国产业的升级，在一定程度上也是我国制度创新的试验地，在制度安排上努力实现与国际接轨。我们产业的技术获取最初也是通过与外资合作试点引进技术，产业规模在此基础上得以做大，自主研发才有了市场保障和成本分摊的基础。尽管从技术模仿到自主创新我们还需要在体制机制上进一步完善，但对于多数产业领域来说，渐进式、累积式的创新积累才会带来颠覆式的创新裂变。先试点、后推广的方式充分体现了我国产业发展渐进式改革的特征。

第三，我们多数产业得以发展的重要因素在于中国大国优势的潜力得以释放。改革开放以来中国经济长期持续高增长、产业规模不断扩大的一个重要原因在于激活了我国大国市场的潜力，从最初的纺织服装到后来的家电产业、电子商务、高铁等产业的发展莫不如此。我国大国经济特征不仅在于国土面积大、人口多，更在于不断增长的市场规模，也在于我们产业发展的地区梯度，发展中大国所具有的创新成本优势和技术后发优势给我国产业的升级与迂回发展提供了更大的空间。大国优势潜力发挥首先在于随着经济的增长，我们消费能力的提升，在某一个阶段发展比较成功的产业莫不是顺应中国消费需求升级的趋势，并形成了主导产业的不断更迭。其次，大国优势的发挥在于管制的放松，在一定程度上形成了统一协调的市场。如电子商务产业的发展就有赖于政府规制的放松，降低了产业之间的壁垒，使得互联网信息技术与其他产业实现了深度融合，极大地推动了产业的整体水平。高铁的发展更具大国综合优势发挥的特征，不仅在经济、空间等方面实现了协同，而且在政府各个部门之间形成了共识，使得高铁的技术性和市场化实现了有机统一。未来中国产业的发展还需进一步挖掘、释放我国大国综合优势的潜力，在市场一体化、简政放权上进一步深入推进，释放制度改革的大国优势红利。

第四，制度创新是释放我国产业发展活力的重要手段。40年来中国产业发展的最大战略优势在于开放与改革，未来这也将一直是我国最大的发展战略，这其中的关键在于对阻碍产业资源配置、产业效率提高的制度进行改革与完善。任何效率都是建立在激励基础上的，而“制度”恰恰是围绕提高效率来调整激励机制的一系列规则设计。改革开放以来，我们对阻碍产业发展的制度改革不断深化，极大地释放了产业发展的活力。如家庭联产承包责任制对农村劳动力的有效激励；企业承包经营责任制（所有权和经营权分离），提高了国企、集体企业的生产效率；20 世纪 90 年代的招商引资激发了各地发展经济的热情；加入世界贸易组织（WTO）则促进了我国产业国际化发展的浪潮。我们也尝试通过制度创新实现与国际规则的对接，如自贸试验区改革的推行等。这些改革往往是通过做增量来做大产业发展的“蛋糕”，在一定程度上也会有效推动存量改革的进展。未来存量改革的任务会越来越艰巨，在改革的方式上我们还是需要重视增量改革和存量改革的协同发展，继续夯实产业发展的基础性条件。

40 年的改革开放使得我国产业整体水平有了较大提高，从一个追赶者逐渐在某些领域成为并跑者，新阶段产业发展的方式需要更多自主创新的元素。在新形势下，我们自主创新不仅面临着发达国家更为封闭的创新网络封锁，更需要重视的是我们自主创新环境的完善，遵循创新发展的规律，脚踏实地，补足我们在基础研究、创新网络以及创新生态上的短板，更加自信地迈向创新型大国。我国产业发展目前面临的问题有制造成本特别是制度性成本的上升；创新发展水平较低、对外依赖较高；市场化的制度环境还存在较大的改善空间等。客观来看，我们产业发展所面临的问题，有些是产业发展本身的规律所在，有些则是我们改革不彻底所造成的阶段性矛盾，这些都需要坚定不移地推动市场化取向的改革，切实提高产业发展的效率。

首先，通过基础性产业的内外协同开放有效促进竞争，降低产业发展的基础性制度成本。我国制造成本中的劳动力、土地等要素成本呈现不可逆的上升，且其增幅常年高于经济增长的速度，要素成本的上升是我国产业发展不可避免的现象。我们应对之策应是相应提高产业发展的效率，对冲掉成本上升的压力，特别是需要降低制度性的成本。按照世界银行营商环境的报告，2017 年我国营商环境排名第 78 位，与我国经济总量的排名极不匹配，尽管经过商事制度改革，我国正式开办企业所需平均手续缩减为 7 个，但平均耗时依然需要22.9天，这些花费占人均可支配收入的比重为0.6%，相比于发达国家还有较大的差距。因此，未来通过降低成本提升产业效率的有效途径在于降低制度性的成本，其中的重点在于打破行政性的壁垒，降低基础性产业的准入门槛，促进有效竞争。新一轮的改革开放需要深化对内的开放，目前我们大量的基础性产业市场的竞争仍然不够充分，形成有效竞争和竞争市场的比较合意的产业组织结构仍然没有形成。对金融、石油、电力、电信等基础产业实现对内开放，那么对我们这样的大国来说，能有效降低资金、能源、通信、物流等基础性成本，又可以形成新的增长动力。当前，这些产业本身的效率还相对较低，但由于是基础性产业，它无疑增加了整体国民经济运行的成本，如果这些产业进一步开放，可以形成有效的可竞争市场，不仅能够促进这些产业本身的发展，同时对其他产业成本的降低、效率的提高等溢出效应，必将产生深远的影响。在具体措施上可以深入推进混合所有制改革，从实践看，选择上市增发、投资收购或组建国有资本投资平台是这些基础性领域混改的主要方式，这也体现了我国产业发展中由易到难的渐进式改革方向。同时，要建立考评、激励相容的机制，充分激发企业经营者的积极性。

其次，需要从创新链的角度谋划我们的创新大计，既要在基础研究“起跑线”上获得先发优势，也需要在产业化“最后一公里”中加速冲刺。在以往的创新发展中，我们非常强调产业化的作用，也出台了不少推进产业化的政策，但实际上收效甚微。我们需要从创新链的角度追根溯源，创新产业化效果差的很大原因在于创新链前端的技术成果的技术属性与市场未来的发展不相匹配，一项好的基础研究成果应该符合市场发展的趋势，能解决相应领域的技术“痛点”。如果说我们在追赶初期囿于条件只能进行技术引进和模仿，如今我国在经济规模和创新基础上已经具备了向创新型大国迈进的条件，则自主创新就成为我们技术升级的不二之选。而目前我国基础研究是制约我国创新的短板，在研发投入中，2017年我们基础研究的经费投入占总研发费用的比例只有5.3%左右，而国际标准在10%左右，发达国家超过20%，一些创新型的企业占比更高。从基础研究的投入主体来看，我国企业投入的基础研究比重2%不到，基础研究的不足导致我们独有的专利技术、核心知识产权以及关键性技术缺失，这也是导致我们高新技术产业整个产业链上主动权削弱的重要原因。基础研究由于其收益低、风险高的特点，政府给予支持是国际通行的做法。但政府不能替代企业和市场直接选择技术，政府支持的重点在于利用其组织资源的优势，搭建技术合作研发的平台，组织科研机构、大企业共同攻关，技术和投资的决策交给企业和市场。另外，基础研究阶段科学家和创新团队的作用是关键，高端领军型人才通常是产业形成和技术突破的核心推动者。目前一些高技术领域我们还严重依赖引进人才，在这一大前提下，重点解决高端引领人才与国内现有体制机制的对接以及“水土不服”的问题，政府可以搭建人才交流的平台，促进引进的高端引领人才与本土研究人员的融合，增强高端人才的本土根植性，另外也能够借此来培育本土的人才梯队。此外，对基础研究成果评价的“指挥棒”也需要调整，不能仅看论文的发表，还需要看专利的水平以及成果在国际上的获奖情况等，这些是基础研究的技术价值和市场认可的载体。更需要看人才的培养，因为基础研究是一项长期的、需要传承的累积型事业，没有人才的梯队的建设就难以获得可持续的创新优势。**另外，在自主创新的过程中，我们面对愈来愈封闭的高技术创新网络，必须在核心领域通过技术进口替代的战略，对接甚至主导国际规则来实现突围。**现阶段我们必须有一个清醒的认识，那就是我们向技术和产业高端攀升的过程中，面对的是一个愈来愈封闭的外部创新网络，这是与产品、市场的全球化不太一样的趋势与潮流。一方面，跨国公司的核心研发与创新基本在企业内部循环，因此，我们不能奢望能够得到跨国公司核心技术的溢出。另外，我们在高技术领域还被诸多无形的“网”所笼罩，特别是由技术领先国家和地区所构造的技术交易限制，我们需要认识到的是我们高科技领域一直以来都处在类似《瓦森纳协议》这些高壁垒的封锁下，由于无法获得先进技术，这导致我们在技术进步和产业升级上要付出比竞争对手更多的成本。为了突破技术封锁，历史经验证明首先我们需要自己突破核心技术，这样相关领域的技术限制才会从国外封锁清单中清除掉。在世界经济全球化发展缓慢以及中国市场日益成熟的背景下，核心技术的突破需要我们在重点技术领域从出口导向战略为主转向与进口替代战略协调的战略，从国家到企业形成战略共识，充分利用我国制造的配套优势以及大国市场规模的优势，实现技术和市场的共赢。事实也证明，没有过硬的技术，市场规模的优势就无法充分发挥。**其中的关键在于建立良好的创新生态体系，**特别是需要充分发挥大企业与中小企业、不同所有制企业在创新上的活力与优势，构建大而强、小而精的创新组织体系。中小企业是新兴领域的探路者，也是大企业实现创新集成的基础，在整个创新链和产业链中形成诸多的隐形冠军是我国这样的大国创新体系中重要的推进器。而大而强的企业则是整个创新系统中的压舱石，在创新的产业化以及稳定应用上具有基础性的地位。与此同时，我们也需要积极构建、提升基于中国的技术、产业优势的国际性或者区域性联盟。利用国际规则制定、议程设置和程序安排保障中国权益，逐步提升中国在国际事务中的发言权和影响力，逐步强化这些合作机制的常态化与中国在其中的主体责任，形成既有全球影响力又符合国际规范的联盟，以更好发挥中国在全球经济治理和国际规则制定中的重要作用，以此来对冲被孤立的危险。

第三，进一步以制度创新释放市场化的活力。应创新产业跨界治理体制机制，以有效制度供给推动产业动能再造。针对未来产业融合发展新趋势以及产业管理业务交叉情况更加突出的现状，应通过正式制度与非正式协调机制相结合的方式，解决不同属性的各类跨界问题。一方面，产业的跨界会涉及不同产业、技术领域的交叉，针对政府部门各自为政、政出多门的问题，需要通过机构合并、职能整合、信息共享、监管共认等方式，创新大部制、部门间联席会议制度、工作领导小组等创新机制，并利用大数据、智能化技术等优化监管手段，实现政府监管“无缝对接”，形成多部门联动的常态化。另一方面，在一些亟待改革的领域，我们应强化以问题导向的制度创新机制。有些改革开放初期的制度安排随着我国产业发展要素、环境的变化已经不合时宜，特别是一些基础性领域的改革迫在眉睫，如人口、社保、教育等均是影响产业转型发展的重要基础变量，是制约我国创新发展的重要因素。这些领域的改革需要吸纳相关的管理部门、资深专家、企业、产业主体等参与其中，提高解决问题的针对性和长远性。同时，制度改革与创新的最终目的还在于通过相应的法律法规去规制相关市场中的经济活动，实现法治化、透明化，将权力清单、责任清单、负面清单落到实处，真正做到以“负面清单”的管理模式促进企业与市场的发展，以“正面清单”监督政府，优化政府的调控措施，切实履行“法无授权不可为、法无禁止皆可为、法定职责必须为”，提高市场配置资源的能力。

《中国产业发展报告》是“上海高校智库”中国产业发展研究院的年度发展报告，我们希望通过对改革开放40年来中国产业转型升级的重要问题、典型案例的过程、经验、问题与未来趋势进行系统梳理，为政府部门的决策、学界的研究提供基础性的素材。此报告也是研究院专家团队集体智慧的结晶，非常感谢来自全国中青年学术精英、政策研究专家的鼎力支持，我们也衷心祝愿中国在未来的改革、发展中越来越好。在此报告撰写过程中，我们也得到了上海市教委和上海财经大学的大力支持以及相关政府部门、研究同行的倾力相助，在此一并表示感谢。此报告中的疏忽、不足之处，还请各位读者给予批评指正。

干春晖　余典范

2018年9月

第 1 章　改革开放以来中国产业结构转型升级历程

本章提要：

改革开放 40 年的时间里，中国经济取得了举世瞩目的成就，创造了年均 GDP 增速近 10%、人均 GDP 增速近 9% 的增长“奇迹”。但是，随着中国经济发展进入新常态，经济增长动能进入了换挡期。在此背景下，经济发展的核心问题变成如何提高经济增长效率和质量，其本质就是要求经济发展方式的转变。党的十九大报告作出“我国经济已由高速增长阶段转向高质量发展阶段”的判断，这是继经济发展进入新常态后，针对国际国内环境新变化，特别是发展条件新变化作出新的重大判断。根据党的十九大报告提出的要求，转变发展方式、优化经济结构、转换增长动力，向高质量发展转变，这说明转变经济发展方式的关键就是在于产业结构的升级和经济结构的优化。

从产出结构、产业内部结构以及就业结构三个角度回顾改革开放 40 年以来中国产业结构转型升级的历程，可以发现，中国产业结构转型是一个由第一产业向第三产业不断升级的过程，这个过程符合产业结构演变的一般规律，并且当前中国产业结构已经具备了后工业化时期的特点。经济体制改革和对外开放的实施通过供给侧和需求侧两方面因素对中国产业结构的转型升级产生推动作用，成为中国产业结构转型升级的根本动力。从需求侧的角度来看，消费、投资、进出口三大需求总量和结构的变化促进了产业结构的转型升级。从供给侧的角度来看，生产要素市场的体制改革，如劳动力、土地、资本市场以及技术的进步等，市场在资源配置方面逐渐起到的决定性作用同样极大地促进了中国产业结构的转型升级。

中国改革开放40年的工业化进程具有平推式增长特征，这使中国在短时间内就走完了其他发达国家需要上百年才能走完的工业化之路。但这种发展方式也带来了很大的局限性，如区域间发展失衡、产业内部结构存在问题、产业间要素配置存在扭曲、创新能力不足，等等。展望未来，随着改革开放的不断深化，中国产业结构将进一步向合理化方向发展，具体表现为，农业在国民经济中的比重虽然下降，但质量的提升将保证农业基础地位得到加强；中国经济发展模式将从工业经济向服务经济加速转型；随着创新驱动战略的实施，服务业将带动中国经济持续稳中向好发展；产业转移下中国区域协调发展将是未来中国产业结构变迁的一个重要趋势；同时，中国产业将更多地参与到国际竞争中来，产业发展将以知识经济和信息经济为基础，实现高端制造业与现代生产型服务业融合发展。过去40年中国经济发展是在改革开放条件下取得的，未来中国经济实现高质量发展也必将在更加开放条件下进行，未来的中国应进一步深化改革开放，促进产业价值链升级，增加研发投入，提升企业家素质，制定合理的产业政策，将产业结构转型升级推向更高层次。

1.1 改革开放40年中国产业结构变迁

1.1.1 产出结构变动及特点

改革开放以来，国民经济中各产业都获得极大发展，三次产业结构的变迁遵循着“一二三”到“二一三”再到“三二一”的发展轨迹。至2016年中国三次产业的产值比重为8.6∶39.8∶51.6，基本实现了二、三产业的二元驱动发展模式。1978—2016年，第二产业增加值由1755.2亿元上升为296236.0亿元，增长了167.8倍，年均增速达到14.4%；第三产业增加值由905.1亿元上升为384220.5亿元，增长了423.5倍，年均增速达17.3%；相比较而言，第一产业增长要慢一些，增加值从 1018.5 亿元上升为 63670.7 亿元，共增长 61.5 倍，年均增速仅为 11.5%。总体来说，改革开放 40 年中国产业结构的变迁可以归纳为三个阶段（具体见图 1.1）。

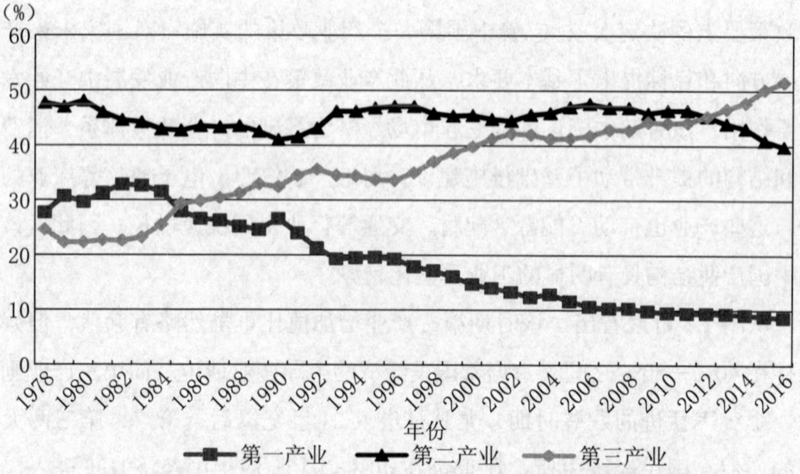

图 1.1　1978—2016 年中国三次产业产值比重变化

1. 二产占主导、一产次之的“二一三”阶段（1978—1984 年）

此时，中国刚刚进入改革开放，国民经济严重失衡是当时面临的主要问题。采取的经济政策和体制改革主要是针对失衡问题进行调整，并取得了显著成效，产业结构开始向良性的发展道路变迁。

改革首先在农业领域开展，家庭联产承包责任制和农产品价格体系改革的推广，给中国农村释放了巨大的生产能力，第一产业得到了快速发展。至 1984 年，第一产业在国民经济中的比重达到了 31.5%，与改革开放之初相比上升了近 4 个百分点。同时，在区域的产业布局上，中国开始实施沿海开放，建立了 4 个经济特区和开放了 14 个沿海城市，加大开放步伐。在一系列产业政策的作用下，保证国家战略产业继续发展，同时强调农业的基础地位，在这样的形势下，第一产业呈现先上升后下降的趋势。1982 年第一产业产值比重达到了历史峰值的 32.8%，然后持续走低，而第三产业比重经过短暂的下降后开始持续上升，产业结构“二一三”的局面直到 1985 年终于发生改变。中国产业结构经过这一时期的调整，进入了第三产业开始上升，第一产业稳定发展的良性发展道路。

2. 三产快速发展的“二三一”阶段（1985—2011年）

该时期最显著的特点是第三产业发展进入快速通道，增加值比重超过农业成为国民经济的第二支柱产业。1989年，中国发布了《国务院关于当前产业政策要点的决定》，标志着中国第一个产业政策的实施，对国家未来产业发展方向和目标提出了基本要求，从此产业政策在中国产业发展中开始发挥重要作用。该时期中国逐渐建立起市场经济为基础的产业政策体系，消费水平和结构的提升带动了基础设施建设，房地产、汽车、电子通信等产业的发展，这些产业也带动着能源、建材、交通等行业得到快速增长。因此，该时期中国产业结构具有明显的工业重型化趋势。

从图1.1可以看出，该时期第二产业增加值比重虽然略有起伏，但始终保持在40%—50%之间，占据着国民经济的主导产业地位。而第三产业则迎来一个突飞猛进的发展时期，尤其是进入21世纪以后，第二、第三两大产业的产值在国民经济中所占比重都在40%以上，使中国经济真正进入二元驱动发展时期。而此期间的第一产业增加值占国民经济比重呈现了快速下降趋势，至该时期结束的2011年，第一产业增加值在国民经济中所占比重已下降到9.4%，远远落后于第二、第三产业。

3. 后工业化结构特征的“三二一”阶段（2012年至今）

这个时期产业结构最大的特点是第三产业增加值比重超过第二产业，中国产业结构正式进入后工业结构特征“三二一”阶段。这个时期的中国经济进入了“新常态”，经济增长开始放缓，经济结构进一步调整升级，产业结构变迁的第二个转折点（增加值占比第三产业超过第二产业）开始出现。该时期第一产业在国民经济中的比重保持小幅度下降，2016年已下降至8.6%。值得特别说明的是，2012年第二、第三产业年增加值比重实现相等，达到了45.3%，从此，第三产业取代了第二产业在国民经济中的地位，成为产业结构中的主导产业。2016年第二产业比重已经下降到40%以下，为39.8%，第三产业比重则突破了一半以上，上升到51.6%，经济发展与产业结构开始显现出后工业化特征。

纵观改革开放以来，中国三次产业产出结构变迁的基本特征是：从增加值占国民经济比重上来看，第一产业整体下降；第二产业在波动中略有下降，但始终保持 40% 左右的水平，在国民经济中占有重要地位；第三产业呈现了较快的上升势头，并且开始成为影响中国经济发展的重要因素，并且逐渐代替第二产业成为产业结构中的主导产业。因此可以说，改革开放以来中国产业结构变迁的历程是一个由第一产业向第三产业升级的过程。

1.1.2　三次产业内部结构变动及特点

1．第一产业内部

第一产业在国民经济中具有基础地位和重要战略地位，其比重呈不断下降趋势，这虽然合乎工业化进程的发展规律，但是并不能忽视第一产业的重要地位。根据表 1.1 数据显示①，第一产业内部结构变迁存在以下特征：

表 1.1　中国第一产业内部结构

年　份	产值（亿元）					比重（%）			
	总产值	农业	林业	牧业	渔业	农业	林业	牧业	渔业
1978 年	1397.0	1117.5	48.1	209.3	22.1	80.0	3.4	15.0	1.6
1992 年	9084	5588.0	422.6	2460.5	613.5	61.5	4.7	27.1	6.8
1997 年	23788.4	13852.5	817.8	6835.4	2282.7	58.2	3.4	28.7	9.6
2002 年	27390.8	14931.5	1033.5	8454.6	2971.1	54.5	3.8	30.9	10.8
2007 年	48893.0	24658.1	1861.6	16124.9	4457.5	50.4	3.8	33.0	9.1
2010 年	69319.8	36941.1	2595.5	20825.7	6422.4	53.3	3.7	30.0	9.3
2012 年	89453.1	46940.5	3447.1	27189.4	8706.0	52.5	3.9	30.4	9.7
2013 年	96995.3	51497.4	3902.4	28435.5	9634.6	53.1	4.0	29.3	9.9
2015 年	107056.4	57635.8	4436.4	29780.4	10880.6	53.8	4.1	27.8	10.2
2016 年	112091.3	59287.8	4631.6	31703.2	11602.9	52.9	4.1	28.3	10.4

资料来源：国家统计局网站。

（1）农业比重在 1978—2007 年持续下降，又在 2010—2016 年逐年有小幅回升，从改革开放之初占绝对主导地位的 80% 下降到 2016 年具有相对主导地位的 52.9%，这表明农业的重要性和基础地位没有改变。这是因为国家的“粮食安全”战略发挥了重要作用，相关配套政策——如 18 亿亩“耕地红线”保证了农业作为国家重点扶持的产业长期不变。

（2）林业、牧业、渔业比重总体表现为增加趋势。随着农村家庭联产承

① 本表中“总产值”代表“农林牧渔业总产值”。

包责任制和草畜双承包责任制的推行，农民的生产热情被完全激发出来。进入 21 世纪，中国启动农村税费改革，随着牧业税的取消，牧业占第一产业的比重由 1978 年的 15% 上升为 2016 年的 28.3%，上升幅度巨大，这说明农业内部品种开始丰富多元，大大改善了农产品的供给状况，反映了农业内部结构发展在历次重大调整中已经形成较好的格局。

2. 第二产业内部

从表 1.2 的数据可以看出，第二产业中工业比重占据绝对主导地位，基本维持在 84% 以上，但呈现缓慢下降趋势，这符合产业结构演进的一般规律。建筑业则是稳步上升，这是由于企业改革和市场化共同作用的结果。

表 1.2 中国第二产业内部结构

年份	增加值（亿元）		比重（%）	
	工业	建筑业	工业	建筑业
1978 年	1621.5	138.9	92.1	7.9
1992 年	10340.5	1417.9	87.9	12.1
1997 年	33023.5	4628.3	87.7	12.3
2002 年	47776.3	6482.1	88.1	11.9
2007 年	111693.9	15348.0	87.9	12.1
2010 年	165126.4	27259.3	85.8	14.2
2012 年	208905.6	36896.1	85.0	15.0
2013 年	222337.6	40896.8	84.5	15.5
2015 年	236506.3	46626.7	83.5	16.5
2016 年	247877.7	49702.9	83.3	16.7

资料来源：国家统计局网站 http：//data.stats.gov.cn/。

一方面，中国政府在全国范围内推行企业改革，实行企业承包经营责任制。到 1987 年企业改革深入建筑业，开始实施“项目法施工”，采用项目管理办法促进行业发展。但承包经营责任制在企业层面实施具有一定的局限性，其所带来的改革效果逐渐减弱，所以企业改革逐渐由改革之初的承包经营责任制转变为股份制，建筑企业开始逐步采用公司制，实现股权多元化，建筑业的经营主体自由化。而在价格改革方面，由于《招标投标法》的实施，价格“双轨制”逐步取消，转变为市场定价，使建筑业的生产要素市场化。这种符合社会主义市场经济体制的企业制度和价格体系对建筑业的发展起到了重要作用。

另一方面，中国开启住房市场化改革，改变过去福利分房制度，进入商品房时代。消除计划经济体制下政府对建筑业的管制，对政府行为进行规范化，使建筑企业的活力得到释放，为建筑业市场化提供了制度基础。而在配套政策和法规上，《建筑法》、《合同法》相继实施，住房公积金、房地产金融业等政策的实施对建筑业发展的支持不断加大。至此，建筑业经过系统化的改革，扭转了改革开放前发展不畅的局面，得到了快速的恢复与发展。尤其是房地产市场的快速发展对经济增长的拉动作用愈发明显。但是在进入 21 世纪，资本形成在最终需求中的比重不断升高，其中固定资本占据了绝大部分比重，而建筑业又是固定资本形成的主要部分，这种现象表明该行业发展过热，因此，国家出台多项政策来抑制房地产投资过热，防范产生的系统性风险。此外，建筑业通过不断发展，逐步实施“走出去”战略，拓宽了其海外市场，大型建筑企业在国际市场中占据了一定的地位，这也为建筑业的发展开辟了新的领域。

3．第三产业内部

2013 年开始，第三产业成为国民经济支柱性产业，开始显现出后工业化时期产业结构的特征，具体内部结构见表 1.3 和表 1.4。

表 1.3　中国第三产业内部结构（增加值）

年　份	增加值（亿元）					
	批发和零售业	交通运输、仓储和邮政业	住宿和餐饮业	金融业	房地产业	其他行业
1978 年	242.3	182.0	44.6	76.5	79.9	265.5
1992 年	2405.0	1689.2	584.6	1481.5	1101.3	2308.3
1997 年	6327.4	4149.1	1561.3	4176.1	2921.1	8487.4
2002 年	9995.4	7494.3	2724.8	5546.6	5346.4	19816.0
2007 年	20937.8	14605.1	5548.1	15173.7	13809.7	44492.1
2010 年	35904.4	18783.6	7712.0	25680.4	23569.9	68464.3
2012 年	49831.0	23763.2	9536.9	35188.4	31248.3	92629.2
2013 年	56284.1	26042.7	10228.3	41191.0	35987.6	105302.8
2015 年	66186.7	30487.8	12153.7	57872.6	41701.0	134605.5
2016 年	71290.7	33058.8	13358.1	61121.7	48190.9	153008.9

资料来源：国家统计局网站 http：//data.stats.gov.cn/。

表 1.4 中国第三产业内部结构（比重）

年份	比重（%）					
	批发和零售业	交通运输、仓储和邮政业	住宿和餐饮业	金融业	房地产业	其他行业
1978 年	27.2	20.4	5.0	8.6	9.0	29.8
1992 年	25.1	17.7	6.1	15.5	11.5	24.1
1997 年	22.9	15.0	5.7	15.1	10.6	30.7
2002 年	19.6	14.7	5.4	10.9	10.5	38.9
2007 年	18.3	12.7	4.8	13.2	12.1	38.8
2010 年	19.9	10.4	4.3	14.3	13.1	38.0
2012 年	20.6	9.8	3.9	14.5	12.9	38.2
2013 年	20.5	9.5	3.7	15.0	13.1	38.3
2015 年	19.3	8.9	3.5	16.9	12.2	39.2
2016 年	18.8	8.7	3.5	16.1	12.7	40.3

资料来源：国家统计局网站 http：//data.stats.gov.cn/。

第三产业结构变迁有以下几个特点：（1）交通运输、仓储和邮政业的比重降幅最大，从 1978 年的 20.4% 下降到 2016 年的 8.7%，降幅达到 11.7 个百分点；（2）其他行业所占的比重大幅度上升，由 1978 年的 29.8% 上升到 2016 年的 40.3%，表明随着居民可支配收入的提高，居民消费结构也得到优化升级，其消费的领域将从满足基本生活需要转移到其他服务业的消费，这种结构性变化也符合恩格尔定律的阐述；（3）金融业和房地产业在第三产业中的比重不断增加，到 2016 年分别为 16.1% 和 12.7%。

通过对改革开放以来三次产业内部结构的回顾，可以发现：（1）在第一产业中农业的比重有所下降，但仍占 50% 以上，牧业比重上升到将近 30%，反映了第一产业内部品种开始丰富多元化；（2）第二产业中工业占据了绝大部分比重，基本在 85% 左右，而建筑业保持在 15% 左右，近年来稳步上升；（3）第三产业中批发和零售业、住宿和餐饮业比重有所下降，而与市场化程度相关的金融业、房地产业、其他行业占比逐年上升，表明中国产业结构升级正在加快。

1.1.3 就业结构变动及特点

产业结构的变迁一方面表现为增加值结构的变动，另一方面则表现为就业结构的变动。中国不同产业就业结构变动情况，详情见图 1.2。其具体可以分为以下几个阶段：

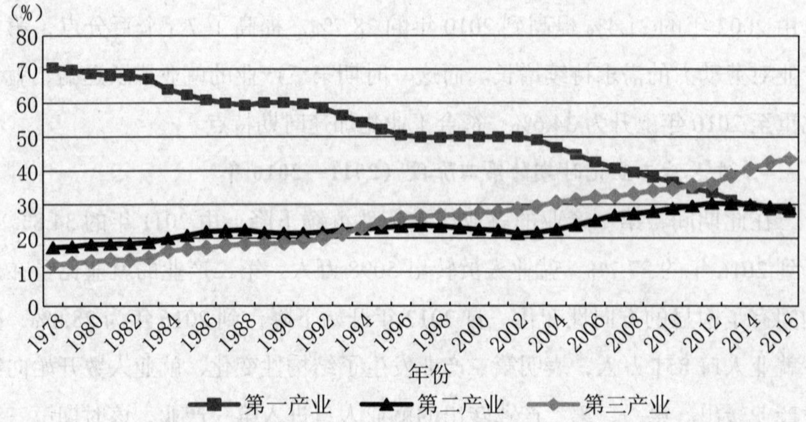

图 1.2　1978—2016 年中国三次产业就业比重变化

1．就业人数均上升的第一阶段（1978—1992 年）

此时期的就业结构处于调整阶段，三次产业的就业人数均呈稳步上升趋势，第一产业的就业人数远远高于第二、第三产业。从数据上看，三次产业的就业人数分别由 1978 年的 28318 万人、6945 万人和 4890 万人上升至 1992 年的 38699 万人、14355 万人和 13098 万人；就业比重分别由 1978 年 70.5∶17.3∶12.2 调整为 1992 年的 58.5∶21.7∶19.8。其中，第一产业就业比重逐步下降，但仍远远高于第二、第三产业。

2．就业由第一产业向第三产业转移的第二阶段（1993—2002 年）

该时期第一产业就业比重继续下降，降至 2002 年的 50%，第三产业则吸收到了第一产业转移出的劳动力，比重升至 28.6%，第二产业就业比重比较平稳，增加比较缓慢，这与技术进步对劳动进行替代等因素有所相关，而第三产业就业人员比重的迅速增加则是由于市场化改革的不断深入，推动了第三产业的良好发展，使得中国产业结构升级，越来越多的新兴产业成为吸纳农村剩余劳动力和第二产业富余人员的主要去处。

3．工业化加速时期的第三阶段（2003—2010 年）

这一时期中国经历了一段高速、稳定的增长期（2003—2007 年），进入工业化加速时期，就业结构变动充分体现了产业结构变迁的特点。第一产业就业比重从2002年的50%迅速下降到2010年的36.7%，就业人员由36640万人减少到27931万人，转移出8709万人的就业劳动力。第二产业就业比重由2002年的21.4%提高到2010年的28.7%，提高了7.3个百分点，第二产业对劳动力的需求持续增长。而这一时期第三产业的就业增长迅猛，就业比重至2010年上升为34.6%，符合工业化加速时期特点。

4．进入后工业化时期的第四阶段（2011—2016年）

在此期间，第一产业的就业比重依然继续下降，由2011年的34.8%下降到2016年的27.7%，就业人员转出5098万人。第二产业的就业比重在此期间有了明显的方向性变化，自2012年开始下降，到2016年为28.8%，减少就业人口851万人，表明第二产业发生了结构性变化，就业人数开始向第三产业转出。第一、第二产业转出的就业人口进入第三产业，该时期第三产业就业增加6475万人，平均每年增加约1295万人，2016年就业比重上升至43.5%，说明中国的就业结构正在逐渐向以第三产业为主导地位的发达经济结构转变。将就业结构变动特征结合增加值结构来看，到2016年第三产业的增加值比重超过第二产业，成为经济增长的首要动力，产业结构演进逐渐向现代经济的产业结构靠拢，并体现出经济发展进入工业化后期的特点。

改革开放以来中国产业结构变迁总体呈现以下特征：（1）就业结构的变迁过程符合产业结构升级和经济发展规律。就业比重具体表现为：第一产业持续下降，第二产业先平稳后下降，第三产业稳步上升。（2）第一产业就业比重与发达国家相比依然过大，第三产业就业比重仍需提高。2016年中国第一产业就业比重仍然高达27.7%，远远高于世界发达国家水平，甚至高于大多数发展中国家水平。第三产业虽发展迅速，但与发达国家和新兴市场国家70%左右的就业比重相比，仍有较大差距。（3）产业间劳动力转移加快。第三产业已经成为吸纳第一、第二产业剩余劳动力的主要领域。

1.1.4 产业结构变迁的国际比较

将库兹涅茨、钱纳里、艾金通和希姆斯等人总结出的产业结构演进的国际判别模式与中国经济发展的相关数据进行对比，来总结分析在相应的时间中国产业结构演进所处的阶段，有比较大的偏差。

表 1.5 产业结构国际判别标准

人均 GDP（1980 年，美元）	第一产业构成（%）	第二产业构成（%）	第三产业构成（%）
库兹涅茨（Kuznets）（大国）模式（1971 年）			
210—245	45.8	21	33.2
250—525	36.1	28.4	25.5
900—1050	26.5	36.9	36.6
1500—1750	19.4	42.5	38.1
3000—3500	10.9	48.4	40.7
钱纳里（Chenery）、艾尔金顿（H. Elkinton）和西姆斯（Sims）模式（1970 年）			
260—310	46.3	13.5	40.1
520—620	36	19.6	44.4
780—930	30.4	23.1	46.5
1040—1240	26.7	25.5	47.8
1560—1860	21.8	29	49.2
2600—3100	18.6	31.4	50
5200—6200	16.3	34.2	49.5
7800—9300	9.8	38.9	48.7
赛尔奎因（Syrguin M）和钱纳里（Chenery）模式（1989 年）			
<300	48	21	31
300	39.4	28.2	32.4
500	32	33.4	34.6
1000	23	39.2	37.8
2000	15.4	43.4	41.2
4000	9.7	45.6	44.7
>4000	7	46	47

从三种判别模式的发展过程来看，以 1000 美元的人均 GDP 水平为分界线，三种模式在人均 GDP 超过 1000 美元之后，第一产业的比重下降较快；第一种模式和第三种模式在第二产业的比重上升方面提升比较迅速，第二种模式中第二产业比重的提升较慢；在第三产业比重方面，第三种模式在人均 GDP 超过 1000 美元后的提升较快。

表 1.6　中国产业结构演进

年　份	人均 GDP（1980 年，美元）	第一产业构成（%）	第二产业构成（%）	第三产业构成（%）
1978 年	276.15	27.7	47.7	24.6
1992 年	797.30	21.3	43.1	35.6
1997 年	1293.16	17.9	47.1	35.0
2002 年	1853.74	13.3	44.5	42.2
2007 年	31320.49	10.3	46.9	42.9
2010 年	4094.99	9.5	46.4	44.1
2012 年	4789.37	9.4	45.3	45.3
2013 年	5134.21	9.3	44.0	46.7
2015 年	5834.27	8.8	40.9	50.2
2016 年	6267.22	8.6	39.8	51.6

结合中国产业结构演进的相应指标来分析。在改革开放初期，1978 年第一产业产值比重 27.7%，第二产业已经具备良好的基础，高达 47.7%，第三产业则由于历史因素抑制了其发展，其比重仅为 24.6%。在 1978—1997 年间，中国人均 GDP 有了实质性的提高，上升到 1296.16 美元，第一产业比重进一步下降到 17.9%，第三产业比重上升到 35.0%，在第一种模式和第三种模式中已经处于工业化初期阶段。

在 1997—2002 年这一阶段，人均 GDP 提高到 1853.74 美元，三次产业比重分别为 13.3%、44.5%、42.2%，结构特征最为相近的是第三种模式，人均 GDP 略低，表明在此期间，产业结构在升级，居民的收入状况也在增长。2002—2007 年，中国经济经历了一段高速、稳定的增长，人均 GDP 快速提高到 3130.49 美元，同时产业结构进一步升级，三次产业的比重分别为 10.3%、46.9%、42.9%，表明中国已经进入工业化加速时期。2007 年以后，人均 GDP 增长迅速，第一产业的比重稳定在 9.3% 的水平，第二产业比重逐渐下降，第三产业比重稳步提升。通过对比第三种模式可以发现，在 2010 年中国的增加值结构和人均 GDP 水平与人均 GDP4000 美元一档十分相似，已经显现出后工业化阶段的特点，其中在 2013 年第三产业比重首次超过第二产业比重。到 2016 年，人均 GDP 达到 6267.22 美元，三次产业比重分别为 8.6%、39.8%、51.6%。按照增加值结构来看，产业结构优化和升级有明显的作用，但是人均 GDP 差距较大，表明中国正处于由中上等收入国家到高收入国家的跨越阶段。

可以发现，在表 1.5 中的三种模式中，除了第三种模式，其他两种模式中的第三产业比重在工业化初始阶段与期末阶段相差不到 10%，并且绝对值较大，发达国家的这种工业化模式表明其在进行工业化之前，第三产业已经有了良好的基础。这是因为第三产业的性质决定了其发展依托于市场程度的高低，所以发达国家和新兴工业化国家的工业化进程是建立在市场机制的前提下进行的。而中国的市场化体系建立的时间较晚，是在开始了工业化之后进行的，意味着中国面临着工业化与市场化的双重转轨并行，这就使得中国在经济发展中不能完全照搬发达国家或新兴工业化国家的发展经验，而是要坚持走中国特色新型工业化道路。

通过以上分析发现，中国产业结构演进的路径与第三种模式，即赛尔奎因和钱纳里模式（1989）较为接近，从人均 GDP 上来看，存在偏差，正处在由中上等收入国家到高收入国家的跨越阶段，从增加值比重来看，处于工业化加速后期，并已经显现出后工业化时期的特点。

1.2 中国产业结构转型升级影响因素分析

经济体制改革和对外开放的实施是中国产业结构变迁的根本动力。通过市场化改革来调整经济结构，对外开放的扩大促进了经贸投资的发展，通过需求侧和供给侧两方面对中国产业结构变迁产生影响。

1.2.1 中国产业结构转型升级的需求侧动力

从需求侧的角度来看，中国产业结构升级的内生驱动力主要还是消费、投资和净出口这三大需求的变化。

首先，消费水平的提高和结构的升级是中国产业结构转型升级的基本驱动动力。改革开放以来，中国消费水平呈现了快速增长，1978 年至 2016 年间，最终消费总额从 2232.9 亿元增加到 400175 亿元。从消费结构上看，由过去满足基本生活需要的温饱型消费向满足生活多样化的享受型消费转变。

消费结构的变化直接推动了产业结构的变化，如20世纪80年代以衣、食、手表和自行车为代表的轻纺工业的发展；90年代以彩电、冰箱和洗衣机等家用电器为代表的制造业的发展；进入21世纪以后，以房地产业和家用汽车为代表，进而带动钢铁、建材、化工、机械等产业的发展。因此可以说，中国改革开放这40年实际是一个消费升级驱动产业结构升级、产业结构升级驱动经济增长的发展过程。

其次，资本的不断积累和投资规模的增加加速了中国产业结构的变迁过程。随着国家政策的调整和工业化进程的开始，资本形成的比重逐渐加大。1978年中国资本形成为1412.7亿元，到1992年就增加到10833.5亿元，伴随着经济全球化的机遇和对外开放的实行，中国积极引进外资和先进的技术，为国内产业结构的升级创造了良好的条件。至2016年中国实际使用外资已达到8132.2亿元。这些外国直接投资提高了中国的生产效率和生产技术水平，间接促进了产业结构的高度化，使中国产业结构较快地向服务经济演进。

最后，中国出口导向战略的实施，出口总量和结构的变化带动产业结构变迁作用明显。尤其是2001年加入世界贸易组织以后，表明中国改革开放进入了新阶段。极大地改善了中国对外经贸关系，提高了开放水平。1985年中国年进出口总额仅为695亿美元，到2016年已经达到了3.685万亿美元，增速迅猛。出口商品的结构也不断升级，1980年中国出口的初级产品总额占总出口额的50.3%，超过了一半，到2016年已经变成了资本和技术密集型的机电产品占了出口的半壁江山，达到了57.7%。在经济全球化和改革开放的大背景下，中国对外贸易的发展促进了中国的工业化进程的同时也加快了城镇化的进程。

1.2.2 中国产业结构转型升级的供给侧动力

从供给侧的角度来看，生产要素市场的体制改革，市场在资源配置方面逐渐起到的基础作用，极大地促进了中国产业结构升级的步伐。生产要素供给主要包括劳动力、土地、资本市场以及技术的进步。

通过劳动力的转移和劳动力价格市场化的推进，劳动生产率得到了极大的提高。改革开放后，劳动力在产业间流转过程中，生产率也得到了不断提高。1978 年至 2016 年，劳动生产率从 4047 元 / 人增至 95175 元 / 人，增长 22.5 倍，年均增长 8.4%。在市场化改革和人口红利的作用下，具有相对比较优势的劳动密集型产业因此得到发展，同时，劳动密集型产业的发展又反过来加速了劳动力的转移，提高了资源的配置效率。

劳动生产率和全要素生产率的提高主要源于技术进步和产业间资源再配置效率的提高。资本市场的开放，利率、人民币汇率的市场不断改善促进了资本密集型和技术密集型产业的发展，土地、能源产品价格机制的市场化改革都成为中国产业结构变迁供给侧的根本动力。改革开放以来，我国全要素生产率年均增长近 4%，大大超过了发达国家年均增长 1%—2% 的水平。但进入 21 世纪，劳动生产率增速略有回落，全要素生产率有下降趋势。

1.3　中国产业结构转型升级制约因素分析

产业结构是否合理并不是一个简单的静态的判断，而应该在一个动态的过程中进行评判。我国当前的产业结构是在计划经济向市场经济转型和工业化进程加速的背景下形成的。中国的改革开放是以尽早摆脱贫困落后局面，改善人民生活条件为首要目标开始的，方式上选择了渐进式改革和差异化发展道路，并配合各种特殊政策，因此市场经济得到迅速发展。但经营环境并不能给区域、部门间提供平等竞争的机会，由此带来的结果是经济发展在区域间、部门间出现了高度的差异化。这种改革方式决定了政府在产业发展中发挥了更大的作用，得到优惠政策的地区会有优先发展的机会，享受产业政策的行业得到快速的增长，在选择性政策的实施下，区域间产业政策的实施差异很大，行业间盈利能力很不均衡，不均衡的发展道路创造了中国的经济发展奇迹，同时也导致了更大的结构性失衡。

中国改革开放 40 年的工业化进程具有平推式增长特征，即在政府作用的推动下，在扁平的技术层面上通过大规模的投资、大力度的招商引资，迅速形成比较优势，占领国内外市场，使中国在短时间内就走完了其他发达国家需要上百年才能走完的工业化之路。但这种发展方式也带来了很大的局限性，即经济发展失衡、技术水平较低、创新能力不足等。作为市场微观主体的企业，在竞争中更倾向于获得政策支持，在资源的配置中获得更有利的地位，而无心进行扎实的技术创新和制度创新。产业结构的转型和升级是一个有机演进的过程，政府需要更多的市场，虽然创造了经济业绩，但同时也存在“用力过猛”的现象，创造出了市场难以消化的产能，这个时候政府又寄希望通过行政手段进行调控，来扭转产业失衡局面，最终导致产业结构不尽合理的地方越发明显。当前，中国产业结构存在的问题具体表现在以下几个方面：

1.3.1 区域产业结构非均衡发展

中国地域广阔，区域间经济发展存在较大差异，这种差异在产业结构上也得到了体现。一方面，区域间产业变迁模式存在差异。东部地区已经建立了能够嵌入全球价值链的外向型产业集群，并且在未来的持续扩大开放过程中，能够适应全球化生产和竞争模式，能够整合劳动力、能源、地理区位等比较优势，继续开发面向全球市场的出口导向型产业；而中西部地区产业变迁模式仍然是以内向型产业发展为主。另一方面，区域间主导产业和市场结构差别较大。东部地区产业集群主要以高新技术、加工工业和服务业为主，市场结构具有较高市场化水平；而中西部地区主要以农业、能源、原材料和机械制造业为主，市场结构具有较强的垄断性。

区域间产业结构发展的不均衡给中国经济持续发展带来较大的负面影响，这容易在区域间形成产业发展的路径依赖，不利于产业转型升级。一方面，中西部地区丰富的资源和劳动力容易转化为东部地区发展的优势，发展空间受到挤压，反而加大了非均衡的趋势；另一方面，在产业链上，中西部地区容易被定位为东部地区的要素供给者，能源生产和资源开采产业的发展更具有优势，不利于中西部地区的产业结构转型升级。

1.3.2 产业内部结构性问题

1．农业的问题

第一产业是国民经济的基础，改革开放的实施也是在农业领域最先开始。当前农业依然存在着生产模式落后、生产效率较低、农产品供给与人民需求存在偏差等问题。首先，中国农业生产依然是以家庭为单位，靠天收成的生产模式，科技和机械化水平不高，经营方式较为粗放，这种生产模式已经不符合当前发展趋势，农产品在国际竞争上不具备优势，农民增收极为困难。其次，农业生产者素质较低，老龄化严重，科技农业、现代农业的发展受到制约，农业转型升级困难较大，生产效率低下。最后，农产品供给质量不高，层次较低，无法满足人民日益提高的消费需求。

2．服务业的问题

虽然服务业已经成为国民经济的第一大产业，对经济的带动作用逐渐增强，但也面临一些结构性问题。首先，与发达国家相比，中国服务业在总量和就业人数上比重仍然偏低，还需要继续提高。其次，服务业结构并不合理，生产型服务业发展落后，中国服务业发展主要集中于传统的消费型服务业，而代表产业结构更高级的金融、信息、研发、文化等生产型服务业发展依然较为滞后。再次，服务业企业层次不高，盈利能力偏弱，现有公共服务体系难以完全满足居民的多样化、个性化需求。最后，国际贸易中服务贸易比重较小，逆差规模不断扩大，制约中国在国际分工中产业链的升级。

3．制造业的问题

主要有以下三个问题：首先，去产能任重道远。产能过剩问题是在过去以投资驱动的经济发展模式下长期积累形成的，尤其是传统制造业领域产能过剩造成了资源浪费、成本上升等问题，产业结构出现了产值高收入低的矛盾。其次，制造业产量虽大，但水平较低。虽然“中国制造”产量居于世界前茅，但中国制造业依然处于全球价值链的低端。最后，高能耗、高污染，效益低的制造业依然占有较大比重。资源和环境的压力使这种制造业发展已到极限，但处于转型时期的粗放型制造业依然会在一定时期内占有较大比重。

1.3.3　人力资源不能满足产业转型升级的需求

当前，人力资源存在的问题表现在两个方面：

一是产业间劳动力配置存在扭曲。虽然中国的劳动力市场化改革已经推进多年，但目前产业间劳动生产率依然存在较大差距，并且具有扩大趋势。随着劳动力由第一产业向效率更高的第二、第三产业转移，产业间劳动力的边际生产率应趋于相同，但目前中国并没有出现这种情况。这说明，第一产业劳动力流转依然存在较高的壁垒和摩擦成本，无法满足第二、第三产业日益增加的劳动力需求，造成了产业间劳动力配置效率的扭曲，降低了中国全要素生产率水平，制约了中国经济向高质量增长的转型。

二是中国逐渐进入老龄化社会，人口红利衰退，人力资本的水平很难完全适应产业转型升级的需求。从人口年龄结构上看，2016年65周岁及以上人口占总人口比重达10.8%；60周岁及以上人口占总人口比重达16.7%；16周岁以上、60周岁以下（不含60周岁）的劳动人口占总人口比重仅为65.6%，从演变趋势上看，老龄人口的比重逐年上升。从区域结构上看，尤其是处于产业转型升级加速的东部沿海地区人口老龄化更为显著。其中，江苏、上海、辽宁老龄化水平表现最为明显。伴随着人口结构演变的是劳动力成本的上升，在人口红利衰退的情形下，人力资本水平还不能适应产业转型升级的需求，从全球主要国家的受教育水平指数来看，我国仍旧处于相对低位水平，与美国、日本及欧洲发达国家相比差距较大。

1.4 政策建议与展望

1.4.1 中国产业结构转型升级展望

1．第一产业比重继续下降，但基础地位得到加强

从变动趋势来看，第一产业比重将继续下降，但其在国民经济中的基础地位不但不会削弱，反而会加强。随着农业供给侧改革的推进，中国农业的科技水平、基础设施、生产模式都会得到极大改善，从农业的内部结构上看，能够满足人民群众需求多样化、需求高级化的现代农业会得到新的发展契机。由于受到环境、耕地、淡水等资源的限制，以及国内需求的提升，农产品的进口在数量和种类上都将呈现增长趋势，农业将是中国未来改革开放的重点领域之一。总的来说，中国农业在国民经济中的比重虽然下降，但质量的提升将保证农业基础地位得到加强。

2．第三产业比重继续提升，对经济发展的带动作用更加显著

中国产业结构已经具有工业化后期的特征，第三产业比重将继续提升。一方面，居民收入水平的持续提高，通过消费的增加和消费结构的升级推动消费型服务业的发展，尤其是住房、医疗、教育、娱乐等领域将进入较快发展时期；另一方面，中国城镇化水平继续提升，将带动第三产业投资的增长，促进生产型服务业的快速发展。其中，金融、通信、咨询、物流等领域的投资和开放将进入一个新的阶段，中国经济发展模式将从工业经济向服务经济加速转型。随着创新驱动战略的实施，服务业将带动中国经济持续稳中向好发展。

3．产业转移下的区域协调发展

中国产业结构变迁是在承接了国际产业转移进而实现外向型经济发展的背景下推动的。未来，区域间产业转移将对中国产业变迁也将产生重要作用。中国要实现产业转型升级，必然带来产业转移，产业转移对于产业升级和经济发展有着重要意义。这是因为：一方面，产业的转型升级首先会从东部外向型产业开始，而东部地区产业升级后将促使部分制造业向中西部转移，产业转移的顺利进行可以缩小区域间发展差距，同时可以为东部地区产业加快升级提供良好的外部环境，进而带动全国的产业升级。另一方面，在产业转移过程中，中西部地区可以根据自身比较优势进行产业选择，不同产业发展方向将决定中国未来经济发展的模式，利用产业承接的契机促进自身产业创新与升级。因此可以说，产业转移下中国区域协调发展将是未来中国产业结构变迁的一个重要趋势。

4．现代生产型服务业与制造业融合发展

从发展规律看，国际竞争优势主要向服务经济、虚拟经济、知识经济转变。在这样的背景下，现代生产型服务业与制造业融合发展的趋势越来越显著。中国未来的产业结构也将在这样的背景下发生，知识经济和信息经济发展将渗透到制造业，一方面提升制造业水平，推动制造业升级；另一方面促进服务业自身的升级发展，进而带动整个经济的全面升级。随着中国开放的大门越开越大，中国产业将更多地参与到国际竞争中来，产业发展将以知识经济和信息经济为基础，将高端制造业与现代生产型服务业融合发展，增强国际竞争能力。

1.4.2　政策建议

1．进一步深化改革开放，推动形成改革开放新格局

过去 40 年中国经济发展的成就是在改革开放条件下取得的，未来中国经济实现高质量发展也必将在更加开放的条件下进行，以开放促改革，加快推动改革开放新格局的形成。上一轮改革开放的动能到今天基本已经消失殆尽，要解决经济增长的质量和动力问题，还需要进一步的改革开放。未来改革开放的空间依然很大，一是要扩大市场准入，尤其是在金融、文化、娱乐等领域扩大开放；二是改善政商环境，创造更具有吸引力的投资环境，鼓励和吸引外资到中国来，帮助进行产业结构升级，可以推进外资的“负面清单”管理模式，为资本在各产业间寻找投资机会；三是加强知识产权保护；四是与国际投资经贸规则接轨，积极扩大进口；五是推进资本输出、人民币国际化和金融深化。

2．积极从低端嵌入全球价值链（GVC）向国内价值链（NVC）转变

从全球价值链向国内价值链转变，不仅仅是产业结构升级的要求，也是实现区域协调发展的必由之路。如今国际贸易已由产业内分工细化到产品内分工，如果在国际分工中，依靠低成本优势嵌入全球价值链，却不能通过“干中学”实现创新链的升级，就会存在价值链低端固化的风险。而从其他国家的发展经验看，后进经济体一旦固化到全球价值链底部，将很难实现价值链和创新链的融合发展，实现产业转型升级。而中国作为一个经济大国，在地理区位上存在东、中、西部三个梯度，应通过加强区域内产业梯度的转移和融合，经济发展由东向西逐渐转移，培育新兴产业国内价值链，最终实现区域经济均衡发展。

要实现产业价值链从全球价值链向国内价值链转变，就需要进一步深化市场化改革，优化区域和产业间的资源配置。首先，要消除劳动力流转的制度壁垒，如推进户籍制度改革、完善社会保障制度，加大教育和人力资本投入，健全劳动力价格增长机制等。其次，要推进多层次的资本市场改革，提高金融市场的开放水平，如改革上市公司发行制度，大力发展债券、期货和金融衍生品市场，通过放宽外资准入，加快建立现代金融体系，积极推进人民币国际化，提高中国资本在全球范围内的配置效率。

3．增加研发投入，创新驱动产业结构转型升级

当前，中国已具有较好的制造业基础和巨大的市场规模，新产业、新模式蓬勃发展使其具备了实现自主创新的基本条件。同时也要认识到，过去技术引进和技术模仿的产业发展之路已逐渐无法持续。因此，需要准确把握科技革命驱动产业升级的路径与规律，加强自主研发，从深层次的体制机制入手，为产业升级创造良好的制度环境，这是经济新动能持续发展壮大的关键。

产业结构的转型升级不仅仅是技术的升级，更要考虑劳动的适应性，有效实现就业结构变迁与技术变迁的融合。一般来说，劳动者技能转换与产业技术升级的变换周期并不同步，相对于产业技术升级，劳动者具有较强的职业黏性，使劳动者技能升级落后于产业技术升级，因此，解决好人力资源的升级与产业升级的融合是一个重要课题。因此可以说，技术创新不仅仅是用新产业替代旧产业，更应该注重的是高新技术在传统产业中的应用升级。用高新技术支撑和继续发展传统产业，不但可以实现产业的升级，还可以减少升级过程中产生的摩擦成本，减少结构性失业。

4．改善制度和政策环境，促进企业家素质提升

产业转型升级最核心、最困难的问题就是企业家素质的提升。从微观层面上看，产业升级的主体是企业，而企业家是决定这些企业的发展方向。可以说，中国企业家素质的高低，决定了中国产业国际竞争力的前景，也决定了中国产业核心技术的积累。科学技术的突破，是一个需要长期投入、具备较高风险的领域，没有执着的“耐心”，就无法形成具有较深根基和国际竞争力的产业。而政府是否给社会提供了良好的制度和政策环境，是提升企业家素质，培养企业家“耐心”的前提。构建合理的创新驱动治理体系，重点是处理好政府与市场的关系，厘清政府与市场的作用边界，更好地发挥政府的作用，引导企业向正确的方向转型升级。

5．合理的产业政策和消费升级共同引导产业结构升级

一方面，当前的经济环境依然需要制定合理的产业政策对产业发展进行引导，比如培育主导产业，打造具有优势的主导产业集团，加强国际竞争力；扶持新型产业，提升中国产业在国际产业链的地位；淘汰落后产能，引导夕阳产业逐渐退出市场等。另一方面，中国还需要扩大内需，通过消费结构升级带动产业的持续的发展。可以判断出，近年来中国面临新一轮的消费革命，即对更高水平、更高质量的商品和服务的需求日益增长，如绿色食品、医疗、教育、旅游、养老等等，同时也形成了具有庞大消费能力的世界上人口最多的中等收入群体，在不同的消费梯度上存在大量潜在和现实需求，关键是要持续有效地推进供给侧改革，以更加有效的制度安排，通过消费的扩大和升级促进产业结构的持续升级，这也是中国经济高质量增长和增强发展动力的必然要求。

参考文献

[1] 王岳平:《我国产业结构存在的主要问题及“十三五”调整思路》,《经济研究参考》2014年第50期。

[2] 郭克莎:《中国：改革中的经济增长与结构变动》，上海人民出版社1996年版。

[3] 刘伟、张辉:《中国经济增长中的产业结构变迁和技术进步》,《经济研究》2008年第11期。

[4] 李铄:《需求结构对产业结构演进的影响研究》，北京大学出版社2017年版。

[5] 干春晖、郑若谷、余典范:《中国产业结构变迁对经济增长和经济波动的影响》,《经济研究》2011年第5期。

[6] 干春晖:《新常态下中国经济转型与产业升级》,《南京财经大学学报》2016年第2期。

[7] 金碚:《供给侧政策功能研究——从产业政策看政府如何有效发挥作用》,《经济管理》2017年第7期。

[8] 金碚:《现阶段我国推进产业结构调整的战略方向》,《求是杂志》2013年第4期。

[9] 江小涓:《高度联通社会中的资源重组与服务业增长》,《经济研究》2017年第3期。

[10] 江小涓:《中国开放三十年的回顾与展望》,《中国社会科学》2008年第6期。

[11] 郑若谷、干春晖、余典范:《转型期中国经济增长的产业结构和制度效应》,《中国工业经济》2010年第2期。

[12] 郭凯明、杭静、颜色:《中国改革开放以来产业结构转型的影响因素》,《经济研究》2017年第3期。

[13] 严成樑:《产业结构变迁、经济增长与区域发展差距》,《经济社会体制比较》2016年第4期。

[14] 何德旭、姚战琪:《中国产业结构调整的效应、优化升级目标和政策措施》,《中国工业经济》2008年第5期。

（本章主持及执笔：王　强）

第 2 章　改革开放以来的供给侧改革与产业发展

本章提要：

从供给端来讲，生产要素包括资本、劳动力、技术以及制度四个层面。因此，围绕上述供给端因素所进行的改革，均可谓之“供给侧改革”。改革开放以来，我国正是通过一系列围绕供给端因素的改革，使得我国的生产要素的潜能得以充分发挥，并在此基础上促进了产业的发展和转型升级。

具体来看，在改革开放之初，中国首先通过农村领域的产权制度改革，激发了农民生产的积极性，促进了第一产业的发展；进一步地，通过户籍制度的改革，极大地解放了农村的剩余劳动力，促进了工业尤其是劳动密集型产业的发展；在此基础上，中国又通过一系列的国企改革以及产权制度的完善，激发了企业的生产和投资积极性，促进了资本的积累和要素禀赋的积极转换，使得资本密集型产业得以快速发展；加入世界贸易组织进一步拓展了我国生产要素的配置空间，使得我国的要素禀赋优势可以更大程度地得到发挥，我国的制造业尤其是装备制造业的竞争力大幅度提升。通过实施创新驱动战略，我国的研发投入得以快速提升，我国的比较优势产业正经历从资本密集型向资本技术密集型产业的转换。2015 年以来，我国又开展了以“三去一降一补”（去产能、去库存、去杠杆、降成本、补短板）为主要内容的供给侧改革，在传统重化工业去产能、去房地产库存、实体经济稳杠杆等方面取得了重要成果。可以说，这一轮供给侧改革是传统产业的旧动能重塑和新产业新业态的新动能培育并举的过程。现阶段，供给侧改革进入了注重供给体系质量提升的提质增效阶段。党的十九大报告明确提出，我国经济已由高速增长阶段转向高质量发展阶段，我国社会主要矛盾已经转化为人民日益增长的美好生活需要和不平衡不充分的发展之间的矛盾。同时提出了到 21 世纪中叶，把我国建成富强民主文明和谐美丽的社会主义现代化强国的奋斗目标。在这一新的时代背景下，供给侧改革的内涵和重点也将发生相应的调整。建设现代化经济体系，必须把提高供给体系质量作为主攻方向，显著增强我国经济质量优势。在这一新的时代方略下，先进制造、高端消费以及现代服务业等符合产业升级方向的领域，将成为供给侧改革的主要推动方向。而人力资本、研发投入以及相应的制度安排是实现这一产业升级路径的保证，互联网、大数据、人工智能与实体经济的融合等新动能的培育则是具体的实现方式。

2.1 改革开放初期的产权改革与第一产业的发展

在改革开放前，中国长期实行重工业优先发展的赶超战略。在这种战略的指导下，中国在工业领域推行以国有经济占绝对主导地位的所有制结构，通过计划手段配置生产资料；在农业领域则是推行人民公社化运动，实行农产品统购统销制度。由于产权制度的缺位，企业或个体生产的积极性被极大地削弱了。而在改革开放后，中国真正意义上的产权制度改革首先是在农村领域展开的，即通过自下而上的方式推行的家庭联产承包责任制[①]。家庭联产承包责任制的实行并不顺利，在推行的过程中遇到了很多的阻碍和反复[②]。但是，经过各地自下而上的改革实践的推动，以及这种改革实践本身

① 关于农村家庭联产承包责任制的实施过程，目前广为流传的是源于安徽小岗村的改革实践，具体是指 1978 年安徽小岗村的农民签订的包产到户的协议。

② 具体的家庭联产承包责任制的实施进程可参见科斯、王宁：《变革中国：市场经济的中国之路》，中信出版社 2013 年版，第 72—73 页。

确实带来了显著的成效，家庭联产承包责任制最终得到了政府的认可，1982年，家庭联产承包责任制开始在全国范围内推行。这是一场真正意义上的产权革命，初步确立了农民对于劳动成果的较大程度的支配权。通过这种产权改革，农民的劳动与产出挂钩，极大地激发了农民的生产积极性，农业得到了较快的发展。

而此时，在工业领域针对国有企业的产权改革成效甚微。在党的十一届三中全会结束之后，中国政府启动了国有企业领域的改革。① 在此之前，中国的国有企业面临以下两方面的重要制约：一是政府对国有企业实施严格的控制和约束，国有企业缺乏自主的经营权，导致企业绩效的低下；二是国有企业之间甚至是同产业的企业之间相互隔离，企业之间的联系缺乏。国有企业主要受当地政府的管理，而非基于产业属性的行业管理。这导致了我国产业结构的零散化。② 因此，我国政府针对国有企业实施了一系列旨在提高企业自主权以及加强行业整合与管理的改革措施。具体的改革措施包括：给予企业一定的行政任命的权力，允许企业保留一定的利润，允许企业在完成国家计划的基础上增加产量，允许企业中实行经营承包责任制，以及整合国有企业、合并国有企业的管理部门等。③

尽管在农业和工业领域都推行了改革，但农村领域的改革极大地促进了农业的发展，第一产业的增加值占 GDP 的比重明显提升；而工业领域的改革成效则相对较小，第二产业的增加值占 GDP 的比重反而有所下降。根据国家统计局的统计资料显示，在改革初期的 1978—1984 年间，第一产业增加值由 1018.4 亿元增长到了 2295.5 亿元，第二产业增加值则由 1736.0 亿元增长到了 3089.7 亿元；从各产业增加值所占比重来看，第一产业所占比重由 27.9% 上升到了 31.8%，而第二产业则由 47.6% 下降到了 42.8%。从发展趋势来看，该时期第一产业的发展明显具有比较优势，1984 年我国出口比重最高的是资源密集型产品。

① 科斯、王宁：《变革中国：市场经济的中国之路》，中信出版社 2013 年版，第 65 页。
② 科斯、王宁：《变革中国：市场经济的中国之路》，中信出版社 2013 年版，第 67 页。
③ 科斯、王宁：《变革中国：市场经济的中国之路》，中信出版社 2013 年版，第 67—68 页。

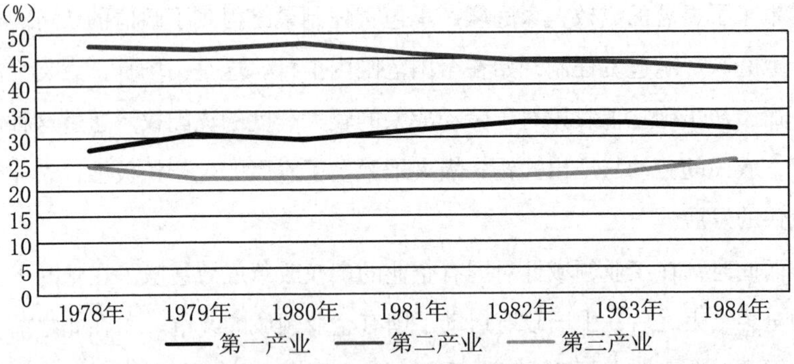

图 2.1 1978—1984 年中国三次产业的增加值构成

资料来源：国家统计局。

显而易见，改革开放初期，第一产业得到了更快的发展，占比明显提高，但第二产业的比重则有所下降。这说明这一阶段的改革在更大程度上促进了第一产业的发展。

具体来看，之所以在该时期第一产业的发展快于第二产业，主要是因为那时农村农业领域的产权改革力度要大于城市和工业领域。在这一时期，工业领域的国有企业改革没有从根本上触碰到企业的产权问题，主要的改革也仅仅是管理体制的改革。尽管也给予了企业一定的经营自主权，但企业的权限仍然是很小的，并且生产资料仍然掌握在国家手中。而农村领域的改革则是一场根本性的产权革命，它允许农民在将产出部分上交之后留为已用。因此，在这一时期农业面临的制度环境也是优于工业领域的，相应地，第一产业在这一时期表现出了更快的增长。

2.2 户籍制度改革、私有产权保护与劳动密集型产业的发展

尽管我国有丰富的劳动年龄人口，但是改革开放前由于户籍制度的限制，大量的农村劳动力难以进入城市工业部门，因此劳动密集型产业的发展也是受到限制的。劳动力本身属于私有财产，在市场经济的条件下可以自由选择回报率更高的生产部门。但在户籍制度的约束下，劳动者连基本的自由

流动的权利都没有，劳动力的产权界定是扭曲的。改革开放后，随着农村领域的改革，农业的生产力极大地提高，大量剩余的劳动力被解放出来。这些劳动力有强烈的意愿流向回报率更高的工业部门。劳动力市场的产权改革与私营经济的发展一起，促进了我国劳动密集型产业的快速发展。

改革开放初期的户籍制度仍是很严格的，随着农业的发展和农村剩余劳动力的大量出现，政府对农村劳动力的流动限制逐步放宽。一开始，农村大量的剩余劳动力只能向就近的非农部门转移。1983 年，政府开始允许农民参与长途运输和农产品的销售；1984 年，管制进一步放宽，农民被允许就近转移到乡镇企业中[①]。随着非国有企业就业的增加，向城市迁移的农村人口越来越多，原有的户籍管理制度已不适应经济发展的要求。1984 年，中央政府允许在企业工作的或个体经营的农民以“自理口粮户口”登记；1986 年，全国实行身份证制度并取代了以前派出地政府的介绍信作为身份证明的旧系统；1995 年，中央政府要求外来人员出示 4 份证件，即身份证、就业登记卡、暂住证、就业证，通过设定就业证件的指标来“管理”外来人口的流动。1997 年 6 月，国务院出台通知，规定已在小城镇就业、居住并符合一定条件的农村人口，可以在小城镇办理城镇常住户口。1998 年 7 月，国务院对户籍制度作了进一步松动。2001 年 3 月国务院颁布通知，对办理小城镇常住户口的人员不再实行计划指标管理。2012 年 2 月，国务院出台通知，要引导非农产业和农村人口有序向中小城市和建制镇转移，逐步满足符合条件的农村人口落户需求，逐步实现城乡基本公共服务均等化。2014 年，《国务院关于进一步推进户籍制度改革的意见》发布。该意见规定，要进一步调整户口迁移政策，统一城乡户口登记制度，全面实施居住证制度等，并稳步推进城镇基本公共服务覆盖全部常住人口。[②]

在劳动力市场的产权制度改革的过程中，首先是乡镇企业扮演了吸纳农村劳动力的重要角色。乡镇企业不是通过政府鼓励的方式得到发展的，其产生和发展的过程更大程度上也是一种自下而上的制度演进。在乡镇企业初期

① ［美］劳伦·勃兰特、托马斯·罗斯基编，方颖、赵扬等译：《伟大的中国经济转型》，格致出版社、上海人民出版社 2009 年版，第 143 页。

② 《中国户籍制度改革历史回眸》，新华社，2014 年 7 月。

的发展过程中，受到了政府的种种歧视和压力，在获取原材料、能源、银行信用以及进入消费市场等方面，与国有企业相比都受到了很多的歧视性待遇。[①] 但是，借助于“集体企业”这一合法的外衣，乡镇企业得以以一种“灰色产权”的方式存在并发展，尽管其并未得到政府的正式认可。事实上，绝大多数的乡镇企业实际上都是私营企业，尤其是内地贫困省份的乡镇企业。[②] 在产权的界定上，乡镇企业作为私营企业，比国有企业更具优势。乡镇企业具有自主经营权以及对市场的适应和调整能力，得到了快速的发展并对我国经济发展作出了巨大的贡献。根据 Naughton（2007）的测算，1996年，中国乡镇企业吸收的劳动力数量达到了1.35亿人，并且乡镇企业对经济增长的贡献也达到了国内生产总值的26%。

作为一种私营经济，乡镇企业所从事的领域主要是劳动密集型的部门，因为它的规模比较小，并且在生产资料的获取上与国有企业也有劣势。另外一种重要的私营经济——个体经济，也由于产权制度的完善而快速地发展起来，并对我国劳动密集型产业的发展作出了重要的贡献。个体经济的发展也是由经济发展的现实特点所决定的。1978年后，知识青年“上山下乡”的政策被取消，大量被下放的知识青年回到城市，他们的就业问题成了摆在政府面前的一个重要难题。为了解决城市的就业问题以及相应的社会稳定问题，政府逐渐地允许个体经济的发展，并在1981年，将个体经济提升为社会主义集体经济的“必要补充”（马立诚，2005）。个体经济同样具有经营自主权，也得到了快速的发展，并吸纳了大量的劳动力。从增长率来看，改革开放后的前10年，正是我国个体经济发展最快的阶段。而个体经济从事的主要是劳动密集型的行业。

当然，更多的农村劳动力转移到了城市，进入工业部门，促进了中国劳动密集型产业的快速发展。农村劳动力由农业部门向工业部门的转移，是从劳动生产率较低的部门转向劳动生产率较高的部门。这种跨部门的劳动力转移，带来了资源的更加优化的配置，成为改革开放以来中国全要素生产率改进的重要源泉。从图2.2中可以看出，改革开放以来，第一产业的

① 科斯、王宁：《变革中国：市场经济的中国之路》，中信出版社2013年版，第80—81页。

② Yasheng Huang，Capitalism with Chinese Characteristics，Cambridge University Press，2008.

就业人员占比由 1978 年的 70.5% 快速回落至 2017 年的 27%；而第二产业的就业人员占比由 1978 年的 17.3% 提高至 2012 年的 30.3% 之后，由于中国劳动年龄人口占比的下降，其比重自 2013 年开始有所回落，2017 年下降到了 28.1%。但第三产业的就业人员比重在持续提升，并且 2013 年以来这一趋势在加快。2017 年，第三产业的就业人员占比达到了 44.9%，而 1978 年仅为 12.2%。目前，劳动力正不断地由第一产业向第二、第三产业转移。

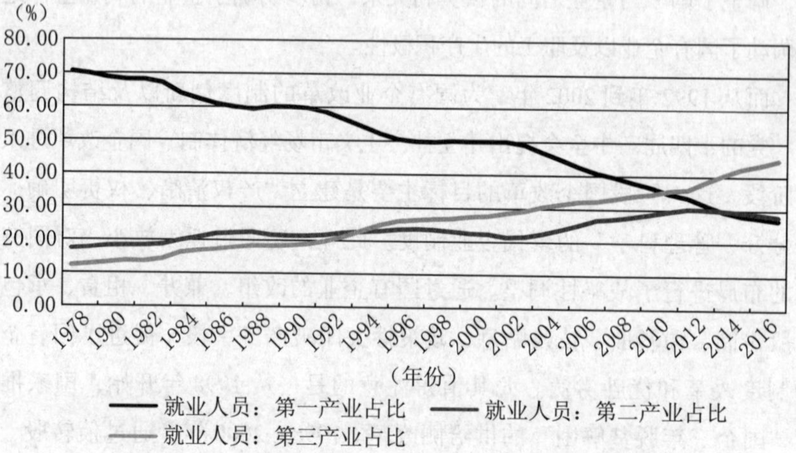

图 2.2　劳动力的跨部门转移成为中国生产率改善的重要源泉

资料来源：国家统计局。

2.3　国企改革、产权保护与资本密集型产业的发展

在中国，由于长期以来实行的重工业优先发展战略，资本密集型行业的发展是由国有企业主导的。在计划经济体制下以及改革开放后的一段时期内，国有企业的产权严重缺位，生产和创新的积极性不足，资本密集型行业面临的制度环境是比较差的。而国有企业的产权改革以及私有产权保护程度的不断提高，使得资本密集型行业的制度环境不断地得到改善。

国有企业的改革主要经历了四个阶段：第一个阶段大约是改革开放后到 1992 年，这一阶段的国企改革主要是扩大企业的经营自主权。改革开放之前，国家对国有企业实行计划统一下达，资金统贷统还，物资统一调配，产品统收统销，就业统包统揽，盈亏都由国家负责，国有企业没有经营自主权，长期处于低效率的运行状态。1978 年党的十一届三中全会拉开了国企改革的序幕。党的十一届三中全会后，政府推行了一系列扩大国有企业自主权的政策，推动国有企业经营层面的改革，目的是使国有企业成为自负盈亏、自主经营、自我约束、自我发展的经济实体。①

通过推进扩大企业经营自主权、利润递增包干和承包经营责任制的试点，调整了国家与企业之间的权责利关系，初步明确了企业的利益主体地位并调动了国有企业以及职工的生产积极性。

而从 1992 年到 2002 年，为国有企业改革的制度创新以及结构调整阶段。党的十四届三中全会提出建立社会主义市场经济体制，国企改革进入第二阶段。这一阶段国企改革的目标主要是建立“产权清晰、权责明确、政企分开、管理科学”的现代企业制度。此外，还通过抓大放小，对国有企业的布局进行了战略性调整。通过国有企业的改组、兼并、租赁、承包以及股份制、债转股、技改贴息、政策性关闭破产等手段，促进了国有企业的制度改革和优胜劣汰。尤其值得注意的是，从 1998 年开始，国家推行了“国企三年脱贫解困”的供给侧改革。1998—2000 年，通过债转股、技改贴息、政策性关闭破产等一系列政策措施，减轻企业负担，推动企业技术进步和产业升级，促进国有企业的优胜劣汰，实现了国有企业的整体扭亏为盈。②

由于当时国企自身存在的体制性问题叠加 1997 年亚洲金融危机带来的外部冲击，1997 年前后，国企突出表现出负债率高、效率较低、亏损严重等问题，1997 年国有企业的净资产利润率仅为 1.7%，1998 年更是降低至 0.4%。尤其是在煤炭和纺织领域，国企亏损现象突出。而国企的亏损问题导致经济体的债务问题凸显，银行资产不良率提升。因此，当时的政府着力实施了去产能、去杠杆的供给侧改革。主要的措施包括：通过中性偏紧的货币政策，倒逼企业去产能、去杠杆；通过行政手段，推动国有

①② 《国企改革历程回顾与当前改革重点》，国家发改委经济体制与管理研究所课题组，2015 年 3 月。

企业的兼并、破产、下岗分流；通过资产管理公司剥离银行债务，推动债转股。通过这些手段的实施，经济层面出现了积极的变化，国有工业企业的数量明显减少，但大多数国有企业都实现了扭亏，企业的生产效率得到提高。

2003 年到 2012 年的国有企业改革，则主要着眼于国有资产管理体制的改革，是以国有资产管理体制改革推动国有企业改革的发展阶段。党的十六大提出深化国有资产管理体制改革的重大任务，主要目标是建立中央政府和地方政府分别代表国家履行出资人职责，权、责、利相统一，管资产和管人、管事相结合的国有资产管理体制。通过国有企业的制度改革和结构性调整，一方面国有企业自身的产权制度和治理结构得到了完善，另一方面在很多行业中国有企业的比重也逐渐下降。

经过这三个阶段的国企改革，国有企业的布局更加优化，在诸多产业中国有企业的比重下降，为私营企业的发展提供了空间。尤其是在制造业，国有企业的比重明显下降，民营企业已经成为制造业的主体。因此，一系列的改革优化了我国各产业尤其是制造业的竞争格局，使得我国的制造业可以依靠国内廉价劳动力的比较优势得到快速的发展；尤其是在加入世界贸易组织之后，得益于更为广阔的市场空间和更加开放的竞争环境，我国制造业的发展进一步加快。这些都加快了我国劳动密集型产业的发展。

国企改革极大地释放了国有企业生产和投资的积极性；与此同时，我国对私有产权的保护力度也在不断加大。除了上面我们提到的政府逐渐认同私营经济的发展，2004 年更是把对私有产权的保护写进了宪法。另一个产权改革的重要领域是对外商投资限制的逐步减少，对外开放程度不断提高。对私有产权的承认以及保护程度的不断提高，使得私营经济以及外资企业的投资有了保障，激发了它们的投资热情。再加上国有企业的产权逐步明晰，企业的投资意愿大大提升，私营企业和国有企业的投资都呈快速上升的趋势，连续多年保持两位数的增长，使得物质资本相对于劳动力也日益丰裕。物质资本的快速积累，为我国资本密集型产业的发展提供了要素禀赋基础，促进了我国的比较优势产业逐步由劳动密集型产业向资本甚至资本技术密集型产业的发展。

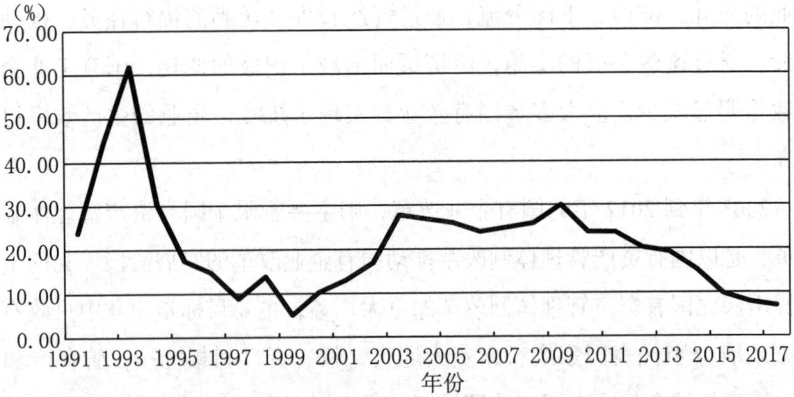

图 2.3　中国投资增速曾连续保持高增长

资料来源：国家统计局。

2012年以来国有企业改革进入第四阶段。党的十八大提出，要推动国有资本更多投向关系国家安全和国民经济命脉的重要行业和关键领域。党的十八届三中全会审议通过的《中共中央关于全面深化改革若干重大问题的决定》指出，“要积极发展混合所有制经济，完善国有资产管理，推动国有企业完善现代企业制度”，新一轮国企改革拉开序幕。在本轮国企改革中，形成了1+N的政策体系，在国企分类监管改革、十项改革试点等方面均取得积极进展。

本轮国企改革的重点主要包括三个方面：完善国有资产管理体制、混合所有制改革以及央企合并重组。

1．完善国有资产管理体制

其主要目的是为了完善国资国企的监管，优化国有资本的布局结构和效率。

国有资产监管方式将从“管人、管事、管资产”转变为“管资本”。国资委的职能将专注于国有资本的规划和布局、实现国有资本的保值增值；通过强化监管，防止国有资产流失；同时，尽可能地向下属企业放权让利。

在本轮国企改革中，国资委的职能转变体现在以下两个方面：

一是通过打造三类公司，发挥管资本职能。在本轮国企改革的初期，主要是通过组建国有资本投资公司和运营公司，实现国资委由管企业向管资本的转变。最新的改革方案中，进一步将央企由两类公司变为三类公司：实体产业集团、投资公司和运营公司。通过打造三类公司，可以形成政企之间有效的“隔离带”，使国资委成为纯粹的监管者，实现与出资者职能的分离，逐步退出对企业经营层面的管理，将权力归位于企业，这个过程涉及资产配置、薪酬分配、市场化用人、体制改革等诸多方面的改革。

二是放权让利。国资委在推进自身职能转变过程中，应逐步把部分出资人的权力授予三类公司行使，将依法应由企业自主经营决策的事项归位于企业。管理上去行政化，国资委作为股东应遵照《公司法》规定，通过董事会表达意见，而不再采取行政管理方式。停止延伸监管，只监管到资本投资运营公司层级，不再对投资运营公司下属的出资企业进行延伸监管。

2．混合所有制改革

混合所有制改革的目的在于，通过引入社会资本来改善国有企业股权结构，在进行合理估值、避免国有资产流失的前提下吸引社会资本的参与，进一步提升公司的经济活力和创新能力。从推进路径来看，目前较为可行的办法是选择某些国有集团公司的二级平台先行试点，待条件成熟后再对国有集团公司总部进行改革。

3．央企合并重组

本轮央企合并重组采取了以下三类方式：一是横向式的同业间合并。这既包括央企间的“强强联合”型的合并重组，诸如宝武合并、南北车合并等，其主要目的在于提高集中度，化解过剩产能，或希望通过强强联合，发挥规模效应，提高央企竞争力；也包括“强并弱”型合并重组，如港中旅合并中国国旅集团等，其主要目的在于减少国资委直接控制。二是纵向式的沿产业链上下游合并，或利用资本运营公司进行跨行业合并。如中粮与中纺合并、中国机械工业集团与中国恒天集团实施重组等，其主要目的在于做大做强、发挥协同作用或推动转型升级。三是共建共享的新组建方式。比如三家通信企业共同出资成立了铁塔公司，节约了大量的土地资源，节省了大量投资。

最新的一轮国企改革，主要着眼于国有企业的做大做强。从产业层面而言，通过国有企业的兼并重组，可以极大地提升产业的集中度，提高我国产业在国际市场的竞争力。2014年以来，央企的数量从112家减到2018年年初的97家。央企的整合基本按照“成熟一家，重组一家”的节奏推进。与此同时，地方国企兼并重组也在提速。广东、山西、四川等地均出台多个地方国企改革方案，把并购重组作为优化资产的重要手段并提出具体“路线图”和“时间表”。

2.4 鼓励创新与技术密集型产业的发展

在经济发展的不同阶段，各类生产要素的重要性有所不同。一般来讲，在经济发展的早期阶段，劳动力和资本起着更为重要的作用；但随着经济发展水平的提升，技术在经济发展中的作用将日益凸显。由劳动密集型产业到资本密集型产业再到技术密集型产业的转移，成为产业发展的一般规律。

因此，改革开放以来，中国通过户籍制度的改革促进了劳动力的转移；通过国企改革和产权保护促进了资本积累；这些举措均着眼于传统的生产要素。随着经济发展水平的提升，客观上要求中国提升技术这一要素的密集度。因此，通过创新驱动战略促进技术进步，也是供给侧改革的重要一环，其着眼于供给端的技术这一要素。

在技术层面，中国采取的主要措施包括两个方面：一是知识产权保护；二是加大研发投入力度。

中国真正意义上重视知识产权保护是从加入世界贸易组织开始的，因为世界贸易组织的制度框架内在地要求我国加强对知识产权的保护。

2001年12月，中国正式加入世界贸易组织。加入世界贸易组织对我国的贸易、经济、产业、制度等方面都产生了重要的影响。其中一个重要的影响就是提升了我国的知识产权保护力度，并促进了高技术产品[①]的比较优势的快速提升。

① 科技部和商务部确定的中国高技术产品统计目录，包括计算机与通信技术、生命科学技术、电子技术、计算机集成制造技术、航空航天技术、光电技术、生物技术、材料技术和其他共9个领域。资料来源：中国科技统计网 http：//www.sts.org.cn/sjkl/gjscy/data2014/data14.pdf。

世界贸易组织的制度框架包括《货物贸易协议》、《服务贸易协议》与《知识产权协议》。为了适应世界贸易组织对知识产权保护的要求，中国政府采取了多方面的措施来提高知识产权的保护力度。譬如说，为适应“入世”要求，中国制定了《专利法》、《商标法》、《著作权法》等知识产权保护方面的法律。此外，为了有效处理知识产权问题，还在法院中设立了知识产权庭①。上述措施的实行逐步缩小了我国与《知识产权协议》的差距，使得高技术产品的发展及贸易更为便利化。

与此同时，中国加大了研发方面的投入，研发经费占 GDP 的比重自 1999 年起快速上升。截至 2017 年，研发支出占 GDP 的比重达到了 2.12%。2017 年，境内外专利申请 369.8 万件，授予专利权 183.6 万件；PCT 专利申请受理量为 5.1 万件。

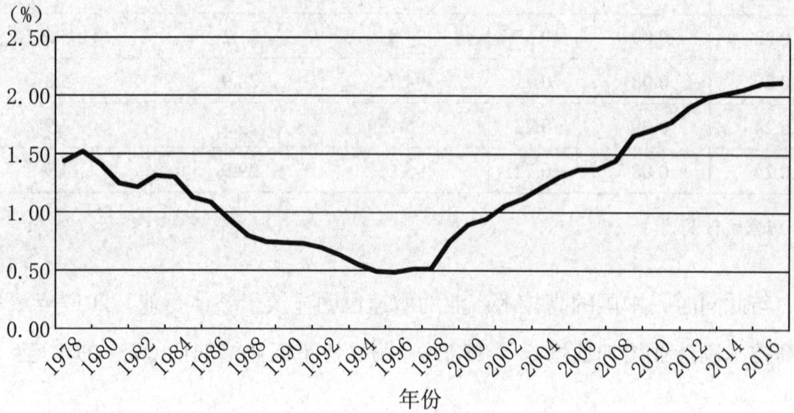

图 2.4　中国研发支出占 GDP 的比重在 1999 年后快速提升

资料来源：国家统计局。

对知识产权保护力度的加强，以及中国日益加大的研发投入，促进了高技术产业的发展。

表 2.1 列出了 2000—2013 年中国各类产品的出口比重及其贸易竞争力。可以看出，在加入世界贸易组织之后，中国高技术产品出口比重的提升幅度是最大的，由 2000 年的 14.9% 提升到了 2013 年的 29.9%，贸易竞争力也

① 鲁楠、高鸿钧:《中国与 WTO：全球化视野的回顾与展望》,《清华大学学报（哲学社会科学版）》2012 年第 6 期。

得到了显著的提升。2017 年，中国高新技术产品的出口增速达到了 10.6%，2018 年 1—9 月则高达 15.5%，明显快于整体出口的增速。

表 2.1　2000—2013 年中国各类产品贸易竞争力（TC）及出口比重

年　份	工业制成品 TC	高技术产品 TC	初级产品 TC	工业制成品占出口比重 (%)	高技术产品占出口比重 (%)	初级产品占出口比重 (%)
2000 年	0.11	−0.17	−0.29	89.8	14.9	10.2
2004 年	0.11	0.01	−0.49	93.2	27.9	6.8
2005 年	0.16	0.05	−0.50	93.6	28.6	6.4
2006 年	0.21	0.06	−0.56	94.5	29	5.5
2007 年	0.24	0.10	−0.60	95	28.6	5
2008 年	0.27	0.10	−0.65	94.6	29	5.4
2009 年	0.23	0.10	−0.64	94.8	31.4	5.3
2010 年	0.22	0.09	−0.68	94.8	31.2	5.2
2011 年	0.22	0.08	−0.71	94.7	28.9	5.3
2012 年	0.24	0.09	−0.73	95.1	29.3	4.9
2013 年	0.24	0.08	−0.72	95.1	29.9	4.9

资料来源：国家统计局。

与此同时，中国的高技术产业的增速也明显快于整体行业。2017 年，中国高技术制造业增加值增长了 13.4%，明显快于工业增加值 6.6% 的增速。

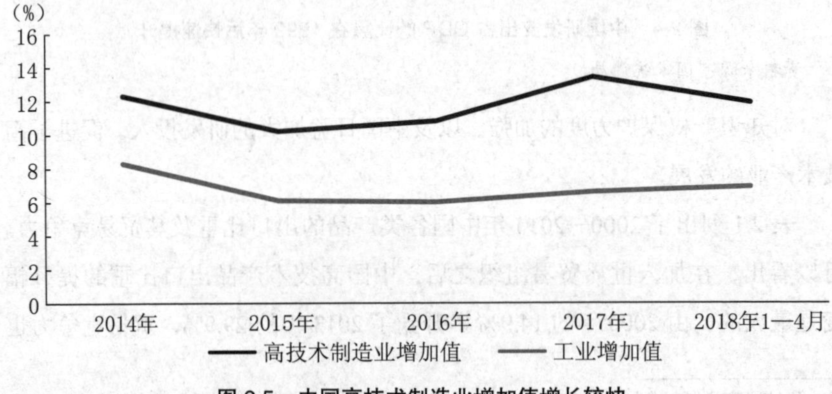

图 2.5　中国高技术制造业增加值增长较快

资料来源：国家统计局。

为了进一步实现中国技术领域的赶超，在新的一轮技术革命中占据主动地位，中国进一步确定了十大领域的重点发展方向，其包括新一代信息技术产业、高档数控机床和机器人、航空航天装备、海洋工程装备及高技术船舶、先进轨道交通装备、节能与新能源汽车、电力装备、农机装备、新材料、生物医药及高性能医疗器械。这些领域将是未来我国新兴产业发展的主要方向。

2.5　新一轮供给侧改革，重塑旧动能培育新动能

2008 年全球金融危机以后，为了缓解外贸形势恶化带来的经济下行压力，中国出台了力度较大的刺激计划。虽然带动了短期经济的回升，但是却加重了传统行业的产能过剩情况，并推升了房地产行业的高库存，并由此引发了杠杆率快速上升、银行不良资产率提高等问题。从 2012 年开始，由于传统行业的产能过剩以及房地产的库存较高等问题，我国经济面临着较大的下行压力。

2.5.1　本轮供给侧改革的背景

本轮供给侧改革的背景，主要是我国在经济结构方面存在着一系列的突出问题。其主要表现为产能严重过剩、房地产库存较高等。这些问题难以通过简单的需求管理来化解。

2014—2015 年，我国工业的产能利用率持续下滑，由 2013 年四季度的 76.8% 回落至 2015 年四季度的 74.6%。由于产能严重过剩，工业品价格指数（PPI）在 2012—2015 年间持续负增长；企业盈利也持续下滑，2015 年工业企业利润出现了 2.3% 的负增长。而在传统产业产能过剩的同时，我国在诸多新兴产业、高技术产业又存在着严重的产能不足，大量高端产品严重依赖进口，这些领域急切需要补短板，供给体系和质量有待提升。

与此同时，在经历了连续的粗放式扩张之后，房地产市场的库存高企，存在着严重的金融风险隐患。2015 年，房地产的广义存销比处于 40 个月左右的历史高位。房价也开始下跌，70 个大中城市新建商品房住宅价格指数自 2014 年 9 月起至 2015 年 11 月持续负增长。

在这一背景下，在 2015 年 11 月 10 日的中央财经领导小组第十一次会议上，提出了“在适度扩大总需求的同时，着力加强供给侧结构性改革，着力提高供给体系质量和效率，增强经济持续增长动力”。由此，供给侧改革进入新的阶段。

这一轮供给侧改革主要采取“三去一降一补”的形式，主要目的是实现钢铁与煤炭等行业的去产能，房地产行业的去库存、去金融杠杆和降成本、补短板。本质上，这一轮供给侧改革是为了实现传统产业的旧动能重塑以及新兴产业的新动能培育两方面目的。其中，去产能、去库存、去杠杆等，着眼于传统产业的改造提升；而补短板则侧重于提升整体供给体系的质量，着眼于新动能的培育。这一轮供给侧改革的效果是非常明显的。

2.5.2 传统行业产能过剩缓解，企业盈利改善

2016 年 2 月 1 日发布的《国务院关于煤炭行业化解过剩产能实现脱困发展的意见》提出，“在近年来淘汰落后煤炭产能的基础上，从 2016 年开始，用 3 至 5 年的时间，再退出产能 5 亿吨左右、减量重组 5 亿吨左右，较大幅度压缩煤炭产能”。

从去产能的运行情况来看，2016 年原计划淘汰煤炭产能 2.5 亿吨，实际去产能 2.9 亿吨。2017 年计划再退出煤炭产能 1.5 亿吨以上，实际上也已超额完成。

2016 年 2 月 1 日发布的《国务院关于钢铁行业化解过剩产能实现脱困发展的意见》提出，“在近年来淘汰落后钢铁产能的基础上，从 2016 年开始，用 5 年时间再压减粗钢产能 1 亿—1.5 亿吨”。

从运行情况来看，2016 年，原计划淘汰钢铁产能 4500 万吨，但实际去产能 6900 万吨。根据政府工作报告提出的目标，2017 年要再压减钢铁产能 5000 万吨左右，实际上也超额完成目标。

去产能促进了煤炭和钢铁等领域的市场出清，带来了行业产能利用率的提高、产品价格的提升以及企业盈利的改善。工业的产能利用率由 2016 年一季度的 72.9% 提高到了 2017 年年底的 78%。其中，2017 年年底煤炭行业的产能利用率为 68.2%，比 2016 年提高 8.7 个百分点；钢铁行业的产能利用率为 75.8%，比 2016 年提高 4.1 个百分点。

2016 年以来，我国的工业品价格指数（PPI）出现了显著的上涨，煤炭和钢铁行业的盈利也出现了大幅度的增长。

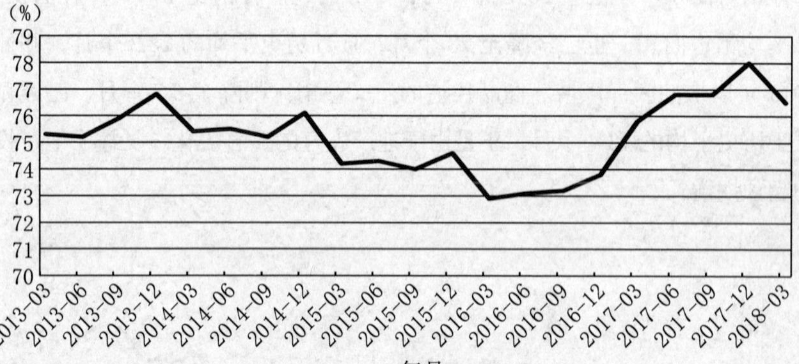

图 2.6　中国工业产能利用率明显改善

资料来源：WIND（万德数据库，下同）。

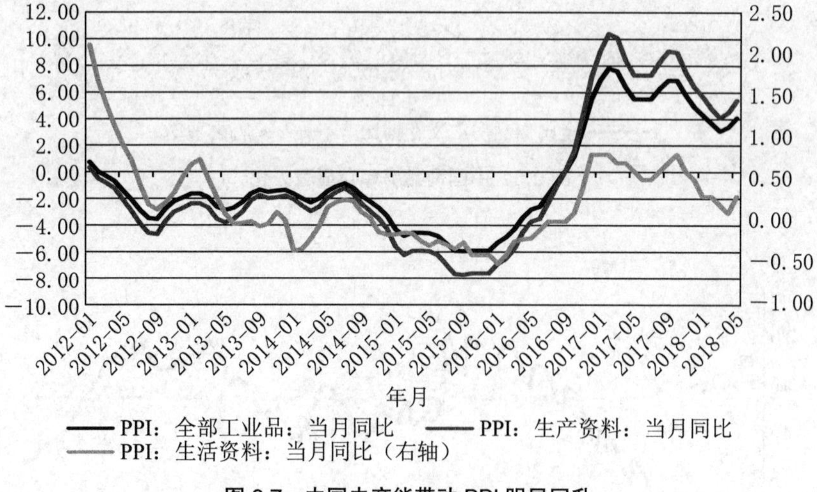

图 2.7　中国去产能带动 PPI 明显回升

资料来源：国家统计局。

2.5.3　房地产库存明显去化

受益于 2016—2017 年地产销售的强劲增长，房地产去库存也已经取得了明显的进展。狭义库存方面，截至 2018 年 5 月，全国商品房待售面积为 5.6 亿平方米，同比下降了 15.2%。

广义库存方面，采用历年新开工面积中未销售的部分来表示。考虑到新开工面积中部分为不可销售面积，广义库存面积 = 0.9 × 累计新开工面积 − 累计销售面积。而截至 2018 年 4 月，广义的地产存销比（广义库存面积 /12 月平均销售面积）也已经降至 28 个月，接近历史平均的 28.3 个月，并处于 2012 年以来的底部区域。商品住宅的广义存销比则降至 6.7 个月，已经显著低于历史平均的 13.4 个月。正是由于地产库存的显著去化，支撑了地产投资的超预期增长。

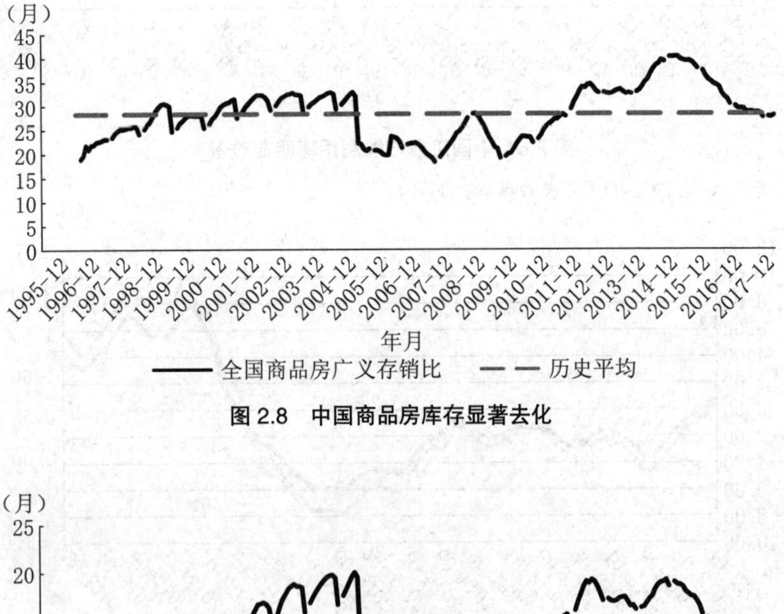

图 2.8 中国商品房库存显著去化

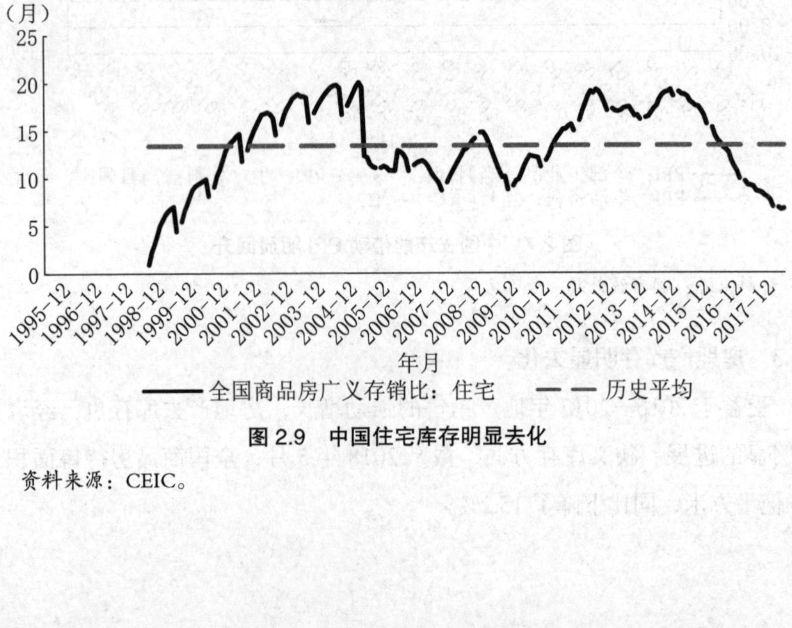

图 2.9 中国住宅库存明显去化

资料来源：CEIC。

2.5.4　减税降费　降低企业成本

2016 年 8 月 8 日，国务院印发《降低实体经济企业成本工作方案的通知》，提出的降低企业成本的途径主要包括：降低企业税费负担、降低企业融资成本、降低制度性交易成本、降低企业人工成本、降低企业用能用地成本、降低企业物流成本。

1．减税降费

降税费方面，2016 年政府工作报告提出，通过全面实施营改增等，计划减轻企业和个人负担 5000 多亿元。从实际情况来看，根据国家发改委主任徐绍史的介绍，2016 年营改增减税约 5000 亿元，涉企收费减少了 560 亿元。

2017 年政府工作报告提出，全年再减少企业税负 3500 亿元左右、涉企收费约 2000 亿元。从实际完成情况来看，2017 年全年减税降费超过 1 万亿元。

此外，降成本还涉及降低企业“五险一金”缴费比例。《降低实体经济企业成本工作方案的通知》提出，从 2016 年 5 月 1 日起的两年期限内，降低企业养老保险、失业保险和住房公积金的缴费比例。其中，对企业职工基本养老保险单位缴费比例超过 20% 的省份，将单位缴费比例降至 20%；将失业保险总费率阶段性降至 1%—1.5%，其中个人费率不超过 0.5%，对住房公积金缴存比例高于 12% 的一律予以规范调整，不得超过 12%。

从实际的运行情况来看，2016 年全国全口径和一般口径的宏观税负均出

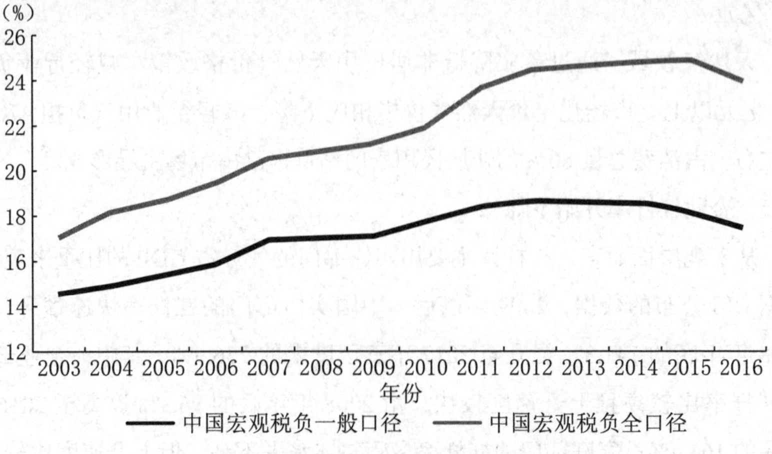

图 2.10　2016 年中国宏观税负明显下降

资料来源：WIND。

现了比较明显的下降。其中，全口径的宏观税负 = 税收收入 /GDP。该比例在 2015 年见顶后回落，由 2015 年的 24.85% 降至 2016 年的 24%。一般口径的宏观税负 =（税收收入−社保收入）/GDP，该比例由 2015 年的 18.1% 降至 2016 年的 17.5%。

2．降低用能用地成本

国务院关于《降低实体经济企业成本工作方案的通知》提出的降低用能用地成本的主要措施包括：（1）加快推进能源领域改革，放开竞争性环节价格。加快推进电力、石油、天然气等领域市场化改革。完善光伏、风电等新能源发电并网机制。2017 年基本放开竞争性领域和环节价格管制。（2）加快推进电力体制改革，合理降低企业用电成本。（3）完善土地供应制度，降低企业用地成本。

从实际进展情况来看，2016 年企业用能成本共减少了 2000 亿元。其中，电力领域降低了约 1000 亿元，天然气领域降低了约 1000 亿元。

电力降成本的手段包括：一是通过发展电力市场化交易降低电价。2016 年，全国电力市场化交易电量约占全社会用电量的 19%，度电平均降价约 7.23 分，节约电费超过 573 亿元。二是输配电价改革，已核定输配电价的电网，年降价金额超过 260 亿元。三是将基本电价计费方式变更周期由按年调整改为按季调整。完善基本电价执行方式，用电企业基本电费支出年减少约 150 亿元。

天然气领域，通过落实降低非居民用天然气价格政策，减轻行业负担 430 亿元以上。市场化定价天然气价格相应下降，减轻企业用气负担 470 亿元左右，占消费总量 80% 的非居民用气门站价格已由市场主导形成。

2.5.5 企业杠杆率开始下降

从宏观层面而言，杠杆率主要用实体部门的债务占 GDP 的比重来表示。根据 BIS 公布的数据，2009 年以后，中国实体部门的杠杆率快速攀升，由 2008 年年底的 141.3% 提升至 2017 年三季度末的 256.9%。其中，企业部门的杠杆率比较高且上升速度较快，由 2008 年年底的 96.3% 提高至 2016 年年底的 166.4%；家庭部门的杠杆率尽管整体水平不高，但上升速度比较快，由 2008 年年底的 17.9% 提升至 2017 年年底的 48.4%；政府部门的杠杆率则由 2008 年年底的 27.1% 提高至 2017 年年底的 47%。

面对快速上升的杠杆率，中国政府出台了一系列去杠杆的手段。针对企业杠杆率过高的问题，主要是通过控制产能过剩行业的融资以及通过去产能提高企业盈利的方式，来实现积极稳妥的去杠杆。针对居民部门的杠杆率上升过快的问题，则主要是通过房地产市场调控、房地产信贷控制等手段予以调节。而政府部门的杠杆率，则主要是通过地方债务整顿、PPP 项目规范以及控制非标融资等手段予以控制。企业去杠杆的成果也是比较明显的。从 2017 年开始，企业部门的杠杆率开始下降，由 2016 年年底的 166.4% 下降至 2017 年年底的 160.3%。居民部门和政府部门的杠杆率尽管仍在提高，但上升的速度开始趋于平缓。而整体的杠杆率在 2017 年四季度也出现了比较明显的下降，由 2017 年三季度的 256.9% 下降至四季度末的 255.7%。

另外一个可供参考的指标是企业的资产负债率，这使得我们可以把握工业以及细分行业的杠杆率水平。工业企业的资产负债率事实上从 2013 年以来已经有所下降，与 2013 年 4 月时的高点 58.7% 相比，2017 年年底工业企业的资产负债率已经降至 55.5%。2018 年以来，工业企业的资产负债率有所提高，这主要是因为进入 2018 年以来，工业企业的资产扩张速度有所放缓。2018 年 4 月，工业企业的资产同比增长了 2.35%，明显低于 2017 年的 5.1%。

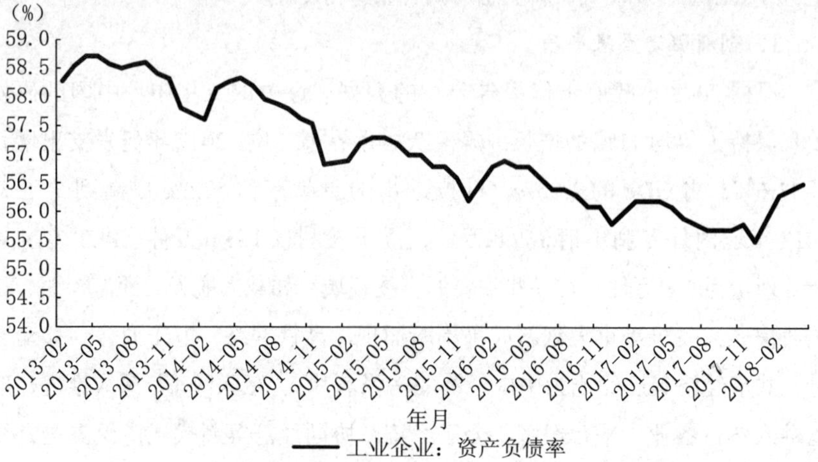

图 2.11　2016—2017 年中国工业企业资产负债率明显下降

资料来源：WIND。

2.5.6 供给侧改革进入提质增效阶段

随着传统产业产能过剩情况的缓解以及房地产库存的明显去化，新一轮供给侧改革已经进入了以“补短板”为重点的提质增效阶段。

党的十九大报告明确提出，我国经济已由高速增长阶段转向高质量发展阶段，我国社会主要矛盾已经转化为人民日益增长的美好生活需要和不平衡不充分的发展之间的矛盾。同时，提出了两个阶段的奋斗目标：第一个阶段，从2020年到2035年，基本实现社会主义现代化；第二个阶段，从2035年到本世纪中叶，把我国建成富强民主文明和谐美丽的社会主义现代化强国。在这一新的时代背景下，供给侧改革的内涵和重点也将发生相应的调整。建设现代化经济体系，必须把提高供给体系质量作为主攻方向，显著增强我国经济质量优势。在这一新的时代方略下，先进制造、高端消费以及现代服务业等符合产业升级方向的领域，将成为供给侧改革的主要推动方向；从价值链分工的角度来讲，也必然要求我国产业向价值链的中高端迈进。而人力资本、研发投入以及相应的制度安排是实现这一产业升级路径的保证，互联网、大数据、人工智能与实体经济的融合等新动能的培育则是具体的实现方式。

事实上，近年来，中国积极实施“互联网+”等战略，积极推进大众创业、万众创新，新模式、新业态、新产业蓬勃发展。

1．创新驱动成果丰硕

根据2018年政府工作报告公布的数据，过去的五年中，中国的研发投入保持了年均11%的增长，规模跃居世界第二位；2017年研发支出增长了11.6%，占GDP的2.12%。科技进步的贡献率由52.2%提高到57.5%。2017年境内外专利申请369.8万件，授予专利权183.6万件；PCT专利申请受理量为5.1万件。在一些重要的科技领域，如载人航天、深海探测、量子通信、大飞机等重大创新成果不断涌现。高铁网络、电子商务、移动支付、共享经济等已经成为中国经济的一张名片。“互联网+”深入推进，广泛融入各行各业。平台经济、分享经济、协同经济等新模式广泛渗透，线上线下融合发展。2017年网上零售额71751亿元，比2016年增长32.2%。大众创业、万众创新蓬勃发展，日均新设企业由5000多户增加到16000

多户。①

2．新动能新产业新业态加快发展

2017 年，在规模以上工业中，战略性新兴产业的增加值增长了 11%，明显高于工业的平均水平。其中，高技术制造业的增加值增长了 13.4%，占规模以上工业增加值的比重达到了 12.7%。装备制造业增加值增长了 11.3%，占规模以上工业增加值的比重为 32.7%。在服务业中，战略性新兴服务业的营业收入增长了 17.3%，营业利润增长了 30.2%。高技术产业的投资增长了 15.9%，也明显高于整体投资的增速。②

一些新产品、新产业保持了快速的增长。2017 年，新能源汽车产量增长了 51.2%，工业机器人产量增长了 81.0%；民用无人机产量增长了 67%。

| 参考文献

［1］科斯、王宁：《变革中国：市场经济的中国之路》，中信出版社 2013 年版。

［2］［美］劳伦·勃兰特、托马斯·罗斯基编，方颖、赵扬等译，《伟大的中国经济转型》，格致出版社、上海人民出版社 2009 年版。

［3］《中国户籍制度改革历史回眸》，新华社，2014 年 7 月。

［4］Yasheng Huang，Capitalism with Chinese Characteristics，Cambridge University Press，2008.

［5］《2018 年政府工作报告》。

［6］国家统计局：《2017 年国民经济和社会发展统计公报》。

［7］鲁楠、高鸿钧：《中国与 WTO：全球化视野的回顾与展望》，《清华大学学报（哲学社会科学版）》2012 年第 6 期。

（本章主持及执笔：王健）

① 《2018 年政府工作报告》。

② 《2017 年国民经济和社会发展统计公报》。

第 3 章　改革开放以来消费需求升级与产业发展

本章提要：

改革开放 40 年来，中国经济取得了巨大成就，整体经济水平得到跨越式发展，堪称经济增长的奇迹。从长期来看，一国经济要持续增长，有韧性，必须在需求侧和供给侧两端同时发力，相互协调促进，不能有短板。消费需求升级与产业发展密不可分，一方面，产业发展状况以及产业结构约束着需求消费水平和结构；另一方面，需求消费也引导和推动着产业发展和产业结构的升级。可以说，整个改革开放 40 年是中国居民消费需求升级与产业发展和结构升级的演进史。从消费需求看，改革开放初期，我国消费具有明显的模仿型排浪式特征，如 20 世纪 70 年代的“老三件”（自行车、手表、缝纫机）成为当时时尚的追求。改革开放的一定时期内，80 年代的“新三件”（彩电、冰箱、洗衣机为代表的产品）也有类似现象，这是从贫困到温饱阶段的特征。现在，模仿型排浪式消费阶段基本结束，消费结构升级，新的消费方式不断出现，个性化、多样化、多层次消费成为我国消费市场的主流。从产业发展和产业结构看，改革开放初期，面临短缺经济，生产供给不足，生产决定消费。通过市场机制的引入，生产适应需求的变化，生产能力迅速增加，人们的需求得到满足，需求消费不断升级。现在，传统产业供给能力大幅超出需求，但同时，出现有效需求乏力和有效供给不足并存，供需结构失衡，中低端过剩，中高端供给不足等新特征。因此，当前高质量发展阶段下，必须让创新成为驱动发展新引擎。一方面需要不断开辟新的消费领域和消费方式，改善、丰富人民生活；另一方面通过促进供给体系和产业结构优化升级，反过来催生新的需求。如此循环往复、相互促进，推动经济向前发展和人民生活不断迈上新台阶。

3.1 引言

1978 年年底，中国开始实行改革开放，这是决定当代中国命运的关键抉择。短短 40 年间，经济社会发生了翻天覆地的变化，中国经济连上新台阶。从总量上看，国内生产总值由 1978 年的 3679 亿元迅速跃升至 2017 年的 827122 亿元，经济规模扩大了 225 倍。40 年来 GDP 年均增长约 9.5%，即便是进入增速换挡期，党的十八大以来，经济仍实现 7% 的年均增长，远高于同期世界 2.8% 左右的平均水平。① 从人均收入来看，1978 年我国人均 GDP 为 381 元，折算成美元仅 155 美元，而 1999 年中国人均 GDP 达到 780 美元，超过当年联合国和世界银行等国际机构所定的中等收入国家最低门槛的 756 美元，而到了 2017 年，我国人均 GDP 达到 59660 元，折算成美元为 8836 美元，进入上中等收入国家行列。从国际经济地位看，1978 年中国的经济总量仅位居世界第十位，而 2008 年超过德国，居世界第三位，2010 年超过日本，居世界第二位。最近 5 年，对世界经济的增长的贡献率更是超过 30%，成为世界经济增长的第一引擎。可以说，中国改革开放 40 年取得成就堪称人类经济史上的一大奇迹。

消费和生产构成了经济增长的双引擎。从消费需求端看，消费是拉动经济增长的“三驾马车”之一，是经济增长中最基础、最稳定的需求，随着一国经济水平的不断提高，消费需求应成为经济发展的主要动力，消费需求对经济增长的贡献率和拉动作用也应该越来越高。然而，改革开放以来，消费与投资结构比例不合理的问题没有得到根本解决，表现为中国的最终消费在 GDP 中所占的比重却越来越小，呈不断下降的趋势，特别是进入 21 世纪以

① 若无特别说明，本章数据来源于历年中国统计年鉴和统计公报。

后，下降的速度变得更快，而且屡屡创出新的低点，近几年略有提升。改革开放后，中国的消费率最高点出现在1981年的67.5%，2017年降至52.1%。投资与出口的变化可以反衬消费率的下降，改革开放40年来，投资率和净出口率均在波动性中趋于上升。

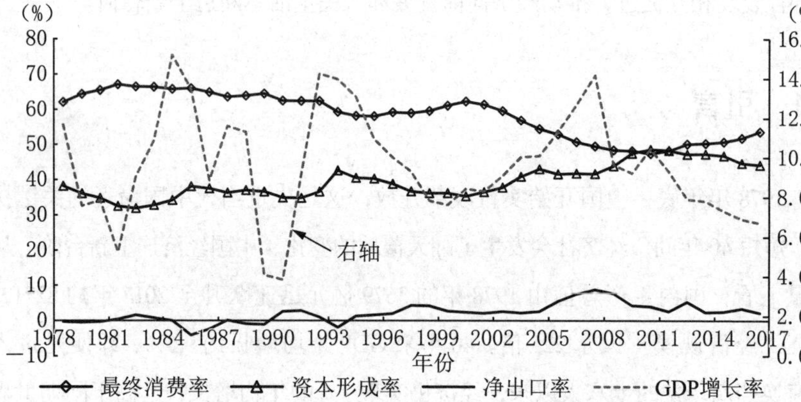

图3.1　1978—2017年中国三大需求与经济增长的关联图

资料来源：历年中国统计年鉴和统计公报。

另一方面，“三驾马车”中，消费需求对GDP的贡献率在大部分年份超过40%，在部分年份甚至达到70%以上，且自2001年以来，一直稳定在50%左右，国内消费需求已经超过投资需求成为经济发展的主要引擎。

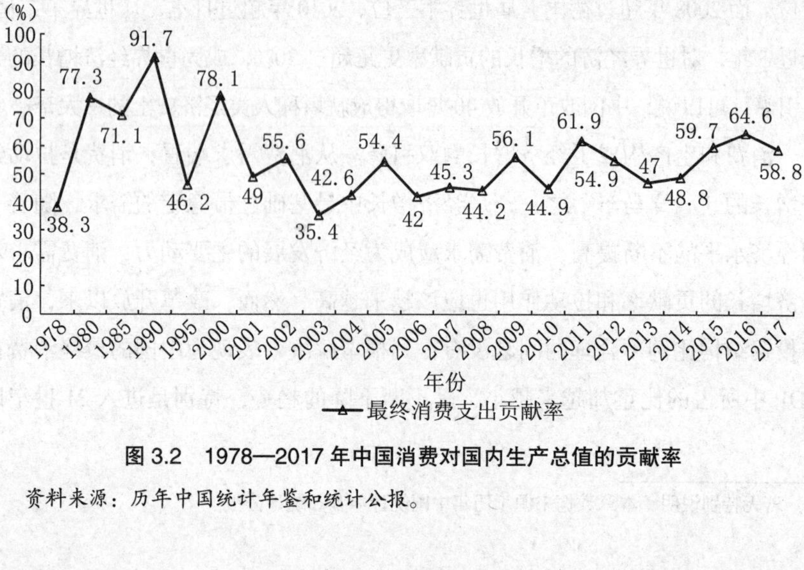

图3.2　1978—2017年中国消费对国内生产总值的贡献率

资料来源：历年中国统计年鉴和统计公报。

从体量上看，改革开放以来，长期被抑制的消费需求不断释放。社会消费品零售总额从 1978 年的 1558.6 亿元激增到 2017 年的 366262 亿元，增幅近 235 倍。其中，1980 年以及 20 世纪 80 年代中后期，随着经济体制的转轨，全社会消费品零售总额出现了高速增长；进入 90 年代后，中国经济的迅猛发展也将居民的消费能力大大释放；90 年代中期，居民消费的增长达到了最高峰；21 世纪以来，随着扩大内需的各项政策的实施，以及住房、汽车、教育等大额资产的市场化改革推进，居民消费增长率进入了一个高峰时期，2000—2011 年，社会消费品零售总额的名义增长率基本上保持在两位数以上，2011 年随着整体经济增速放缓，社会消费品零售总额增长率也有所下滑，但依然保持在 10% 以上水平。（值得注意的是，在讨论消费状况时，用得比较多的指标是社会消费品零售总额和最终消费支出。社会消费品零售总额口径仅仅包括实物性的商品消费，它不包含服务性消费和虚拟消费，如教育文娱、医疗保健、交通通信等。相比较而言，GDP 口径上的最终消费支出，除了统计实物性消费外，还包括服务消费和虚拟消费。相比于社会消费品零售总额，它的统计范围要广得多。从图 3.3 看出社会消费品零售总额增速从 2011 年开始出现下滑，但这不能简单地理解为消费失速，而更多体现的是服务性消费需求持续旺盛。）可见，消费需求潜力巨大。

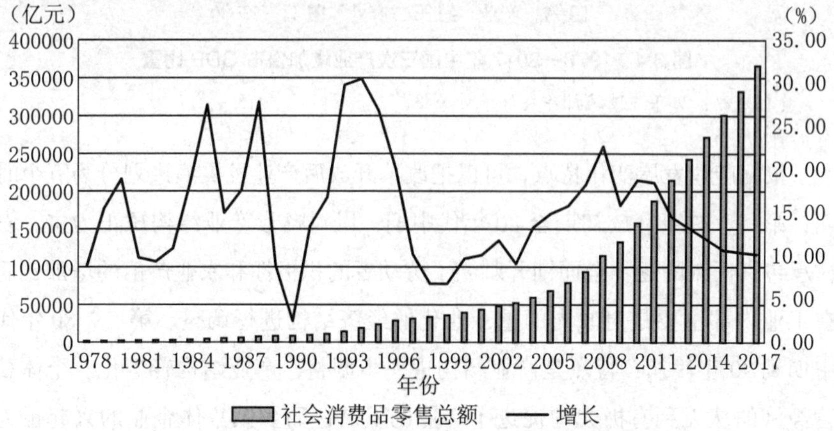

图 3.3　1978—2017 年中国社会消费品零售总额及其增长率

资料来源：历年中国统计年鉴和 Wind。

从产业端来看，改革开放之后，中国迅速启动现代工业化进程。经过近 40 年发展，中国已由一个落后的农业国成长为世界第一制造大国。改革开放以来，从三次产业产值占 GDP 比重看，1978 年中国三次产业中占最大比重的是第二产业（占 47.7%），其次是第一产业（占 27.7%），占比最少的是第三产业（占比 24.6%）。产业结构属于“二一三”结构，到了 1985 年第三产业首次超过第一产业，产业结构变成“二三一”结构，而到了 2013 年，第三产业再次超过第二产业，我国产业结构的类型变为“三二一”结构，标志着中国经济正式迈入“服务型”时代，且三产占比还处在上升通道。

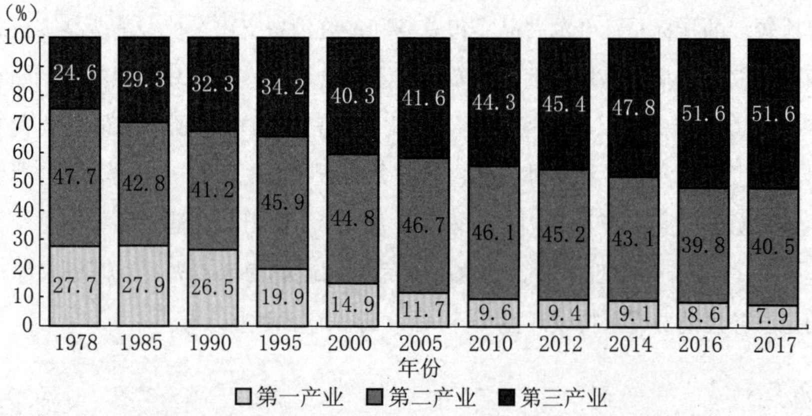

图 3.4　1978—2017 年中国三次产业增加值占 GDP 比重

资料来源：历年中国统计年鉴和统计公报。

根据产业发展变化特点，可以把改革开放后产业发展演进划分为五个时期：第一，改革开放初期至 80 年代中期：以对畸形产业结构矫正为主。农村承包责任制的逐步全面铺开刺激了劳动者的积极性和农业产值的增加，而在工业内部主要是对原先的重工业化的经济结构进行调整。第二，80 年代中期到 90 年代初：特点是产业结构进一步调整，产业结构轻型化。个体私营经济的从无到有极大地促进了产业的发展，而乡镇集体企业的兴起也为产业的发展创造了条件。第三，90 年代初到 21 世纪初：市场化改革方向确定，对外开放进一步加深，产业发展迎来机遇期。市场经济制度的确立为劳动力的流动创造了条件，也为工业经济的发展提供了动力。第四，21 世纪初到 2010 年前后：以加入世界贸易组织为契机，中国产业融入世界市场，产业发展迎来黄金时期，于 2010 年成为世界第二大经济体，终成“世界工厂”。第五，2010 年至今：产业发展正处于新旧动能转换、转型升级的关键时期。

以上分析说明了中国 40 年来产业结构与居民消费情况都发生了较大变化。消费结构的升级与产业结构的优化升级有着紧密的联系，居民消费结构升级和消费需求的变化可以带动产业发展和结构升级，进而促进经济的持续增长。可以看出，整个改革开放 40 年是中国居民消费需求升级与产业发展和结构升级的演进史。

3.2　改革开放 40 年来中国消费需求升级的演进历程

经济活动的最终意义在于不断满足日益增长的消费需求。改革开放前，我国实行的是计划经济体制，在这种体制下商品价格由国家制定，产品实行统购统销，再加上当时的生产能力相对较低，居民收入水平低，因此消费受到严重束缚。改革开放后，由于实行市场经济，居民收入迅速提高并且拥有了消费选择的自由，市场开始从卖方转向买方，居民的消费行为也在不断地发生改变，表现为消费需求不断升级。如表 3.1 所示，全国居民人均消费支出由 1978 年的 184 元增长到 2017 年的 18322 元，增幅近 99 倍；城镇居民的人均消费支出由 1978 年的 311.2 元增长到 2017 年的 24445 元，增幅达 79 倍；农村居民的人均消费支出由 1978 年的 116.1 元增长到 2017 年的 10955 元，增幅达 94 倍。经济建设上的巨大成功使人民消费水平有了大幅度改善和提高，人民生活水平经历了历史性的跨越。与此同时，消费结构发生巨大变迁，逐步由吃穿为主的生存型消费到模仿型、排浪式消费再到发展型、享受型消费，正向着个性化、多样化、多层次转型升级。改革开放以来，我国居民衣食住行等消费结构逐步经历了从低级到高级，从简单到多样化，从追求数量到追求品质的不断发展过程。

表 3.1　改革开放以来中国居民人均消费支出　　（单位：元）

年　份	全国居民	城镇居民	农村居民	年　份	全国居民	城镇居民	农村居民
1978 年	184.0	311.2	116.1	1998 年	3159.0	4331.6	1590.3
1979 年	208.0	341.9	134.5	1999 年	3346.0	4615.9	1577.4
1980 年	238.0	412.4	162.2	2000 年	3632.0	4998.0	1670.1
1981 年	264.0	456.8	190.8	2001 年	3887.0	5309.0	1741.1
1982 年	288.0	471.0	220.2	2002 年	4144.0	6029.9	1834.3
1983 年	316.0	505.9	248.3	2003 年	4475.0	6510.9	1943.3
1984 年	361.0	559.4	273.8	2004 年	5032.0	7182.1	2184.7
1985 年	446.0	673.2	317.4	2005 年	5595.0	7942.9	2555.4
1986 年	497.0	799.0	357.0	2006 年	6299.0	8696.6	2829.0
1987 年	565.0	884.4	398.3	2007 年	7310.0	9997.5	3223.9
1988 年	714.0	1104.0	476.7	2008 年	8430.0	11242.9	3660.7
1989 年	788.0	1211.0	535.4	2009 年	9283.0	12264.6	3993.5
1990 年	833.0	1278.9	584.6	2010 年	10522.0	13471.5	4381.8
1991 年	932.0	1453.8	619.8	2011 年	11570.0	15160.9	5221.1
1992 年	1116.0	1671.7	659.2	2012 年	12098.0	16674.3	5908.2
1993 年	1393.0	2110.8	769.7	2013 年	13220.4	18487.5	7485.1
1994 年	1833.0	2851.3	1016.8	2014 年	14491.4	19968.1	8382.6
1995 年	2355.0	3537.6	1310.4	2015 年	15712.4	21392.4	9222.6
1996 年	2789.0	3919.5	1572.1	2016 年	17110.7	23078.9	10129.8
1997 年	3002.0	4185.6	1617.2	2017 年	18322.0	24445.0	10955.0

资料来源：历年中国统计年鉴和统计公报。

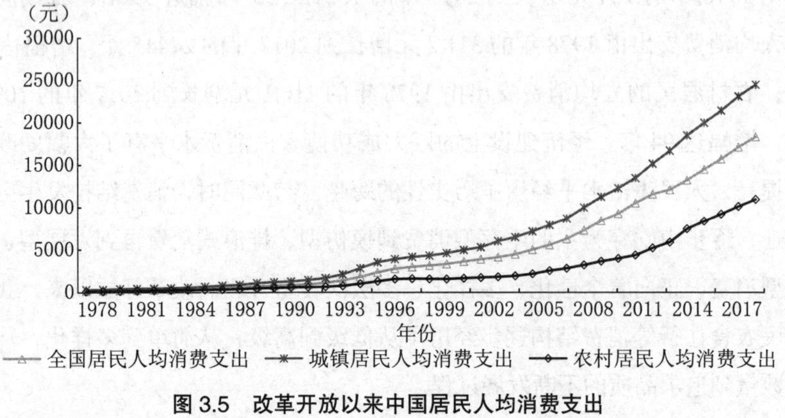

图 3.5　改革开放以来中国居民人均消费支出

资料来源：历年中国统计年鉴和统计公报。

按照通常的定义，恩格尔系数是一个国家或家庭的食品消费支出总额占总消费支出总额的比重，它衡量了生存性消费占总消费的比重，反映了一个国家和一个家庭的富裕程度，是度量生活必需品消费与非生活必需品消费结构的重要指标。食品是人类生存的必需品，根据恩格尔定律，对一个家庭而言，家庭收入越少，用于购买生存性的食物类商品的支出在家庭支出中的比重就越高；对一个国家而言，国家越穷，每个国民的平均支出中，国民消费中用于食物消费的比例就越大。因此，经济越落后、生活越贫困，恩格尔系数就越高；反之，经济发展程度越高、生活越富裕，恩格尔系数就越低。按照联合国的标准，恩格尔系数高于 59% 为生活水平贫困型；50%—59% 为生活水平温饱型；40%—50% 为生活水平小康型；30%—40% 为生活水平相对富裕型；20%—30% 为生活水平富足型，20% 以下为生活水平极其富裕型。改革开放以来，我国居民生活水平的提高带来消费结构的优化，也直接反映在恩格尔系数的变化上。本小节接下来将参照恩格尔系数的大小对城乡居民消费结构演变的分阶段进行分析（见表 3.2），以揭示城乡居民消费结构各个

表 3.2　1978—2017 年中国居民家庭恩格尔系数

年　份	城镇居民恩格尔系数（%）	农村居民恩格尔系数（%）	年　份	城镇居民恩格尔系数（%）	农村居民恩格尔系数（%）
1978 年	57.5	67.7	1998 年	44.7	53.4
1980 年	56.9	61.8	2000 年	39.4	49.1
1982 年	58.6	60.7	2002 年	37.7	46.2
1984 年	58.0	59.2	2004 年	37.7	47.2
1986 年	52.4	56.4	2006 年	35.8	43.0
1988 年	51.4	54.0	2008 年	37.9	43.7
1989 年	54.5	54.8	2009 年	36.5	41.0
1990 年	54.2	58.8	2010 年	35.7	41.1
1991 年	53.8	57.6	2011 年	36.3	40.4
1992 年	53.0	57.6	2012 年	36.2	39.3
1993 年	50.3	58.1	2013 年	35.0	37.7
1994 年	50.0	58.9	2014 年	34.2	37.8
1995 年	50.1	58.6	2015 年	29.7	33.0
1996 年	48.8	56.3	2016 年	29.3	32.2
1997 年	46.6	55.1	2017 年	28.6	31.2

资料来源：历年国家统计年鉴和 Wind。

阶段的特征及演变原因。根据中国统计年鉴上对消费结构的分类，我国居民消费结构可分为：食品、衣着、居住、家庭设备用品及服务、医疗保健、交通通信、教育文化娱乐服务及杂项商品与服务等八大类（见表3.3、表3.4），我国居民消费结构升级大致可分为以下四个时期：温饱型、初步宽裕型、相对宽裕型和宽裕型。

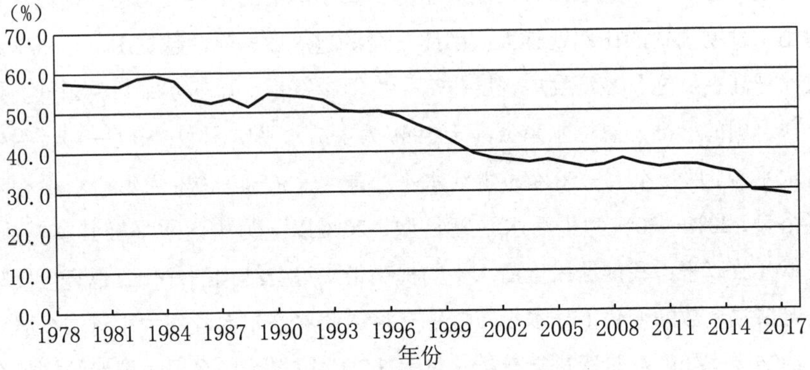

图3.6　1978—2017年中国城镇居民恩格尔系数变化趋势

资料来源：历年国家统计年鉴和Wind。

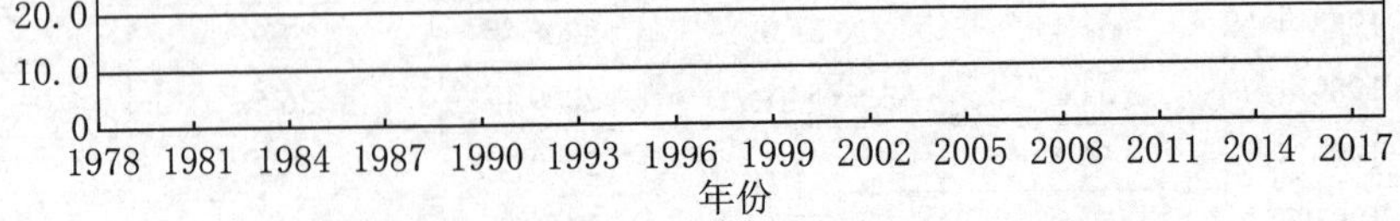

图3.7　1978—2017年中国农村居民恩格尔系数变化趋势

资料来源：历年国家统计年鉴和Wind。

改革开放40年来，中国居民的生存型消费占消费总支出的比重不断下降。据统计，中国城镇和农村居民消费恩格尔系数分别由1978年的57.50%、67.7%下降到2017年的28.6%、31.2%；发展和享受型消费比重则不断提高，城镇和农村居民交通通信、教育文化娱乐、医疗保健等消费占消费总支出的比重，分别由 1981 年的 10.79%、7.80% 上升到 2017 年的 37.06%、34.75%，消费结构升级明显。2000—2017 年，中国城镇居民人均交通通信支出年均增长 38.3%，医疗保健支出年均增长 17.6%，文教娱乐支出年均增长 15.2%，居住支出年均增长 11.8%，服务型消费支出的增长速度明显快于物质型消费支出。整体来看，对于城镇居民来说，在 1996 年转向初步宽裕，在 2000 年转向相对宽裕型，2015 年初步达到宽裕型。对农村居民来说，步伐要慢于城镇，在 2000 年才开始转向初步宽裕，2012 年开始转向相对宽裕型。

表 3.3　1978—2017 年中国城镇居民消费结构变化（人均消费支出 =100）

年　份	食品	衣着	居住	设备用品	交通通信	教育文化娱乐	医疗保健	杂项
1978 年	55.5	14.6	4.8	—	—	—	—	—
1979 年	56.2	14.7	4.7	—	—	—	—	—
1980 年	56.9	14.8	4.7	—	—	—	—	—
1981 年	56.66	14.79	4.65	9.56	1.44	8.43	0.92	3.55
1982 年	58.6	14.4	4.4	9.2	1.5	7.2	0.6	4.1
1983 年	59.2	14.5	4.4	9	1.5	6.6	0.6	4.2
1984 年	58	15.5	4.2	9.1	1.5	7.1	0.6	4
1985 年	52.25	14.56	4.79	8.6	2.14	8.17	2.48	7.01
1986 年	52.43	14.15	4.76	11.13	2.25	8.34	1.22	5.72
1987 年	53.47	13.69	4.92	9.53	2.85	8.21	1.29	6.03
1988 年	51.36	13.88	4.69	9.84	2.51	8.45	1.51	7.76
1989 年	54.5	12.32	4.73	8.62	2.89	8.62	1.73	6.6
1990 年	54.24	13.36	4.76	8.48	3.17	8.78	2.01	5.20
1991 年	53.82	13.73	5.46	8.72	3.48	8.86	2.21	3.72
1992 年	52.86	14.08	5.96	8.42	2.64	8.82	2.48	4.74
1993 年	50.13	14.24	6.63	8.76	3.82	9.19	2.70	4.52
1994 年	49.89	13.69	6.77	8.82	4.65	8.79	2.91	4.47
1995 年	50.09	13.55	8.02	7.44	5.18	9.36	3.11	3.25

（续表）

年　份	食品	衣着	居住	设备用品	交通通信	教育文化娱乐	医疗保健	杂项
1996年	48.60	13.47	7.68	7.61	5.08	9.57	3.66	4.35
1997年	46.41	12.45	8.57	7.57	5.56	10.71	4.29	4.44
1998年	44.66	11.10	10.53	7.13	6.37	12.15	4.74	3.32
1999年	42.07	10.45	11.06	7.34	7.29	13.03	5.32	3.44
2000年	39.44	10.01	11.31	7.49	8.54	13.40	6.36	3.44
2001年	38.20	10.05	11.50	7.09	9.30	13.88	6.47	3.51
2002年	37.68	9.80	10.35	6.45	10.38	14.96	7.13	3.25
2003年	37.12	9.79	10.74	6.30	11.08	14.35	7.31	3.30
2004年	37.73	9.56	10.21	5.67	11.75	14.38	7.35	3.34
2005年	36.69	10.08	10.18	5.62	12.54	13.82	7.57	3.50
2006年	35.78	10.37	10.40	5.73	13.19	13.83	7.14	3.56
2007年	36.29	10.42	9.83	6.02	13.58	13.29	6.99	3.58
2008年	37.89	10.50	10.19	6.19	12.60	12.08	6.99	3.72
2009年	36.52	10.47	10.02	6.42	13.72	12.01	6.98	3.87
2010年	35.67	10.72	9.89	6.74	14.73	12.08	6.47	3.71
2011年	36.32	11.05	9.27	6.75	14.18	12.21	6.39	3.83
2012年	36.23	10.94	8.90	6.69	14.73	12.20	6.38	3.94
2013年	35.01	10.61	9.72	6.71	15.23	12.66	6.15	3.85
2014年	30.05	8.15	22.48	6.18	13.21	10.73	6.54	2.67
2015年	29.73	7.95	22.09	6.11	13.53	11.14	6.75	2.70
2016年	29.30	7.54	22.16	6.18	13.75	11.43	7.07	2.58
2017年	28.64	7.19	22.76	6.24	13.59	11.65	7.27	2.67

注：2014年，居住消费出现了大幅度的增长，一方面反映出了由于土地政策的实施，持续推动城市住房价格；另一方面，可能由于统计局改变统计口径导致。

资料来源：历年国家统计年鉴。

表 3.4　1978—2017 年中国农村居民消费结构变化（人均消费支出 =100）

年　份	食品	衣着	居住	设备用品	交通通信	教育文化娱乐	医疗保健	杂项
1978 年	67.7	12.66	10.3	—	—	—	—	—
1979 年	63.9	13.09	11.9	—	—	—	—	—
1980 年	61.8	12.33	13.9	2.55	0.37	5.12	2.1	1.97
1981 年	59.8	12.47	16.6	2.2	0.31	5.29	2.2	1.15
1982 年	60.6	11.35	16.2	4.27	0.27	3.41	2.13	1.82
1983 年	59.4	11.28	16.9	5.64	1.45	2.3	1.77	1.21
1984 年	57.8	10.56	17.7	5.41	1.24	2.99	1.83	0.99
1985 年	57.79	9.69	18.23	5.10	1.76	3.89	2.42	1.12
1986 年	56.4	9.24	19.7	5.49	1.74	4.03	2.44	0.92
1987 年	55.8	8.59	20	5.4	2.06	4.64	2.69	0.85
1988 年	54	8.62	20.2	6.29	1.87	5.39	2.81	0.82
1989 年	54.8	9.31	19.7	6.05	1.59	5.72	3.06	0.8
1990 年	58.80	7.77	17.34	5.29	1.44	5.37	3.25	0.74
1991 年	57.6	8.24	16.5	5.7	1.66	5.87	3.6	0.81
1992 年	57.6	7.97	16.5	5.57	1.85	6.65	3.67	0.83
1993 年	58.06	7.19	13.88	5.80	2.26	7.58	3.53	1.70
1994 年	58.86	6.92	14.00	5.45	2.36	7.39	3.15	1.87
1995 年	58.62	6.85	13.91	5.23	2.58	7.81	3.24	1.76
1996 年	56.33	7.24	13.93	5.36	2.99	8.43	3.71	2.02
1997 年	55.05	6.77	14.42	5.28	3.33	9.16	3.86	2.12
1998 年	53.43	6.17	15.07	5.15	3.82	10.02	4.28	2.07
1999 年	52.56	5.83	14.75	5.22	4.36	10.67	4.44	2.18
2000 年	49.13	5.75	15.47	4.52	5.58	11.18	5.24	3.14
2001 年	47.71	5.67	16.03	4.42	6.32	11.06	5.55	3.24
2002 年	46.25	5.72	16.36	4.38	7.01	11.47	5.67	3.14
2003 年	45.59	5.67	15.87	4.20	8.36	12.13	5.96	2.21
2004 年	47.23	5.50	14.84	4.08	8.82	11.33	5.98	2.21
2005 年	45.48	5.81	14.49	4.36	9.59	11.56	6.58	2.13
2006 年	43.02	5.94	16.58	4.47	10.21	10.79	6.77	2.23

（续表）

年　份	食品	衣着	居住	设备用品	交通通信	教育文化娱乐	医疗保健	杂项
2007年	43.08	6.00	17.80	4.63	10.19	9.48	6.52	2.30
2008年	43.67	5.79	18.54	4.75	9.84	8.59	6.72	2.09
2009年	40.97	5.82	20.16	5.13	10.09	8.53	7.20	2.11
2010年	41.09	6.03	19.06	5.34	10.52	8.37	7.44	2.15
2011年	40.40	6.50	18.40	5.90	10.50	7.60	8.41	2.30
2012年	39.33	6.71	18.39	5.78	11.05	7.54	8.70	2.50
2013年	37.70	6.60	18.60	5.80	12.00	7.32	9.30	2.62
2014年	33.60	6.10	21.00	6.0	12.13	10.3	9.04	1.93
2015年	33.05	5.97	20.89	5.92	12.61	10.51	9.17	1.89
2016年	32.24	5.68	21.20	5.88	13.42	8.50	9.30	2.25
2017年	31.17	5.59	21.49	5.79	13.77	10.69	9.67	1.83

资料来源：历年国家统计年鉴。

3.2.1 从贫困向温饱型消费需求升级

第一阶段为1978—1984年，其特征表现为以满足生活基本需要的必需型消费。1978年，中国城镇家庭的恩格尔系数为57.5%，农村家庭为67.7%，全国平均值超过60%，说明全国居民支出中大部分是生存性支出，摆脱贫困、解决温饱是当时城乡家庭的主要消费特征。改革开放初期，由于逐步摆脱了计划经济体制的束缚，居民的消费需求从极大的压抑当中释放了出来，全国的消费市场得到迅速的扩张。此时，由于刚刚从生存资料极度贫乏的困境当中迈出来，居民的消费需求主要集中在满足基本生活要求，以吃穿用为主的消费市场全面扩张开来，人们更多地注重生存资料消费的数量。但是由于国内消费市场刚刚进入良性初期，各类消费品还不丰富，加之居民收入也相对较低，消费结构比较单一。

从城镇居民消费结构来看，这一阶段城镇居民消费结构的主要特征是增加对食品、衣着的支出，食物的消费支出比重从1978年的55.5%一度增加到1983年的59.20%，到1984年才略降为58.00%，衣着支出比重也从1978年的14.6%增加到1984年的15.50%，而其他六项中，除了交通通信、杂项与商品服务的比重略有上升外，居住、家庭设备用品及服务、医疗保健、教育文化娱乐及服务的比重则有不同程度的下降。这一阶段，城镇居民消费需求主要是量的增加，而没有质的改变，消费需求主要是以满足温饱的基本生存需求为主。其原因主要是此阶段是改革开放的开端，经济体制刚刚由计划经济转入市场经济，在计划经济体制下被压制的需求得以爆发。人们从用各种票据换取生活用品的时期进入自主购买时期，故而着重满足在计划经济体制下没有得到满足的温饱需求。

从农村居民消费结构来看，这一阶段农村居民的恩格尔系数基本上处于60% 以上，农村居民的生活水平处于贫困，还不能满足基本的温饱需求，但恩格尔系数在逐年下降，这一阶段最主要的特征是农村居民的食品消费比重从较高的水平上下降下来。1984 年，食品消费比重降到 57.80%，衣着消费比重降到 10.56%。食品、衣着比重过大挤占其他消费支出项目的现象有所改善，食品、衣着比重的下降给其他消费项目带来了消费空间。其中，居住比重由 1978 年的 10.3% 上升到 1984 年的 17.7%，这说明农村居民在满足基本生存需求后，追求“居者有其屋”的心态。此外，其他项目中，家庭设备及服务也有所上升。

3.2.2　从温饱向初步宽裕型消费需求升级

第二阶段为 1985—1999 年，其特征表现为从温饱向初步宽裕型消费需求升级。这一时期，中国逐步解决了温饱问题，生活水平得到了提高。在农村，家庭联产承包责任制一改过去土地制度的弊端，充分调动了农村劳动力的劳动积极性，粮食产量逐年提高，农民的收入水平也不断提高。在城镇，由于市场成分不断扩大，消费市场日益繁荣，居民收入也有很大提高。在农村，居民家庭人均纯收入从 1985 年的 397.6 元增长到了 1999 年的 2210.3 元，人均消费支出从 1985 年的 317.4 元增长到了 1999 年的 1577.4 元。在城镇，居民人均可支配收入从 1985 年的 740 元增长到了 1999 年的 5854 元，人均消费支出从 1985 年的 673.2 元增长到了 1999 年的 3346 元。随着收入绝对数的不断提高，居民的消费结构也发生了明显的改变，我国农村和城镇居民的恩格尔系数分别由 1985 年的 57.8% 和 53.3% 下降到了 1999 年的 52.6% 和 42.1%；在农村和城镇居民的消费结构中，食品消费所占的比重有了明显的下降，同时居民的文化和娱乐服务消费以及住房消费的比重不断上升。

从城镇居民消费结构来看，这一阶段的主要特征是城镇居民的食品支出从一个比较大的比重上降下来。这一阶段城镇居民在满足了基本的温饱需求后，在居住、医疗保健、交通通信、教育文化娱乐服务、杂项及服务等方面的消费需求都有不同程度增长。其中，居住由1985年的4.79%增长到1999年的11.06%，医疗保健从1985年的0.92%增长到1999年的5.32%，交通通信由1985年的2.14%增长到1999年的7.34%。以上的数据说明城镇居民从最基本的生存需求上升到满足温饱需求后，开始对享受型、发展型消费资料的追求，且享受型、发展型的消费需求在大幅度增加。这显示了我国城镇居民生活水平质的飞跃。

从农村居民消费结构来看，这一阶段农村居民的生活水平处于温饱阶段。这一阶段的主要特征是农村居民的居住支出比重先是大幅上升，后慢慢下降到保持平稳状态。其次，这一阶段另外一个明显特征表现为农村居民大幅增加教育文化娱乐的支出，教育文化娱乐的支出比重由1985年的3.91%增加到1999年的10.67%，增幅达6.76%。这说明农村居民在满足温饱需求后，着重增加了对子女的教育支出。此外，在基本的温饱需求满足后，农村居民的消费也转向了医疗保健、交通通信等项目，这些消费项目比重都有不同程度的增加。

3.2.3 从初步宽裕型向相对宽裕型消费需求升级

第三阶段为2000—2009年，其特征表现为从初步宽裕型向相对宽裕型消费需求升级。进入21世纪，特别是自中国加入世界贸易组织以来，随着经济体制改革的不断深入与完善，中国经济发展日新月异，居民的收入也有了较大的提高，城镇居民家庭人均可支配收入从2000年的6280元增长到2009年的17174.65元，农村居民家庭人均纯收入从2000年的2253.4元增加到2009年的5153.17元。由于居民收入的大幅度提高，直接导致了消费水平不断向着更高的层次迈进，城镇、农村居民人均消费支出分别从2000年的4998元、1670.1元增长到2009年的12264.55元、3993.45元。

从城镇居民消费结构来看，这一阶段的食品支出比重跌破40%，但是降幅是比较小的阶段，而衣着支出比重则基本保持不变，食品、衣着支出比重的变化符合恩格尔定律，它们的恩格尔系数并不是一直都保持下降趋势的，而是在降到一定幅度后维持稳定。此外，城镇居民的居住支出比重由2000

年的 11.31% 下降到 2009 年的 10.02%。住房是一种固定资产，它的更换需要一定的时间，此外房价的居高不下也抑制了城镇居民的住房需求。其他消费支出比重上，家庭设备用品及服务支出、杂项及服务变动不大，医疗保健是先上升后下降，原因是医疗保障制度的完善减少了城镇居民对这一项目的消费支出。变动最明显是交通通信，其比重由 2000 年 8.54% 上升到 2009 年的 13.72%，增幅达 5.18%。2000 年以来，全球加快进入互联网时代，互联网的普及增加了人们对交通通信的支出。

从农村居民消费结构来看，这一阶段农村居民的恩格尔系数跌破了 50%。这一阶段的主要特征是一方面食品支出比重继续大幅下降，另一方面医疗保健、交通通信支出比重大幅增加。其中，食品比重由 2000 年的 49.10% 下降到 2009 年的 41.00%，医疗保健由 2000 年的 5.24% 增加到 2009 年的 7.20%，交通通信由 2000 年的 5.58% 增加到 2009 年的 10.09%。以上数据说明农村居民在满足温饱需求后，开始向方便、快捷等享受型、发展型的消费需求迈进。此外，其他项目中除了教育文化娱乐支出比重有所下降外，其他消费项目都有不同程度的增长。

3.2.4　从相对宽裕型向宽裕型消费需求升级

第四阶段为 2010 年至今。2010 年以后，特别是后国际金融危机时代，世界经济进入缓慢复苏和结构调整期，不确定性因素加大；与此同时，中国市场与世界经济联系更加紧密，也面临国内经济增速下滑、产业转型升级等问题。在这种形势下，居民收入增速略微有所放缓，消费需求增速出现减缓，消费增长也进入“新常态”。城镇居民家庭人均可支配收入从 2010 年的 19109 元增长到 2017 年的 36396 元，农村居民家庭人均纯收入从 2010 年的 5919 元增长到 2017 年的 13432 元。消费水平向着宽裕层次迈进。城镇、农村居民人均消费支出分别从 2010 年的 13471 元、4382 元增长到 2017 年的 24445 元、10955 元。整体来说，2012 年以后，小康型消费结构已经逐步被替代。截至 2017 年，我国整体居民家庭恩格尔系数已降至 29.3%，正从相对宽裕向宽裕型消费迈进。

从城镇居民消费结构来看，这一阶段的食品、衣着等生存性消费支出比重基本保持稳定，除汽车、住房、通信等继续热销外，餐饮、旅游、健身、教育、文化、家庭服务、节假日传统特色商品和服务等也快速增长，居民消费向品牌化、环保化、个性化、时尚化方向发展。2015 年城镇居民家庭恩格尔系数首次降至 30% 以下。这表明随着消费的转型升级，城市居民已由物质性消费、基础性消费向精神性、发展性消费转变，消费者的核心诉求逐渐产生变化，新兴消费更加追求品质消费、体验消费、健康消费，以此衍生出居民舒适要求、智能要求、快乐要求、绿色要求、个性化要求等，将全方位升级衣食住行。

从农村居民消费结构来看，这一阶段在食品、衣着等生存性消费支出比重继续保持下降，而在居住、交通通信、文化娱乐、绿色环保、家电类耐用消费品和家用轿车等方面有很大提升。农村居民家庭恩格尔系数从 2010 年的 41.1% 降至 2017 年的 31.2%。随着农村居民收入持续较快增长、城市消费示范效应扩散、消费观念和消费方式快速更新，农村消费表现出明显的梯度追赶型特征，国家一系列的惠农政策大大减轻了农民的经济负担，同时释放了部分农民的消费能力。但同时，农民收入增长缓慢、消费动力不足、人口老龄化严重、消费主体流失、产品结构单一、基础设施投入不足、消费渠道不通畅等因素也制约了农村消费进一步升级。

3.3 改革开放 40 年来中国消费需求升级的特征

通过前文对消费需求的演进历程分析，我们可以看出，消费变迁的意义不仅仅是消费本身，还包括社会结构、社会秩序、价值观念、文化等，特定时期的消费结构折射出这一时期社会的面貌。从需求层次理论和发达国家经济发展进程来看，中国居民的消费结构变化呈现阶段性上升规律。人们的消费首先是满足基本的生存需要，其后随着经济增长和收入水平的不断提高，人们开始注重提高生活品质与生活价值，追求发展与享受型消费，消费领域也会随着产业的发展不断拓宽，涵盖教育、文化、娱乐、信息、旅游、低碳环保以及生活服务等各个方面。

3.3.1 消费升级内容：从生存性消费向发展型、享受型消费转变

根据马斯洛需求层次理论，针对特定的需求层级，居民在消费上也表现出特定的消费模式。从最低级的需求出发，需求层次理论将人的需求分为：生理需要、安全需要、社交需要、尊重需要以及自我实现需要五个层次，针

对每一特定的需求层次，居民在消费上也体现特定的消费倾向，在不同阶段，我国消费需求升级表现出不同的特征。

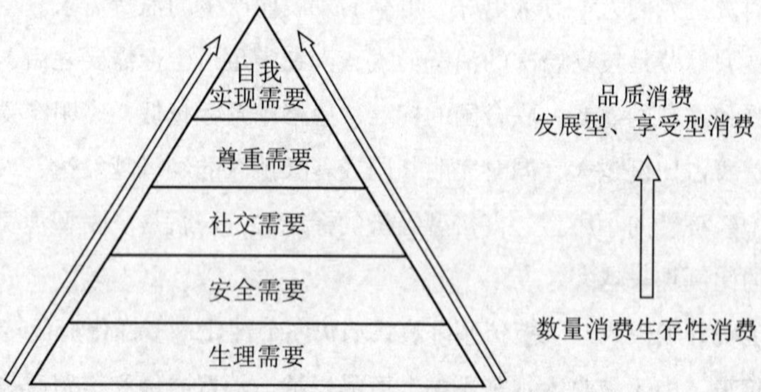

图 3.8　根据马斯洛需求理论划分的消费层次

改革开放初期，经济运行仍然存在明显的计划经济色彩。由于市场运行相对僵滞，流通渠道单一，供应仍显短缺，不少重要商品实行有计划的凭票证限量供应。预约、托关系购买的现象非常严重，并且在商品匮乏的大背景下，只要一传出涨价的风声，各大商场立刻就会涌起抢购狂潮，消费者不问好坏，一买而空。这种因商品普遍短缺造成的特殊现象一直持续到 20 世纪 80 年代末期。在这个阶段，经济发展带来居民收入水平的快速提升，居民消费需求得到极大释放，这是消费升级的核心动力。但是与整个市场供求关系一致，这个阶段消费升级受到卖方市场的制约，消费升级在供给约束逐步解除过程中实现。在供给短缺的情况下，整个经济运行以解决短缺为主，消费是为了解决温饱问题。

进入 20 世纪 90 年代后，随着改革开放进一步深化，有效供给能力显著增强，消费品市场供求关系发生了结构性转变，由卖方市场进入了买方市场，长期存在的普遍短缺状态宣告结束，市场化改革增加了居民的消费选择权，经济发展带来了居民收入水平的提高，长期受到压抑的消费需求得到空前释放，把我国的消费升级推向了一个新的阶段。在买方市场下，消费者才真正处于市场的主导地位，消费总量规模迅速扩张，同时也表现出在消费品质、消费内容等方面共同升级的特征。

进入 21 世纪，随着生活水平的提高，人们在满足基本生活需要后，就会追求精神性的享受型消费和发展型消费。享受型消费就是人们为了满足享受需要而产生的消费。比如，人们消费高级食品、娱乐用品、旅游、某些精神文化用品及服务，就是因为这些消费资料能满足人们舒适、快乐的需要。发展型消费是人们为了寻求更好、更高的发展而产生的消费需求。享受型消费和发展型消费是较高层次的消费形式，人在满足了生存需要之后，会要求满足享受和发展的需要。联合国的标准，恩格尔系数越低，表明享受型与发展型消费所占比例越大，同时表明某国或者某地区的经济越发达，人民越富裕。温饱经济转向小康型、富裕型经济的标志之一，就是享受型消费在消费支出中的比例越来越大。

3.3.2 消费升级模式：从模仿型排浪式消费向个性化、多样化消费转变

多年来，由于受收入水平不高、商品短缺、消费习俗和消费政策等多种因素的影响，中国城乡居民消费方式具有明显的排浪式消费特征。近几年，随着居民财富的不断积累和受教育程度的提高，消费行为趋于理性、多元化和个性化。在结束基本生活品的蜂拥追逐式消费后，新型的消费方式主要表现为消费者所追求的是更好的消费品质，选择更具差异性。

改革开放以来，中国居民消费结构经历了三次排浪式消费。第一次：以基本生活消费为主的初级阶段。主要追求“三转一响”的“老四件”，即自行车、缝纫机、手表和收音机。这一阶段（1978 年改革开放前后）的消费重点主要是满足基本的生活需求。第二次：以普及家用电器为主的购置生活必需品阶段。始于 20 世纪 80 年代中期的城镇居民消费从千元级向万元级，农村居民从百元级向千元级、万元级消费发展，形成了以家用电器普及为代表的耐用消费品热潮。这一阶段延续了 10 年左右，其主要标志是，在城市以排浪式消费方式普及家电商品。以彩电、洗衣机、电冰箱、录音机等为主要代表的“新四件”成为集中的消费热点，并迅速普及。“新四件”基本普及后，居民在消费选择上愿意花更多的钱添置和更新以家电为代表的高档耐用消费品，电话、空调器、家用电脑等新的消费品又逐渐进入城镇居民家庭，拥有量显著增加。与城市居民相比，农村居民消费水平和结构尚处于较低水平。在城市开始普及时，家用电器才刚刚进入农村家庭，农村居民每百户拥有彩电、冰箱、洗衣机等家电产品只相当于城市十年至十五年前的水平，而家用电脑、空调器、移动电话、轿车等耐用消费品拥有量更是微乎其微。第

三次：以住房、汽车为主要消费品阶段。家电普及后，以住房、汽车为主的新的消费热潮又扑面而来，其增势出人意料。进入 21 世纪后，居民消费不断升温，住房、电子通信产品、汽车消费等几大热点商品增势强劲，其销售额增速比总体消费品零售额增长高十几个甚至几十个百分点，大的消费热点已悄然形成并持续升温，居民消费结构向更高层次升级。

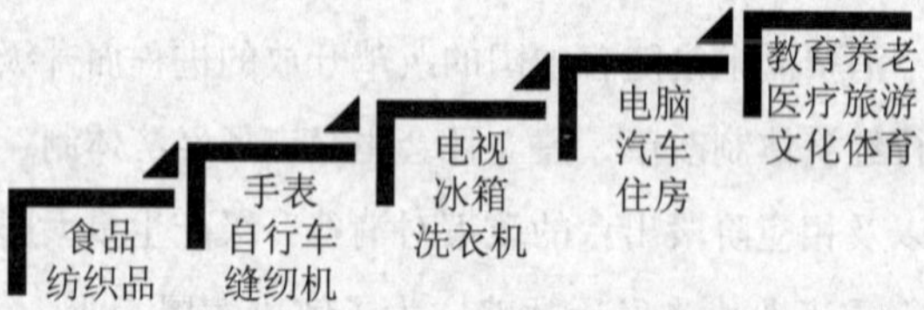

图 3.9　中国消费需求不断升级

现在模仿型排浪式消费阶段基本结束，个性化、多样化、多层次消费渐成主流。物质基础的进步为消费需求的满足提供了必要的条件，消费品的丰富及多样化为消费需求的满足提供了可能性。在物品极其丰富的今天，人们不仅仅满足于衣食无忧，而且要不断追求消费的更高境界和层次。追求消费的舒适与享受，追求消费带来的成就感、归属感和身份地位的认同感，已经成为现阶段消费的重要内容和形式。与以前物质文化生活简单划一、物质短缺相比，当代居民的消费选择空间大大增加，不同阶层由于个性特征、经济实力和收入水平不同，产生了多样化的消费需求，人们对衣、食、住、行、用、文娱、医疗、教育等诸多领域都有了更加丰富的要求。

与消费需求多样性密切相关的是当代社会中居民消费的个性化特点。现代社会更加开放与包容，人们普遍拥有了更大范围的自由与平等，不再像以前一样强调整齐划一与绝对平均。在消费领域，人们希望通过自身消费的个性化来树立其消费领域内的话语权，以此获得身份认同和自我表达，拥有突出自我的消费观念。追求高雅、层次、个性、品位、风格的消费需求越来越多。人们在消费过程中不仅仅关注消费品的使用价值，更关注其符号价值和象征意义；还要求商品具有艺术气息、消费环境的美化与舒适，希望提升消费场所的和谐氛围与艺术性。除了自然消费环境的优化之外，社会消费环境的健康与文明也成为当代消费文化的一个新的追求目标。

3.3.3 消费升级进程：城镇先行，城乡互动，受政策影响较大

中国长期的城乡二元经济结构反映在消费需求上也呈现出城乡消费二元结构。除了改革开放初期，因为改革的起点在农村，所以消费的热点也体现在农村对“三大件”的畅销上。1985年之后，改革的重点开始转向城市，后来每一次消费热点都是由大城市传播到小城市，由小城市再普及农村。从前文对城乡恩格尔系数分析来看，农村总体消费升级要滞后于城市10年左右。

另一方面，消费需求是随着中国的改革开放的进程而升级的，改革开放的重点就是进行经济体制改革，建立社会主义市场经济体制，因此，改革开放的阶段变化以及相应阶段出台的政策对消费升级产生重大影响。改革开放前由于中国实行重工业优先发展战略，为了解决发展工业所需的原始资本，政府政策取向选择了牺牲农业和轻工业。在农村，严格限制户籍转移，用“剪刀差”的形式换取城市和工业的发展。在城市，执行“重积累，轻消费”的消费政策，通过计划供给和粮票等形式力图将居民消费水平稳定在最低限度，为重工业发展奠定基础。改革开放后，可以把消费政策划分为放开消费—适度消费—鼓励消费三个阶段。

表3.5 改革开放以来我国消费政策的变迁

时　　间	政策特点
1978—1990年	**放开消费阶段**。这一阶段国家开始打破了原有的计划经济体制，引入市场激励机制，激活了市场主体的活力，经济体制转向“双轨制”，消费政策逐渐放松，消费品的供给开始丰富，这些措施造成了消费需求的急速膨胀，进而造成了20世纪80年代后期的通货膨胀以及抢购风潮。为了抑制经济过热，政府又采取了紧缩的政策，消费市场出现疲软，整体来说这个阶段，居民消费呈现“放—乱—收”的过程。
1991—1998年	**适度消费阶段**。经历上一阶段的调整以及社会主义市场经济体制的确立，这一阶段出台的多项政策对居民消费行为以及消费结构升级产生了重大影响。例如，开始取消城镇居民的福利性分房制度，实行住房商品化、货币化；国有企业改革，打破就业“铁饭碗”；全面推行医疗和教育改革等。综合起来看，这一阶段的经济改革目标是深化各个领域的市场化改革，居民开始面临不确定性，通过增加储蓄以防范未来的种种不确定风险。
1999年至今	**鼓励消费阶段**。亚洲金融危机以后，由于长时期的经济增长模式依靠投资驱动，导致居民最终消费率不断下降，政府提出启动内需、刺激消费政策。例如，进行分税制改革、取消农业税、完善城乡医保等政策旨在改善居民预期，刺激消费潜力释放。随着扩大消费需求的长效政策逐步建立，居民的消费结构开始处于快速变动状态。

3.4　改革开放 40 年来中国消费需求升级与产业发展的关系

3.4.1　消费需求升级与产业发展的关系

在开放经济条件下，消费升级与产业结构升级之间不存在必然的决定关系，但消费升级和产业结构调整间存在很强的关联性，在封闭经济体条件下，产业结构和发展水平决定了消费结构，消费结构升级又决定着产业结构的变迁，二者通过收入、价格体系以及资源配置相互促进相互影响，任何一方都不可能单方面发展，都会受到另一方的制约。在短缺经济中，生产力水平较低，产品无法满足人们的需要，基本上是生产什么就消费什么，生产决定消费，生产不足则消费不足，此时是产业发展状况决定居民的消费。在生产过剩的情况下，生产者要根据市场需求来进行生产，否则产品就会出现滞销；在过剩经济中，是居民消费状况引导产业发展，居民的消费结构变动决定产业结构的变迁。

当居民消费结构发生变动时，首先会引起最终产品数量和结构的变动，最终产品数量和结构的变动会引起对投入品需求的变动，对投入品需求的变动又会影响投入品的生产，因此居民消费结构升级会引起资源在不同产业间的重新分配。从长期而言，消费结构的变动决定着产业结构的变化，产业结构必须根据消费结构变动的方向进行调整。其作用机制如下：

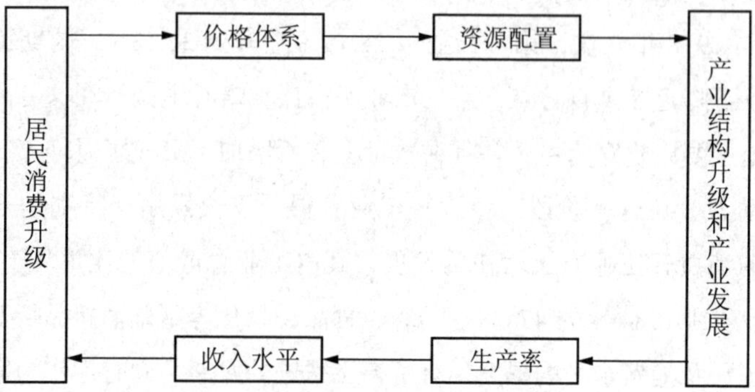

图 3.10　消费升级与产业发展的关系

如图3.10，假定市场机制存在，则市场经济条件下市场机制传递着消费升级对产业结构的影响，随着收入的提高，居民消费升级会改变相对价格体系，从而引导资源在不同产业间流动，推动产业结构变化，满足居民消费升级的需求。同时，各产业的发展也增加了居民的收入水平，消费者为实现自身效用最大化，必然会调整现有的消费结构，提高自己的消费水平，由此又引起价格体系变动和产业结构新一轮调整，消费升级通过价格体系在不同产业间配置资源，促进产业结构升级；产业结构升级促进居民收入提高，收入提高又促进消费升级，不断地循环往复，保持经济不断增长。在实际经济运行过程中，消费升级通过一系列中间因素影响产业结构升级。首先是通过需求收入弹性，由于不同产品具有不同的收入弹性，在收入水平提高以后，收入弹性低的产品需求就会减少，而收入弹性大的商品的需求则相对增加，这都促进消费结构的不断变动，同时新产品的不断出现也在使居民消费选择不断扩大；其次是通过对现有的价格体系进行影响，在消费结构不断升级的情况下，由于不同商品有不同的价格弹性，导致不同商品间的相对价格会发生变化，从而引起相应产业产出变动，继而推动产业结构发生变化。

3.4.2 改革开放初期从贫困到温饱阶段的消费需求升级与产业发展

由于我国的改革开放首先由农村以农业作为突破口，在农村家庭联产承包责任制的改革取得了巨大成功之后，城镇的工商业改革也逐渐开始。1981年开始从计划经济向市场经济转轨，具体表现为价格双轨制的推行。企业生产具有了一定的自主性和市场引导，终端消费性工业品的生产迅速扩张。此间产业结构变动的显著特点是第一产业占国内生产总值的比重迅速上升：1984年与1978年相比，第一产业由28.19%上升到32.13%，同期第二产业所占比重下降近5个百分点，第三产业所占比重略有上升。在这一阶段上的消费支出主要以吃穿为主，并且在数量上有所增加，形成了对轻工行业发展的主要动力。在这一阶段，我国轻工业获得了飞快发展，特别是与居民息息相关的消费轻工业有了较快的发展，其占工业总产值的比重从1978年的43.1%上升到1984年的47.0%。纺织、食品、日化等基础消费品行业由于居民收入水平及消费水平的提高，有了突飞猛进的发展。同时，作为第一产业的农业比重也大幅上升。

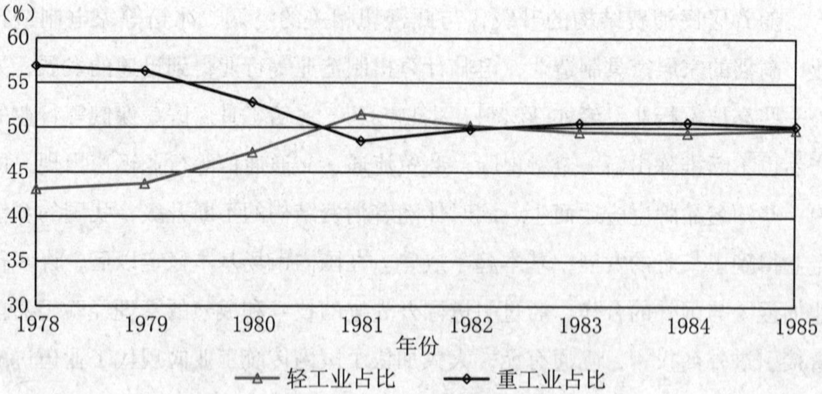

图 3.11　改革开放初期我国轻重工业占比变化

资料来源：历年国家统计年鉴。

3.4.3　从温饱型阶段向初步宽裕型阶段的消费需求升级与产业发展

20 世纪 80 年代中后期中国所有制结构调整，多种所有制共同发展，以乡镇企业为代表的民营经济异军突起，发展迅猛。由于消费结构从温饱型过渡到了初步宽裕型阶段，居民的收入不断提高，消费需求大大增加，消费结构迅速升级，从而引起了产业结构的变动与调整。在三次产业中，第一、二、三产业对经济增长的贡献份额则发生了很大的变化。其中，第一产业所占比重从 1985 年的 27.9% 降到了 1999 年的 16.3%；第二产业的贡献率基本保持稳定，从 1985 年到 1999 年一直维持在 40% 左右；而第三产业对经济增长的贡献份额保持了快速的增长，从 1985 年的 29.3% 上升到 1999 年的 39.1%，上升将近 10 个百分点。居民消费需求的快速扩张，也迅速促使消费品工业对工业原材料的需求增大。由于工业原材料需求增大，从而使得位于工业最上游的原材料工业得到了迅速的发展和壮大，随着煤炭、电力、冶金、石油化工等资源性行业的不断扩张，我国第二产业迎来了从传统轻工业向现代轻工业的第一次转型。一些与人们吃穿住密切相关的行业特别是纺织、食品、建筑、建材等行业得到了长足的发展，并成为第二产业的支柱产业；同时，新兴的第三产业迅速崛起并发展壮大，从而顺利地实现了我国三次产业结构的第一次转型，三次产业结构比例比较合理，从而加速了我国实现工业现代化的步伐。

随着居民消费结构的升级，与此密切相关的空调、冰箱等家电制造行业，高档的家居家具制造业，电脑计算机制造业等行业得到迅速的发展，另外一些高技术行业，诸如新材料、生物制药、通信工具、医疗保健等行业的产品也不断推陈出新，金融保险、商贸流通、交通通信等行业迅速出现，国内一些知名品牌也应运而生，同时伴随着消费结构的不断升级，我国的乡镇企业得到了长足的发展，基本趋于成熟。在国内市场基本稳定以后，许多行业加强了与国外的合作，通过引进国外先进的技术和成熟的管理经验，甚至直接引进外商投资，互通有无，大大加快了国内传统工业向现代工业迈进的步伐。

伴随着消费结构的变动与升级，我国的产业结构也得到了较大的改善。从整体来看，我国居民消费结构的变动对产业结构的影响从无到有，其作用越来越明显。随着需求的增大，我国产业结构也不断转换。在产业结构的调整不断与消费结构相适应的过程中也出现了一系列问题。由于消费结构的不断升级，人们消费已不再局限于消费品的数量，而是有了更加理性的选择，此时，产业结构若不能及时根据消费结构的变动来作相应的调整，就会出现供求失衡。从总体来看，此阶段，消费结构对产业结构的带动作用虽然明显带有粗放性和盲目性，然而在一定程度上来讲，消费结构已经摆脱了计划经济时期的被动局面，从真正意义上对产业结构的调整和转换起到了重要的作用。

3.4.4 从初步宽裕型向相对宽裕型阶段的消费需求升级与产业发展

21世纪初，城乡居民的服务型消费需求增长较快，旅游、交通通信、教育文化娱乐、医疗保健等逐渐成为新的消费热点，带动居民消费结构不断升级。同时，居民对住房的需求随着收入的增加而不断扩大，居民对住房的条件要求也随之升高，不断扩大的住房需求推动着我国房地产业的蓬勃发展，城镇面貌日新月异，房地产业的发展推动着建筑、化工、装饰、商贸等行业的迅速崛起与发展。

居民消费结构的升级和变动不断影响着产业结构的调整，三次产业结构比重也发生了明显的变化。第一、二、三产业对GDP的占比由2000年的14.7∶45.5∶39.8转变为2009年的9.8∶45.9∶44.3，从数据可以看出，第一产业对 GDP 的占比呈现出逐年下降趋势，将近下降了 5 个百分点。可见，随着居民收入和消费水平的不断提高，居民在食品上的消费比重在稳定地下降，引起了第一产业农业的比重不断下降。同时，第二产业的占比基本稳定。相反，第三产业的占比则进一步上升，前后上涨了大约 5 个百分点，在三次产业中比值变动最为明显。这主要是因为当前我国居民的消费结构已经进入追求生活质量的享受型发展阶段，更加注重生活的质量，注重享受人生，居民消费需求得到了前所未有的巨大的拓展，在消费过程中，也更加注重精神层面的满足，因此，作为第三产业的服务业正是迎合了这个阶段居民的消费心理和消费意愿，有了突飞猛进的发展。服务型消费需求的满足，需要快速发展的服务业作支撑。同时，服务业的快速发展有利于吸纳就业，提高居民的整体收入与消费能力，其在消费结构与产业结构升级中的重要性日益凸显。

但从 2005 年开始，服务型消费的增长速度有所放缓，居民消费结构升级遇到瓶颈。上述现象产生的主要原因除了居民收入增长放缓以外，另一个重要原因是城市房价高企，对旅游、交通通信、教育文化娱乐、医疗保健等服务型消费形成了一定挤出效应。解决好“房子是用来住的”这一难题，将有效推动我国居民消费结构的进一步升级。

3.4.5　从相对宽裕型到当前阶段我国消费需求升级与产业发展

2010 年以来，消费需求升级与产业发展的互动更加频繁密切。伴随互联网时代的到来，居民消费需求出现许多新的变化，从过去的模仿型排浪式消费转向个性化、多样化、体验化、精品化消费，新的消费需求与消费形态不断涌现。基于互联网信息技术的智能手机、移动支付、电子商务、快速物流等开始为人们所熟知，呈爆发式增长态势，网购成为消费增长的主要驱动力之一。O2O、B2C、电商、微商、“网红经济”等新的商业模式和新的情景业态迅速被人们接受，以异军突起之势迅速向国民经济各行各业渗透。电子商务给企业、政府、消费者等相关主体都带来了一场深刻的革命。电子商务的产生大大缩短了地理意义上的距离，同时也产生了一种全新的企业与消费者直接交流的新型商业模式，这种商业模式以及便利性和快捷性正在为更多的消费群体所接受。统计数据显示，2010 年网络零售占社会消费品零售额比重只有2.9%，而到了2017年这一比重达到19.59%。

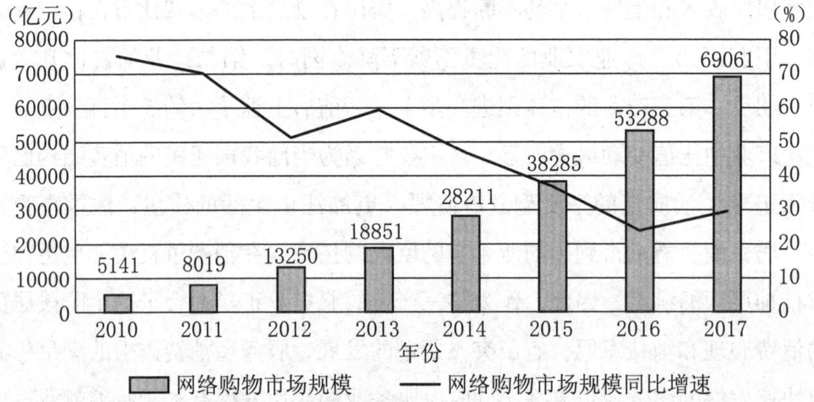

图3.12　中国网络购物市场规模及同比增速

资料来源：艾瑞咨询。

同时，随着中国经济发展，居民收入水平不断提升，消费能力不断增强，居民消费者的核心诉求逐渐产生变化，新兴消费更加追求品质消费、体验消费、健康消费，由此催生出服务性产业（教育、健康、养老、文化、旅游等）、信息产业（互联网与协同制造、智能终端产品、"互联网+"等）、绿色环保产业（生态有机食品、节能节水器具、绿色家电、绿色建材等）等相关产业的迅速发展。

近年来，消费需求不足是我国经济运行中的突出问题，而产业结构失衡是当前我国消费需求不足的根源。随着我国居民生存型消费需求已基本得到满足并正向发展型、享受型消费需求升级过渡。生存型消费（包括食品和衣着类）的比重逐步下降，同时发展型、享受型服务消费（包括居住类、交通通信类、文教、娱乐用品、医疗保健类、旅游）比重则不断上升。但是，产业结构的发展却滞后于消费结构升级变化的需要，致使居民消费结构优化升级困难重重。导致结构性矛盾日益突出，"产能过剩"与"消费抑制"并存现象。但是，我国的"产能过剩"并非全面的过剩，而是一种"结构性过剩"，即在一般消费品过剩的同时，却有不少服务需求得不到较好的满足。因此，要扩大消费需求必须对产业结构进行调整和优化，实现产业结构与消费结构的协调，从而建立起促进消费需求增长的长效机制。

表 3.6　中国消费升级重点领域与相关重点产业发展

政策指引	消费升级重点领域与相关重点产业发展
2015 年 11 月 19 日，国务院关于积极发挥新消费引领作用加快培育形成新供给新动力的指导意见	**服务消费**：教育、健康、养老、文化、旅游等服务消费；职业技能培训、文化艺术培训等教育培训消费；健康管理、体育健身、高端医疗、生物医药等健康消费；家政服务和老年用品、照料护理等养老产业；动漫游戏、创意设计、网络文化、数字内容等新兴文化产业及传统文化消费升级；乡村旅游、自驾车房车旅游、邮轮旅游、工业旅游。 **信息消费**：互联网与协同制造、机器人、汽车、商业零售、交通运输、农业、教育、医疗、旅游、文化、娱乐等产业跨界融合；可穿戴设备、智能家居等智能终端产品。 **绿色消费**：生态有机食品，空气净化器、净水器、节能节水器具、绿色家电、绿色建材等。 **时尚消费**：体现个性特征的时尚品牌商品和服务；通用航空、邮轮等传统高端消费。 **品质消费**：更加安全实用、更为舒适美观、更有品味格调的品牌商品。 **农村消费**：交通通信、文化娱乐、绿色环保、家电类耐用消费品和家用轿车等；分布式能源、农业废弃物资源化综合利用和垃圾污水处理设施。
2016 年 4 月 15 日，国家发改委关于促进消费转型升级的行动方案	汽车消费扩大、旅游休闲升级、康养家政服务扩容、教育文化信息消费创新、体育健身消费扩容、绿色消费增强。
2016 年 8 月 24 日，质检总局、国家标准委消费品标准和质量提升计划（2016—2020 年）	家用电器、消费类电子产品、家居装饰装修产品、服装服饰产品、妇幼老年及残疾人用品、化妆品和日用化学品、文教体育休闲用品、传统文化产品、食品等重点领域。

资料来源：作者自行整理。

3.5　高质量发展阶段性下消费需求升级与产业发展的未来展望

当前我国经济发展进入了新时代，新时代的基本特征就是我国经济已由高速增长阶段转向高质量发展阶段。高质量发展应当不断提供更新、更好的商品和服务，满足人民群众多样化、个性化、不断升级的需求。一方面需要不断开辟新的消费领域和消费方式，改善、丰富人民生活，另一方面通过促进供给体系和产业结构优化升级，反过来催生新的需求。如此循环往复、相互促进，推动经济向前发展和人民生活不断迈上新台阶。

2018 年以来“消费降级”成了被频频提起的词语，一方面居民人均可支配收入增速开始放缓，另一方面居民杠杆率快速上升（如居民房贷压力）。收支两个方面的承压，使得消费意愿逐年下降。而随着低端商品崛起以及消费数据疲软，社会上得出了“消费降级”的结论。究竟中国居民消费是升级还是降级，一时间成为社会广泛讨论的焦点。在笔者看来，“消费降级”其实是伪命题。“消费降级”更多的是体现消费结构调整。部分群体的“消费降级”主要原因在于，随着居住、汽车、教育、文化娱乐等方面支出的增多，在总收入一定的情况下，对生活必需品消费的压缩，体现出的是消费结构的调整，其实质正在经历消费升级。

展望新时代和高质量发展阶段，注重品牌和消费品质将是今后一段时间消费升级的主导方向。未来消费变革会越来越快，消费占 GDP 贡献率会不断提升，成为拉动中国经济成长的主要动力。中国中产阶层的人数在未来 20 年将从 2.3 亿人增加到 6.3 亿人，将成为消费结构升级的主力军。乡村振兴计划、新型城镇化的改革红利将有力推动农村消费结构升级，解决消费升级城乡不平衡不充分的矛盾。人口老龄化已经成为经济新常态的重要特征，未来几十年间，中国的老年人口的数量将快速增长，党的十八届五中全会后“二孩政策”已全面放开，“银发经济”以及“二孩经济”将直接影响下一阶段消费结构的升级方向。国家对环境治理的重拳出击，将引导消费向低碳、绿色、环保的方式转变。移动互联网、大数据、云计算、人工智能等新一轮技术革命，“互联网 +”的深入推进与数字经济的进一步发展，将直接催生一批批新的消费增长点，同时也将深入影响到传统热点消费领域，并引领和带动传统消费领域不断升级。

推动高质量的供给，就是要提高商品和服务的供给质量，应加快供给侧结构性改革促进供需平衡，更好满足日益提升、日益丰富的居民需求。首先，要大力推进“去产能”与“去库存”，通过淘汰落后产能并加快改造传统产业，为新的产业发展腾挪空间和资源，推动生产要素从产能过剩、老化的产业向支持消费结构升级的产业转移。其次，建立以消费需求为导向的产业促进机制。新兴消费应以引领型消费群的现实需求和潜在需求为导向，发展新兴产业，打造消费品牌，重视消费者体验，积极开发引领未来的消费产品。同时，加快培育高端消费品产业，通过政策引导和强化技术创新激励，逐步发展国内高端消费品制造业的孵化器，促使境外消费回流。最后，通过深化供给侧改革，有效化解当前供需结构的失衡与错配矛盾，通过引领制度创新、技术创新、产品创新，满足居民消费结构升级的需要。伴随着购物环境的改善、产品结构的完善以及产品品质的上升，整体的消费质量将不断地提高，消费规模和数量持续扩大，消费经济不断发展，真正地发挥内需对经济发展的促进作用。

我国经济已站在新的起点上，未来几年是我国转变发展方式、全面建成小康社会的战略机遇期。经济增长速度换挡，经济结构深度调整和升级，经济发展动力机制转换，将成为这一时期我国经济社会发展的突出特征。因此，扩大消费需求并形成一批批消费增长点，着力形成创新驱动、消费驱动、市场驱动的产业发展方式，是我国经济健康可持续发展的关键。总之，新时代和高质量发展阶段要以体制机制创新激发新活力，形成消费升级、产业发展、经济增长与创新驱动的发展路径，满足人们日益增长的美好生活需要。

参考文献

［1］国家统计局:《中国统计年鉴》,《中国统计公报》。

［2］干春晖等:《2017 中国产业发展报告：新旧动能转换》，上海人民出版社 2017 年版。

［3］汪伟:《扩大消费需求的长期政策与长效机制研究》，学林出版社 2018 年版。

［4］赵金蕊:《中国居民消费的影响因素及其经济增长效应研究》，经济科学出版社 2014 年版。

［5］王得新等:《中国经济热点问题研究》，天津人民出版社 2016 年版。

［6］任兴州、王徽、王青等:《新时期我国消费新增长点研究》，中国发展出版社 2014 年版。

［7］臧旭恒:《转型时期消费需求升级与产业发展研究》，经济科学出版社 2012 年版。

［8］王蕴、黄卫挺等:《消费升级问题研究》，经济科学出版社 2013 年版。

［9］干春晖、郑若谷、余典范:《中国产业结构变迁对经济增长和波动的影响》,《经济研究》2011 年第 5 期。

［10］汪伟:《如何构建扩大消费需求的长效机制》,《学术月刊》2018 年 1 月。

［11］李伟:《高质量发展有六大内涵》,《人民日报海外版》2018 年 1 月。

［12］李维:《供给侧改革对我国消费经济的影响》,《消费导刊》2018 年 1 月。

（本章主持及执笔：汪伟、刘万春）

第 4 章　改革开放以来中国产业组织创新发展

本章提要：

1978 年党的十一届三中全会以后，中国开始了企业改革，即企业制度改革，这是中国经济体制改革最重要的组成部分[①]。经过 40 年的改革与开放，中国企业已经取得历史性的重要成果，与中国特色社会主义市场经济体制相匹配的现代企业制度体系已经建立。自改革开放以来，中国企业的改革创新历程大致划分为四个阶段：第一阶段是 1978 年到 1992 年，企业改革的重点是对国有企业"放权让利"，允许私营经济及外资经济发展；第二阶段是 1993 年以后，国有企业改革进入以产权制度改革和建立现代企业制度为中心的阶段，开始解决"人多债重"的问题，同时加快非国有、非公有制经济发展的步伐；第三阶段是 2003 年至 2012 年，国资委成立后，新的"国资监管"体制形成，意在解决国有企业的委托—代理问题，同时期的私营企业经过二三十年的积累，获取了极大发展；第四阶段是 2013 年之后，新一轮的国资国企改革已经启动，以国有企业分类改革、混合所有制、成立国有资本流动平台等为主要内容，期望通过改革激活国有资本和国有企业，同时

① 陈小洪：《中国企业改革的历史性成果及主要经验》,《湖北社会科学》2008 年第 11 期。

期的私营企业已经逐步培养了竞争优势和竞争力，部分优秀企业已经在全球市场上崭露头角。纵观 40 年来中国企业的改革开放成就和经验，主要表现在四个方面：一是坚持解放思想、事实就是；二是坚持市场化的改革方向不动摇；三是坚持系统性的制度创新；四是实践出一条中国企业的复合成长之路。虽然改革开放取得了举世瞩目的成就，但面向未来，中国企业发展仍然面临着一些问题和挑战。比如，国有企业“做大容易、做强难”的问题、国有资本退出面临的风险、“僵尸企业”难以清理等。再如，民营企业的市场准入仍然受到限制、融资约束依然存在、税费负担还不尽合理、权益保障还不够等。未来，国有企业方面，我国需要将国资国企改革进行到底；政府改革创新方面，需要不断转变政府职能，营造更加公平的营商环境；企业发展方面，需要抓住“一带一路”建设机遇，培育国际化经营能力。

4.1　改革开放以来企业改革创新的历程

40 年来，中国企业的改革开放大致可以划分为四个阶段：第一阶段是 1978 年到 1992 年，企业改革的重点是对国有企业“放权让利”，允许私营经济及外资经济发展；第二阶段是 1993 年以后，国有企业改革进入以产权制度改革和建立现代企业制度为中心的阶段，开始解决“人多债重”的问题，同时加快非国有、非公有制经济发展的步伐；第三阶段是 2003 年至 2012 年，国资委成立后，新的“国资监管”体制形成，意在解决国有企业的委托—代理问题，同时期的私营企业经过二三年的积累，获取了极大发展；第四阶段是 2013 年之后，新一轮的国资国企改革已经启动，以国有企业分类改革、混合所有制、成立国有资本流动平台等为主要内容，期望通过改革激活国有资本和国有企业，同时期的私营企业已经逐步培养了竞争优势和竞争力，部分优秀企业已经在全球市场上崭露头角。

4.1.1　1978—1992 年，国有企业“放权让利”与允许私营经济及外资经济发展

在 1978 年以前，在高度集中的计划经济体制下，国有企业（当时更多地称为国营企业）是执行政府计划任务指令的一个生产单位，是政府主管部

门的附属物，不具有自主经营的权力，人、财、物和产、供、销都完全依靠政府计划指令和行政调拨，这使得生产和社会需求严重脱节，企业积极性严重受挫，严重制约了社会生产力的发展。1978年党的十一届三中全会后，国有企业开启了“放权让利”的改革之旅。这一时期，改革主要任务是对企业放权让利，探索企业所有权和经营权的两权分离，试图引导国营单位摆脱计划经济体制的旧观念与行为的束缚，使它们能够逐步适应商品化的经营环境，完成自身的企业化改造，解决了一个个国有企业进入市场的问题。①

理论研究方面，关于扩大国有企业自主权的问题，改革开放之前经济学界就有过探讨。1956年高尚全就提出企业自主权过小，主管机关集权过多。1961年，孙冶方鲜明地指出在简单再生产的范围内的事情是企业的小权，国家不应该再管。1979年6月，蒋一苇在《经济管理》月刊发表《“企业本位论”刍议》。“企业本位论”的基本观点包括：一是企业是现代经济的基本单位，社会主义生产的基本单位仍然是具有独立性的企业，社会主义经济体系只能由这些独立性企业联合而成；二是企业是一个能动的有机体，社会主义企业既有权利，也有义务，是一个自主经营和自我发展的能动主体；三是企业应该具有独立的经济利益，谋求自己的经济利益是社会主义企业的动力，由企业职工“共负盈亏”也是用经济方法管理经济的根本前提；四是社会主义制度国家和企业的关系应该是政企分离，国家应该从外部采用经济方法对企业监督和指导，而不能直接干预日常经营活动。以蒋一苇为代表的经济学家的理论创新，为国有企业波澜壮阔的改革实践探索奠定了坚实的学术基础。

实践探索方面，1978年到1992年国有企业“放权让利”阶段，基于改革实践的主体内容又具体划分为：1978年到1984年的扩大自主权阶段，1984年到1989年的推行经营承包制阶段，以及1989年到1992年的转换企业经营机制阶段。

1978年10月，经国务院批准，四川省重庆钢铁公司、成都无缝钢管厂、宁江机械厂、四川化工厂、新都县氮肥厂和南充钢铁厂六家地方国营工业企

① 黄群慧：《“新国企”是怎样炼成的——中国国有企业改革40年回顾》，China Economist Vol.13，No.1，January-February 2018.58-83。

业率先实行扩大企业自主权试点，拉开了国有企业改革的大幕。这些企业试点的主要做法是给企业一个增产增收的年度指标，完成指标后允许提留少量利润和给职工发放少量奖金。之后，四川省将试点企业扩大到 100 户工业企业，首都钢铁公司、北京清河毛纺厂、天津自行车厂、天津动力厂、上海柴油机厂、上海汽轮机厂等京津沪的八家企业进行扩权改革试点。1979 年 7 月，国务院下发了《关于扩大国营工业企业经营管理自主权的若干规定》等五份有关企业扩权的文件，明确了企业作为相对独立的商品生产者和经营者应该具有的责权利，包括生产计划权、产品销售权、利润分配权、劳动用工权、资金使用权、外汇留成权和固定资产有偿占用制度等，并在全国 26 个省级区域的 1590 家企业进行了试点。1980 年 9 月，国务院批准自 1981 年起把扩大企业自主权的工作在国营工业企业中全面推广，使企业在人财物、产供销等方面拥有更大的决策自主权。1981 年 10 月，国家经贸委和国家体改办提出了《关于实行工业经济责任制的若干意见》，工业经济责任制在全国得到了迅速推广。1984 年 5 月，国务院颁发了《关于进一步扩大国有工业企业自主权的暂行规定》，从生产经营计划、产品销售、价格制定、物资选购、资金使用、生产处置、机构设置、人事劳动管理、工资奖金使用、联合经营十个方面放宽对企业的约束。1984 年 10 月，党的十二届三中全会进一步明确了企业是自主经营、自负盈亏和自我发展的独立经济实体，扩大企业自主权的改革告一段落。

1987 年 3 月，六届全国人大五次会议上，《政府工作报告》提出在所有权和经营权适当分离的原则下实行承包经营责任制，承包经营责任制全面推行。1988 年，国务院发布《全面所有制工业企业承包经营责任制暂行条例》，进一步规范了承包经营责任制。1989 年，企业经营承包责任制得到进一步完善。在这个阶段，还有两项改革取得进展：一是国有企业领导体制从 1984 年 10 月开始从党委领导下的厂长负责制转变为厂长（经理）负责制，并在随后几年中不断完善；二是 1986 年到 1988 年期间积极推进了横向经济联合和企业集团组建。

虽然承包制在开始出现了“一包就灵”的现象，但由于它的不规范性和不稳定性，1989 年以后其弊端日益明显，企业利润出现下降。1989 年以后，整顿经济秩序成为经济工作的主基调，政府花费大力量清理整顿公司、清理“三角债”。在这种背景下，国有企业改革中心更加强调所有权和经营权两权分离下的企业经营机制转变。1991年4月，全国人大通过的国民经济和社会发展的第八个五年计划中，明确企业经营机制转变的目标是实行政企职责分开，所有权和经营权适当分离，探索公有制的多种有效实现形式，建立富有活力的国营企业管理体制和运行机制。1992年7月，国务院颁布了《全民所有制工业企业转换经营机制条例》，规定了14项企业经营自主权。该时期，国有企业积极探索租赁制、股份制等各种形式的经营机制转变模式，尤其是从1984年7月北京天桥百货股份有限公司成立以来，股份制试点日益增多，1991年全国已经有3220家股份制试点企业，1992年年底有3700家试点企业，其中92家在上海证券交易所上市。这为下一阶段建立现代企业制度奠定了很好的基础。

允许私营经济及外资经济的发展可以说是中国改革开放最具影响力的政策措施，从此，中国的民间力量和看好中国未来发展的外资力量纷纷投入中国改革开放的历史洪流之中。1978年，吴仁宝和禹作敏开始创业，美国的可口可乐和德国的大众公司进驻中国。1979年，我国成立外汇管理总局，上海出现第一家民营企业和第一则广告。1980年，陈春光离开中科院，在北京办起国内第一家民营科技企业，开创了“中关村”先河。

该阶段私营经济实践探索亦可分为个体经济、民营经济和民营企业探索发展三个阶段。第一阶段是从1979年到1982年，在农村，随着农村搞家庭联产承包责任制，一些农业大户开始自己跑运输；在城市，大批返城知青急需解决就业问题，个体经济开始出现。1982年12月，五届全国人大第五次会议把发展和保护个体经济写入《宪法》：“在法律规定范围内的城乡劳动者个体经济，是社会主义公有制经济的补充。国家保护个体经济的合法的权利和利益。”第二阶段是从1982年到1988年，私营经济开始出现。1988年中国修改《宪法》，规定“国家允许私营经济在法律规定的范围内存在和发展。私营经济是社会主义公有制经济的补充。国家保护私营经济的合法的权利和利益，对私营经济实行引导、监督和管理”，从而在法律上确立了民营经济的地位。当时，全国的私营企业已达8万多家。第三阶段是1989年到1992年，是民营企业探索发展期。《中华人民共和国私营企业暂行条例》明确规定私营企业可以在法律、法规和政策允许范围内从事工业、建筑、交通运输、商业、饮食、科技咨询等行业的生产经营活动，还可以与国外公司、企业和其他经济组织或个人举办合资企业、合作企业，可以承揽“三来一补”贸易。该时期出现了科技人员创办的科技型企业，还出现了个人兴办的非科技型民营企业。这一时期民营企业显示出巨大的创新力，其科技成果在世界上崭露头角。北京海淀区中关村出现了数百个民办科研机构。民营经济出现了向产业化、集团化发展的趋势。1990 年，四通公司 MS2401 打字机销售突破 10 万台，销售额达 12 亿元，开始走向产业化。联想、希望、正大等民营企业开始逐步形成集团化。

4.1.2　1993—2002 年，国有企业现代企业制度改革与加快非国有经济发展

第二个阶段是 20 世纪 90 年代初至 21 世纪初，从党的十四大到党的十六大的“制度创新”时期，大体上有 10 年的时间。1992 年 10 月，党的十四大召开，会议正式确立了经济体制改革的目标是建立社会主义市场经济体制。1993 年，党的十四届三中全会通过了《关于建立社会主义市场经济体制若干问题的决定》，明确提出建设产权清晰、权责明确、政企分开、管理科学的现代企业制度是我国国有企业改革的方向。这一阶段，改革的主要任务是引导国有企业确立与市场经济要求相适应的资本和产权的观念，建立现代企业制度，通过国有经济布局与结构战略性调整，初步解决了整个国有经济部门如何适应市场竞争优胜劣汰的问题，改变了国有经济量大面广、经营质量良莠不齐和国家财政负担过重的局面。

这个阶段的理论研究的主题已经从单纯企业与政府关系逐步深入国有企业内部制度和整个国有经济的功能定位，试图从现代企业理论和所有制理论出发分析国有企业的改革方向。一是深入研究所有制理论和社会主义市场经济的性质和实现形式，提出以公有制为主体、多种所有制共同发展，并引入混合所有制的概念。二是从整体上对国有经济的性质和地位进行了深入研究，提出调整国有经济布局和结构，从整体上搞好整个国有经济，增强国有经济在国民经济中的控制力，推进国有资本合理流动和重组，促进各种所有制经济公平竞争和共同发展。三是深入研究现代公司理论，提出股份制是公有制的主要实现形式。四是对现代产权理论的深入研究，并引发了持续的争论，最终明确现代企业制度的第一个特征是产权明晰。五是对现代公司治理

和激励理论进行了深入探讨，国有企业领导体制逐步从厂长负责制转向由股东会、董事会和经理会相互制衡的现代公司治理结构。六是对现代资本市场理论进行了深入研究，逐步构建的多层次的资本市场，在国有企业兼并重组和破产中发挥了资本市场的相应作用。

这个阶段，国有企业改革围绕两条主线展开：一是基于“单个搞活”的思路从单一企业视角建立现代企业制度；二是基于“整体搞活”思路从整个国有经济视角实施国有经济战略性改组。前者实践贯穿整个时期，而后者主要从1996年以后开始全面展开。

1993年党的十四届三中全会以后，国有企业改革实践转向以建立现代企业制度为主。1994年11月，国务院批准了100家企业开始现代企业制度试点，另外还有2343家地方企业进行试点。根据国家统计局调查总队调查，到2001年年底，所调查4371家重点企业中已经有3322家企业实行了公司制改造，改制企业中有74%的企业采用股权多元化形式，没有采用国有独资公司形式。这个时期，除了积极推进公司股份制改造、建立现代企业制度外，国家还启动了一系列改革措施，包括城市优化资本结构试点，积极推进试点城市国有企业兼并破产，降低切换国有债务，分离企业办社会职能，“减员增效”，实施下岗职工再就业工程，实施“三改一加强”（改组、改制和改造有机结合并加强企业内部管理），学习邯郸钢铁经验、提高管理科学化水平，探索国有资产管理有效形式、设立国有控股公司，进一步进行企业集团试点，“抓大放小”、搞活国有小型企业，等等。

1995年9月党的十四届五中全会、1997年党的十五大报告、1999年党的十五届四中全会都不断强调从战略上调整国有经济布局和抓大放小的方针，发挥国有经济的主导作用。党的十五届四中全会指出，国有经济需要控制的领域包括涉及国家安全的行业、自然垄断性行业、提供重要公共产品和服务的行业，以及支柱产业和高新技术产业中的重要骨干企业。到2002年，党的十六大在坚持继续调整国有经济布局和结构的改革方向同时，进一步明确关系到国民经济命脉和国家安全的大型国有企业、基础设施和重要自然资源等，要由中央政府代表国家履行出资人职责。在这个方针指导下，国有经济布局和结构不断调整和优化，国有经济活力、控制力和影响力不断增强。

民营企业在 1993—2002 年间获得了快速发展，在国民经济中的地位显著提升。在 1992 年至 1998 年，民营企业呈现出快速发展期。以 1992 年邓小平南方谈话为契机，民营企业家思想解放、视野拓展，产权结构逐步明晰，企业组织由业主制转向股份制。同时，外企的进入也使民营企业开始有了全球意识，企业战略开始调整，规模化、正规化发展趋势增强。该时期，企业组织形态由业主制转向股份制。民营企业采取了适合自己的企业组织形式，挂靠的企业通过明确产权重新注册为私营企业，大多采用有限责任公司和股份有限公司形式。民营企业开始上市。1993 年 7 月，四通集团通过资源整合，在香港上市，成为北京市第一家在香港上市的民营科技企业。1994 年 1 月，“万向钱潮”股票在深圳上市，同年 2 月联想在香港上市，1995 年 12 月方正（香港）有限公司在香港上市，1996 年 3 月伊利股票在上海上市，1998 年 3 月四川新希望农业股份有限公司在深圳上市。至 1995 年，中国民营企业已经达 65.5 万户，产值增长到 2295 亿元，个体经济户达到 2582 万户，注册资金增长到 1813 亿元。民营企业的快速发展，吸引了大批高素质人员下海进入民营企业，改变了民营企业人员素质结构，提升了企业竞争力。①

1999 年至 2002 年为民营企业地位提升期，该时期民营企业向规模化、国际化发展，作为一个特殊群体，其社会认同感和尊重感愈发强烈。2001 年 7 月 1 日，江泽民总书记在中国共产党建党 80 周年纪念讲话中，第一次把民营企业家定位为“有中国特色的社会主义事业的建设者”，为民营企业家加入中国共产党铺平了道路。2002 年，4 名民营企业家中的党员当选为党的十六大代表。该时期的民营企业开始在海外上市。1999 年 2 月，侨兴环球股票开始在美国纳斯达克上市，成为第一家在美国上市的中国民营企业。同时，民营企业并购加快，同年 9 月，中共中央发布了《关于国有企业改革和发展若干重大问题的决定》，民营企业开始了盘活国有资产的大潮。民营企业对机会的获取，不仅局限于国内，2001 年 8 月，万向集团收购美国纳斯达克上市公司 UAI，中国乡镇企业首次收购海外上市公司。民营企业在规模扩大的同时，行业范围也不断拓展。1999 年 1 月，首批 20 家私营企业获得

① 王春雷：《我国民营企业的发展历程及启示》，《武汉商学院学报》2014 年第 10 期。

自营进口权，可以直接从事对外贸易。2000年10月，中国保监会批准民生人寿保险有限公司筹建；同年1月，万向创业投资股份有限公司创立。2001年11月、12月，吉利集团四款车登上国家经贸委发布的中国汽车生产企业产品公告，成为中国首家获得轿车生产资格的民营企业。2002年3月，侨兴集团进入移动通信领域；同年8月，中国东方航空武汉有限责任公司挂牌成立，成为我国首家吸纳民营资本的新型航空股份公司。

4.1.3 2003—2012年，国有企业的“国资监管”体制改革与非国有经济的竞争力提升

第三个阶段是“国资监管”发展时期，是党的十六大以后，以2003年国资委成立为标志到党的十八大召开的十年。这一阶段国有资产监管体制取得了巨大突破，国有企业改革进入以国有资产管理体制改革推动国有企业改革发展时期，改革的主要任务是由国资委负责监督管理国有企业，实现国有资产保值增值目标，解决了以往的国有经济管理部门林立、机构臃肿、监管效率低下的问题。2002年10月，党的十六大提出了毫不动摇地巩固和发展公有制经济、毫不动摇地支持和引导非公有制经济，尤其强调继续调整国有经济布局和改革国有经济管理体制两项重大任务，整个时期在这两方面取得了积极进展。

理论研究方面，主要集中在以下五个方面：一是在所有制方面，对股份制进行了更加深入的研究，混合所有制经济日益成为一个重要的研究问题，对大力发展混合所有制经济、使股份制成为公有制的主要实现形式成为基本共识；二是在国有经济定位方面，围绕如何推进国有资本进一步集中于关系到国家安全、国民经济命脉等重要的战略性领域进行了大量的研究；三是在国有资产管理体制方面，深入讨论了“多龙治水”的国有资产管理格局的问题，以及在国资委管人、管事和管资产相统一的新国资监管体制下，如何实现国资委有效监管国有资产与充分发挥企业积极性相结合；四是在垄断行业改革方面，对如何放松管制、提高垄断行业的市场竞争度以及推进电信、电力、铁路、民航等行业的改革重组等问题进行了理论和实证研究；五是在产权改革方面，针对产权改革尤其是经理融资收购等方式是否会引发国有资产流失，进而就是不是私有化进行了大争论，相关争论客观上延迟了产权改革的推进，但进一步规范了国有企业产权改革，完善了相关的法律法规。

实践探索方面，按照党的十六大提出的改革方向，这个时期的国有企业改革的进展主要体现在以下两个方面：一是国有资产管理体制的重大变革。新的国有资产管理体制坚持了“国家所有、分级代表”的原则，中央和地方分别成立专门的国有资产监督管理机构履行出资者职能，管人、管事和管资产相统一，坚持政企分开、所有权和经营权分离，企业自主经营。2003 年 5 月，国务院颁布《企业国有资产监督管理暂行条例》，2006 年颁发《地方国有资产监管工作指导监督暂行办法》。到 2006 年年底，从中央到地市全部组建了国有资产监督管理机构，出台了 1200 多个相关监管规章和条例，涉及企业产权管理、企业资产和财务监督、企业负责人业绩考核和选聘薪酬制度、法律事务管理等各个方面。二是国有经济布局和结构调整取得积极进展。一批特大型国有企业重组部分资产在国外上市，通过主辅分离和改制推进了一大批大中型企业重组。2006 年年底，国务院国资委出台《关于推进国有资本调整和国有企业重组的指导意见》，明确了中央企业集中的关键领域和重组的目标。党的十七大进一步明确通过公司制股份制改革优化国有经济布局，随后国有企业进一步集中。到 2006 年，全国国有工商企业数量为 11.9 万家，已经比 1998 年减少了一半。中央企业的数量已经从 2003 年的 196 家降低到 2012 年的 112 家。

2003—2012 年是中国民营企业大发展时期，其竞争力不断提升，竞争优势逐渐显现。2005 年 2 月，国务院发布了《关于鼓励支持和引导个体私营等非公有制经济发展的若干意见》，提出了 36 条放宽非公有制经济市场准入等七个方面的政策，优化了民营企业的发展环境。民营企业主高学历化、专业化增强。2007 年 2 月，中国第七次私营企业抽样调查显示，民营企业主高学历化、专业化、精英化特征日渐显著。机关干部、企业经营管理人员及专业技术人员比例占 67%。民营企业主大多拥有长期的创业经验或管理经验。知识创业型的民营企业主增多，将自己的科技成果转化为企业利润。更多海归精英、MBA 及博士加入民营企业创业队伍。民营企业经营更加国际化，国际化经营已经成为民营企业发展的主流趋势。民营企业发挥了专业化、网络化、集团化、规模化优势，鞋类、服装等产业的出口已经在国际市场上显示出强大的竞争力。出现了一批拥有自己的产品、品牌、技术和营销网络的民营企业，民营企业呈现出集团化、专业化和国际化发展方向。同时，中国民营企业在国际上的并购活动逐渐活跃起来。其中，2004年12月联想集团收购IBM的PC业务较为知名。同一时期，民营企业的社会责任感也日渐提升，社会捐助活动增强。2014年福布斯中国慈善排行榜显示，大连万达集团董事长王健林捐助43800万元排名第一，中国民生银行董文标排名第二，恒大集团许家印排名第三，扬子江造船任元林排名第四，世茂集团许荣茂排名第五。

4.1.4 2012年至今，“新一轮”国资国企改革与非国有经济的转型升级

中国国有企业改革一直围绕着宏观层面的“国有经济布局”和微观层面的“提升国企效率”两大主题展开。通过梳理深化国资国企改革的政策发现：以“1+N”政策体系为代表的新一轮深化国资国企改革“顶层设计”基本完成。这些政策覆盖分类推进改革、完善现代企业制度、完善国资管理体制、发展混合所有制、强化监督防止国资流失、加强和改进党对国有企业的领导等国资国企改革重点领域和关键环节。

表4.1 深化国有企业改革的“1+N”政策体系

序号	政策名称
1	《关于深化国有企业改革的指导意见》中发〔2015〕22号
2	《关于在深化国有企业改革中坚持党的领导加强党的建设的若干意见》中办发〔2015〕44号
3	《国务院关于国有企业发展混合所有制经济的意见》国发〔2015〕54号
4	《国务院关于改革和完善国有资产管理体制的若干意见》国发〔2015〕63号
5	《国务院办公厅关于加强和改进企业国有资产监督防止国有资产流失的意见》国办发〔2015〕79号
6	《关于全面推进法治央企建设的意见》国资发法规〔2015〕166号
7	《关于国有企业功能界定与分类的指导意见》国资发研究〔2015〕170号
8	《关于鼓励和规范国有企业投资项目引入非国有资本的指导意见》发改经体〔2015〕2423号
9	《国有科技型企业股权和分红激励暂行办法》财资〔2016〕4号
10	《关于印发加快剥离国有企业办社会职能和解决历史遗留问题工作方案的通知》国发〔2016〕19号
11	《企业国有资产交易监督管理办法》国务院国资委财政部令〔2016〕32号
12	《国务院办公厅转发国务院国资委、财政部关于国有企业职工家属区“三供一业”分离移交工作指导意见的通知》国办发〔2016〕45号
13	《国务院办公厅关于推动中央企业结构调整与重组的指导意见》国办发〔2016〕56号
14	《国务院办公厅关于建立国有企业违规经营投资责任追究制度的意见》国办发〔2016〕63号
15	《关于国有控股混合所有制企业开展员工持股试点的意见》国发改革〔2016〕133号

资料来源：根据相关政策编辑。

通过研究深化国资国企改革的实践，发现本轮改革有以下七种模式：

一是同业合并重组，做强做大。比如，中央企业强强联合典型案例有：（1）中国南车与中国北车合并为中车集团。强化高铁国际市场，可以更好地参与国际竞争；（2）中电投与国家核电合并成立国电投，将两家公司的核电业务整合到一起，实现优势互补和规模化发展，进一步加快整体打包上市步伐；（3）中远集团与中国海运重组成立中国远洋海运集团有限公司，重组可以对外提升服务、对内降低成本，从而提升中国航运主力船队国际竞争能力；（4）中国五矿集团公司与中国冶金科工集团有限公司实施战略重组，实现强强联合和优势互补，有利于在国际竞争中携手共进，抓住战略机遇实现运营升级，以创新驱动增强发展动力，形成全产业链整合优势和综合服务能力；（5）中核与中广核成立合资企业——华龙国际核电技术有限公司，两大集团与华龙一号相关的技术无偿注入华龙国际，通过整合提高华龙一号技术创新能力和国际竞争力。它属于中核与中广核各出资 50% 搭建的平台，专门为两大集团提供华龙一号的统一完整解决方案，市场开发依然由中核、中广核两个集团去做。

二是整体上市或核心资产上市。整体上市有利于较好解决国企的体制机制弊端，也与国企混合所有制改革、提高资产证券化率的目标高度一致。部分条件成熟的国有企业已实现集团公司整体上市，如上汽集团（600104 上海汽车、600841 上柴股份、600741 华域汽车）、上港集团（600827 友谊股份、600833 第一医药、600822 上海物贸）由市国资委全面接管集团资产。另外，有些企业已上市并且有多个上市平台，为了避免下面业务重叠和进一步提高资产证券化率，也正在稳妥有序地推进整体上市，如五大发电集团国电、华电、华能、大唐、国电投。

三是员工持股和核心员工持股。有统计显示，在财富 500 强企业中，超过四分之一企业的员工持有企业股份超过 10%。员工持股和核心员工持股也是国企改革方案中的重点内容之一。上海汽车：参加员工持股计划的员工合计不超过 2321 人，认购的员工持股计划总份额不超过 116745 万份（员工持股计划每 1 计划份额为人民币 1 元）。其中，认购员工持股计划的董事、监事和高级管理人员共 16 人，合计认购不低于 2515 万份，其认购份额占员工持股计划的总份额比例为2.15%。上港集团："上港方案"一个明显的特点是拒绝管理层"一股独大"。《2014年度员工持股计划》中向公司员工非公开发行不超过4.2亿股股票，总募集资金总额不超过18.19亿元。持股计划完成后，由"长江养老"（市场化保险机构）受上港委托作为4.2亿股员工股票的法定管理机构和市场运营主体。

四是引进战略投资者。引进战略投资者是当前日益被看好的国有企业改革与发展的一种重要模式，对国有企业在增强资金实力、构建合理产权结构、完善治理结构、提高管理水平和提升核心竞争力等方面都可发挥出重要功能。主要案例有：弘毅布局上海国资。弘毅投资参与过中国玻璃、中联重科、石药集团等一系列国企的改制成功案例，继入股城投控股之后，弘毅投资再次参与上海国资国企改革，15亿元入股锦江股份成二股东。百联股份引入国开金融。国家开发银行旗下的国开金融牵头多家投资机构注入30亿元资金，参与百联集团旗下最大上市公司——百联股份的定向增发。

五是公司化改制。推动非公司化国有企业完成规范化公司化改制，改制企业建立起现代企业制度，具备对接资本市场的基本条件。典型案例有：2014年11月，上海城投（集团）有限公司从企业法人改制为公司法人，企业向城市基础设施和公共用品整体解决方案提供商作角色转变。这也是新一轮上海国资国企改革以来第一家完成公司制改革的国有企业。

六是股权划转到国资运行平台。上海市成立国盛集团、国际集团两大国资流动平台，它们是特殊公司，是由市国资全资持有的资本经营管理公司，它们应该是纯粹的控股型公司，目的就是管理资本。根据定位，国际集团主要掌控金融及产业集团的股权，国盛集团则以产业股权为主。股权划转到这两家国资运行平台的主要企业有：建工（集团）总公司拟将其持有的上市公司13.26亿股股份（占比29%）无偿划转予上海国盛集团，划转完成后，建工总公司对上市公司持股比例将下降至31.68%，仍为公司控股股东。市国资委将光明食品集团54.16%股权无偿划转至上海国盛集团，加之国盛集团原持有光明集团22.9%的股份，国盛集团对光明集团的持股比例上升至77.06%。上海汽车工业（集团）总公司下属全资子公司上海汽车工业有限公司将其持有的公司3.34亿股股份（占比3.03%）划转给上海国际集团，划转完成后，上汽工业不再持有上汽集团的股权。

七是借壳重组。借壳重组是未上市国企快速提高证券化率的重要手段，也可以实现国有壳资源的最大化利用。典型案例有：绿地借壳金丰投资。金丰投资通过资产置换和发行股份购买方式进行重组，注入资产为世界 500 强企业绿地集团 100% 股权。重组完成后，金丰投资将成为市国资系统中的多元化混合所有制企业，转型成为国内房地产行业领军企业，且同时拥有房地产延伸行业及能源、汽车、金融等多元化业务作为辅助支撑，形成综合性大型产业集团。

经过近年来新一轮国资国企的改革与创新，深化国资国企改革成效已经开始显现：（1）国资国企注重提质增效，稳定增长；（2）国企分类基本完成，功能定位更加明确；（3）国资流动平台平稳运行，效果凸显；（4）国资布局结构优化，国企走出去步伐加快；（5）国资统一监管深化，中央和地方国资体系改革同步进行。但是，同时也发现了一些难以解决的问题：国有企业“做大容易、做强难”，国有资产存在一定的退出风险，“僵尸企业”清理困难。

民营企业是我国改革开放的重大成果。2008 年以后，国际上受到金融危机影响，国内受到劳动力及其他要素价格上涨的影响，民营企业发展进入了转型发展期。虽然在 30 年的发展历程中，中国民营企业始终呈现出“低、小、散”特征，但也有不少企业在电气、汽摩配、新材料、鞋革制造、通信设备等领域异军突起，成为行业龙头企业和国际、政府优先扶持的重点单位。这些企业能够拉动整个产业链，提高产业化发展水平。根据我国企业转型升级的实践，民营企业转型升级已呈现出多样化的特点，涵盖转行、转轨、创新、整合（企业并购重组）等多种方式，概括如下：

一是通过创业创新升级。在经济“新常态”中，我国民营企业最常见的转型升级路径是进行产业创新升级。产业创新升级又分为产业间与产业内的创新升级。产业内升级。该类民营企业转型升级的突出特点是：在保持原有行业优势的基础之上，企业立足本行业，利用技术创新来实现新产品与新市场的开拓，如诸暨市大唐袜业通过产业间创新升级来顺利实现企业的转型与发展。产业间升级，转型的方向基本为新兴领域，如温州市正泰集团，通过转型太阳能产业，顺利实现企业升级。①

二是通过发展价值链与供应链实现转型升级。民营企业可通过融入供应链来全方位提升民营企业的“动态能力”。这方面的典型企业是浙江省的“江西子联合控股有限公司”，该企业通过与美国“通用”、日本“石川岛”等知名企业供应链的合作顺利实现了企业的转型升级。一些民营企业通过完善价值的抱团取暖方式实现转型升级，浙江省温州市的民营企业正是通过这样的集群发展实现了企业的转型升级。

三是通过优化管理实现创新升级。目前我国民营企业还大部分处于“经验化”、“家族式”管理阶段，“经验化”与“家族式”的管理阶段使我国民营企业处于资源浪费与成本居高的粗放式经营模式中，因此，我国民营企业需要通过信息技术手段的运用来实现管理创新升级。在这方面的典型企业是杰克控股集团有限公司，该公司通过采用先进信息管理手段来实现管理创新升级，例如“6s”管理模式。

四是贸易创新升级。企业进行贸易创新升级时，可以从以下角度来考虑：（1）从投资地点来说，企业可以选择多样化投资地，不仅选择日本、美国等发达国家，也可以向东南亚地区、非洲地区等。（2）从投资方式来说，我国民营企业可采用多企业合作方式，在国外共同建立工业园，这样不仅可以节省成本，还可以减少投资风险。（3）从投资策略来说，由“单兵作战”转为“抱团共赢”不失为是一种有效投资策略选择。（4）从投资领域来说，以前我国的民营企业以设立简单贸易机构为主，现可以转为设立境外加工地。另外，民营企业在实行贸易创新升级的过程中，不仅自身要作出积极的转型，还应适度关注政府出台的政策，争取政府支持。这样，将外部政策环境与企业自身转型有机结合，可以极大程度上实现贸易创新升级，节省企业的成本，提高效益。

以中国500强企业为例，民营企业成长远远快于500强企业的平均增速。2017年中国企业500强中，民营企业有226家，比2013年增加了36家，创造了历史新高。226家民营企业的营业收入总额达到了180323.79亿

① 赖新长：《民营企业如何在经济新常态下转型升级》，《商业经济》2016年第6期。

元，同口径同比增长了 18.23%；资产总额达到 353606.7 亿元，同口径同比增长了 26.81%；利润总额达到 7985.08 亿元，同口径同比增长了 12.33%，几项指标都显著高于中国企业 500 强及国有企业的平均增速。

民营企业中，有一批着眼于电子信息设备制造、互联网、汽车、家电、新能源的企业，它们已经具备了全球市场进行竞争的实力。例如，华为已经在全球电信设备制造领域居于领先地位。另外，民营汽车企业吉利控股集团在收购沃尔沃之后，技术和市场竞争力均得到大幅提升，电动汽车生产企业比亚迪潜心研发汽车电池技术，在电动汽车、电动客车等领域取得全球领先地位，同时还进入轨道交通领域，创新发明了“云轨”技术。BATJ（百度、阿里巴巴、腾讯、京东）为代表的中国互联网企业已经在电子商务、移动支付、大数据、云计算和人工智能等方面具备了全球领先的地位。这些具有国际竞争力的中国民营企业，为中国参与新工业革命、实现中国复兴梦贡献了力量。

4.2　改革开放以来企业改革创新的主要成就和经验

4.2.1　坚持解放思想、实事求是

科学的理论是改革顺利推进的思想保证。改革的进程，就是思想解放的过程，就是理论创新的过程。改革开放以来，我们党坚持解放思想，实事求是，与时俱进，将实践作为检验真理的唯一标准，不断推进理论创新、思想创新和体制创新，创造性地提出了社会主义市场经济理论及其政策体系。典型的如，党的十一届三中全会提出改革开放，党的十四大和十四届三中全会确立社会主义市场经济体制的改革目标，党的十五大、十六大在国有经济战略性调整、国有资产管理体制改革、非公有制经济的地位和理顺收入分配关系等一系列重大问题上，进一步作出创造性的理论贡献。党的十八大以来，尤其是党的十八届三中全会，进一步明确了使市场在资源配置中起决定性作用，并作出了全面深化改革的决定，把改革的理论推进到新的广度和深度。

4.2.2　坚持市场化的改革方向不动摇

中国改革开放 40 年的历程，也是市场作为资源配置手段的地位不断提

升的历程。从“一大二公”和“割资本主义尾巴”到“计划为主、市场为辅”的社会主义商品经济的提出，再到从指令性计划到指导性计划的转变，进一步到社会主义市场经济的提出，最终到使市场在资源配置中发挥决定性作用。中国的改革所取得的成果，也就是社会主义市场经济不断发展的结果。我们回顾中国40年改革的经验，其中最核心的一条，就是要坚持市场化的改革方向。

正是因为坚持市场化的改革方向，人民群众的劳动积极性才得以最大程度地发挥，改革之前，几乎所有的生活物资都要凭票供应，推广家庭联产承包责任制后，短短几年农村就实现了大丰收，并倒逼城市经济体制进行改革，市场化带来的劳动积极性、人民群众创造财富的积极性不可估量。正是因为坚持市场化的改革方向，国家的创新创业的活力无限焕发，中国改革开放40年，中国的经济体量以几何级数增加，尤其是民营企业，从无到有，①贡献了50%以上的税收，60%以上的GDP，70%以上的科技创新，80%以上的城镇劳动就业，90%以上的新增就业和企业数量。②

从市场的基础性作用到决定性作用，是一个不断深化认识和完善改革的过程，党的十五大提出，使市场在国家宏观调控下对资源配置起基础性作用；党的十六大提出，在更大程度上发挥市场在资源配置中的基础性作用；党的十七大提出，从制度上更好发挥市场在资源配置中的基础性作用；党的十八大提出，更大程度更广泛发挥市场在资源配置中的基础性作用；党的十八届三中全会提出，使市场在配置资源中起决定性作用。在党的十八届三中全会上，习近平总书记指出，从党的十四大以来的20多年间，我国社会主义市场经济体制已初步建立。对政府和市场关系，我们一直在根据实践拓展和认识深化寻找新的科学定位。可以看出，我们对政府和市场关系的认识也在不断深化。中央认为这个问题从理论上作出新的表述，条件已经成熟，应该把市场在资源配置中的“基础性作用”修改为“决定性作用”。

---

① 高尚全：中国改革四十年的回顾和思考，凤凰财经网，http：//finance.ifeng.com/a/20171016/15726064_0.shtml。

② 央视新闻，“中国创新”离不开民营企业，http：//news.cctv.com/2018/10/30/ARTlrpzCnpyZ22Q8rm7Za6181030.shtml。

从产业组织 SCP 分析范式角度看，中国一些基础性能源、电信、金融等行业已经从垄断逐渐向垄断竞争过渡，在此过程中，国有大企业的竞争绩效有所提升。另外一些产业，比如轻工业、装备制造、电子信息产品制造、电子商务和商贸流通等行业，产业组织演化历经了垄断—竞争—竞争垄断的过程，在市场竞争环境中一批具有国际竞争力的大企业，比如华为、海尔、格力、联想、阿里巴巴、腾讯等。以零售行业为例，如果引入政府规制因素，夏春玉和汪旭晖（2008）在拓展的 SCP 框架下分析中国零售业 30 年的变迁与成长历程。研究表明，中国零售业规制政策经历了由有限的经济性规制到经济性规制、社会性规制和反垄断规制全面深化的演进过程，市场结构由近似完全竞争逐渐向垄断竞争的方向转变，在零售业对外开放以后，零售企业普遍降低价格和规模扩张的市场行为，对企业市场绩效的变化产生了重要影响。2008 年以后，以淘宝和京东为代表的线上销售平台发展迅速，中国零售市场的主渠道逐渐从线下购物，转变为线上购物为主、线下体验为主。互联网对零售业态的改变史无前例，诞生和成长在完全竞争市场的线上销售企业和平台不计其数，但在激烈的竞争环境中，一批又一批的企业被市场淘汰，逐渐形成了 BATJ（百度、阿里、腾讯和京东）的垄断竞争格局。未来促进零售业的健康发展，需要政府和 BATJ 企业的共同努力，政府对于中小企业要放松经济性规制，对于具有垄断倾向的大型零售企业要加强经济性规制、社会性规制和反垄断规制；零售企业要注意防止盲目扩张，通过差异化战略打造竞争优势。

4.2.3　坚持系统性的制度创新

制度创新则主要通过调动社会中最大群体的积极性来发挥技术创新的乘数效应。如果说技术创新是创造生产力的种子，则制度创新提供的环境可以把这颗种子培养成一棵大树。2018 年是改革开放 40 周年，自从 1978 年改革开放之后，中国用了 40 年的时间，完成了欧美国家两百多年的现代工业化进程，创造了中国奇迹。为什么中国能够再次创造奇迹？

从技术上看，与古代中国原创性的四大发明对人类文明的影响相比，改革开放后中国的原创性技术创新对世界的影响微乎其微，中国在技术研发领域主要是通过引进和学习的方式，消化、吸收发达国家的先进技术，通过反向创新的方式，发挥后发优势，把发达国家已经成功运用的技术和发明，引进到中国，进行本土化改造、复制和推广。在原创性技术创新上，中国的技术成果并不明显。因此，在改革开放的40年中，在技术创新上，中国站在了巨人的肩膀上，将世界先进的原创技术，在中国巨大的市场上发扬光大。中国这40年来，主要的技术创新并不是从0到1，更多地体现在从1到N上。有趣的是，新中国的技术创新结果与古代中国恰好相反。古代中国虽然有影响世界文明的四大发明，除了四大发明，还有众多原创性的技术创新成果，但结果是这样的技术创新成果没有在全社会进行推广，很多技术创新仅仅局限在集权的封建君主制的朝廷当局，禁止民间使用，造成即使有原创性的可以改变世界的技术创新成果，却没有在社会上推广和发扬光大，对经济增长的贡献很难显现。然而，改革开放后，虽然中国技术上原创性技术创新缺乏，却靠引进、消化和吸收的反向创新实现了经济腾飞，成为了仅次于美国的世界第二大经济体。那么，是什么因素的改变造就了现代中国经济？

重要的变化是制度。以农业领域为例，1978年，中国开始实行家庭联产承包责任制，包干到户，农民不仅有了种植自由权（可以自己决定种什么农作物），更重要的是拥有了剩余索取权，除了交足国家的和留给集体的，剩余的就是自己的。这项制度极大地调动了农民生产的积极性和主动性，极大地解放了生产力，解决了中国的温饱问题。家庭联产承包责任制带给中国的不仅是吃饱饭的问题，还有更加深刻的影响。随着农业机械的运用，农业生产效率不断提升，出现了大量的农业劳动力剩余，令人难以预料的是，这些剩余的农村劳动力最终成了中国工业化和城市化发展的主要劳动力。由于国家并未禁止农村劳动力的流动，农民在权衡利弊之后，决定进城务工（他们有这样的自由，这一点很重要），所以大量剩余劳动力源源不断从农村释放出来，这些转移出来的农民演变成了工厂的工人和城市化进程中的建设者。充足、廉价的劳动力为中国工业化和城市化建设提供了生产要素保障。

综上所述，原创性创新是推动产业革命的必要条件之一，但如果没有一系列的制度框架安排，原创性技术创新未必能够推动产业革命，这是对于整个社会而言。技术创新具有外溢性，不管是哪位科学家在哪个国家做的技术创新与发明，都可以使全世界受益。从这一点来讲，技术是没有国界的，不同的是原创性创新可能发生在一个国家，但如果该国不具备发扬光大的制度环境，可能若干年后会在具备制度环境的国家发扬光大。但如果全世界还没有原创性的技术创新，则世界上任何国家都无法受益，就不会有产业革命。也就是说，从全社会的角度讲，有原创性技术创新，没有制度框架支撑，可能无法推动产业革命；没有原创性技术创新，有没有制度框架，都无法推动产业革命。

对于中国而言，运用全球已有的先进技术，通过改革开放，构建与技术适应的制度框架，是发挥后发优势、迎头赶上的捷径。但当中国已经成为世界第二大经济体，在世界领先技术越来越有限的情况下，则需要进行更多的原创性技术创新探索，实现从 0 到 1 创新。

需要说明的是，产业革命的制度创新不是单一性制度创新，而是多方面制度共同作用、耦合的结果。通过制度创新推动技术进步，引领技术进步方向，促进技术成果的产业化；通过金融、教育、培训制度创新为新兴产业提供资本支持，培育适合新兴产业及新的产业结构的人力资本、劳动力要素；通过组织、管理制度创新推广适应新技术、新产业的生产方式，发挥新要素的互补、溢出效应。这些相互关联的制度创新在复杂的经济系统中共同作用，才能真正实现产业革命的发生发展。

改革开放的 40 年中，我国建立了具有中国特色的社会主义市场经济体制，除此之外，注重教育和培训，为中国新产业发展提供了大量优秀的技术、管理等各类人才。金融市场逐步开放，构建了以一行三会为监管主体、各类资本市场多元化发展的投融资金融体系，为新技术的产业化提供了资金保障。经过多轮的公司制改革，企业管理制度也由原来的计划经济体制转变为现代企业管理制度。各个领域的制度创新，为改革开放的纵深推进提供了制度保障。

4.2.4　实践出中国企业的复合成长模式

得益于转轨经济体制，中国企业在政府的支持和帮助下获得了快速成长，并以其完善的制造能力、高性价比的产品和快速的市场响应能力在国际、国内市场上表现出了独具特色的竞争优势。这些竞争优势来自何处？陆亚东和孙金云（2013）认为[①]，通常新兴经济体国家中的企业集团是被认为缺乏核心

① 陆亚东、孙金云：《中国企业成长战略新视角：复合基础观的概念、内涵和方法》，《管理世界》2013 年第 10 期。

竞争力的，这些竞争优势不一定来自企业内部的核心竞争力，更有可能是来自企业从外部获取的资源，企业通过整合方式进行创新和利用，从而创造出有别于西方企业集团的独特优势和不同成长模式——“复合基础观”。

复合成长模式是指在以中国为代表的新兴经济体国家中，企业能够将拥有或购买的外部资源，包括资金、人才、技术、土地及其他生产资料，通过灵活多变的方式进行内部整合与创新，创造出独特的竞争优势，主要表现为更高性价比的产品、更快的市场反应速度和更广阔的市场范围，创造出独特、快速的成长模式。“复合”体现的是“外部成长”与“内部成长”的有机结合，企业集团既有获取外部资源和机遇的便捷性，又有发挥后发优势、规模经济和范围经济的优越性，将二者结合、互动，为企业集团的快速成长提供“复合”动力。

复合成长模式下，中国企业集团将外部资源与内部资源相结合，以“大众定位”，提供高性价比的产品赢得市场，成功的市场表现又为企业未来成长带来了获取外部资源的更大可能性，也激励着企业内部通过学习曲线，进一步降低成本，提升产品品质，循环往复，形成了独特的中国企业集团复合成长模式。需要说明的是，复合成长模式是在一个特定的历史条件下产生的，该模式并不是要否定资源基础观的内生成长模式，也不是要否定外生成长模式，而是强调在中国现阶段的转型背景下，符合中国情景的企业集团成长模式。未来，随着社会主义市场经济体制日渐成熟和新技术、新模式的出现，复合成长模式可能被新的模式所取代。任何成长模式都是在特定环境下产生的，随着环境的改变，成长模式也会随之发生改变。

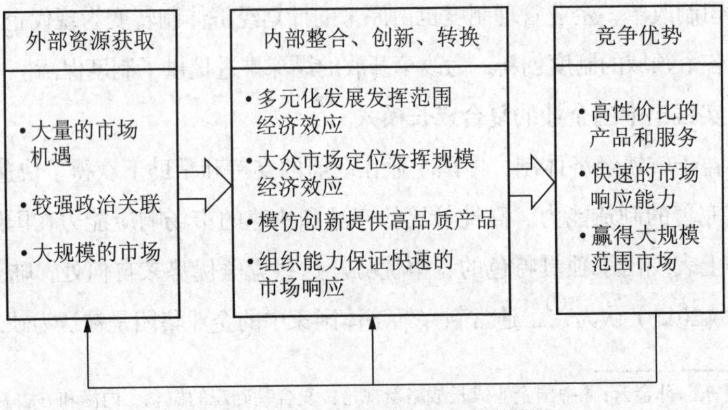

图4.1 中国企业集团的复合成长模式

4.3 改革开放以来企业改革发展的主要问题和挑战

4.3.1 国资国企改革的主要问题和挑战

1. 国有企业“做大容易、做强难”

纵观国资国企改革的历程，发现每次改革都有特定的历史背景，所以改革需要解决的核心问题不尽相同，但从微观角度看，终极目标是一致的，即提升国有企业的市场竞争力。通过前面多轮改革，国有企业通过不断的联合、重组与合并，规模越来越大，但效率和效益提升效果仍然不佳，所有经常被冠以“大而不强”的定论。研究表明，2001 年至 2013 年，全国国有及国有控股工业企业平均的净资产收益率为 9.08%，而同期非国有工业企业平均的净资产收益率为 15.67%，远高于国有企业，如果扣除国有企业在政府财政补贴、融资成本和土地及资源租金等方面享有的种种政策优惠，从 2001 年至 2013 年，国有及国有控股工业企业平均真实净资产收益率则为−3.67%，存在着“大而不强”的特点。①

究其原因，可能是相当错综复杂的：在政策监管实践上对国有企业构筑了极其复杂的多层监管体系（多层委托代理关系，终极产权人模糊），但国有企业战略定位不清晰（对市长负责，还是对市场负责），公司治理结构不完善（国有股一股独大），企业关系错综复杂，公司激励机制缺乏竞争力，企业家精神和才能难以完全施展。尽管国有企业去行政化在稳步推进，但国企管理人员的行政级别观念尚存，改革的阻力依然很大。

2. 国有资产退出风险

按照上海市发布的《关于进一步深化上海国资改革促进企业发展的意见》，上海国资将主要围绕几个重点领域发挥作用，对于不在重点领域范围内的行业，上海市将逐渐退出。而退出的方式可以采用国有资本相对控股的方式，也可以通过放弃国有资本控股地位甚至是完全退出的方式进行。但在实际的退出实践中，还存在一定的风险与障碍。

---

① 恽力达:《国企混合所有制改革背景下法人治理结构的完善——以〈上海国企改革二十条〉为视角》,《现代国企研究》2015 年第 6 期。

风险表现在国有资产退出后，国有企业是否存在较大的经营风险和隐患。比如国内知名的上海家化，通过引入平安信托，实现了国有资本的退出。而在退出后，上海家化的竞争力锐减，按照平安信托的想法，很可能上海家化最后被卖给外国化妆品厂商。这样，改革的后果可能是国有企业面临巨大的经营风险，损害的是民族品牌。虽然上海家化不属重点发展领域，但贸然放弃的后果则是损害国家整体利益。除了这种需要克服本地主义思维的地方之外，我国目前国资管理机制也给国资的退出带来一定困难。比如国企上海冠生园食品，由于股东情况复杂，分属不同的国资监管机构，国资的退出也将面临协调难度大的问题。

3."僵尸企业"清理困难

"优胜劣汰"不仅是自然界的竞争法则，也是市场经济的竞争法则，良好的退出机制是市场经济健康运行的保障。调研中发现，上海国有企业集团下存在为数众多的"僵尸企业"，这些企业从经济特征上看，已经处于"死亡"状态，但却源于种种原因没有退出。在实践中，"僵尸企业"不退出，对市场经济运行存在多重危害：一是它占用大量的资金、土地等宝贵的发展资源，消耗了大量的社会财富，却不产生任何经济效益；二是它使经济体系一方面占用资源，另一方面继续沉淀资源，是国民经济粗放发展、效率低下的原因；三是它有可能引起系统性、大面积金融危机。"僵尸企业"不死，背后靠银行信贷支撑，累积下来就会形成巨大的资产泡沫和金融危机因素；四是如果"僵尸企业"不死，行业内的优秀企业就得不到足够的市场份额和市场空间，特别是有的甚至继续扩大生产，不愿退出，就打乱了行业调结构、去产能、降亏损的国家行动。

由于"僵尸企业"的成因比较复杂，有改制成因、历史成因，也有企业自身经营机制原因，所以清理起来存在很大难度①。一是资产变现困难，债务负担沉重，难以足额支付改革成本。由于"僵尸企业"长期以来处于多头管理或无人管理状态，国有资产保值增值放任自流，企业少量存量资产几乎消耗殆尽，甚至片瓦不存。二是历史欠账较多，资金缺口较大。大部分"僵

① 王绛：《清理"僵尸企业"五大难题待解》,《中国企业报》2015年12月7日，http://news.hexun.com/2015-12-07/181036653.html。

尸企业”资产质量不高，金融债务负担沉重，资产抵押、质押限制难以解除。三是遗留问题众多，清算注销困难。部分“僵尸企业”老体、新体并存，老体承接了大量的呆坏账和不良资产以及其他社会事务和责任，并且不断产生费用。在清算、注销时，许多债权、债务需要通过诉讼途径解决，处置周期较长，导致老体难以注销。四是职工安置较难，稳定压力上升。由于多重原因，“僵尸企业”多数出于“僵而不死”，“挟职工以令诸侯（政府、银行等）”。

4.3.2　民营企业发展的主要问题和挑战

中国的民营经济虽然在近年得到快速发展，但也存在一些不容忽视的问题。中国民营经济发展存在的问题可归纳为：

（1）市场准入受到限制。在市场准入方面，对民营经济还有不少限制。中国在某些行业虽然没有明文规定限制民营经济进入，可是“明宽暗管”现象十分严重，即便是一些允许外商投资进入的行业，民间投资也很难进入。在融资、用地、收费等方面，民营经济没有享受到应有的国民待遇。

（2）融资方面还不便利。民营经济在获取资金支持上相比国有企业处于劣势地位。另外，由于股市融资存在“所有制”歧视，国家对民营企业严格上市条件和审核程序，民营企业很难通过这个渠道融资。

（3）税费负担还有些不尽合理。据测算，外资企业在中国的税赋负担率总体上比内资企业约低 5 个百分点。在一些领域，外资企业可以获得免税、减税和缓税等优惠政策，而民营企业则无权享受。

（4）权益保障不够，立法不够完善。中国对公民的投资性资产没有法律明文保护，《刑法》中保护公民私有财产的条款也显不足，法律上对公民投资性资产的保护很模糊，促使私营企业主把资产转向境外，导致资本外逃，不利于经济发展。

民营经济内部体制不完善和经营管理方面的问题也十分值得关注，例如：家庭和家族式管理；产权结构的封闭性；缺乏人才；管理基础差；经营目标短期化；劳资关系的协调机制不完善；一些经营者的法律意识薄弱，在利益驱动下违法违规；粗放式经营，规模偏小；等等。

4.4 未来企业改革创新的趋势和方向

4.4.1 将国资国企改革进行到底

1. 采用动态化分类、放管服结合的监管模式

以上海市为例，目前上海市国资委直接接管的45家企业中，有30家竞争类企业、11家功能类企业和4家公共服务类企业。但是，大部分国有企业都属于混业经营，企业的经营业务会随着经营环境的变化而作出改变，现在的辅业可能成为未来的主业，而现在的主业亦有可能成为非主营业务。因此，上海深化国资国企改革应该是一个动态调整、不断深化的过程。随着供给侧改革的推进，以及产业结构不断调整、优化和升级，企业的业务组合基本上处于动态演化过程中，这是企业成长的规律。在分类方面：一是在对国有企业进行分类时，采用动态化分类的方式，赋予国有企业更大经营自主权；二是即使对国有企业进行了分类，随着业务的演变，企业有权提出分类变更的申请，并提供充足的依据，由国资委组织专家委员会进行审核。

目前，包括国资委在内的政府部门对国有企业实施的仍然是全方位、全过程的行政化管理模式：管人、管事、管资产的全面监管，事前审批、事中审查、事后审核的全过程监管模式。行政化监管模式导致国有企业缺乏经营自主权、活力不足，很难适应复杂多变的市场环境。比如，根据国务院发展研究中心企业所的一项研究，截止到2012年，国资委共颁布过规章文件287件，通过对其中255件的梳理和归纳，发现这些规章文件，与履行股东职责的，也就是所有权职责相关的仅占31%，而其余的将近70%都是与落实公共政策、党群工作或者企业内部的事相关的。因此，在监管方面，复制推广上海自贸试验区政府职能转变的经验，采用放管服结合的模式，以服务国资国企为导向，以监督管理为保障，以简政放权为措施，切实把经营权下放给企业。一是坚持以结果导向的监管方式，切实做到以管资本为主。转变之前事前审批、事中事后监管的全过程监管方式；以事前备案，事中事后监管跟进的方式监管方式。二是提供必要的服务，针对上海市国有企业重点开拓的国际市场、业务类型、技术前沿等提供必要的法律、政策、信息等服务，针

对国有企业比较突出的历史遗留问题提供相应的解决方案。通过有效服务，帮助国有企业提升竞争力、开辟国际市场、实现产业优化升级。

2. 坚持开放性市场化重组，落实“三个一批”

在进一步落实“清理退出一批、重组整合一批、创新发展一批”时，应该依据现实情况，制定标准，在充分尊重企业意愿选择的前提下，实施市场化重组的方式，达到优化国资布局的目标。

在“清理退出一批”环节，根据行业发展前景和企业盈利情况两个方面作出评价，采用“3+2”年限模式。比如，企业（或业务）所在行业属于夕阳产业，产能严重过剩，已经连续三年无增长，甚至负增长；企业（或业务）的盈利状况不佳，已经连续三年无盈利或亏损，可以列入“清理退出一批”的名单。列入清理退出名单的企业如果已经找到了转型和扭亏为盈的方案，可以申请转型，经专家组审核后，给予两年至三年的转型实验期，如果转型成功，可以继续发展；如果达不到预期目标，必须进入清理退出环节。放弃申请转型的，可以直接进入清理退出环节。

在“重组整合一批”环节，以国资布局为导向，采用“国有企业提请、国资委协调”的开放性市场化重组方式进行。以往，国资国企重组整合是严格执行国资布局导向的，采用行政管理模式，对国有企业之间进行了多轮“合并同类项”式的重组整合，以便达到“做大做强”的目标。“拉郎配”的方式虽然比较容易实现国有企业“做大”，但缺乏市场竞争优势和核心竞争力，大多处于“大而不强”的境地。企业成长有其自身规律，能力和规模相互匹配之后，才会相互助长。国有企业以国资布局为导向，有意向进行重组整合的国有企业可以向国资委提请，国资委负责协调、服务和监管，进行开放性市场化重组；国资委应避免过多的行政性干预、干扰和行政指令。

在“创新发展一批”环节，以资本投资为方式，以“内部创新＋开放创新”双轮驱动，以防范风险为重点，增量发展混合所有制经济。由于体制机制等原因，与民营企业相比，国有企业的创新活力不足。国有企业的现有布局是建立在中国工业化、城市化和现代化的基础上的，但随着上述进程的结束，国有企业的业务已面临着转型的巨大压力。在转型背景下，国有企业一方面要通过国际化，尤其是“一带一路”沿线国家的国际化，进行产业转移和能力输出；同时，为了在未来的竞争中获取更多的发展机遇，还需要不断创新。当前，世界上新兴技术和新兴模式层出不穷，创新的摩尔定律仍然存在。在互联网时代，竞争规则也已发生了根本性变化，“无边界竞争”和“赢者通吃”交织着发挥作用。很多机遇稍纵即逝，但短期内国有企业很难改变决策缓慢、机构臃肿和不敢冒风险的现状。因此，需要通过新的方式介入新一轮科技革命，即通过股权投资或战略投资的方式，通过混合所有制的形式介入创新，一方面可以从根源上解决国有资本“一股独大”的问题，另一方面可以充分发挥创新团体的灵活性和国有资本的规模性优势，通过“内部创新＋开放创新”双轮驱动的方式，“创新发展一批”。

3．以优化国资布局为导向，建立布局重点方向目录

国资布局重点方向是国有企业进行投资决策和结构优化的参照，尽量避免直接给国有企业下达指标或是命令的方式进行。在优化国资布局方面，国资委需要以“管资本”的方式，通过“国有股权”所赋予的权利行使决策和经营权。在优化国资布局过程中，国资委需要实现从“指标下达的管理者”向“信息和服务提供者”职能转变。国资产业布局的重点方向确定之后，国资委需要及时提供产业布局重点方向的前沿信息，包括国内外技术前沿动向、国内外相关政策法规、竞争环境、成功案例等多种信息，为国有企业的战略投资和结构优化提供最新资讯信息和必要的支撑服务。

4．推进国资流动平台运作，提升国资证券化比例

上海在全国率先成立了国盛、国际两大国资流动平台。国资平台既是转变监管方式（从“管企业”向“管资本”转变）的基础设施，也是提升国资证券化比例的专业化运营平台。经过前期的运营，上海国有资本已经通过两大平台实现了重组、优化和提升，一些国有企业实现了整体上市和核心业务上市的目标。因此，“十三五”时期应该继续推进国资流动平台的运作，将更多市属国资委直管国有企业股权纳入两大国资运营平台中去，平台通过多种方式提升国有资本的证券化比例，通过国有资产资本化、国有资本证券化，争取实现国资全流动，通过资本运营，不断提升国资运营效率和效益。

4.4.2　转变政府职能，营造公平的竞争环境

1．支持服务企业改革发展，营造良好环境氛围

从国家各部委出台的文件、采用的措施来看，仍然属于“监管型”政府，一方面强调要把企业交给市场，另一方面仍然出台大量文件全方位、全过程对国有企业实施监管。从国际环境看，政策文件过多和更新过快是环境不确定、不稳定的表现，企业无法预知政策预期，反而会影响企业的正常经营。对企业市场化经营而言，一个相对宽松稳定的营商环境可能胜过应接不暇、变化多端的政策文件。从国际通行规则看，规范和监督企业主要是通过法制化监管的形式，一部国有企业法既能够规范和监管国有企业、避免政府“干扰”行为，又符合国际化、法制化、透明化的方向。

政府应该实现主要职能转型：从“监管”向“服务”转型。现阶段，需要推进放管服改革，最终向服务型政府转型。“放管服”改革实质是政府自我革命，要削手中的权、去部门的利、割自己的肉①。人口红利消退、劳动力成本飞升、外贸出口疲软、经济持续调整，在这种情况下，国内企业转型已是箭在弦上不得不发。我国政府积极向新加坡等服务型政府学习取经，转变观念，简政放权和增加服务同步进行。除了权利清单、责任清单之外，国资委还需第三张清单——服务清单。根据对标政府的服务经验、企业改革的历史遗留问题、政府机构之间的协调、国企国际化开拓、产业发展动态、技术前沿问题等，制定“服务清单”，建立联系服务企业工作机制，做好深化国企改革、促进国企发展、营造良好环境的针对性服务。

2．鼓励开放式创新，构建开放式创新环境

开放式创新是科技创新的大趋势，大力支持企业主导的开放式创新体系。开放式创新更加注重吸纳企业外部资源，协同内部资源共同创新。企业开放式创新的作为可以是多个方面的：一是打破传统创新模式，主动策划和实施企业的开放式创新战略，比如 IBM 的“创新詹姆”；二是打破企业边界，灵活采用“开放式创新”、“众包”、“挑战赛”、“客户参与”、“供应商参

① 2016 年 5 月 9 日，李克强总理在国务院召开全国推进简政放权放管结合优化服务改革电视电话会议上的讲话，http：//finance.sina.com.cn/roll/2016-05-10/doc-ifxryahs0607748.shtml。

与”多种方式鼓励和利用社会资源进行创新，比如思科的“I-PRIZE”；三是鼓励员工创新，为企业开放式创新搭建内部平台和创新氛围，如海尔的“人人创客”；四是企业联合其他开放式创新主体激发开放式创新的新途径，比如改善全球供应链和生活机会，利用大数据、物联网、社交平台、创新平台等推进开放式创新；五是多方式参与投资开放式创新活动，可以通过社会风险资本和小额贷款等投资于创新性的金融机制。企业还应该以更加积极的姿态参与到其他团体组织的开放式创新活动中去，以便多渠道获得信息、知识和经验。①

政府可培育开放式创新的公共政策框架：（1）以结果为导向的资助模式，为各类主体引入更大程度的竞争和竞赛；（2）权力和资金的分散化，以便允许社会拥有更多的自由和资源提出和实施创新方案；（3）在市场环境方面，打破垄断，为国有企业之外的所有制经济类型提供平等的进入机会，创建公平的竞争环境，通过充分竞争激发创新，但国有企业仍然可以通过资本股权、市场品牌等参与其中；（4）在公共服务提供方面，政府需要更加开放和透明，最大限度地增加社会公众的知情权和参与权，将一部分政务外包；（5）为开放式创新活动提供“虚拟”和现实空间，为公共、私人和非营利性组织突破界限的交叉创新和信息交流提供空间；（6）建立各种实验室，测试创新，让用户参与创新过程并对创新进行评价。除此以外，为了培育开放式创新，政府还应当在开放式创新法律制定、人才培养、舆论宣传、税收政策和监管环境等方面鼓励开放式创新。

3．继续坚持制度创新，寻找改革开放的下一个支点

未来，我国应该通过制度创新抓住新产业革命的“窗口期”。首先，在技术创新方面，作为新兴经济体，虽然可以通过技术的引进和模仿实现技术追赶，但在面向未来的技术创新之路中，需要尽快摆脱“路径依赖”，加大原创性技术创新的投入力度，力争实现我国在新产业革命中领先者的地位。其次，在生产要素结构方面，通过知识产权保护制度和市场化流动制度、与科研人员和劳动力流动匹配的户籍制度、可以支撑中长期软硬件技

① 黄亚生、王丹、张世伟：《创新的创新：社会创新模式如何引领众创时代》，浙江人民出版社2016年版。

术创新的资本投资制度、开放自由的投融资制度、多元化的职业教育体系等制度创新体系，以满足产业革命对生产要素优化的需求。再次，在生产组织方式方面，强调市场化机制在资源配置中的决定性作用，鼓励各种商业模式在新技术产业化方面的应用，始终保持微观经济主体，尤其是新兴领域创新创业类企业生存与发展的活力。要想保持微观经济主体的活力和竞争力，必须强化市场机制的作用，减少政府的行政干预，真正使市场在资源配置中发挥决定性的作用。因为只有通过市场竞争角逐出来的企业才是真正具有活力和竞争力的企业，才能更大程度上提高社会资源的配置效率。

改革开放后推动中国经济变革的制度创新是自下而上与自上而下相互融合的结果。仍然以家庭联产承包责任制为例，1978 年安徽省凤阳县小岗村 18 位村民签字画押的“包干到户”（家庭联产承包责任制的前身）在当时的农村集体所有制（人民公社制度）环境下，属于走资本主义道路，会受到牢狱之灾。但包干到户获得了村民的认可，实施该项制度后一年的粮食产量已经是过去五年的总和，极大释放了生产力。虽然包干到户后粮食产量有大幅提升，但是各界对该项制度的观点各异，甚至认为该行为违背了社会主义公有制制度，讨论一直在持续发酵，直到邓小平同志肯定了该项制度创新，并决定在全国范围内进行推广，改革开放的大幕也随之打开。因此，制度需要具有一定的开放性和包容性，制度创新本身就是对既有制度的“破坏”，只有允许这些“破坏”行为的存在，才能找到迈向改革开放深水区的“石头”，将这些摸出来的“石头”从顶层设计上给予肯定，就会成为下一个改革开放道路的支点。

4.4.3　抓住“一带一路”建设机遇，培育国际化经营能力

1．在走出去过程中，中国企业培育国际化经营能力是关键

虽然我国越来越多的国有企业进入世界 500 强的行列，但与市场竞争过程中锤炼出的世界 500 强企业相比，国际化开拓经营能力较弱，有个别号称“国际化”能力强的国有企业大多是运用庞大的资本购买海外资源或资产，而非真正意义上的国际化市场开拓和国际化市场经营。从总体上说，国有企业普遍存在国际化战略目标不明确、国际化路径不清晰、国际化缺乏核心人

才和技术支撑等关键性问题[①]。"一带一路"建设为国有企业走出去提供了难得的战略机遇，鼓励国有企业积极有序地参与"一带一路"重大项目建设，扩大国际产能和装备制造合作，不断开拓和优化海外市场布局，注重采用多种方式防范风险，以此推进国际化经营，培育和提升国际化经营能力[②]。在"一带一路"建设背景下，国企改革已成为突破当前经济结构困境、转型升级，以及推动企业顺利"走出去"的一步关键大棋。国企应做好海外企业联盟、完善法制配套和完善分工制度等措施，融合国有资本、民营资本和东道国资本，建立"混合所有制"或"合资合作"的企业结构新局，才能进一步激发社会优质生产要素，带动生产方式革新，分散风险，以及提高企业的国际竞争力，在未来的"一带一路"海外投资、市场拓展中，不仅能够"走出去"，更能进一步"走进去"和"走上去"。[③]

2. 企业需要明确国际化战略目标和国际化战略路径

从企业国际化发展的路径看，有内部自建的路径，也有通过并购实现快速扩张的路径。在适当的时候选择适当的路径是规律，如果企业国际化能力还没有达到成熟的阶段，采用稳健的国际化发展路径，在循序渐进的过程中不断学习和积累经验，是绝大多数世界500强的国际化成长路径。如果国际化能力还不够，大举进行国际化并购，可能造成较为严重的消化不良，甚至成为国际化过程中的"先烈"。企业的国际化过程也是企业在成长为一家世界级大企业的竞争力培育和提升过程，需要"learning by doing"（做中学）。"循序渐进式"的国际化成长路径也是众多世界500强企业国际化的路径。另外，国际化能力需要国际化人才、强劲的技术创新能力和强大的品牌影响力支撑。技术创新和创新能力的提升都是循序渐进的过程。"分解复制——模仿创新——创新模仿——自主创新"是企业技术创新渐进过程，若要实现"跨越"，必须有坚实的基础和完备的条件。加大自主研发的投入，壮大自主

---

① 王丹、王玉：《中国汽车企业的软实力测评和提升——来自上汽集团的案例》，《中国工业经济》2012年第6期。

② 崔小花：《准确把握五大发展理念，推动国资国企改革发展——中央企业、地方国资委负责人会议在京召开》，《上海国资》2006年第2期。

③ 梁海明：《一带一路需要什么样的国企改革》，新浪财经，http：//finance.sina.com.cn/zl/china/20150923/091923325268.shtml。

研发机构，是取得开发自主权和自主知识产权的关键。自主品牌的成功条件：符合市场需求、满足消费者预期、激发顾客忠诚和保持自身形象。

3．强化创新驱动，迈向价值链中高端

实施创新驱动发展战略，提高全要素生产率，是我国企业做优做强的必由之路。持续创新发展，是供给侧改革的“乘法”。改革开放以来，我国创新能力快速提升；2016 年，我国发明专利申请量与授权量均居世界第一位。高速铁路、核电、第四代移动通信、特高压输变电等一系列重大技术取得突破，带动产品和装备走向世界。但也要看到，目前我国还有许多产品不具备自主知识产权，不掌握核心技术和关键工艺，产业升级受制于人。因此，必须持续加大研发投入，加快突破核心技术和关键技术。要高度重视品牌、专利等知识产权的积累，在全球产业标准竞争中抢占有利地位；瞄准智能制造的主攻方向，加大智能产品和智能制造研发投入；积极响应新一轮信息技术革命，推进互联网、云计算、大数据、区块链等先进信息技术的深化应用；坚持技术创新和管理创新双轮驱动，在技术研发和市场应用两端联合发力推动企业创新升级。同时，通过激励机制的建设，鼓励创新，增强微观主体内生动力。大中小企业在融通发展过程中都要努力形成高效的技术创新体系，聚众智、汇众力提高创新效率。[①] 中国移动牵头全球 5G 系统架构标准项目，标志着我国通信企业在全球移动通信技术标准方面正在实现从跟随到引领的跨越。盛虹集团通过构建完整的生物质合成高分子纤维产业链，打破了跨国公司长久以来在该领域的市场垄断。协鑫集团大力引进全球顶尖人才，通过新材料、新工艺、新技术的突破，不断推出有竞争力的绿色能源产品和解决方案，实现了向一站式综合能源服务商的转变。中国建材大力发展新型建材、新型房屋和新能源材料，通过持续提升标准不断引领建材行业产品升级。这些事例表明，只要勇于创新、善于创新，我国大企业完全有条件、有能力迈进全球价值链的中高端，将企业发展推向更高水平。

① 王忠禹：《应扎实推进跨国经营，不能损害国家长远利益》，新浪财经，http：//finance.sina.com.cn/meeting/2017-09-10/doc-ifykuffc4750525.shtml。

参考文献

［1］陈小洪：《中国企业改革的历史性成果及主要经验》，《湖北社会科学》2008年第11期。

［2］黄群慧：《“新国企”是怎样炼成的——中国国有企业改革40年回顾》，China Economist Vol.13，No.1，January-February 2018.58-83。

［3］王春雷：《我国民营企业的发展历程及启示》，《武汉商学院学报》2014年第10期。

［4］赖新长：《民营企业如何在经济新常态下转型升级》，《商业经济》2016年第6期。

［5］【十九大专题】高尚全：《中国改革四十年的回顾和思考》，凤凰财经网，http：//finance.ifeng.com/a/20171016/15726064_0.shtml。

［6］陆亚东、孙金云：《中国企业成长战略新视角：复合基础观的概念、内涵和方法》，《管理世界》2013年第10期。

［7］恽力达：《国企混合所有制改革背景下法人治理结构的完善——以〈上海国企改革二十条〉为视角》，《现代国企研究》，2015年第6期。

［8］王绛：《清理“僵尸企业”五大难题待解》，《中国企业报》2015年12月7日，http：//news.hexun.com/2015-12-07/181036653.html。

［9］2016年5月9日，李克强总理在国务院召开全国推进简政放权放管结合优化服务改革电视电话会议上的讲话，http：//finance.sina.com.cn/roll/2016-05-10/doc-ifxryahs0607748.shtml。

［10］黄亚生、王丹、张世伟：《创新的创新：社会创新模式如何引领众创时代》，浙江人民出版社2016年版。

［11］王丹、王玉：《中国汽车企业的软实力测评和提升——来自上汽集团的案例》，《中国工业经济》2012年第6期。

［12］崔小花：《准确把握五大发展理念，推动国资国企改革发展——中央企业、地方国资委负责人会议在京召开》，《上海国资》2006年第2期。

［13］梁海明：《一带一路需要什么样的国企改革》，新浪财经，http：//finance.sina.com.cn/zl/china/20150923/091923325268.shtml。

［14］王忠禹：《应扎实推进跨国经营，不能损害国家长远利益》，新浪财经，http：//finance.sina.com.cn/meeting/2017-09-10/doc-ifykuffc4750525.shtml。

（本章主持及执笔：王丹）

第 5 章　改革开放以来中国产业的集聚发展

本章提要：

改革开放以来，中国经济快速增长一直伴随着产业集群的形成和发展，集群式产业发展成为中国产业经济的突出特征。产业集群不仅是中国经济增长的一个鲜明特色，也是中国成为世界制造中心、世界工厂的重要推动力。不同于其他国家，中国产业集群的形成与快速发展，一定程度上得益于国家或地方政策推动下的各类开发区建设。本章全面分析改革开放以来我国产业集聚发展的现状、特征事实及其影响因素，强调中国开发区建设在产业集聚发展中扮演特殊重要角色。目前，中国已形成由经济技术开发区、高新技术产业开发区、海关特殊监管区等不同类型开发区构成的大国开发区体系。开发区通过发挥增长极、示范区、技术扩散源、进出口、跨境合作、创新创业载体等不同功能，带动中国产业集聚发展和产业集群不断涌现。其中，长三角地区开发区分布密度大、产业集聚水平高、发展质量优，苏州工业园、张江高新科技园区已是国内外争相效仿的典型园区样本。

5.1 产业集聚理论中国化和中国产业集聚测度

5.1.1 产业集聚理论中国化

1. 产业集聚内涵

集聚是现实经济活动的重要特征，而经济活动最终体现在产业上。国外关于产业集聚概念和内涵的讨论涵盖了经济学、管理学、社会学、技术经济学、创新研究等众多学科，形成了许多内涵相似，但分析角度和表述方式不尽相同的概念。第一个阐述产业集聚理论的是新古典经济学鼻祖马歇尔（1890），他在《经济学原理》中从定义外部经济概念入手界定了地方性工业集聚的内涵，后人称之为马歇尔集聚。这个概念不仅反映了企业和产业集聚的地理特征，也反映了“一业为主”的产业结构特点。早期对产业集聚概念的界定，较为关注与产业相关的生产联系，而忽视了地理接近性。熊彼特（1934）在早年解释经济周期或经济波动时，认为创新集群和增长非周期性要素也是经济波动的主要原因。由于熊彼特的“创新集群”概念是在研究经济周期性波动的背景下提出来的，因而对创新集群问题的研究大多是与经济波动，尤其是经济长波相联系。这与后来学者所关注的地理集群与产业集群的概念存在着一定差异。

当集聚演化到呈现出高度地理集中时，产业集聚概念便与地理特征结合到一起，于是地理接近性就成为界定集聚的基本特征之一。波特（1998）认为，产业集群是某一特定领域内相互联系的企业及机构在地理上的聚集体。这个概念突破了产业区理论所热衷的投入产出系统概念。但是，由于地理规模和内在社会经济机制的巨大差异，不同研究者为了达到自己的目的使用不同的研究方法来表述这层含义，使得这个概念变得模棱两可。Swann等（1996）认为，产业集群是同一产业中的大量企业位于同一地理区域。Baptista等（1998）则把集群定义为坐落于一较小区域、在地理上高度密集的关联企业。随着新兴工业国家产业集聚现象的兴起，这些国家的研究人员也在努力把产业集聚概念一般化以适应本国的产业集聚状况，主要表现在逐渐放松了一些早期新产业区论者所秉持的关键概念如“弹性专精”、“地方网络"、"当地根植"、"中小企业主导"等对产业集聚的限定。

国外的产业集聚理论已经成熟，对产业集聚研究已经涉及区域经济学、产业经济学和管理学等学科的重要领域，而在国内，对产业集聚的研究起步较晚。自20世纪90年代以来，国内对产业集聚研究才逐步展开和深化，这时才出现了一些关于产业集聚研究的成果，这些研究主要是借鉴和运用国外产业集聚理论来分析我国现有的产业集聚的发展状况，大多是从纯理论的成果基础上融入我国具体的区位实证研究，但是这些理论为我国产业集聚的发展提供了巨大的支持。

2. 中国产业集聚研究

伴随改革开放以来我国经济的迅猛发展，尤其是深圳、珠海、汕头、厦门四个经济特区的设立带动了我国东部经济的快速发展，20世纪90年代后一些学者开始研究这些城市的成功之处，并得出了一些适合中国企业发展的产业集聚理论。王缉慈（2001）、魏江（2003）等学者在中国产业集群领域作了很多开拓性的研究。特别是近年来，学术界对中国制造业、服务业及高新技术产业等的地理集聚问题的研究热情迅速升温；包括刘友金等（2007）、吴结兵和徐梦周（2008）、朱海燕和魏江（2009）、李世杰和李凯（2010）以及蔡宁等（2011）在内的一大批学者先后从不同角度研究我国产业集群成长、发展和升级中的诸方面问题。而梁琦（2004）、范剑勇（2004，2006）、贺灿飞和潘峰华（2007）、陈建军和胡晨光（2008）、贺灿飞（2009）、刘军和徐康宁（2010）、黄永兴和徐鹏（2011）、胡健和董春诗（2012）等学者则较为严格地基于新经济地理学理论之规模收益递增下的一般均衡分析框架，从理论和实证等层面研究我国产业集聚的演化机制，解释了产业（特别是制造业）向东部沿海地区不断集聚的基本成因。

尽管国内对产业集群的研究起步较晚，但集群式的产业发展在我国迅速扩张，取得了举世瞩目的成效，尤其在改革开放以来，经济的快速增长一直伴随着产业集群的形成和发展。产业集群不仅成为我国经济增长的一个鲜明特色，也是我国成为世界制造中心、世界工厂的重要推动力。

5.1.2　中国产业集聚的特征事实

在我国，随着改革开放的不断推进以及社会主义市场经济体制的逐步完善，按照专业化原则形成的各种产业集聚现象日趋明显，集聚的生产模式大量应用于我国各区域经济的发展中，并且得到了进一步的创新发展。目前，产业集聚已经成为推动我国经济发展的一股重要力量。我国产业集聚主要有两种途径推动：一是民间自发性的生产或交易形成的产业集群；二是政府主导或参与支持的划定区域的园区开发。

1. 典型中国式产业集群

中国工业化的一个显著特点就是产业集群。在过去短短的30多年里，中国成了“世界工厂”，完成了西方两百多年才走完的工业化历程，集群式的发展模式起了很关键的作用。改革开放以来，以民营中小企业为代表的产业集群不断涌现，在民营经济十分发达的浙江省、广东省等，各地的小企业和农户通过产业集聚形成了数量众多的专业村、专业镇，产业集群发展逐步成为中国经济发展的一大特色。

目前，在我国经济增长中占据重要地位的产业集聚，主要是在改革开放之后逐渐形成，并在20世纪90年代中期以后受到关注的中小企业的集聚。镇或村集聚了大量行业类型类似的企业，主要生产一种产品，在市场上占据很大的规模。例如，广东省佛山市的每个镇同一产品高度集聚，并逐步成为中国名镇：均安镇主要做牛仔裤，顺德做厨具，大沥镇做铝材等。即使相对欠发达的河北省也有480多个产业集群，白沟及其周围50万人从事箱包行业（张晓波，2018）。其中，浙江濮院羊毛衫产业集群等是我国产业集群发展的典型代表（见专栏5.1）。

专栏 5.1　浙江濮院羊毛衫产业集群的发展

濮院镇位于浙江省北部，地处杭州和上海之间，是明清时期江南“五大镇”之一，有着悠久织造传统。濮院羊毛衫产业萌芽于1976年，当时一家集体企业开始生产羊毛衫，并迅速获得成功，许多个人，甚至一些国营与集体企业纷纷仿效。经过多年的发展与转型，濮院已是“周围千家厂，日织百万服”的羊毛衫大镇，全国最大的羊毛衫集散中心。

濮院集群企业有两种生产模式，一种是包商制，商铺老板负责组织协调整个生产活动，但工序完全分离到各个作坊，每家做一道工序。另一种是开发区里的以出口为主的大企业，两种商业模式各不相同。在濮院，包商制占大多数，一个镇有七八千家羊毛衫批发商。濮院羊毛衫集群生产销售的一般流程为：客商到商铺看货，看中某款后付三分之一定金，并定下交货时间；老板拿到定金后开始到毛线市场定毛线，并找企业（或作坊）去印色、织、印花、平整等；完成成衣之后收回来检验质量，进行缝制商标、包装，然后打电话请物流公司来取货、发货；等收到全款以后，再支付各生产厂商的加工费。在这个生产过程中，几乎没有书面合同，主要依赖口头契约，但违约的情况非常少。

建立在社会信任机制上的产业集群特有属性与地方政府的积极推动共同铸就了濮院羊毛衫产业集群的快速发展，使得濮院成为中国最大的羊毛衫市场。首先，建立在社会信任机制上的企业分工合作，极大地降低了集群创业的门槛，精细化的产业分工减少了原始资本投入，可以通过非正式的借贷与贸易信贷克服信贷约束问题。且这种模式很容易模仿复制，可以很快构建稳定的产业生态系统。其次，濮院地方政府通过修建市场、建立了物流中心、成立工业园区、举办博览会，以及规范市场行为以提升产品质量等诸多举措，在集群的发展过程中发挥了重要的作用。

资料来源：《中国产业集群崛起背后的故事》，张晓波，澎湃新闻，2018 年 5 月 11 日。

2．园区经济迅速发展

通过建立经济特区、开发区和各类产业园区，以点带面推动经济增长已成为中国经济改革和对外开放的成功经验之一。中国的经济园区伴随改革开放和经济快速增长而产生、发展和壮大，20 世纪 80 年代以来中国园区经济勃兴，并逐步成为全球园区发展浪潮的重要推动力量。20 世纪 80 年代初，中国设立深圳、珠海、汕头、厦门四个经济特区，1984 年批准 14 个沿海开放城市建立第一批国家级经济技术开发区，2006 年国家正式公布的经济园区数量累计 1568 个，包含了综合性经济开发区（或工业园区）、高新技术产业园区和特色产业园区三种类型的十余种具体形式。2018 年，国家正式公布的开发区数量达 2543 家，较 2006 年增加 975 家。目前，中国已是世界上拥有经济园区形式最多、数量最多的国家。

经济园区遍布中国各地区，发展成为地方经济的“增长极”。2017 年，

219 家国家级经开区实现地区生产总值 9.1 万亿元，同比增长 9.9%，增幅高于同期全国平均水平 3 个百分点，占同期国内生产总值比重为 11%。其中，第二产业增加值 6.1 万亿元，同比增长 6.1%，增幅与同期全国平均水平持平，占同期全国第二产业增加值比重为 18%；第三产业增加值 2.8 万亿元，同比增长 17.3%，增幅高于全国同期平均水平 9.3 个百分点，占同期全国第三产业增加值的比重为 6.7%。国家级经济开发区实现财政收入 1.8 万亿元，同比增长 15.9%，增幅高于全国同期平均水平 8.5 个百分点，占全国财政收入的比重为 10.3%；实现税收收入 1.6 万亿元，同比增长 12.2%，增幅高于全国同期平均水平 1.5 个百分点，占全国税收收入的比重为 10.9%；实现进出口总额 5.6 万亿元，同比增长 17.5%，增幅高于同期全国平均水平 3.3 个百分点，占同期全国进出口总额比重为 20.1%。经济园区的总体经济规模巨大、工业化水平高、出口导向特点明显，短时期内中国经济形成全球名副其实的"园区经济"并带动了地区增长，成为中国现代经济增长的典型事实。

表 5.1　2017 年中国国家级经开区发展状况及其经济地位

	规模（万亿元）	同比增速（%）	高于全国增速（%）	全国占比（%）
生产总值	9.1	9.9	3	11
第二产业增加值	6.1	6.1	持平	18
第三产业增加值	2.8	17.3	9.3	6.7
财政收入	1.8	15.9	8.5	10.3
税收收入	1.6	12.2	1.5	10.9
进出口总额	5.6	17.5	3.3	20.1

3．制造业与服务业融合集聚

我国产业的集聚，不仅表现在产业集群、产业开发区等产业发展载体的大量涌现与发展，更表现在产业业态的空间集聚。制造业、服务业均呈现出集聚度提升的态势，且制造业与服务业的融合发展逐步加深，制造业与服务业融合集聚的特征渐显。

首先，制造业集聚度提升。自新中国成立以后，中国工业便存在明显的地理集聚现象。早期出于战争风险的考虑，沿海地区的工业开始内迁，政府的计划经济安排在一定程度上减轻了中国工业集聚的程度（Wen，2004）。

1978 年改革开放之后，随着财政分权制度的推行，地方保护主义加剧，地区产业结构开始趋同，产业集聚的程度也有所下降（Young，2000）。但 20 世纪 90 年代之后，随着市场力量在资源配置中的作用日益加强，沿海地区，特别是广东、江苏、浙江、山东和福建五省，凭借临近国际市场的地理优势、历史形成的工业基础以及国家制造品出口导向和沿海导向的渐进开放政策（Catin 等，2005），吸引了大量的资本和劳动力，从而使其成为中国产业集聚的主要地区（冼国明和文东伟，2006）。以中国城市为样本的研究表明，目前我国二位数制造业集聚程度由高到低的产业部门分布依次为：资本技术型、资源垄断型、劳动密集型（陈建军等，2011）。

其次，服务业集聚度的提升。随着工业经济向服务经济转变以及社会分工的发展和专业化水平的提高，服务业特别是生产性服务业通过外包形式逐渐从原来的制造业职能中分离出来，使得服务业的集聚效应逐渐显现。自 Scott（1998）率先将服务业集群概念化后，关于服务业集群的研究也取得了一定的进展，如英国伦敦的金融服务业集群（Amin & Thrift，1995）、美国加利福尼亚州的多媒体集群、中国上海的陆家嘴金融服务业集群和北京中关村的中介服务业集群等。国内关于服务业集聚的研究，早期主要聚焦服务业与经济发展的关系问题（程大中，2003；江小涓等，2004）。陈建军等（2009）采用全国 222 个地级以上城市的截面数据进行了中国生产性服务业集聚的成因与发展趋势的探索性研究发现，中国服务业集聚主要表现出的特征是：以交通运输、仓储和邮政业、信息传输、计算机服务和软件业、房地产、租赁和商务服务业及科学研究、技术服务和地质勘查业为代表的生产性服务业的集聚程度较高，表明知识密集度、信息技术水平、城市和政府规模对生产性服务业集聚有显著的影响。另外，根据服务业集聚与城市规模非线性关系研究表明，由于中国东部与中西部地区存在截然相反的集聚路径，这使得中国东部地区城市将长期存在集聚效应，而中西部地区在城市相对规模达到一定的熵值后集聚效应开始递减。

第三，制造业与服务业融合集聚。基于地区和行业角度的研究发现，生产者服务业提升了制造业效率，对提升制造业竞争力具有重要作用（江静等，2007）。徐从才、丁宁（2008）以大型零售商纵向约束与供应链流程再造为视角，分析了大型零售商主导下服务业与制造业价值链创新与流程再造的相互关系。从集聚程度来看，中国14个服务业中排名前5位的均为生产性服务业。从集聚趋势来看，生产性服务业表现出逐渐提高的动态趋势（金融业除外）。从产业的布局空间结构来看，以2006年为例，以城市所在省份为单位，单位从业人员数量最多的五省市占总单位从业人员数量的比例分别为34.81%、41.13%、45.94%、52.12%和37.49%，而且这些生产性服务业主要集聚在上海、广东、山东、江苏和浙江等沿海省市说明制造业与生产性服务业的强相关性（陈建军等，2009）。

5.1.3 中国产业集聚的测度

1．产业集聚测度方法

无论是研究产业集聚的决定因素，还是研究产业集聚对经济绩效的影响，其前提是运用有关数据和方法对产业集聚的客观合理测度。集聚程度的测度是产业集聚及集聚经济研究的重点。产业集聚从本质上来讲是企业的集聚，Ellison和Glaeser（1997）以及Long和Zhang（2011）总结了两类产业集聚模式：一类是少数大型企业集聚在一起，企业之间很少有关联，如美国的汽车城底特律；另一类是大量的各种规模的企业集聚在一起，企业之间关系密切，如美国的硅谷。由于产业集聚与企业规模密切相关，因此当前测度产业集聚程度或水平的方法可以分为两类：一类方法没有考虑企业规模差异的影响，仅考虑了行业和地区范围大小的影响，如Krugman（1991a）、Audretsch和Feldman（1996）拓展产业空间基尼系数（spatial gini coefficient），Hallet（2000）构建产业方差系数（coefficient of variation for industry），Wen（2004）构造产业基尼系数（gini coefficient for industry）以及Hoover（1936）的地方化系数（coefficient of localization），Holmes和Stevens（2002）使用的区位商（location quotient）指数。另一类方法考虑了企业规模差异的影响，代表性的方法是Ellison和Glaeser（1997，1999）构建的衡量产业集聚程度的γ指数或称为EG产业集聚指数。Duranton和Overman（2005）发展的以企业之间地理距离为基础检验产业地方化（distance-based tests of localisation）的DO指数，也考虑了企业规模的影响。进一步地，Duranton和Overman（2008）从企业的所有制性质（内资企业与外资企业）、企业规模（大型与小型企业）、隶属关系（独立企业和从属企业）以及经营年限（新进企业、退出企业或持续经营企业）等方面，比较研究了各类企业的布局模式。Ellison 等（2010）则以 Ellison 和 Glaeser（1997）构建的 EG 指数以及 Duranton 和 Overman（2005）发展的 DO 指数为基础，检验了 Marshal（1920）集聚力量（agglomerative forces）在企业集聚中的作用。

国内外学者综合考虑各种不同因素，用于测度集聚程度的指标不同，所得出的结果也不尽相同。归纳起来，目前学术界常用的测度指标主要有以下几个：标准差系数、产业集中率、绝对集中率和相对集中率、赫芬达尔指数、Hoover 系数、区位基尼系数、产业集中指数和空间分散度指数等。

2. 中国产业集聚的测度

国内外测度中国产业集聚的相关研究文献，可分为基于非企业层面数据的研究和基于企业层面数据的研究。

基于非企业层面数据对中国产业集聚的研究，大多局限于省级（或地市级）和两位数（或三位数）行业，较少文献考虑到企业规模差异和地区范围差异对产业集聚程度的影响。有些研究文献虽然将地区层面细分到地市级，但行业层面仅为制造业整体或服务业整体。这类研究主要分析工业或制造业、服务业整体的空间集聚现象，无法测度细分行业的产业集聚程度，所用数据主要来自《中国城市统计年鉴》。代表性的文献有范剑勇（2006）、刘修岩等（2007）、章元和刘修岩（2008）及韩峰和柯善咨（2012）等。另有一些研究文献，虽然行业层面能够细分到两位数工业行业或制造业行业，但地区层面仅能到省一级。这类研究所用数据主要来自《中国工业经济统计年鉴》以及 1985 年和 1995 年中国第二、三次全国工业普查资料和《中国经济普查年鉴》（2004 年和 2008 年）。这类研究由于能够获得分地区分行业的数据，从而能够使用 Hoover 地方化系数、Krugman 空间基尼系数以及区位商等指标来测度产业集聚。代表性的文献有 Bai 等（2004）、Wen（2004）、范剑勇（2004）及冼国明和文东伟（2006）等。还有一些研究文献，地区层面细分到省级，行业层面仅为工业或制造业整体，无细分行业，所用数据主要来自《中国统计年鉴》和《新中国五十年统计资料汇编》，此类文献相对较少，代表性的有金煌等（2006）、陈建军和胡晨光（2008）等。

使用企业层面的数据研究产业集聚问题，可以在地区层面和行业层面进一步细化，并考虑企业规模和地区范围差异对产业集聚的影响，从而使研究更贴近经济活动的现实。根据数据来源不同，可以将企业层面的研究总结为三类：一是使用中国工业企业数据库进行的研究，代表性的文献有：路江涌和陶志刚（2006、2007）、Lu和Tao（2009）、Li等（2012）、王永进和盛丹（2013）等。二是使用中国工业经济普查或中国经济普查企业层面的数据，如Long和Zhang（2011，2012）利用1995年中国第三次工业经济普查和2004年中国第一次经济普查企业层面的数据，借鉴Hausmann和Klinger（2006）产品相近度矩阵（product proximity matrix）的概念和方法，探讨了中国的产业集聚对企业融资、出口和生产率等方面的影响，并进一步从产业集群的角度分析了中国的工业化模式。三是使用其他来源的企业层面数据，如盛丹和王永进（2013）结合1998—2007年中国工业企业数据库和2005年世界银行投资环境调查数据库，分析了产业集聚对企业融资成本和信贷资源配置效率的影响。

文东伟和冼国明（2014）利用1998—2009年中国工业企业数据库企业层面的数据，基于Ellison和Glaeser（1997）的模型，测算了中国30个两位数制造业、163个三位数制造业和430个四位数制造业的产业集聚指数，并描述了中国制造业产业的地理集聚模式。由于产业的空间集聚与地理范围密切相关，其考虑了三个层次的地理单元，分别为县级、地市级和省级。研究结论表明，相对于欧美发达国家，中国制造业的地理集聚程度较低，但在研究期间内却呈现出不断加深的趋势。不同行业地理集聚的模式或原因有所差异，正如Krugman（1991）的论述，地理上高度集聚的行业，并不能以显著的单一原因进行解释。一些高度集聚的行业可能与自然资源优势有关，而另一些高度集聚的行业则可能与集聚经济、空间外部性或运输成本等因素密切相关。

5.2 中国产业集聚的经济效应与影响因素

5.2.1 中国产业集聚的经济效应

集聚是推动产业发展的强大动力。由于集聚，使得资源的集中、合理、有效配置成为可能，这也正是企业产业集群成为当今世界经济发展重要特征的根本原因。可以说，具有国际竞争力的产业集群，是发达国家和地区保持领先地位的重要保证，是发展中国家发挥比较优势的基本载体，是转型国家实现成功跨越的产业基础。无论是在早期集市交易发源的我国，还是在工业经济起源的西方，最初的产业集聚都是由民间自发的分工协作发展而成的区域性集聚，而且由于有了这种集中制造、集中交易之后，大大提升了产品生产的效率，也能够降低集聚内的每个企业的经营成本，这就是集聚经济效益。产业集聚的经济效应可以从区域视角、产业视角、创新视角和企业视角四个层面分析。

1. 区域视角

产业集聚可有效提升对区域内资源的整合能力和区域经济发展水平。一般性的生产要素如资金、土地等转化为生产性的资本，才会带来新的经济剩余，即增加区域内资源总量。集群成员拥有的资源和集群的结构方式影响了集群的竞争优势，在集群的结构中形成了资源整合的协同效应（魏后凯，2003）。在产业集群内，发达的区域网络将许多单个的、与大企业相比毫无竞争力的小企业联系在一起，表现出的竞争力就不再是单个企业的竞争力，而是一种整体大与局部之和的更加具有优势的全新的集群竞争力（刘恒江等，2004）。

同时，产业集群为产业经济与区域经济的共同发展找到了一个最佳的"契合点"，它可以极大地促进区域经济健康、持续、协调发展。一方面，产业集群不是在区域内孤立发展的，它需要发达的相关产业支持，其发展会有力地拉动上游原材料、零部件等中间产品产业迅速成长，同时又能带动下游服务、贸易和金融等产业的发展。由于产业关联性的作用，一个区域内某个产业的集群通常又会带来上下游产业的集群，从而形成相关产业集群在一个地域内相辅相成、相互促进、互动成长的局面。这些集群将会共同提升区域经济发展的层次和水平，提高区域经济的国内、国际竞争力。另一方面，任何产业集群的形成和发展都需要教育、科技、咨询等智力和服务力量的支持。发展产业集群有助于集群区域内各企业、科研机构、高校、咨询公司和中介机构之间进行产业化协作，建立产学研一体化体系，加快科学技术发明和智力成果的市场化速度，开发和利用各类专业人才，实现各种社会力量优势互补，从而有利于推动各行各业全面发展，加快区域新型工业化进程。

2. 产业视角

产业集聚能建立极具创新力的产业分工协作体系。其主要表现在：第一，产业集群使企业生产高度专业化，各企业都专注于某一种产品、某一道工序或某一类业务开展生产经营，同时专业化又使企业集中研发投入于一种产品上，努力提高产品的科技含量和附加值，培育知名品牌，形成核心竞争能力。第二，产业集群建立起来集群企业共同参与、产学研一体化的集群式创新体制。集群式创新使基于企业的个体创新转变为基于集群的集体创新。集群式创新的优点是企业之间以及企业、高校、科研机构可以相互学习，互通有无，实现优势互补和资源共享，促进新观点、新做法、新技术的快速传播和扩散，降低创新成本和风险。第三，现代社会顾客需求变化速度越来越快，越来越个性化、多样化和复杂化。这就要求企业有较高的柔性。纵向一体化的企业由于内部生产环节多，组织结构复杂，对市场反应迟钝，因此很难做到柔性化生产。而产业集群是反纵向一体化趋向专业化的，集群内企业利用专业化分工协作的优势，可以迅速生产出符合市场需要的差异化产品，实现速度经济，满足多样化和个性化的顾客需求。第四，产业集群可以使产业链上游的企业以最短的空间距离为下游企业配套或供货，实行“在需要的时间，按照需要的数量，提供顾客需要的产品”的所谓“准时化生产”，有利于提高对客户需求的响应速度，建立现代工业的精益生产方式。

3. 创新视角

产业集群拥有良好的学习效用和灵活的创新机制。产业集群内部发达的网络关系不但可以使这些新的生产技能、管理经验及信息资源等通过人员的流动扩散到集群内的其他企业中，而且可以使其迅速扩散到集群中的所有相关行业主体中，有利于技术扩散，企业间的交流、学习都会促使技术不断创新。产业集群内部的学习效应具有两方面的作用：一方面降低了企业的创业门槛，具体来讲主要是为集群内企业的衍生和发展提供了技术、资本、劳动力、企业家能力和市场开拓等完善的便利条件；另一方面生产技能和管理经验在集群内迅速扩散也大大降低了开办新企业的创业风险。产业集群的学习效用得益于企业聚集有示范效应或称路径依赖。产业集聚本身就可以刺激创新，并形成一种积极向上的创新文化氛围。在产业集群中，各种企业如供应商、制造商、分销商及终端用户等在地理位置上的接近有利于关联企业迅速采用新技术进行创新，这样就提高了生产过程的整体效率。创新活动不仅仅是生产制造环节的事情，它贯穿于产品研究开发、设计、生产、制造以及营销一整套环节。完善的社会关系网络有助于技术和知识的传递。集群内的企业与机构还应与群外企业、机构联系，了解外部环境的变化、获得更多信息以利于产生根本性创新。

4．企业视角

产业集群能显著降低企业的生产成本和交易成本。（1）生产成本是与经营活动发生直接联系的企业成本，它影响企业的效益高低。产业集群的直接结果是产业规模扩大，形成外部经济。对集群外部来讲，随着产业集群的形成，企业数量增加，企业的集体力量增强，议价能力提高，企业可以得到价格更低、质量更优的生产要素供应。对集群内部来讲，完善的产业集群可以使一家上游企业同时为几家下游企业配套或提供中间产品，进行大批量生产，实现规模经济一家下游企业可以由几家上游企业供货，采购更为灵活，易于降低成本。（2）产业集群会产生技术外溢。集群使人们之间近距离的交流成为可能，这不但有利于显性知识的掌握，更重要的是，有利于隐性知识的学习，而隐性知识通常是难以纸面化甚至是“只可意会，不可言传”的重要技能、经验和方法。技术溢出和近距离学习使企业人员积累了更多有用的生产知识和技能，提高了生产效率，使企业的经验曲线以更快的速率下降，最终导致企业生产成本降低。同时，产业集聚会形成“标杆效应”。集群内的优秀企业作为“标杆”，成为同行企业竞相学习、模仿和赶超的对象。产业集群使企业经营业绩的可比性提高，孰优孰劣更为明了，企业绩效更容易准确评估，从而形成集群企业间相互竞争，相互学习，你追我赶，力争上游的良好的“产业氛围”。集群还形成了一种“声誉机制”，产品质次价高、服务不到位、缺乏诚信的企业将受到严惩，难以立足。这些都有利于集群企业改善经营管理，降低生产成本，提高经营业绩。由于运输距离缩短，企业在一定地域内集聚能大大降低物料和零部件的物流成本。（3）产业集群能显著降低企业的交易成本。产业集群中，企业彼此相互依赖性很强，容易建立长期交易关系，由资产专用性而导致的一方背弃另一方的机会主义行为发生的可能性较小，企业间的技术、信息和人员交流频繁，合作较多，信息的不对称性较低，再加上长期稳定的交易关系弱化了市场环境变动的不利影响，这些都使市场交易的不确定性减小。集群成员长时间相处，彼此相互了解，信任度较高，产业内形成了一种诚信文化，企业不必频繁签约，也不必在每次签约时花费较多的时间和精力，由此降低了交易频率的影响。所有这些都使得企业无须经常寻找合适的交易伙伴，也不需要对交易伙伴进行更多的监督，从而降低了企业间的交易成本。

5.2.2 中国产业集聚的影响因素

产业集聚的形成是宏观成长环境、中观产业发展与微观集群内企业主体三个维度相互作用的结果，任何一个维度的缺失或者不健全都将影响集群的形成。

1. 宏观维度

宏观环境因素为产业集群提供集群成长的适宜环境，它包括要素条件、地区的产业氛围、地区政府的产业政策。

（1）要素条件。早期的产业集聚得益于各地在一般要素指不需花费多少代价就能得到的要素，如非熟练劳动力、自然资源等方面存在的差异，产业集聚的影响因素，像在光照充足、气候适宜的地区发展起来的农业集聚，如甘肃定西马铃薯产业集群等；在自然矿藏丰富的地区形成的工业集聚，如马鞍山的钢铁产业集群、甘肃金昌的有色金属产业集群等。

在以信息技术开发和应用为主导的第四次产业革命带来的新经济时代，以人力资本、高科技等为代表的知识资源，亦即高级要素成为经济发展的核心。此时作为知识和技术的重要载体和创新主体的人以及从事知识研究和创新的学校及科研机构成为区域发展中重要的知识资产，新型产业区日益向大学等教育机构、研究机构靠近。一方面，大学和科研院所为产业集聚提供了大量丰富稳定的高级研究和管理人才以及熟练工和大量的创新成果，从而使该产业区获得了强大的动力支持，并且这种人力资源供给上的便利大大降低了企业自身的培训成本。另一方面，大量相关产业的进入为大学和科研活动提供了资金等方面的赞助，这种大学和科研院所与产业区建立的双向关系，已经成为新型产业区的重要推动力量。可以说，传统生产要素的某个方面纯资源优势促成的产业群，只是获得了一定的静态比较优势，而以高级要素为主形成现代产业集群，则建立了具有生命的动态竞争优势。正是这种动态竞争优势的作用，使现代产业日益向高级要素区集聚，形成产业群，例如北京、上海等城市的信息产业集群等。

（2）地区产业氛围。地区产业氛围是某一产业发展所必需的社会文化环境，它是地方行为主体企业、个人及政府之间在长期正式或非正式的合作与交流基础上所形成的相互稳定系统。在这个系统内部，人们之间在经常的联系、互动过程中所采取的各种经济行为深深根植于大家所熟悉的圈内语言、背景知识和交易规则，因而具有可靠性、可预见性，并避免彼此陌生的人进行交易时可能产生的问题。共同的社会文化环境产生的信任理解和相互合作，既有效地防止各种机会主义行为，又促进知识的流动和扩散。良好产业氛围的这种相互信任和满意成为一种最有价值的资源，对一定地理范围内的企业空间行为产生约束，为集群提供了一种黏合剂，使众多企业黏在一起，并根植在当地不会轻易离开。例如，濮院羊毛衫产业集群，是根植于区域内的相互信任机制而形成的产业集群。

（3）政府政策。集群的成长以地区产业氛围为土壤，以资源为诱因，政府政策为其生长发芽奠定了动力保证。从某种程度上说区域内具有资源优势以及产业的成长环境，但是这些不具有主动性的资源本身并不能自动创造价值，它只有通过某一特定的行为才能被激活并转化为经济效益，政府的政策就是集群的激发动力机制。由于政府有较强的分析和预测能力，便于洞察一个区域的目标产业和企业，并为它们提供确保其获得并保持成功的必需服务和基础设施。例如，濮院地方政府在集群的发展过程中发挥了重要的作用。在发展初期，政府建立了市场，后来又建立了物流中心，成立了工业园区，举办博览会。这些措施将全国各地的羊毛衫经销商吸引到濮院，使得濮院成为中国最大的羊毛衫市场。

2. 中观维度

从产业发展的角度来看，影响产业集群形成的因素为产业效率、科技创新与产业竞争方面的作用。

（1）产业效率。产业发展遵循经济发展的一般规律，即追求经济收益的最大化，而产业收益的最大化常常是通过提高产业效率来实现的。变革生产方式，在提高产业效率的同时，也使产业表现出集群化的趋势。面对经济活动的不确定性和生产的不稳定性，生产方式从福特制向后福特制转变（Henderson，1986）。产业结构出现“分散化”和产业间的“劳动社会分工扩大”，企业彼此实行高度的分工协作，以此降低因转换生产加工环节而必须付出的交易成本，因此，在生产上存在相互依赖的企业必须进行合作与协调，彼此之间产生一种空间拉力，促使企业在地理空间上集聚。例如深圳电子信息产业集群，成为国内外电子信息产业巨头寻求合作的首选地。

（2）科技创新。按照技术创新的组织特点，技术创新可分为发明家型、试验室型以及创新网络型。发明家型的创新是一种个体行为，它要求发明家个人具有超常的能力。实验室型是科层组织内部的集体合作创新行为，它要求企业组织达到一定规模以后才能承受技术创新的沉没成本。创新网络是指众多企业和机构相互合作进行产品创新或工艺创新。创新网络的目标是利用不同组织的资源和差异化的技术能力。对于中小企业而言，因资源限制，单个中小企业难以实现创新功能的内部化，而众多中小企业联合起来可以实现创新功能的集体内部化。劳动分工细密的企业接近可形成一个近距离创新网络。同类企业的聚集，便于与远距离的创新机构形成技术联盟，或开展产、学、研合作，产业创新网络的缔结需要产业集群这个平台。另外，以信息技术为核心的科技革命对产业发展的影响，更多地体现在加快了产业创新和企业创新的步伐，一方面，新兴产业从萌芽到形成壮大的周期大大缩短，产业的兴衰更替呈加速度趋势；另一方面，传统产业由于高技术的融入使其生命周期得到延长，产业的适应能力得到加强，产业的高度分化和高度整合并存。这两方面的合力成为产业集群发展的强大推动力。

（3）产业竞争。全球范围内产业竞争的加剧是推动产业发展呈现集群化趋势的必要因素。产业的全球化发展使产业结构在世界范围内调整和升级，产业组织在世界范围内竞争和垄断，产业要素在全球范围内自由流动，国际产业链在全球范围内延伸，国际产业体系在全球范围内形成，在这样的大背景下，要提高产业的国际竞争力，必须积极优化资源配置，主动参与国际产业体系的分工和协作，同时采取有效的产业组织形式，确立自身的竞争优势。而产业集群所具有的共生性、互动性和柔韧性，为创造产业的国际竞争优势提供了一个可供操作的发展模式，产业竞争机制对集群化推动的过程，也是产业创造新的竞争优势的过程，两者密不可分。

3. 微观维度

（1）企业。产业集群的微观主体是企业，企业的行为受企业利润和各种效益的驱动，同一产业及其相关产业和支持产业的众多中小企业在地理位置上集聚分布是企业为获得优势效益在区位选择上的表现。例如上海嘉定国际汽车城，以上汽等龙头企业形成汽车产业集群。

（2）生产成本。降低成本可促使产业向集群方向发展。企业为降低生产成本，减少基本建设投资，如道路、通信、配套生产服务设施，表现出与其他企业共享公共设施的愿望；单个企业的生产、销售形不成规模效益，如能同其他企业通过合资、合作或建立联盟等方式共同进行生产、销售等活动，形成庞大的联合需求与供给，这样大批量购买原材料，不仅使原材料价格降低，也节约了单位运输成本；建立共同销售中心，形成零售、批发市场，降低合作企业产品的运输、库存费用，平均成本显著降低；企业通过市场进行交易，必然会产生交易成本，交易成本包括运输成本、信息成本、寻找成本以及合约的谈判成本与执行成本，这些成本的降低都有赖于企业在地理上的集中，便于企业搜寻市场信息，建立信任与理解的合作关系，达成交易与履行合约等。

（3）区位品牌。区位品牌是一个拥有强劲竞争优势产品生产区位的象征。单个企业要树立自己的品牌，需要庞大的资金投入，然而通过企业群的整体力量，分担广告宣传的费用，扩大宣传范围，容易形成区位品牌，并使每个企业都受益。濮院的羊毛衫、义乌的小商品、景德镇的陶瓷灯品牌蕴涵了集群地理特征和人文历史渊源，是众多企业品牌的提炼和浓缩，比单个企业品牌更形象、更直接，对同产业的企业吸引力也更大，也更容易形成产业群。

5.3 开发区：产业集聚发展的中国特色

5.3.1 改革开放以来中国开发区政策演变

1. 开发区政策的转变

政策是国家机关、政党及其他政治团体在特定时期为实现或服务于一定的社会政治、经济、文化目标所采取的政治行为或者规定的行为准则，它是一系列谋略、法令、措施、办法、方法、条例等的总称。开发区政策是一个完整的政策体系，包含了一系列的政策措施。改革开放以来，中国的开发区得到了快速发展，开发区的发展大致可划分为五个阶段：创建探索期、高速增长期、清理整顿期、平稳发展期和转型发展期（张琳，2018）。

（1）创建探索期（1980—1991年）。我国的开发区政策源于1980年的经济特区政策。1984年年初，邓小平同志视察经济特区时首次提出了建设开发区的设想。1984年，国务院批准在14个沿海开放城市建设开发区，由此建立起了全国首批经济技术开发区。随后国务院相继发布了关于沿海城市经济技术开发区的各项政策规定，如《关于沿海地区发展外向型经济的若干补充规定》(国发〔1988〕22号)、《关于批准国家高新技术产业开发区和有关政策规定的通知》(国发〔1991〕12号）等政策，对经济技术开发区的任务要求、发展方向、优惠政策、审批程序等方面进行了引导和规定。该阶段，开发区政策以利用外资和引进先进技术为主要目标，以土地出让金和税收的减免为主要优惠条件进行招商引资。

（2）快速发展期（1992—1996年）。邓小平同志南方谈话中提出把社会主义市场经济体制作为改革重点，掀起了中国对外开放和引进外资的高潮。开发区建设也迎来了发展的高峰期。国务院相继颁布了《关于增建国家高新技术产业开发区的批复》(国函〔1992〕169号)、《关于14个国家级经济技术开发区财政政策问题的复函》(国办函〔1996〕54号）等政策，以吸引外资、引进先进技术为主，并开始注意到对开发区用地规模扩张的限制。该阶段在政策推动下，开发区的数量和用地规模扩张迅速，开发区类型、功能都得到了较大的发展和丰富，引进的技术水平也不断提高，对地方经济发展贡献巨大。但由于片面追求经济效益，开发区扩张不仅造成了大量耕地流失，还导致工业用地的闲置低效利用和土地投机。

（3）清理整顿期（1997—2006 年）。针对开发区无序扩张以及大量侵占耕地的现象，《关于进一步加强土地管理切实保护耕地的通知》（中发〔1997〕11 号）要求地方政府对各类建设用地进行全面清查，尤其是重点清查开发区用地，以遏制开发区无序扩张。国务院及相关部委连续下发了《关于暂停审批各类开发区的紧急通知》（国办发明电〔2003〕30 号）、《关于清理整顿各类开发区加强建设用地管理的通知》（国办发〔2003〕70 号）和《清理整顿现有各类开发区的具体标准和政策界限》（发改外资〔2003〕2343 号）、《关于深化改革严格土地管理的决定》（国发〔2004〕28 号），从集中清理整顿、规划审核、设立审核及落实等几个方面，重点清查整顿省及省级以下开发区以及未经批准而扩建的国家级开发区。经过清查整顿，开发区的数量由 2002 年的 6866 个国家级和省级开发区缩减到 2006 年的 1568 个，用地规模由 2002 年的 38600 平方公里核减到 2006 年的 9949 平方公里。

（4）平稳发展期（2007—2012 年）。国土资源部和监察部下发《关于落实工业用地招标拍卖挂牌出让制度有关问题的通知》（国土资发〔2007〕78 号），为抑制靠廉价土地招商引资的做法，规定工业用地必须采取招拍挂出让。此期间受国际金融危机和国际产业转移的影响，开发区的经济增长速度有所放缓，其发展受到巨大挑战。为此，国家制定了一系列政策进行宏观调控。商务部颁布《关于 2009 年国家级经济技术开发区工作的指导意见》（商资发〔2009〕138 号），实行积极的财政和货币政策以促进开发区的产业集聚和技术创新。《关于中西部地区承接产业转移的指导意见》（国发〔2010〕28 号）、《关于下放外商投资审批权限有关问题的通知》（商资发〔2010〕209 号）、《关于深入实施西部大开发战略有关税收政策问题的通知》（财税〔2011〕58 号）等政策相继出台，通过健全行政管理体制和完善投资政策，增强了产业集聚能力，增强了开发区竞争力，为区域产业转型升级奠定了基础。

（5）转型发展期（2013 年至今）。随着土地和劳动力价格的不断上涨，环保规制的不断严格，以往通过廉价土地和劳动力以及牺牲生态环境为代价的开发区发展模式难以持续。因此，党的十八届三中全会提出要改革创新促进开发区的转型升级。2014年，国务院办公厅发布《关于促进国家级经济技术开发区转型升级创新发展的若干意见》（国办发〔2014〕54号），提出优化开发区布局和产业结构，推进开发区创新驱动发展，发展开放性经济，实现绿色发展，促进开发区转型发展。国家发展改革委发布《关于促进具备条件的开发区向城市综合功能区转型的指导意见》（发改规划〔2015〕2832号），提出要加快推动开发区城市功能改造，提升基础建设、公共服务和社会保障等功能布局。随后，国务院办公厅发布了《关于完善国家级经济技术开发区考核制度促进创新驱动发展的指导意见》（国办发〔2016〕14号）和《关于促进开发区改革和创新发展的若干意见国办发》（国办发〔2017〕7号），提出要强化供地政策，严控产业准入，引导土地立体开发，以此来优化产业布局和促进土地集约利用；要通过科技和制度创新，促进开发区转型升级。

同时，中国园区经济支持企业"走出去"、开展国际产能合作的国际化布局是该阶段开发区政策的重要内容（表5.2）。例如，2015年3月28日，国家发展改革委、外交部、商务部联合发布《推动共建丝绸之路经济带和21世纪海上丝绸之路的愿景与行动》，提出以重点经贸产业园区为合作平台，共同打造新亚欧大陆桥、中蒙俄、中国—中亚—西亚、中国—中南半岛等国际经济合作走廊；探索投资合作新模式，鼓励合作建设境外经贸合作区、跨境经济合作区等各类产业园区，促进产业集群发展。

表5.2 中国开发区"走出去"相关政策

内　容	政　策
推动国家级经开区"走出去"参与境外经贸合作区建设，引导有条件的区内企业"走出去"；探索建立国际合作创新园，不断深化经贸领域科技创新国际合作	《国务院办公厅关于促进国家级经济技术开发区转型升级创新发展的若干意见》，2014年12月
加强现有开发区城市功能改造，推动单一生产功能向城市综合功能转型，为促进人口集聚、发展服务经济拓展空间	《国家新型城镇化规划（2014—2020）》，2014年3月
以重点经贸产业园区为合作平台，共同打造新亚欧大陆桥、中蒙俄、中国—中亚—西亚、中国—中南半岛等国际经济合作走廊；探索投资合作新模式，鼓励合作建设境外经贸合作区、跨境经济合作区等各类产业园区，促进产业集群发展	《推动共建丝绸之路经济带和21世纪海上丝绸之路的愿景与行动》，2015年3月

（续表）

内　　容	政　　策
积极参与境外产业集聚区、经贸合作区、工业园区、经济特区等合作园区建设，营造基础设施相对完善、法律政策配套的具有集聚和辐射效应的良好区域投资环境，引导国内企业抱团出海、集群式“走出去”	《国务院关于推进国际产能和装备制造合作的指导意见》，2015 年 5 月
将沿边重点开发开放试验区、边境经济合作区建成我国与周边国家合作的重要平台；稳步发展跨境经济合作区；加强与沿线国家的产业投资合作，共建一批经贸合作园区，带动沿线国家增加就业、改善民生	《中共中央、国务院关于构建开放型经济新体制的若干意见》，2015 年 5 月
共建境外产业集聚区，推动建立当地产业体系	《中共中央关于制定国民经济和社会发展第十三个五年规划的建议》，2015 年 10 月
支持非洲国家建设经济特区、工业园区、科技园区，筑巢引凤；引导、鼓励和支持中国企业在非洲共同建设经贸合作区，作为推进中非产能合作的重要平台	中国对非洲政策文件，2015 年 12 月

资料来源：李鲁、赵方：《中国园区经济的国际认知与新使命》，《改革》2017 年第 7 期。

综上所述，中国开发区政策的演变体现了从鼓励数量扩张向注重质量提升的转变，从土地要素依赖向技术创新的转变，从土地低效利用向土地集约利用的转变，从突出生产功能向提倡多功能融合的转变，从注重产业集聚发展向强调区域协同发展的转变。政策的供给具有特定的历史背景，因此也具有历史的局限性，但不同时期的政策对于引导和规范开发区的发展具有积极的作用。

2．开发区发展方针演变

开发区作为我国经济发展的中坚力量，备受国家的高度关注，国务院出台的相关意见中进一步强调发挥国家级经济技术开发区作为改革试验田和开放排头兵的作用。开发区发展方针在不同的阶段有所侧重，但其始终保持以推动产业发展为根本目标。

以开发区体系中的主体之一经济技术开发区为例，1984 年设立至今，依据其发展方针的调整，大致可分为三个阶段。第一阶段（1984—2004 年）发展方针为“三为主、一致力”：产业结构以工业为主，资金结构以外商投资为主，产品销售以出口为主，致力于发展高新技术产业；第二阶段（2005—

2012年）发展方针为“三为主、二致力、一促进”：以提高吸引质量为主，以发展现代制造业为主，以优化出口结构为主，致力于发展高新技术产业，致力于发展高附加值服务业，促进国家级开发区向多功能综合性产业区发展；第三阶段（2012年至今）发展方针为“三并重、二致力、一促进”：先进制造业与现代服务业并重，利用境外投资与境内投资并重，经济发展与社会和谐并重，致力于提高发展质量和水平，致力于增强体制机制活力，促进国家级经济技术开发区向以产业为主导的多功能综合性区域转变。可见经济开发区发展方针上有适应形势变化的局部微调但是聚焦对外开放和产业发展的目标定位一脉相承始终未变。

表5.3 中国经济技术开发区发展方针演变

发展阶段	发　展　方　针
第一阶段（1984—2004年）	三为主、一致力：产业结构以工业为主，资金结构以外商投资为主，产品销售以出口为主，致力于发展高新技术产业
第二阶段（2005—2012年）	三为主、二致力、一促进：以提高吸引质量为主，以发展现代制造业为主，以优化出口结构为主，致力于发展高新技术产业，致力于发展高附加值服务业，促进国家级开发区向多功能综合性产业区发展
第三阶段（2012年至今）	三并重、二致力、一促进：先进制造业与现代服务业并重，利用境外投资与境内投资并重，经济发展与社会和谐并重，致力于提高发展质量和水平，致力于增强体制机制活力，促进国家级经济技术开发区向以产业为主导的多功能综合性区域转变

资料来源：李鲁、张学良：《上海自贸试验区制度推广的“梯度对接”战略探讨》，《外国经济与管理》2015年第2期。

5.3.2 改革开放以来中国开发区的产业功能

1．增长极功能

我国地方政府为了促进地区经济发展，在努力培育地区增长极方面进行了大量探索，并且把培育增长极的途径在很大程度上定位在各类开发区建设。各类开发区建设，有效促进了企业集中和产业集聚，并利用规模经济和范围经济效应，发挥其招商引资的示范作用、财政税收的支撑作用和对外开放的窗口作用，改善当地的投资环境，促进地区产业结构调整和技术创新，扩大就业，带动当地经济发展。在产业发展方面，增长极通过与周边地区的经济技术联系而成为区域产业发展的组织核心；在空间上，增长极通过与周围地区的空间关系而成为支配经济活动空间分布与组合的重心；从物质形态看，规模不等的增长极在一定程度上就是各类成功的开发区。

2. 示范区功能

我国的开发区，特别是高新技术开发区具有先进的管理体制、组织和分配制度、经营理念以及高新技术及其产品的高额市场回报，在社会上起着示范作用。其主要表现在以下几个方面：（1）产业升级示范功能。作为一种以知识技术密集为依托，以开发高新技术、研制新产品、开拓新产业为目标，以促进生产、科研和教育的有效结合为方式，提高科学技术向生产力转化力度，以期推动科技、教育、经济和社会协调发展的综合性基地，它在产业孵化、产业生长及结构优化方面所积累的成功经验必然能产生强大的示范效应。当前，我国的国家级高新技术开发区大多沿海、沿江分布，由此形成了七大高新技术产业带，即长江三角洲高科技产业带、珠江三角洲高科技产业带、沈大高速公路高科技产业带、京津石高科技产业带、山东齐鲁高科技产业带、长江中游高科技产业带和成渝绵高科技产业带。（2）科技创新示范功能。我国高新技术开发区的科技创新举措主要体现在三个方面：建立以创业中心、大学科技园为核心的技术创新基地；探索建立风险投资机制，推动高新技术成果转化；重点扶持拥有自主知识产权的高新技术企业，强化其技术创新能力。目前，高新区已经成为我国科技成果转化和培育科技企业的主要基地。它们通过建立科技企业孵化器，辅以场地、中介、咨询等全方位的高效服务，吸引了大批科技人员进入区内开展技术创新和开办企业，为高新技术开发区的持续快速发展注入了强大活力。（3）政策体制示范功能。我国的高新技术开发区不仅是高新技术产业化基地，也是区域社会经济综合改革示范区。经过三十几年的努力，高新区已经初步形成了新型的政府管理体制、运行机制，为全国的改革提供了新鲜经验，起到了积极的示范作用。

3. 技术扩散源功能

高新技术开发区作为高新技术及其产业的核心源，它的快速发展必然导致地理空间的拓展、成熟产业的迁移和先进技术的扩散。高新技术及其产业在空间上的扩散主要有局部范围和大范围的两种形式。高新技术开发区的技术及产业在比邻的局部区域扩散和转移的直接结果是基于产业纽带的城市群的形成。在这个以高新技术开发区为内核或轴心城市群中，不同城市因地理位置、生产要素和产业结构不同而承担不同的经济功能，实现城市群的整体规模经济和产业集聚效应。

4. 促进出口功能

研究发现，经济技术开发区和高新区两类开发区内企业出口额都显著高于区外企业，经济技术开发区内企业在出口数量方面表现更好（出口价值更高、贸易额度更大、出口目的地更多），高新区内企业则在出口产品质量方面表现更好，即出口产品价格更高，出口至高收入国家比重更大（Schminke & Biesebroeck，2013）。同时，以促进产品出口为导向的国家级出口加工区大规模兴建，分布于中国的华东地区、华南地区及东北和西北边境。同时，2008年国际金融危机后的中国经济整体进入中高速增长阶段（刘世锦等，2011），以制造业和出口导向为典型特点的中国园区经济发展面临着大转型问题，以综合保税区、保税物流园区、保税港区等为代表的大量海关特别监管区陆续建成，进一步增强我国进出口贸易的便捷性。

5. 跨境合作功能

近年来在“一带一路”倡议及中非合作伙伴关系指引下，我国产业发展聚焦国际产能合作，开发区在推动“走出去”及跨境合作等方面起到了重要的支撑作用。以重点经贸产业园区为合作平台，共同打造国际经济合作走廊；探索投资合作新模式，鼓励合作建设境外经贸合作区、跨境经济合作区等各类产业园区，促进产业集群发展；引导、鼓励和支持中国企业在非洲共同建设经贸合作区，作为推进中非产能合作的重要平台，营造基础设施相对完善、法律政策配套的具有集聚和辐射效应的良好区域投资环境，引导国内企业抱团出海、集群式“走出去”。

6. 创新创业载体功能

党的十九大报告指出，创新是引领发展的第一动力，要加强对中小企业创新的支持；2017年中央经济工作会议明确提出打造“双创”升级版；2018年政府工作报告进一步强调促进大众创业、万众创新上水平。2018年8月，为深入贯彻落实党中央、国务院有关决策部署，推动双创在实现高质量发展过程中不断取得新进展，在总结现行“小微企业创业创新基地城市示范”工作经验基础上，财政部会同工业和信息化部、科技部联合制定了《关于支持打造特色载体推动中小企业创新创业升级实施方案》(以下简称《实施方案》)，支持优质实体经济开发区打造不同类型的创新创业特色载体，着力提升各类载体市场化专业化服务水平，提高创新创业资源融通效率与质量，促进中小企业专业化高质量发展，推动地方构建各具特色的区域创新创业生态环境。

《实施方案》提出，中央财政将通过中小企业发展专项资金，采取奖补结合的方式，于 2020 年以前安排 100 亿元支持引导 200 个实体经济开发区打造不同类型的创新创业特色载体。并提出，通过支持一批实体经济开发区，引导开发区打造不同类型的创新创业特色载体，推动各类载体向市场化、专业化、精准化发展；充分利用大数据、云计算、人工智能等“互联网 +”方式，提高创新创业服务和资源融通的质量与效率；促进中小企业特别是小微企业提升专业化能力和水平，引导中小企业在关键领域核心技术有所突破，在细分行业领域成长壮大为专精特新小巨人。在此基础上，形成可复制推广的经验，以点带面发挥引领带动作用，推动地方构建各具特色的区域创新创业生态环境。

同时，《实施方案》明确，中央财政重点支持引导开发区发展四种类型的创新创业特色载体，包括专业资本集聚型，即创业投资、产业投资资本主导的特色载体；大中小企业融通型，即行业龙头企业主导的特色载体；科技资源支撑型，即高校、科研院所主导的特色载体；高端人才引领型，即以聚集高端人才为核心要素的特色载体。

5.3.3　大国开发区体系下的产业集群涌现

1. 大国开发区体系

(1) 不同类型开发区的设立与发展。改革开放以来的发展历程中，开发区已成为中国政府推动区域经济增长和创新转型升级的重要载体。

首先，国家级经济技术开发区。1984 年，我国为实行改革开放政策而设立现代化工业、产业园区，即经济技术开发区，主要解决中国大陆长期存在的审批手续繁杂、机构叠床架屋等制约经济社会发展的体制问题，主要有三大背景：第一，接纳国际资本和产业转移的需要。初衷主要是吸引外资、引进先进的制造业，扩大出口创汇，替代先进材料和零部件的进口。第二，经济特区成功经验的推广和放大。在沿海城市设立经济技术开发区是经济特区试验成功后对外开放战略的组成部分。第三，充分发挥沿海港口城市的优势，将对外开放与发挥国内工业基础相结合的尝试。

国家级经济技术开发区为所在地（直辖）设区的市以上人民政府的派出机构，拥有同级人民政府的审批权限，以提高服务效率，打造更加优越的投资软环境，吸引更多的投资者关注开发区，聚集投资，形成完善的产业链。国家级经济技术开发区具有占城市的GDP总量大，对中央财政和地方财政贡献大，GDP增长率远高于国家平均水平，合同外资总额增幅、进出口总额增幅等数值均远高于国家平均水平等特点，其发展有利于促进区域经济协调发展，有利于国有经济结构的进一步优化，进一步提高吸收外商投资的质量，引进更多的先进技术。

根据商务部的统计，2017年，219家国家级经济技术开发区实现地区生产总值9.1万亿元，同比增长9.9%，增幅高于同期全国平均水平（6.9%）3个百分点，占同期国内生产总值比重为11%；实现财政收入1.8万亿元，同比增长15.9%，增幅高于全国同期平均水平（7.4%）8.5个百分点，占全国财政收入的比重为10.3%；实现税收收入1.6万亿元，同比增长12.2%，增幅高于全国同期平均水平（10.7%）1.5个百分点，占全国税收收入的比重为10.9%；实现进出口总额5.6万亿元，同比增长17.5%，增幅高于同期全国平均水平（14.2%）3.3个百分点，占同期全国进出口总额比重为20.1%。

其次，国家高新技术产业开发区。中国高新技术产业开发区是中国在一些知识与技术密集的大中城市和沿海地区建立的发展高新技术的产业开发区。1988年8月，中国国家高新技术产业化发展计划——火炬计划开始实施，创办高新技术产业开发区和高新技术创业服务中心被明确列入火炬计划的重要内容。

高新区以智力密集和开放环境条件为依托，主要依靠国内的科技和经济实力，充分吸收和借鉴国外先进科技资源、资金和管理手段，通过实施高新技术产业的优惠政策和各项改革措施，实现软硬环境的局部优化，最大限度地把科技成果转化为现实生产力而建立起来的集中区域。2016 年，纳入统计的 147 家国家高新区营业收入达 28.1 万亿元，同比增长 8.9%；实现工业总产值 20.1 万亿元，同比增长 5.8%。

最后，海关特殊监管区域。1990 年，国务院批准设立第一个海关特殊监管区域（上海外高桥保税区），揭开了我国海关特殊监管区发展的帷幕。海关特殊监管区域是指经国务院批准，设立在中国关境内，赋予承接国际产业转移，连接国内、国际两个市场的特殊功能和政策，由海关为主实施封闭监管的特定经济功能区。我国海关特殊监管区域包括八种类型：保税区、出口加工区、保税物流园区、跨境工业园区、保税港区、综合保税区、自由贸易园区（FTZ）和自由贸易区（FTA，多边）。

经过二十多年的探索和发展，我国海关特殊监管区域有力地推动了我国进出口贸易的进一步发展，并形成较大的外贸进出口规模、较强的加工制造能力和较好的经济社会效益，成为我国扩大开放的重要窗口、吸引内外投资的重要载体、提高开放型经济发展水平的重要平台、促进加工贸易健康发展的先行先试先导区，极大地促进了我国开放型经济的发展。

（2）我国开发区体系的构成。经过几十年发展探索，中国已形成了由国家级经济技术开发区、国家级高新技术开发区、海关特殊监管区、边境 / 跨境经济合作区、其他类型国家级开发区以及省级经济技术开发区等共同构成的开发区体系。截至 2018 年 3 月，中国省级以上各类开发区达 2543 家。

从开发区类型来看，国家级开发区 552 家，占开发区总数的 21.71%，其中国家经济技术开发区 219 家、国家级高新技术开发区 156 家、海关特别监管区 135 家、边境 / 跨境经济合作区 19 家、其他类型国家级开发区 23 家；省级经济技术开发区 1991 家，占开发区总数的 78.29%。在所有的开发区中，国家级开发区规模最大，对 GDP 的贡献占全国 GDP 四分之一以上。

表 5.4 2018 年中国开发区数量及类型

类型	开发区数量（家）	占比（%）
国家级经济技术开发区	219	8.61
国家级高新技术产业开发区	156	6.13
海关特别监管区	135	5.31
边境 / 跨境经济合作区	19	0.75
其他类型开发区	23	0.90
省级经济技术开发区	1991	78.29
合计	2543	100.00

从开发区空间分布情况看，山东省总数最多，共有 174 家，占开发区总数的 6.84%；其后开发区数量由高到低依次为江苏省、河北省、河南省、广东省、四川省和湖南省，分别有 169 家、153 家、150 家、134 家、134 家和 129 家，在开发区总数中的占比均超过了 5%；数量相对较多的有浙江省、安徽省、湖北省、江西省和福建省，其数量依次为 120 家、117 家、103 家、99 家和 96 家；省级以上开发区数量最少的省份为西藏自治区和海南省，分别有 5 家和 7 家。

2. 开发区体系下的产业集群发展：长三角地区为例

开发区的本质是政策驱动空间开发的"政策区"，这种政策与市场结合的模式替代了计划经济时期"计划安排发展"的传统模式，更加科学有效地促进了产业发展，促进产业集群的形成（汪劲柏，2014）。这种所谓的"政策区"，地方政府在产业园区中占有非常强势的主导权和操控权，决策和制定一系列开发政策，在开发过程中则有效联合市场、外资等各方面力量，这种多维的主体联合形成了园区开发的"开发政体"结构；随后在这个主体结构的复杂影响下，一系列资源开始涌入产业园区，本地的资源也被高度激活，从而一系列"空间生产"行为构成了园区开发的主体内容；而这些主体和行为的最终结果，又可归结为各种资源的价值投入和产出，形成一种"价值循环"的变化。蛇口、浦东、重庆等这些政府主导的产业园区有一个重要的优势，就是"五低环境"：低税费成本、低融资成本、低要素成本、低物流成本、低土地房产成本。直到今天，这些因素虽然有所削弱，但依然是中国产业园区不可或缺的主要优势基础。

开发区以其对于外商投资企业和高新技术企业的优惠政策、良好的综合投资环境，在招商引资过程中注重选择自己的特色产业，积极引进主导产业和龙头企业，构筑产业集群，靠产业集群来吸引相关产业的企业入区，充分发挥集群内企业间的互补机制、联盟机制、相互依赖机制，从而提升整个园区的整体竞争力。以开发区为主要载体，我国各地区、各省市积极推进主导产业的空间集聚，培育了诸多具有一定影响力的产业集群。

其中，长三角地区开发区数量众多，产业集群发展迅速。长三角地区作为“一带一路”和长江经济带的重要交汇点，以及我国对内对外开放两个扇面的关键枢纽，一定程度上得益于开发区体系的产业集聚，现已发展成为国内经济最具活力、开放程度最高、科技创新能力最强、产业体系最完备、要素流动最便捷的区域之一。统计表明，长三角地区三省一市以占全国 1/26 的面积、1/6 的人口创造了全国 1/4 的国内生产总值，工业增加值更是超过全国的 1/4，制造业综合实力处于国内领先地位。张江综合性国家科学中心、合肥综合性国家科学中心、区域内国家自主创新示范区及高新技术产业开发区等高端创新资源要素在长三角地区高度聚集，为充分发挥科技创新和产业发展的战略协同效应，以及深入推进创新链和产业链的深度融合、科技和产业的联动发展奠定了坚实的基础。

长三角地区以开发区建设作为推动地区经济发展的重要抓手，截至 2017 年年底，已有省级以上开发区 466 家，其中国家级开发区 146 家，含国家经济技术开发区 65 家、国家级高新技术产业开发区 32 家、海关特别监管区 43 家、其他国家级开发区 6 家；省级开发区 320 家。分区域来看，江苏省开发区数量最多，达 169 家，其次为浙江省，有省级以上开发区 120 家，上海市有省级以上开发区 60 家。此外，安徽省有省级以上开发区 117 家。

表 5.5　中国长三角地区省级以上开发区数量　　单位：家

开发区类型	上海	浙江	江苏	安徽
国家级高新技术产业开发区	3	8	16	5
国家级经济技术开发区	6	21	26	12
国家级其他类型开发区	2	1	3	—
海关特别监管区	10	8	21	4
省级经济技术开发区	39	82	103	96
合计	60	120	169	117

长三角地区以开发区建设为载体，已形成了完整的产业集群体系。基于《中国开发区审核公告目录（2018年版）》，按照国民经济行业分类目录，梳理各个开发区的主导产业发现，“电气机械和器材制造业”和“通用设备制造业”最受青睐，成为长三角产业集群最主要的产业类型，有超过150家开发区主导产业与之有关。“软件和信息技术服务业”、“新材料”、“汽车制造业”产业集群覆盖范围亦比较宽广，有超过80家开发区主导产业与之有关。其后产业集群覆盖面较广的行业依次为“纺织业”、“医药制造业”、“计算机、通信和其他电子设备制造业”、“化学原料和化学制品制造业”、“农副食品加工业”、“新能源”等产业。

表5.6　中国长三角地区开发区主导产业行业分布

行业代码	行业名称	主导产业频次
38	电气机械和器材制造业	172
34	通用设备制造业	161
65	软件和信息技术服务业	117
—	新材料	99
36	汽车制造业	88
17	纺织业	79
27	医药制造业	60
39	计算机、通信和其他电子设备制造业	56
26	化学原料和化学制品制造业	47
13	农副食品加工业	45
—	新能源	35
58	多式联运和运输代理业	27
14	食品制造业	26
33	金属制品业	26
35	专用设备制造业	26
30	非金属矿物制品业	24
37	铁路、船舶、航空航天和其他运输设备制造业	24
75	科技推广和应用服务业	22
29	橡胶和塑料制品业	15

（续表）

行业代码	行业名称	主导产业频次
31	黑色金属冶炼和压延加工业	15
51	批发业	15
20	木材加工和木、竹、藤、棕、草制品业	13
32	有色金属冶炼和压延加工业	10
24	文教、工美、体育和娱乐用品制造业	9
19	皮革、毛皮、羽毛及其制品和制鞋业	8
21	家具制造业	8
28	化学纤维制造业	8
44	电力、热力生产和供应业	8
72	商务服务业	7
88	文化艺术业	7
18	纺织服装、服饰业	6
25	石油、煤炭及其他燃料加工业	6
40	仪器仪表制造业	5
56	航空运输业	5
15	酒、饮料和精制茶制造业	4
22	造纸和纸制品业	4
23	印刷和记录媒介复制业	4
84	卫生	4
59	装卸搬运和仓储业	2
63	电信、广播电视和卫星传输服务	2
64	互联网和相关服务	2
74	专业技术服务业	2
90	娱乐业	2
—	其他	28

张江高科技园区和苏州工业园区是长三角地区的开发区典范，它们在以开发区为载体，推动产业集聚和产业集群发展方面取得了显著成绩。张江高科技园区形成了生物医药、集成电路等产业集群。国家上海生物医药科技产

业基地——张江生物医药基地（被誉为“张江药谷”）始建于 1994 年，由国家科技部、国家卫生部、国家食品药品监督管理局与上海市人民政府签署共建协议而建立的，中国科学院也于 1996 年加入共建协议，基地发展定位是加快实施发展生物技术与现代医药产业的新兴科技产业战略。该基地位于上海张江高新技术产业开发区的核心园张江高科技园区，二十多年来重点集聚和发展生物技术与现代医药产业领域创新企业。经过二十多年的发展，已集聚国内外生命科学领域企业、科研院所及配套服务机构 500 多家，形成了完善的生物医药创新体系，并成为我国知名度最高的生物医药产业集群之一，对上海的生物医药产业发展起到了巨大的带动作用。2017 年，张江生物医药产业销售总收入 633 亿元，同比增长 7.9%，工业总产值 290.24 亿元[①]，占上海生物医药制造业工业总产值的 27.19%（上海市生物医药制造业工业总产值为 1067.3 亿元[②]），同比增长 10%，高于上海市生物医药工业总产值增速（上海市生物医药总产值同比增长 6.9%），同时获得 2017 年“生物医药最佳园区奖”。

张江生物医药产业集群的形成，主要得益于“制度集聚”作用（洪燕，2006）。首先，制度集聚促进人才集中。张江是在农田上建立起来的，园区周围没有适合居住的环境也不靠近大学园区，因此张江的人才就是在制度的引导下集中起来的。其次，制度集聚使制度创新得以深入。国家食品药品监督管理局对国家上海张江生物医药科技产业基地建设给予更多政策支持，凡是开发国内没有上市的新药，不受一般审批程序的限制，可享受快速审批的优惠。同时，科技部、卫生部、中科院等共同推动扩大新药临床试验点，以加快新药走向市场的速度。再次，制度集聚促进金融服务集聚。园区投融资渠道分为几个方面：一是来自政府的；二是来自商业银行的；三是来自风险投资公司的。金融行业是高风险的行业，齐全的金融服务品种和比较宽松的融资环境有利于生物医药企业的发展。最后，制度集聚促进了生物医药产业

① 张江高科技园区获生物医药最佳园区奖，人民网，http：//sh.people.com.cn/n2/2018/0419/c134768-31483053.html，2018 年 4 月 19 日。

② 上海市统计局：《2017 年上海市国民经济和社会发展统计公报》，http：//www.stats-sh.gov.cn/html/sjfb/201803/1001690.html，2018 年 3 月 8 日。

的公共服务平台的建立。公告服务平台是由浦东新区政府补贴的，包括四个部分：一是公共实验室，该实验室主要满足生物医药创业对实验设备和实验技术服务的需求；二是上海法玛勤医药科技发展有限公司，该公司按照国际惯例为新药开发企业提供临床研究服务，主要是与新药临床研究相关的技术服务；三是生物医药仪器设备共享网络；四是生物医药行业专利数据库与检索分析系统。中小生物医药企业研发中的最大障碍是资金不足，公共服务平台则节约了它们的研发投入。

苏州工业园作为我国园区发展模式的杰出代表，1994 年开始由中国和新加坡共同参与建设。工业园区覆盖近 300 平方公里，2015 年实现地区生产总值 2070 亿元。全区超过 600 家外资企业，投资来源于数十个国家和地区，涵盖 16 个行业企业，包括电子、医疗、信息化、新能源等。苏州工业园区在其 24 年的发展历程中创造了一个又一个奇迹，其以仅占全市 3.4% 的土地面积，创造了苏州市 15% 的经济总量，成为国内园区建设的标杆。苏州工业园产业多年的发展中已形成了电子信息产业集群，高新技术产业产值占规模以上工业产值比重达到 66.2%。

另外，被视为“国家改革开放试验田”的苏州工业园区目前正在积极建设人工智能产业新城。在人工智能等电子信息产业新兴领域，有全球人工智能 TOP100 强企业微软、科大讯飞、西门子、博世、思必驰、飞利浦等同台竞逐。截至 2018 年 3 月，苏州工业园已集聚人工智能产业相关企业 600 多家，从业人员超 2 万人。其中上市企业 2 家、新三板挂牌企业 32 家，产值超亿元企业近 30 家，十亿元级 4 家、百亿元级 1 家，形成估值上千亿元的产业集群，实现了对工业、通信、信息技术、交通、教育、医疗、金融和生活消费等领域的全覆盖。

5.4　结论与展望

5.4.1　结论

随着国外产业集聚理论逐渐成熟及国内产业集聚研究的逐步加深，集群式的产业发展在我国迅速扩张，尤其在改革开放以来，经济的快速增长一直伴随着产业集群的形成和发展。产业集群不仅成为我国经济增长的一个鲜明特色，也是我国成为“世界制造中心”、世界工厂的主要推动力。我国产业集聚主要有两种途径推动，一种是民间自发性的生产或交易形成的产业集群，其主要存在于我国产业集群发展的初期阶段；另一种是政府主导或参与支持的划定区域的工业园区开发，是我国产业集群发展和壮大的主要推动力量。20世纪80年代以来，我国园区经济蓬勃兴起，国家和地方政府通过建立经济特区、开发区和各类产业园区，以点带面推动经济增长。

我国产业集聚发展迅速，效应显著。区域视角来看，产业集聚可有效提升对区域内资源的整合能力和区域经济发展水平；产业视角来看，产业集聚能建立极具创新力的产业分工协作体系；创新视角来看，产业集群拥有良好的学习效用和灵活的创新机制；企业视角来看，产业集群能显著降低企业的生产成本和交易成本。同时，我国产业发展的集聚也受诸多因素的影响：要素条件、地区的产业氛围、地区政府的产业政策等宏观环境因素为产业集群提供成长的适宜环境；产业效率、科技创新与产业竞争等方面影响产业的发展及产业集群的形成；企业主体、生产成本及区位品牌是影响产业集聚的重要因素。

改革开放以来，我国开发区发展经历了创建探索期、高速增长期、清理整顿期、平稳发展期和转型发展期五个阶段，开发区政策逐渐调整，开发区发展方针在不同的阶段有所侧重，但其始终保持以推动产业发展为根本目标。我国开发区主要扮演着增长极功能、示范区功能、技术扩散源功能、促进出口功能、跨境合作功能和创新创业载体功能。经过三十多年的发展，我国已形成了以高新技术产业开发区、国家级经济技术开发区、海关特殊监管区、边境经济合作区、其他国家级园区及省级经济技术开发区等为主体的相对独立完整的园区体系。同时，各省市以开发区建设为抓手，积极推进主导产业的空间集聚，在开发区体系下产业集群迅速发展，长三角地区开发区为载体推进产业集群发展成绩显著，涌现出苏州工业园、张江高科技园区等诸多开发区为载体的典型产业集群。

5.4.2 展望

经过三十多年的建设探索，开发区成为中国经济发展最快、吸引外资最多、投资环境最优、技术水平最高的现代化产业集聚园区，成为中国经济重要的增长极和推动产业集聚发展的核心力量。凭借良好的区位优势、土地、政策等多方面的优势，开发区在促进地方经济发展、吸引外资、引进先进技术等方面取得显著的成绩，在中国工业化、城市化、市场化及国际化发展过程中发挥了独特作用。

我国开发区建设已进入了一个新阶段，产业结构的转型升级和产业演化规律决定了开发区发展表现出新的特征，如制造业服务业融合发展、产城融合发展加剧等。伴随着以开发区为主体的我国产业经济发展在全球产业分工角色的变化以及全球价值链的升级，服务经济、知识经济、平台经济、体验经济、共享经济及数字经济等逐步成为经济发展的主要形态，新技术、新产业、新业态、新模式等不断涌现，使得产业集聚的方式、产业发展载体、产业发展区位、产业发展要素及产业政策等发生了巨大的变化。

开发区的核心功能之一就是发展产业，通过利用产业集聚的一般规律打造产业集群。因此，开发区的发展需要作出调整，实现转型升级，才能继续更好地发挥其价值与功能。我国开发区的建设开始注重营商环境建设，产业政策慢慢向竞争政策、公共创新政策转变。同时，开发区空间利用亦趋于多样化，推动双创平台、公共创新平台的建设成为重要的转变方向之一。例如，2018 年 8 月《实施方案》提出，中央财政将通过中小企业发展专项资金，采取奖补结合的方式，于 2020 年以前安排 100 亿元支持引导 200 个实体经济开发区打造不同类型的创新创业特色载体。

我国东部沿海先发地区是开发区转型升级的前沿区域。一方面，先发省市开发区不断推动产业集群升级，开始高质量发展，世界级产业集群的建设将成为重点推进的方向。例如，经济密集度较高的长江经济带正在重点打造电子信息、高端装备、汽车、家电、纺织服装五大世界级制造业集群。另一方面，先发省市开发区以开发区为载体推动产业集聚和产业集群发展，取得了诸多的成功经验，但土地资源、生态环境、人力成本等生产要素的制约效应日趋凸显。“飞地经济”正成为其产业合作、品牌输出、经验推广，发挥自身比较优势的重要模式。例如，中国不同地区跨行政区域共建产业园区，中国园区“出海”在“一带一路”沿线和非洲进行国际化布局等。

参考文献

［1］AMIN，A.，THRIFT，N. Globalization，Institutions，and Regional Development in Europe. Oxford University Press，1995.

［2］Ash Amin，Nigel Thrift. Institutional issues for the European regions：from markets and plans to socioeconomics and powers of association［J］. Economy & Society，1995，24（1）：41—66.

［3］Catin M.，Luo X.，Van Huffel C. Openness，Industrialization and Geographic Concentration of Activities in China［J］. Policy Research Working Paper，2005.

［4］Henderson J. V.，Efficiency of resource usage and city size［J］. Journal of Urban Economics，1986，19（1）：47—70.

［5］Scott A. J.，1988，Flexible Production Systems and Regional Development the Rise of New Industrial Spaces in North America and Western Europe［J］. International Journal of Urban and Regional Research，vol.12，pp.71—86.

［6］Wen M. Relocation and agglomeration of Chinese industry［J］. Journal of Development Economics，2004，73（1）：329—347.

［7］Young A. The Razor's Edge：Distortions and Incremental Reform in the People's Republic of China［J］. Quarterly Journal of Economics，2000，115（4）：1091—1135.

［8］蔡宁、黄纯、孙文文：《集群风险自组织理论建构的探索式案例研究》，《中国工业经济》2011 年第 7 期。

［9］陈建军、陈国亮、黄洁：《新经济地理学视角下的生产性服务业集聚及其影响因素研究——来自中国 222 个城市的经验证据》，《管理世界》2009 年第 4 期。

［10］陈建军、胡晨光：《产业集聚的集聚效应——以长江三角洲次区域为例的理论和实证分析》，《管理世界》2008 年第 6 期。

［11］陈建军、崔春梅、陈菁菁：《集聚经济、空间连续性与企业区位选择——基于中国 265 个设区城市数据的实证研究》，《管理世界》2011 年第 6 期。

［12］程大中：《中国服务业的增长与技术进步》，《世界经济》2003 年第 7 期。

［13］范剑勇：《产业集聚与地区间劳动生产率差异》，《经济研究》2006 年第 11 期。

［14］范剑勇：《市场一体化、地区专业化与产业集聚趋势——兼谈对地区差距的影响》，《中国社会科学》2004 年第 6 期。

［15］贺灿飞、潘峰华：《产业地理集中、产业集聚与产业集群：测量与辨识》，《地理科学进展》2007 年第 2 期。

［16］贺灿飞：《中国制造业地理集中与集聚》，科学出版社 2009 年版。

［17］洪燕：《制度集聚：我国高科技工业园区产业集群形成机制的新解释——以上海张江生物医药产业集群为例》，《生产力研究》2006 年第 4 期。

［18］胡健、董春诗：《政府财政补贴与自然资源产业集聚——对克鲁格曼 CP 模型的拓展》，《当代经济科学》2012 年第 4 期。

［19］黄永兴、徐鹏：《经济地理、新经济地理、产业政策与文化产业集聚：基于省级空间面板模型的分析》，《经济经纬》2011 年第 6 期。

［20］江静、刘志彪、于明超：《生产者服务业发展与制造业效率提升：基于地区和行业面板数据的经验分析》，《世界经济》2007 年第 8 期。

［21］江小涓、李辉：《服务业与中国经济：相关性和加快增长的潜力》，《经济研究》2004 年第 1 期。

［22］李鲁、张学良：《上海自贸试验区制度推广的“梯度对接”战略探讨》，《外国经济与管理》2015 年第 2 期。

［23］李鲁、赵方：《中国园区经济的国际认知与新使命》，《改革》2017 年第 7 期。

［24］李世杰、李凯：《产业集群的结构本质：模块化耦合》，《学习与实践》2010 年第 6 期。

［25］梁琦：《知识溢出的空间局限性与集聚》，《科学学研究》2004 年第 1 期。

［26］刘恒江、陈继祥：《产业集群竞争力研究述评》，《外国经济与管理》2004 年第 10 期。

［27］刘军、徐康宁：《产业聚集、工业化水平与区域差异——基于中国省级面板数据的实证研究》，《财经科学》2010 年第 10 期。

［28］刘修岩、殷醒民、贺小海：《市场潜能与制造业空间集聚：基于中国地级城市面板数据的经验研究》，《世界经济》2007 年第 11 期。

［29］刘友金、徐尚昆、田银华：《集群中的企业信任机制研究——基于种群互相回报式合作行为博弈模型的分析》，《中国工业经济》2007 年第 11 期。

［30］王缉慈、童昕：《简论我国地方企业集群的研究意义》，《经济地理》2001 年第 5 期。

［31］魏后凯：《对产业集群与竞争力关系的考察》，《经济管理》2003 年第 6 期。

［32］魏江、申军：《产业集群学习模式和演进路径研究》，《研究与发展管理》2003 年第 2 期。

［33］文东伟、冼国明：《中国制造业产业集聚的程度及其演变趋势：1998—2009 年》，《世界经济》2014 年第 3 期。

［34］吴结兵、徐梦周：《网络密度与集群竞争优势：集聚经济与集体学习的中介作用——2001—2004 年浙江纺织业集群的实证分析》，《管理世界》2008 年第 8 期。

［35］冼国明、文东伟：《FDI、地区专业化与产业集聚》，《管理世界》2006 年第 12 期。

［36］向宽虎、陆铭：《发展速度与质量的冲突——为什么开发区政策的区域分散倾向是不可持续的？》，《财经研究》2015 年第 4 期。

［37］徐从才、丁宁：《服务业与制造业互动发展的价值链创新及其绩效——基于大型零售商纵向约束与供应链流程再造的分析》，《管理世界》2008 年第 8 期。

［38］张琳、王柏源、赵小风等：《中国工业开发区用地政策演变及改革趋势》，《现代城市研究》2018 年第 4 期。

［39］张晓波：《发展的动力还看人民的智慧——中国产业集群崛起背后的故事》，2018 年 5 月。

［40］张新芝、孔凡斌、王圣云：《工业园区产业集群发展与升级路径——以江西省为例》，《企业经济》2017 年第 5 期。

［41］朱海燕、魏江：《集群网络结构演化分析——基于知识密集型服务机构嵌入的视角》，《中国工业经济》2009 年第 10 期。

（本章主持及执笔：李鲁）

第 6 章　改革开放以来中国产业的全球价值链升级

本章提要：

积极融入全球价值链分工体系是中国产业发展与转型升级的关键之举。纵观中国产业参与全球价值链的分工历程，中国产业在全球价值链上的发展与升级表现是中国的出口组装特征明显，加工贸易类型的高技术产品出口比重下降，但仍占据主导地位；中国的低、中技术密集型制造业与传统服务业的出口国内附加值率较高，相对处于全球价值链的上游地位，在国际市场中具有一定的竞争优势；相对而言，高技术密集型制造业与现代服务业的国内附加值率与分工地位与发达国家之间还存在一定差距，国际竞争力也有待进一步提升；中国的对外投资现如今已超过引进外资，但仍滞后于整体经济发展阶段，整合利用全球资源的能力相对不足。自主创新能力、生产性服务业以及基于内需的出口发展战略是中国产业在全球价值链中发展与升级的主要动力，实现在高附加值与高技术含量中间产品上的进口替代是中国产业转型升级的关键所在，但目前中国在这些方面仍有一定落后，制约了中国产业在全球价值链中的进一步升级。未来，我国产业需要在加强技术与产品创新、对外投资与整合全球资源、先进制造业与高端服务业融合以及构建基于内需的以我为主的国内价值链等方面进行重点突破。

随着国际产业分工的深入和范围的扩大，产品的生产分工愈来愈广，生产工序不断细化，生产链条逐渐拉长，中间产品贸易飞速发展，产品生产跨越多个国界的现象愈来愈普遍，很多产品的价值实际上被很多国家 / 地区分享，而不是仅由最终出口该产品的国家 / 地区占有，全球价值链（GVC）的特征比较明显。一项调查表明，300 家销售收入超过 10 亿美元的跨国企业中，平均 51% 的元器件生产、47% 的最终组装生产、46% 的仓储、43% 的顾客服务、39% 的产品研发是在本国之外完成的。全球价值链分工一方面使发达国家得以在世界范围内更加有效地利用资源；另一方面也为广大的发展中国家和欠发达国家的参与者提供了参与分享全球经济发展成果的机会。最典型的例子如中国，凭借劳动力成本、自然资源等禀赋优势深度低端嵌入全球价值链分工，在深入融入全球价值链的过程中逐渐成为“世界工厂”与全球制造大国。在全球价值链理论框架下，产业转型升级在悄然地发生变化，不再局限于三次产业结构的比例问题，而更多地关注国家产业活动在 GVC 中的地位。现有研究普遍认为，中国大多数产业部门处于 GVC 的中低端地位，在加总层面上，虽然中国已然成为全球工业大国，但是从 GVC 角度看，中国大都产业仍然处于全球价值链的中低端。发达国家之所以可以占据 GVC 高端，主要原因在于其不断地投入现代生产性服务业所内含的技术、知识以及人力资本等，使产业结构不断地向“软化”趋势调整。GVC 理论认为，通过价值链中的动态学习与创新机制，可以逐步提高中国产业在全球价值链中的地位。现阶段我国正逐步向高收入国家迈进、防止落入拉美国家的中等收入陷阱，推进中国产业在全球价值链中实现进一步升级是战略性选择。因此，为了实现在某一产品价值链的某一功能环节、某一生产阶段、某一工艺流程、某一技术特征的升级，经济转型一定要解决怎样从价值链低端向中高端攀升，从依赖低成本的价格竞争向以质量、技术、品牌与服务为核心的非价格竞争转变，从依靠资源要素投入向创新驱动发展转变的问题。

6.1 中国参与国际分工的变化历程

自1978年启动改革开放以来，我国紧紧抓住全球化带来机遇，融入全球生产体系，从基本实现自给自足的封闭经济向利用国内外资源、国内外市场的开放型经济转变。将近40年来，我国参与全球价值链分工的程度不断加深，国际分工地位也逐渐提升，但在全球产业分工中面临的矛盾和冲突日益突出，这要求在未来发展中要有效实现我国开放型经济水平的进一步升级。

6.1.1 以产品间分工为主阶段

改革开放初期，我国参与国际分工的形式主要是产业间分工为主，在时间上大致涵盖1978—1991年。这一时期，虽然工业制成品在出口中所占比重不断提升，但初级产品的出口地位也不容小觑。1978年以来，我国积极实施出口导向型发展战略，引入国际资本、技术与管理技能，开辟经济特区和开发区，使劳动力比较优势得到充分发挥，实现了经济的快速增长。1978年，初级产品出口占我国出口总额的54.8%，工业制成品出口占45.2%；到1985年两者比重几乎相等，初级产品为50.56%，工业制成品为49.44%，之后工业制成品的出口比重占主导地位；至1991年初级产品的比重下降至22.47%，工业制成品上升至77.53%，至2016年工业制成品出口占比已达

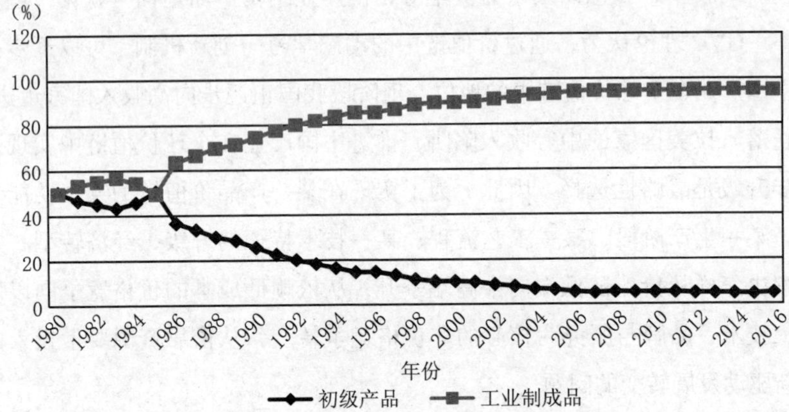

图6.1 中国出口产品（货物）结构演变

资料来源：根据国家统计局有关资料计算而得。

到 94.98%。虽然 1978—1991 年这一阶段后期中国工业制成品取代初级产品出口成为我国出口的主体，但主要集中在轻工和纺织服装产品，以产业间分工为主。通过加工贸易所占比重变化也能体现这一点，在 20 世纪 80 年代初期，加工贸易占出口比重一直在 20% 以下，1991 年其比重增至 45.14%，低于一般贸易的 53.06%。详细数据如图 6.1 所示。

6.1.2 产品内分工为主的阶段

20 世纪 90 年代以来，产品内分工蓬勃发展，时间跨度大概是 1992—2001 年。这一时期，我国加快融入全球经济进程，越来越多的国内企业参与到全球价值链分工体系中，利用 FDI、发展对外贸易、外包等分工方式成为融入世界经济、发挥比较优势、有效配置资源的重要途径。参与国际分工的快速深化，一是体现在我国利用外商直接投资的规模迅速扩张。1993 年，我国利用外资 275.14 亿美元，成为利用外商直接投资最大的发展中国家，规模仅次于美国。这一时期，我国年均利用外资增幅从 1986—1991 年的 15.01% 提高到 36.09%（见图 6.2）。

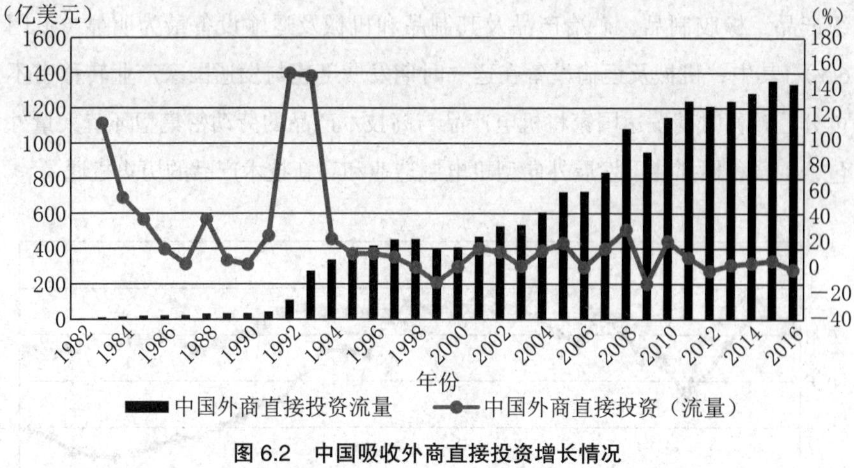

图 6.2 中国吸收外商直接投资增长情况

资料来源：UNCTAD（联合国贸易和发展会议，下同）数据库。

二是体现在加工贸易规模迅速扩大，成为外贸出口的主体。这一时期，我国大量从国外进口原材料和中间产品，加工成最终产品或半成品之后再出口。1992 年加工贸易出口占比达到 46.63%，一般贸易为 51.42%，但到 1999 年加工贸易出口占比达到 56.88%，比一般贸易占比高出 16.29 个百分点（见图 6.3）。

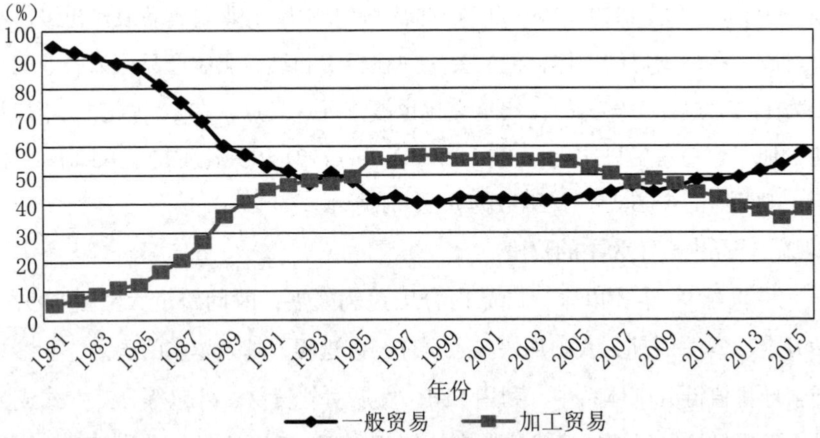

图 6.3 中国出口结构（按贸易方式）演变

资料来源：《2016 年中国贸易外经统计年鉴》和 2016 年度全国统计公报。

通过产业内贸易指数（即 G-L）指数也能对这一时期你的分工状况有所反映。分析发现，工业制成品在 1990—2003 年的产业内贸易水平一直处在一个较高的水平，多数年份的 G-L 指数都在 0.85 以上（见图 6.4）。以纺织产品、橡胶制品、矿冶产品及其制品和机械及运输设备最为明显（见图 6.5）。其中，机械及运输设备在这一时期发展迅速与发达国家产业转移密不可分，转移时期发达国家将机电产品与高技术产品的劳动密集型环节大量外包，中国积极抓住了发展外向型机电制造业和高新技术产品的历史机遇。

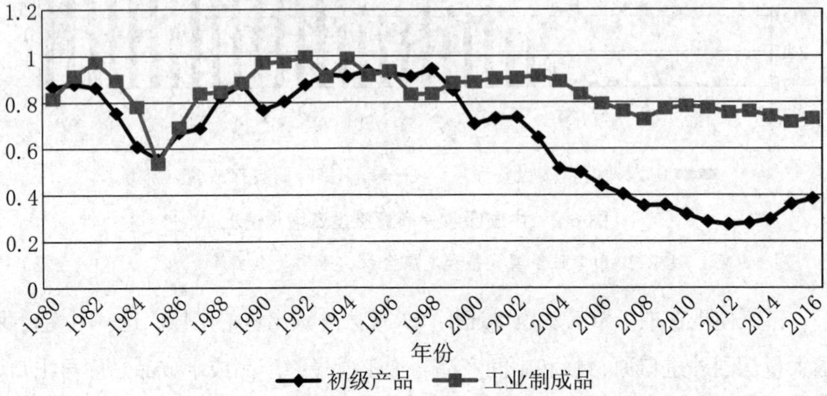

图 6.4 中国产业内贸易水平（G–L 指数）的变化

资料来源：根据国家统计局有关资料计算而得。

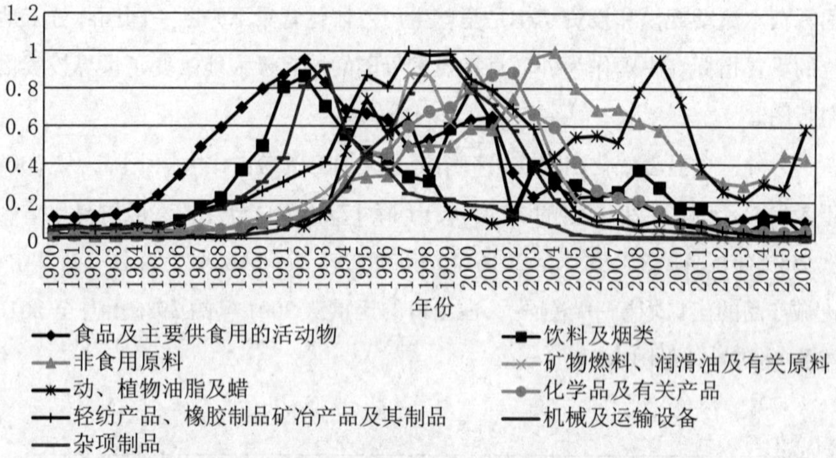

图 6.5　中国产业内贸易指数（G-L 指数）的变化

资料来源：根据国家统计局有关资料计算而得。

6.1.3　加入世界贸易组织以来的新阶段

2002 年以来，我国的国际投资地位发生了一系列变化。外商直接投资流入的增速明显回落，年均增幅从 1992—2001 年的 36.09% 下降至 2002—2001 年的 6.39%。这一时期由于新兴发展中国家的崛起及各国对外普遍实行放松政策，我国吸收的外商直接投资的绝对额仍居发展中国家第一位，但占总额的相对比重有所下降。资本输出规模在不断增大，对外直接投资从 2004 年的 54.98 亿美元，2016 年的对外投资规模达到 1831 亿美元（见图 6.6）。

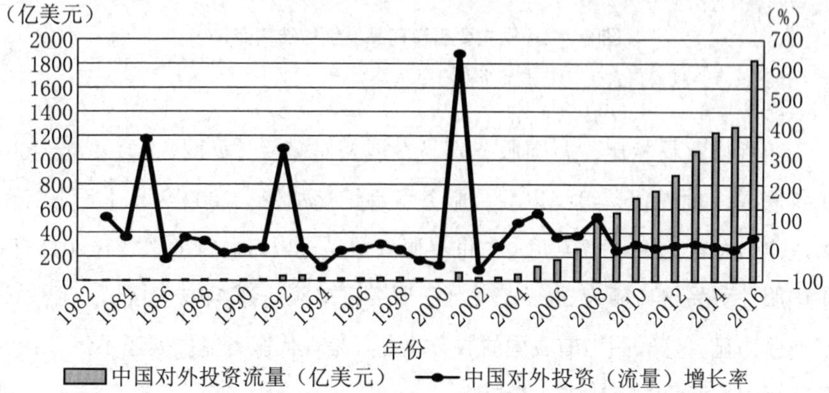

图 6.6　中国对外直接投资增长情况

资料来源：UNCTAD 数据库。

国际资本流动规模和投资结构是全球生产一体化背景下判断一国国际分工地位的重要指标。中国作为外商直接投资母国的崛起极大地改变了世界投资格局版图。

另外一个显著变化出现在出口结构上，加工贸易占比大幅下降，从2002年55.26%下降至2016年的38.22%，下降17.04个百分点；一般贸易比重则从2002年的41.83%上升至2016年的57.92%，提高16.09个百分点。其中，机械产品的出口规模一路领先，占出口的比重从2001年的39%上升至2016年的46.92%（见图6.7）。

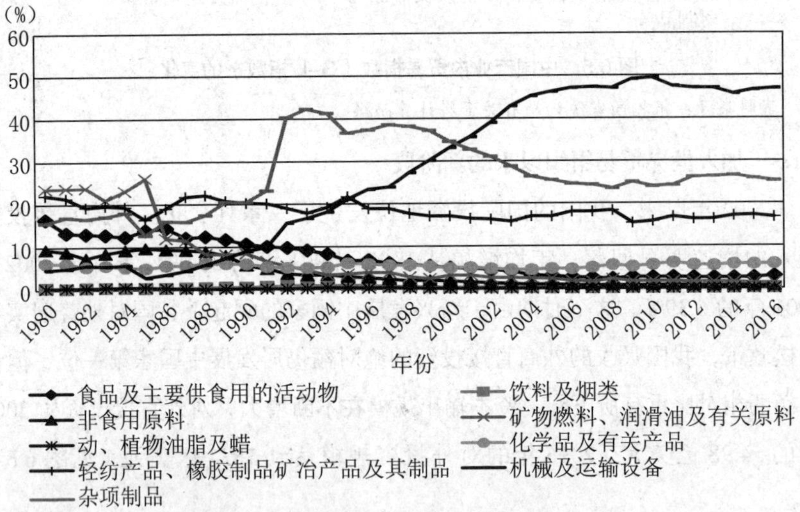

图6.7　中国主要出口商品类别的结构变化

资料来源：根据国家统计局有关资料计算而得。

和货物贸易相比，中国服务贸易发展相对滞后（见图6.8），但自2001年年底加入世界贸易组织以后，服务贸易增速加快。2002年，中国服务贸易进出口总额为855亿美元，占世界服务贸易进出口总额的2.7%；2016年，中国服务贸易出口额为2083亿美元，服务进口额达到4492亿美元，服务贸易逆差明显。这表明当前我国的服务业尤其是现代服务业发展还不足，在国际市场中的竞争力有待进一步提高。

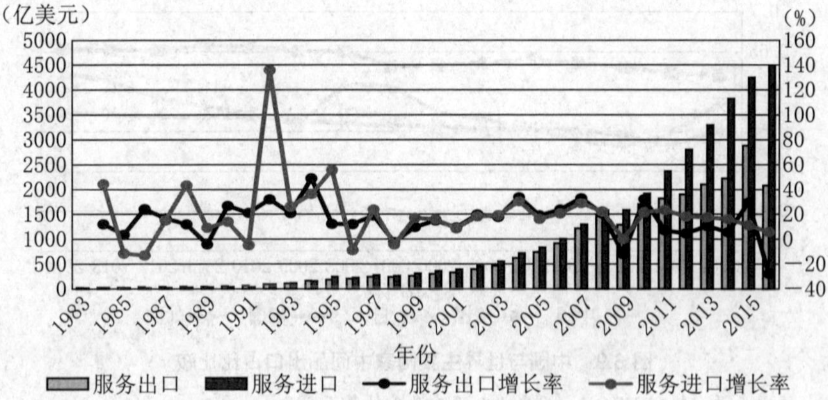

图 6.8　中国服务贸易变化情况

资料来源：中国历年统计年鉴。

6.2　中国产业参与全球价值链分工的主要特征

6.2.1　价值链分工中最终品出口占主导、加工组装特征明显

1．中国产业的出口结构

价值链分工结构首先应该关注一国进出口结构中最终产品与中间产品的比例关系。从全球贸易格局来看，工业化国家，尤其是美日等发达国家处于全球产业链与价值链的高端，主要从事产品的研发、设计、营销环节以及高端零部件的生产，很少从其他国家进口中间投入品，而后起的发展中国家主要依赖从发达国家进口高集成度的零部件、机器设备等，按照其研发设计要求进口加工组装后出口。

选取世界主要发达国家与中国的出口产品结构进行比较。从图 6.9 和图 6.10 可以了解到，我国最终产品出口比重下降缓慢，从 2000 年的 55.6% 下降到 2014 年的 50%，15 年间仅下降到了大约 6 个百分点；2014 年的占比仍居高位，分别比美国、韩国、日本以及德国高出 15.45 个、12.42 个、10.10 个、7.36 个百分点。对比之下，美国、韩国、日本和德国等国家出口中，中间产品所占比重较高，2014 年这些国家的中间品出口占比分别达到 65.42%、62.39%、60.07%、57.33%。这说明中国作为最终品出口基地的地位在国际上很突出，但也应该了解到其中的很大部分是典型的加工贸易，中国企业大都是贴牌代工，自主品牌缺失。

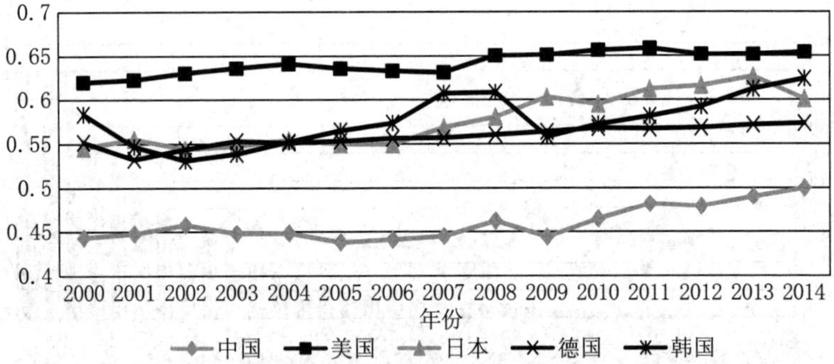

图 6.9 中国与世界主要国家中间品出口占比比较

资料来源：根据 WIOD（世界投入产出表）计算而得。

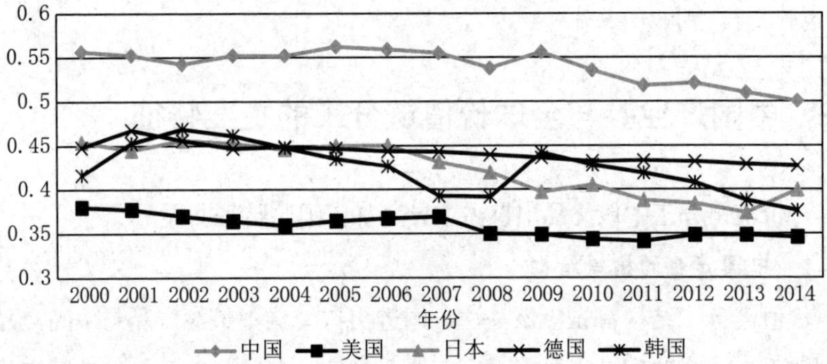

图 6.10 中国与世界主要国家最终品出口占比比较

资料来源：根据 WIOD（世界投入产出表）计算而得。

从分行业[①]比较来看（表 6.1），2014 年中国中间品出口占比较高的大

① 2016 年 WIOD 公布的世界投入表中包含了 56 个行业，A01—A03：农林牧渔业；B：为采矿业；C 大类下为制造行业，分别是 C10—C12 食品饮料和烟草业、纺织品、服装、皮革制造业、木材加工及草编制品业（家具除外）、纸和纸制品的制造、印刷和记录媒介及复制、焦炭和精炼石油产品的制造、化学品及化学制品的制造、基础医药及制剂制造业、橡胶和塑料制品制造业、非金属矿物制品业、基本金属制造业、金属制品业（机械和设备除外）、家具制造和其他制造业、设备维修和安装业；D35：电、煤气、蒸汽和空调供应业；E36：为供水、污水处理、废物管理与补救业；F 为建筑业；剩下的为服务性行业，G45—G47：批发零售业；H49—H53：运输和仓储业；I：住宿餐饮业；J58—J63：信息和通信业；K64—K66：金融保险业；I68：房地产业；M69—M75：专业和科技服务业；N：行政管理和支持性服务业；O84 公共管理和国防服务业；P85：教育业；Q：卫生和社会服务业；R_S：其他服务业；T：家庭作为雇主的活动；U：域外组织活动。为了进行国际比较，本报告最终将其删减和整合成 26 个行业，包括农林牧渔业；18 个制造业（设备维修和安装业除外）、7 个服务性行业，批发零售业、运输仓储业、住宿餐饮业、专业科技服务业、信息通信服务业、金融保险服务以及教育、卫生和公共服务业。

表 6.1　2014 年不同行业出口产品结构的比较

行　　业	产品类别	中国	美国	日本	德国	韩国
农林牧渔业（C1）	中间品	0.39	0.77	0.51	0.74	0.53
	最终品	0.61	0.23	0.49	0.26	0.47
食品、饮料、烟草制造业（C2）	中间品	0.20	0.31	0.20	0.23	0.16
	最终品	0.80	0.69	0.80	0.77	0.84
纺织品、服装、皮革制造业（C3）	中间品	0.21	0.56	0.85	0.45	0.78
	最终品	0.79	0.44	0.15	0.55	0.22
木材加工及草编制品业，家具除外（C4）	中间品	0.85	0.98	0.79	0.97	0.93
	最终品	0.15	0.02	0.21	0.03	0.07
纸和纸制品的制造（C5）	中间品	0.81	0.92	0.82	0.90	0.94
	最终品	0.19	0.08	0.18	0.10	0.06
印刷和记录媒介及复制（C6）	中间品	0.90	0.87	0.95	0.98	0.98
	最终品	0.10	0.13	0.05	0.02	0.02
焦炭和精炼石油产品的制造（C7）	中间品	0.80	0.78	0.77	0.79	0.77
	最终品	0.20	0.22	0.23	0.21	0.23
化学品及化学制品的制造（C8）	中间品	0.91	0.90	0.96	0.88	0.96
	最终品	0.09	0.10	0.04	0.12	0.04
基础医药及制剂制造业（C9）	中间品	0.55	0.51	0.48	0.46	0.54
	最终品	0.45	0.49	0.52	0.54	0.46
橡胶和塑料制品业（C10）	中间品	0.72	0.82	0.91	0.86	0.91
	最终品	0.28	0.18	0.09	0.14	0.09
非金属矿物制品业（C11）	中间品	0.83	0.93	0.97	0.92	0.95
	最终品	0.17	0.07	0.03	0.08	0.05
基本金属制品业（C12）	中间品	0.69	0.75	0.79	0.81	0.66
	最终品	0.31	0.25	0.21	0.19	0.34
金属制品业，机械设备除外（C13）	中间品	0.69	0.75	0.79	0.81	0.66
	最终品	0.31	0.25	0.21	0.19	0.34

（续表）

行　　业	产品类别	中国	美国	日本	德国	韩国
计算机、电子与光学产品制造业（C14）	中间品	0.41	0.56	0.66	0.54	0.64
	最终品	0.59	0.44	0.34	0.46	0.36
电气设备制造业（C15）	中间品	0.48	0.70	0.61	0.67	0.60
	最终品	0.52	0.30	0.39	0.33	0.40
机械设备制造业（C16）	中间品	0.39	0.48	0.42	0.43	0.37
	最终品	0.61	0.52	0.58	0.57	0.63
汽车、挂车和半挂车的制造（C17）	中间品	0.58	0.49	0.29	0.32	0.34
	最终品	0.42	0.51	0.71	0.68	0.66
其他运输设备的制造（C18）	中间品	0.23	0.48	0.26	0.24	0.09
	最终品	0.77	0.52	0.74	0.76	0.91
家具制造和其他制造业（C19）	中间品	0.21	0.35	0.37	0.30	0.81
	最终品	0.79	0.65	0.63	0.70	0.19
批发零售业（C20）	中间品	0.64	0.47	0.45	0.55	0.65
	最终品	0.36	0.53	0.55	0.45	0.35
运输仓储业（C21）	中间品	0.63	0.71	0.67	0.67	0.71
	最终品	0.37	0.29	0.33	0.33	0.29
住宿餐饮业（C22）	中间品	0.67	0.61	0.66	0.59	0.64
	最终品	0.33	0.39	0.34	0.41	0.36
专业科技服务业（C23）	中间品	0.83	0.82	0.89	0.80	0.84
	最终品	0.17	0.18	0.11	0.20	0.16
信息通信服务（C24）	中间品	0.64	0.63	0.78	0.56	0.49
	最终品	0.36	0.37	0.22	0.44	0.51
金融保险服务（C25）	中间品	0.64	0.71	0.66	0.67	0.69
	最终品	0.36	0.29	0.34	0.33	0.31
教育、卫生与公共服务业（C26）	中间品	0.45	0.71	0.51	0.34	0.43
	最终品	0.55	0.29	0.49	0.66	0.57

资料来源：根据 WIOD 世界投入产出表计算而得。

都集中在中低技术行业和服务行业，主要有化学品及化学制品的制造、基本金属的制造、印刷和记录媒介及复制、木材加工及草编制品业（家具除外）、非金属矿物制品的制造、专业科技服务、纸和纸制品的制造、焦炭和精炼石油产品的制造、橡胶和塑料制品的制造、金属制品的制造（机械和设备除外）、住宿餐饮业、批发零售、信息通信服务以及金融保险服务等。从美日等国家的出口结构来看，中间品出口占比靠前的基本上也基本分布在中低技术制造行业，如基本金属的制造木材加工及草编制品业（家具除外）、非金属矿物制品的制造、纸和纸制品的制造、化学品及化学制品的制造、印刷和记录媒介及复制、专业科技服务、橡胶和塑料制品的制造、焦炭和精炼石油产品的制造等行业。从高技术行业出口结构来看，中国其他运输设备制造业、计算机、电子和光学产品制造业、机械设备制造业以及电气设备制造业的中间品出口占比都明显小于最终品出口，而且比重明显小于发达国家，如中国电器设备制造业和计算机、电子和光学产品制造业的出口占比均分别低于美国 22 个和 15 个百分点，美国、日本、韩国以及德国在这两个制造行业的中间品出口均占主导地位。这说明发达国家高技术制造行业的中间品出口在国际市场中拥有绝对的竞争力，中国等发展中国家承接了大量发达国家高技术产品的加工组装环节，所以高技术产品的最终品出口占比明显。

2. 中国高技术产品[①]出口

从 20 世纪 80 年代至今，国际贸易领域中非常引人注目的是，一些拥有众多低技术水平劳动力的发展中国家，生产并出口了大量资本与技术密集型的产品。如中国高科技产品贸易从 2004 年开始出现贸易顺差（见图 6.11），到 2016 年，中国高科产品出口额达到 6041.74 亿美元，贸易顺差为 804.5 亿美元，较 2015 年的贸易顺差有所下降。高科技产品出口占中国商品出口总额的比重也在不断上升，从 1992 年占比 4.7% 增长至 2016 年占比 28.8%，但其实从 2004 年至 2016 年中国高技术产品出口占比比较稳定。这样，我国出口结构发生了一定变化，由劳动密集型产品扩展到资本技术密集型产品。

① 中国的高技术产业具体包括航空航天制造、电子计算机及办公设备制造、电子及通信设备制造业、医疗设备及仪器仪表制造业和医药制造业。

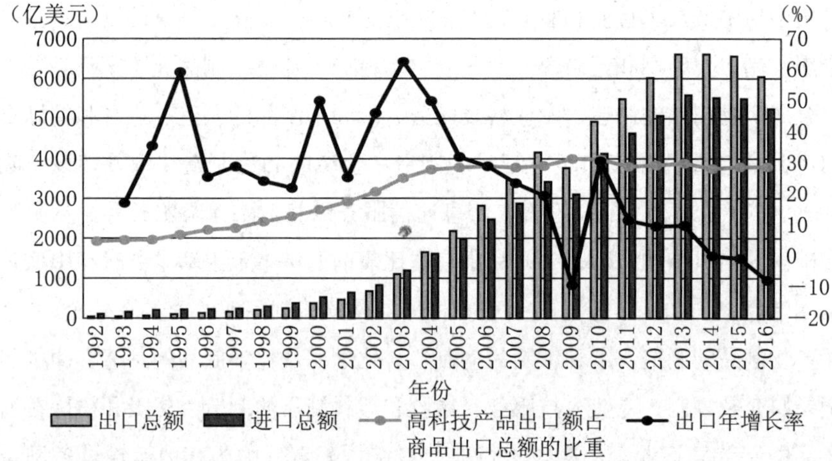

图 6.11　中国高技术产品进出口变化情况

资料来源：历年中国科技统计年鉴。

但这一过程中，中国只是承接了众多跨国公司高技术产品加工组装环节的生产转移，在资本和技术密集型的零部件生产上仍严重依赖发达国家，从图 6.12 中国高科技产品出口按贸易方式划分也可以了解到这一点。依靠加工贸易的进料加工贸易和来料加工装配贸易占比均下降，分别从 2002 年占比 74.2%、15.1% 下降到 2015 年的 59.1%、4%；与此相适应，高科技产品出

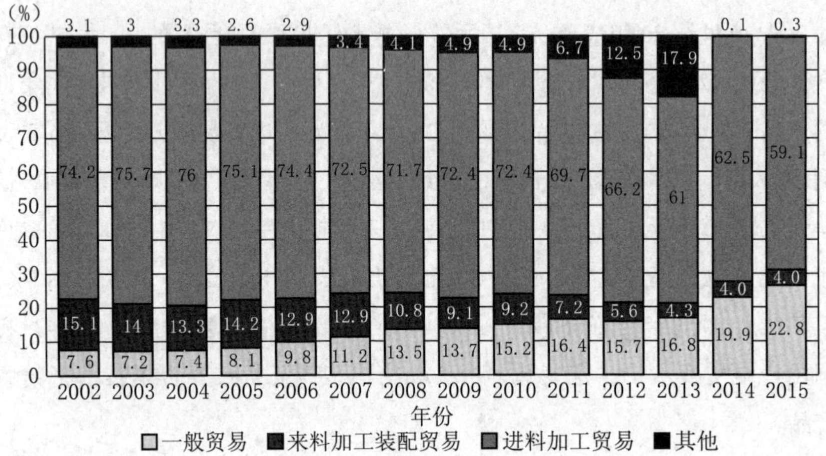

图 6.12　中国高科技产品出口按贸易方式划分

资料来源：中国历年科技统计年鉴。

口的一般贸易占比呈上升态势，从 2002 年占比只有 7.6% 上升到 2016 年的 22.8%，说明了中国高技术产品出口出现了一定的转型升级，但加工贸易出口仍占高技术产品出口的绝大部分。

但是，高科技产品出口的年增长率总体上出现了下降态势，2003 年增长率达到最高为 62%，2011 年以来增长率几乎呈不断下降趋势，到 2016 年增长率只有 9.8%，2016 年甚至出现负增长。在高技术产品全球价值链分工中，中国大多企业多为外商企业做代工生产，并不拥有核心技术或自主品牌（从高技术产品出口中加工贸易占绝大部分可以了解），从事这样的低端的劳动密集型生产环节对国内外商业环境的变化十分敏感。近年来，国内参与分工的要素条件变化，如劳动力成本的不断上升、环境以及资源的承载力下降等在一定程度上导致国内高技术产品出口的竞争力下降，出口市场份额下降；加工贸易转型升级政策的引导和支持，加工贸易出口有所减缓，但一般贸易的增长速度还暂时有限，总体上导致中国高技术产品出口的暂时下降。另外，国际环境的变化，如技术水平的不断提高促使环节地进入壁垒不断降低，成本更低的发展中国家纷纷参与到全球价值链的生产过程，致使中国高技术产品的代工份额下降；发达国家制造业尤其是先进制造业的回归等致使国内的外商投资规模下降，国内外资企业的高科技产品出口下降。在这些要素的综合作用下，导致中国高技术产品出口尤其是以外资企业为主导的加工贸易出口减缓。

6.2.2　中国虽仍位于全球价值链分工的相对低端位置，但价值链攀升明显

1. 中国出口产品中的国内附加值占比变化及国际比较

按照要素禀赋理论，进口零部件通过加工、组装后再出口，其出口的本质为凝结在出口产品中国内附加值的要素含量，而不是整个出口产品的要素含量。中间产品与最终产品贸易的生产技术差异越大，中间产品贸易的比重越大，则采用传统基于总值的出口核算就会高估发展中国家的贸易利得。因此，借鉴 Koopman（2010）对一国出口价值的分解，利用 2016 年 WIOD 公布的世界投入产出表剥离出中国各产业出口中的国内增加值部分，以真实反映出我国出口产品中由国内要素所创造的贸易收益。

首先，从我国整体出口产品中的国内附加值占比来看（见图 6.13），

2000—2014年间我国出口产品中的国内附加值经历了下降—上升—再下降—上升的变化趋势。2000—2007年间，我国出口产品中的国内附加值占比在不断下降，相对应的就是中国出口产品中包含了大量由国外要素创造的附加值，通过大量进口国外中间产品实现。在这一阶段随着中国加入世界贸易组织，中国融入全球价值链分工的程度不断深化，许多跨国公司利用和整合中国廉价劳动力带来的成本优势，纷纷转向中国投资，开辟加工基地，由此造成加工贸易出口占比不断上升，一度占主导地位，从而造成这一时期中国出口产品中外国附加值占比较高。2008—2009年，出口产品中的国内附加值占比有了一个很大的上升，这极有可能与当时的国际金融危机有关。国际金融危机极大地削弱了欧美发达国家的中间品出口规模和对外投资规模，也减少了对中国出口产品的需求，但可能前者的下降规模超过后者，从而总体造成中国出口产品中的外国附加值占比，相应地增加了国内附加值占比。随着欧美发达国家经济逐渐复苏，中国出口产品中的国内附加值也出现了大幅下降。之后，随着中国加工贸易的不断转型升级，加工贸易出口占比的不断下降，中国企业尤其是外资企业对国外中间品的进口规模逐渐减少，中国出口产品中的国内附加值占比也就随之上升。

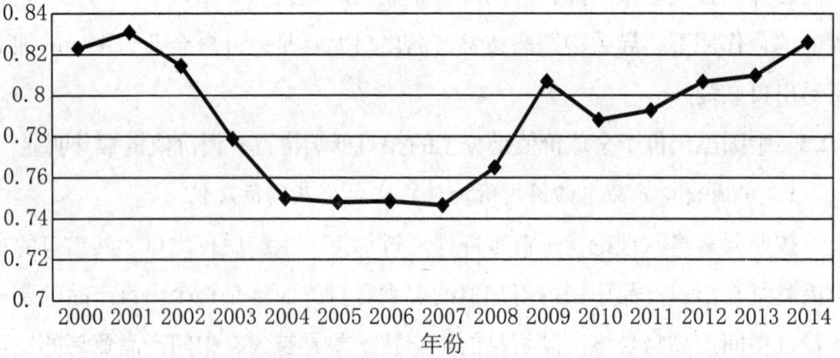

图6.13 2000—2014年中国出口产值中所包含的国内附加值占比

资料来源：根据WIOD世界投入产出表计算而得。

具体从中国各行业出口产品中的国内附加值占比来看（见表6.2），2014年中国出口产品中国内附加值占比较高的集中在第一产业和部分服务业，如金融保险（C25）、批发零售（C20）和住宿餐饮（C22）。制造业内部排名靠

表 6.2　2000—2014 年中国各产业出口中国内附加值占比

	2000年	2002年	2004年	2006年	2008年	2009年	2010年	2011年	2012年	2013年	2014年	2014—2000
C1	0.94	0.94	0.92	0.92	0.93	0.94	0.93	0.93	0.93	0.94	0.94	0
C2	0.92	0.92	0.89	0.89	0.89	0.91	0.90	0.90	0.91	0.91	0.92	0
C3	0.83	0.82	0.79	0.81	0.84	0.88	0.86	0.86	0.88	0.88	0.89	0.06
C4	0.87	0.86	0.83	0.82	0.83	0.87	0.84	0.84	0.86	0.86	0.86	−0.01
C5	0.85	0.85	0.80	0.80	0.80	0.84	0.81	0.80	0.82	0.83	0.84	−0.01
C6	0.86	0.87	0.82	0.82	0.83	0.86	0.84	0.83	0.85	0.85	0.86	0
C7	0.84	0.83	0.73	0.72	0.70	0.75	0.71	0.68	0.69	0.71	0.74	−0.1
C8	0.81	0.81	0.74	0.73	0.75	0.79	0.76	0.76	0.77	0.78	0.81	0
C9	0.89	0.90	0.86	0.86	0.87	0.89	0.88	0.88	0.89	0.89	0.90	0.01
C10	0.81	0.81	0.74	0.73	0.75	0.80	0.77	0.77	0.80	0.81	0.82	0.01
C11	0.87	0.87	0.82	0.81	0.81	0.84	0.82	0.81	0.82	0.83	0.85	−0.02
C12	0.84	0.85	0.77	0.77	0.76	0.79	0.76	0.75	0.75	0.75	0.78	−0.06
C13	0.83	0.84	0.79	0.79	0.79	0.82	0.80	0.79	0.80	0.80	0.82	−0.01
C14	0.68	0.66	0.59	0.59	0.60	0.67	0.66	0.68	0.69	0.70	0.72	0.04
C15	0.81	0.81	0.74	0.74	0.75	0.79	0.76	0.76	0.78	0.78	0.80	−0.01
C16	0.84	0.84	0.77	0.77	0.78	0.81	0.79	0.79	0.80	0.81	0.83	−0.01
C17	0.85	0.85	0.77	0.77	0.79	0.83	0.81	0.81	0.82	0.83	0.85	0
C18	0.82	0.81	0.76	0.76	0.77	0.80	0.78	0.78	0.79	0.80	0.82	0
C19	0.88	0.88	0.85	0.86	0.86	0.89	0.87	0.87	0.88	0.88	0.88	0
C20	0.90	0.92	0.91	0.93	0.93	0.94	0.94	0.94	0.95	0.95	0.95	0.05
C21	0.90	0.90	0.85	0.84	0.84	0.87	0.86	0.85	0.86	0.87	0.89	−0.01
C22	0.93	0.93	0.91	0.91	0.91	0.93	0.92	0.92	0.93	0.94	0.94	0.01
C23	0.84	0.83	0.80	0.80	0.83	0.86	0.85	0.85	0.86	0.87	0.88	0.04
C24	0.85	0.83	0.80	0.82	0.84	0.87	0.85	0.86	0.87	0.87	0.88	0.03
C25	0.94	0.92	0.89	0.90	0.91	0.93	0.93	0.94	0.95	0.95	0.95	0.01
C26	0.87	0.88	0.86	0.87	0.88	0.90	0.89	0.89	0.90	0.91	0.91	0.04

资料来源：根据 WIOD 世界投入产出表计算而得。

前的是食品、饮料、烟草制造业（C2）、基础医药及制剂制造业（C9）、纺织品、服装、皮革制造业（C3）、家具制造和其他制造业（C19）。

从总体来看，中国出口产品中国内附加值占比高的仍集中在低技术密集型制造行业和传统服务行业，中国的高技术制造业与现代服务业出口产品对外国中间品的依赖较大，本质上是反映了本土企业对外国先进技术的依赖，国内中间产品创新能力较弱，无法供给高技术的中间产品。从增长趋势来看，2000—2014 年间中国大部分制造业出口产品中的国内附加值占比保持不变或出现下降态势，其中高技术密集型制造业中除了计算机、电子与光学产品制造业（C14）外，其他行业均呈现下降趋势或基本不变；服务业内部除了运输仓储业（C21），其他行业均出现了不同程度的增长。

与主要发达国家比较来看（见表 6.3），中国的低技术制造产品出口中国

表 6.3　2000—2014 年制造业出口中国内附加值占比的国际比较

	低技术					中等技术					高技术				
	中国	美国	日本	德国	韩国	中国	美国	日本	德国	韩国	中国	美国	日本	德国	韩国
2000 年	0.85	0.90	0.91	0.73	0.72	0.83	0.84	0.87	0.70	0.51	0.75	0.86	0.89	0.73	0.65
2001 年	0.85	0.90	0.91	0.73	0.71	0.84	0.87	0.86	0.72	0.51	0.76	0.87	0.89	0.73	0.66
2002 年	0.84	0.90	0.91	0.75	0.73	0.83	0.85	0.86	0.74	0.55	0.73	0.87	0.88	0.74	0.68
2003 年	0.83	0.89	0.90	0.74	0.73	0.80	0.84	0.86	0.72	0.54	0.69	0.87	0.88	0.74	0.66
2004 年	0.81	0.88	0.90	0.74	0.71	0.77	0.81	0.83	0.69	0.51	0.66	0.86	0.87	0.73	0.66
2005 年	0.82	0.87	0.88	0.73	0.72	0.76	0.79	0.80	0.65	0.49	0.66	0.85	0.85	0.72	0.66
2006 年	0.83	0.87	0.86	0.72	0.71	0.77	0.76	0.76	0.62	0.44	0.66	0.84	0.83	0.70	0.66
2007 年	0.84	0.87	0.85	0.71	0.70	0.77	0.77	0.73	0.61	0.44	0.66	0.84	0.81	0.69	0.66
2008 年	0.85	0.86	0.84	0.70	0.66	0.77	0.73	0.66	0.59	0.32	0.69	0.83	0.79	0.68	0.59
2009 年	0.88	0.89	0.88	0.72	0.70	0.81	0.77	0.74	0.64	0.40	0.74	0.87	0.84	0.70	0.62
2010 年	0.86	0.88	0.87	0.70	0.67	0.78	0.75	0.70	0.59	0.38	0.72	0.85	0.82	0.68	0.61
2011 年	0.86	0.86	0.85	0.68	0.64	0.77	0.73	0.67	0.55	0.32	0.73	0.83	0.80	0.67	0.57
2012 年	0.88	0.86	0.85	0.69	0.64	0.78	0.72	0.67	0.54	0.32	0.75	0.83	0.79	0.67	0.57
2013 年	0.88	0.87	0.83	0.69	0.66	0.78	0.74	0.63	0.58	0.35	0.75	0.83	0.77	0.67	0.60
2014 年	0.89	0.87	0.82	0.69	0.68	0.81	0.76	0.61	0.58	0.38	0.77	0.82	0.74	0.68	0.61

资料来源：根据 WIOD 世界投入产出表计算而得。

内附加值占比总体呈现上升趋势，美国、日本、德国以及韩国总体是下降趋势，最终中国出口中国内附加值占比超过这些发达国家；发达国家与中国的中等技术制造产品出口中国内附加值占比总体呈现下降趋势，2014 年中国出口中的国内附加值占比依然反超发达国家；中国的高技术制造产品出口中国内附加值占比总体上呈现上升趋势，美国、日本、德国以及韩国总体是下降趋势，截至 2014 年中国的高技术制造产品出口中国内附加值占比依然高于日本、德国以及韩国，但落后于美国较多。

从服务业出口中国内附加值占比国际比较来看（见表 6.4），中国的传统服务业和现代服务业出口中国内附加值占比总体上都呈现上升趋势，且现代服务业的上升幅度更明显，但截至 2014 年中国现代服务业出口中的国内附加值占比明显落后于美国与日本。因此，从总体来看，中国在低技术制造业出口、中等技术制造业出口以及传统服务业出口上的附加值创造能力较强，

表 6.4　2000—2014 年服务业出口中国内附加值占比的国际比较

	传统服务业					现代服务业				
	中国	美国	日本	德国	韩国	中国	美国	日本	德国	韩国
2000 年	0.91	0.95	0.92	0.86	0.82	0.84	0.96	0.97	0.91	0.88
2001 年	0.91	0.96	0.91	0.87	0.80	0.85	0.97	0.98	0.91	0.88
2002 年	0.91	0.96	0.91	0.88	0.81	0.83	0.97	0.98	0.92	0.88
2003 年	0.90	0.96	0.92	0.87	0.82	0.82	0.97	0.97	0.91	0.88
2004 年	0.89	0.95	0.91	0.87	0.82	0.80	0.96	0.97	0.91	0.88
2005 年	0.89	0.94	0.90	0.86	0.81	0.79	0.96	0.97	0.91	0.87
2006 年	0.89	0.94	0.89	0.85	0.78	0.80	0.96	0.97	0.90	0.87
2007 年	0.88	0.94	0.88	0.85	0.77	0.81	0.96	0.96	0.90	0.87
2008 年	0.89	0.92	0.88	0.84	0.71	0.83	0.95	0.96	0.89	0.85
2009 年	0.92	0.95	0.91	0.86	0.73	0.87	0.96	0.97	0.89	0.86
2010 年	0.91	0.94	0.90	0.82	0.72	0.86	0.96	0.97	0.89	0.85
2011 年	0.91	0.93	0.90	0.82	0.69	0.86	0.96	0.96	0.88	0.83
2012 年	0.92	0.93	0.90	0.83	0.71	0.87	0.96	0.96	0.88	0.83
2013 年	0.92	0.93	0.90	0.83	0.74	0.87	0.96	0.96	0.88	0.84
2014 年	0.93	0.93	0.90	0.83	0.77	0.89	0.96	0.96	0.89	0.85

资料来源：根据 WIOD 世界投入产出表计算而得。

但在高技术制造业出口与现代服务业出口上的附加值创造能力落后于美国。美国在高技术制造业领域以及现代服务业领域，美国凭借多年的技术积累，在全球价值链的高技术领域中多以中间品提供者的角色主导者全球价值链。中国在未来发展经济的过程中必须增加对中间品的研发投入，提升中间品的创新能力，成为中间产品的主要全球供应者之一。

2．中国产业 GVC 分工地位演化与国际比较

Koopman 等（2010、2014）提出的 GVC 分工地位指数（$GVC_{\_position}$）①指标具有较高的代表性，从而被学术界广泛采用。本章也借鉴他们的方法测度中国各行业全球价值链分工地位。Koopman 等（2010）在 GVC 指数相关研究中所指出的，某国处于全球价值链高端时，会运用自己的技术、研发能力为他国提供中间产品，而当某国处于全球价值链低端的组装加工环节时，将使用大量来自别国的中间品生产最终产品。因此，该指标越大表明特定行业在价值链分工中的获利能力较强，在全球价值链中的分工地位较高。

图 6.14 展示了从 2000 年到 2014 年中国 GVC 分工地位指数的变化，它

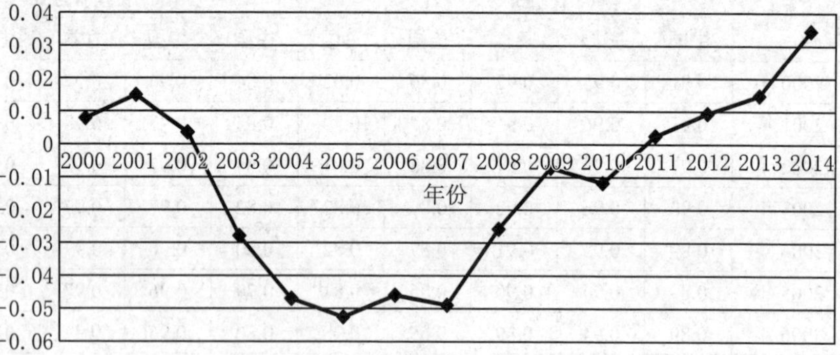

图 6.14　中国全球价值链分工地位指数

资料来源：根据 WIOD 世界投入产出表计算而得。

① $GVC\_position_{ic}=\ln\left(1+\frac{IV_{ic}}{E_{ic}}\right)-\ln\left(1+\frac{FV_{ic}}{E_{ic}}\right)$。运用该指标理解全球价值链分工地位的理论逻辑在于，如一个国家在全球价值链中更多地出口中间产品而较少使用国外中间产品，那么该国 IV（增加值出口）大于 FV（进口附加值），此时 $GVC_{\_position}$ 指数大于零，该国就处于更具有竞争力的全球价值链上游；一国在全球价值链中更多使用国外中间品而较少出口中间产品，此时 FV 大于 IV，$GVC_{\_position}$ 指数小于零，该国就处于竞争力相对较弱的全球价值链下游。因此，$GVC_{\_position}$ 指数越大全球价值链分工地位越高，或者说处于更加有利的竞争地位。

反映了如下几个特点。第一，总体来看，指数变化呈正 U 形，2004 年到 2007 年徘徊在谷底，前降后升。第二，2001 年和 2002 年 GVC 分工地位指数稍稍为正，2003 年到 2010 年均为负数，2011 年转正之后迅速上升。

2001 年到 2007 年指数持续下降与中国加入世界贸易组织有关，入世后伴随自由贸易进程和国内改革的不断推进，国内企业参与国际分工的门槛越来越低，大量的企业以低成本竞争方式相继融入全球价值链分工体系，呈现出低端嵌入的典型特征。这一分工方式虽然实现了产业规模的快速扩张，但由于大量进口国外中间品进行简单的加工组装，代工企业之间的“血拼式”竞争的后果就是这一时期的价值链分工地位在不断下降。2008 年之后，GVC 分工地位指数呈现明显的上升趋势，在 2011 年之后开始大于零，表明中国逐步向全球价值链的上游环节攀升，具有更强的附加值创造能力，中国在国际价值链中的角色正在由“价值输入”向“价值输出”转变。这可能是由于一方面 2008 年国际金融危机后全球经济进入深入调整期，对中国的粗放型开放发展模式造成冲击，再加上国内生产要素成本的上升等国内环境变化，中国经济进入“新常态”，这些倒逼中国开放型经济必须尽快转型升级，加快攀升全球价值链；另一方面可能是中国开放发展战略的主动与适时调整，最终在被动与主动的双重调整与转型下，中国的 GVC 分工地位出现不断上升。

从表 6.5 中国代表性产业的 GVC 分工地位指数来看，2014 年中国农业的 GVC 分工地位指数明显高于制造业和服务业，表明中国农业在 GVC 分工网络中输出的国内增加值远大于输入的外国的增加值，相对处于全球价值链的上游地位。从制造业内部 GVC 分工地位指数来看，部分产业在全球价值链中较少的出口中间产品而更多的使用国外中间产品，GVC 分工指数小于零，处于竞争力相对较弱的全球价值链下游地位，集中于计算机、电子和光学产品制造业（C14）、电气设备制造业（C15）、机械设备制造业（C16）、其他运输设备的制造（C18）等高技术密集型制造业；GVC 分工地位指数明显大于零的处于全球价值链上游地位的是印刷和记录媒介及复制（C6）、纸和纸制品的制造（C5）、木材加工及草编制品业（家具除外）(C4)。中国服务业的 GVC 分工地位指数都大于零且相对较高，其中排名更靠前的是如金融保险（C25）、教育、卫生和公共服务业（C26）、住宿餐饮（C22）以及批发零售（C20）。

表6.5　2000—2014年中国各产业GVC分工地位指数

	2000年	2002年	2004年	2006年	2008年	2009年	2010年	2011年	2012年	2013年	2014年	2014—2000
C1	0.38	0.33	0.47	0.56	0.71	0.64	0.66	0.75	0.84	0.86	0.91	0.53
C2	−0.01	−0.02	−0.02	−0.01	0.02	0.03	0.03	0.04	0.06	0.07	0.08	0.09
C3	−0.10	−0.11	−0.13	−0.12	−0.09	−0.06	−0.08	−0.07	−0.05	−0.05	−0.04	0.06
C4	0.06	0.05	0.04	0.05	0.07	0.11	0.07	0.08	0.10	0.11	0.11	0.05
C5	0.18	0.23	0.29	0.40	0.40	0.33	0.23	0.16	0.13	0.12	0.12	−0.06
C6	0.20	0.27	0.27	0.30	0.39	0.39	0.35	0.34	0.36	0.32	0.32	0.12
C7	0.11	0.06	0.03	0.21	0.17	0.20	0.15	0.04	0.02	0.03	0.05	−0.06
C8	0.10	0.08	0.02	0.02	0.03	0.06	0.04	0.04	0.04	0.05	0.06	−0.04
C9	−0.01	0.00	−0.03	−0.04	−0.04	−0.03	−0.04	−0.04	−0.03	−0.02	−0.02	−0.01
C10	−0.01	0.01	−0.05	−0.07	−0.05	−0.02	−0.03	−0.02	−0.01	0.00	0.01	0.02
C11	0.11	0.05	0.00	0.00	0.01	0.03	−0.01	0.01	−0.01	−0.01	0.01	−0.1
C12	0.11	0.16	0.08	0.09	0.09	0.13	0.09	0.08	0.05	0.03	0.05	−0.06
C13	−0.02	−0.03	−0.06	−0.06	−0.05	−0.03	−0.05	−0.06	−0.05	−0.06	−0.04	−0.02
C14	−0.17	−0.19	−0.24	−0.24	−0.24	−0.20	−0.19	−0.18	−0.17	−0.16	−0.14	0.03
C15	−0.09	−0.08	−0.14	−0.14	−0.13	−0.11	−0.12	−0.12	−0.11	−0.12	−0.10	−0.01
C16	−0.01	−0.03	−0.09	−0.09	−0.09	−0.07	−0.09	−0.08	−0.08	−0.08	−0.06	−0.05
C17	0.10	0.13	−0.03	−0.06	−0.05	−0.01	−0.01	−0.03	−0.03	−0.01	0.00	−0.1
C18	−0.10	−0.09	−0.14	−0.15	−0.14	−0.13	−0.15	−0.15	−0.14	−0.13	−0.10	0
C19	−0.07	−0.07	−0.10	−0.07	−0.07	−0.05	−0.07	−0.06	−0.06	−0.06	−0.05	0.02
C20	0.17	0.18	0.22	0.26	0.23	0.20	0.23	0.23	0.23	0.25	0.26	0.09
C21	0.19	0.18	0.14	0.13	0.11	0.12	0.11	0.13	0.14	0.16	0.20	0.01
C22	0.12	0.14	0.14	0.21	0.22	0.22	0.26	0.32	0.37	0.38	0.43	0.31
C23	0.05	0.04	0.05	0.05	0.07	0.09	0.12	0.14	0.17	0.22	0.24	0.19
C24	0.32	0.39	0.45	0.43	0.29	0.23	0.19	0.18	0.17	0.17	0.23	−0.09
C25	2.85	2.54	2.13	2.12	1.88	1.77	1.64	1.53	1.45	1.62	1.60	−1.25
C26	0.01	0.07	0.14	0.24	0.00	0.30	0.29	0.32	0.33	0.35	0.47	0.46

资料来源：根据WIOD世界投入产出表计算而得。

注：最后一列“2014–2000”表示的是2014年的指数减去2000年的指数。

从 2000—2014 年的 GVC 地位指数增长趋势来看（见表 6.5），除了第一产业的大幅提升，中国 18 个制造业行业在 2000—2014 年的 15 年间有超过一半呈现 GVC 分工地位指数不断下降趋势。这种情况在中等技术密集型和高技术密集型行业领域表现尤甚，可见中国制造业 GVC 分工地位指数的提高还依赖于低技术制造业，高技术制造业的对其贡献较小。但需要特别指出的是，几乎所有的制造业行业在 2005—2008 年期间分工地位指数都出现了大幅度的波动，直到 2008 年以后波动才趋于平稳。但如果将观察的起点放在 2008 年，会发现 2008—2014 年，除了造纸及纸制品业（C5）、印刷及出版业（C6）、炼焦及石油业（C7）和基本金属制品业（C12）四个行业的 GVC 地位指数出现下降外，其他行业的价值链分工地位指数均呈现上升趋势。尤其是在技术密集型行业领域，所有细分行业全球价值链分工地位指数均呈上升趋势。这一点不仅与基于制造业整体层面的变化情况是基本一致的，同时也说明了 2008 年全球金融危机后，中国融入全球价值链分工体系发展开放型经济虽然受到了一定程度的冲击，但受其倒逼等机制的作用，转型升级出现了良好发展势头，中国制造业分工地位的提升，不仅表现在劳动和资本密集型领域，更表现在技术密集型领域。服务业内部的传统服务业的 GVC 分工指数均呈现上升趋势，其中提升福大较大的是教育、卫生和公共服务业（C26）和住宿餐饮（C22），现代服务业的提升幅度相对较小，除了专业科技服务业（C23）显示较大幅度的提升，金融保险（C25）和信息通信（C24）的 GVC 地位指数都出现大幅下降，可见中国服务业 GVC 分工地位指数较高主要还是依赖传统服务业。

总体来说，中国产业的 GVC 分工地位指数较高的主要分工在低和中等技术制造业与传统服务业，技术含量高的高技术制造业与现代服务业的 GVC 地位指数提升有限。在比较优势的作用机制下，快速全面地融入全球价值链分工体系，使得更多资源向低端环节涌入和集中，从而技术密集型行业的资源配置相对下降，而资源配置不足制约了价值链升级和附加值创造能力，所体现的 GVC 分工地位指数也就相对较弱。

与世界主要发达国家比较来看（见表 6.6），中国的低技术密集型制造业的 GVC 分工地位指数除了明显低于日本外，与美国相等，高于德国和韩国；

表 6.6　2000—2014 年制造业 GVC 分工地位指数的国际比较

	低技术					中等技术					高技术				
	中国	美国	日本	德国	韩国	中国	美国	日本	德国	韩国	中国	美国	日本	德国	韩国
2000 年	−0.10	−0.02	0.10	−0.15	−0.17	−0.03	0.03	0.05	−0.09	−0.28	−0.15	−0.02	−0.02	−0.15	−0.20
2001 年	−0.07	0.04	0.22	−0.10	−0.11	0.06	0.18	0.13	0.01	−0.22	−0.09	0.07	0.02	−0.10	−0.14
2002 年	−0.08	0.04	0.20	−0.09	−0.09	0.05	0.15	0.12	0.02	−0.18	−0.11	0.08	0.02	−0.08	−0.12
2003 年	−0.09	0.03	0.23	−0.10	−0.09	0.03	0.14	0.13	0.00	−0.18	−0.15	0.09	0.02	−0.08	−0.14
2004 年	−0.10	0.03	0.24	−0.10	−0.09	0.01	0.13	0.13	−0.02	−0.18	−0.18	0.08	0.02	−0.09	−0.13
2005 年	−0.09	0.01	0.21	−0.11	−0.08	0.00	0.09	0.10	−0.05	−0.21	−0.18	0.06	0.00	−0.10	−0.12
2006 年	−0.08	0.01	0.20	−0.12	−0.06	0.01	0.05	0.06	−0.08	−0.24	−0.18	0.06	−0.01	−0.11	−0.12
2007 年	−0.08	0.01	0.19	−0.13	−0.05	0.02	0.05	0.03	−0.08	−0.23	−0.18	0.05	−0.02	−0.12	−0.11
2008 年	−0.06	−0.01	0.19	−0.13	−0.09	0.02	−0.02	−0.04	−0.10	−0.34	−0.16	0.04	−0.05	−0.13	−0.18
2009 年	−0.04	0.01	0.20	−0.12	−0.07	0.04	0.01	0.01	−0.07	−0.30	−0.13	0.08	−0.01	−0.12	−0.18
2010 年	−0.05	0.00	0.20	−0.15	−0.08	0.02	−0.02	−0.03	−0.11	−0.30	−0.13	0.07	−0.01	−0.12	−0.18
2011 年	−0.04	−0.02	0.19	−0.16	−0.10	0.01	−0.05	−0.04	−0.14	−0.35	−0.12	0.05	−0.04	−0.13	−0.21
2012 年	−0.03	−0.02	0.20	−0.15	−0.13	0.00	−0.05	−0.04	−0.14	−0.36	−0.12	0.05	−0.04	−0.13	−0.20
2013 年	−0.03	−0.02	0.17	−0.15	−0.10	0.00	−0.05	−0.08	−0.12	−0.33	−0.11	0.04	−0.07	−0.13	−0.18
2014 年	−0.02	−0.02	0.13	−0.14	−0.07	0.01	−0.03	−0.11	−0.11	−0.31	−0.09	0.04	−0.09	−0.13	−0.17

资料来源：根据 WIOD 世界投入产出表计算而得。

中等技术密集型制造业 GVC 地位指数在 2008 年之后反超美国，2014 年均高于发达国家；而中国的高技术密集型制造业的 GVC 分工地位指数是明显低于美国和日本的（只在 2014 年与日本的 GVC 指数相等），2011 年之后反超德国，此后一直高于德国。

中国传统服务业的 GVC 分工地位指数均高于发达国家，现代服务业 GVC 地位指数明显低于日本（见表 6.7）。可见中国在高端中间产品的技术研发上还明显不足，中间产品满足国内高技术生产的自给能力需要以及出口国家市场的能力都有待进一步提升。

表 6.7　2000—2014 年服务业 GVC 分工地位指数的国际比较

	传统服务业					现代服务业				
	中国	美国	日本	德国	韩国	中国	美国	日本	德国	韩国
2000 年	0.08	0.11	0.12	0.09	0.06	0.09	0.20	0.56	0.20	0.20
2001 年	0.18	0.22	0.23	0.23	0.18	0.22	0.37	0.92	0.35	0.45
2002 年	0.18	0.21	0.22	0.23	0.20	0.21	0.36	0.92	0.34	0.53
2003 年	0.18	0.21	0.21	0.24	0.21	0.21	0.34	0.91	0.36	0.54
2004 年	0.18	0.20	0.21	0.23	0.23	0.22	0.34	0.93	0.35	0.54
2005 年	0.20	0.20	0.20	0.23	0.18	0.20	0.35	1.02	0.35	0.46
2006 年	0.20	0.20	0.19	0.23	0.18	0.23	0.33	0.93	0.35	0.43
2007 年	0.18	0.19	0.19	0.24	0.16	0.22	0.33	0.94	0.35	0.38
2008 年	0.18	0.18	0.17	0.22	0.13	0.23	0.32	0.99	0.33	0.41
2009 年	0.17	0.19	0.18	0.21	0.17	0.24	0.29	0.87	0.27	0.44
2010 年	0.19	0.19	0.18	0.19	0.15	0.28	0.31	0.99	0.28	0.38
2011 年	0.20	0.18	0.20	0.22	0.15	0.31	0.31	0.96	0.28	0.37
2012 年	0.20	0.17	0.18	0.21	0.12	0.34	0.32	0.92	0.27	0.32
2013 年	0.23	0.18	0.21	0.22	0.15	0.40	0.32	1.00	0.27	0.31
2014 年	0.25	0.19	0.19	0.22	0.15	0.44	0.33	0.99	0.27	0.26

资料来源：根据 WIOD 世界投入产出表计算而得。

3．中国产业国际竞争优势演化及国际比较

在全球价值链与增加值贸易的背景下，基于出口总值的显性比较优势指数（RCA）已不能反映真实的国际竞争力，对于那些生产增加值较多但直接出口值较少的部门而言更是如此，并且中间品贸易的重复计算也会使传统的 RCA 指数失真，因此借鉴 Koopman 等（2014）的做法，基于国内增加值出口量对此加以修正。

从表 6.8 中的数据来看，中国在全球价值链中的国际竞争优势主要体现

表 6.8 2000—2014 年中国各产业 RCA 指数

	2000 年	2002 年	2004 年	2006 年	2008 年	2009 年	2010 年	2011 年	2012 年	2013 年	2014 年	2014–2000
C1	2.42	1.27	2.13	2.26	2.07	2.01	1.85	1.71	1.79	1.76	1.75	−0.67
C2	1.55	2.27	1.53	1.91	2.01	1.85	1.84	1.86	1.94	1.86	1.79	0.24
C3	2.66	1.28	2.55	2.76	2.83	2.93	2.78	2.87	2.96	2.84	2.68	0.02
C4	1.28	0.84	1.57	1.85	1.91	2.17	1.86	2.06	2.24	2.20	2.07	0.79
C5	0.73	1.81	0.83	0.86	0.91	0.94	0.90	0.97	1.05	1.00	0.97	0.24
C6	1.58	1.46	1.41	1.17	1.16	1.31	1.31	1.37	1.56	1.56	1.49	−0.09
C7	1.63	0.99	1.32	1.27	1.38	1.37	1.64	1.30	1.20	1.18	1.20	−0.43
C8	1.03	0.29	1.02	1.16	1.36	1.14	1.12	1.24	1.16	1.09	1.08	0.05
C9	0.38	1.59	0.36	0.39	0.44	0.38	0.41	0.36	0.40	0.42	0.39	0.01
C10	1.53	1.45	1.50	1.51	1.42	1.33	1.32	1.36	1.41	1.37	1.30	−0.23
C11	1.99	1.41	1.48	1.70	1.76	1.92	1.83	2.06	2.15	2.22	2.04	0.05
C12	1.28	0.71	1.77	1.65	1.82	1.57	1.51	1.52	1.45	1.39	1.37	0.09
C13	0.73	1.21	0.81	0.96	0.99	1.01	0.92	0.92	1.01	0.98	0.93	0.2
C14	0.93	1.35	1.45	1.54	1.53	1.61	1.82	1.83	1.86	1.88	1.77	0.84
C15	1.30	1.02	1.37	1.51	1.71	1.61	1.80	1.86	1.98	1.91	1.87	0.57
C16	1.00	0.51	1.14	1.28	1.48	1.48	1.42	1.54	1.40	1.36	1.32	0.32
C17	0.44	0.43	0.52	0.64	0.87	0.95	1.01	0.94	0.93	0.97	0.93	0.49
C18	0.35	1.65	0.49	0.51	0.69	0.52	0.56	0.55	0.47	0.53	0.61	0.26
C19	2.20	1.14	1.01	2.15	1.65	1.61	1.18	1.32	1.58	1.52	1.50	−0.7
C20	1.05	1.11	0.96	0.94	0.97	1.12	1.17	1.24	1.32	1.27	1.27	0.22
C21	1.18	1.52	1.02	0.99	0.97	0.92	0.90	0.93	0.92	0.90	0.88	−0.3
C22	1.48	0.56	1.58	1.74	1.68	1.61	1.47	1.38	1.40	1.34	1.32	−0.16
C23	0.56	0.48	0.62	0.69	0.76	0.85	0.87	0.87	0.87	0.82	0.83	0.27
C24	0.49	0.70	0.52	0.57	0.49	0.41	0.38	0.41	0.41	0.40	0.38	−0.11
C25	0.79	1.50	0.61	0.69	0.93	0.94	0.98	1.04	1.08	1.11	1.12	0.33
C26	1.01	2.23	1.06	0.96	0.20	0.86	0.78	0.75	0.79	0.75	0.80	−0.21

资料来源：根据 WIOD 世界投入产出表计算而得。

在制造业部分，服务业部分的国际竞争能力相对偏弱。2014 年制造业部门的 RCA 指数平均值达到 1.40，从低技术制造业到高技术制造业的大多数行业都处于竞争优势地位，高技术制造业中的计算机、电子和光学产品制造业（C14）、电气设备制造业（C15）、机械设备制造业（C16）都具备了一定的竞争优势。从这方面来讲，中国不仅是“制造大国”，在一定程度上也已经具备“制造强国”基本特征。而服务业的 RCA 指数平均值在 0.94，细分服务业中中国在传统的服务业领域有一定的竞争优势，现代服务业中金融保险具有一定的竞争优势，但专业科技服务与信息通信业的国际竞争力还较弱。观察期内中国大部分制造业的 RCA 指数均呈现不同程度的上升趋势，其中高技术制造业的 RCA 指数有了很大提升，如计算机、电子和光学产品制造业（C14）的 RCA 指数大幅提升 0.84，从 2000 年的竞争劣势行业快速成长为具有较强竞争优势的行业。服务业内部的金融保险业也从 2000 年的不具有竞争优势成长为具有一定竞争优势的行业，但运输仓储（C21）和住宿餐饮（C22）以及信息通信（C24）RCA 指数则呈现下降，竞争优势弱化。

表 6.9 比较了中国与主要发达国家制造业的竞争力水平，从中可以看出，在低技术制造行业中国的国际竞争力已明显超越主要发达国家；中国的中等技术制造行业的 RCA 指数虽高于美国，但明显低于日本与德国；高技术制造业的竞争力指数在 2010 年超过美国，但明显低于日本、德国与韩国，可见中国的高技术制造业虽已具备一定的竞争优势，但与发达国家相比仍有不小的差距。

中国的传统服务业 RCA 指数领先于发达国家，在国际市场中具有很强的竞争优势；中国虽大力发展现代服务业，现代服务业的国际竞争力有了很大提升，但与美国、德国相比仍有不小的差距（见表 6.10）。

6.2.3　我国对外资投资发展略显滞后，全球资源整合能力有待加强

1. 外资企业在我国产业贸易中的地位较强，本土企业的贸易竞争力有待进一步加强

改革开放以来，众多跨国公司纷纷投资中国，建立子公司或分支机构，随着带来大量的“伴随贸易”和“伴随投资”。这就导致外商投资企业成为我国进出口，特别是高科技产品进出口的重要力量，使得中国以

表6.9 2000—2014年制造业RCA指数的国际比较

	低技术					中等技术					高技术				
	中国	美国	日本	德国	韩国	中国	美国	日本	德国	韩国	中国	美国	日本	德国	韩国
2000年	1.66	0.85	0.76	1.01	1.30	1.30	0.77	1.32	1.35	1.13	0.96	1.38	1.60	1.38	2.02
2001年	1.64	0.76	0.81	0.95	1.76	1.27	0.78	1.39	1.32	1.10	0.98	1.31	1.46	1.38	1.86
2002年	1.58	0.77	0.80	0.93	1.67	1.28	0.72	1.40	1.28	1.07	0.98	1.31	1.48	1.36	1.90
2003年	1.62	0.73	0.79	0.93	1.44	1.36	0.72	1.41	1.25	1.09	1.07	1.34	1.49	1.40	1.92
2004年	1.63	0.76	0.81	0.96	1.21	1.44	0.72	1.40	1.21	1.14	1.11	1.33	1.53	1.40	2.05
2005年	1.75	0.78	0.85	1.01	1.15	1.39	0.75	1.61	1.25	1.12	1.17	1.35	1.60	1.46	2.16
2006年	1.88	0.78	0.84	1.03	1.11	1.43	0.74	1.57	1.29	1.12	1.22	1.40	1.65	1.48	2.24
2007年	1.82	0.78	0.84	1.01	1.02	1.42	0.72	1.53	1.27	1.07	1.25	1.35	1.66	1.51	2.31
2008年	1.86	0.78	0.95	1.05	1.19	1.52	0.75	1.65	1.32	1.21	1.34	1.37	1.60	1.61	2.48
2009年	1.88	0.74	0.90	1.01	1.26	1.39	0.71	1.74	1.27	1.30	1.28	1.38	1.51	1.48	2.35
2010年	1.75	0.72	0.89	1.05	1.18	1.39	0.71	1.66	1.29	1.32	1.38	1.35	1.68	1.61	2.41
2011年	1.86	0.67	0.92	1.05	1.26	1.37	0.78	1.82	1.31	1.35	1.41	1.36	1.63	1.71	2.57
2012年	1.99	067	0.89	1.09	1.42	1.35	0.84	1.82	1.38	1.36	1.39	1.37	1.71	1.71	2.55
2013年	1.92	0.68	0.90	1.03	1.30	1.32	0.83	1.92	1.38	1.33	1.38	1.27	1.78	1.69	2.53
2014年	1.84	0.67	0.94	1.01	1.22	1.28	0.81	1.99	1.39	1.26	1.33	1.23	1.81	1.68	2.41

资料来源：根据WIOD世界投入产出表计算而得。

表 6.10　2000—2014 年服务业 RCA 指数的国际比较

	传统服务业					现代服务业				
	中国	美国	日本	德国	韩国	中国	美国	日本	德国	韩国
2000 年	1.14	0.89	1.17	0.79	0.82	0.63	1.34	0.94	1.05	0.74
2001 年	1.13	0.85	1.17	0.82	0.78	0.59	1.38	0.95	0.99	0.72
2002 年	1.15	0.83	1.15	0.83	0.75	0.59	1.42	0.94	1.00	0.77
2003 年	1.05	0.83	1.18	0.84	0.77	0.58	1.38	0.92	0.99	0.80
2004 年	1.01	0.86	1.22	0.85	0.77	0.59	1.40	0.91	1.03	0.79
2005 年	1.03	0.89	1.24	0.89	0.80	0.61	1.46	0.89	1.05	0.89
2006 年	1.00	0.91	1.24	0.89	0.85	0.67	1.47	0.94	1.06	0.81
2007 年	1.00	0.88	1.28	0.90	0.88	0.72	1.48	0.93	1.01	0.77
2008 年	1.00	0.89	1.41	0.90	0.87	0.76	1.50	1.01	1.06	0.80
2009 年	1.07	0.81	1.26	0.92	0.81	0.78	1.51	0.98	0.98	0.66
2010 年	1.08	0.83	1.27	0.86	0.81	0.80	1.59	0.95	1.02	0.67
2011 年	1.13	0.83	1.36	0.89	0.82	0.83	1.68	1.03	1.04	0.73
2012 年	1.18	0.85	1.39	0.88	0.84	0.85	1.70	0.98	1.05	0.71
2013 年	1.14	0.86	1.28	0.89	0.86	0.83	1.63	0.88	1.02	0.65
2014 年	1.13	0.86	1.19	0.88	0.91	0.84	1.61	0.84	0.98	0.68

资料来源：根据 WIOD 世界投入产出表计算而得。

总规模判断的国际分工地位的自主含量大大降低。从数据分析来看（见图 6.15），外商投资企业从 1996 年开始成为我国产品进口的主导力量，这种格局一直延续到 2010 年，其中 2006 年达到最高的比重为 59.70%，截止到 2015 年仍占比达 49.35%。出口方面，外商投资企业 2001 年成为我国出口主体，这种格局一直持续到 2011 年，其中最高比重为 2005 年的 58.30%，2015 年占比仍达到 44.19%。在技术密集型产品领域，外资企业的主导地位更加突出。2006 年中国对美高科技产品的贸易顺差达 410 亿美元，90% 来自三资企业，其中 70% 来自外商投资企业，20% 来自外商合资企业。

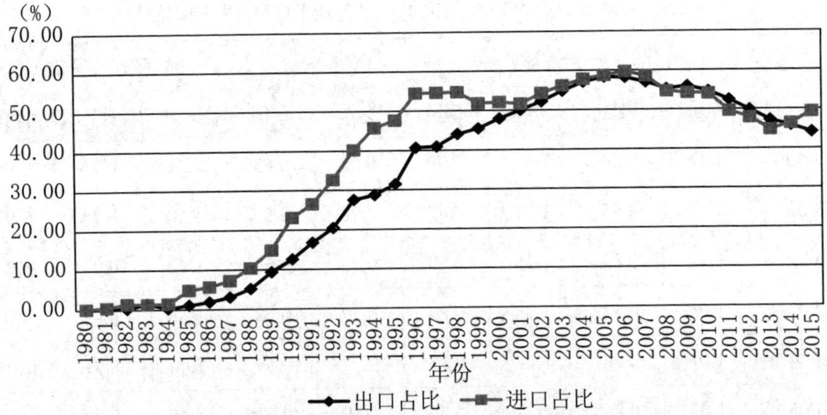

图 6.15 外商投资企业在我国进出口中的占比情况

资料来源：根据《中国贸易外经统计年鉴》计算而得。

在加工贸易领域，外商投资企业也成为绝对的主导力量，形成对加工贸易的实际控制。这一方面导致产值增长与收益增长的不对称，形成“丰产不丰收”的现象。加工贸易的大规模开展使得我国出口规模迅速增长，但利润收益的绝大部分被外商企业占有。另一方面，国内本土企业多为外商企业做代工生产，自主品牌缺失、在技术研发、供货渠道和市场营销等环节对跨国公司依赖较重，缺乏一定的主动权与竞争优势。

2．我国企业对外投资能力略滞后于经济整体发展水平，利用和整合全球资源的能力还应进一步增强

著名英国经济学家约翰·邓宁通过对67个国家的数据资料进行分析，将对外直接投资的发展划分为四个阶段：第一阶段属于前工业化阶段，人均国内生产总值在400美元以下，由于国内市场狭小，基础设施不足，劳动力教育以及商业和法律框架发展不足，资本上没有资金的流入与流出；第二阶段人均国内生产总值在400—2000美元，外商直接投资开始增加，主要是针对国内消费产品和基础设施的市场寻求型投资，本土企业由于缺乏所有权优势，对外投资很少；第三阶段人均GDP在2000—4750美元，外商直接投资仍高于对外直接投资，但由于本土企业开始形成自己独有的区位优势，并寻求更多的途径来提高自己的所有权优势，对外投资开始增加，两者之间的差距不断缩小；第四阶段属于发达经济阶段，外资流入减少，对外投资继续增加，净对外投资存量变为正值。这一结论被世界上绝大多数的发达经济体和发展中经济体国际投资地位变化的实践所证实。日本早在 20 世纪 70 年代就已进入对外投资超越引进外资的阶段，这种趋势一直延续至今；我国台湾地区自 20 世纪 80 年代就以进入对外投资高于引进外资阶段，1992 年之后进入蓬勃增长阶段；韩国对外投资在进入 21 世纪，尤其是在 2003 年之后进入加速增长阶段，2008 年超过引进外资规模；马来西亚的对外投资规模也在 2007 年超过外商投资规模（图 6.16，6.17，6.18，6.19）。

图 6.16　日本外商直接投资与对外直接投资

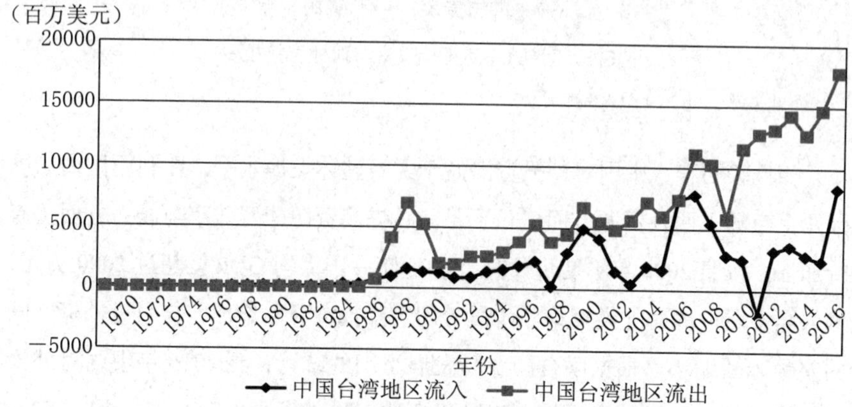

图 6.17　中国台湾地区外商直接投资与对外直接投资

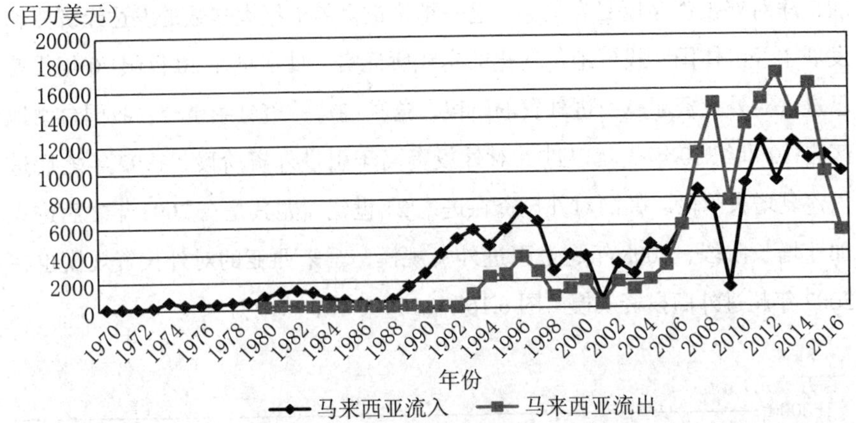

图 6.18　马来西亚外商直接投资与对外直接投资

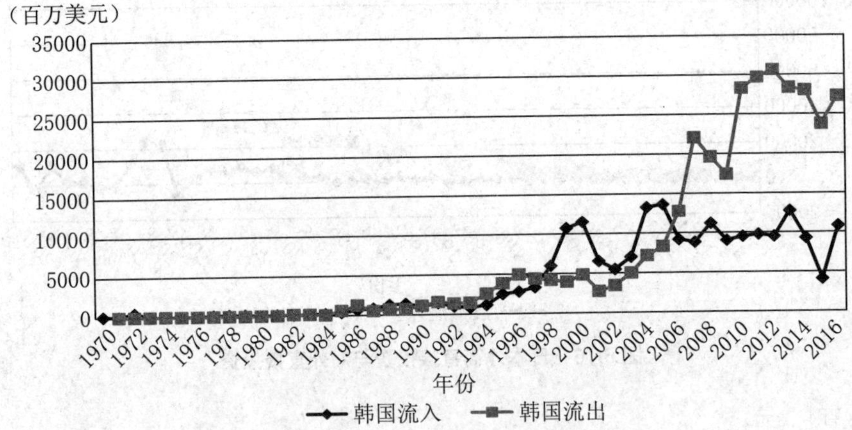

图 6.19　韩国外商直接投资与对外直接投资

资料来源：UNCTAD 数据库。

相比较而言，中国对外投资滞后于经济整体发展水平，在利用国内、国际两个市场、两种资源方面略显不足，在提高资源配置效率与能力方面仍有待加强。按照 2000 年不变价计算，2008 年中国人均 GDP 就超过 2000 美元，进入邓宁所说的对外投资第三阶段，即对外投资开始增加，与引进外资之间的差距不断缩小。根据联合国贸易发展组织的统计，到 2016 年中国对外投资规模才超越引进外资规模，对外投资比引进外资高出 36.94%。但 1982—2016 年我国累计引进外资 18742.35 亿美元，累计对外投资 9872.54 亿美元，前者是后者的 1.90 倍，差距较大。从存量上来讲，虽然中国对外投资与引进外资之比在不断提高，但是这一比值的快速提升也仅仅是 21 世纪第一个十年后半期的事情，中国对外投资的规模仍小于引进外资规模，两者存量之比在 2016 年为 0.73（见图 6.20）。对比发现，中国对外投资与引进外资之比不仅远低于日本与中国台湾地区，而且也低于韩国和马来西亚，大概相当于韩国在 20 世纪 90 年代和马来西亚 21 世纪初期的水平。

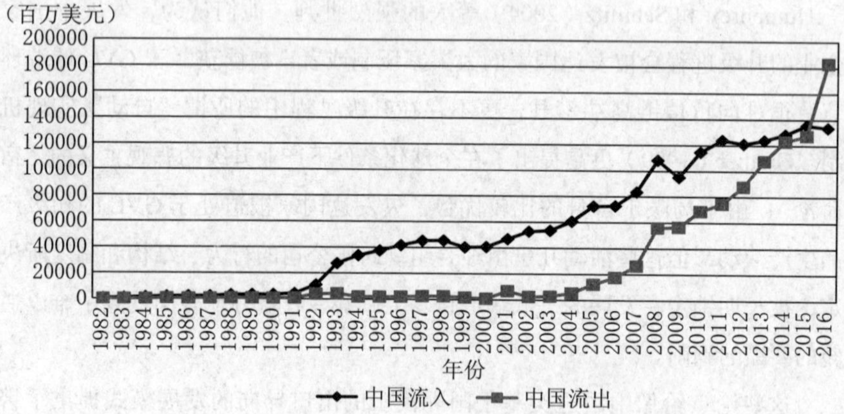

图 6.20　中国引进外资与对外直接投资情况

资料来源：UNCTAD 数据库。

6.3　中国产业的全球价值链升级动力

从全球价值链视角出发，产业升级主要是指企业通过嵌入全球价值链获取技术进步、创新与市场延伸等提高企业竞争力，然后进入全球价值链的高端环节中。全球价值链中制造业主要有四种升级模式，即工艺流程升级、产品升级、功能升级和链条升级。综合现有文献研究，主要从价值链功能升级与链条升级两个层面探讨产业升级。功能升级是企业价值链攀升的基本要义，即价值链升级从生产加工环节向品牌营销和技术创新高附加值环节循序攀升，进入全球价值链的中高端环节。其次，在企业具备较强综合实力的基础上，推动企业价值链向链条升级转变，即通过从传统低层次、低技术、低附加值产业向相关高技术、高附加值的高新技术产业转移以获取更大更丰厚的价值。Gereffi（1999）认为加入了由发达国家所主导的GVC分工体系，发展中国家就会自动实现本土企业的价值链升级。这是因为，通过对发达国家企业的技术、管理能力及制度体系的学习与追赶，发展中国家的本土企业在购买者驱动的GVC中，就会尝到快速升级和“自动”实现机制的甜头：进口零配件进行装配——整个生产过程的自主进行——设计自己的产品——在地区和全球市场上销售自主品牌产品。但这种乐观的见解收到了Humphrey和Schmitz（2004）等人的强烈批判。他们认为，发展中国家企业的升级进程会被发达国家的大买家压制或者“被俘获”于GVC低端环节，很难向价值链高端攀升，更不存在升级过程中的所谓“自动”实现机制。Gramer（1999）更是提出了在全球化条件下产业升级的悲观主义的“宿命论”：由于局限于自身的比较优势，欠发达国家被迫处于GVC的初级产品生产活动，但这些活动几乎由经合组织跨国公司的行为、结构和制度所决定，被长期锁定在发展的“低端道路”上，并在收益分配方面受到了难以逆转的残酷的剥削。

这些论点给像中国这类基于国际代工的出口导向的发展模式提出了警示，提醒我们如何实现在价值链中实现产业升级，逐步摆脱跨国公司通过GVC治理机制对发展中国家本土企业的控制。此后国内许多文献都开始研究中国产业在全球价值链中的升级情况以及阻碍和促进其实现价值链升级的本土因素，并且提出了一定的升级路径。下文首先分析发展中国家难以顺利实现功能升级与链条升级的表现，在此基础上再总结突破升级受阻的关键因素，而纵观现有文献，支撑产业价值链升级的动力主要集中在技术创新、生产性服务业以及国内市场需求三方面。并以华为公司为例，分析在GVC中是如何实现升级的?

6.3.1 GVC升级受阻的表现：低端锁定与悲惨增长

发展中国家在GVC中的发展经验表明，升级的最初阶段可以借助GVC分工体系，快速实现工艺升级和产品升级，当经济体试图进入高端环节时，将与该环节的初始控制者直接竞争，常常在功能升级与链条升级阶段受到阻碍。一方面，发达经济体在GVC中高端环节具有非对称优势，而新兴经济体高端人才、先进技术等升级必备要素积累不足，经营控制、市场渠道和企业联盟等具有战略意义的市场势力培育滞后，双方在 GVC 中高端环节的竞争力相差悬殊。另一方面，发达经济体采取限制 GVC 知识流动的方式封锁 GVC 的中高端环节。Giuliani 和 Bell（2005）研究了拉丁美洲产业集群嵌入 GVC 后在产业升级方面的表现，实证结果表明全球采购商为了确保产品的质量和交货时间将加快拉美企业在产品升级和工艺升级过程，同时为了确保自身在 GVC 中的竞争优势与领导地位，将限制当地企业进行功能升级。中国企业在嵌入 GVC 时也遇到了类似的问题，国内学者对宁波 122 家服装代工企业调查问卷反映，仅有 2 家升级至 ODM（原始设计制造商）阶段（闫国庆，2009）。张立东等（2013）对江苏地区制造业的最新调研显示，当地制造业企业嵌入 GVC 后难以向 GVC 高附加值环节转型升级，在低端环节停滞不前。国内学者将这些升级受阻的现象称为是被“俘获”、“锁定”在 GVC 低端环节的表现。

GVC 升级的直接结果是促进经济体 GVC 分工地位提升，突出表现为增值能力和控制能力的提升。“低端锁定”是控制能力不足的突出表现，一些学者从增值能力的角度评价了新兴经济体 GVC 升级受阻的影响结果。卓越和张珉（2008）统计的 1994—2007 年中国纺织业出口总额和实际出口价格，呈现“量增价跌”的态势，这与 GVC 升级提升增值能力的初衷相违背。他们将中国代工企业出口增量大幅增长，人均收入、技术水平提升缓慢的现象称为“悲惨增长”。长期被“锁定”、“俘获”于低端环节，不升级至 GVC 高附加值环节，随着工资更低、资源禀赋更丰富的经济融入 GVC，部分新兴经济体可能会与发达经济体脱钩，无法继续参与 GVC 分工，在一度经济增长与繁荣后陷入长期的衰落（田文等，2015）。Humphery 和 Schmitz（2002）最先描述了 GVC 中“不升反降”的挤出风险：巴西西诺斯谷的制鞋业为耐克、阿迪等品牌代工，专注于生产制造环节，在 20 世纪 60 年代相当兴盛，但到了 90 年代，迅速被更具价格优势的中国制鞋业取代，市场份额下降，当地的制鞋业陷入萧条。随着人口老龄化的来临与资源环境的恶化，人口红利资源禀赋等比较优势式微，这种挤出风险业开始在中国显现。2008 年以来松下、夏普等制造业外商投资陆续撤离中国，各大品牌厂商将代工环节转移至印度、东南亚国家（韩民春、张丽娜，2014）。Liu（2016）从 GVC 视角下研究金砖国家与其他新兴经济体对 FDI 的竞争，结果也支持中国与其他新兴经济体之间有一定的竞争效应。GVC 低端锁定所带来的不利增长效应都警示中国企业必须打破 GVC 功能升级与链条升级的困境，向 GVC 中高端攀升，为此下文将重点分析支撑中国顺利实现 GVC 升级的动力因素。

6.3.2 全球价值链升级动力

1. 自主创新

技术创新对产业转型升级的重要作用已得到一致认可。通过技术创新，可以增加产品技术含量，降低生产成本，提高产品附加值，提升品牌知名度，增强企业竞争力。在全球价值链分工体系中，发展中国家和地区最大的优势在于，在经济增长初期，通过“干中学”、FDI 的技术溢出等发挥后发优势，吸收和模仿发达国家先进的技术与经验，大大降低了创新的成本与风险。因此，从短期看，中国企业通过“干中学”形成的技术能力有助于提高产品技术含量与附加值，但是，我国吸引外资和对外贸易的实践也表明，在发达国家主导的全球价值链分工体系中，尽管中国企业实现了一定的急速创新，推动企业发展从 OEM—ODM—OBM[①] 转型升级，但也必须清晰看到当前我国产品国际竞争力不强，部分行业仍固化在全球价值链低端等困境可能都与当前的以技术引进为主的技术进步模式有关。

以技术引进为主的技术进步模式特点以及当前要素全球配置、模块化生产分工格局、内外资企业竞争日益激烈等国际国内环境，共同决定了以技术引进带动产业转型升级的模式已不可持续。第一，技术引进难以获得有价值的核心技术，容易受制于人。技术先进的国家一方面出于独占利润的经济利益考量，另一方面出于国家政策、外交政策等政治利益考量，一般倾向对本国的高技术产品采取技术垄断与技术封锁等措施予以限制出口。第二，国内部分产业容易陷入“技术引进陷阱”，对发达国家、跨国公司产生技术依赖。由于我国“重引进、轻吸收”，出现了我国不断从发达国家、跨国公司引进先进技术，部分行业的技术水平与发达国家、跨国公司的技术差距不仅没能缩小，有的甚至出现了扩大的局面，陷入了“引进—落后—再引进—再落

① 原始设备制造商—原始设计制造商—原始品牌制造商。

后”以及“技术能力弱—依赖—越依赖技术能力越弱”的“技术引进陷阱”。此外，由于技术发展具有路径依赖性[①]，这就导致我国对引进技术产生依赖性，被动跟随发达国家、跨国公司的技术变化，从而抑制了我国自主技术研发能力的提升。第三，本土企业技术开发动力受挫。长期以来，我国以税收优惠为主的超国民待遇政策让外商投资企业相对于本土企业在市场竞争中具有先天优势，使得大部分本土企业，特别是中小企业仅限于维持生存的初级阶段，因此，本土企业的往往将关注重点放在提高生产能力方面，因此快速获取市场回报，而缺乏对支撑企业长期发展的新技术开发的长久规划。此外，我国部分行业的市场结构并不完善，表现为产业组织或企业规模结构不合理导致的市场集中度过低，规模经济效益较差，同一产业的企业产品差别化程度较低，企业进入退出壁垒较高等，这种市场结构更有助于企业的寻租行为，而非企业需长期投入的技术研发活动。第四，增长理论与发展政策分析表明，一个后发国家离技术前沿越远，其可借鉴的技术知识越多，学习的空间也越大，但进入中等收入阶段后，随着距离技术前沿越来越近，学习所带来的红利越来越小，学习知识的成本也会越来越高，这时必须建立自主创新能力，逐步实现创新来支持进一步的经济发展。总而言之，中国企业只有产业发展中的核心技术，才能在国际经济竞争中处于主导地位，控制产业链中的分工与利润分配，有更大的自主权决定产品推出和淘汰的时间表，获取高于行业平均水平的超额利润，形成以中国企业为主的价值链分工格局。

当前全球技术变革整体上正处于第三次工业革命浪潮中，第三次工业革命是由于人工智能、数字制造和工业机器人等基础技术的成熟和成本下降，以数字制造和智能制造为代表的现代制造技术对既有制造范式的改造以及基于现代制造技术的新型制造范式的出现，其核心特征是制造的“数字化”、“智能化”和“个性化”。第三次工业革命将重塑国际产业分工格局，后发国家必须寻求新的产业赶超路径。在基于传统制造技术的国际分工体系下，后发国家凭借比较优势通过承接产业转移在劳动密集型产业和技术密集型、资

① 路径依赖是指技术发展或制度变迁受到初始选择的影响和制约，人们一旦确定了某种选择，就会对这种选择产生依赖性，这种选择本身也具有发展的惯性，具有自我加强的放大效应，从而会不断强化这种初始选择。

本密集型产业的劳动密集环节形成初步的制造基础，然后通过制造工艺的改良提高产品的性价比和国际竞争力，在制造能力的基础上进一步通过产品的模仿性创新和原始创新实现技术和产业赶超。但随着在第三次工业革命下的现代制造技术和制造系统的大规模应用，后发国家的工业赶超将面临来自发达国家的全方位抑制。发达工业国家不仅可以通过发展工业机器人、高端数控机床、柔性制造系统等现代装备制造业控制新的产业制高点，而且可以通过运用现代制造技术和制造系统装备传统产业来提高传统产业的生产效率，通过装备新兴产业来强化新兴技术的工程化和产业化能力，同时，由于现代制造系统与服务业的深度融合（典型如开放的软件社区和工业设计社区），发达国家在高端服务业形成的领先优势也可能被进一步强化。“第三次工业革命”不仅会削弱发展中国家的传统比较优势，而且有利于发达国家形成新的竞争优势。如果后发国家不能充分利用现代制造技术创造的技术和市场机会，第三次工业革命将使不利于发展中国家的“中心—外围”世界分工体系被进一步固化。第三次工业革命为发达工业国家重塑制造业和实体经济优势提供了机遇，曾经为寻找更低成本要素而从发达国家转出的生产活动有可能向发达国家回溯，导致制造业重心再次向发达国家偏移。传统“雁阵理论”所预言的后发国家产业赶超路径可能被封堵。

因此，第三次工业革命可能对中国基于劳动力成本优势的产业发展构成了严峻挑战，但不可否认，这也是中国企业跻身全球经济先进行列，在某些产业价值链分工格局中形成主导权的重要机遇。为此，中国可以依托自身完备的工业体系和庞大的制造基础，加强前沿制造技术突破与制造系统优化，强占第三次工业革命的技术制高点；完善适宜现代制造培育和发展的生态系统，加强先进制造技术在优势产业和新兴产业的推广应用，构筑中国制造业新的竞争优势。

华为技术有限公司通过自主创新，顺利攀升到价值链上游。通信制造业是典型的技术密集型行业，技术先进性决定了企业发展的空间。特别是在国际市场上，由于通信制造企业间的竞争日益激烈，华为要获得领先地位，首先必须考虑产品的技术领先性。由于起步晚，在国际化初期，即使华为产品价格低、工艺完善，也无法与国际老牌设备商抗衡。同时，通信行业产品与技术更新换代迅速，为了快速响应国际运营商不同的需求，仅仅停留在产品与工艺流程升级层面并不能从根本上提高竞争力。3G 的到来给华为一次迎头赶超的机会。华为虽没能参与 3G 标准制定，但其技术上紧跟，凭借大规模 3G 网络建设，在国际上排名上升。华为选择不断提高自身的研发实力，进行价值链功能升级，进入高附加值环节，即由工程与制造环节向研发与营销环节升级。超前的技术研发以及低成本优势，使华为赢得了众多国际运营商的青睐。早在 2004 年，华为的研发就已经涉及 LTE，并积极加入 LTE 标准化组织，与各设备商、运营商合作，共同推动 LTE 发展。截止到 2011 年第三季度，华为累计向 3GPP 提交 7900 多篇 LTE 标准提案，其中 LTE 核心标准提案通过数理超过 230 件，居全球第一。现如今华为正如火如荼地进行 5G 技术的研发，2018 年 9 月 14 日，华为在中国信息通信研究院，率先以 100% 通过率完成由 IMT-2020（5G）推进组组织的中国 5G 技术研发试验第三阶段基于独立组网（Stand Alone）的 5G 核心网关键技术与业务流程测试。在 2018 年世界移动大会上，华为 5G 核心网荣获“最佳网络软件突破奖”，并联合德国电信（DT）、西班牙电信（Telefonica）等运营商进行了 5G 网络切片的创新演示，包括 Cloud VR/AR、电力网络、自动驾驶、工业控制等多个 5G 网络切片场景。至今，华为 5G 核心网在全球已建设了 30 多个预商用局点。未来华为将持续加大 5G 研发投入，推动 5G 标准发展成熟，与产业伙伴加强合作，共同迎接 5G 时代到来。

华为公司重视技术研发与创新。华为每年的研发投入占收入的 1/10 左右。根据欧盟委员会的统计，华为在过去十年中研发投入总额 450 亿美元，2016 年全球研发投入达 110 亿美元，成功跻身全球前十；2017 年，华为全球研发投入 104 亿欧元，占据营收的 19.2%，位居全球第六名；苹果研发投入 95 亿欧元，占据营收的 4.7%，位居全球第七名。在研发投入增长率方面，华为研发投入增速为 29%，超越苹果 25% 的增速。2016 年，华为从事研究与开发的人员约 80000 名，约占公司总人数 45%；华为在全球设立了 15 个研究所 / 院、36 个联合创新中心，在全球范围内开展创新合作，研究领域包括云专项、通讯专项、5G 专项、人工智能、材料专项等领先技术，与世界各地人才共同推动技术的进步。华为注重研发投入，通过自身产品和功能升级，华为由初期依靠低成本优势承接工程项目的价值链低端企业，攀升到价值链上游，通过研发优势，提升核心竞争力。

2．生产性服务业

我国制造业长期徘徊于价值链低端的一个重要原因，就是满足于加工制造的快速获利，从而忽视了全球价值链的高端环节。在现代经济中，制造业的中间投入品中服务投入的比重越来越大，如在产品制造过程中作为生产性服务的研发设计、金融服务、信息服务、人力资源培训、销售服务等投入日益增加，生产性服务的质量、规模和价格日益成为影响制造业价值链攀升的重要因素。欧美发达国家的制造业发展经验表明，要想占据全球价值链的高端位置，必须加强对知识、技术和人力资本的投入，促进现代生产性服务业的快速发展，使三次产业结构不断向“软化”方向发展。陈启斐等（2017）和许连和等（2017）的研究均表明了当服务业化水平超过一定水平时，将极大的有利于提升出口增长绩效，前者研究证实随着本土服务要素供给的不断增加，将有利于提高中国高技术行业产品出口的扩展边际和集约边际；后者也显示随着制造业投入服务化水平的不断提升，中国制造企业出口的国内附加值将不断提升。

生产性服务业之所以能够促进制造业价值链升级，主要源于专业化分工的深化对生产成本与交易成本的降低以及高级要素投入对创新的提升效应。生产性服务业的产生是制造业发展与专业化分工的结果，而生产性服务业的快速发展又进一步促进制造业内部专业化分工的深化。一方面，企业为充分发挥自身比较优势与充分利用外部优势资源，通过服务外包将不具备竞争优势的非核心业务外包出去，专注于核心业务，从而将自身优势和外部优势有机结合起来，降低企业生产成本、提高企业成本竞争力；另一方面，生产性服务业的外包有助于提高和壮大服务业规模经济效应，从而以更低的成本为制造业企业提供生产性服务，进一步降低企业生产成本。从交易成本看，交易费用经济学表明，专业化分工基础上的社会劳动分工以及产业间关联效应的深化和发展，必然带来不同生产者之间商品交换数目、品种和规模的迅速扩大，从而导致各种交易费用的快速攀升。降低交易费用的一个重要渠道，就是通过生产性服务业中的中介组织提供生产性服务来降低交易成本。作为现代服务业中的一类重要生产性服务业，中介组织为市场交易主体提供交易双方乃至多方所需的各类信息咨询、财经、技术、法律等各种服务，从而有助于降低制造业企业在市场中的交易费用。生产性服务业以人力资本和知识资本作为主要投入，把高知识、高技术服务作为主要产出，把日益专业化的人力资本、知识资本和技术资本引进制造业，有利于企业积累知识资产，是企业创新过程中的重要节点与媒介，促进企业开发具有创新理念的新产品，获取更多的附加值。推动制造业价值链由低端的加工、制造环节向高端的研发、设计和品牌、营销环节有序攀升，从而成为制造业价值链攀升的主要动力源泉。生产性服务业的投入还可以增加产品的差异化程度，满足多样化的顾客需求，提高了企业份额与竞争力。

因此，有效实现生产性服务业嵌入制造业是实现中国制造业价值链升级的一个主要途径。但现实中，生产性服务业作为高级要素却难以嵌入中国制造业并由此形成制造企业竞争力。在中国经济发展的初级阶段，中国制造业总体上仍属于劳动密集型产业，需要依靠低成本劳动力等要素禀赋来获得出口竞争优势，而生产性服务业等高级要素投入反而并不能有效地发挥比较优势和提升现实的产业竞争力，相反有可能偏离国家的比较优势，扭曲现实的发展进程。但随着经济不断发展，必须逐步改善投入结构，寻求符合现阶段发展要求的现实可行的生产性服务业嵌入机制，实现制造业产业升级。另外，目前中国多数本土企业并不追求依靠高级要素投入来构建高端竞争能力，而是竞相追逐以代工等方式切入到由发达国家的大买家所主导的GVC分工体系，并且基本上都切入GVC的低端制造或加工组装环节。当参与GVC分工体系的中国企业一旦试图建立自己的核心技术能力、品牌和销售终端时，就对多数发达国家跨国公司的买方垄断势力形成挑战。作为GVC分工体系中的发包者，就会利用各种手段来阻碍我国企业构建自主创新能力，从而迫使我国企业被“锁定”或“俘获”于GVC中的低端环节。因此，中国生产性服务业难以支撑制造业升级可能并不是中国本土企业的自愿行为与自主选择，而极有可能是在现实的GVC分工格局下，与发达国家进行利益博弈时的迫不得已的被动选择结果。最后，中国现有的制造业产业集群，绝大部分是同类产业或者零部件配套产业在某一特定空间的简单集聚，这些功能单一的制造业集群，缺少来自基于生产性服务业的智力支持功能、降低交易成本的功能和增强产品差别化的功能，从而导致集群之间以地方政府为主体、以行政边界为特征的区域间的残酷竞争，集群内部形成产品同质化的价格竞争、企业间相互“挖人”为特征的生存竞争以及缺乏知识产权保护的模仿与侵权的竞争等恶性竞争格局，长此以往，产业集群与以高级要素为内容的生产性服务业之间的“身首分离”的状态，会诱发某些定位于低技术要素制造业产业集群的整体性衰退。

基于此，提出了基于生产性服务业的制造业价值链攀升路径。形成以高级生产性服务业为主导的服务业集聚区，以先进制造业和现代服务企业为服务对象，以最快的速度与最有效的高级要素投入提供复合的产品与相关服务，形成集群内部企业之间的差别化竞争格局。先进制造业与现代服务业之间不是竞争关系，而是互补关系，更严格的说，先进制造业对高级生产性服务业的投入存在严重的依赖性，可以利用现代服务业集群大力吸引制造业的邻近配置，实现两者的协定定位与协调集聚。

3. 国内需求

技术创新与生产性服务业主要是聚焦于“供给侧”层面，探讨企业如何从生产的视角重塑新型比较优势，改善中国在全球价值链中的嵌入方式与嵌入地位。但需求因素同样能够成为比较优势的重要来源，尤其是对于中国这样的大国来说，开发国内市场规模可以支撑中国攀升全球价值链高端。国际贸易中的重叠需求理论、Zweimuller 和 Brunner（2005）的“需求引致创新”理论、Weder（1996）的国内需求与贸易模式理论以及 Krugman（1980）提出的本土市场效应理论，从不同视角验证和强调了国内需求市场培育竞争优势的内生性作用机制及其重要性。近年来，尤其是在 2008 年国际金融危机对中国开放型经济造成巨大冲击之后，国内倡导实现中国出口产业由“外需驱动”向“内需主导”的发展模式转变。“一方面，依托扩大内需战略，有利于本土产业自主创新能力的提升，可从根本上扭转低端嵌入的不利分工格局，进而实现中国国际分工地位的改善；另一方面，从‘外需驱动’转向‘内需主导’的发展战略，有助于本土企业突破跨国公司结构性封锁和价值链低端锁定，依托本土企业的国内价值链构建，内生地培养起本土企业掌控和主导价值链的能力，继而以‘链主’的身份从国内走向国际，直接从高端切入全球价值链，实现国内价值链和全球价值链的互动和协调发展。”[①] 戴翔等（2017）研究证实，本土市场规模的扩大有利于引领中国制造业攀升价值链高端。

内需驱动出口模式下的对外贸易是国内贸易内生演进形成的，国内需求与本土产业结构及出口结构间有较强的关联性。“理论分析和国际经验都表明依托国内大市场的内需驱动出口模式不仅可以发挥大国国内需求这一‘国家特定优势’持续推动外贸升级；也可以通过出口部门与本土产业部门的强有力关联，更好地发挥出口作为‘增长引擎’的本质作用。但中国在实际发展过程中脱离了内需驱动出口模式。一方面，脱离本土市场需求的外向型出口模式有利于发挥要素禀赋优势，在无需求、无资产、无技术的初期发展阶段有其必要性；另一方面，大国内需的驱动出口模式的形成要有能促进‘国内需求—本土供给—出口结构’有效对接的市场化环境下才能实现，而中国渐进式改革中的市场不完善，使得这一对接的市场环境难以满足，抑制了内需出口模式的形成。第一，国内市场需求引致本土企业竞争力提升的功能缺位。大国内需驱动出口模式是建立在国内需求较大产品具有竞争力的基础上，而中国存在的‘非创新获利’空间、无序竞争以及出口导向政策下的要素市场扭曲等不完善的市场环境，抑制和增添了内需引致本土企业提升竞争力的动力和阻力。第二，由本土企业供给的国内外‘重叠需求’对接程度低。在内需驱动出口模式下，出口产品应当反映国内外的‘重叠需求’，并由本土企业供给这种‘重叠需求’的产品。由经济发展阶段差异导致的国内外需求层次的客观差异，是影响国内外需求有效对接的一个重要因素。但中国内需优势不仅仅体现在需求规模上，也体现在需求的多层次，中国国内并不缺少与国外的‘重叠需求’。问题在于，对国内高层次需求的本土供给不足，制约了国内外‘重叠需求’难以由本土企业供给。无序竞争、投机和寻租空间等市场不完善弱化了本土企业通过提升产品和服务质量来满足高层次需求的动力；当前国内供给端的转换滞后于需求转换升级，使得大量的国内

① 引自戴翔、刘梦、张为付：《本土市场规模扩张如何引领价值链攀升》，《世界经济》2017 年第 9 期。

需求较大的高端产品无法由本土企业供给，导致本土企业供给的国内外‘重叠需求’更无从谈起。”①

长期脱离于本土需求的出口模型割裂了“国内需求—本土供给—出口结构”的内在联系，导致不利后果：一方面，割裂国内需求与本土供给及出口结构内在关联的出口模式，从市场空间上掐断了国内需求引致本土企业高层次竞争优势的转化路径，从而固化了本土出口企业能力缺口，进而囿于外贸转型升级困境；另一方面，割裂国内产业部门与出口部门内在关联的出口模式，也难以通过“技术扩散”等途径提升本土企业创新能力。长期以来，国内经济部门与出口部门割裂的发展弊端没有引起足够重视，“体外循环”式的外贸扩展模式在内外贸不同管理体制和对加工贸易差异化退税政策下顽固发展。

为此，现阶段的中国必须通过建立基于内需的出口发展模型，实现国内需求与本土供给以及出口结构之间的良性互动，来推动产业结构升级。加快构建基于内需的国家价值链体系和治理结构，由本土企业掌握产品价值链的核心环节，在本土市场获得品牌和销售终端渠道以及自主研发创新能力的产品链高端竞争力，然后进入区域或全球市场的价值链分工体系。

在中国发展背景下，专业化市场与领导型企业是我国构建国内价值链已是实现发展方式转变、扩大内需的主要机制和方式。专业化市场作为构建国家价值链的重要载体与平台，可以为企业的产业转型升级提供多样化的市场空间。强调领导型企业的培育与成长，培育基于国家价值链的“链主”，形成具有较强国家竞争力的跨国公司。

4. 中间产品创新引致产业价值链升级

上文总结了从供给和需求角度出口可以引致产业在价值链中的升级，但观察产品价值链发展格局，可以了解到发达国家在中间品上强大的创新与供给能力是其立于价值链高端的重要支撑，发展中国家对发达国家核心零部件和高附加值的技术密集型中间品的依赖是其从事低端加工环节的主要原因，因此在高附加值和高技术含量中间品生产实现进口替代是发展中国家价值链转型升级的关键。而强大的技术创新实力、发达的生产性服务业以及高层次

① 引自易先忠、欧阳峣：《大国如何出口：国际经验与中国贸易模式回归》，《财贸经济》2018年第3期。

的市场需求是支持中间品持续创新和有效供给的动力系统。该部分将解释通过参与全球价值链分工可以引致中间产品创新进而实现产业升级以及技术创新、生产性服务业或国内强大的生产需求，可以强化中间品创新对价值链攀升的支撑和引领作用。

全球价值链分工通常是发生在各国之间或区域内贸易自由化程度不断加强，贸易壁垒和关税降低，中间产品生产过程中各环节或任务的各国之间相对投入成本变化，引发全球价值链中领导性厂商在制定产品技术、质量和定价等战略时改变原有的生产过程路线图，获取更有竞争优势的产成品市场份额或利润。发达国家在将中间产品外包给新兴经济体之后，再进口这些中间产品，不仅降低了国内中间产品和最终产品的成本，增强其产品竞争力，而且从外包的中间产品生产中释放出劳动力，包括高技能劳动力在国内行业内、行业间再配置。这些高技能劳动力一方面重新配置到能够支付更高工资的高端加工制造环节，另一方面进入研发、设计、总部等高级生产服务部门，有利于在企业内、行业内或行业间将高技能劳动力向创新生产率更高的生产环节或任务集中，又进一步强化了发达国家高端服务业的领先优势，而高端服务业的强化又可潜在地增加国内中间产品、最终产品的生产能力和创新能力，进一步增强在国际分工中攫取高端垄断收益的能力。另外，由于技术创新、设计创新、产品创新存在着规模递增的特征，新释放的高技能劳动力与已有的创新要素结合起来，创新将显著增加，发达国家企业可外包的中间产品数量、种类进一步增加，获取中间品生产的规模经济与范围经济进一步扩大，所主导的中间产品附加值或相对价格可能会进一步增加，这又反过来进一步为中间产品的持续创新提供了激励，同时对全球价值链分工需求进一步扩大。因此，发达国家拥有比较优势的产品、技术以及相关的生产环节的创新能力和竞争能力（中间品创新）会因高技能劳动力在企业内、行业内、行业间的再配置而得到加强，在出口产品空间上继续分布在高附加值、技术复杂度高、关联性强的产品区域，这类产品种类将进一步增加，同时还将增加与之相关的中间产品（或任务）进口规模。这些中间产品（或任务）从发展中国家进口，还将进一步带动发展中国家在相关产业全球价值链上分工环节或任务的扩展边际和集约边际的提高，进一步拓展了进行技术学习的广度与深度、攀升全球价值链的机会。

对于新兴经济体而言，以劳动力比较优势参与制造业全球价值链。劳动力比较优势表现为低技能劳动力密集型制造的比较优势，吸引发达国家相关生产环节、任务或中间产品的外包或直接投资，采用发达国家高技术、高精密的生产设备，同时接受发达国家对生产技术、标准、交货、配送、劳动力权益与社会保障等质量要求，生产加工过程尤其是中间品的生产率水平和产品质量通常较高于同类国内其他企业（包括行业内或其他行业的企业）。这样一来，为国内出口企业提供了学习中间品技术的机会，例如通过技术人员在外包的中间产品和国内中间产品生产之间流动，给国内中间产品升级和创新带来了技术溢出。如果该国是一个人口大国，国内产业分工体系比较丰富，国内非出口企业（或行业）还可以通过产业关联，例如提供产品或生产性服务给出口企业（或行业）生产，或者接受出口企业（或行业）中间产品或生产性服务，使得出口企业（或行业）较高生产率或技术通过产业关联溢出到国内非出口企业。在贸易成本既定的情况下，国内非出口企业生产过程质量控制、产品质量和生产率水平提升，尤其是在中间品的生产与供给能力上，劳动力尤其是高技能劳动力就会向这些高生产率的国内企业集中，高技能劳动力的集中进一步增强了国内企业的技术吸收能力与创新能力。在上述机制下，一方面在国内中间品竞争程度与生产率不断提高下，使得新兴经济体国内中间品价格相对于发达国家不断降低，国内中间品就会形成对外国中间品的替代[①]；另一方面也会形成新的比较优势，吸引发达国家将更高质量、更高技术水平的产品生产加工外包给新兴经济体国内企业，国内企业所能接受的中间产品技术含量和层次越来越高，新兴经济体劳动力边际产出与发达国家相比逐渐提高，或直接进口新兴经济体国内的中间品，中国在国际市场分工中的价值输出逐渐大于价值输入，国际分工地位提升。

除此之外，国内高质量中间品一方面为国内最终产品生产的规模经济和创

① Kee and Tang（2016）揭示了中国出口产品中国内增加值占贸易总额之比逐年上升趋势的主要原因是中国有越来越多的加工企业变成出口企业，替代了从国外进口中间产品。这意味着，中国这些中间产品所在制造业在全球价值链中发生了明显的产业升级，竞争力提升。这种变化实际上又意味着中国加入全球价值链的平均长度可能缩短，减少了对国外中间产品的需求。

新提供了更多的、较低成本的中间产品来源，直接提高了最终品的质量与竞争力，国内最终品的价值增值能力增强，较高的利润回报又激励了企业对研发设计的投入，培育国际品牌的能力增强；另一方面随着国内最终品质量提升，对最终品的需求上升，又反过来为最终品的创新和质量提供了市场容量，进而拉动了相关中间品的创新。据此，国内中间产品创新同时获得了要素供给（高技能劳动力）、技术溢出与需求拉动三方面的支持。最终，随着国内中间产品创新能力不断上升，新兴经济体企业可以将一些技术成熟或模块化的中间品生产环节外包给生产成本更低的发展中国家，同时国内中间产品创新逐步与发达国家外包的中间产品创新对接，凭借巨大规模经济的加工能力、国内市场需求规模等优势直接吸引发达国家将研发资源配置于国内或与发达国家较为丰富的研发资源或精密加工技术进行合作、合资、收购，甚至发包，获取更高生产阶段的知识和技术。长期以来，新兴经济体在产业化创新中不断积累研发资本，提高研发能力，逐步在全球价值链中高端与发达国家面向新兴经济体的产品与技术展开竞争，在竞争中向产业链高端攀升，甚至发展中国家有可能在新的领域突破发达国家的技术垄断与限制，实现跨越式发展。

6.4　中国产业全球价值链升级的瓶颈制约

上文分析表明影响中国产业全球价值链升级的主要因素集中在自主创新、生产性服务业和国内需求，因此本部分将探讨一下中国在这三方面的发展状况，是否存在很大发展不足制约了中国产业的价值链升级，除了国内因素之外，国际环境的变化对中国产业价值链升级有什么影响。

6.4.1　国内环境

1．自主创新能力不强

从研发投入强度、发明专利以及创新效率三个方面刻画中国目前的自主创新能力。首先，从图 6.21 可以了解到，中国 R&D 经费支出占 GDP 的比重呈现逐年上升的趋势，从 1995 年的 0.57% 一直上升至 2014 年的 2.02%，增长了 2.5 倍。相比之下，美国的 R&D 经费占 GDP 的比重变化较小，一直维持在 2.5% 左右，与中国之间的差距在不断缩小，但仍远远高于中国。所以，从研发投入强度角度考虑，中国的研发投入强度还略有滞后，距离研发投入大国还有一定的距离。

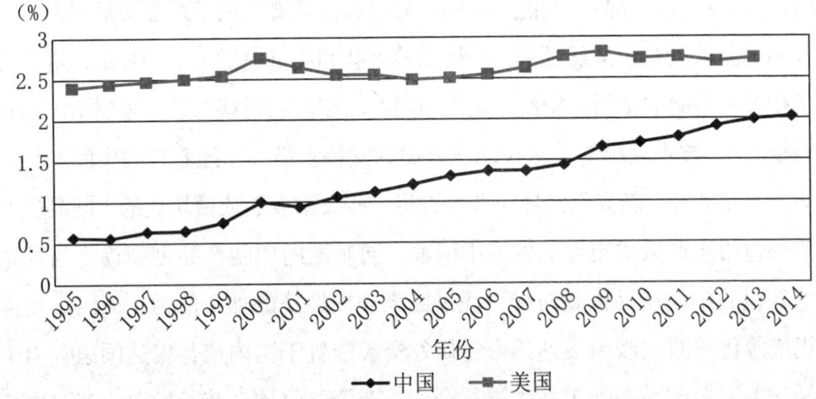

图 6.21　中美两国 R&D 经费支出占 GDP 的比重

资料来源：中国历年统计年鉴。

其次，从自主创新最主要的成果形式—发明专利来看（见图 6.22，6.23），中国的发明专利申请量和授权量均大幅提升，进入 21 世纪后两者都进入了快速增长时期，分别从 1985 年的 8558 件、44 件大幅提升到 2016 年的 1338503 件和 404208 件，分别增长 156 倍和 9186 倍。相比之下，美国的专利申请数量与授权数量变化相对平稳，其中中国专利申请数更是在 2011 年超过美国，此后一路领先，中国的专利授权量也在 2015 年实现了赶超。

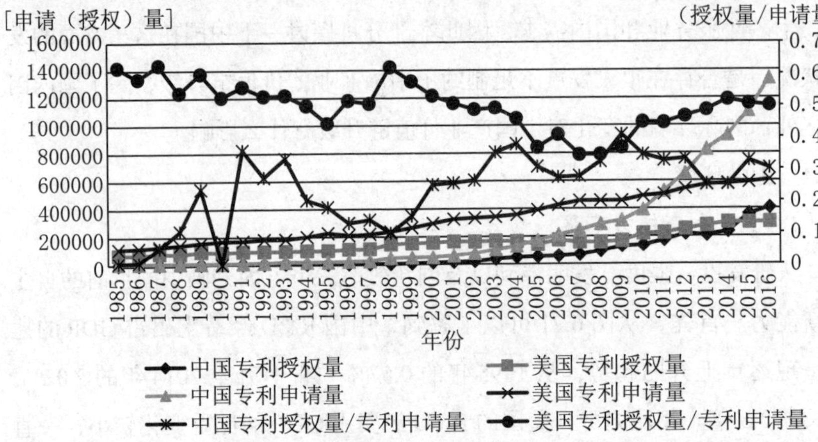

图 6.22　中美两国发明专利比较：总量

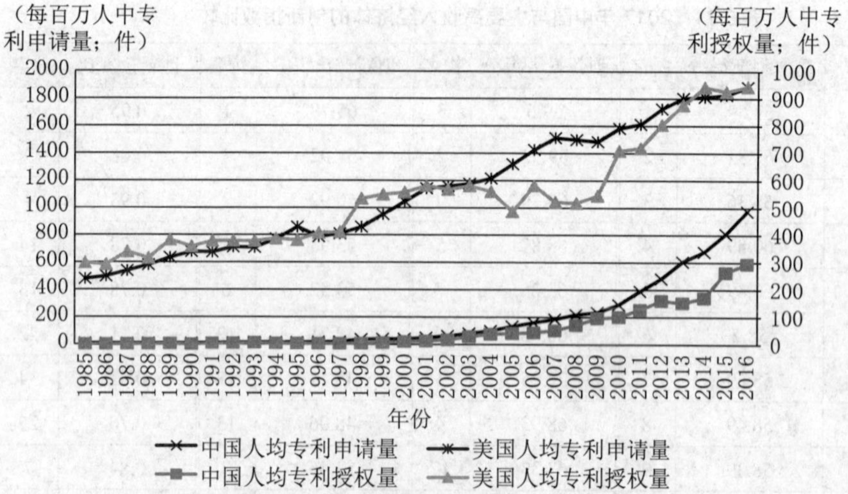

图 6.23　中美两国发明专利比较：人均

资料来源：WIPO（Policy Economics of IP Data for Researchers）WIPO IP Statistics Data Center。

因此，从专利申请与授权的规模来看，中国已经跻身世界一流水平。但从专利授权量与申请量之比以及每百万人中的专利拥有量来讲，中国的自主创新能力与美国之间还存在一定的差距。具体来讲，除了 2009 年中国的专利授权量与申请量之比稍高于美国，其他年份均低于美国，截至 2016 年中国的专利授权量与申请量之比为 0.30，远低于美国的 0.50；虽然中美之间无论是每百万人中的专利申请量还是每百万人中的专利授权量的差距都在缩小，但中国仍远低于美国，2016 年美国的每百万人中的专利申请量与授权量分别是 1884.40 件、943.02 件，分别是中国的 1.93 倍、3.20 倍。因此，从人均专利拥有量考虑，中国距离世界创新强国还有一定的距离。

最后，从 2017 年全球创新指数得分比较来看[①]（见表 6.11），从列出的 39 个经济体排名来看，中国的总体创新得分并没有处于上分位，处于中等偏下分位（第 22 位），主要的发达国家美国、英国、德国、韩国、日本以及法

① 从 2017 年全球创新指数报告中了解到创新得分较高的几乎都是高收入国家，因此这里直接选取一些重要高收入国家与中国作比较，以此反映中国的创新实力。全球全新指数包括总体创新指数和两个由子系统构成的创新指数，分别是从投入角度和产出角度测算的创新指数，总体的创新指数是这两个子创新指数得分的简单平均。

表 6.11　2017 年中国与主要高收入经济体的创新指数比较

经济体	总体创新得分	排名	创新投入得分	排名	创新产出得分	排名	创新效率比	排名
瑞　士	67.69	1	69.6	3	65.78	1	0.95	2
瑞　典	63.82	2	69.72	2	57.92	3	0.83	9
荷　兰	63.36	3	65.79	9	60.92	2	0.93	4
美　国	60.89	4	68.87	5	53.93	5	0.78	14
英　国	60.89	5	68.25	7	53.52	6	0.78	13
丹　麦	58.7	6	68.68	6	48.71	12	0.71	22
新加坡	58.69	7	72.25	1	45.14	17	0.62	34
芬　兰	58.49	8	68.93	4	48.06	13	0.70	25
德　国	58.39	9	63.33	17	53.46	7	0.84	7
爱尔兰	58.13	10	62.86	19	53.41	8	0.85	6
韩　国	57.7	11	63.34	16	52.06	10	0.82	11
卢森堡	56.4	12	57.36	23	55.43	4	0.97	1
冰　岛	55.76	13	60.1	21	51.42	9	0.86	5
日　本	54.72	14	65.45	11	43.99	20	0.67	30
法　国	54.18	15	63.41	15	44.94	18	0.71	23
中国香港	53.88	16	66.95	8	40.81	25	0.61	35
以色列	53.88	17	61.01	20	46.75	14	0.77	15
加拿大	53.88	18	65.57	10	41.73	23	0.64	33
挪　威	53.14	19	63.99	14	42.29	22	0.66	31
奥地利	53.1	20	62.92	18	43.27	21	0.69	26
新西兰	52.87	21	64.14	13	41.59	24	0.65	32
中　国	52.54	22	54.22	30	50.87	11	0.94	3
澳大利亚	51.83	23	64.61	12	39.06	30	0.60	36
捷　克	50.98	24	55.72	26	46.24	16	0.83	10
爱沙尼亚	50.93	25	56.99	25	44.87	19	0.79	12
马耳他	50.6	26	54.91	27	46.29	15	0.84	8
比利时	49.85	27	59.53	22	40.17	27	0.67	28
西班牙	48.81	28	57.28	24	40.34	26	0.70	24
意大利	46.96	29	54.43	28	39.5	29	0.73	20

（续表）

经济体	总体创新得分	排名	创新投入得分	排名	创新产出得分	排名	创新效率比	排名
塞浦路斯	46.84	30	53.92	31	39.75	28	0.74	18
葡萄牙	46.05	31	53.8	32	38.3	31	0.71	21
斯洛文尼亚	45.8	32	54.4	29	37.21	33	0.68	27
拉脱维亚	44.61	33	51.25	34	37.97	32	0.74	17
斯洛伐克	43.43	34	49.66	37	37.2	34	0.75	16
波　兰	41.99	35	50.2	35	33.78	36	0.67	29
匈牙利	41.74	36	48.36	38	35.13	35	0.73	19
立陶宛	41.17	37	51.92	33	30.42	37	0.59	38
希　腊	38.85	38	49.73	36	27.96	39	0.56	39
智　利	38.7	39	48.31	39	29.09	38	0.60	37

资料来源：2017 年全球创新指数报告。

国均位于中国上方；从创新投入角度衡量的创新指数得分来看，中国在 39 个经济体中的排名更加靠后，位于第 30 位。创新投入主要包括制度、人力资本、基础设施、市场和商业的成熟度，中国靠后的排名表明其在这些领域的发展还远远不够，今后要想进一步提高中国的创新实力，必须提升这五个领域的发展水平和质量；从创新产出角度得出的创新得分来看，中国的创新得分仍位于上四分位外，排名第 11 位，美国、英国、德国以及韩国的排名均高于中国。创新产出只要包括新知识的创造与扩散等知识和科技成果以及无形资产、新产品和服务等创造性产出，中国在这些方面的创造能力与美国等发达国家之间还存在差距，中国较低的创新投入质量在一定程度上制约了高水平的创新产出；从创新效率比来看，它是指创新投入得分与创新产出得分之间的比值，它反映了创新系统和政策支持的有效性。但必须指出的是，由于投入分数特别低，经济体也可能达到相对较高的创新效率比。因此，效率比率必须与总体创新，投入和产出分数以及相应的经济发展阶段一起进行分析。例如中国 2017 年的创新效率比排名第 3 位，来源于较低的创新投入得分以及相对较高的产出得分，这反映了在中国当前的经济发展水平下具有相对高效的创新系统和政策支持，能够将较低水平的创新投入转化为相对较高的产出。总而言之，中国目前的自主创新能力距离国际前沿还有一定的距离，今后中国要努力提高创新投入质量，在相对高效的创新系统下尽可能地转化为创新产出，以期进一步缩小与世界前沿技术的差距，跻身世界一流创新能力行列。

2．生产性服务业与制造业融合度不高

上文分析显示生产性服务业嵌入制造业，实现两者之间的高度融合是制造业转型升级的一大动力，因此可以用制造业服务化①程度反映服务价值嵌入制造业的状况。中国制造业总体的服务化水平偏低，不仅低于法国、德国及美国等发达国家，还明显低于巴西。从分类的服务化水平来看，中国不仅在某些现代服务化程度上处于较低水平，而且传统的服务化程度水平也较低。例如，中国在批发零售服务化程度和运输仓储服务化程度上排名靠后，分别位于第 20 位和第 19 位，明显低于印度和巴西等发展中国家；在信息通信服务化程度和专业科技服务化程度上中国也明显处于低水平，低于德国、英国、日本、美国等发达国家以及发展中国家巴西等，中国只是在金融保险服务化程度上处于相对较高的位置。

通过综合考察可以发现，发达国家制造业呈现高端服务化的特征，发展中国家呈现低端服务化的特征。巴西、印度、印度尼西亚、墨西哥等国制造业吸收了大量批发零售服务，吸收信息通信和专业科技等高技术服务的能力不足；欧美发达国家、日本等国信息通信和专业科技服务化程度较高，法国、美国和德国专业科技服务化程度超过 10%。其实这与当前的全球价值链分工格局有一定的吻合，发达国家把控制造业价值链分工的两端，专业化于技术密集度高的计算机、电子、光学、电气、机械等制造业的研发和营销环节，在制造业和服务业的匹配融合过程中，这些行业需要更多的高端服务业投入，以黏合并推动不同生产环节的发展。

为了更加详细地了解中国制造业的服务化程度，将重点考察高技术制造业的服务化程度。具体可从表 6.12 了解到，中国高技术行业的传统服务化程度在 2000—2014 年间的变化较稳定，现代服务化程度提升幅度较大，其

① 本书的制造业服务化是指生产一单位的制造产品中所消耗的各类服务中间投入。

中计算机、电子和光学产品制造业和机械设备制造业的提升幅度最大，而且2014 年中国计算机、电子和光学产品制造业、电气设备制造业和机械设备制造业的现代服务化程度实现了赶超。随着现代服务化程度的大幅提升，现代服务化占比也大幅上升，从 2000 年的 30% 左右上升到 2014 年的 40% 左右，但与美国的现代服务化占比之间还有一定差距，尤其体现在其他运输设备制造业和计算机、电子和光学产品制造业。一般来讲，高技术制造业生产过程中对产品把控和科技创新有更严格的要求，且面临更加瞬息万变的市场，决定了其对信息通信、专业科技服务等现代服务业有较强的依赖性。2014 年美国高技术制造业的中高端（现代）服务化的比重已经达到 50% 左右，高技术制造业生产过程中投入了越来越多的高端服务，高技术制造业与高端现代服务业匹配融合度较高，但中国高技术制造业的高端现代服务业投入占比普遍较低，高技术制造业与高端现代服务业之间的匹配融合远远不够，这可能在一定程度上制约中国高技术行业的进一步发展。因此，今后中国应该通过促进高端服务与制造业的深度融合，尤其是高端现代服务与高技术制造行业的匹配融合，以进一步推动产业的发展升级。

表 6.12　中美高技术制造业服务化程度比较

	2000 年				2014 年			
	中　国		美　国		中　国		美　国	
	传统	现代	传统	现代	传统	现代	传统	现代
计算机、电子和光学产品制造业	0.29 (68.74%)	0.13 (31.26%)	0.15 (43.48%)	0.20 (56.52%)	0.29 (56.67%)	0.22 (43.33%)	0.09 (43.23%)	0.12 (56.77%)
电气设备制造业	0.32 (72.23%)	0.12 (27.77%)	0.18 (49.56%)	0.19 (50.44%)	0.28 (58.43%)	0.20 (41.56%)	0.20 (56.17%)	0.15 (43.83%)
机械设备制造业	0.29 (72.63%)	0.11 (27.37%)	0.17 (45.91%)	0.20 (54.09%)	0.27 (57.96%)	0.20 (42.04%)	0.21 (52.32%)	0.19 (47.68%)
汽车、拖车与半挂车制造业	0.30 (72.41%)	0.12 (27.59%)	0.21 (54.23%)	0.18 (45.77%)	0.31 (61.58%)	0.19 (38.42%)	0.25 (50.74%)	0.25 (49.26%)
其他运输设备制造业	0.29 (71.39%)	0.12 (28.61%)	0.13 (44.82%)	0.16 (55.18%)	0.26 (58.30%)	0.19 (41.70%)	0.17 (42.48%)	0.23 (57.52%)

注：括号内为各高技术制造行业中传统服务业投入或现代服务业投入占总体服务投入的比重。
资料来源：利用 WIOD 世界投入产出表计算而得。

3．内需与出口之间关联程度较低

第二部分的影响因素分析显示大国生产产品应该先满足国内需求，积累一定的竞争力之后，再出口到国际市场，从而实现国内需求、国内供给与出口之间的有效对接和良性互动的内需驱动出口模式才是大国维持长期经济增长和推动外贸转型升级的最终战略选择。据此，可以根据一国出口与内需的总体关联程度度量内需驱动出口指数[①]。指数越大，说明出口与内需的总体关联程度就越高，国内需求成为这个国家出口的重要优势来源，从而越有利于国家经济的长期发展。因为在内需驱动出口模式下，对外贸易由国内贸易内生演进形成，就有国内需求与本土产业结构及出口结构间较强的关联性。而这一“内需—出口”关联根源于本土需求作为外贸优势的重要来源及对出口的促进效应。这一广泛证明的内需对出口的促进效应，必然表现为出口与内需的关联性。反之，该指数越小，表明出口与内需的总体关联程度较低，说明非内需因素是驱动出口的主要原因。因为在非内需驱动出口模式下，国内需求并不是促进出口的主要优势来源，出口与内需的关联性也较弱。

表 6.13 展示了中国与不同规模经济体内需驱动出口指数的比较，1997—2010 年中国内需驱动出口指数均值为 0.384，而同期内世界 51 个国家的平均指数为 0.446，大国[②]的平均指数为 0.489。中国内需驱动出口指数不仅远低于大国的平均水平，甚至低于小国和全球的平均水平。这说明从总体上看，国内需求对中国出口的贡献程度较低，巨大的国内需求没有成为中国出口的重要出口因素。这一结论可能与关注中国本地市场效应研究得出的结论有出入，但关注中国本地市场效应的研究只是证明了内需与出口之间的因果关系，并没有判别国内需求对出口的促进程度与潜力，而基于内需驱动出口指数的国际比较表明，中国外贸发展背离了“大国偏向内需驱动出口模式”这一基本国际规律，中国与大国平均水平的偏离程度为 21.56%。

---

① 具体的计算公式为 $ddtm = \exp\left(-\sum_{i=1}^{n}\left|\frac{xfei_i}{\sum_{i=1}^{n} xfei_i}-\frac{chk_i}{\sum_{i=1}^{n} chk_i}\right| * 100\%\right)$。$xfei_i$、$chk_i$ 分别表示产业 i 的国内需求、出口额。

② 将国内市场规模大于均值的经济体划分为大国，国内市场规模小于等于均值的经济体界定为小国。

表 6.13　不同规模经济体内需驱动出口指数的国际比较

	中国	世界平均	大国	小国	美国	德国	中国背离大国程度	中美背离度之比
ddtm	0.3838	0.4456	04893	0.4002	0.515	0.585	21.56%	4.105
e^{normal}	−0.0339	0.00001	0.005	−0.0059	−0.003	0.062	778%	4.863
$e^{institutuons}$	−0.0172	0.0001	0.026	−0.033	−0.033	0.067	166.15%	0.732

资料来源：易先忠、欧阳峣：《大国如何出口：国际经验与中国贸易模式回归》，《财贸经济》2018 年第 3 期。

但是，中国外贸发展背离国际经验可能是中国特定经济发展阶段的合理现象。而经济发展阶段和产品内分工是两个明显的现实因素，为此将经济发展阶段（真实人均 GDP）和产品内分工（中间品出口占总出口的比重）所决定的内需驱动出口指数剥离出来，表 6.13 中 e^{normal} 度量剥离了经济发展阶段与产品内分工后的内需驱动出口指数。大国的 e^{normal} 指数均值为 0.005，说明大国实际内需驱动出口指数高于由经济发展阶段和产品内分工决定的“合理性”内需驱动出口指数，但中国的 e^{normal} 指数为负数，说明剥离出经济发展阶段与产品内分工的内需驱动出口指数也表明中国背离了大国规律。另外，以实际内需驱动出口指数测度的中美背离之比为 4.105，而以 e^{normal} 指数测度的中美背离之比为 4.863，也说明剥离经济发展阶段和产品内分工等“合理性”因素后，中国出口模式相对美国的背离程度并没有降低，这说明脱离内需驱动出口模式的外贸发展战略可能并不是中国特定发展阶段的合理现象。

中国市场的不完善是导致中国外贸偏离内需驱动出口模式的深层原因。剥离了市场环境（经济自由度度量）的内需驱动出口指数 $e^{instituons}$ 为−0.0172，比 e^{normal} 指数更加趋近于零，说明市场环境比发展阶段与产品内分工更能解释中国出口模式。相比于 e^{normal} 指数，以 $e^{instituons}$ 指数计算的中国与大国的偏离程度下降为 166.15%，中美背离度之比降为 0.732，这些都进一步说明排除市场环境影响后，中国出口模式与大国经验的背离程度会显著降低，中的市场环境是形成当前出口模式的深层原因。今后，中国要想形成成熟的基于内需的出口驱动模式就必须进一步培育与完善能够引致企业不断创新的市场环境。

6.4.2 国际环境

当前各国经济紧密相连，国际环境的变化也会给中国产业的价值链升级带来挑战与机遇。当前全球化格局的主要变化就是全球经济失衡加重，导致贸易摩擦不断，保护主义抬头，“逆全球化”思潮泛滥，这一方面对中国继续获取开放发展红利带来严峻挑战，另一方面也是中国进一步提升国际影响力，提升国际分工地位与话语权的战略机遇。

随着产品价值链的全球分解日益深化，不同生产环节和阶段被配置到具有不同要素禀赋优势的国家或地区，大大推动了产业和产品生产环节的国际梯度转移，特别是从发达国家向发展中国家的转移。生产基地不断向发展国家转移和消费市场对发达经济体市场的倾斜，必然会造成以贸易为表现的所谓全球经济失衡。部分发达国家出现巨额贸易赤字和部分发展中国家出现巨额贸易盈余，引发贸易利益之争，导致贸易摩擦不断，保护主义抬头。而且随着中国等发展中国家不断向价值链上游攀升，与发达国家之间的产业或产品重叠度不断提高，势必造成产业竞争愈发直接与激烈，贸易摩擦也会不断。全球经济失衡还体现在部分国家内部收入差距拉大。全球化虽然促进了世界经济增长，但对于一个国家而言并没有带来财富的均衡分配，相反，往往拉大了国家内部的收入差距。英国支持“脱欧”的民众当中不乏受全球化冲击最为严重的群体，美国总统特朗普的支持者中大多是全球化中处境相对恶劣的美国普通民众。他们在全球化进程中收入不但没有增长，有的甚至还失去了工作。发达国家中的这类群体的失业现象在制造业中尤为常见。对于制造业而言，由于全球化进程的不断深入，资本的流动性加强，而资本的逐利性会让其在全世界范围内寻找生产要素价格更低廉的地方。因此，发达国家将大量的制造业迁往海外，使得留给国内的劳工工作岗位减少，引发这类群体的“逆全球化”情绪。

全球化格局的变化为中国重构价值链，提升国际分工地位与话语权带来了战略机遇。从分工演进角度看，当前全球化进程受阻、逆全球化因素增多，意味着全球价值链分工推进缓慢，同时也意味着全球价值链亟待重塑，这为中国在全球价值链分工中寻求突破地位带来了一定的战略机遇。在经济全球化处于十字路口的关键期，中国提出的“一带一路”倡议，对于重构价值链有重要作用。“从微观层面看，依据权变理论，随着贸易保护主义抬头，逆全球化潮流涌现以及国际经贸规则的变迁，技术升级与市场定价权被发达国家压制的中国企业，在‘一带一路’寻求价值洼地以获取技术租金、品牌租金和贸易政策租金等，构成了价值链重构的微观动力；从宏观层面看，随着‘一带一路’倡议的纵深推进，政府动能形成的战略对接效应、改革动能形成的内外联动效应、合作动能形成的共建效应，构成了价值链重构的宏观动力。从能力角度看，中国领先企业具备‘链主’能力在沿线国家构建包容性的全球价值链，依托资金与技术优势，形成以中国企业为枢纽、联动发达经济与欠发达经济体的双向嵌套型全球价值链体系，进而促使中国企业在探索性创新与应用性创新的平衡配置中提升全球价值链位势。”①

6.5　中国产业未来价值链升级的发展重点

6.5.1　加强在中间产品上的产品创新与工艺创新能力，实现对高技术密集型中间产品的进口替代，提高在全球价值链中的分工地位

随着我国产业结构调整，将进一步推动加工贸易转型升级，加工贸易占出口的比重逐渐下降，一般贸易的比重在逐步上升。这也是国际上产业发展的一般规律。从日本与韩国的经验看，随着国内劳动力成本优势丧失和日元升值，加工贸易在日本外贸中的地位日趋下降，日本企业转而在周边亚洲国家大力发展境外加工贸易。1980 年日本的加工贸易占出口的比重仅为 0.7%。韩国加工贸易的规模大于日本，但是其比重也在逐渐降低，1980 年加工贸易占全部进出口的比重仅有 23%。对比看，虽然我国加工贸易占进出口总额的比重也在不断下降，但是 2016 年仍然达到 38%。因此，我国未来一段时间我国要进一步降低加工贸易比重，尤其是降低高技术产品中的加工贸易出口份额，而实现对高附加值的技术密集型中间产品的进口替代是我国加工贸易转型升级的关键。因此，我国本土企业必须加强中间产品创新能力，增强中间产品自给能力，打造自有知名品牌，在国际市场拥有较强的竞争力。为

① 引自张二震、李远本、戴翔：《从融入到推动：中国应对全球化的战略转变——纪念改革开放 40 周年》，《国际贸易问题》2018 年第 4 期。

此，中国企业必须从两方面入手：一是向上游的研发创新攀升，力争在一些产品上实现重大创新突破，再将一些成熟的或技术含量较低的加工制造环节外包或转移出去，利用他国的禀赋优势增强本国获取中间产品的规模经济与范围经济；二是在向上游研发环节攀升的攀升，不可忽视一些附加值高的技术密集型中间产品的制造环节的提升，打造特有的制造优势或制造工艺，在制造环节力争拥有核心竞争力。日本制造业的“倒微笑曲线”凸显出较高的工艺水平同样能使低端的制造组装环节具有较高的附加值。因此，只有将上游的产品创新与制造技术与工艺创新有效结合在一起，中国产业才有可能实现赶超，在越来越多的价值链环节占据主导地位。

为此，将来中国企业可以从以下几个方面来共同促进其产品创新与工艺创新。第一，促进个别要素优势向形成综合成本优势和新的竞争优势转变。在机械替代劳动的压力下，发达工业国家向发展中国家的国际直接投资增速逐渐放缓，甚至出现回流。在这种情况下，中国如果希望继续通过吸引国家投资来引进技术和管理，就必须提高基于综合成本的区位吸引力。制造的区位优势不仅仅由劳动力成本决定，而是由包括劳动力、税收、管制、贸易条件、知识产权、土地、资本、能源、交通、商业信誉、物流等因素在内的综合成本决定。未来中国要通过降低制度性的经营成本，形成综合成本比较优势。在加强综合成本优势的基础上，要进一步通过促进先进制造技术的应用促进形成中国工业新的竞争优势。第二，在加快产品技术创新的同时，协调推进战略性新兴产业与先进制造技术的融合发展。一方面，先进制造技术的突破离不开战略性新兴产业的支撑，例如云计算、云存储、新材料等新技术和新产品是现代制造技术与制造系统的基础技术，这些领域的技术突破常常成为制造技术突破的瓶颈。另一方面，战略性新兴产业的发展也离不开现代制造技术的推动，当多数战略性新兴产品处于实验室的概念化与初步设计阶段，以数字制造为代表的现代制造技术可以大幅度提高新产品设计的可制造性，缩短产品原型的开发成本与制造时间，从而缩短战略性新兴产品的工程化、产业化周期，有利于抢占战略性新兴产业发展的先机。第三，发展先进制造也要综合考虑目前中国企业的技术应用能力，在加强前沿制造技术开发的同时，集中资源促进适用型的现代制造技术在广大企业、特别是中小企业的推广与应用，不仅将制造技术转化为企业竞争力，而且通过适用技术的扩散将企业竞争力转化为产业竞争力。在技术开发与推广过程中，要注重加强中央政府、地方政府、企业、消费者、社会性组织、研究型大学、公共研究机构以及企业内部的管理者、研发人员、工程师与工人等利益相关者的积极协作，将技术突破过程与技术示范、应用过程结合起来，在克服技术壁垒的同时，注重克服制造技术转化为生产效率与创新能力的各类管理因素与社会制度因素，使制造技术真正转化为竞争力。第四，以企业为主体，不断提升其技术研发能力。研发环节是企业提升创新能力的核心环节，研发部门对资金和人力的需求较高，并且一些技术含量较高的产品研发周期较长，研发过程中还有试错与失败的风险损失，需要企业不断增加投入，所以，研发环节的综合成本较高，这会导致部分企业由于研发投入不足而无法提升技术水平最终被行业淘汰。政府可以通过出台诸如降低研发融资成本、提供免费交流培训机会等相关政策，降低企业研发环节的综合成本，给予企业加强研发投入的信心，激发企业开展创新活动的积极性。另一方面，不断完善创新环境和创新机制，不断降低研发资源在行业间、地区间的流动障碍，逐步建立以创新为导向的市场机制，使其研发资源能够自由配置都创新效率高的企业或行业。另一方面，侧重于促进研发成果的转化、产业化与扩散等。我国专利申请数或专利授权量的绝对规模已居世界一流行列，但与发达国家相比，我国企业的产品技术水平并未达到世界一流水平，这固然与中国专利质量有关，但也有很大一部分可能是因为部分专利等科技成果并没有实现产业化，变成现实的生产力。建好科技成果转化服务平台，鼓励产业园区、科研院所和各类企业加快孵化器建设，建立健全知识产权价值评估机制，创新金融和资本支持方式，完善科技成果转化机制，打造有影响力的线上线下公共服务平台，促进科技成果与产业资源精准对接，提高科技成果转化率。第五，增强中间产品技术更新的模块化水平。模块化水平的提高有利于本国企业将中低端的中间产品生产加工转移到新兴经济体小国，从而可以将更多的研发资源如高技能劳动力转向创新，获取中间产品创新产业化规模经济优势，增强与发达国家在新技术、新产品进行研发合作的谈判力与竞争力。

全球新一轮技术革命以及我国实施创新驱动发展战略的努力，将为我国在新兴领域赶超发达国家，实现转型升级带来机遇。回顾中国经济发展历程，从 20 世纪 80 年代的轻纺工业，到 90 年代的基础产业、基础设施，再到近年来以汽车、电子为代表的产业，我国的经济增长点始终滞后于发达国家，处在“跟进”状态。但目前，全球制造业数字化、智能化、3D 打印等新一轮技术创新孕育着重大突破，我国在 3D 打印技术、智能制造等方面也取得了较大进展，这为产业转型升级提供了重要的发展机遇。我国有望摆脱在全球价值链分工中的低端锁定位置，凭借在新技术领域的重大突破，在产业链高端环节实现跃升。

6.5.2 积极开展对外投资，整合全球资源以促进劣势产业转移和优势产业提升

从上文分析知道我国对外直接投资滞后于经济整体发展水平，整合全球资源的能力还略显不足，今后我国应适当调整国际分工战略，从以吸引外资为导向的国际分工战略向以参与全球要素优化配置为目标的国际分工战略调整，积极推进海外投资与跨国并购，创造出新阶段参与国际分工的新优势。

一是获取我国短缺的高端要素，突破产业升级瓶颈，即“逆梯度”对外投资。很长一段时间内无论是从主体选择上还是对外投资的区域与产业，都可以看出中国对外直接投资是以获取战略性资源为主要动机，但从国家经济长远发展的需求来看，对外直接投资要以获取先进技术、整合全球资源、优化自身经济结构为根本动机。因此，“逆梯度”对外投资的重点应在在先进制造业、信息技术、生物工程、新材料、航空航天等高技术领域以及高端服务业。目前，中国国内企业的研发能力与发达国家还存在一定的差距，难以继续推动经济的稳定快速发展，中国需要从国外引进先进的科学技术，需要大力拓展海外市场来整合全球资源，需要借助海外投资之举来优化自身的发展结构。通过引进外资的技术缺乏知识产权，受到发达国家对本国先进技术外流的限制，可能也不能完全适应国内市场与产业的需要，因此直接到科技资源密集的国家或地区投资设立研发机构或兴办高科技企业，开发具有知识产权的新技术、新产品；或与发达国家拥有当地先进技术的企业合资，或直

接收购当地高科技企业。

二是获取我国日益消退的廉价要素，推动传统产业或过剩产能向外转移，即“顺梯度”对外直接投资。重点推动以降低成本为主要目的、以绿地投资为主要形式、面向发展中经济体的境外投资。这类投资充分利用我国在产业梯度中的相对极差优势，转移国内已失去或即将失去优势的产业或国内市场已经饱和的过剩产能，利用新兴发展国家的劳动力、土地等廉价要素以及市场需求，成为我国境外投资的主要方式。“顺梯度”对外直接投资一方面有利于延长这类产业的生命周期，充分实现其转移价值，另一方面也可以为国内高技术产业的发展腾出足够的空间，使其生产要素向新兴产业转移与集聚。当前，“顺梯度”对外投资的重点是电子、轻纺、家电等劳动密集型行业或劳动密集型的加工制造环节以及钢铁、煤炭等原材料领域，这些产业大都面临生产能力过剩、产品国内需求不足以及出口贸易条件恶化的局面。

目前，“顺梯度”和“逆梯度”两种对外投资方式在我国都已经快速兴起，对我国产业结构升级、外贸结构优化起到助推作用。前者如对“一带一路”沿线国家的投资。数据显示，2017 年中国企业对“一带一路”沿线的 59 个国家有新增投资，合计 143.6 亿美元，虽同比下降 1.2%。但投资金额占总额的比重有所上升，增至 12%，比 2016 年同期增加 3.5 个百分点。主要投向新加坡、马来西亚、老挝、印度尼西亚、巴基斯坦、越南、俄罗斯、阿联酋和柬埔寨等国家。其中，在海外并购方面，2017 年中国境内企业对“一带一路”沿线国家实施并购 62 起，投资额 88 亿美元，同比增长 32.5%，中石油集团和中国华信投资 28 亿美元联合收购阿联酋阿布扎比石油公司 12% 股权为其中最大项目。后者如对发达国家的投资不断增长。从数据来看，从海外投资的区域分布看，中国企业海外投资集中于欧洲、北美与亚太区域，比重分别为 35%、29% 和 25%。其中，在欧洲投资 221 起，投资金额 1114 亿美元；在北美投资 175 起，投资金额为 908 亿美元；中国企业在亚洲投资 148 起，涉及投资金额 602 亿美元。从具体的案例来看，前者如中国纺织企业在缅甸和柬埔寨投资棉纺厂，如无锡红豆集团在柬埔寨设立西哈努克经济特区，制糖企业在马里投资糖厂，摩托车制造企业在越南投资装配厂等。后者如中国自主品牌的代表企业吉利集团，通过并购国际著名豪华汽车制造商沃尔沃、世界第二大独立自动变速器企业澳大利亚DSI公司，获得了一系列核心技术、专利、产品品牌和营销渠道，企业的研发能力、市场地位和服务水平显著增强。

6.5.3 加快生产性服务业发展，进一步先进促进制造业与高端生产性服务业融合

从国家经济发展现实来看，UNCTAD（2013）已指出尽管服务贸易在全球贸易比重中仅占20%左右，可是以增加值名义的出口则有将近一半（46%）是由服务行业贡献的，其原因就在于制成品出口中含有大量服务（尤其是生产性服务业）的价值，并随之出口。从全球对外投资流入的行业分布来看，以金融、商贸及通信行业为主的服务业占比处于领头位置，在发达国家推出的制造业振兴规划战略下，高端生产、智能制造成为投资新热点的情况下，2016年服务业投资占比仍达到51%。从中国目前的发展现实来看，随着"一带一路"建设等的深入推进，生产性服务业将作为产业转型的"中场发动机"，成为三次产业加速融合、协调发展的关键。因此，必须抓住这些发展机遇，推动生产性服务业的进一步发展。

第一，优化产业布局。要以产业集群发展需求为导向，综合考虑城市建设、交通、居住、环境等因素，因地制宜制定生产性服务业发展扶持政策，建立考评体系和激励机制，加强分类指导，通过规划布局、政策引导和必要的财政支持，形成特定服务行业、服务企业的集聚式发展格局，有效发挥生产性服务业集聚发展的规模经济效应和范围经济效应。要以实现企业"主辅分离"为目标，围绕生产性服务业与先进制造业联动发展，加快推动"主辅分离"，即引导企业通过管理创新和业务流程再造，将发展重点集中于技术研发、市场拓展和品牌运作等方面，改变企业"服务内置化"的状况，实现融合发展、互利共赢。

第二，搭建服务平台。服务业具有无形性、多样性和信息不对称的特点，良好的政府服务平台是服务业发展的重要载体。要加快建设功能完善、服务协同、资源共享、供需对接便捷的公共服务平台，为企业转型升级提供有力支撑。建设过程中，对内强化平台专业服务功能，重点加强研发设计、检验检测、新技术推广、技术人员培训、信息化应用、设备共享等服务，帮

助企业增强创新能力；对外创新平台运营模式，积极探索政府与市场相结合的机制和模式，强化平台的市场化运作功能，通过开发有市场需求的特色专业服务产品或加强与专业化服务机构的深度合作，找到公共服务与市场服务的最佳结合点，走上自我发展壮大的可持续发展之路。

第三，做好服务贸易。一方面，国家应进一步放宽服务领域市场准入门槛和服务贸易壁垒，积极推动商贸、金融、交通运输及咨询、技术服务等商务服务业的市场开放度，通过税收优惠、项目融资或设立项目投资资金等方式吸引和调动民营资本及外资进入服务领域，进口国外优质服务要素，实现制造业与服务业的融合发展；另一方面，鼓励和引导企业把一些简单的、重复性的、没有技术含量是业务“甩掉”，交给一些专业的服务外包公司去做，腾出更多的人力、物力和财力专攻核心技术，鼓励有实力、有条件的大公司“走出去”发展服务贸易产品，不断优化服务贸易产业结构。

位于制造业发达的常州武进高新技术产业开发区的“津通国际工业园”就形成了以高级生产要素主导的服务业集聚区，在功能上定位为“企业的集成服务商”，是以现代服务业为核心、集科研孵化中心、制造生产中心、现代服务中心为一体，以循环经济范式和花园式社区为环境特区的新型高新技术产业园区。它以“现代服务业和先进制造业的双轮驱动”为理念，为入驻企业提供集成服务的国际化茶叶运营平台。它为制造业配套的生产者服务主要包括：科技服务，如工业设计、专利服务、技术设计、软件研发等；制造服务，如人力资源、物流等；商务服务，如金融、法律、财务、广告等；后勤服务，如住宿餐饮、邮政通信等。这种“津通服务体系”的现代服务要素的注入，可为园内企业提供高效率、低成本的多种其核心流程以外的其他业务。目前，该园区已集聚国内外先进制造企业、现代服务企业及海归创业孵化加速企业近 200 家，其中不乏世界 500 强企业美国 GE、日本住友等。

6.5.4　实现国内需求—本土供给—出口产品的双重有效对接，建立以我为主的国家价值链，进而向全球价值链推进

基于内需的出口驱动发展模式能够有效利用高速增长的本土市场空间和不断升级的本土需求结构，培育和发展本土企业高层次竞争优势，持续推动经济和外贸转型升级。为此，当前的中国经济必须逐渐摆脱原有的出口发展

模式，立足国内庞大的市场需求规模和不断升级的需求结构，逐渐形成基于内需的出口驱动模式。

一是“通过供给侧改革提升对国内需求的本土供给能力。本土企业对国内需求较大的产品具有较强的供给能力，是内需驱动出口模式得以实现的初始条件。当前国内需求结构正从基本满足过渡到品质需要，但国内大量高端产品的本土供给不足，反而给国外竞争者提供了无线商机。供给侧改革是提升本土企业供给能力的有效途径。供给侧改革的重心和本质在于，以市场化改革实现供需的动态有效对接。为此，通过理顺各类产品、要素的市场价格和梳理流通环节，以完善的价格机制适时实现市场出清，实现供需的动态平衡；打破行政垄断，完善市场竞争机制，以市场的‘自选择’催化有效供给，实现供需匹配；同时以‘有形之手’弥补新技术、新产品生成过程中的‘外部性’，催生消费升级的新产品、新服务。二是完善创新导向的市场环境，以引致本土企业竞争力提升。国内需求引致本土企业竞争力提升功能缺位，是当前内需驱动出口模式难以形成的重要原因。形成公平竞争、规范有序、创新导向的市场环境，通过公平、有序竞争实现市场的‘自选择’，优化企业创新环境，发挥国内大市场‘需求引致创新’功能；规避渐进式转型过程中各类‘寻租空间’和‘投机空间’，迫使本土企业转向依托国内需求培育高层次竞争优势的获利模式。营造良好的消费环境，通过释放有效需求，将消费者的诉求、特别是专业而挑剔的消费者需求转化为本土企业改进产品与服务的压力与方向，发挥国内大市场的消费反馈驱动效应。消除商品流动的跨部门、跨行业和跨地区的制度障碍，建成全国统一大市场，依托国内中等收入阶层的文化与市场，培育立足本土市场的国际品牌。三是可以利用国内经济发展的‘梯度’结构，理顺产业间的分工协作体系，实现价值链环节的本土化与自主化。技术水平先进的领先企业要进一步将加工制造环节和非核心业务进行剥离，通过外包、代工等手段转包给附属、配套企业，通过技术合作、市场引导、培训帮助、信息支持等方式对配套企业进行治理，带动配套企业技术与产品升级，实现价值链环节的有效对接与融合。最后，促进本土企业向具有国际竞争力的跨国公司转变，推动国家价值链在全球范围内延伸，构建全球价值链。拥有创新、标准与专利等优势的领先企业可以通过对外直接投资、海外并购或外包等途径，有效整合全球资源，形成全球生产网络的治理能力。具体来说，在新兴发展中国际投资兴建组装厂、开辟加工基地，整合利用其低端要素丰富带来的成本优势；在具有一定技术积累的国家制定当地企业为供应商，整合利用其技术成熟、管理完善带来的效率优势；在发展水平更高的国家，建立研发、销售及售后服务基地，整合利用其市场高端、人力资源丰富带来的创新优势。由此，推动基于内需发展的国家价值链向全球一体化经营的方向发展，构建以中国企业为核心的全球生产网络”。①

目前，中国以“一带一路”建设为契机，构建双向“嵌套型”全球价值链分工新体系是实现国际分工地位提升与产业转型升级的重要途径。“一带一路”沿线国家的比较优势不尽相同，各自所处的发展阶段也不尽相同，因此，本土企业可以遵循比较优势规律将部分低端、过剩产业（区段）和过剩产能通过国际产能合作的形式梯度转移到处于较低发展水平的沿线国家，实现自身产业结构优化调整的同时，构建以本土优势产业或企业为核心主导的“一带一路”区域价值链分工体系，并可以嵌入以发达国家跨国公司为主导的全球价值链分工体系中。

| 参考文献

［1］陈启斐、张为付、唐保庆：《本地服务要素供给与高技术产业出口——来自中国省际细分高技术行业的证据》，《中国工业经济》2017 年第 9 期。

［2］戴翔、刘梦、张为付：《本土市场规模扩张如何引领价值链攀升》，《世界经济》2017 年第 9 期。

［3］戴翔、李洲：《全球价值链下中国制造业国际竞争力再评估——基于 Koopman 分工地位指数的研究》，《上海经济研究》2017 年第 8 期。

［4］樊茂清、黄薇：《基于全球价值链分解的中国贸易产业结构演进研究》，《世界经济》2014 年第 2 期。

［5］高彦彦、刘志彪、郑江淮：《技术能力、价值链位置与企业竞争力——来自苏州制造业的实证研究》，《财贸经济》2009 年第 11 期。

［6］黄群慧、贺俊：《“第三次工业革命”与中国经济发展战略调整——技术经济范式转变的视角》，《中国工业经济》2013 年第 1 期。

① 易先忠、欧阳峣：《大国如何出口：国际经验与中国贸易模式回归》，《财贸经济》2018 年第 3 期。

[7] 郝凤霞、张璘:《低端锁定对全球价值链中本土产业升级的影响》,《科研管理》2016年第S1期。

[8] 胡昭玲、夏秋、孙广宇:《制造业服务化、技术创新与产业结构转型升级——基于WIOD跨国面板数据的实证研究》,《国际经贸探索》2017年第12期。

[9] 黄先海、余骁:《以"一带一路"建设重塑全球价值链》,《经济学家》2017年第3期。

[10] 江静、刘志彪:《生产性服务发展与制造业在全球价值链中的升级——以长三角地区为例》,《南方经济》2009年第11期。

[11] 刘志彪:《生产者服务业及其集聚：攀升全球价值链的关键要素与实现机制》,《中国经济问题》2008年第1期。

[12] 刘志彪:《重构国家价值链：转变中国制造业发展方式的思考》,《世界经济与政治论坛》2011年第4期。

[13] 刘志彪:《攀升全球价值链与培育世界级先进制造业集群——学习十九大报告关于加快建设制造强国的体会》,《南京社会科学》2018年第1期。

[14] 刘志彪:《基于内需的经济全球化：中国分享第二波全球化红利的战略选择》,《南京大学学报（哲学·人文科学·社会科学）》2012年第2期。

[15] 吕越、黄艳希、陈勇兵:《全球价值链嵌入的生产率效应：影响与机制分析》,《世界经济》2017年第7期。

[16] 刘维刚、倪红福、夏杰长:《生产分割对企业生产率的影响》,《世界经济》2017年第8期。

[17] 蔺雷、吴贵生:《服务延伸产品差异化：服务增强机制探讨——基于Hotelling地点模型框架内的理论分析》,《数量经济技术经济研究》2005年第8期。

[18] 韩民春、张丽娜:《制造业外商直接投资撤离对中国就业的影响》,《人口与经济》2014年第5期。

[19] 钱学锋、黄云湖:《中国制造业本地市场效应再估计：基于多国模型框架的分析》,《世界经济》2013年第6期。

[20] 佟家栋、谢丹阳、包群:《"逆全球化"与实体经济转型升级笔谈》,《中国工业经济》2017年第6期。

[21] 田文、张亚青、佘珉:《全球价值链重构与中国出口贸易的结构调整》,《国际贸易问题》2015年第3期。

[22] 巫强、刘志彪、江静:《扩大内需条件下长三角提高对外开放水平的新战略选择》,《上海经济研究》2011年第10期。

[23] 吴福象、蔡悦:《中国产业布局调整的福利经济学分析》,《中国社会科学》2014年第2期。

[24] 徐宁、皮建才、刘志彪:《全球价值链还是国内价值链——中国代工企业的链条选择机制研究》,《经济理论与经济管理》2014年第1期。

[25] 许南、李建军:《产品内分工、产业转移与中国产业结构升级》,《管理世界》2012年第1期。

[26] 许和连、成丽红、孙天阳:《制造业投入服务化对企业出口国内增加值的提升效应——基于中国制造业微观企业的经验研究》,《中国工业经济》2017年第10期。

［27］闫国庆、孙琪、仲鸿生等：《我国加工贸易战略转型及政策调整》，《经济研究》2009 年第 5 期。

［28］易先忠、欧阳峣：《大国如何出口：国际经验与中国贸易模式回归》，《财贸经济》2018 年第 3 期。

［29］张会清、翟孝强：《中国参与全球价值链的特征与启示——基于生产分解模型的研究》，《数量经济技术经济研究》2018 年第 1 期。

［30］郑乐凯、王思语：《中国产业国际竞争力的动态变化分析——基于贸易增加值前向分解法》，《数量经济技术经济研究》2017 年第 12 期。

［31］张定胜、刘洪愧、杨志远：《中国出口在全球价值链中的位置演变——基于增加值核算的分析》，《财贸经济》2015 年第 11 期。

［32］张二震、李远本、戴翔：《从融入到推动：中国应对全球化的战略转变——纪念改革开放 40 周年》，《国际贸易问题》2018 年第 4 期。

［33］卓越、张珉：《全球价值链中的收益分配与"悲惨增长"——基于中国纺织服装业的分析》，《中国工业经济》2008 年第 7 期。

［34］周鹏、余珊萍、韩剑：《生产性服务业与制造业价值链升级间相关性的研究》，《上海经济研究》2010 年第 9 期。

［35］张立冬、刘志彪、吴先满：《江苏省区域创新能力动态评价分析：2006—2010 年》，《南京工业大学学报（社会科学版）》2013 年第 2 期。

［36］Basevi G. Domestic Demand and Ability to Export［J］. Journal of Political Economy，1970，78（2）：330—337.

［37］Cramer C. Can Africa Industrialize by Processing Primary Commodities? The Case of Mozambican Cashew Nuts［J］. World Development，1999，27（7）：1247—1266.

［38］Gereffi G. International trade and industrial upgrading in the apparel commodity chain［J］. 1999，48（1）：37—70.

［39］Giuliani E.，Bell M. The micro-determinants of meso-level learning and innovation：evidence from a Chilean wine cluster［J］. Research Policy，2005，34（1）：47—68.

［40］Humphrey J.，Schmitz H. How does insertion in global value chains affect upgrading in industrial clusters?［J］Regional Studies，2002，36（9）：1017—1027.

［41］Humphrey J.，Schmitz H. Chain governance and upgrading：Taking stock［J］. Chapters，2004.

［42］Krugman，P. Scale Economies，Product Differentiation，and the Pattern of Trade［J］.The America Economic Review，1980，70（5）：950—959.

［43］Koopman R.，W. Powers，Z. Wang，et al. Give Credit Where Credit is Due：Tracing Value Added in Global Production Chains［J］. NBER Working Papers，2010.

［44］Koopman R.，Wang Z. Tracing Value-Added and Double Counting in Gross Exports［J］. Social Science Electronic Publishing，2014，104（2）：459—494.

［45］Kim L. Imitation to Innovation［M］. March Hardcover・Pages 35 U.S.・Canisbnharvard Business Press，1997.

［46］Kee H L，Tang H. Domestic Value Added in Exports：Theory and Firm Evidence from China［J］. Social Science Electronic Publishing，2015，106（6）.

［47］Liu M. BRICS development：a long way to a powerful economic club and new international organization [J] . Pacific Review，2016，29 (3): 1—11.

[48] Nordås H. K.，Kim Y. The Role of Services for Competitiveness in Manufacturing [J] . Oecd Trade Policy Papers，2013.

[49] Trionfetti F. Trade Costs and the Home Market Effect [J] . Journal of International Economics，2008，76 (2): 309—321.

[50] Weder，R. How Domestic Demand Shapes the Pattern of International Trade [J] . World Economy，1996，19 (3): 273—286.

[51] Zweimuller，J. and Brunner，J. K. Innovation and Growth with Rich and Poor Consumers [J] . Metroeconomica，2005，56 (2): 233—262.

（本章主持及执笔：郑江淮、郑玉）

第 7 章 改革开放以来中国产业政策的实践

本章提要：

20 世纪 80 年代中期，政府主导的市场经济模式（即所谓东亚模式）在中国得到较为普遍的认同，其以政府为主导的选择性产业政策模式颇受推崇，以这种产业政策模式来主导产业发展乃至经济发展，既保留了政府对经济发展的大量干预，同时也有能引进市场机制。因而，产业政策作为当时各方都能接受的政策模式和政策工具，成为中国政府推动计划经济向市场经济渐进式转变的重要方式。20 世纪 80 年代末，中国开始推行产业政策，逐渐成为实施产业政策比较多的国家，产业政策以各种理由广泛存在于许多领域中。直到 21 世纪初期，政府通过产业政策的实施不断减少了对于微观经济的计划管理或干预，并且由于产业政策不像计划管理那样具有很强的约束性相对容易被突破，产业政策因其灵活性与不断释放微观经济活力，在很大程度上促进了产业发展及产业结构调整。但是，中国的产业政策仍保留了大量对市场的干预，并且自 2003 年以来这种干预得到强化，对于产业发展的不良效应逐渐显现。随着中国经济进入新的发展阶段，中国越来越需要让“市场在资源配置起决定性作用和更好发挥政府作用”，这对中国产业政策提出了新的要求。近年来，新一轮科技革命的孕育兴起与全球产业竞争的加剧，为中国的产业发展与产业政策带来了严峻挑战。中国迫切需要推动产业政策的转型，需要产业政策与市场机制、产业政策与竞争政策之间形成良好的互补与协同效应。

7.1 改革开放初期产业政策理念的引入

20 世纪 80 年代，日本战后经济发展取得的成就引起世人瞩目，当时部分学者（例如 Johnson，1982；Amsden，1989）指出政府通过产业政策积极干预经济造就了“日本奇迹”，这些学者的论著并引起各方关注，其中也引起了中国学者及中国政府的关注。1983 年，中国学者陈重、韩志国在《现代日本经济》第 1 期发表《八十年代的日本产业政策》一文，这是中国学者第一篇公开发表的介绍日本产业政策的论文。该文重点介绍进入 20 世纪 80 年代后，日本产业政策的调整。1985 年，国务院发展研究中心组织学习、研究日本通产省产业政策经验，同年在冲绳举办的“中日经济学术交流会”上，中、日学者围绕日本产业政策问题展开了一些交流和讨论。

随后，越来越多的中国学者开始关注到日本的产业政策及其对于中国的启示与借鉴问题。1986 年，北京大学经济学院国际经济系的田万苍撰写了《日本政府的产业政策》一文。该文发表在《日本研究》1986 年第 3 期上。该文系统介绍了战后日本不同经济发展阶段日本产业政策的重点与主要政策措施。中国社会科学院工业经济研究所的杨沐与黄一乂（1986）[①] 则从需求管理与供给管理相结合的角度，探讨了当时在向有计划商品经济转型过程中，在供给侧实施产业政策的必需性。他们进一步指出适用于有计划商品经济体制的产业政策，同计划经济体制时所应用的政策有许多明显区别，并提出当时研究和制定产业政策应主要包括的内容。同年，《世界经济译丛》（现为《国际经济评论》）摘译了托马斯·普戈介绍日本产业政策的文章。该文介绍了日本战后产业政策的发展情况、日本产业政策的主要手段、进入 20

① 杨沐、黄一乂：《需求管理与供给管理相结合——兼谈必须尽快研究和制订产业政策》，《经济研究》1986 年第 4 期。

世纪 80 年代日本产业政策的发展趋势，以及日本产业政策的实施效果。[1]

1987 年，国内学者围绕产业政策问题公开发表的论文数量显著增加，其中以国务院发展研究中心产业政策专题研究组（1987）与周林、杨云龙和刘伟（1987）[2] 的研究最有影响。周林、杨云龙和刘伟（1987）的论文亦是国务院经济技术社会发展研究中心 1986 年组织的我国产业政策研究的成果之一。该论文提出，“用产业政策推进发展与改革”，并将“实现第一、二、三次产业之间关联方式的根本转换”、“更新现存工业体系的产业关联方式和产业素质”作为当时我国推行产业政策的近期目标，将“发展高技术产业迎接，世界新技术革命的挑战，赶超发达国家的产业结构水平”作为当时我国推行产业政策的远期目标。他们进一步指出，产业政策“应具体落脚在实现现存产业结构和产业组织的质的更新，推进以商品经济发展为基础的工业化进程”。

1985—1987 年期间，国务院发展研究中心围绕产业政策问题组织了一系列相关研究，并赴通产省进行考察。以此为基础，国务院发展研究中心产业政策专题课题组撰写了一份题为《我国产业政策的初步研究》[3] 的研究报告。该研究报告在中国的产业政策历史上具有重要影响。并于 1988 年 3 月上报给了中共中央，建议中国引进日本在战后采用的产业政策来执行这一任务。该研究报告指出：“产业政策是许多国家实现工业化工程中推行的一整套重要政策的总称。一些实施产业政策得力的国家在发展和国际竞争中卓有成效。日本、南朝鲜等国家和地区通过产业政策实现‘竞争’与‘干预’相结合经济体制的经验值得我们重视。”“产业政策不仅可以用配套的政策协调各项宏观经济控制手段，为实现资源最优配置服务，而且可以通过其促进产业关联和组织的作用推动企业搞活和劳动生产率提高。”

该研究报告认为，产业政策是政府对市场机制的调控手段，应更致力于

---

① 托马斯·普戈：《日本的产业政策：手段、趋势和效果》，《世界经济译丛》1986 年第 4 期。

② 周林、杨云龙、刘伟：《用产业政策推进改革与发展——关于设计现阶段我国产业政策的研究报告》，《经济研究》1987 年第 6 期。

③ 国务院发展研究中心产业政策专题研究组：《我国产业政策的初步研究》，《计划经济研究》1987 年第 5 期。执笔人李伯溪、周林、刘鹤、林栋梁。

资源最有配置与增强企业竞争能力等经济发展的本质问题。并指出，产业政策可以把建设和改革有机地结合起来，产业政策能体现计划和催育市场。还认为，产业政策作为政策体系，能连接宏观经济与微观经济，在当时能填补计划真空和培育市场并能成为推动（计划经济）向有计划产品经济过渡的有力工具。进一步认为，通过产业政策的制定和实施，可以解决当时意义上计划与市场的矛盾，并逐步建立起新模式下计划与市场的关系。

该研究报告进一步阐述了产业政策的目标、政策体系与产业政策主要构成（产业结构政策与产业组织政策）。“产业政策是扶植各个时期战略产业（或产业群）的发展，最大限度地享受后发性利益，实现国家工业化目标超赶先进国家的政策。产业政策是经济发展的核心政策，通过其协调财政、金融、税收、外贸、外汇、技术、人才政策的制定和实施，形成产业政策体系。”产业政策的目标是“实现产业结构、技术结构和出口结构的合理化”，政策体系包括“产业结构政策、产业组织政策、产业技术政策和进出口政策等”。产业结构政策，“对某种（某几种）产业的生产、投资、研究开发、现代化和产业改组进行促进，而对其他产业的同类活动进行抑制”，以“实现产业的高度化”。产业组织政策则是“建立高度技术基础上的大批量生产机制”，形成“以大企业为核心的分工协作网络”，实现“组织高效化”。

1987年，“国家调控市场、市场引导企业”成为当年10月召开的中国共产党第十三次全国代表大会的基调，党的十三大政治报告明确提出，“新的经济运行机制，总体上来说应当是‘国家调节市场，市场引导企业’的机制。国家运用经济手段、法律手段和必要的行政手段，调节市场供求关系，创造适宜的经济和社会环境，以此引导企业正确地进行经营决策。实现这个目标是一个渐进过程，必须为此积极创造条件”。可能是由于这样的产业政策为“国家调节市场”提供了得力的政策手段，国务院发展研究中心关于建议我国制定实施产业政策的意见很快就得到当时领导人的认可及批复，并责成国家计划委员会负责执行（吴敬琏，2016）[①]。1988年，国家计划委员会成立产业政策司。《我国产业政策的初步研究》的执笔人刘鹤，1987年从国务院发展研究中心调入国家计委工业综合局，1988年调动到国家计委产业政

① 吴敬琏：《反思产业政策》，《比较》2016年第6期。

策司。1989 年，曾在日本一桥大学学习产业政策的杨伟民调入国家计委产业政策司。

在中国引入产业政策及产业政策理念过程中，主要引入的是选择性产业政策及相应理念。这一时期，经济学者与经济工作者在进一步思考产业政策在中国的应用时，均是将其与当时的经济体制基础以及围绕经济体制改革展开的争论紧密联系起来。在中国引入产业政策及产业政策理念过程中，还有一重要细节值得我们关注，吴敬链（2017）[①] 对此有较为详细的介绍：在 1985 年中日交流会上，小宫隆太郎教授与马洪研究员交流时介绍，日本几十位经济学家对于日本的产业政策进行了全面的考察和讨论，并写成了一本书（即《日本的产业政策》，这本书对于日本的硬性的产业政策或者说选择性的产业政策持批判态度），日本经济学界对于日本硬性（选择性）的产业政策持批判态度。日本的产业政策小宫隆太郎将这本书送给了马洪。该书于 1988 年在中国翻译出版。这本书并没有引起中国政策部门及学者应有的重视。中国在引入产业政策及其理念时，过于注重与通产省及通产省资深官员的交流和观点，忽略了当时日本经济学界对于战后产业政策反思的大量研究，同时也忽略了企业界对此的看法和态度。

7.2　有计划的商品经济与产业政策初步尝试（1989—1993 年）

1988 年，国家计委产业政策司成立后，开始着手产业政策的进一步研究工作以及产业政策的起草制定工作。刘鹤等人（1989）的研究报告 [②] 把产业政策作为连接宏观与微观、衔接中央与地方、沟通计划与市场的支点，并提出以产业政策立国的总体思路。他们认为，当时有两个瓶颈制约我国产业结构高度化，一个是随城市化加快而引起的基础产业供给瓶颈，另一个是高消费导致的技术供给瓶颈，并提出此后八年内（1988—1995 年），我国产业政

① 吴敬琏：《我国的产业政策，不是存废，而是转型》，《中国流通经济》2017 年第 11 期。

② 该报告后来公开发表在《经济理论与经济管理》。刘鹤、杨焕昌、梁钧平：《我国产业政策实施的总体思路》，《经济理论与经济管理》1989 年第 2 期。

策的内容应主要包括以下三个方面的内容，即充实基础产业、发展创汇产业与加强市场组织化。

1988年上半年，在国务院直接领导下，国家计委产业政策司在大量调查、研究的基础上提出了初步研究成果《关于我国当前产业政策的若干要点》。经过反复征求意见、修改，国务院于1989年3月发布《国务院关于当前产业政策要点的决定》。这是中国第一部以产业政策命名的政策文件。《国务院关于当前产业政策要点的决定》明确提出，“制定正确的产业政策，明确国民经济各个领域中支持和限制的重点，是调整产业结构、进行宏观调控的重要依据”。“当前和今后一个时期制定产业政策、调整产业结构的基本方向和任务是：集中力量发展农业、能源、交通和原材料等基础产业，加强能够增加有效供给的产业，增强经济发展的后劲；同时控制一般加工工业的发展，使它们同基础产业的发展相协调。”

《国务院关于当前产业政策要点的决定》制定了当时产业的发展序列，并明确指出：“当前的产业发展序列，是各部门、各地区执行产业政策的基本依据，也是各项经济政策的导向目标。由于同一产业在社会再生产各个领域中的状况往往不同，需要采取不同的政策。因此，产业发展序列要按社会再生产的不同领域分别排列。”在这一政策文件中，从生产领域、建设领域、外贸领域、改造领域四个方面制定了各主要产业的发展序列。作为该政策文件附件一同发布的还有《当前的产业发展序列目录》，这一目录详细列出了以上四个领域重点支持、严格限制与停止生产的产业、产品（与工艺）。例如，在生产领域重点支持生产的产业、产品涉及十八个产业领域数百个产品。后来的《产业结构调整指导目录》延续了这种政策模式，《产业结构调整指导目录》分成鼓励类、限制类与淘汰类。

《国务院关于当前产业政策要点的决定》在政策措施方面，主要采用了计划经济的方式，这与当时“有计划的商品经济”的主基调是相一致的。第一条要求，各部门、各地区要根据产业发展序列的要求，压缩固定资产投资、调整产业结构、引导外资流向，并结合财力、物力的可能，安排年度计划和“八五”计划。第二条则是要求银行根据产业发展序列的要求，制定相应信贷政策，要求银行从限制的产业中抽回资金，投入到支持的产业中，并要求国家计委要会同财政部、银行，根据产业发展序列要求，制订固定资产投资贷款优先顺序。第四条则要求物价部门按照产业发展序列的要求，改进对重要商品的价格管理办法。第五条、第六条则是要求相应部门优先满足重点支持产业在外汇、交通、电力及物资资料上的需求。第七条则是突出规模经济，要按照规模经济和专业化协作的原则进行生产和建设，避免低水平的重复和地区趋同化的倾向。此外，政策实施的第三条是要求制定与发展序列相适应的税收政策，第八条是对乡镇企业的要求，第九条是对地方政府及计划部门实施政策的要求，第十条则是要求尽快制定与产业政策有关的法律、法规。该文件最后指出，“该决定由国家计委组织实施并负责解释”。

《国务院关于当前产业政策要点的决定》发布以后的两年里，共有 44 个地方、27 个行业主管部门、15 个经济综合部门提出了相应的实施办法。地方和部门主要是根据中央政策精神，精心制定本部门、本地区的发展重点与限制重点，并列出相应目录。经济综合部门则则主要提出具体实施办法，落实国家产业政策的实施保障措施，具体有以下几个方面的内容：（1）固定资产投资贷款差别利率。中国人民银行会同国家计委制定调整固定资产投资贷款差别利率办法，由专业银行具体实施。对于列入国家建设计划项目以及产业政策重点支持的项目享受差别贷款利率（低利率）。（2）固定资产投资方向调节税。1991 年，国务院发布《中华人民共和国固定资产投资方向调节税暂行条例》，对于国家产业政策支持且符合一定经济规模标准的建设项目实行零税率，对于限制类项目和达不到经济规模的项目实行 30% 的高税率。《暂行条例》列出了 14 大项 47 类投资项目的税率，还规定了国务院定期调整的税目税率表。（3）加强对部分产品生产能力建设与改造项目的管理。国务院 1990 年发布关于贯彻国家产业政策对若干产品生产能力的建设和改造加强管理的通知，并制定《控制建设和改造生产能力产品目录》，对于目录中的 23 类产品，不论规模大小，均须报经国家行业归口管理部门核准后才能批准立项。该目录还会根据产业政策及国民经济发展情况进行定期或者不定期的调整。后来的《政府核准的投资项目目录》延续了这一政策传统。此外，在政策性金融方面，力图建立在中央银行领导下，接受国家产业政策主管部门指导的政策性金融机构。

这些政策的制定，突破了传统“大一统”计划经济管理模式，在当时开辟了通过直接干预和影响资源配置进行国民经济管理的新模式，较大程度上缩小了计划管理的范围，并对当时新出现的在大量计划经济之外的市场经济活动进行管理和调节。这种产业政策的国民经济管理模式作为当时各方都能接受的方案，成为推动计划经济体制向社会主义市场经济体制转型的重要工具。正如蔡昉（2018）所言，尽管这看似仅仅是对传统计划经济体制的最初突破，但是从某种意义来讲已经可以称之为颠覆性制度创新，甚而可以被认为是中国经济改革的实践。

由于对市场机制持较为保留的态度，以及计划经济管理模式的惯性，这些政策仍沿用了不少计划经济管理措施，是产业计划管理与选择性产业政策的混合产物。但从总体上看，相对于传统的严格计划管理体制，采用产业政策进行调控大为放松了对经济主体的控制，扩大了地方和企业的经济决策权，激发了经济主体的活力，促进了产业与经济的发展。

7.3 建立与完善社会主义经济体制与产业政策的发展（1994—2002 年）

进入 20 世纪 90 年代后，我国经济快速发展，产业结构变动速度加快，经济体制向市场化方向发展（刘鹤，1994）①。同时，经济体制改革的进程加快。1992 年 10 月，党的十四大确定建立和完善社会主义市场经济体制。1993 年 11 月，党的十四届三中全会通过了《中共中央关于建立社会主义市场经济体制若干问题的决定》，中国开始全面推进社会主义市场经济体制改革，决定明确指出，“建立社会主义市场经济体制，就是要使市场在国家宏观调控下对资源配置起基础性作用”。随着中国经济环境与制度环境正在发生变化，国家计委产业政策司开始考虑再新的形势下制定新的产业政策。从 1992 年 5 月起，国家计委开始组织力量研究制定 90 年代国家产业政策，进行了大量的调查、研究与分析工作，并多次邀请部分专家学者及相应领域的

① 刘鹤，《关于〈90 年代国家产业政策纲要〉的说明》，1994 年。本文是国务院讨论《90 年代国家产业政策纲要》时，国家计委所作的说明。

工作者召开座谈会，听取各方意见，并在此基础上形成了征求意见稿（刘鹤，1994）。

1993 年 5 月，在国家计委、经贸委、体改委、国务院发展研究中心共同召开的产业政策工作座谈会上，国家计委提供了一份会议参阅文件，名为《关于近期产业政策工作的几个问题》，由刘鹤等人执笔，其中指出，国家计委在制定下一步产业政策的时候，准备特别从以下五个方面开展工作："一是加强产业政策的预见性和导向性"；"二是加强产业政策的专业性"；"三是出台一些加强市场功能的产业政策，促进市场机制的发育"；"四是研究国家产业政策如何与地方经济发展相结合"；"五是注意行程适合中国国情的产业政策实施机制，把政府、学术界和企业界的力量联合起来，共同制定出高效率的政策"。

1993 年 11 月，国家计委根据党的十四届三中全会精神和拟在 1994 年出台的几项重大体制改革方案，对于《90 年代国家产业政策纲要》的草案进行了进一步的修改（刘鹤，1994）。1994 年 4 月国务院发布的《90 年代国家产业政策纲要》，是在中国产业政策史上第二部具有重要影响的产业政策。《90 年代国家产业政策纲要》明确提出，制定国家产业政策必须遵循"符合建立社会主义市场经济体制的要求，充分发挥市场在国家宏观调控下对资源配置的基础性作用"的原则。其政策要点主要包括六个方面的内容：一是大力发展农业和农村经济，增加农民收入；二是切实加强基础设施和基础工业，主要是要加强交通运输业、通信业、能源工业（重点是煤炭、石油和电力）、水里行业的基础建设与发展；三是积极振兴支柱产业，主要是加快机械电子、石油化工、汽车制造和建筑业的发展，使它们成为国民经济的支柱产业；四是积极发展对外经济贸易，调整贸易结构，发挥比较优势，大力提高出口效益，鼓励进口新技术和相关的关键设备、关键零部件；五是产业组织、产业技术和产业布局政策，产业组织政策旨在促进企业合理竞争、规模经济和专业化协作，产业技术政策方面旨在促进应用技术开发、鼓励科研与生产相结合、加速科技成果的推广、推动引进和消化国外的先进技术，产业布局政策旨在逐步缩小经济发达地区与欠发达地区的差距、形成地区间专业化分工协作；六是产业政策的制定程序和实施，明确提出建立国家产业政策审议制度，由国家计委组织国务院有关部门、产业界、学术界和消费者群体进行科学论证和民主审议后，由国家计委会同有关部门报国务院批准后发布执行。另外，还明确提出要建立国家产业政策的实施保障机制，监督、检查及评价制度。

《90年代国家产业政策纲要》对于中国产业政策的影响颇为深远，后续我国制定实施的产业政策在很大程度上延续了其政策模式和政策思路。以产业组织政策为例，《90年代国家产业政策纲要》明确提出："对规模经济效益显著的产业，应形成以少数大型企业（集团）为竞争主体的市场结构；对产品由大量零部件组成的产业，应形成大、中、小企业合理分工协作、规模适当的市场结构；对规模经济效益不显著的产业，应鼓励小企业的发展，形成大、中、小企业并存、企业数目较多的竞争性市场结构。"在《国民经济和社会发展第十三个五年规划纲要》中，明确提出传统行业"鼓励企业并购，形成以大企业集团为核心，集中度高、分工细化、协作高效的产业组织形态"。

随后，中国发布了《汽车工业产业政策》(1994年)、《水利产业政策》(1997年)、《当前国家重点鼓励发展的产业、产品和技术目录》(1998年版、2000年修订)、《当前优先发展的高技术产业化重点领域指南》(1999年版、2001年版)、《鼓励软件产业和集成电路产业发展的若干政策》(2000年)等一系列产业政策。这些产业政策的政策理念、思路与政策模式，对于此后的产业政策均产生了深远的影响。例如，《汽车工业产业政策》中培育和扶持大型企业集团、推动集中的产业组织政策，对于外商投资汽车工业及合资汽车的管制政策，对于投资与项目的管制政策，对于市场准入与产品准入的严格管制政策，对于整车进口的限制政策，一直被后续的汽车产业政策延续着。《当前国家重点鼓励发展的产业、产品和技术目录》则演变成《产业结构调整指导目录》中的鼓励类目录。

从总体来看，在这一期间，政府通过产业政策的实施不断减少对于微观经济的计划管理或干预；并且由于产业政策不像计划管理那样具有很强的约束性，不当的产业政策干预相对容易被突破和调整。江小涓（1999）就曾指出，20世纪80年代以来实施产业政策的过程，是许多行业不断突破有关部门预测、脱离其规划、摆脱其干预进而高速增长的过程，如果政府的干预大部分得以实现，这些行业的发展就会被进一步延迟。从这个角度来看，产业政策因其灵活性与不断释放微观经济活力，在很大程度上促进了产业发展及产业结构调整（江飞涛，2015）。

7.4　宏观调控的强化与产业政策的演进（2003—2012 年）

2003 年以来，中国强化了产业政策的应用。随着政府对企业微观经济活动的行政干预，在“宏观调控”的名义下明显加强，“宏观调控要以行政调控为主”成为正式的指导方针（吴敬琏，2009），而产业政策成为行政调控的重要方式。先后发布《关于投资体制改革的决定》、《企业投资项目核准暂行办法》、《政府核准的投资项目目录》、《促进产业结构调整的暂行规定》、《国家产业技术政策》、《产业结构调整指导目录》等产业政策纲要性文件。这些文件的陆续颁布标志着中国干预产业发展的政策体系日趋制度化和系统化；对于具体行业而言，相继制定了钢铁、电石、水泥、煤炭、铝、电力、纺织等行业的结构调整政策；《汽车产业发展政策》、《钢铁产业发展政策》、《水泥工业产业发展政策》与《船舶工业中长期发展规划》的陆续颁布则标志着对单个产业发展进行全面、系统政策干预的逐渐成熟。

7.4.1　总体性政策的调整

2004 年，国务院颁布《国务院关于投资体制改革的决定》。该《决定》的重点在于“转变政府管理职能，确立企业的投资主体地位”。该《决定》明确提出，“对于企业不使用政府投资建设的项目，一律不再实行审批制，区别不同情况实行核准制和备案制。其中，政府仅对重大项目和限制类项目从维护社会公共利益角度进行核准，其他项目无论规模大小，均改为备案制”。而对于投资核准，该《决定》明确提出，核准主要从“维护经济安全、合理开发利用资源、保护生态环境、优化重大布局、保障公共利益、防止出现垄断等方面进行”。该《决定》同时强调，要加强和改善投资的宏观调控，综合运用经济的、法律的和必要的行政手段，对全社会投资进行以间接调控方式为主的有效调控。该《决定》明确提出，要制定和适时调整投资指导目录，建立科学的行业准入制度，规范重点行业的环保、安全等标准，防止低水平重复建设。该《决定》明确指出，要严格和规范土地使用制度，充分发挥土地供应对社会投资的调控和引导作用。在2003年以来的产业政策体系中，《国务院关于投资体制改革的决定》具有重要作用，它为产业政策中采取新的目录指导、投资核准与备案、市场准入、土地使用制度等政策工具提供了重要依据。《企业投资项目核准暂行办法》、《政府核准的投资项目目录》亦是以《国务院关于投资体制改革的决定》为依据所制定。

2005年，国务院颁布《促进产业结构调整暂行规定》。该《暂时规定》在21世纪以来的产业政策体系中具有重要作用，它为政策部门全面干预与管理产业领域的投资从而促进产业结构的调整提供了重要依据，全面指导与管理产业发展方向的《产业结构调整指导目录》正是以此为基础制定的。该《暂行规定》明确指出，"《产业结构调整指导目录》是引导投资方向，政府管理投资项目，制定和实施财税、信贷、土地、进出口等政策的重要依据"。《产业结构调整指导目录》由鼓励、限制和淘汰三类目录组成，对于鼓励类投资项目，可根据相关政策规定予以税收、土地价格等方面的优惠；对于限制类的新建项目则禁止投资；对于淘汰类项目严禁投资，对于已存在的淘汰类工艺技术、装备和产品必须按期淘汰，否则地方政府及相关部门可采取强制性措施。

2003年以来，部分行业的产能过剩问题引起政策部门的高度关注，政府相继出台了一系列的产业政策，以抑制这些行业的盲目投资和产能过剩。例如：2003年11月，国家发展改革委等部门共同制定了《关于制止钢铁行业盲目投资的若干意见》、《关于制止电解铝行业违规建设盲目投资的若干意见》、《关于防止水泥行业盲目投资加快结构调整的若干意见》；2006年，国务院发布了《国务院关于加快推进产能过剩行业结构调整通知》，随后国家发展改革委出台了《国家发展改革委关于汽车工业结构调整意见的通知》、《关于钢铁行业控制总量淘汰落后加快结构调整的通知》等；2009年9月，国家发展改革委出台了《关于抑制部分行业产能过剩和重复建设引导产业健康发展的若干意见》，以治理钢铁、水泥、平板玻璃等行业的产能过剩问题，其中政策措施有以下几点：严格市场准入，强化环境监管，依法依规供地，实行有保有控的金融政策，严格项目审批管理，做好企业兼并重组，建立信息发布制度。2009 年以来，强制淘汰落后产能成为治理产能过剩极为重要的措施。2010 年 2 月，国务院颁布《国务院关于进一步加强淘汰落后产能工作的通知》，其中强化了淘汰落后产能工作的目标分解、行政上的组织领导与行政问责机制。

7.4.2　重点产业结构调整与振兴规划的推出与实施

2008 年，国际金融危机对于中国经济亦产生了强烈冲击。针对国际金融危机以及中国面临的严峻经济形势，2009 年 1 月 14 日，国务院会议首先审议通过了汽车、钢铁产业调整振兴规划，随后又先后通过了纺织、装备制造、船舶、电子信息、石化、轻工业、有色金属和物流业八个产业的调整振兴规划，与之配套的实施细则多达 160 余项，涉及产业活动的各个方面。重点产业调整振兴规划的主要内容，可以概括为“保增长，扩内需，调结构”，其中“保增长、扩内需”是针对国际金融危机带来的经济下滑问题，“调结构”则着眼于重点产业中长期的结构调整与健康发展。“保增长，扩内需”的政策主要有以下内容：鼓励家电与小排量汽车消费；鼓励购买弃船，加快淘汰老旧船舶和单壳油船；鼓励纺织品、服装消费；推动第三代移动通信系统与农村信息化建设；油品、化肥、有色金属产品收储以及鼓励出口等。“调结构”政策主要有：严格控制新增产能，加快淘汰落后产能；促进企业加大研发投入，支持企业自主创新；修订重点行业产业政策，修订准入条件与指导目录；等等。

虽然重点产业调整振兴规划强调利用市场机制、试图强化政府的服务功能，在一些政策细节方面进行了修订、调整与补充，但在很大程度上延续以往产业政策中干预主义色彩浓厚的特点。重点产业调整与振兴规划集中体现了我国产业政策的基本思想、政策措施偏好和发展趋势，是此前产业政策的集成和发展，构建起比较全面、系统的产业政策体系。它的颁布实施，在某种程度上意味着政府部门进一步强化了产业政策的运用。

7.4.3　培育和发展战略性新兴产业

国际金融危机发生以后，各国纷纷加大了在战略性新兴产业领域的投入与竞争，以积极抢占新一轮经济和科技发展的制高点。在此背景下，为了构建国际竞争新优势，加快推进产业结构升级与经济发展方式转变，国务院于 2010 年 9 月颁布了《国务院关于加快培育和发展战略性新兴产业的决定》。该《决定》将战略性新兴产业的概念进行了界定，并选择了节能环保、新一代信息技术、生物产业、高端装备制造产业、新能源产业、新材料产业、新能源汽车产业七个产业作为战略性新兴产业，对于以上产业又给出了重点发展的产品、技术（或技术路线）及领域。政策保障上主要从以下五个方面着手："强化科技创新，提升产业核心竞争力"；"积极培育市场，营造良好市场环境"；"强化国际合作，提高国际化发展水平"；"加大财税金融政策扶持力度，引导和鼓励社会投入"；"推进体制机制创新，加强组织领导"。集中力量组织攻关突破关键技术，组织实施重大应用示范工程等政策工具，仍是政策的重点。

2012 年 7 月，国务院又发布了《"十二五" 国家战略性新兴产业发展规划》，对重点发展领域及其重点发展方向、主要任务、重大工程进行了部署。该《规划》的基本原则有以下四个方面："市场主导、政府调控"；"创新驱动、开放发展"；"重点突破、整体推进"；"立足当前、着眼长远"。需要关注的是，该《规划》在原则上明确指出，"针对产业发展的薄弱环节和瓶颈制约，有效发挥政府的规划引导、政策激励和组织协调作用"。"选择最有基础、最有条件的重点方向作为切入点和突破口，明确阶段发展目标，集中优势资源，促进重点领域和优势区域率先发展。总体部署产业布局和相关领域发展，统筹规划，分类指导，适时动态调整，促进协调发展"。这在很大程度上可以反映出规划实质上更为强调政府规划、政策引导的作用。该《规划》对于"十二五"期间七大战略性新兴产业领域的发展重点给出了更为详细的清单，同时列出了"十二五"期间重点推进的重大工程的详细清单。从这些我们都不难看出，在促进战略性新兴产业发展方面仍延续着"集中力量办大事"的思路，仍强调政策部门对于技术路线的选择与引导。

2002—2012 年期间，中国逐渐形成了完备的选择性产业政策体系，在整个产业政策体系中，投资的核准与备案、准入管理、各类目录指导政策居于比较中心的位置，政策部门对于财税、信贷、土地政策的运用也日趋娴熟，在行业政策制定方面也越来越细化和专业化，对于先进前沿技术与新兴产业的发展方面也越来越重视。在此期间，中国政府强调“在更大程度上发挥市场在资源配置中的基础性作用”，制定产业政策时均强调要充分发挥市场的基础性作用。例如，在《促进产业结构调整暂行规定》中，将“充分发挥市场配置资源的基础性作用，加强国家产业政策的合理引导，实现资源优化配置”作为该政策的基本原则；在《国务院关于加快培育和发展战略性新兴产业的决定》中，将“坚持充分发挥市场的基础性作用与政府引导推动相结合”作为基本原则。但仍需指出的是，出于对经济过热与产能过剩的忧虑、对于金融危机冲击的担心、对市场机制的疑虑，以及政策部门的思维惯性、政策传统与部门利益考量的影响，政策部门通过投资项目审批与核准（备案）、准入管理、目录指导、土地管理、财政补贴等手段的应用强化了对于市场及微观经济的干预。

在这一期间，中国的选择性产业政策体系得到强化，并形成其自身特色。这种特色表现为中国产业政策的选择性不只是体现为对特定产业的选择性扶持（或限制），还更多地表现为对特定技术路线、特定产品与特定企业的选择性扶持（或限制）方面（江飞涛、李晓萍，2010）。在这一时期，全面对外开放、支持技术研发与扩散等方面的产业政策在促进产业发展方面起到了重要作用，但是直接干预性产业政策措施的不良效应日趋突出。不良政策效应包括：导致设租与寻租，妨碍产业效率的提升，导致部分战略性新兴产业较为严重的产能过剩，导致行政垄断等问题。

7.5　党的十八大以来产业政策的新发展

党的十八大以来，中国经济进入新常态，中国经济及产业发展面临新的形势，同时面临着新一轮科技革命和产业变革带来的挑战和机遇。2013 年，党的十八届三中全会通过了《中共中央关于全面深化改革若干重大问题的决定》，明确提出，“建设统一开放、竞争有序的市场体系，是使市场在资源配置中起决定性作用的基础”，“建立公平开放透明的市场规则……，清理和废除妨碍全国统一市场和公平竞争的各种规定和做法”。以上这些都对我国的产业政策提出了新的要求，我国的产业政策也随之进行调整。

近年来，我国的产业政策更为注重创新驱动发展、新兴技术在工业中的应用。其间围绕创新驱动、新兴技术（产业）及先进制造业发展方面出台的重要政策有《中国制造 2025》、《国务院关于积极推进“互联网 +”行动的指导意见》、《关于大力推进大众创业万众创新若干政策措施的意见》、《国家创新驱动发展战略纲要》、《国务院关于印发新一代人工智能发展规划的通知》、《国务院关于强化实施创新驱动发展战略进一步推进大众创业万众创新深入发展的意见》等。2015 年，中国出台的《中国制造 2025》集中体现了这一新的特征。《中国制造 2025》是在新一轮科技革命和产业变革与我国加快转变经济发展方式的大背景下制定的，旨在解决“制造业大而不强，自主创新能力弱，关键核心技术与高端装备对外依存度高，以企业为主体的制造业创新体系不完善”等方面的问题。

《中国制造 2025》以“创新驱动，质量为先，绿色发展，结构优化，人才为本”为基本方针，创新被放在了最重要的位置上。《中国制造 2025》秉承“市场主导，政府引导”，“立足当前，着眼长远”，“整体推进，重点突破”，“自主发展，开放合作”的基本原则，更加注重视发挥市场在资源配置中的决定性作用，以及在更高层次上对外开放。而在战略任务和重点方面，一是要提高国家制造业创新能力；二是推进信息化与工业化深度融合；三是强化工业基础能力；四是加强质量品牌建设；五是全面推行绿色制造；六是大力推动重点领域突破发展；七是深入推进制造业结构调整；八是积极发展服务性质制造和生产性服务业；九是提高制造业国际化发展水平。在力图突破的重点领域方面，《中国制造 2025》明确提出了新一代信息技术产业、高档数控机床和机器人、航空航天装备、海洋工程装备及高技术船舶、先进轨道交通装备、节能与新能源汽车、电力装备、新材料、生物医药及高性能医疗器械十个领域，以及每个领域力图重点突破的关键技术、装备、产品。

在政策工具选择方面，《中国制造 2025》越来重视注重改革和良好环境的营造。《中国制造 2025》明确提出，“建设制造强国，必须发挥制度优势，动员各方面力量，进一步深化改革，完善政策措施，建立灵活高效的实施机制，营造良好环境；必须培育创新文化和中国特色制造文化，推动制造业由大变强”。其战略支撑与保障主要有八个方面的内容：第一，深化体制机制改革；第二，营造公平竞争市场环境；第三，完善金融扶持政策；第四，加大财税政策支持力度；第五，健全多层次人才培养体系；第六，完善中小微企业政策；第七，进一步扩大制造业对外开放，第八，健全组织实施机制。在政策组织实施机制方面，《中国制造 2025》也有新的特点，强化了政策实施过程中的监测与评估，它明确提出“建立《中国制造 2025》任务落实情况督促检查和第三方评价机制，完善统计监测、绩效评估、动态调整和监督考核机制。建立《中国制造 2025》中期评估机制，适时对目标任务进行必要调整”。随后，相关部门还发布了十一个配套的实施指南、行动指南和发展规划指南，包括国家制造业创新中心建设、工业强基、智能制造、绿色制造、高端装备创新五大工程实施指南，发展服务型制造和装备制造业质量品牌两个专项行动指南，以及新材料、信息产业、医药工业和制造业人才四个发展规划指南。其中，工业强基、智能制造、绿色制造等九个实施指南进一步细化了重点领域要重点发展的技术、装备、工艺及产品，并提出了更为详细的实施规划。工业和信息化部、财政部联合编制印发的《智能制造发展规划（2016—2020 年）》，也是为落实《中国制造 2025》而制定的一项重要政策。

在化解过剩产能或者去产能方面，2013 年 10 月，国务院发布《国务院关于化解产能严重过剩矛盾的指导意见》；2016 年 2 月，国务院发布《国务院关于钢铁行业化解过剩产能实现脱困发展的意见》、《国务院关于煤炭行业化解过剩产能实现脱困发展的意见》。2017 年，国家发展改革委、工业和信息化部、财政部等部门共同发布了《关于做好 2017 年钢铁煤炭行业化解过剩产能实现脱困发展工作的意见》。严格管制甚至是禁止新建产能投资，设立去产能专项基金，严格淘汰不符合技术、环保、能耗、规模等标准的产能，制定严格的去产能目标，然后通过指标层层分解、落实地区与企业责任以及行政问责的方式来去产能，在煤炭行业甚至限制生产工作日，例如《国务院关于煤炭行业化解过剩产能实现脱困发展的意见》中直接规定，“从 2016 年开始，按全年作业时间不超过 276 个工作日重新确定煤矿产能，原则上法定节假日和周日不安排生产”。

从党的十八大以来，政府部门制定的一系列重要产业政策来看，都强调市场的主导作用。例如在《中国制造 2025》中，明确提出“全面深化改革，充分发挥市场在资源配置中的决定性作用，强化企业主体地位，激发企业活力和创造力”。不过，政府部门仍然十分强调政府的引导与干预，但在“整体推进，重点突破”的论述中又强调加强战略研究和规划引导，全国一盘棋，强调政府统筹规划、分类指导、合理布局，强调政府要明确创新方向，并在重点领域方面及领域内的重点发展技术、工艺、装备、产品方面给出了详细的目录，这在很大程度上体现出“政府主导”的特征。而在去产能政策方面，政府直接干预市场的特征更为浓厚，严格禁止新的投资，通过行政手段强制性去产能甚至强制性限定生产工作日，这些都是对市场的直接干预。从总体上看，党的十八大以来中国的产业政策发展具有两个重要趋势，一是产业政策体系中越来越多地引入了功能性产业政策，二是促进产业创新政策在整个政策体系中扮演着越来越重要的角色。

7.6 中国产业政策演进的逻辑

中国产业政策的演进主要是围绕经济体制改革以及市场与政府关系调整展开。产业政策是政府对市场机制的调控手段，即便是传统产业政策的基本理念也是以市场为基础，最大限度地运用市场机制的功能，在此基础上产业政策发挥引导、扶植等适度的干预作用（杨伟民，1993）[①]。在计划经济体制下，国家对于产业发展与产业结构的调整，是计划管理的方式来实现的。因而，在计划经济体制下，既没有实施产业政策的必要性，也没有实施产业政策的空间。1984年，党的十二届三中全会通过了《中共中央关于经济体制改革的决定》，明确提出要改革计划体制，要充分发展商品经济，建立有计划的商品经济体制，对企业放权让利以增强企业活力。随着经济体制改革的推进，在指令性计划管理之外商品经济（市场经济）快速发展，在缺乏完善市场制度有效制约的情况下，商品经济的发展亦带来新的问题及面临新的挑战，这为实施产业政策带来了操作空间和内在需求。引入产业政策模式还有一个方面的重要考量，那就是通过实施产业政策来促进计划管理部门职能的

① 杨伟民：《建立以产业政策为中心的经济发展政策体系》，《计划经济研究》1993年第2期。

转换，逐渐缩小指令性计划的作用范围，扩大产业政策的作用范围。正是在这样的背景下。1989 年，中国制定了第一部产业政策《国务院关于当前产业政策要点的决定》，由于对市场机制持较为保留的态度，以及计划经济管理模式的惯性，在这一政策中保留了许多计划性的政策措施及较强干预市场的政策措施。但无需质疑，从总体上看，相对于传统的严格计划管理体制，采用产业政策进行调控大为放松了对经济主体的控制。

从 1978 年至 1993 年的 15 年里，我国在经济体制方面，逐步缩小了计划作用范围，扩大了市场作用范围，市场在资源配置中的作用迅速扩大，经济发展取得了很大成就。在这个发展过程中，我国对于市场机制及其重要性的认识也越来越深刻。1992 年，党的十四大明确提出“建立和完善社会主义市场经济体制”。1993 年，党的十四届三中全会通过《中共中央关于建立社会主义市场经济体制若干问题的决定》，其中明确提出，建立社会主义市场经济体制，就是要使市场在国家宏观调控下对资源配置起基础性作用。《90 年代国家产业政策纲要》正是在这样的背景下出台的，其政策思想与政策体系与建立社会主义市场经济体制的要求相衔接。较之《国务院关于当前产业政策要点的决定》，《90 年代国家产业政策纲要》更加重视发挥市场机制的作用。在纲要和此后发布的一系列产业政策中，计划管理性的政策措施逐渐退出舞台，投资审批、行业准入、财政税收、金融等政策工具逐渐成为产业政策主要工具。

从 1992—2002 年期间，中国初步建立社会主义市场经济体制，市场在资源配置中的基础性作用基本确立。2003 年，党的十六届三中全会审议通过了《中共中央关于完善社会主义市场经济体制若干问题的决定》，其中明确提出要“更大程度地发挥市场在资源配置中的基础性作用”，“建设统一开放竞争有序的现代市场体系”，“转变政府经济管理职能。深化行政审批制度改革，切实把政府经济管理职能转到主要为市场主体服务和创造良好发展环境上来”。2003—2012 年期间，中国的产业政策理念与体系也随之进行了调整，《国务院关于投资体制改革的决定》、《企业投资项目核准暂行办法》、《促进产业结构调整暂行规定》等都是在这一背景下出台的，在这些政策及随后出台的其他产业政策中，都强调要充分发挥市场的基础性作用。例如，在《促进产业结构调整暂行规定》中，将“充分发挥市场配置资源的基础性作用，加强国家产业政策的合理引导，实现资源优化配置”作为该政策的基本原则；在《国务院关于加快培育和发展战略性新兴产业的决定》中，将“坚持充分发挥市场的基础性作用与政府引导推动相结合”作为基本原则。但仍需指出的是，出于对经济过热与产能过剩的担心、对市场机制的疑虑、对于金融危机以及政策惯性与政策部门自身权力的考量，政策部门通过强化投资项目审批与核准（备案）、准入管理、目录指导、土地管理、财政补贴等手段的应用强化了对于市场及微观经济的干预。

2013年，党的十八届三中全会通过《中共中央关于全面深化改革若干重大问题的决定》，其中明确提出，“经济体制改革是全面深化改革的重点，核心问题是处理好政府和市场的关系，使市场在资源配置中起决定性作用和更好发挥政府作用”；“必须积极稳妥从广度和深度上推进市场化改革，大幅度减少政府对资源的直接配置”；“政府的职责和作用主要是保持宏观经济稳定，加强和优化公共服务，保障公平竞争，加强市场监管，维护市场秩序，推动可持续发展，促进共同富裕，弥补市场失灵”。自党的十八大以来，中国的产业政策更加注重发挥市场机制的作用，也更加强调政府应将政策重点放在构建良好的制度环境及外部环境方面，这在《中国制造2025》、《国务院关于大力推进大众创业万众创新若干政策措施的意见》等重要政策上充分体现。但是，从具体政策体系的构成、政策措施的选择与实施情况来看，中国产业政策要严格落实以上原则仍然任重而道远。

随着工业化进程与国民经济的发展，中国产业政策的重点亦随之调整。改革开放初期，中国处于工业化初期，严格的计划经济管理导致国民经济缺乏活力，同时基础设施十分落后，基础产业不能满足国民经济发展的需求，需要外汇购买国外先进设备与技术，这一时期产业政策的重点是减少计划管理、加强基础设施建设、发展基础产业与培育发展出口创汇产业。随着经济发展并向工业化中期迈进，中国基础设施与基础产业仍然薄弱，对于经济主体仍管制太多，同时需要促进产业结构的升级，并更多享受国际分工和贸易的好处，中国的产业政策重点是加快基础设施和基础工业的发展、以产业政策管理全面替代计划经济管理、支持资本密集型产业的发展并将其培育成支柱产业，加大对外开放力度、积极发展对外贸易。随着经济的进一步发展与工业化进入中期后半阶段，中国产业发展需要进一步融入国际分工和参与国际市场竞争，需要进一步提高技术能力与竞争能力，这时产业政策重点在于全面支持资本密集性行业的技术提升、产品升级以及竞争力提升，培育和发展技术密集型产业以及全面扩大对外开放。随着中国步入中等偏高收入国家水平与进入工业化后期，与发达国家在产业与技术领域上的竞争会越来越激烈，迫切需要提升产业创新能力，中国产业政策的重点转为提升技术密集性行业的技术能力、促进其产品升级及研发能力，培育和发展新兴产业，推动整个产业体系研发能力、创新能力的提升以及新技术的扩散。

7.7　未来中国产业政策发展的方向

中国长期以来实施的以干预市场与限制竞争为特征的选择性产业政策体系，政策效果不佳，并带来日趋严重的不良政策效应。这种模式的产业政策与竞争政策之间存在激烈的冲突，竞争政策的基础性地位难以确立，市场竞争机制为经济与产业发展所带来的种种有利作用难以发挥。而中国进入新的发展阶段后，迫切需要通过发挥市场机制的作用来激励创新、探索未来产业发展方向与新的经济增长点并推动经济效率的不断改善。市场机制这些作用的发挥，主要是依靠公平竞争的市场过程来实现。同时，中国迫切需要采用有效的产业政策来提升产业竞争力，加快产业结构的调整。这就需要确立竞争政策基础性地位，推动产业政策的转型，实现产业政策与竞争政策的互补与协同。因而，转为实施与竞争政策互补协同的功能性产业政策具有重要现实意义。

在功能性产业政策体系框架下，产业政策与竞争政策是互补与协同的关系。在这一政策框架体系下，竞争政策与产业政策均被视作促进产业发展与竞争力提升的重要政策工具。其中，竞争政策居于基础性地位，产业政策必须服从竞争政策，遵循公平竞争的基本原则，政策工具方面主要采用功能性、服务性的政策工具。例如，科技公共基础设施和服务体系的建设，提高劳动者技能，促进经济主体之间的交流与合作，支持科学研究及通用技术的研究开发等，这些政策工具的使用并不会对公平竞争产生不利影响。即便是促进创新与研发活动的补贴，也主要是以普惠的形式发放，主要针对技术研发环节。

构筑和实施功能性产业政策，应尤为重视激励与促进创新。创新是产业发展的源动力，是产业结构调整与转型升级的关键所在，也是应对新一轮科技革命与产业变革所带来挑战的关键所在。必须加快构建有利于创新发展的市场制度体系，加快推进要素市场化改革，为新兴产业发展创造公平的竞争环境，建立健全知识产权制度，完善知识产权执法体制，为科技服务机构发展提供良好的环境与政策。在促进创新时，政府还应补充市场机制的不足，积极支持科学研究与通用技术研究，并提高公共科技投入的效率；加强国家共性技术公共研究平台、科技公共服务平台与技术转移中心的建设，构建多层次的创新人才与产业技术人才培养体系。

构建功能性产业政策时，还应重视包容性发展。包容性发展是指所有人都可公平地参与产业发展，并分享由此带来的繁荣和利益。包容性发展倡导的是机会平等，这首先有赖于公平有序的竞争环境的建立，让各阶层的人们可以凭借自身努力，相对公平而充分地参与到制造业发展中来，并分享发展成果。在推动产业包容性发展时，需高度重视劳动者素质与技能的提升，以及高度重视帮助劳动者获取新的工作技能，以适应新技术与新产业的发展。这一方面有助于提升制造业的效率，另一方面有助于劳动者能更多分享制造业发展的成果，应尤为重视为低收入阶层提供良好的职业教育和工作技能培训，让低收入阶层有更多机会参与到制造业发展中，还应鼓励和支持工业企业能创造更多新工作岗位特别是高质量工作岗位的投资。

构筑功能性产业政策，还应高度重视促进产业绿色发展，协调产业发展与环境可持续之间的矛盾，促进两者之间的协同。这需要建立健全激励与约束机制，倡导绿色可持续发展理念，提倡使用新能源、清洁能源和节能技术，加强节能环保技术、工艺、装备创新及其推广应用，全面推行清洁生产。大力发展循环经济，提高资源回收利用效率，积极应对气候变化。强化安全生产保障能力建设，加快推动资源利用方式向绿色低碳、清洁安全转变。将发展资源节约、环境友好型产业，实现绿色发展作为产业结构调整与发展的重点领域。

构建和实施功能型产业政策，应主要包括三个方面的内容：第一，推进经济体制改革与完善，建立和强化市场良好运转所需的各项制度，完善知识产权保护相关法律体系及其执行机制，构建开放统一、公平竞争的市场体系，为产业发展创造良好的制度环境；第二，为产业创新发展构建良好的公共服务体系，这包括建立国家实验室、共性技术研究公共平台、公共技术扩散（转移）平台、综合性的中小企业公共服务体系、科技信息交流与共享公共服务体系，并优化公共服务机构的治理模式与营运机制；第三，支持基础科学研究，培养人力资本以适应产业发展对于高技能劳动力的需求。具体而言，可以从以下几个方面着手：

（1）完善市场体制与市场环境，充分发挥市场机制的作用。完善的市场经济体制是促进创新和推动经济质量与效率提升最为有效的制度安排，我国迫切需要通过完善市场体制与市场环境来推动供给侧改革。具体而言，第一，加快建设与完善市场法制体系。市场经济的本质是法治经济。当前中国经济中面临的诸多问题，主要源于市场经济的基本法律及其执行机制不健全，中国迫切需要完善与规范市场行为的相应法律体系。第二，完善知识产权保护相关法律体系及其执行机制，以法治建立起严格保护知识产权的长效机制。第三，加快推进要素市场改革。改变行政主导土地等重要资源配置的局面，让市场在要素资源的配置中发挥决定性作用。重点推进土地制度改革，明晰土地产权，改进国家对土地的管理制度；加快推进水资源、矿产资源、能源价格形成机制的市场化改革，使价格能充分反应稀缺程度与社会成本。第四，完善环境保护体制。完善环境保护法及其执行机制，建立健全环境公益公诉制度，推进有关资源环境的税收制度改革，建立全国性的企业污染排放在线监测网络和遥感监测网络。

（2）建立公平竞争的市场环境。公平的市场竞争能通过优胜劣汰机制不断改进市场的配置效率，并迫使企业不断创新、提升效率与质量。第一，调整产业政策取向。放弃当前以挑选特定产业、特定企业甚至特定技术与产品进行扶持的产业政策模式，将政策重点转为“放松管制，维护公平竞争，完善市场环境，促进创新”。第二，公平市场准入。放松并逐渐取消不必要的审批、核准与准入，让不同所有制、不同规模的企业具有公平进入市场的权利。第三，切实保障各种所有制企业依法平等使用生产要素、公平参与市场竞争、同等受到法律保护，并将为本地企业提供损害公平竞争的各类补贴及优惠政策与其他地方保护主义行为列入可诉范围。第四，公平税负与社会责任。让不同所有制企业在税负、社会责任要求方面能得到同等对待。

（3）疏通劣汰机制。第一，完善破产制度，硬化破产约束，清除“僵尸企业”。强化出资人的破产清算责任，当市场主体出现破产原因时，出资人在法定期限内负有破产清算义务；增强破产程序的司法属性，使企业破产制度回归司法本质，避免地方政府直接介入破产程序、保护低效率企业。第二，建立辅助退出机制，做好政策托底工作。对于严重产能过剩行业，还需建立辅助退出机制，重点做好失业职工的安置与社会保障工作，并对失业人员再就业提供培训、信息服务甚至必要的资助；企业破产资产不足以安置失业职工时，政府应减免破产企业土地处置应缴土地增值税，并以腾退与在开发破产企业土地所产生的部分收益用于职工安置；对于产能过剩行业集中的地区，中央政府还应给予一定财政补贴，支持失业职工的安置与再就业，并在土地开发利用方面提供支持；对于落后地区还可以提供特别的税收优惠政策，支持这些地区发展经济。

（4）建立多层次的产业人才培养体系。第一，培养实用型创新人才。鼓励高校与应用技术研究机构合作，培养既懂科研又懂管理的实用型创新人才。第二，鼓励职业技术院校与企业紧密合作，培养高素质技能型技术工人。可参照德国模式，建立产业工人终身学习机制，由政府统筹规划，在财政上提供支持，在制度上提供法律保障；充分发挥各类教育机构的功能，有效整合各类教育资源，促进资源共享；鼓励和支持教育机构、企事业单位紧密合作开设符合社会需要的课程，以促进企业与职业学校的结合、实践与理论的结合、工作与学习的结合。第三，鼓励一流高校调整学科与专业设置，培育与先进制造相适应的高级工程师与知识型员工。加强企业、职业学校、工程型大学和政府公共服务机构之间的合作，形成“终身学习”制度。

（5）构建有利于技术创新与技术转移的外部环境与创新网络。一是以设立“独立运转、服务企业”的工业（产业）技术研究院，加强共性技术平台建设。工业（产业）技术研究院应致力于低成本、集成化、网络化和智能化的共性技术研究开发，并结合设备推广和工程管理服务推广，实现共性技术的突破和推广。二是建立全国性的技术转移平台。这个服务平台应以能集供需信息收集、信息咨询、技术咨询与技术服务、为企业寻求合作伙伴、交易项目的受理与评估、专利保护咨询等多种服务功能于一身，重点促进创新成果的转移与转化。三是协助建立（合作创新或创新联盟）合作各方风险共担和利益共享机制。政府应完善知识产权保护制度，为产学研战略合作中知识产权的使用权、归属权的划分提供法律依据。要以市场为手段，完善监督机制，建立一个科学、有效、规范的利益分配机制，并使这一机制被严格地贯彻执行。四是加强对基础研究与产业基础技术研究的支持力度。在财政上加大对于基础研究和产业基础技术研究开发的投入力度，并将这种资金投入的分配与使用、对于产出成果的审核与评价，置于公开、透明的程序与体系下，以此为基础提高科技投入的产出效率。

（6）借鉴日本、新加坡经验，成立生产率促进局，协助与促进企业提升效率。借鉴日本生产率中心、新加坡生产力协会（生产力促进局）的成功经验，成立中国的生产率中心或者生产力促进局。其具体作用如下：组织国内外产业专家、企业家、学者、优秀现场管理人员，共同研究、探讨、总结国内外质量管理、生产管理、经营管理等方面的成功经验，并将外国经验进行本土化改良，通过为企业提供课程、专业咨询、合作交流等方式推广这些成功经验，帮助企业提升效率与改进质量，甚至帮助企业持续发展。

参考文献

[1] 杨沐、黄一乂：《需求管理与供给管理相结合——兼谈必须尽快研究和制订产业政策》，《经济研究》1986 年第 4 期。

[2] 托马斯·普戈：《日本的产业政策：手段、趋势和效果》，《世界经济译丛》1986 年第 4 期。

[3] 周林、杨云龙、刘伟：《用产业政策推进改革与发展——关于设计现阶段我国产业政策的研究报告》，《经济研究》1987 年第 6 期。

[4] 国务院发展研究中心产业政策专题研究组：《我国产业政策的初步研究》，《计划经济研究》，1987 年第 5 期。执笔人李伯溪、周林、刘鹤、林桢梁。

[5] 吴敬琏：《反思产业政策》，《比较》2016 年第 6 期。

［6］吴敬琏：《我国的产业政策，不是存废，而是转型》，《中国流通经济》2017年第11期。

［7］刘鹤、杨焕昌、梁钧平：《我国产业政策实施的总体思路》，《经济理论与经济管理》1989年第2期。

［8］刘鹤：《关于〈90年代国家产业政策纲要〉的说明》，1994年。本文是国务院讨论《90年代国家产业政策纲要》时，国家计委所作的说明。

［9］杨伟民：《建立以产业政策为中心的经济发展政策体系》，《计划经济研究》1993年第2期。

（本章主持及执笔：江飞涛）

第 8 章　改革开放以来中国区域产业发展

本章提要：

改革开放以来，中国表现出令世界瞩目的经济发展速度，GDP 年平均增长率为 9.5%，而世界同期为 2.6%，中国对世界 GDP 贡献率超过 20%。这 40 年来经济建设所取得的巨大成就，一方面得益于经济全球化进程的不断推进和国际产业转移的大环境，另一方面，与中国采取的正确的区域产业政策分不开。在提出改革开放政策之时，中央政府为了打破当时国内区域间低水平均衡发展的现状，按照区域非均衡发展思路开始实行区域倾斜性质的经济体制改革和对外开放政策，其中东部沿海地区凭借其良好的区位优势和国家区域政策的大力支持，经济得以迅速发展，成为改革开放政策的最大受益者；1990 年，中央政府为巩固经济发展成果，提出了开发上海浦东新区的区域发展战略，按照以点带线、以线带面的点轴式区域经济发展思路来带动整个东南沿海地区经济发展，经过不到十年的高速发展，东中西三大区域之间的差距在整体、结构和效率等方面都呈现出逐步扩大的趋势，东中西部三大区域的分化日益明显，效率与公平的协调已经迫在眉睫，为此，区域政策根据区域差距的变化也发生了一系列相应的调整。1999 年，中央政府提出了“西部大开发”的区域发展战略；2003 年，党的十六届三中全会提出统筹区域发展，同时提出了“振兴东北老工业基地”的区域发展战略；2005 年，党的十六届五中全会又明确提出，“实施西部大开发，振兴东北地区等老工业基地，促进中部地区崛起，鼓励东部地区率先发展，形成东中西、优势互补、相互促进、共同发展的格局，是从全面建设小康社会和加快现代化建设全局出发做出的总体战略部署”的整体区域发展战略。2013年，随着全球区域经济一体化的深入推进，生产要素在世界范围内加快流动和重组，我国提出了“一带一路”倡议，这使得我国东中西部地区均可以统筹利用国际国内两个市场、两种资源，形成横贯东中西、连接南北方的对外经济走廊，进一步推进了我国各地区间的协调发展。本章梳理了改革开放以来我国区域产业发展战略转变的脉络，结合区域发展总体战略背景下的中国区域产业发展的现状，系统地探讨过去40年我国区域产业发展战略演变的基本规律和内在机制，总结其经验教训并展望未来发展前景，有利于我国清晰、系统地认识改革开放以来我国区域产业发展过程及现状，以及在此基础上理性地预测区域产业发展总体趋势，并及早地制定合理的区域产业政策来引导不同地区的产业发展，从而在充分利用国家现有资源的基础上继续推动我国区域经济的又好又快发展。

8.1 改革开放以来的中国区域发展战略演变

自1978年起，中央政府为了促进我国经济健康快速发展以及为了适应各区域社会产业发展的具体情况，在深入了解国情并结合当时国际环境的基础上，随着区域产业发展阶段的不同而不断调整区域产业发展战略。可以将中国区域产业发展战略划分为三大阶段：非均衡区域发展战略阶段、效率优先兼顾公平的相对协调发展阶段、区域增长协调与区域功能协调的发展阶段，本小节将以时间顺序梳理我国区域发展战略演变的过程。

8.1.1 以增长为核心的非均衡区域发展战略（1978—1990年）

改革开放初期，中央政府在总结新中国成立以来区域发展经验教训和研究西方发达国家区域发展理论的基础上，对区域发展战略形成了以下三点共识：一是经济发展应该尊重经济的内在规律，并应该施加政策指导；二是我国各区域在生产力水平、产业基础、技术条件、自然资源、区位条件、投资效率和社会发展基础方面均存在较大差异，不同区域在发展上客观存在着“梯度位差”，在选择区域发展战略时应充分考虑这一点；三是为了促成经济在要素给定的大前提下高增长，提升每单位要素的生产率是唯一的选择。正是基于以上三点共识，邓小平在 1978 年中央工作会议上发表了《解放思想，实事求是，团结一致向前看》的重要讲话，首次提出了“三个先”，即允许一部分地区、企业和个人先富起来，并且明确提出了“先富”与“共富”的理论。这是对区域发展战略内涵的重新概括，根据这一思路，党和国家对区域发展战略进行了大幅度的调整，标志着我国区域经济发展战略从平衡发展到非均衡发展的转变。

在这个时期，在“先富”、“共富”、“两个大局”理论的指导下，从“六五”计划开始，我国的区域发展战略重心开始向东南沿海地区转移，并以提高国家经济综合实力、追求经济整体增长效率为目标。《国民经济和社会发展第六个五年计划》明确指出：“要积极利用沿海地区的现有基础，充分发挥其特长，带动内地经济发展”，这主要表现在以下几个方面：

第一，沿海经济特区的建设及对外开放格局的形成。从我国对外开放的格局上看，以沿海地区的区域性开放为主，中央首先对广东、福建两省采取特殊政策，并于 1980 年先后创办了深圳、珠海、汕头、厦门 4 个经济特区，1984 年进一步开放沿海大连、天津、上海、湛江等 14 个城市，1985 年增设长江三角洲、珠江三角洲和闽南厦漳泉三角地区的 59 个市县为沿海经济开放区，进一步开放长江三角洲、珠江三角洲与闽江三角地带，随后又增加了山东半岛与辽东半岛，1988 年又建立了海南经济特区及海南省，1990 年中央又决定开发开放上海浦东，逐步形成了以东部沿海地区为主的对外开放格局，以及在党的十三大上提出的“沿海经济特区——沿海开放城市——沿海经济技术开发区——内地”的梯度开放布局。

第二，投资政策的倾斜。与区域产业布局政策相对应，国家在东部地区的投资比重发生了重大变化，“六五”期间，东、中、西部基本建设投资总额分别占全国的 47.7%、29.3%、17.2%，东部地区首次超过中西部地区之和，其中对辽宁、上海、广东、福建、山东和江苏等沿海六省市的投资占到了 40%。① “七五”期间，中央政府根据经济技术水平和自然地理位置相结

① 陈栋生：《区域经济学》，河南人民出版社 1993 年版。

合的原则，将全国细分为东部、中部和西部三大经济地带。在此期间，以政府为主导的全社会固定资产投资迅速向东部沿海地区推进，沿海与内地的投资之比从“六五”时期后四年的1.13∶1发展为“七五”时期的1.44∶1。①东、中、西部投资的比重则为53.1%、25.04%、16.1%。

第三，产业结构调整及优惠政策的支持。“七五”计划明确指出东、中、西地区的产业发展战略，中央政府鼓励东部地区将能源及原材料生产等产业向中部转移，并进一步做好开发西部地带的准备，使东部地区集中力量从事新兴产业以及服务业等第三产业的发展。②此外，中央政府不断进行区域政策的制度创新，在外资项目审批权限、财税、外汇留成、信贷等方面赋予特殊的优惠政策。1988年3月，国务院在召开的沿海地区对外开放工作会议上，确定了以沿海地区企业为主力，实行“两头在外，大进大出”的“沿海地区经济发展战略”，鼓励大力发展出口加工型经济，积极加入“国际经济大循环”。另外，对于老、少、边、穷地区的经济发展在“七五”计划中国家出台政策，在资金方面执行财政包干补贴和民族贸易照顾政策；对贫困地区发放发展基金，实行低息贷款和加快投资建设基础设施。

8.1.2 效率优先兼顾公平的相对协调发展阶段（1990—1999年）

以经济增长为主要目的的非均衡区域发展战略在20世纪80年代对我国的经济快速发展起到了促进作用，但是随着东、中、西部区域发展差距不断加大，进入90年代后，梯度转移的非均衡区域发展战略受到了来自各方面的挑战：随着我国改革开放的深入，我国内陆地区与接壤国家贸易逐步增多，为内陆地区发展提供了前所未有的机遇；能源和原材料的不足使得我国迫切需要对资源丰富的西部地区进行开发；另外，由于非均衡区域发展政策的引导使得东、中、西部经济发展不平衡，导致了国家出现不稳定因素，使得中央政府在考虑提高经济增长速度的同时，也不得不考虑地区间经济发展的公平问题。基于以上几点，在区域差距的背景下，中央政府不得不重新考虑区域经济发展的效率与平衡问题，并开始着手制定新的区域发展政策，从总体上解决东部地区和中西部地区的关系，继而提出了要根据全国统一市场

① 陆大道：《中国区域发展的理论与实践》，科学出版社2003年版。
② 房为中、桂世庸：《“七五”计划讲话》，人民出版社1986年版。

的需要，从提高国民经济的整体效益出发，发挥东、中、西部地区的比较优势，促进区域经济协调发展，实行地区政策倾斜和产业扶持相结合的方式，在发挥东部地区原有经济发展优势的基础上，逐步促进中西部地区的经济发展，逐步缩小这三块地区的区域差距。而且沿海地区也要通过技术转移、资金支持、人才流通等方式，帮助边远落后地区发展经济。因此，在继续发挥东部沿海经济增长优势的同时，中央政府加大对中西部地区的投资与开发，同时还提出了由沿海、沿江、沿边、沿线及内陆纵深推进的发展战略。其中，“八五”和“九五”计划时期陆续实现了长江沿岸 8 个地区、28 个城市的开发开放，以及东北、西北、西南等地区的 13 个边境城市开发开放，形成了“经济特区——沿海经济开放区——沿海港口城市——沿江沿边开放城市”逐步推进的递推式协调发展格局。

第八届全国人民代表大会第四次会议通过的《关于国民经济和社会发展“九五”计划和 2010 年远景目标纲要》中明确提出要把“坚持区域经济协调发展，逐步缩小区域发展差距”，作为接下来五年国民经济和社会发展的指导思想和目标之一，按照市场经济规律和经济内在联系以及地理自然特点，突破行政区划界限，在已有经济布局的基础上，以中心城市和交通要道为依托，逐步形成 7 个跨省的经济区域：长江三角洲及沿江地区；发挥通江达海以及农业发达、工业基础雄厚、技术水平较高的优势，以浦东开放开发、三峡建设为契机，依托沿江大中城市，逐步形成一条横贯东西、连接南北的综合型经济带；环渤海地区以支柱产业发展、能源基地和运输通道建设为动力，依托沿海大中城市，形成以辽东半岛、山东半岛、京津冀为主的环渤海综合经济圈；东南沿海地区进一步发展创汇农业、资金技术密集的外资企业和高附加值的创汇产业，形成外向型经济发达的经济区；西南和华南部分省区以对外通道建设、水电和矿产资源开发为基础，依托国防工业的技术力量，形成全国重要的能源基地、有色金属和磷硫生产基地、热带亚热带农作物基地、旅游基地；东北地区加快老工业基地改造，综合开发农业资源，发展深加工，形成全国重要的重化工基地和农业基地；中部五省地区形成重要的农业基地、原材料基地、机械工业基地和新的经济带；西北地区加快水利、交通建设和资源开发，形成全国重要的棉花和畜产品基地、石油化工基地、能源基地和有色金属基地。并且还具体提出了促进东、中、西部地区经济发展的具体政策措施：东部地区要充分利用有利条件，重点发展资源消耗少、附加价值高、技术含量高的产业和产品，同时建立比较发达的农业；优先在中西部地区安排资源开发和基础设施建设项目。跨地区的能源、交通、通信等重大基础设施项目，以国家投资为主进行建设。调整加工工业的地区布局，引导资源加工型和劳动密集型产业向中西部地区转移；理顺资源性产品价格，增强中西部地区自我发展的能力。加大中西部地区矿产资源勘探力度；加强东部沿海地区与中西部地区的经济联合与技术合作。鼓励东部沿海地区向中西部地区投资，组织好中西部地区对东部沿海地区的劳务输出。东部经济发达地区采取多种形式与中西部地区联合开发资源，利用中西部地区丰富的劳动力资源，发展劳动密集型产业。

8.1.3 区域增长协调与区域功能协调的发展阶段（1999 年至今）

第一阶段：全国空间尺度的区域增长协调发展（1999—2004 年）。为实施区域经济的均衡增长战略及缩小区域差距，1999 年党的十五届四中全会正式提出了西部大开发战略，并在“十五”计划中，强调明确东中西三大地带在发展中各自的地位和作用，实现区域发展中的优势互补。“十五”计划重点指出：“国家要继续推进西部大开发，实行重点支持西部大开发的政策措施；对于中部地区，要充分发挥承东启西、衔接南北的区位优势和综合资源优势，提高工业化和城镇化水平；而对于东部地区，要求在体制创新、科技创新、对外开放和经济发展中继续走在前列，提高发展水平，形成各具特色的区域经济。”除此之外，2001 年 8 月，国家颁布了《关于西部大开发若干政策措施的实施意见》，从 20 多个方面为西部大开发的施行提供了政策支持。2003 年 6 月，国务院召开了西部地区开发领导小组会议，提出了西部大开发战略要从生态环境、基础设施、产业结构、教育等方面着手。同年，党的十六届三中全会提出：“要加强对区域发展的协调和指导，积极推进西部大开发，有效发挥中部地区综合优势，支持中西部地区加快改革发展，振兴东北地区等老工业基地，鼓励东部有条件地区率先基本实现现代化”。而随着 2003 年 10 月中共中央、国务院发布《关于实施东北地区等老工业基地振兴战略的若干意见》及 2004 年《促进中部地区崛起规划》的提出，以及

2004 年国务院《关于进一步推进西部大开发的若干意见》的出台，使得区域协调发展被提升到了前所未有的高度，全国尺度的空间协调增长与发展战略及四大板块的区域发展格局正式形成。

第二阶段：基于区域比较优势与分工基础上的功能协调发展（2005 年至今）。四大板块的区域发展战略格局对我国区域经济发展作出了突出贡献。为了促进我国区域经济发展由增长协调转向空间功能协调，“十一五”规划中明确提出按照主体功能区的要求对我国的发展空间进行功能划分，推行《全国主体功能区规划》，根据现有的开发密度及资源环境承载能力，统筹经济布局、人口分布及国土利用，将国土开发空间划分为优化开发区域、重点开发区域、限制开发区域和禁止开发区域四类主体功能区，并依据不同区域的资源环境可承载能力、比较优势、地域特色、现有开发强度以及未来开发潜力进行产业空间布局和规划，进而实现了从区域均衡增长向空间功能协调的思路转换。在“十一五”规划的指导下，2006 年国务院针对中部地区发展正式出台了《关于促进中部崛起的若干意见》。同年，国家相继发布《十一五规划》和《西部大开发“十一五”规划》，这两个文件的相继出台，为这一时期西部大开发战略的实施指明了道路。随着“十一五”计划的推进在 2007 年初，国务院正式批复了《东北振兴规划》，确定了东北振兴战略的总体思路、主要目标和发展任务，并提出了加快东北振兴的政策措施。由于东北地区振兴规划取得了一定的成果，所以在 2008 年初，国务院办公厅印发了《关于中部六省实施比照振兴东北等老工业基地和西部大开发有关政策的通知》，“两个比照”政策正式出台。2009 年，国务院通过了《促进中部地区崛起规划》、《关于中西部地区承接产业转移的指导意见》以及《关于进一步实施东北地区等老工业基地振兴战略的若干意见》，进一步充实了中部崛起和东北振兴的内涵，为我国区域经济的下一步发展提供了良好的方向。2010 年，国家针对西部地区的发展发布了《关于深入实施西部大开发战略的若干意见》以及《关于中西部地区承接产业转移的指导意见》，对下一时间段西部大开发的实施提供了战略准备，并为进一步指导中西部地区有序承接产业转移、完善合作机制、优化发展环境规范了发展秩序。

中央政府为了适应世界经济新形势，在“十二五”计划中对于区域经济发展提出了“实施区域发展总体战略和主体功能区战略，构筑区域经济优势互补、主体功能定位清晰、国土空间高效利用、人与自然和谐相处的区域发展格局，逐步实现不同区域基本公共服务均等化”的总体规划。其中在实施区域发展总体规划中，要求充分发挥不同地区比较优势，促进生产要素合理流动，深化区域合作，推进区域良性互动发展，逐步缩小区域发展差距。在空间发展上，推进京津冀、长江三角洲、珠江三角洲地区区域经济一体化发展，打造首都经济圈。重点推进河北沿海地区、江苏沿海地区、浙江舟山群岛新区、海峡西岸经济区、山东半岛蓝色经济区等区域发展，建设海南国际旅游岛。在区域产业发展方面，“十二五”计划强调要保护农业和生态发展空间，促进人口、经济与资源环境相协调。对人口密集、开发强度偏高、资源环境负荷过重的部分城市化地区要优化开发。对资源环境承载能力较强、集聚人口和经济条件较好的城市化地区要重点开发。对具备较好的农业生产条件、以提供农产品为主体功能的农产品主产区，要着力保障农产品供给安全。对影响全局生态安全的重点生态功能区，要限制大规模、高强度的工业化城镇化开发。对依法设立的各级各类自然文化资源保护区和其他需要特殊保护的区域要禁止开发。党的十八大要求继续实施区域发展总体战略，充分发挥各地区比较优势，优先推进西部大开发，全面振兴东北地区等老工业基地，大力促进中部地区崛起，积极支持东部地区率先发展，既肯定了“十二五”规划的科学性和合理性，又为“十三五”规划的制定提供了良好的指导作用。2012年，为了加快中部地区和西部地区崛起速度，国家出台了《国务院关于大力实施促进中部地区崛起战略的若干意见》以及《西部大开发“十二五”规划》，着重提出从八个方面来施行，给中部地区和西部地区新一轮的发展指明了方向。2013年，国家颁布《中西部地区外商投资优势产业目录》，从实际情况出发，鼓励目录中优势产业的发展，为中西部地区产业发展指明了道路。同年，国务院讨论通过了《东北振兴“十二五”规划》，使得东北地区的经济总量有所增加，城乡居民收入也大幅度提高，人民生活得到了一定的改善。2014年，国务院出台了《关于近期支持东北振兴若干重大政策举措的意见》，表明了国家对于东北地区经济社会发展的高度关注。而且，2015年审议通过的《全面振兴东北等老工业基地的若干意见》，也再次表明重振东北经济的决心。同年，中部地区《晋陕豫黄河金三角区域合作规划》通过国务院审议。2015年3月，湖北省、湖南省和江西省三省共建的《长江中游城市群发展规划》获批，随后4月份，湖南湘江新区得以设立。“十三五”规划要求深入实施区域发展总体战略，即要深入实施西部开发、东北振兴、中部崛起和东部率先的区域发展总体战略，创新区域发展政策，完善区域发展机制，促进区域协调、协同、共同发展，努力缩小区域发展差距。在深入推进西部大开发方面，强调了要更好发挥“一带一路”建设对西部大开发的带动作用，提高基础设施水平。大力发展绿色农产品加工、文化旅游等特色优势产业。设立一批国家级产业转移示范区，发展产业集群，提高资源就地加工转化比重。其次对于中部地区发展“十三五”规划提出要完善支持政策体系，推动城镇化与产业支撑、人口集聚有机结合，形成重要战略支撑区。加快建设立体交通体系和现代物流体系，有序承接产业转移，加快发展现代农业和先进制造业，支持能源产业转型发展，建设一批战略性新兴产业和高技术产业基地，培育一批产业集群。东部地区的发展作为全国发展的排头兵，在“十三五”规划中被明确提出要加快实现创新驱动发展转型，加快推动产业升级，加快建立全方位开放型经济体系，实现地区合作协调发展。健全区域协调发展机制，创新区域合作机制，加强区域间、全流域的协调协作。推动京津冀协同发展，有序疏解北京的非首都功能；建设三峡生态经济合作区，构建高质量综合立体交通走廊，优化沿江城镇和产业布局。根据资源环境承载力大小，引导产业合理布局和有序转移，打造特色优势产业集群，培育壮大战略性新兴产业，建设集聚度高、竞争力强、绿色低碳的现代产业走廊。加快建设国际黄金旅游带，培育特色农业区。

对于继续推进建设主体功能区方面，在“十三五”规划中重新提出了主体功能区的建设要求，即要求主体功能区布局基本实现有度有序地利用自然，调整优化空间结构，推动形成以“两横三纵”为主体的城市化战略格局、以“七区二十三带”为主体的农业战略格局、以“两屏三带”为主体的生态安全战略格局，以及可持续的海洋空间开发格局。推动重点开发区域产业集聚和人口聚集。建立国家空间规划体系，以主体功能区规划为基础统筹各类空间性规划，推进“多规合一”。此外，为了打破区域划分的行政概念，体现区域经济内在的资源共性纽带，中央政府进一步发展了区域协调发展理论，实施了“一带一路”建设、京津冀协同发展以及长江经济带建设等一系列重大举措，为区域协调发展打开了新篇章，协调发展的空间范围首次从四大板块内部转向具有功能协调的跨区域协同、从国内区域拓展到欧亚非大陆这一空间范围。2016年，国务院审议通过了《促进中部地区崛起“十三五”规划》，规划根据新形势提出了中部地区“一中心、四区”的新战略定位，同时也明确了中部崛起战略的九项任务。同年，国务院提出了《关于深入推进实施新一轮东北振兴战略加快推动东北地区经济企稳向好若干重要举措的意见》，全面深化东北地区改革，激发了东北地区内在活力；为了东北地区发展。2017年，国家颁布了《东北地区与东部地区部分省市对口合作工作方案》，其是实施新一轮东北地区等老工业基地振兴战略的重要举措，对于充分发挥中央和地方两个积极性、形成共同推进东北地区实现全面振兴的合力具有重要意义，同时为稳步推进东北地区与东部地区部分省市对口合作提供了方向。

8.2 区域发展总体战略背景下的中国区域产业发展及主要特征

从“六五”计划开始，我国的区域发展战略重心开始向东南沿海地区转移，并以提高国家经济综合实力、追求经济整体增长效率为目标。1986年全国人大第六届四次会议通过的“七五”计划，正式将我国划分为东、中、西三大区域，虽然这些区域所包含的省和直辖市经过时间发展略有变化，但国家总体战略部署都以这三大区域为基础。自1999年提出“西部大开发”以来，我国东中西部区域经济发展都有了长足的进步，但东北三省在三大区域划分中分属于东部和西部地区，所以我国政府为了解决东北地区相邻省份不同政策的问题，同时也希望东北地区能够协同发展促进东北老工业区转型，故在“十一五”规划中把我国划分为“四大板块”，即东部地区、中部地区、西部地区加上东北地区。并且在经济政策上实行东部率先、西部开发、中部崛起和东北振兴的基本经济路线，这样使得我国区域发展受到了“四大板块”和“三大战略”叠加的促进作用。

8.2.1　改革开放以来各区域经济发展状况及趋势

改革开放以来，从以“三大战略”为主要经济发展政策的执行结果上来看，我国以经济增长为目标的非均衡的区域经济发展政策取得了预期的成果。从表 8.1 所列出的数据可以清晰地看出东部地区的 GDP 占全国经济总量的比重一直处于增长态势。

表 8.1　1978—2005 年东、中、西部地区占全国经济总量比重

年　份	东部地区	中部地区	西部地区
1978 年	51.21%	29.57%	19.22%
1979 年	50.68%	30.38%	18.94%
1980 年	51.13%	30.20%	18.67%
1981 年	51.03%	30.42%	18.55%
1982 年	51.16%	29.94%	18.90%
1983 年	50.77%	30.43%	18.80%
1984 年	51.42%	30.13%	18.45%
1985 年	51.96%	29.69%	18.35%
1986 年	52.02%	29.70%	18.28%
1987 年	52.62%	29.36%	18.02%
1988 年	53.36%	28.54%	18.10%
1989 年	53.39%	28.38%	18.23%
1990 年	51.51%	28.07%	20.42%
1991 年	52.65%	26.87%	20.48%
1992 年	53.89%	26.35%	19.76%
1993 年	55.33%	25.63%	19.04%
1994 年	55.71%	25.66%	18.63%
1995 年	55.55%	26.09%	18.36%
1996 年	55.38%	26.62%	18.00%
1997 年	56.58%	25.24%	18.18%
1998 年	56.93%	24.99%	18.07%
1999 年	57.51%	24.59%	17.90%
2000 年	58.17%	24.32%	17.51%
2001 年	58.50%	24.09%	17.41%
2002 年	58.92%	23.74%	17.35%
2003 年	59.46%	23.36%	17.18%
2004 年	59.25%	23.52%	17.24%
2005 年	59.53%	23.36%	17.11%

资料来源：历年《中国统计年鉴》。

东部地区的经济总量占全国 GDP 比重总体保持在 50% 以上且表现出逐年上升的态势，从 1978 年的 51.21% 上升到 2005 年的 59.53%。并且与全国经济增长速度比较，东部沿海地区基本比全国经济增长速度更快，进而保证了我国改革开放以来 8% 左右的经济增长速度，使得我国经济总量和国家总体实力得以逐步提高。反观中西部地区经济总量占全国 GDP 比重呈逐年下降态势，分别下降 6.21% 和 2.11%。可见，我国在改革开放初期的东部优先发展政策成功地拉动东部地区的经济发展，并且在一定程度上促进了我国总体经济发展。但区域间的不平衡正在逐渐拉大，说明自“九五”计划以来区域间的协调发展政策没能充分发挥其应有的效果。

表 8.2　2006—2017 年东、中、西部及东北地区占全国经济总量比重

年份	东部地区	中部地区	西部地区	东北地区
2006 年	55.50%	18.67%	17.33%	8.50%
2007 年	55.06%	18.94%	17.58%	8.42%
2008 年	54.13%	19.21%	18.14%	8.52%
2009 年	53.84%	19.32%	18.33%	8.51%
2010 年	53.09%	19.70%	18.63%	8.58%
2011 年	52.04%	20.04%	19.22%	8.70%
2012 年	51.32%	20.17%	19.76%	8.76%
2013 年	51.20%	20.16%	20.01%	8.63%
2014 年	51.16%	20.26%	20.18%	8.40%
2015 年	51.60%	20.33%	20.06%	8.00%
2016 年	52.58%	20.59%	20.10%	6.72%
2017 年	52.67%	21.01%	19.83%	6.49%

资料来源：历年《中国统计年鉴》。

进入 2006 年，十届全国人大四次会议表决通过了《关于国民经济和社会发展第十一个五年规划纲要》，把原本以“三大战略”为主的经济发展政策调整为东部率先、西部开发、中部崛起和东北振兴的“四大板块”的区域发展模式。从表 8.2 我们可以清晰地看到自 2006 年以来东部地区 GDP 占全国经济总量的比例由 55.5% 下降到 2017 年的 52.67%，而中西部地区

GDP 占全国经济总量的比例分别增长了 2.34% 和 2.5%，东北地区则下降了 2.01%。通过上表数据变化可以看出我国政府在提出“四大板块”区域发展模式后在一定程度上减少了区域不平衡现象，但东北地区的经济发展在近两年出现下滑说明东北振兴政策还需要进行调整，才能够促进东北老工业区振兴。

从图 8.1 可以清晰地看出，在 1978 年到 2005 年之间，可以看出东部地区和中西部地区的绝对差距都在持续上升，区域间经济增长差距呈现发散状态，其经济发展趋势符合威廉姆斯的倒 U 形理论和阿朗索的“钟形发展理论”中的初期阶段。但是，在 1990 年之前各地区之间的人均 GDP 差距不明显，相对 1978 年有了一定的差别，说明改革开放政策在这段时期内只促进了东南沿海地区范围内的经济增长，并没有对我国经济发展起到全面的促进作用，因而三条曲线距离差距不大。在 2000 年以后，西部地区的人均 GDP 逐渐超过中部地区，说明西部大开发战略效应已逐渐显现。另外从 1988 年到 2005 年总体来看，这一阶段的人均 GDP 差距逐渐拉大，说明在改革开放初期虽然颁布和实施了沿长江流域的开发政策，但是由于沿海地区开放 10 年已经形成了良好的经济发展的基础条件，所以东部地区具有明显的经济发展优势。反观中西部地区由于基础设施建设在一开始就落后于东部地区，而且最初也没有如东部地区那样的国家政策和资本上的扶持力度，并且对于外资的吸引力也明显落后于东部地区，进而导致人均 GDP 的差距越来越大，直至 1992 年后区域政策的扩散效应才使得人均 GDP 差距呈现收敛态势。而且在 1996 年之后，西部地区的人均 GDP 超过以往的增长速度并逐渐超过了中部地区，说明我国在 1996 年已经开始的西部大开发战略，有效地促进了西部地区的发展。2006 年，我国调整了区域发展政策，由原来以“三大战略”为主要经济发展政策调整为东部率先、西部开发、中部崛起和东北振兴的“四大板块”的区域发展模式。经过调整后，从东中西部地区以及东北地区的人均 GDP 变化的趋势中，我们可以看到东部地区和西部地区的人均 GDP 的增长速度大致相同且保持了较快的速度，说明我国东部率先发展和西部大开发战略取得了较好的效果。反观中部地区和东北地区虽然有一定的增长但人均 GDP 的增长速度明显慢于东部地区和西部地区，说明国家对于这两个地区的区域经济发展政策还需要进一步调整。

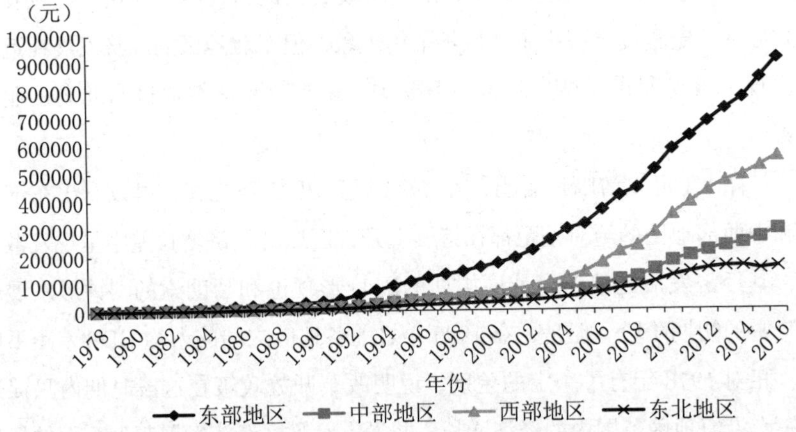

图 8.1　中国东中西部地区及东北地区改革开放以来人均 GDP 折线图

通过上文对东中西部地区及东北地区的 GDP 占全国经济总量比重和人均 GDP 的增长趋势的分析，我们可以明确得出：改革开放 40 年以来中国政府在不同时期颁布的区域发展政策在一定程度上促进了各区域经济增长，但区域间的经济差距并没有缩小并有持续增大的趋势。就不同区域而言，我国东部地区得到的改革开放红利最大，成为拉动我国经济发展的主力军。西部地区也受到改革开放政策、西部大开发战略及“一带一路”建设的三重叠加作用，在人均 GDP 上逐渐超越了中部地区和东北地区，经济发展速度仅次于东部地区，位列全国第二。中部地区和东北地区的区域经济在一定程度上得到了发展，但速度明显慢于东部地区和西部地区，在下一步的产业政策制定上应给予特别的关注。

另外结合前文对改革开放以来区域产业发展政策的梳理，表明改革开放初期以经济增长为核心的第一阶段区域发展政策效果最为明显，这时我国的对外政策由封闭转向相对开放，经济建设的重心由内陆地区转向沿海地区，特别是东部沿海地区在国家区域政策的扶持下，凭借其良好的自然区位优势和经济社会基础，积极发展外向型经济，吸引了大量生产要素流入，带动和促进了该区域的经济发展，在提高就业率和增加人均 GDP 的同时，促进了该区域的工业化进程和产业升级，为整个区域经济发展奠定了良好的基础。

综合来看，东部地区能够取得较大的经济发展速度主要归功于政府有效的政策支持和自身区位优势两大重要因素。首先，中央政府制定的东部优先发展的战略以及对外开放政策作为外生变量，有效地增加了该区域的资源供给和来自海外的各种需求，极大地刺激了东部沿海地区经济发展。这是由于在改革开放之前，与内陆地区相比，东部沿海地区的自然资源比较匮乏，很多生产资料都要由内陆地区提供，而由于受到当时人口因素的影响，当地人口数量相对较少，对于生产资料的需求不大，另外当时受到计划经济的影响，市场规模小，所以东部地区无法发挥其区位优势导致经济发展速度较为缓慢。而在改革开放政策的支持下，大量海外资金、先进技术和外资企业进入东部沿海地区市场，使得该地区的发展资源相对丰富，市场规模也明显扩大，为企业的发展提供了良好的环境，从而在微观层面上改变了东部沿海地区的经济增长模式。其次，在改革开放政策的支持下，沿海地区的自身地理位置优势极大地降低了国际贸易的运输成本，增加了该区域的比较优势，为该区域发展“三来一补”等外向型经济提供了良好的自然基础，再加上该区域内原有的产业经济基础，使其能够很容易地接纳外来经济并与之融合，并形成产业集聚和规模经济，也为该区域经济的持续发展奠定了坚实的微观基础。

由于地区发展水平差距持续拉大，国家为了促进中西部地区的发展提出了注重效率兼顾公平的第二阶段区域政策。其目的在于促进形成东中西三大区域发展的关联机制，但其政策效果没能达到预期。原因在于前10年东部沿海地区“两头在外”的外向型经济发展模式很大程度上仅仅在本省份或相邻地区内形成封闭式循环。且由于我国市场经济发展尚不完善，使得东中西部地区之间的市场处于分割状态，不能形成以市场为导向的相对合理的产业分工与合作体系，也就没有使东部地区形成对中西部地区较好的扩散效应。同时，东中西部地区以及东北地区的经济发展特征也形成了鲜明的对比，其不仅表现为外在经济发展指标上的差距，而且更深层次地表现为经济发展活力和产业结构的差距，如区域间企业、产业、市场和制度等方面都产生了明显的差别。

另外，从“四大板块”的三次产业在生产总值中的比重来看，东部地区在1978年的三次产业占比分别为第一产业占22%、第二产业占59%、第三产业占19%。随着改革开放的推进，东部地区的第二产业占生产总值的比重逐渐减小，在1986年第三产业产值所占比重逐渐超过第一产业所占比重，此时三次产业产值分别为第一产业23%、第二产业27%和第三产业50%，由于东部地区的产业结构升级的步伐不断加快，在2014年第三产业产值在生产总值的占比超过了第一产业和第二产业，占生产总值的48%，而其他第一二产业分别占46%和6%，这种趋势在2017年继续扩大，第三产业产值在生产总值占比超过50%达到52%。从上面数值可以看出，东部地区产业发展已经进入工业化后期。中部地区的第三产业发展相对于东部地区较为缓慢，直到1991年其产值才刚刚超过第一产业，占总产值的比重为30%，直到2017年才刚刚超过第二产业在生产总值中的占比。然而对于西部地区而言，它的发展不同于东中部地区，在改革开放刚刚开始时西部地区的第一产业产值逐渐超过二、三产业部地区，在1982年其在生产总值的占比达到最大值为41%，不过在全国推动工业化进程的背景下，西部地区第一产业的发展速度也开始落后于第二、三产业，其产值占比呈现逐年递减的态势，然而就第二、三产业来说，西部地区第二产业产值占比在2011年达到最大值51%，这标志着西部大开发战略对于西部地区第二产业发展起到了极大的促进作用，然而自2011年之后西部地区第二产业产值逐年下降并被第三产业在2016年超过，这标志着西部地区产业结构的升级进程一直在进行，并在近两年进入到工业化后期阶段。对于东北地区，纵观其四十年的发展，在改革开放初期由于新中国成立以来在东北地区大力发展重工业，所以第二产业产值占比在1978年达到最大值为64%，随着改革开放发展，东北地区的第二产业产值，占比呈逐年下降态势，第一产业发展相对平稳，第三产业发展速度最快并在2015年超过第二产业产值，占比为45.5%，在2017年更是达到了50.7%。这说明东北地区虽然人均GDP落后于东中西部地区，但其工业化进程一直在稳步推进，东北地区将逐步脱离以往经济发展依靠高污染、高能耗的重工业的状况，转而把第三产业作为今后的支柱产业。

8.2.2 基于区域发展总体战略的区域产业发展及布局特征

在经济发展过程中，一个国家或地区的各种生产要素总是要同时在产业和空间维度进行合理的配置和组合。生产要素配置于不同的产业之中，就形成了相应的产业结构。生产要素被配置到不同地区，便形成了一个国家的产业布局。一个地区经济发展水平越高，其产业结构水平就越高，产业布局也就能够促进当地的经济发展。也就是说，一个地区发展水平高不仅仅体现在高端的产业结构，而且还需要合理的产业布局。因为提供同等的生产要素，在产业间的不同配置以及在地区间的不同分配，其对当地的产业产出效率的影响是不同的。所以下文将对我国改革开放 40 年以来区域产业发展趋势及布局特征进行分析，以期总结出我国区域产业的发展脉络和发展趋势。

改革开放以来，我国政府将第一产业的健康发展作为我国经济高速增长的保障和基础，其中对于农业的发展更是尤为重视。党的十一届四中全会通过了《中共中央关于加快农业发展若干问题的决定》，明确提出要把发展农业作为我国发展的首要任务，我国必须要集中力量使在改革开放初期落后的农业尽快得到迅速发展，要正确地、完整地贯彻执行“农林牧副渔同时并举”和“以粮为纲，全面发展，因地制宜，适当集中”的方针。同时，为了保证决定的执行，中央还提出了二十五项农业政策、农村经济政策和增产措施，其中第二十三项就是关于农业，可见在改革开放早期，我国政府就对农业的发展十分重视。在改革开放推进过程中，中央政府要求对全国土壤、气象等自然条件进行普查，并推进农业结构调整、优化农业产业结构。在优化农业区域布局方面，在五年计划当中分别提出了要提高黄淮海平原、长江中下游平原和东北平原的粮食综合生产能力。在气候条件适宜区域建设经济作物产业带和名特优新稀热带作物产业带。加快构建以东北平原、黄淮海平原、长江流域、汾渭平原、河套灌区、华南和甘肃新疆等农产品主产区为主体，其他农业地区为重要组成部分的“七区二十三带”农业战略格局。分区域推进现代草业和草食畜牧业发展，为农业的区域专业化生产作了充分的规划。

为从总体上对东中西部及东北地区的我国第一产业在改革开放 40 年的发展状况以及区域间的发展差距进行研究，本章从《新中国六十年统计资料汇编》、《中国统计年鉴中》及各省统计公报中整理出三大区域从 1978 年到 2017 年第一产业的增加值数据，绘制出折线图（如图 8.2 所示）。

通过图 8.2 可以清晰看出，从 1978 年到 1990 年期间，东中西部三大区

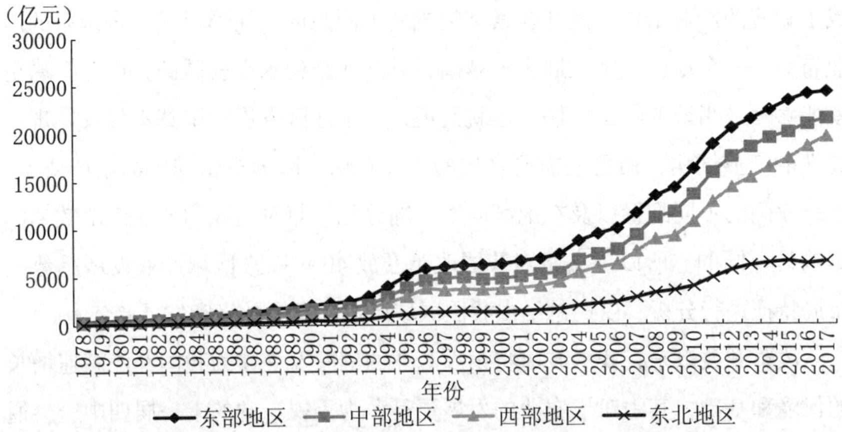

图 8.2　中国改革开放 40 年东中西部及东北地区第一产业增加值变化情况

域第一产业的增加值都在2000亿元以内，东部地区和中部地区第一产业增加值的差距从1978年的26亿元增加到1990年的400.7亿元，东部地区和西部地区的第一产业增加值的差距从1978年的142亿元扩大到1990年的796亿元，中部地区和西部地区第一产业的增加值的差距从1978年的115.9亿元扩大为1990年的395.7亿元，从1978年至1990年东中西部第一产业增加值总增长率分别为15.1%、13.7%、14.9%。从以上数据可以看出，在改革开放初期东中西部地区第一产业的发展基础差距就比较明显，经过13年的改革开放后，区域间的差距进一步扩大。从1990年到1996年这段时间内，我国进一步提高了改革开放的力度，市场经济体制的建设逐步完善，受此影响，东中西部地区的第一产业增加值的增长速度明显加快，1996年东中西部地区第一产业的增加值分别是1978年同区域的15.1倍、12.9倍和15.6倍，可见每个区域第一产业发展均得到了改革开放的红利，其中西部地区的增长速度最快，说明西部地区的第一产业发展得益于改革开放的深化以及区域平衡发展战略。且在从1990年到1996年这段时间内，我国东中西部第一产业增加值的年平均增长速度分别为18.7%、18.3%和19.7%，明显超过上一阶段。从图8.2可以明显看出1996年后折线斜率变小，说明随着改革开放的深入以及当时国内外的经济形势影响，我国政府开始了对经济结构的调整和宏观经济的调控，东中西部三大区域第一产业增加值的增长速度相较之前阶段出现了明显下滑，从折线斜率可以看出这种发展速度从 1996 年开始直到 2003 年才得以恢复。由于“十五”计划要求要把农业放在国民经济的首位，所以在国家政策的指导下，到 2003 年“十五”计划结束，农业为主的第一产业发展得以迅速恢复，东中西部第一产业增加值年均增长率为 13.8%、16.8% 和 15.6%。

东中西部地区第一产业增加值的增长速度经过 6 年的平稳后再次大幅度提高，说明我国“十五”计划期间对第一产业的扶持政策在三大区域都起到了明显的作用，但是各个地区自然条件和产业发展基础上的差异导致生产能力差距较大，使得在图 8.3 中各个区域间的第一产业增加值出现了持续扩大的趋势。为此，在 2004 年的“第一号文件”中提出了要继续加大对西部地区的支持力度，并在“十一五”计划之中提出促进区域协调发展的发展方式，来推进各地区平衡发展。

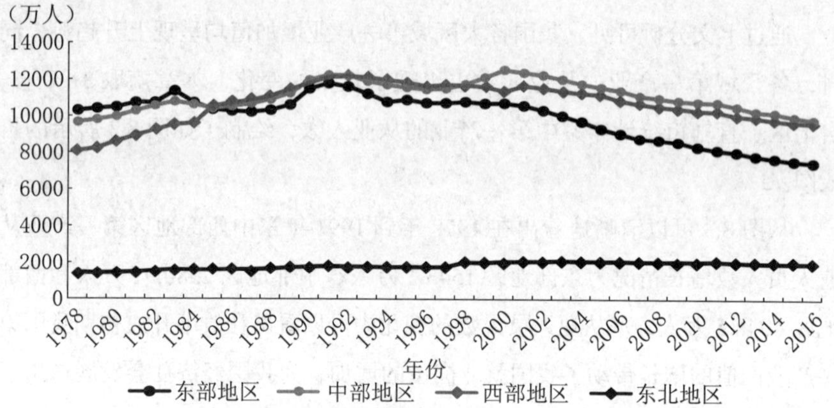

图 8.3　中国东中西部地区第一产业从业人数变化情况

以 2006 年为起点的“十一五”计划把我国由以“三大战略”为主要经济发展政策调整为东部率先、西部开发、中部崛起和东北振兴的“四大板块”模式，其中第一产业增加值的变化情况如图 8.2 所示，由图 8.2 可以看出从 2006 年到 2017 年东北地区第一产业的增加值较小，其他三大板块的第一产业增加值均超过东北地区，我国各地区自 2006 年到 2017 年第一产业增加值的差值为东部地区 13051.79 亿元、中部地区 10729.39 亿元、西部地区

13324.63 亿元和东北地区 4217.78 亿元。其中 2017 年年底四大区域第一次产业增加值分别是同区域 2006 年产值的 2.43 倍、2.75 倍、3.11 倍和 2.79 倍，可见每个区域的第一次产业均得到了发展，西部地区的增长更加明显，可以说明我国西部大开发战略对于西部地区第一产业的扶持取得了较大的成效。而东北地区的振兴计划对东北地区第一产业的发展起到了一定的促进作用，但需要进一步地提高第一产业的产业增加值。而且从图 8.2 可以看出，虽然我国各地区第一产业的发展速度存在差异，但是从总体上看我国各地区第一产业发展呈现出健康发展的态势。

另外，通过对第一产业产值在全国总产值的占比进行分析来看，“四大板块”第一产业产值占比在改革开放后的 40 年来基本处于稳定状态，其中东部地区占比 40% 左右，中部地区在 30%—36% 之间小幅度波动，西部地区由 1978 年的 24% 增长至 2017 年的 30%，东北地区则在 1% 左右波动，说明东中西部及东北地区第一产业发展较为稳定。

通过上文分析可见，我国各大区域第一产业增加值均呈现上升趋势，同时，各区域第一产业的从业人数也出现了较大的变化，本章摘取 31 个省、自治区、直辖市统计年鉴中第一产业的从业人数，绘制了如图 8.3 所示的折线图。

从图 8.3 可以清晰地看出在 1978 年到 1991 年东中西部地区第一产业从业人员人数增长情况为东部地区 1543.1 万人、中部地区 2580.97 万人和西部地区 4046.5 万人，从从业人员人数的变化中可以看出在改革开放初期我国第一产业产值的增长带动了我国就业岗位的增加，为我国经济社会发展作出了卓越的贡献。1991 年到 2005 年间东中西部地区第一产业从业人员的人数整体上处在下降的状态，但三大区域的变化特征却并不相同，说明三大区域在发展过程中由于各自的情况不同导致了从业人员的变化不同。如图 8.3 所示，中部地区在 1991 年后形态近似于 M 形走势，中间最低点在 1996 年，然后第一产业从业人员人数又开始增加，甚至超过了 1990 年的第一产业从业人数，并在 2000 年人数达到最大值，然后第一产业从业人员的人数又开始下降，在 2005 年达到最低点；相对中部地区从业人员的 M 形变化，东部地区的折线变化趋势比较清晰，基本上处于下降趋势，与中部地区折线变化的时间基本相同，东部地区在 1995 年出现了轻微反弹，年末就业人数出现了小幅度的增加然后保持平稳，在 1999 年以后第一产业从业人员人数再次开始大幅度下降，至 2005 年时下降了 2453.8 万人；西部地区第一产业年末从业人员人数的初始值最低，但其变化趋势与东部地区和西部地区不同，表现为明显的先增长再下降的趋势，其最大值出现在 1992 年，与 1992 年相比，2005 年的第一产业从业人员人数下降 939.6 万人。1991 年至 2005 年间，东中西部地区第一产业就业人员人数变化趋势表明东部地区主要以第二产业为经济发展重心，该区域的第一产业占比已经开始明显下降，产业结构比中西部地区更合理。

我国在区域发展战略中明确提出要利用东部地区的区位优势打造“世界工厂”的战略构想，需要把第一产业的从业人员转移到第二产业中去，所以该区域的第一产业就业人员人数在 1991 年后一直处于下降趋势。然而对于中西部来说，第一产业比重依然很大，而且从目前各地区的区位条件来看，中西部地区将是我国第一产业特别是农业生产的重要区域，而且我国政府的区域发展战略也明确提出要把中西部地区打造成为重要的粮食和农副产品生产基地，故中西部地区第一产业作为经济重要组成部分，其从业人员将保持在一定数量并超过东部地区。通过以上分析我们可以清晰看到，在 2005 年之前我国东中西部地区第一产业从业人口的变化和当地产业发展基础及国家政策息息相关。

2006 年以后我国东中西部及东北地区的第一产业从业人口数量基本处于下降趋势，这是由于我国在西部地区和东北地区分别采取退耕还林、退牧还草和加强黑土地水土流失治理的政策，以及对东北地区和西部地区土地荒漠化进行综合治理，导致了中西部地区耕地有计划的减少；同时，我国在全国范围内推广现代农业，使得农业生产多采用农机等机械化的生产方式，进一步推动了第一产业从业人员人数减少；此外，由于我国处于产业转型和城镇化高速发展的时期，大量农民进入城市转移到第二产业和第三产业工作，也导致第一产业从业人员减少。

从第一产业内部结构看，改革开放以来各区域农业和畜牧业产值基本均保持在农林牧渔产值的前两位（如表 8.3 所示），从 1978 年到 2008 年各个地区的农业产值占比都在下降，而畜牧业的产值占比均在上升，反映出改革开放以来我国居民生活水平不断提升，对肉蛋奶等畜牧业产品的需求逐渐增加。改革开放以来在历年五年计划中提出的提升畜牧业发展水平、提高畜牧业产值比重的政策要求使得我国的畜牧业科技水平极大提高，从而提高了畜牧业产量。然而从2008年到2017年，畜牧业产值占比由最大值逐渐减小，农业产值占比又有所回升，说明2008年之后由于受到经济危机的冲击，人们对于畜牧业产品的消费有所下滑，也说明我国所提出的“七区二十三带”农业战略格局在很大程度上促进了农业的发展。另外，针对各个区域进行分析我们可以看到，东部地区依靠其降水多河流湖泊密布的区位优势使得渔业得以迅速发展。

表8.3　中国东中西部及东北地区农林牧渔业产值之比

年　份	1978年	1988年	1998年
东部地区	78.1：3.7：14.5：3.7	60.7：4.3：25.6：9.4	54：3.2：26.4：16.4
中部地区	80.2：4.3：12.8：2.7	56.4：4.9：23.9：14.7	49.3：3.7：31.4：15.7
西部地区	75.7：3.9：19.5：1.0	61.4：5.0：31.9：1.7	62.4：3.6：30.9：3.1
东北地区	82.6：3.1：12.8：1.5	67.4：2.8：24.3：5.4	61：1.8：29.8：7.3
年　份	2008年	2017年	
东部地区	46.4：3.2：30.9：19.5	49.8：3.8：22.2：24.2	
中部地区	42.1：3.9：38.0：16.1	45.6：4.6：29.1：20.8	
西部地区	50.2：4.3：39.6：5.9	59.3：4.8：28.8：7.1	
东北地区	44.9：3.4：42.4：9.3	50.1：3.8：35.9：10.2	

资料来源：历年《中国统计年鉴》。

新中国成立以来，第二产业的发展一直是我国经济发展的重中之重，改革开放后我国政府把以工业为主的第二产业的发展放在经济发展的首位。故在对当时第二产业的发展现状进行深入了解后，中央政府提出了“统筹规划、合理布局、突出重点、尽力而为、量力而行、注重效益”的发展方针。同时，针对我国当时第二产业发展基础薄弱的问题，政府提出了要加快全国区域内基础设施建设和基础工业建设的要求。1994年，国务院审议通过了《90年代国家产业政策纲要》，明确提出第二产业是未来发展的重要方向，即把第二产业中的机械电子、石油化工、汽车制造和建筑业作为未来的发展重点，并使他们成为未来国家的经济支柱。在指出第二产业发展未来方向的同时，《90 年代国家产业政策纲要》在我国区域产业发展差距的基础上明确提出了产业空间的布局政策。另外，在五年计划中对于第二产业也提出了要提高以工业为主的第二产业的效率，以高新技术带动产业结构优化升级，还要振兴装备制造业，优化能源产业的发展。对于中部地区来说，要承接东部地区的产业转移，建设能源原材料基地、现代装备制造及高技术产业基地和一批战略性新兴产业和高技术产业基地；对于东部地区来说，要发展先进制造业，并把主要利用进口资源的重大项目，优先布局在沿海沿边的东部地区；对于东北地区来说，要对老工业基地产业结构进行调整，推进先进装备制造业基地和重大技术装备战略基地建设。

在上述产业政策以及全球性的产业转移的背景下，我国第二产业得以迅速发展，第二产业增加值的总量从 1978 年的 1771.2 亿元增长到 2017 年的 362632.63 亿元，如果不考虑通货膨胀等因素的影响，第二产业增加值在 40 年的时间内几乎增长了 200 多倍。与此同时，我国东中西部三大区域的第二产业增加值也都出现了显著的增加。改革开放以来，三大区域第二产业增加值的变化规律可以总结为如下几点：

第一，从第二产业增加值变化的方面看来，东中西部三大区域第二产业增加值的绝对值差距不断扩大，绝对值由 1978 年的 556.1 亿元、744.1 亿元和 188 亿元变化为 2005 年的 38573.68 亿元、45898.84 亿元和 7325.16 亿元（如图 8.4 所示）。但三大区域第二产业增加值变化趋势大致相同，在 1990 年前后开始进入一个高速增长的时期，其中东部地区增长速度最为明显，中西部地区第二产业增加值的变化则相对较小。在 20 世纪 90 年代末至 2005 年期间，三大区域第二产业增加值出现类似“拐点”的变化形态，首先是增长速度放缓，然后又继续以较高的速度增长，其中中部地区和西部地区回落最为明显，而东部地区相对较小，三大区域第二产业增加值变化趋势的相似性说明不同区域间的第二产业发展都受到了当时外部环境和我国产业政策的影响。

第二，从区域间第二产业增加值变化的角度来看，中西部地区的第二产业增加值的变化趋势基本相同，而东部地区的第二产业增加值与中西部地区相比有着较大的不同。中西部地区第二产业增加值在 1996 年这一年出现了明显的与之前的变化较为不同的不连续性（见图 8.4）。中西部地区的第二产业增加值增长速度分别由前一年的 22.5% 和 30% 下降到−0.2%，即中西部地区第二产业增加值增长出现了停滞，且西部地区在经过间断点后第二产业增加值下降和再次上升的波动幅度明显大于中部地区，但东部地区第二产业增加值的增长趋势没有发生明显的变化。三大区域第二产业增加值的同时变化反映了当时国内外经济环境变化，特别是与我国政府颁布的产业政策变化息息相关，1993 年我国政府针对当时国内投资过热和过高的通货膨胀率颁布了《中共中央、国务院关于当前经济情况和加强宏观调控的意见》，提出要遏制国内经济环境中投资过热和通货膨胀率高居不下的情况。受该调控的影响，到 1996 年，全国 GDP 增长率回落到 10% 以内，为 9.6%。与此同时，商品零售价格的增长率也从 1994 年的 21.7% 回落到 10% 以内，到 1996 年末降到 6.1%，通过宏观经济调整实现了中国经济的“软着陆”。但是受 1997 年亚洲金融危机以及当时以外向型经济为主的经济结构的影响，在 1997 年、1998 年和 1999 年国内经济发展速度连续三年下滑，其经济增长率分别为 8.8%、7.8% 和 7.1%。受宏观经济影响三大地区第二产业增加值也随着经济增长整体下滑的态势表现为增长速度下降。然而对于东部地区来说，由于其第二产业发展基础较好，加上其第二产业结构和成分要优于中西部地区，在 1993 年实施的宏观调控中受到的冲击较小，所以东部地区的第二产业增加值的增长趋势未产生较大变化。

第三，国家出台的各种产业政策和宏观经济环境对东中西部三大区域的第二产业的发展具有明显影响，具体表现为东中西部地区第二产业增加值变化趋势基本相同，但同时也存在差距，特别是东部地区在 1990 年后第二产业增加值的增长速度明显快于中西部地区，而 1996 年到 1999 年期间第二产业增加值表现为先降后升的 U 形，这些都体现了国家政策和外部宏观经济条件对三大区域第二产业的发展起到重要的影响。

总之，我国东中西部三大区域第二产业在 1978 年到 2005 年间取得了显著的发展，与 1978 年第二产业增加值相比 2005 年东部地区第二产业增加值增长了 59601.63 亿元，中部地区为 21584.05 亿元和西部地区的 14446.89 亿元，明显高于第一产业的增长速度。并且东部地区在第二产业发展过程中其发展阶段明显高于中西部地区，这就使得在面对 1993 年政府宏观经济调控时受到最小的影响，并在 1997 年到 1999 年亚洲金融危机和国内市场有效需求不足的情况下保持了第二产业持续高速增长。可见我国东中西部地区在 2005 年之前的发展差距还是比较明显。

进入 2006 年，由于国家区域发展政策改变，把原来的“三大区域”变为“四大板块”进行经济发展，东中西部地区第二产业发展总体趋势基本保持着自 1990 年以来的发展趋势（如图 8.4 所示），而且东部地区的发展速度远远快于中西部地区。受全球金融危机的影响，第二产业增加值在 2008 年增长速度放缓，但在 2009 年我国采取的扩大内需和“4 万亿元计划”等政策的影响下，我国第二产业得以迅速恢复之前的增长速度。从图 8.4 可以看出东北地区第二产业增加值呈现先增长后停滞的现象，这说明 2006 年受我国振兴东北地区等老工业基地政策的影响，东北地区的第二产业走出了改革开放后逐渐没落的阴霾，得到了一定程度的发展，但这种发展势头并没有持续很长时间，由于我国经济发展进入新常态，对第二产业产业结构进行了调整，在 2015 年之后我国实行供给侧改革，使得东北地区第二产业发展受到了一定的影响，从而导致东北地区第二产业的增加值呈现出下降趋势。但这种下降的势头在 2017 得到了改变，东北地区在经历第二产业内部产业结构调整之后第二产业产值相对 2016 年增长了 688.17 亿元。

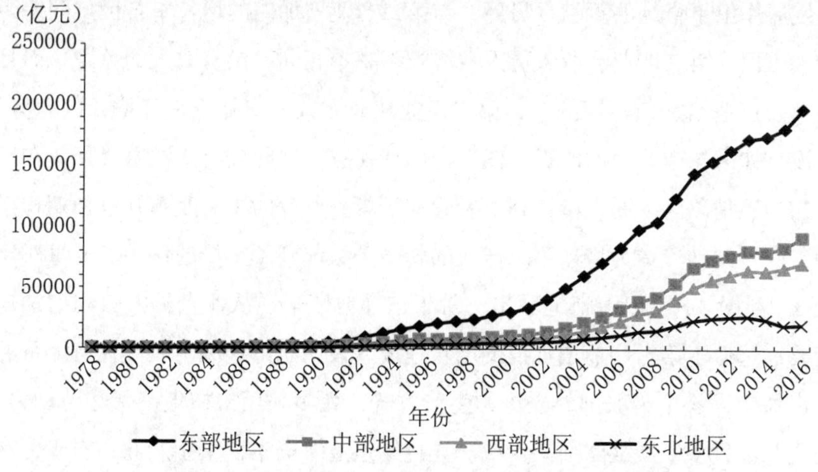

图 8.4　改革开放以来东中西部及东北地区第二产业增加值变化情况

通过对我国各大区域第二产业增加值的分析可以看出，自改革开放以来第二产业一直处于增长的状态，为了了解第二产业从业人口的变化，本文摘取了 31 个省、自治区、直辖市统计年鉴中第二产业的从业人数，绘制了如图 8.5 所示的折线图。

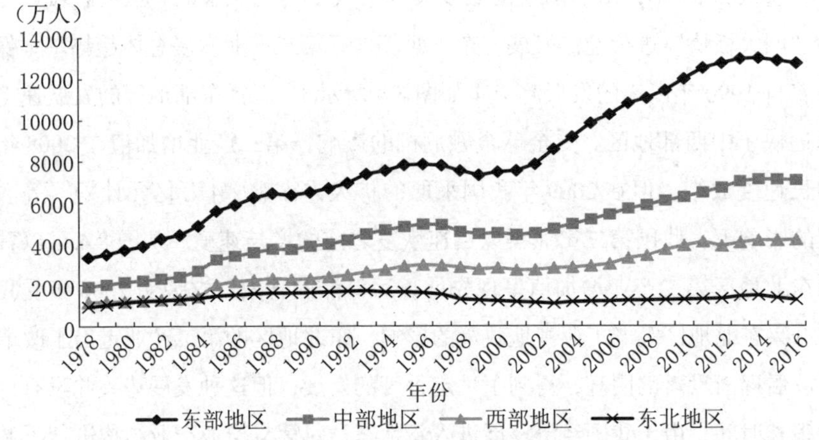

图 8.5　改革开放以来东中西部及东北地区第二产业从业人数折线图

从图 8.5 可以清晰地看出相较于 1978 年，2005 年东中西部地区第二产业从业人员分别是 1978 年从业人口的 3 倍、2.7 倍和 2.5 倍，这说明改革开放以来我国第二产业产值的增长带动了我国就业岗位的增加，为我国经济社会发展作出了卓越的贡献。另外，与第二产业增加值的增长率各区域间差距较大不同，第二产业从业人员人数增长率基本相同，没有太大的差距。而且与第二产业增加值不同的是，第二产业从业人数一直处于平稳增长的态势，并没有如第二产业增加值折线图一样出现拐点，据此分析我国第二产业在发展初期还是以巨大的人口红利发展劳动密集型产业为主，改革开放初期积累的工业基础和资本为将来第二产业的转型升级起到了重要的作用。通过对比图 8.4 和图 8.5 可以清晰地看出，对于东部地区来说从业人员人数的增加速度要远远低于第二产业增加值的增长速度，表明东部地区由于其拥有大量的沿海城市，易于吸取国外先进的生产方式，大多采用机械生产代替劳动力，而且东部大多发展战略新兴产业和先进制造业等资本密集型产业，对于劳动力的需求不大。反观中西部地区，第二产业从业人员的增长率基本与其增长率相吻合，说明中西部地区的第二产业组成大多以劳动密集型产业为主，且大多以能源开发和矿产资源生产为主。

另外从图 8.5 可以看出，三大地区第二产业从业人数在 1984 年后迅速增长，说明在该时间段内有大量的原本从事第一产业的从业人员进入第二产业进行生产劳动，这表明我国在“六五”计划实行期间切实加快了第二产业的发展，为劳动者创造出了大量的工作岗位；另外，改革开放后取消了对人们从业的限制，利用当时低廉的劳动力价格，引导外商投资建厂和地方开办乡镇企业，吸引了大量农村人口进入乡镇企业工作；也从另一个侧面反映出在改革开放初期我国第二产业发展还处于初级阶段，基本没有高新技术产业，所以对劳动力的素质要求不高，导致了大量从事第一产业生产的劳动人口能够顺利进入第二产业进行生产劳动。在 1996 年到 1999 年，我国三大区域第二产业从业人口数量出现了明显下滑，这主要受国家宏观调控和亚洲金融危机的影响。

相较于 2006 年之前第二产业从业人数的变化情况，在中央把“三大区域”转化为“四大板块”后，各区域第二产业从业人口变化趋势如图 8.5 所示，各区域第二产业从业人口基本保持着上涨态势，其上涨幅度与其第二产业增加值的变化幅度息息相关。从业人员的人数增长即第二产业发展的结果，同时也为第二产业的迅猛发展提供了根本保障。

从以上对第二产业基本情况的分析可以看出，我国东中西部地区及东北地区第二产业在 1978 年到 2017 年都取得了显著的发展，而东部地区的发展速度又显著地领先于中西部地区，并且东部地区由于其产业发展阶段比中西部地区领先，所以在面对国家宏观调控和亚洲金融危机及国际金融危机冲击时，当国内市场有效需求不足时仍然能够实现第二产业持续增长。目前我国第二产业发展阶段正处于工业化的进程中，虽然东中西部及东北地区第二产业的发展状况不同，但通过数据分析可以看到第二产业都在该地区 GDP 中占据很大的比例。同时，第二产业作为三次产业的关键一环，对第一、三产业的发展起着承前启后的作用，是社会物质财富和各种生产技术的主要创造者。国外和我国发达地区的实践经验都表明第二产业对国家和区域的产业发展具有重要的影响。首先，只有大力发展第二产业，才能解决农业产业化的问题，才能提高第一产业的生产效率。农业产业化的本质就是用工业机械设备和管理营销方式来进行农业的种植、加工和销售，所以第二产业是农业产业化的重要保障；同时，第二产业的发展不仅为第一产业提供了现代化的生产工具，而且也需要第一产业配合提供更高附加值的原材料，从而促进第一产业技术水平升级和产业增加值提高。其次，只有大力发展第二产业，才能为第三产业的发展、壮大奠定必要的物质基础。经济理论和世界各国的经济实践都表明，第二产业发展落后的国家或地区，不可能成功地发展第三次产业。因为工业为第三次产业发展提供了必不可少的物质财富和相关产业、资金、技术以及市场，所以工业的发展规模和水平很大程度上影响了一个国家或地区的第三次产业发展水平和发展状况。最后，只有大力发展第二产业，才能够稳定增加区域的财政收入和提高居民收入水平，才能够有力地促进区域科技不断创新，从而真正有效地增强区域综合竞争能力和整体经济实力。

另外从中国工业统计年鉴中计算数据可以得到，东部地区的重工业企业和轻工业企业的产值明显高于中西部地区重工业和轻工业的总产值，而且表现出逐年拉大的态势，这说明东部地区工业总产值远远领先于中西部地区工业总产值现象的出现是必然的结果，因为无论是重工业还是轻工业，东部地区的发展都已经显著地高于中西部地区的同类企业；中西部地区相比较，中部地区的重工业企业和轻工业企业的总产值都相对略高于西部地区同类企业的总产值，而且相对差距也越来越大，不过，中部地区轻工业企业和西部地区重工业企业的总产值相差不大，特别是 1998 年以后，西部地区重工业企业的总产值开始超过中部地区轻工业企业的总产值并保持差距拉大的势头。这说明中西部地区间轻重工业企业的发展虽然存在着一定的差距并有扩大的趋势，但同时也说明在国家产业政策大力扶持下，西部地区的工业发展也在加快，因而中西部区域间工业发展差距的变化趋势将可能显著不同于东部与中西部区域间工业发展差距的变化趋势；另外重工业企业总产值和轻工业企业总产值相比较，东中西部三大区域的重工业企业生产总值均大于该地区的轻工业企业的生产总值，这说明重工业从投入、生产到最终产出的整个过程中对区域工业总产值的贡献都高于轻工业。

从经济发展规律可以看出，在经济发展到一定程度时，受资源和环境约束以及企业对利润的追求的影响，区域经济在发展过程中势必会对其区域内的产业结构进行调整以满足经济发展的需要。其产业结构升级的路径大致是使产业重心从第一产业向第二产业转移，然后再把产业发展的重心由第二产业向第三产业转移。这种经济发展规律的存在是由于第三产业具有较强综合生产性和高度的社会属性，其劳动生产率要远远高于第一产业和第二产业。第三产业不仅能够创造出更多的社会价值，为经济发展提供更多的支持，同时第三产业发展以其环境友好性和能够为社会提供大量就业岗位等原因成为经济发展重要的一环。另外，随着经济社会发展，第一产业和第二产业的发展也越来越依赖于第三产业的快速发展，这是因为第三产业能够为它们提供大量的生产信息、先进的生产技术、培养高素质的工人以及为生产提供完善的服务。此外，第三产业的发展能够吸收农村富裕劳动力，以实现农村人口向城镇地区转移，推动了我国城镇化的进程，因此，第三产业的发展程度已经成为评判一个地区经济发展水平的标准之一。

改革开放以来，我国政府一直注重第三产业的发展，在 1994 年通过的《90 年代国家产业政策纲要》中就强调全国各级政府都要重视发展第三产业，以此来优化各地区的产业结构；2000 年，国家经贸委产业政策司提出要制订鼓励第三产业发展的若干政策，拓宽产业政策的工作空间，促进第三产业的发展，一方面是想让第三产业成为 21 世纪我国经济新的增长点，另一方面也为国有企业体制改革后造成的失业人口提供大量的就业岗位以维护国家和社会的稳定。在五年计划中也多次对第三产业的发展提出了很多政策上的支持，具体要求是在继续发展商业和生活服务等传统产业的基础上，继续发展战略新兴产业，发展生活性服务和拓展生产性服务业，打破垄断，放宽准入领域，建立公开、平等、规范的第三产业准入制度。鼓励社会资金投入服务业，提高非公有制经济比重。公共服务以外的领域，要按照营利性与非营利性分开的原则加快产业化改组。

从上文对于我国政府对第三产业颁布的政策的简要回顾可以清晰地看出，我国政府对于促进第三产业发展的政策在制定上越来越详细，也突出了第三产业在我国未来发展中的重要地位。不过，由于各个区域的经济发展基础和产业发展阶段不同，这就导致了它们在第三产业的规模、发展速度和利润率等方面并不均衡，因而需要对我国各区域的第三产业发展状况进行详细分析，以求正确认识我国各区域第三产业的发展状况和第三产业发展特点，更好地依据各区域第三产业发展的实际状况来制定行之有效的发展政策，从而能够有效地推动各区域第三产业的健康发展。由此，本文将利用各省、自治区、直辖市统计年鉴中第三产业增加值和第三产业从业人口在改革开放四十年的数据的变化做成折线图来分析各地区第三产业自改革开放以来的发展状况。

从图 8.6 我国东中西三大区域的第三产业增加值从 1978 年到 2005 年增长折线的变化趋势可以清晰地看出，各区域间第三产业增加值差值随着时间推移正在逐渐拉大，其变化的基本情况规律表现为如下几点：

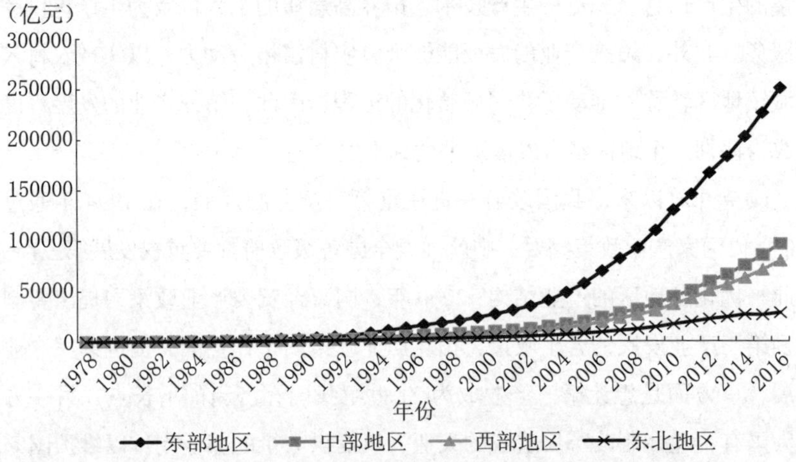

图 8.6　改革开放后中国东中西部及东北地区第三产业增加值折线图

首先，从第三产业增加值的变化情况来看，虽然东中西部三大区域第三产业增加值的差值随时间越来越大，但是自 1978 年的改革开放以来其折线的变化形态基本相同，即东中西部三大区域的第三产业增加值均在 1990 年前后步入高速增长的阶段，东部地区增长变化最为显著，中西部地区的变化则相对来说较小；并且在 90 年代末期至 2005 年这段时间里，东中西部地区第三产业增加值都先以较慢的速度增长，然后又继续高速增长，然而中西部地区折线的回落比较显著，而东部地区相对较小。三大区域第三产业增加值的折线变化的相似性说明不同地区的第三产业发展均受到了国家政策和外部环境变化的影响。

其次，从各区域第三产业增加值变化的角度来看，东部地区和中部地区的第三产业增加值折线的变化趋势较为相似，但西部地区的第三产业增加值的折线变化则有些不同，从图 8.6 可以清晰地看出西部地区第三产业增加值在 1996 年这个时间点上出现了明显的与之前变化的不连续性，但总体来看东中西部地区第三产业增加值的增长态势并没有发生改变。而且西部地区第三产业的增加值的变化趋势大致与第二产业增加值的变化趋势相同，说明西部地区整体产业对于我国政策调控比较敏感。另外由于东中部地区基础设施比较完善，经济发展基础较好，东中部地区第三产业发展水平要远高于西部地区。因此，在国家宏观调控的政策下，西部地区受到的冲击要远高于其他两个地区，而东中部地区，特别是东部地区由于其第三产业发展水平要远高于其他两个地区，所以在国家宏观调控的背景下能够尽享改革红利促进第三产业发展。

再次，综合考虑第三产业增加值和其所在区域的情况，1978 年到 2005 年间国家出台的产业政策对于东中西部地区第三产业的发展有着深刻的影响，具体体现在三大区域第三产业增加值变化曲线基本相似但又存在着各自的特点，特别是东部地区第三产业增加值在 1990 年以后飞速增长，逐渐与中西部地区拉开了差距，且在 1997 年到 1999 年亚洲金融危机期间东部地区受到的影响又高于中西部地区，这些都体现出国家政策、产业发展水平以及外部环境的变化对不同区域的第三产业的发展起到了不同的影响。

最后，从图 8.6 可以看到 2006 年以后东中西部地区继续延续 2005 年之前的增长趋势，东部地区第三产业的增加值与中西部地区的差距随时间推移越来越大。且中西部地区第三产业增加值自 2006 年至今的增长趋势完全相同，说明我国中西部地区第三产业发展水平基本相同，说明我国区域平衡的发展政策应该进一步加强，对于东北地区来说第三产业增加值总体上呈增长的态势，但是其增长速度明显落后于东中西部地区，说明我国东北振兴计划实施效果没有达到预期水平，还应该进一步对东北老工业区的振兴找到行之有效的方法，以期推动东北地区的全面发展。

从上文对于第一产业增加值和第一产业从业人员人数变化的分析可以清楚地看出，第一产业的从业人口基本处于下降的变化趋势，但我国总人口在改革开放后一直处于上升态势，说明第一产业的从业人员在进行产业间的转移。而本节对于第二产业的分析则说明，各区域发展第二产业需要劳动力供给，但从业人员的变化来看，第二产业的从业人员的增长幅度远远落后于第二产业增加值的增长幅度，特别是对于东部地区来说。从以上两点可以清楚地表明，从第一产业转移出的劳动力大量进入了第三产业，推动了第三产业的发展。与此逻辑推断相符，随着各区域第三产业增加值的整体上升，第三产业的从业人员人数也出现了整体上涨的态势。本章收集了从1978年至2017年各省、自治区、直辖市的统计年鉴中第三产业年末从业人口的数据，绘制出了如图8.7所示的折线图。

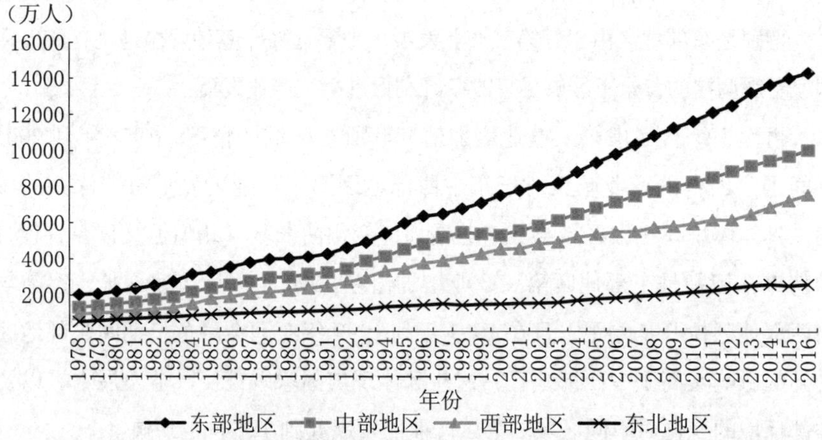

图8.7 中国东中西部及东北地区第三产业从业人数折线图

从图8.7中可以看出在1978年至2016年间，我国东中西部地区三大区域的第三产业的从业人员人数都出现了明显的增长。与图8.2所示的东部地区第一产业从业人员人数大幅度下降相对应，东部地区第三产业从业人员人数在大幅度上升，从1978年到2016年间，东部地区的第一产业从业人员人数减少了2837.5万人，而第三产业的就业人口增加了12328.9万人。中西部地区的第三产业从业人员人数分别增加了8749.62万人和6629.05万人，而同期中西部地区第一产业从业人员人数分别增加了163.65万人和1551.24万人，可以看到在40年间东中西部三大区域的第三产业新增就业人数达到了27707.57万人。可见，第三产业增加不但吸收了第一产业转移就业人口，而且还为新增就业人口提供了大量的就业岗位；中西部地区第三产业从业人员人数的增长速度虽然没有东部地区增速度快，但也显示出稳定的增长态势。

根据中国经济社会发展统计数据库提供的1994年到2016年第三产业产值数据可以看出，东中西部在第三产业内部结构也出现了区域差异，本文以1994年对于第三产业内部产业的划分为准，把第三产业分为：交通运输、仓储和邮电通信业；批发和零售贸易、餐饮业；金融业；房地产业以及其他行业，并以5年为一个时间段以对数据进行处理，进而得到第三产业内部各产业间总产值比值，如表8.4所示。

从表8.4我们可以看出第三产业内部交通运输、仓储和邮电通信业总产值占比在经历小幅度增加后急剧减少，这说明在2000年以前我国大力发展

表8.4 中国东中西部及东北地区第三产业产业结构变化

年　份	1996年	2001年	2006年
东部地区	18：31：15：8：27	19：28：11：10：32	13：27：10：12：38
中部地区	20：28：13：7：31	22：26：7：9：36	17：26：6：9：43
西部地区	19：31：11：6：34	21：26：8：9：36	17：25：7：9：41
东北地区	18：31：16：6：30	20：32：6：7：35	15：31：6：8：40
年　份	2011年	2016年	
东部地区	11：29：14：12：35	8：25：16：11：41	
中部地区	13：28：9：9：41	10：23：13：9：45	
西部地区	15：27：12：8：39	10：22：15：10：42	
东北地区	13：29：8：10：40	10：28：13：8：41	

资料来源：历年《中国统计年鉴》。

基础设施建设，为交通运输、仓储和邮电通信业的快速发展奠定了良好的基础，所以在1996年到2001年各地区的数据均显示该产业总产值占比有所增加。而进入21世纪后随着网络技术的发展和国家科技兴国战略的实施，在第三产业内部分类中归为其他产业、以计算机服务和软件业为代表的高科技产业迅速崛起，彻底改变了第三产业的产业结构，使原本在第三产业中占主导地位的传统服务业总产值占比在逐年萎缩。另外从产值占比我们可以清晰地看到，批发和零售贸易、餐饮业的占比基本保持稳定，说明该产业的增长速度基本与第三产业的增长速度一致。另外从金融业在总产值的占比来看，

各个地区的占比有所差异，其中东部地区所占比重最大，而其他三个地区相对较小，金融业的发展是推动当地腾飞的主要动力，所以从该数据可以看出东部地区的发展速度高于其他几个地区，一部分原因在于其金融业能够提供足够的支持来推动经济发展。另外从东北地区金融业总产值所占比重来看，在 20 世纪末由于我国对重工业产品需求旺盛，导致了以重工业为主的东北地区的经济高速发展，这极大促成了金融业的发展，使得其产值占总产值的 16%，超过了同期的东部地区。进入 21 世纪后由于我国重工业产品产能过剩，东北地区经济加速下滑，从数据中可以看出金融业的总产值占比出现较大幅度下落，而进入 2006 年以后国家提出振兴东北的计划，这就使得东北地区得到了国家的扶持，在第三产业产业结构中就表现为金融业总产值占比在不断上升。中西部地区金融业总产值也表现为不断增长的态势，所以各地区经济处于健康发展的状态。

以上是对改革开放以来我国“四大板块”区域产业发展中的三次产业的发展状况及其内部产业结构的分析，我国依据自然条件和经济基础在 2011 年提出了《全国主体功能区规划》，使得区域产业发展战略在原有“四大板块”的战略基础上进一步细化，使得产业布局能够适应各个地区的发展，其具体产业布局情况如表 8.5 所示。

表 8.5　中国城市群的产业布局情况

城市群	产业布局情况
京津冀城市群	全国科技创新与技术研发基地，全国现代服务业、先进制造业、高新技术产业和战略新兴产业基地，我国北方的经济中心
辽中南城市群	全国先进装备制造业和新型原材料基地，重要的科技创新与技术研发基地，辐射带动东北地区发展的龙头
山东半岛城市群	全国重要的先进制造业、高新技术产业基地，全国重要的蓝色经济区
长三角城市群	有全球影响力的先进制造业基地和现代服务业基地，全国科技创新与技术研发基地
珠三角城市群	构建有全球影响力的先进制造业基地和现代服务业基地
冀中南城市群	重要的新能源、装备制造业和高新技术产业基地，区域性物流、旅游、商贸流通、科技文化和金融服务中心
太原城市群	资源型经济的转型示范区，全国重要的能源、原材料、煤化工、装备制造业和文化旅游业基地

（续表）

城市群	产业布局情况
呼包鄂榆城市群	全国重要的能源、煤化工基地，农畜产品加工基地和稀土新材料产业基地，北方地区重要的冶金和装备制造业基地
哈长城市群	全国重要的能源、装备制造基地，区域性的原材料、石化、生物、高新技术产业和农产品加工基地，带动东北地区发展的重要增长极
东陇海城市群	新欧亚大陆桥东方桥头堡，我国东部地区重要的经济增长极
江淮城市群	承接产业转移的示范区，全国重要的科研教育基地，能源材料、先进制造业和科技创新基地，区域性高新技术产业基地
海峡西岸城市群	东部沿海地区先进制造业的重要基地，我国重要的自然和文化旅游中心
中原城市群	全国重要的高新技术产业、先进制造业和现代服务业基地，能源原材料基地、综合交通枢纽和物流中心，区域性的科技创新中心
武汉城市群	全国重要的综合交通枢纽、科技教育以及汽车、钢铁基地，区域性的信息产业、新材料、科技创新基地和物流中心
环长株潭城市群	全国重要的综合交通枢纽以及交通运输设备、工程机械、节能环保装备制造、文化旅游和商贸物流基地，区域性的有色金属和生物医药、新材料、新能源、电子信息等战略性新兴产业基地
环鄱阳湖城市群	区域性的优质农产品、生态旅游、光电、新能源、生物、航空和铜产业基地
北部湾城市群	区域性的物流基地、商贸基地、加工制造业基地和信息交流中心
成渝城市群	全国重要的高新技术产业、先进制造业和现代服务业基地，科技教育、商贸物流、金融中心和综合交通枢纽，西南地区科技创新基地
黔中城市群	全国重要的能源原材料基地、以航天航空为重点的装备制造基地、烟草工业基地、绿色食品基地和旅游目的地，区域性商贸物流中心
滇中城市群	全国重要的烟草、旅游、文化、能源和商贸物流基地，以化工、冶金、生物为重点的区域性资源精深加工基地
藏中南城市群	全国重要的农林畜产品生产加工、藏药产业、旅游、文化和矿产资源基地，水电后备基地
关中—天水城市群	全国重要的先进制造业和高新技术产业基地，科技教育、商贸中心和综合交通枢纽，西北地区重要的科技创新基地
兰州—西宁城市群	全国重要的循环经济示范区，新能源和水电、盐化工、石化、有色金属和特色农产品加工产业基地，西北交通枢纽和商贸物流中心，区域性的新材料和生物医药产业基地
宁夏沿黄城市群	全国重要的能源化工、新材料基地，清真食品及穆斯林用品和特色农产品加工基地，区域性商贸物流中心
天山北坡城市群	全国重要的能源基地，西北地区重要的国际商贸中心、物流中心和对外合作加工基地，石油天然气化工、煤电、煤化工、机电工业及纺织工业基地

资料来源：《全国主体功能区规划》及各地方政府规划。

8.3 改革开放以来中国区域产业发展的绩效评价与经验教训

8.3.1 改革开放以来中国区域产业发展战略的绩效评价

从区域产业发展的经济结果来说，不论从2005年之前的东中西部地区看，还是从2006年加入的东北地区看，各区域人均GDP均呈现显著增长趋势，这表明各区域产业总体发展趋势是良好的，区域产业持续快速发展，有效地促进了整个区域的经济发展，增加了广大人民群众的收入，人民群众的生活水平稳步提升。从产业增加值方面看，东部地区的产业增加值增速远远高于其他地区，东部地区的优势持续扩大，虽然中西部地区产业增加值稳步上升，但与东部地区的发展水平尚存距离。东北地区形势不容乐观，不论经济总水平还是产业发展水平都不如其他地区，我国在以后区域产业战略的制定中要多加偏斜东北地区。值得注意的地方在于原先东部地区与中西部地区的经济发展水平差距并没有实质性缩小，虽然我国实行协调区域发展战略，政府也出台相关政策平衡各区域之间的差距，但是最终的结果距离理想的状态还有待提高。这一点在以后实施的区域产业发展战略中，仍然是值得关注的重点，适度的差距可以使得区域与区域之间、产业与产业之间进行良性的竞争，差距过大将严重影响国民经济的良性运行、社会的稳定发展和现代化战略目标的实现。

从四大区域的三次产业分析中可以看出东中西部和东北地区的产业结构变化的一些特征：东部地区的产业结构演变最快，而东北地区产业结构演变最慢。我国东部地区由于先天经济发展占有以及对外开放程度较高等因素的影响，产业结构的演变过程最为合理，出现的波动较小，从目前的区域产业发展战略的结果分析，东部地区在产业发展的道路上依然会领跑中西部和东北地区，继续充当经济转型的排头兵，东部地区的经济结构会继续更多更快地转向第三产业，但是，东部地区在各生产要素成本持续升高的情况下，会更多地转向生产要素驱动和创新驱动，东部会向中西部进行更多的产业转移，在这一过程中东部地区可能会在区域产业发展中出现“阵痛”。中部与西部地区产业结构的变化基本相同，中西部地区产业结构演变明显落后于东部地区，目前整体上刚迈过第二产业加快发展的阶段，细微区别在于西部与中部，第三产业与第二产业之间的差距较小，第三产业发展势头略好，这也是西部地区在西部大开发战略中积极主动促进产业结构升级的表现。2006 年以来东北地区三次产业时间序列的三条回归直线几乎是呈水平平行状态分布，也就是说，东北地区三次产业结构几乎没有发生任何实质性的演变。直到最近几年，东北地区在“去库存”、“去产能”，优化企事业机构软环境“补短板”等方面进展顺利，供给侧结构性改革成效出现，第三产业比重才超过第二产业，这表明东北地区的产业转型才刚刚开始，“振兴东北”的道路仍然需要长期艰苦的努力。

从创新能力来说，改革开放以来区域产业发展战略的实施，有效地促进区域之间发展能力的提升，但区域之间发展能力表现不同。东部地区研发投入远高于中西部和东北地区，区域中新兴产业迅速发展，经济发达的东部地区新兴产业逐渐向高端领域延伸，在区域产业结构优化升级和经济转型发展中起到引领作用。京津冀地区的信息技术行业、航空航天行业和生物制药行业等促进了京津冀地区产业的协同发展，珠三角地区的新型电子产业集聚群构成珠三角地区的特色优势产业，带动本区域经济的转型发展，东部地区的创新驱动能力会将继续带动本地区产业的发展。中西部地区和东北地区靠政府投资驱动较多，创新能力较低，在今后区域产业发展中，要注重中西部地区和东北地区创新能力的发展，理念、技术和制度的创新。

8.3.2　改革开放以来中国区域产业发展战略的经验总结

改革开放四十年以来，我国东中西部地区各产业都经历了高速增长，我国区域产业发展战略也从非均衡的发展战略转变为区域协调发展战略。

首先，以经济增长为核心的非均衡发展战略成功推动了我国经济的快速发展与整体实力的显著增强。其中东部地区发展最为迅猛，三次产业增加值由 1978 年的 385 万元、1023.8 万元、334.8 万元分别增长到 1999 年的 6225.92 万元、24269.09 万元、20336.49 万元。尽管 1999 年我国实施了西部大开发战略，但这并没有影响东部地区的经济增长，到 2017 年东部沿海地区三次产业增加值分别达到 24312.34 万元、198384.57 万元、250925.78 万元，以效率为中心的区域发展战略取得了预期成效。

其次，区域发展战略演变由东向西和由南向北的空间渐进模式是颇具中国特色的成功探索。改革开放前期注重效率的非均衡发展战略聚焦于东部地区，不仅使得东部各省市经济发展速度都获得了明显提高，更为带动整体经济发展奠定了基础。从我国从非均衡发展向相对协调发展转变来看，最初的方式主要是财政支持和转移支付，而不是产业布局调整等手段，并且将发展的重心放在自然地理差异最大的西部地区，这样既避免了兼顾公平对东部地区空间集聚和发展速度的负面影响，又可以使得在实现空间平等方面能够短时间内取得成效。

最后，从我国改革开放以来制定的区域产业发展战略来看，政府在开始阶段多把资金用于基础设施建设，通过对基础设施的建设来加快区域产业发展。当基础设施建设逐步完善之后，政府在区域产业发展战略的落脚点在于鼓励地方发展特色及优势产业，以此来带动该地区上下游产业的发展，形成产业集聚，并通过优势特色产业参与区域分工与合作。同时，政策的重心也将逐步从以直接的资金支持为主转向鼓励创新为主，包括鼓励技术创新、制度创新及管理创新等方面，希望通过各种创新来推动区域经济的持续发展，而不是单纯地依赖政府的资金支持。并且，政策的重点也将从特定区域转向特定产业及企业。

8.3.3 改革开放以来中国区域产业发展战略实施中存在的问题

改革开放以来，我国的发展战略极大地推动了各产业的高速发展，但是东中西部地区发展差距正在进一步拉大。其具体原因主要有以下几点：

第一，我国在制定区域政策时对政策适用主体的发展阶段和特征认识不到位，造成了区域政策在制定过程中过于单一和创新性不足。由于各个地区所处的地理位置不同，特别是东部地区和中西部地区的区位差别明显，这不仅表现在中西部地区距离海岸线较远导致的对外贸易的运输成本的增加，还表现在经济欠发达导致的人口密度小以及市场分割和分散化严重，同时也体现在历史和文化传统上的差异导致发展观念和制度存在差别，而区域经济政策在制定时没有因地制宜的创新，仍然沿用改革开放初期东南沿海开发所采取的国家资金的投入和政策优惠等传统措施。尽管政府希望通过政策手段来吸引资本和企业由沿海地区向中西部地区渗透，进而促进中西部地区的经济发展，从而缩小东中西部地区的差距。但是，对于市场经济来说，成本—收益法则是调配资源的基本规则，对于以追求利润最大化为天性的资本和企业来讲，中西部地区无法提供与东部沿海地区同样的发展条件和机会时，导致了资本和企业在进入中西部发展时面临着极大的不确定风险，导致了中西部投资不足的现状。所以，我国在制定区域政策时应该注意因地制宜，根据不同的地区制定相应的产业发展政策。

第二，改革开放以来我国在区域战略执行过程中没有形成区域产业发展联动机制，东中西部地区产业发展关联性一直处于较低的水平，这就导致了中西部地区在产业发展过程中很难完全承接东部地区的产业转移，导致了一部分产业外流到东南亚国家。总体上看，该问题的出现主要有主观原因和客观原因两部分，虽然在产业经济学中存在着梯度推移理论，但在实际发展过程中，如果区域间经济发展基础差距较大，梯度相差过大，人文历史和政策也不相同，或还存在其他影响因素，那么实现产业转移就比较困难。目前，我国东部地区已经进入到工业化进程的中后期，又由于经济全球化进程的逐步深入，就导致无论在需求方面还是供给方面东部地区都没有对中西部地区产业形成足够的依赖，依然依靠外向型经济为主，发展“以进带出”的产业经济发展模式，对外依存度要远远高于中西部地区。而对于中部地区而言，有部分经济发展较好的省份凭借其自然资源优势也只能处于工业化中期，而大部分中西部地区还处于工业化初期向中期过渡的时期，市场需求小，人均收入低，区域间经济发展落差比较大，产业转移很难在东中西部地区进行。同时，依据省级行政区划分而形成的东中西部三大区域并没有形成相应的协调发展机制和相关组织机构，虽然我国政府不论是在五年计划中还是在其他关键时间节点上都在进行宏观层面的区域发展调控，但作为协调者出现的中央政府必然存在着与地方政府在利益分配上的博弈，这就导致在东中西部地区很难形成有效的分工协作以及合理的产业转移，导致了中西部地区地方政府为了接受产业转移而形成了区间竞争。所以，目前我国区域间的产业转移不但缺乏客观层面上的产业基础，同时也缺少主观层面上政府的制度支撑。

第三，我国在制定区域政策时的目标主体有待明确，否则在中西部地区难以形成足够体量的增长极。我国中西部地区包含20个省、自治区、直辖市，幅员辽阔，加之其自然地理环境复杂，导致了区域分割现象严重，各省市自治区在人文历史方面差距较大。这就导致了区域在产业协调发展过程中存在困难，使得对产业未来发展的规划体现较大的差异性，因而区域政策不能对具体问题进行具体分析，对特定地区执行特定政策，反而会由于政策涵盖地区过多而削弱区域产业发展战略的影响，出现顾此失彼的现象。另外，由于我国中央政府的财政制度和能力尚不成熟和完善，在东中西部如此大的区域内执行区域政策，会使转移支付和固定资产投资出现"瓶颈"。所以，如果不对中西部地区进行更详细的划分以制定区域产业发展政策，就无法在短期内实现中西部地区产业发展速度的高速增长。区域政策如果无法与作用对象相匹配，区域产业发展的增长极就难以实现。以均衡发展为重心的区域产业政策的演变是为了缩小东中西部发展差距，提高我国国民整体福利水平，解决改革开放以来区域发展不平衡的问题。但是，由于中西部地区受到其自身经济发展基础和自然环境的限制，只能发展以原材生产为主的第二产业和传统第三产业，这就导致了其经济增长模式正处于内尔森式的低水平均衡之中。所以，即使中西部地区拥有后发优势和区域产业发展政策的倾斜，也需要在相当长的时间里以稳定的政策导向来打破低水平的均衡进而走出"贫困性循环"，从而才有可能赶上或与东部地区发展齐头并进。

第四，我国在实施西部大开发和中部崛起等产业政策时，在加大政府转移支付和政策倾斜的同时，也要看到对于中西部地区的发展来说，不能单纯依靠目前所存在的东部产业转移和"扩散效应"，而应该按照市场规律来制定符合中西部情况和产业发展阶段的区域产业政策，真正利用所在地自身的区位优势，发展特色产业或承接东部地区适合的产业转移。从上面的数据可以清晰地看到我国西部大开发和东北老工业基地振兴计划的实施有一定的效果，但成效并不特别显著，所以，如何挖掘不发达地区产业发展潜力及提升企业能级将是未来区域政策的指向，只有这样才能在不发达地区吸收更多的劳动力进行生产活动，才能保障当地居民人均收入水平的提升和福利条件的提高，并有利于中西部地区更好地接受东部转移的产业，进而缩小东中西部区域差距。

第五，振兴东北老工业基地的区域政策已经颁布十几年，从目前的情况看东北地区的发展尚未脱离增长的谷底。当然，东北地区增长动力不足也是多方面的原因所致：一是东北地区传统农业的成本优势可能在逐步丧失；二是第二产业由于在以往发展过程中多以重工业为主，资源消耗严重，后备资源储量严重缺失；三是东北三省产业结构同质化严重，不能发挥各区域的比较优势，导致了其在转型过程中往往会出现地区之间的竞争，区域分割和区域保护主义产生，从而造成区域资源优势的巨大浪费，进而导致战略实施效果大打折扣；四是东北地区受气候收入等因素影响，人才及劳动力流失问题严重。

8.4　中国区域产业发展的未来趋向、思路及政策建议

8.4.1　中国区域产业发展战略的未来趋向

第一，区域发展总体战略由改革开放初期不平衡的区域发展战略向以区域功能协调为主的区域发展战略演变，区域产业的功能定位将会明确。东中西部地区和东北地区将根据自身的功能定位及区域分工进行差异化发展，并结合国家的空间发展整体战略，寻求获得不同的增长动力与产业发展空间。东部地区会在国家的宏观调控下加快自身产业结构的调整与升级，其第三产业将是未来区域产业发展的重要方向。东中西部地区和东北地区的产业发展战略则重点关注区域中的资源基础及原有产业基础等优势，不断在承接产业转移与自身产业提升中寻找产业突破。

第二，区域产业发展及分工合作将会深化，区域一体化及区域产业集群化特征明显，城市群成为产业集聚的主要空间载体。随着交通运输成本的降低及专业化分工的优势现实，产业区域分工及一体化的趋势将更加明确，从产业间到产业内分工，分工水平更加细化，区域产业网络形成及集群化特征将更加突出，同时城市群成为产业发展依托的主要空间载体。核心城市及全球城市的能级水平将依赖于企业的能级及其全球配置资源的能力，企业网络与城市网络交织在一起，城市群与企业集群相互影响，世界级城市群与世界级产业集群也相互映衬。

第三，产业分工合作的区域将更加多元。如京沪高铁和沪深高铁的全线贯通标志着我国由北到南的几大自贸试验区如天津自贸试验区、上海自贸试验区、福建自贸试验区和广东自贸试验区被串联了起来，甚至形成一个新的经济带，它们之间的产业的分工合作会由于交通运输的改变呈现出新的活力。而“一带一路”倡议的实施将串联起上海与陕西、甘肃、青海、宁夏、新疆、重庆、四川、云南、广西各地区的联系，这将破除原有东中西部联动产业发展的桎梏，以“一带一路”倡议为基础发展新的区域分工合作方式。

第四，随着城市化推进、区域格局的变化和竞争，步入了城市群竞争阶段。我国各城市群的产业发展趋向也各不相同，其中对于京津冀城市群来说要建立一体化环境准入和退出机制，建立合理规划产业布局，形成区域间产业合理分布和上下游联动机制。而对于长三角城市群来说，以其目前的产业结构和产业发展状况来看，其产业发展目标是要建设成为全球重要的现代服务业和先进制造业中心；珠三角城市群产业未来发展趋向是由目前的外资导向型工业化发展模式转变为国际国内共同发展模式；对于中原城市群来说要承接东部地区产业转移，成为西部地区资源输出的枢纽和核心区域、中国经济发展新增长极、重要的先进制造业和现代服务业基地。

8.4.2 中国未来区域产业发展战略的主要思路

改革开放以来，随着我国区域发展战略以及区域产业政策的实施，区域经济和产业得到快速有序的发展，但在发展过程中，针对各区域经济发展水平和区域产业发展的实际，我国区域总体发展战略在不同时期有着不同的要求，同时这也就需要区域产业发展战略在思路上紧跟时代发展要求，尤其在当前中国经济发展步入新常态下，区域产业要进一步保持健康、快速、可持续发展，必须要适应新常态，调整发展思路，优化发展方式。因此，在探索中国未来区域产业发展战略的思路上，要以我国区域经济发展水平和产业发展的实际为基础，多方面、多角度地突破现有思维，为中国未来区域产业发展战略提供正确的导向。

1. 调整产业结构，抢占新经济新动能培育制高点

在产业结构调整、新旧动力转换的发展环境下，在科技创新、组织形式创新等日新月异的条件下，抢抓机遇，充分利用一体化的市场、开放的经济、共享的新型技术平台等，借助移植、承接、集聚、创新等手段，可以超越原有的经济结构而培育形成新经济新形态，使一些落后地区能够有效摆脱传统产业结构的羁绊，实现新旧动能转换以实现后来居上。尤其是中西部地区和东北地区，要积极吸纳、移植高端生产要素和先进分享技术，实现新经济新动能的横向转移和无中生有，新型经济形态发展才能迅速成长壮大，新经济通过加速改造传统产业，能够重塑经济生态系统的重要力量，一旦重大核心技术发生突破、主导性产业真正确立，其他相关新技术、新业态就会迅速向其靠拢归并融合，无疑会使整个区域间的产业实现快速的升级。

2．创新区域发展理念，推动中西部的创新发展

当前我国东中西部地区产业发展联动水平较低，主要与区域之间经济发展水平参差不齐，产业之间的关联性和互补性、区域文化环境差异和制度等方面有关。相比东部地区而言，中西部地区依然沿用传统的思维模式推动本地区产业的发展与创新，政府更着眼于大企业、大项目，对创新型的中小企业扶持力度不够，技术的投入和人才的重视程度远远不如东部地区，最直接的结果就是区域内企业创新能力不强，这是中西部地区在区域产业发展中首先要思考的地方。除此之外，中西部地区自身产业发展水平不如东部地区，难以承接东部产业，这就涉及区域之间的产业合作问题，区域之间的产业合作应该从完善区域市场、充分发挥市场机制的作用开始。完全依赖市场的完善或将希望完全寄托于区域组织，两者都是不可能成功的[①]。政府在这一过程中要扮演好重要的角色，地方政府不能仅仅为了“一己之私”，固守陈旧思维，在做某些重大决策和制度的制定中要不偏不倚，客观公正。

3．培养区域特色产业集群，构建区域协调发展

在各区域中，以自身实际出发，根据资源禀赋的属性，构建适应本区域发展的特色产业集群，这会间接促使城市群形成，有利于打破区域之间行政划片导致的利益博弈，使得国家区域产业政策的落实更加准确。当越来越多的城市参与到城市群中时，城市的辐射带动作用也就显现出来，产业也会在各产业集群中获得发展红利，不断发展壮大，带动整个区域的发展。产业集群内的企

① 叶森主编:《区域产业联动的理论与实践》，经济科学出版社 2012 年版。

业既存在合作也有竞争，这使得集群内产业链各个环节的创新性大大加强，更有利于加速产业的升级。产业集聚思路，更能够明确不同区域之间的功能定位，例如，中部地区可以发展有比较优势的能源和制造业的产业，提高第二产业附加值，在东部地区向中西部进行产业转移的过程中，能够更加明确自身的优势，合理承接。未来区域产业发展战略中的产业集群要不同于传统的产业集群，必须要有自身的特色，形成本区域产业的品牌，这也需要政府做好区域产业发展规划，制定相应的产业集群政策，营造良好的政策和发展环境。

4．明确区域规划管理主体，建立有效评价机制

虽然我国根据不同区域的社会经济发展状况对各经济区域的划分比较明确，但长久以来，只是建立在对经济区域的认识层面，并没有对各经济区域明确管理主体，更无从谈起管理的效果，像西部大开发和振兴东北战略的评价机制并没有建立，这也就使得区域内产业的发展依然按照本地区域内思维模式缓慢推进，并没有做到各区域产业之间的联动发展，相互之间的差距反而并没有缩小。

8.4.3 中国未来区域产业发展战略的主要政策建议

通过前文的分析可以看到我国在区域产业发展方面还存在着各种问题，为了解决这些问题，我国政府应该制定全面合理的区域产业发展政策，提出如下区域产业发展的政策建议：

首先，区域产业发展政策的制定应该更加市场化和地方化。在市场经济的条件下，中央政府和地方政府要进行明确、合理的权责划分，中央政府在加强宏观调控能力的同时，要逐步下放和转移中央的部分经济决策权，扩大地方政府的自主权，特别是在事关当地的区域政策的制定和实施上，地方各级政府应首先根据本地实际情况，制定自己的区域产业发展战略和规划，然后报请上级或中央政府统筹，充分发挥地方政府的能动性和积极性。

其次，区域产业政策制定需要全面系统的考虑。我国在进行区域产业政策制定时，不仅要考虑问题区域的振兴与发展，更要从全局出发，按照系统的观点考虑经济发展的空间布局衔接和技术及经济效益外溢。只有这样，才可以真正使中部地带起到连接东西部经济发展的纽带作用，才可以走出“马太效应”的怪圈，不但使东部地区的外向经济产业链内延到中部地区，而且也可以使中部地区和西部地区形成有效的产业关联和互动，真正实现各种资源在全国范围内的优化配置，使区域经济走上共同协调发展之路，同时防止出现“中部塌陷”的状况。

最后，区域产业政策的立法工作亟待展开。要保证区域产业政策的连续性和可预见性，要引进国外投资和建立市场机制，就必须建立和完善关于区域产业政策的立法工作。例如，英国在制定区域政策的同时，曾先后颁布了《特别区域法》、《工业布局法》、《地方就业法》和《工业发展法》，日本则颁布了《新产业城市建设促进法》、《工业再配置促进法》和《特定产业集聚促进法》等。尽管我国政府也已经开始这方面的工作，但还是滞后很多。因此，我国政府应该抓紧区域政策的立法建设，为区域政策的制定和实施提供一个良好的制度平台，既能够保证区域政策正常执行和评价，也可以提高资源配置的效率。

参考文献

[1]《“六五”计划讲话》编写组:《“六五”计划讲话》，经济科学出版社 1983 年版。

[2] 房维中、桂世镛主编:《“七五”计划讲话》，人民出版社 1986 年版。

[3] 张平:《中国区域产业结构演进与优化》，武汉大学出版社 2005 年版。

[4] 刘国光:《中国十个五年计划研究报告》，人民出版社 2006 年版。

[5] 刘秉镰、杜传忠:《区域产业经济概论》，经济科学出版社 2010 年版。

[6] 陆大道:《中国区域发展的理论与实践》，科学出版社 2003 年版。

[7] 黄继忠:《区域内经济不平衡增长论》，经济管理出版社 2001 年版。

[8] 杨龙:《中国区域经济发展的政治分析》，黑龙江人民出版社 2004 年版。

[9] 陈秀山:《中国区域经济问题研究》，商务印书馆 2005 年版。

[10] 高国力:《区域经济不平衡发展论》，经济科学出版社 2008 年版。

[11] 张学良、刘乃全:《2016 中国区域经济发展报告》，人民出版社 2017 年版。

[12] 刘乃全、刘学华、赵丽岗:《中国区域经济发展与空间结构的演变——基于改革开放 30 年时序变动的特征分析》,《财经研究》2008 年第 11 期。

[13] 杨仁科:《我国区域产业结构演变研究》,《中国经贸导刊》2015 年第 5 期。

[14] 魏后凯:《改革开放 30 年中国区域经济的变迁——从不平衡发展到相对均衡发展》,《经济学动态》2008 年第 5 期。

[15] 孙九文:《“一带一路”战略与加快区域经济发展》,《开发研究》2017 年第 1 期。

[16] 张可云:《论中国区域经济的新常态》,《区域经济评论》2015 年第 2 期。

[17] 刘乃全、郑秀君、贾彦利:《中国区域发展战略政策演变及整体效应研究》,《财经研究》2005 年第 1 期。

[18] 李亮:《建国后中国区域经济发展战略的嬗变》,《经济与社会发展》2008 年第 4 期。

[19] 张平、李世祥：《中国区域产业结构调整中的障碍及对策》，《中国软科学》2007年第7期。

[20] 樊士德、姜德波：《劳动力流动，产业转移与区域协调发展——基于文献研究的视角》，《产业经济研究》2014年第4期。

[21] 冯根福、刘志勇、蒋文定：《我国东中西部地区间工业产业转移的趋势，特征及形成原因分析》，《当代经济科学》2010年第2期。

[22] 贺曲夫、刘友金：《我国东中西部地区间产业转移的特征与趋势——基于2000—2010年统计数据的实证分析》，《经济地理》2012年第12期。

[23] 洪俊杰、刘志强、黄薇：《区域振兴战略与中国工业空间结构变动——对中国工业企业调查数据的实证分析》，《经济研究》2014年第8期。

[24] 洪银兴：《西部大开发和区域经济协调方式》，《管理世界》2002年第4期。

[25] 孙翠兰：《中国区域经济协调发展研究综述》，《经济经纬》2007年第6期。

[26] 徐杨：《产业转移背景下的区域发展差距研究——基于新经济地理学的分析》，《南开大学》2012年。

[27] 周民良：《论我国的区域差异与区域政策》，《管理世界》1997年第1期。

[28] 国家发展和改革委员会学术委员办公室：《"十二五"时期我国区域发展思路研究》，中国计划出版社2010年版。

[29] 金煜、陈钊、陆铭：《中国的地区工业集聚：经济地理、新经济地理与经济政策》，《经济研究》2006年第4期。

[30] 王小鲁、樊纲：《中国地区差距的变动趋势和影响因素》，《经济研究》2004年第1期。

[31] 王梦奎、李善同：《中国地区社会经济发展不平衡问题研究》，商务印书馆2000年版。

[32] 张军扩、侯永志：《协调区域发展：30年区域政策与发展回顾》，中国发展出版社2008年版。

[33] 钟有林、李霁友：《区域经济非均衡发展理论的演变与创新》，《求索》2009年第1期。

[34] 安虎森：《产业空间分布、收入差异和政府的有效调控——三论区域协调发展》，广东社会科学2007年第7期。

[35] 冯根福、刘志勇、蒋文定：《我国东中西部地区间工业产业转移的趋势，特征及形成原因分析》，《当代经济科学》2010年第2期。

[36] 蒋清海：《区域经济协调发展：对区域差距的分析与思考》，《贵州社会科学》1995年第4期。

[37] 邓玲、杜黎明：《主体功能区建设的区域协调功能研究》，《经济学家》2006年第4期。

[38] 王欣亮：《比较优势、产业转移与区域经济协调发展研究》，西北大学2015年。

[39] 金璐璐、贺灿等：《中国区域产业结构演化的路径突破》，《地理科学进展》2017年第8期。

（本章主持及执笔：刘乃全、邓凯文）

第 9 章　改革开放以来中国公用事业的发展与展望

本章提要：

中国公用事业关系社会主义现代化建设及人民群众的切身利益，是推动供给侧结构性改革的重要内容。对于公用事业的规制，在这一时期显得尤为重要。规制不是目的而是手段，在利用市场化推进公用事业发展以提高公共利益的同时，必须依靠必要的规制手段维护市场稳定。本章梳理了改革开放以来中国公用事业规制改革与发展的历程，具体分析了电力、水务、燃气等重点公共事业领域的规制改革情况，并针对公共事业规制改革的不足之处提出有效和合理的对策。

9.1　中国公用事业规制改革与发展的基本概述

9.1.1　中国公用事业规制改革与发展的现实背景

公用事业是指通过基础设施向个人和组织提供普遍必需品和服务的产业，包括公用基础设施（电力、燃气、供水、电信、环境卫生设施和排污系统、固体废弃物的收集和处理系统），公共工程（大坝、灌溉和道路）以及其他交通部门（铁路、城市交通、海港、水运和机场）①。公用事业具有建设资金需求巨大、投资回报周期长、资本沉淀性强和规模经济效应的特征。因此，传统理论认为公用事业具有较强的自然垄断性，是一个典型的市场失灵领域。

从20世纪70年代以来，受宏观经济、产业形势发展和变化的影响，美国、英国等成熟市场经济国家开始对电力、燃气、水务、铁路、民航、电信等垄断行业进行规制改革。从宏观上看，20世纪70年代资本主义经济危机终结了资本主义世界长达20年的高速发展，西方国家出现了经济缓慢增长，甚至停滞与通货膨胀并存的"滞胀"的窘迫局面，资本主义国家普遍遭遇凯恩斯主义政策失灵，新自由主义经济学逐步成为西方主流经济学，这对各国公用事业规制改革产生了重要的影响。从产业形式上看，国有企业的低效率、普遍持续亏损成为公用事业改革的原因，随着技术进步，市场规模和市场范围变化和发展，公用事业行业结构也发生了重要的变化，这使得规制改革成为了可能。为了解决由政府行政职能扩张导致的财政危机以及行政成本负担过重的问题，西方国家开始了以放松规制为主的公用事业改革之路，使市场经济机制在更多的领域发挥了资源配置的基础作用。

中国公用事业规制改革是与经济转型相联系的。在计划经济时代，公用事业属于国家垄断，政府对公用事业的管理采取政企不分的管理体制，政府的指令性计划是资源配置的主要方式，有效竞争无法形成。改革开放以来，由于垄断造成的高成本、低效率推高了社会经济发展成本，公用事业垄断经营体制限制了社会资本的进入，使公平竞争的市场环境难以形成，从而导致了社会资源无效配置。随着我国社会经济的发展，要求加强公用事业改革的呼声愈来愈高，公用事业关系国计民生，在我国社会经济发展的过程中发挥着重要的作用。20世纪90年代以来，我国也开始对公用事业进行规制改革，在充分借鉴国外公用事业规制改革经验的基础上，积极探索符合我国实际的公用事业规制改革模式与路径。在近30年的改革过程中取得了一定的成就，特别是进入21世纪以来，国家推出一系列推行公用事业规制改革的政策和

① 臧旭恒：《产业经济学》，经济科学出版社2015年版。

措施，使企业的经济效益和社会效益都有了一定的提高，改革取得了显著成果。

党的十八届三中全会提出推进水、电力、石油、天然气、电信和交通领域的价格改革，放开自然垄断产业竞争性环节价格，建立价格形成的透明制度，接受社会群众的监督。党的十九大提出全面实施市场准入负面清单制度，清理废除妨碍统一市场和公平竞争的各种规定和做法，支持民营企业发展，激发各类市场主体活力，深化商事制度改革，打破行政性垄断，防止市场垄断，加快要素价格市场化改革，放宽服务业准入限制，完善市场监管体制。由此可见，公用事业规制改革是新时期改革的重要任务。在此背景下，对我国公用事业规制改革进行客观、科学的评价，总结相关经验教训，对进一步深化公用事业规制改革具有重要的现实意义。

9.1.2　中国公用事业规制改革的理论基础

1. 公用事业政府规制的必要性

公用事业具有自然垄断性、公益性、区域性和基础性等特征，这些特征决定了政府必须对公用事业进行规制。公用事业的自然垄断性由其技术经济特征决定。从技术特征而言，公用事业的经营需要以区域网络设施为媒介，而为避免网络设施的重复构建和降低构建成本，往往会由一家企业或少数几家企业垄断经营。从经济特征而言，网络设施的构建具有成本递减和规模经济的特性，这决定了一家垄断经营比多家竞争经营更有效率。虽然市场垄断可以降低成本和提高效率，但是垄断经营的厂家为了获取更高的利润可能会扰乱市场公平和正常运行，因此需要政府利用各种规制手段对其活动进行限制，以保证市场健康有序发展。

公用事业的公益性由其提供物品的属性决定。一方面，公用事业提供公共物品和混合物品，具有一定的公益性。与私人商品不同的是，公共品和混合品具有一定的非竞争性和非排他性，难以通过市场机制定价，否则会造成“搭便车”现象和资源配置低效。另一方面，公用事业提供的物品均为公众基本生活需要的必需品，具有极强的需求刚性，这不仅要求公用事业的经营者提高运营效率，保证公用事业正常经营，满足公共需要，还要求公用事业提供的商品价格合理，质量优良。但是，由于公用事业的垄断性为其逐利行为提供便利，很难通过企业自身实现公益性，需要政府对其行为进行规制，以满足公共需求。

公用事业的区域性是指出于成本考虑，公用事业的分布受距离和人口限制，多呈网状分布。由于各个区域网络之间的经济条件和发展水平的不一致性，使得居民享受到的服务和获得的福利之间存在差异，这就需要政府从整体发展出发，对公用事业进行规制，合理分配资源，促进社会公平。

公用事业的基础性是指公用事业为公众提供公共基础性服务和商品。公共事业的发展与居民的日常生活紧密相关，是国民经济发展和人们生活改善的基础，这决定了政府对其管制的必要性。

综上所述，公用事业经营者担任着双重角色：公共（或混合）品的供给者和企业经营者。公共（或混合）品的供给者意味着其具有公益性，会充分考虑公众的需求和福利，致力于提供优质高效的产品。企业经营者意味着其具有逐利性，期望通过投资获得合理的回报，甚至是超额回报。一方面，由于公用事业提供的商品关系着公众的日常生活，使得政府必须要对此进行管制。另一方面，公用事业的特征使得经营者具有获得超额利润的动机和便利，可能扰乱市场秩序，造成市场失灵，必须借助政府这只“看得见的手”进行规制。

2. 公用事业政府规制改革的必要性

（1）自然垄断理论的发展。

公用事业属于比较典型的自然垄断行业。自然垄断行业因其巨额的沉没成本和资产专用性对新进入的厂商形成了天然壁垒障碍，从而维持自身的垄断地位，获得垄断利润。究其本质，公用事业的垄断性与高固定成本和低边际成本密切相关。当技术创新带来技术升级和变革时，必然会对公用事业的成本产生较大影响，成本变化带来要素投入价格变化，这些都会导致传统的自然垄断特征和产业边界变化。

技术变化引起市场供需变化，进而改变自然垄断产业的边界。一方面，以市场需求为导向的企业为了适应市场需求，必然会改进其产品质量、结构和生产模式等，这会影响垄断产业性质。另一方面，技术进步改变生产成本，影响市场供给水平，进一步推动市场需求增加，使得更多的企业进入该垄断行业，增加了垄断行业的竞争性。供给技术和市场需求决定了市场最优企业数量，需求函数和成本函数决定了市场最优价格。当市场需求超过成本次可加性范围后，自然垄断成立的充分条件不满足，此时更多的企业涌入市场，原有的垄断性市场变为竞争市场，改变了垄断产业的边界。

由于垄断产业的边界发生变化，需要对公用事业规制的理由发生变化，因此需要对原有的规制进行改革。具体而言，需要对公用事业中适合垄断和适合竞争的环节加以区分，并对此实施不同的规制政策，在垄断环节继续维持垄断，在竞争环节引入竞争机制。

（2）政府规制的失灵。

对公用事业进行规制是为了借助政府这只“看得见的手”来解决市场失灵，实现资源配置的帕累托最优。但是当政府规制不能维护市场稳定时，即认为政府规制失灵。一般来说，政府规制失灵的原因主要有以下几点：一是政府职能界定不清晰，管理层调控和决策失误；二是腐败和寻租行为的存在减弱了政府规制的执行力度；三是难以精准把握市场变动，政企双方信息不对称，增加政府规制政策制定难度；四是相关的法律法规和监管制度不够完善，导致违规操作时有出现。

已有的政府规制制度具有一定的局限性，不能完全弥补市场失灵的缺陷，导致出现政府规制失灵现象。因此，迫切需要对现有规制制度进行改革。政府规制的改革需要符合经济发展的大方针，与社会发展现状相契合，充分考量市场的实际情况，最终实现市场稳定。

（3）科学技术发展和市场需求推动。

随着我国经济快速发展，大量外资来华进行技术投资，也增加了国内外同行业之间的竞争。这种竞争在公用事业表现得特别明显，而且这种竞争随着能源行业的发展愈演愈烈。国内公用事业的各个产业面临着极大的压力，这要求他们不断进行创新，小到商品的型号设计和材料选取，大到整个行业的整体布局等。科学技术的创新提高了产品质量和生产效率，进一步推动了市场需求，而市场需求的增加又会激励企业创新，使得整个公用事业市场呈现良性循环。

科学技术的发展和市场需求的增加使得公用事业市场不断发展，与原有的政府规制市场大相径庭，这要求政府规制不断改进以适应技术创新和市场需求变化，最终实现整个市场的良性循环。

（4）国家政策的支持。

如果国家不制定相应的政策支持公用事业的规制，则具体的规制措施会对整个公用事业的发展造成巨大的损失。不仅仅影响其中某一个环节，对整个产业链的良性发展都是致命的。近年来，政府对公用事业的发展极度重视，制定了符合我国国情的发展模式。一方面，不仅给公用事业的发展提供规模庞大的经济支持，还辅之以政治支持。另一方面，政府主管部门出台了一系列指导性文件，对公用事业的发展进行管理和监督，更是明确指出要进行公用事业规制变革。

9.1.3 中国公用事业规制改革的主要内容

1. 中国公用事业规制改革总体概述

在传统的计划经济体制下，我国公用事业处于管理高度集权化和高度垄断阶段，资源配置的主要手段不是市场而是行政权力，其本质上也是一种政府规制。这种体制下，公用事业的整体布局、具体项目投资和实际经营均由中央政府统一决策，地方政府和国有企业并没有自主权。这种体制模式的选择与当时国家发展战略高度一致，也是造成我国公用事业垄断市场的根本原因。

随着国家经济不断发展，国际环境不断变化，国家发展战略和方针调整，计划经济体制时期实行的利用行政权力进行垄断经营的手段已经不再符合我国基本国情。行政性垄断降低了企业运营效率和员工的积极性，提高了企业运营成本，降低了服务质量，打破了市场的供需平衡状态，不利于市场稳定和社会公平，成为制约经济发展的障碍。

因此，改革开放以来，我国政府一直在积极推行公用事业的规制改革进程。总体来说，我国公用事业的规制经历了从放松规制、引入市场竞争到建立有效市场机制和政府监管体系的过程。在这一过程中，公用事业规制的市场化改革取得了不朽的成就，但是由于经济环境的复杂性、利益主体的多元化以及政府职能转化等各种因素，公用事业规制改革进程缓慢。如今，我国已处于经济新常态阶段，同时也是公用事业规制改革的攻坚阶段。

2．中国公用事业规制改革具体变迁

20 世纪 80 年代中期，我国政府开始对公用事业实行放松规制政策，将市场竞争机制引入到垄断产业，打破原有的垄断市场结构。比如在电力产业，政府实施“集资办电”政策，将民营资本引入电力产业，扩大电力产业的市场竞争程度；在水务产业，与电力产业类似，引入竞争机制和多元化投资主体，提高市场经济的活力；在燃气产业，政府逐步从市场中剥离出来，确定了企业作为市场经营主体的地位，提高企业的经营积极性和创新动力等。这一时期政府规制改革的主要目的是提高企业效率，增加产品和服务供给，打破市场供不应求的局面。由于此次改革是市场倒逼政府的被动改革，所以并没有解决垄断产业的根本弊端。

80 年代后期，我国公用事业规制借鉴西方发达国家的改革经验，逐步形成了建立有效市场机制和政府监管体系的规制模式。其主要措施是减弱政府在市场中的地位，确立企业作为市场主体的重要性，强调市场投资主体的多元化，构建独立完善的监管机构。

经过一段时间的公用事业规制改革，截至 2003 年年底，除铁路运输外，其他公用事业的产业基本实现了政企分离、主辅分离，引入了外部竞争和完善了监管机制。以电力产业为例，在 1997 年电力产业成立了国家电力公司，2002 年实现了厂网分离，并对电力企业进行重组，成立了国家电网公司和中国南方电网公司，在 2003 年成立了国家电监会。这一阶段的规制改革取得了较大的成就，各类垄断产业的管理企业，比如南方电网公司和国家电网公司等，均迈入世界 500 强行列，改善了企业绩效水平，提高了垄断产业发展水平。

2011 年，“十二五”规划的出台将公用事业规制改革推向更高的战略部署阶段，政府加大对电力、水务、燃气等公用事业的改革，进一步深化了垄断产业的改革力度。以电力企业为例，2013 年，中国政府启动新一轮以低碳经济和空气治理为目的的全面改革，电力行业也成为关注的焦点。2014 年实施深圳输电价改革的试点，意味着电力产业的进一步市场化。2015 年的“9 号文”[①] 加大改革力度，构建有效竞争的市场环境，推动我国公用事业规制

① 《中共中央、国务院关于进一步深化电力体制改革的若干意见》(中发〔2015〕9 号)，2015 年 3 月 15 日。

发展步入新阶段。

9.2 中国电力产业规制改革与发展：从国有一体化垄断经营到全面市场化改革

9.2.1 中国电力产业规制改革的逻辑起点与发展进程

电力是国家能源的重要构成部分，电力行业是国民经济发展的基础行业，与我国经济发展和社会稳定息息相关。由于电力产业技术属性和经济属性的特殊性，极易形成垄断，进而破坏市场公平竞争环境，制约经济发展，损害社会福利。基于此，改革开放以来，我国政府针对电力产业实施了一系列的规制，以维护市场主体的公平竞争，保证经济快速有效发展。

1. 电力产业规制的逻辑起点

电力产业由发电、输电、配电和售电四个环节组成，电力产品具有不易储存、需求差异大和专网专用等特点[①]。电力产业各个环节在技术和经济上具有不同程度的自然垄断性和外部性，电力产品的特点进一步加强了这种自然垄断性，使得政府规制刻不容缓。

（1）电力产业技术属性。电力产品从开始生产到最终使用，经历了许多核心环节与步骤。从电力产业技术属性来看，电力产业与其他产业相比，主要具有以下四个特性：一是整体性，即整个电力产业的每一个环节都是环环相扣、相辅相成，是一个统一的有机整体；二是同时性，即电力产业的四个环节以及与四个环节相关的企业均是同步运行和操作；三是快捷性，即电力产品从生产到使用的耗时极短，速度极快；四是基础性，即电力与人们生活息息相关，对国民经济发展与社会稳定至关重要，是基础性行业。电力产业的技术属性以巨大的沉没成本为前提，比如在发电阶段需要投入发电原材料、建造厂房、维修运营厂房、安置移民等，输电阶段和配电阶段的专网专用使得区域电网竞争性弱等，巨大的沉没成本导致难以在电力行业引入竞争机制，使得其具有较强自然垄断性。

① 魏科科：《中国电力行业规制改革研究》，华中科技大学 2010 年。

（2）电力产业经济属性。与其他产业相比，电力产业具有以下四个经济属性：一是资金密集型和技术密集型产业，即电力产业对资金和技术要求很高；二是规模经济，即当电力产业到达一定规模之后，其经营效率更加有效；三是局部竞争性，即电力产品是以电网为媒介进行交易，不同于其他商品可以自由流通和买卖；四是公共性，即电力产品是为人类日常生活服务，既存在经济效应，又存在社会效应。电力产业的经济属性说明电力产业不仅具有巨大的沉没成本，还具有明显的规模经济效应，最终导致其具有自然垄断性。

（3）电力产业规制需求。不管是从电力产业的技术属性还是经济属性来看，电力产业具有较强的自然垄断性。自然垄断会扰乱市场秩序，破坏供需关系，造成市场波动，损害社会正常秩序和福利水平，各国政府都会对其实施规制①。除此之外，电力产业还具有一定的外部性。一方面电力产业是国民经济发展的基础，关系着国计民生，具有正外部性；另一方面电力产业可能造成环境污染，影响生态平衡，甚至造成灾难性的破坏，具有负外部性。解决这种外部性，也需要对电力行业进行规制。对我国来说，解决电力产业的自然垄断性和外部性的传统手段是国有一体化垄断经营。国有垄断经营往往导致投资主体单一、市场缺乏竞争、资源配置无效、生产效率低下等问题。为了更好地适应经济发展形势，提高生产效率，必须对传统的规制进行一系列的改革，进而推动电力产业快速发展。

2．电力产业规制改革的发展进程

新中国成立初期，我国确立了“政企合一、国有一体化垄断经营、中央集中统一管理”的电力行业管理体制。即中央政府统揽资金安排和产业规划，政府各部门对项目进行审批，国务院负责发放建设资金，电力企业上缴营业利润。在这一时期，政府部门不仅是电力产业经营者，更是电力产业管理者，其对消费者的需求不敏感，缺乏技术创新激励，使得电力产业发展缓慢，制约了经济发展。

改革开放之后，为打破电力行业供不应求的局面，激励企业和地方政府投

① 郭磊：《中国电力产业厂商市场力量的防范研究》，复旦大学 2007 年。

资力度，促进经济发展，我国电力体制逐步进行市场化改革，主要分为以下三个阶段：第一阶段，中央垂直垄断管理到集资办电；第二阶段：集资办电到政企分离；第三阶段：市场化改革的全面启动阶段：厂网分离（见表9.1）。

表9.1　中国电力行业改革进程与体制变迁

阶　段	第一阶段	第二阶段	第三阶段
时　间	1978—1988年	1989—2001年	2002年至今
主要内容	从中央垂直垄断管理到集资办电	从集资办电到政企分离	市场化改革的全面启动：厂网分离

第一阶段：从中央垂直垄断管理到集资办电（1978—1988年）。为打破电力行业供不应求的局面，国务院在1985年出台了《关于鼓励集资办电和实行多种电价的暂行规定》①，改变了政府垄断管理的局面。1987年，国务院进一步提出“政企分开、省为实体、联合电网、统一调度、集资办电”和“因地因网制宜”的政策②。这些政策的实施意味着政府放松了对电力产业的准入管制和投资约束，鼓励其他资金投资电力行业。具体而言，电力体制改革主要体现在以下三个方面：一是投资主体多元化。集资办电政策主要是为了改变政府一家独大的局面，鼓励更多不同种类的资金投入电力行业。其采取的主要措施有将中央财政拨款改为拨改贷，同时允许电力行业使用银行贷款；鼓励地方政府和企业与中央政府一起投资电力行业，共担风险，共享利润；鼓励外资投资电力行业。二是实施成本补偿为基础的电价。为保障投资回报率，吸引更多资金投入，政府实施了一系列的成本补偿电价。主要包括类似“投资回报率”的“还本付息”电价，反映燃料运输成本的燃运加价以及峰谷电价以及电力建设基金等。三是分权导向的行业管理体制。为了保障集资办电的有效实施，电力行业管理体制也必须要进行相应的调整。比如下放投资审批权，对电力企业简政放权等。集资办电确实解决了我国电力供不应求的问题，吸引了大量资金投入电力行业，推动了我国电力行业良好发展。但是由于电力产业体制仍属于垄断经营，主要管理权限仍集中在中央政府和各部门，

① 国务院：《关于鼓励集资办电和实施多种电价的暂行规定》，1985年。
② 《电力改革发展概况》，国家电力信息网，2008年1月7日。

且电价的制定具有随意性，没有科学的管控，制约了电力产业的长期发展。

第二阶段：从集资办电到政企分离（1989—2001 年）。为了解决集资办厂对电力产业发展的束缚，政府开启了新一轮的电力体制改革。此次改革的重点是通过公司改制和政府职能调整实现政企分离，建立有序竞争的电力市场。具体而言，此次体制改革主要体现在以下五个方面：一是电力企业的公司化改组。即将各电力局改建为电力公司，这些公司都是独立核算、自负盈亏的经济实体，具有法人地位。1996 年年底，国务院决定组建国家电力公司。电力工业部具有行政管理职能，国家电力公司具有经营管理职能。二是“厂网分开、竞价上网”改革试点。1998 年 12 月，《国务院办公厅转发国家经贸委关于深化电力工业体制改革有关问题意见的通知》（国发办〔1998〕146 号文件）发布，选择浙江、上海、辽宁、山东、吉林、黑龙江六省市实施“厂网分开、竞价上网”改革试点，这是构建竞争性电力市场的一个改革试验。三是集权的计划管理体制。成本补偿电价不仅缓解了电力供不应求现状，甚至大幅度提高了电价。政府为了稳定电价，采取了原始的集权化电价管理体制。一方面政府收回了地方指导电价的调整权限，重新确立了中央集权的电价管理体制。另一方面取消了灵活的差别化电价政策，实行全国统一的电价政策。四是改革农村电力体制。农村和城市用电采用同网同价和实行经营期电价，提高了农村电力的普及度。五是政企分离的行业管理体制改革。截至 2000 年年底，我国基本实现政企分开。在此之前主要经过了以下几个阶段，先撤销煤炭工业部、石油工业部、核工业部、水利电力部，组建能源部（1988 年 5 月），然后撤销能源部，成立电力工业部（1993 年 3 月），接着撤销电力工业部，实行政企分开（1998 年 3 月），最后基本实现政企分离（2000 年年底）。政企分离为核心的电力体制改革确实解决了政企不分体制下国有企业的低效率和市场公平竞争问题，但是此次改革不仅没有延续前一阶段的市场化方向继续深入，相反通过行业管理权限的上收，强化了集权的计划体制。

第三阶段：市场化改革的全面启动：厂网分离（2002 年至今）。随着电力行业的不断发展，第二阶段改革的弊端逐渐显现。为了营造公平的市场竞争环境，2002 年开启了第三轮以厂网分离为核心的电力体制市场化改革。此次改革的主要特征是打破了原有的行业垄断，全面启动市场化改革。具体而言，其主要措施包括以下三个方面：一是电力资产重组。一方面成立南方电网和国家电网两家公司，分别负责南方和北方电网运营；另一方面成立国家电力监管委员会，实现政监分开。二是明确了电力体制改革的市场化方向。一方面打破发、输、配垂直一体化的行政垄断；另一方面打破一省一公司的区域性电力产业垄断，实现厂网分开、竞价上网，主辅分开、消除关联和输配分开、竞争供电。三是明确了市场化电价改革思路。2004年以来，国家实行了差别电价、脱硫电价、峰谷电价和阶梯电价等多种节能减排电价，以及促进可再生能源发展的可再生能源电价政策。值得一提的是2015年3月，国务院发布的“9号文”指导了最新的电力产业改革。“9号文”是一个纲领性文件，为了更好地落实政策，政府又先后下发了五个配套性文件，指导电价制定改革、电力市场构建、电力交易规范运行等。与以往的改革相比，这次的改革顶层设计层次高、改革力度大，并且成效明显、可操作性强，标志着我国电力产业发展进入新的历史发展阶段。

9.2.2 中国电力产业的现状分析

1. 中国现行电力产业的竞争现状分析

电力产业有效竞争的市场环境构建取决于如何处理政府与市场的关系。目前，我国电力产业已经逐步走向市场化，保持较好的发展水平，但是与电力产业四个环节的经济属性相比，还存在重政府、轻市场等问题。具体而言，我国电力产业在市场竞争方面的问题主要集中在以下三个方面：一是定价机制不完善。价格是市场经济最重要的因素之一，决定了资源配置效率。目前我国的电力产品在输配环节的定价主要根据售电环节电价减去用户费用决定，缺乏独立完善的定价机制，容易导致市场机制失灵，造成资源配置无效。二是各个环节建设不合理。由于对比其他环节而言，发电与输电环节更容易造成垄断，这使得电力产业对这两个环节关注更多。由此导致发输电环节的生产电量与用电环节的使用电量不同步，造成供需不平衡现象，制约电力产业发展。三是输配电价占比不合理。根据国际经验，一般而言输配电价占最终用户售价的50%，更高一些会达到70%左右。但是我国的输配电价只占最终用户售价约30%，远远达不到平均水平。

针对我国电力产业市场化竞争方面的问题，究其原因，主要有以下几点：一是信息不对称。由于电力产业具有垄断性，各个环节技术性高且联系紧密，政府往往难以获得关于电力公司的完整信息，电力公司可能会转移利润、逃避税收以获得更多利润的动机。基于此，采用单一定价方法难以反映实际的供需关系，造成资源浪费。二是监管力度不够。一方面参与电力产业规划和管制的各个政府部门之间没有制约，它们仅受控于国务院，可能导致各自为政、职能重叠等现象。另一方面，电力产业属于技术密集型产业，但是其管理人员多数并非专业人士，可能导致规制效果不理想，甚至南辕北辙。三是定价规章制度不完善。虽然目前我国已经出台了相关电价的法律法规，但是这些规章制度均偏向于指导性，存在实践性不强等问题，在实际工作中很难真正发挥作用。四是外界监督不及时。电力产业规制部门均属于权力部门，容易出现滥用权力、寻租等现象，需要外界的监管。另外，考虑到电力产业的技术性，更需要专业人士对政策制度提出意见和监督。但是目前我国的第三方评估机构并不完善，很容易滋生腐败和寻租行为。

2. 中国现行电力产业规制内容

（1）我国电力产业规制方法。随着我国电力产业规制改革的市场化进程不断推进，我国电力产业的规制方法也在不断调整。总的来说，主要包括以下几个方面：一是市场准入规制。政府通过发放许可证、提高准入门槛、审批项目等方式来控制企业进入电力行业，进而控制电力产业的市场竞争性水平。由于电力行业具有规模经济效应和垄断性，对于同一区域内的多家企业，应该对其进行重组，使电力集中在该区域供电。因此，无论有多少家企业，都无法弥补电网重组和改造带来的损失。二是电力价格规制。对于关乎国计民生的产品，政府一般都会通过价格进行规制。对电力产业而言，一方面其根本目的是提供有效、充足的电力产品，对价格进行管制可避免垄断造成价格过高、损害消费者利益。另一方面，对于电力供给企业而言，价格规制还必须要保证其能够获得投资收益，提高电力产业投资积极性。三是自然环境规制。电力产业的发展会带来一定的负外部性，即破坏生态环境和影响人类身体健康。对电力产业进行环境规制，一方面政府应该引导更多的企业加大环境污染设备的投资力度，另一方面政府可以通过一系列的优惠政策鼓励企业进行技术创新，加大清洁能源的使用。

（2）我国电力产业规制效果分析。就我国电力产业市场准入规制而言，正在逐步放开市场准入，使得更多企业加入电力产业，促进产业竞争。但是目前实施的效果不太理想，由于审批过程的复杂性和繁琐性，进入电力市场的民营企业数量较少，五大电网集团缺乏电网支持，影响了我国电力产业的发展方向。就我国电力产业价格规制而言，目前主要的趋势是发电和售电价格需要审批，输电和配电价格适当放开。但是由于各个地方的审批标准和定价标准不一致，全国各地的电价不一致，使得电价并不能完全反映真实的供需关系，影响企业的积极性。就我国电力产业环境规制而言，在规章制度层面，虽然我国已经颁布了许多环境保护法律法规，但是其存在排污标准不统一、排污限制力度不大等问题。在电力产业政府规制层面，我国主要采取的是环境排污影响、总量控制、区域限批、强制减排技术、收取排污费等规制方法，通过行政命令进行强制性控制。

（3）我国电力产业规制存在的问题。经过三轮规制改革，我国电力产业取得了卓越的成绩，保持着有序健康的发展趋势。但是与我国电力产业发展要求相比，电力产业制度仍然比较落后，制约了电力产业的市场化程度，影响了电力产业的长期发展。总的来说，主要包括以下几个方面：一是电力产业规制法律体系不健全。《中华人民共和国电力法》和《电力监管条例》是指导我国电力产业的主要法规。虽然法规明确赋予了政府部门监管和调控电力产业的职能，但是没有界定具体的职责和权限。随着电监会的成立，提高了行业内部管理模式的进步，政府规制才促进了电力行业的发展。二是电力产业规制机构不独立。一般而言，规制机构由政府行政部门负责，规制机构谋求政治利益和经济利益，行政化加重了其对两种利益的追求，使得其在制定规制政策时，倾向于有利于自身利益实现的政策，产生了与被规制企业合作的动机。就我国的情况而言，政府下属电力产业部门负责产业规制，被规制企业均为国有企业，两者之间存在紧密的利益相关性，容易造成规制部门对被规制企业的利益保护。三是电力产业规制效果不明显。首先电力行业产业规制的方向是使得电力行业逐步市场化，其中重要的一点是吸引民营企业的进入。但是由于缺乏具体的操作细则，民营企业仍被电力产业拒之门外。其次，由于电力产业各个环节之间缺乏沟通，电力产业的透明度较低，使得电力市场各竞争主体之间信息不对称，导致市场失灵。最后，由于政府各规制部门之间各自为政，相互之间缺乏沟通和合作，电力产业各主体服务意识较差，使得追责较为困难，最终造成各种“错位”和“缺位”现象。

9.2.3 中国电力产业规制的绩效评价

1. 中国电力产业规制绩效评价指标

产业规制的绩效评价主要是指被规制企业达到规制目标的程度。一般来说，需要从需求方和供给方分别考虑规制效果。

（1）需求方角度的规制效果指标。

电力行业的需求方是指市场消费者，需求方角度的绩效评价主要是指电力行业是否满足了基本的电力要求。本章借鉴吴一平（2007）评价指标，将人均生活用电量作为消费者电力消费量的代理变量[①]。如图 9.1 所示，总生活用电量与人均生活用电量的趋势大体相同，均随着时间逐渐增加，且在 2003 年左右增速增加。

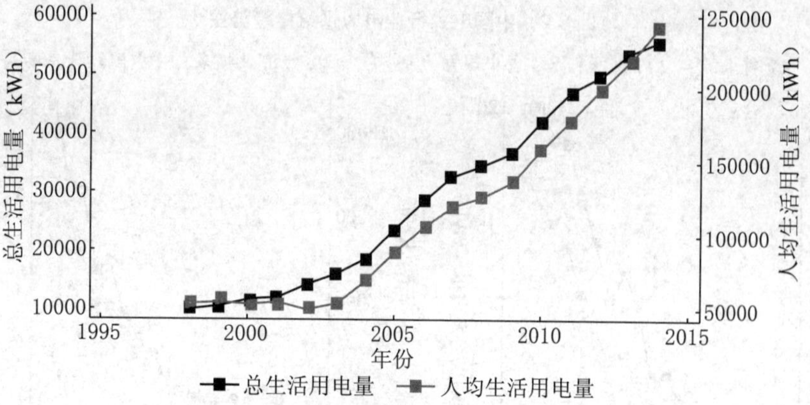

图 9.1　中国消费者电力消费量趋势图

资料来源：电力数据来源于《中国电力年鉴》，社会经济数据来自《中国统计年鉴》。

（2）供给方角度的规制效果指标。

电力行业的供给方是指供电企业，供给方角度的绩效评价主要是指电力行业提供的电量。本章借鉴李治（2016）评价指标，用人均发电量来考察产

① 吴一平：《规制分权化对电力行业发展的影响：基于中国省级面板数据的经验研究》，《世界经济》2007 年第 2 期。

量，同时还分别考虑了人均水力发电和人均火力发电量①。表 9.2 表示分别以总发电量和人均发电量表示的电力供给量，表 9.3 分别表示火力发电量和水力发电量。我们发现不管是从总量还是人均水平上来说，发电量的总额和不同种类的发电量均随时间逐渐增加。特别地，总发电量和人均发电量在 2003 年左右有较大增幅，且在以后年度呈增长趋势。

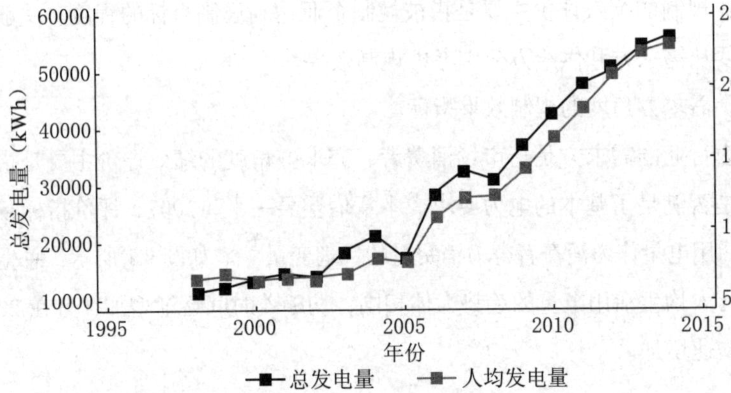

图 9.2　中国电力行业电力供给量趋势图

资料来源：电力数据来源于《中国电力年鉴》，社会经济数据来自《中国统计年鉴》。

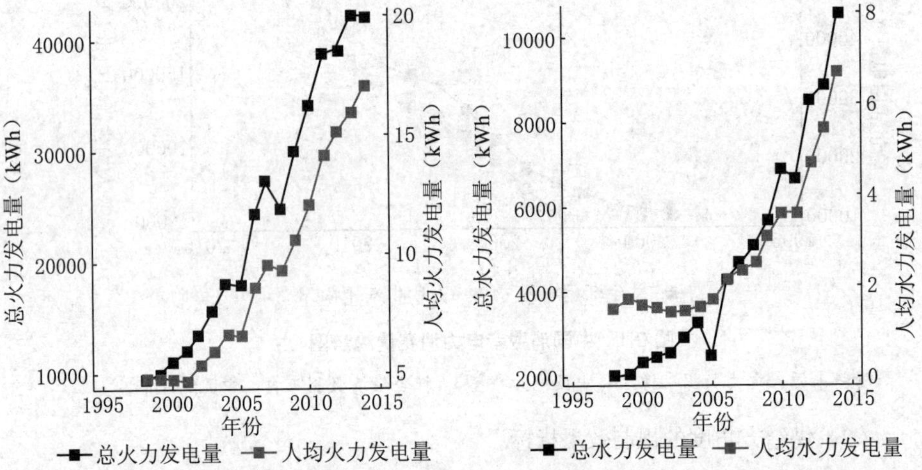

图 9.3　中国火力发电量和水力发电量趋势图

资料来源：电力数据来源于《中国电力年鉴》，社会经济数据来自《中国统计年鉴》。

① 李治、杨艳、马玲玲：《中国电力行业规制集权化效果的实证研究》，《产业经济评论》2016 年第 3 期。

（3）其他影响供给和需求指标。

除了关注需求方和供给方规制效果指标外，本书还考虑了一些其他可能影响供给和需求的变量。本章主要考虑了发电成本和消费者收入水平，分别用发电的标准煤耗和地区人均生产总值表示[①]。我们发现随着时间的推移，发电成本呈减少趋势（见图 9.4），特别是在 2003 年之后，成本大幅度下降，这不仅说明我国电力产业的技术创新能力较强，更说明我国电力产业市场化成效较好。

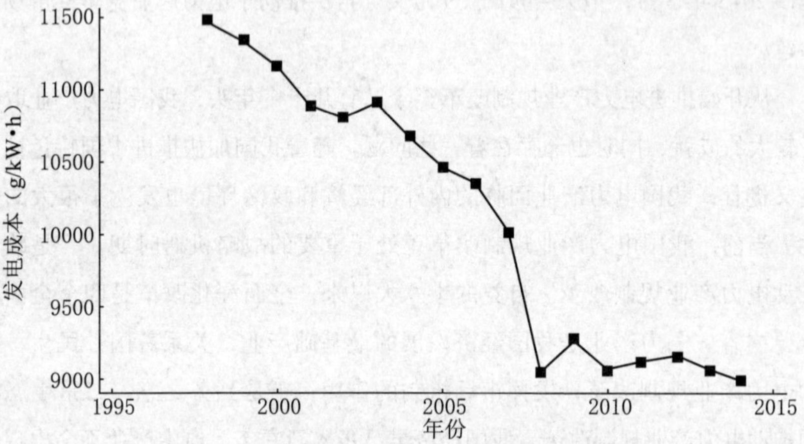

图 9.4　中国以标准煤耗表示的发电成本趋势图

资料来源：《中国电力年鉴》。

9.2.4　中国电力产业规制改革的总结与展望

1．中国电力产业规制改革总结

我国的电力产业规制经历了从中央垂直垄断到逐步迈向市场化的过程，电力产业也经历了从燃料工业部到电力工业部的过程。在这一过程中，每一次的改革都极为艰难，不仅需要考虑复杂的经济环境，还要考虑其实际可操作性以及与我国当时行政体制之间的融合性。

1978 年召开的党的十一届三中全会是我国电力企业规制改革的起始点，我国电力企业规制首次从严格的制度过渡到放松阶段。2002 年进行的“厂

① 李治、杨艳、马玲玲：《中国电力行业规制集权化效果的实证研究》，《产业经济评论》2016 年第 3 期。

网分离”改革是我国电力企业规制改革的最重要阶段，对电力产业进行了重大的结构调整，是我国电力行业第一次进行的市场化探索。在2003年成立了首个电力规制机构：国家电力监管委员会，2005年颁布《电力监管条例》，2006年实施《电力监管信息公开办法》，这一系列的举措促进了电力产业的飞速发展。但是这一过程并没有得到较好的延续，在2007年陷入停滞。2013年11月，我国启动了新一轮的全面深化改革，这轮改革主要关注电力行业在实现低碳经济和治理空气污染中的作用。最新一轮的市场化改革是在2015年3月，中央公布的“9号文”再次推动了电力产业竞争性市场的构建。

从开始推进电力产业规制改革至今已有几十个年头，我国电力产业取得了较大的成就，同时也还存在着一些问题。随着我国加快推进中国特色社会主义进程，我国电力产业面临的内外部经济和政治环境也发生了很大的变化。当前，我国电力产业规制改革正处于重要的战略机遇时期。一是政策推动电力产业规制改革。自党的十八大以来，全面深化改革是四个全面的重要内容。电力产业是我国经济发展的最基础产业，关系着国计民生，推动电力产业规制改革，发挥市场机制的作用，正是当务之急。二是生态治理推动电力产业规制改革。我国经济早已步入新常态，电力产业不会出现产能过剩或不足的情况，已经步入发展相对稳定的阶段。党的十八大以来，习近平总书记提出坚持绿色发展，因此现阶段电力产业规制改革面临的重要问题是解决电力产业带来的生态污染。三是技术创新推动电力产业规制改革。随着科学技术的不断发展，新一轮产业竞争的核心是技术创新的竞争。我国的电力产业技术正在不断突破和发展，为产业规制改革提供了较好的平台。

2. 中国电力产业规制改革的政策建议

（1）深化电力产品定价机制改革。

科学合理的价格机制是电力产业规制改革的重要内容。深化电力产品定价机制改革主要是通过市场竞争确定电力产品的价格，建立相对独立的输电价格体系和相对科学的配电价格体系，充分发挥市场的资源配置功能，推动电力产业科学有序运行。

一方面，加强电价制定规制，理清电价形成机制。一是核准输配电价格。输电和配电环节是电力产业垄断程度较高的环节，输电和配电行业属于垄断性行业，核准输配电环节电价是电价改革的基础。现有的输配电价改革实际上是根据各个电网电压等级核准输配电价格，下一步需要逐步将规制价格的输配电价监管方式转换成规制政策，使得各个环节的电价制定成为一个完整的体系，发挥好政府的监管和指导作用。二是通过市场机制形成发售电价格。发售电价的制定方式有很多，最重要的是发挥市场机制在定价中的作用。发售电价格改革的关键点在于鼓励社会不同主体参与电力市场交易，引入市场竞争机制。具体来说就是在发电端时形成多家企业竞争的局面，它们确定价格之后在交易所与用户直接对接，通过多方选择，多轮交易形成最终的成交价格，即市场均衡价格。三是加强电力产品价格交叉补贴。电力产品价格交叉补贴是指上网销售电价中包括了政府性基金和政策性补贴的情况，使得用户的用电价格不均衡，导致工业用户电价偏高，居民用户电价偏低的现象。为解决这个问题，必须充分了解各类用户的可接受电价，在现有电价基础上逐步取消各类交叉补贴，适度提高居民电价和减少工业电价，并确保不会对居民用户产生严重的影响。

另一方面，加强电力交易规制，理顺电力市场交易机制。一是规范各类主体的准入标准。随着电力产业的市场化程度不断提高，市场直接交易会更广泛和全面，市场准入规则和监管越发重要。只有满足了国家准入条件的企业才能进入市场，否则拒绝其进入。二是促进各类主体开展多方交易。以双边交易模式为基础，对于有准入资格的市场主体赋予一定的自主选择权和定价权，比对国家规定价格向电网公司支付中间费，实现多方交易模式。三是鼓励构建长期交易机制。与西方的电力交易市场相比，我国还处于比较落后的阶段。为了防止电力产业竞争不足带来的风险，需要构建相对稳定的交易机制。最关键的一点是协调和监管地方政府的行为和利益，防止政府以行政手段干预市场的正常交易。

（2）加快竞争性环节的市场化改革。

首先，在售电侧引入社会资本。一是支持符合准入条件的民营企业投资增量配电业务，提高配电公司运营效率。同时要加强对这些公司的监管力度，引导其遵纪守法，推动民营资本有序发展。二是对于经济发达地区和产业园区，允许民营资本通过不同的形式参与电力产业，对于符合准入资格的公司，允许以不同的方式从事售电业务，积极丰富市场主体的多样性。三是对不同的市场主体赋予不同的职责。具体而言，在电力市场交易的主体均在公平交易原则下，遵守相关法律和合同要求等。

其次，开放电网准入工作。一是规范电网公司的运营模式。现有的电网公司还存在诸多垄断经营的弊端，需要改变和破除这些弊端，并且推动电网公司运营透明化和公开。二是积极引入分布式能源。分布式电源具有清洁、快捷等优点，可以解新能源消纳问题。与国外的分布式能源体系相比，我国还处于比较缺乏阶段。在新能源政策和提升整体运行效率的激励下，我国可以借鉴国外经验，在未来实现分布式能源快速发展。三是落实电厂监管工作。对于那些满足我国电力产能政策和标准的发电企业，要落实相关政策的任务和规定，并允许其参与市场竞争，监督其履行相关义务，成为合格的市场主体。

最后，构建公平的市场交易环境。公平的市场交易环境是以公平的交易平台为依托的，所以需要构建相对独立和公开的电力交易机构。由于电力交易机构与电网公司之间不可能彼此完全独立，电力交易机构的相对独立性还需要政府监管和明确交易机构的职责。

（3）完善相关法律法规制度。

推进电力产业规制改革，必须要完善相关的法律制度，保障各个环节和各类主体经营活动的合法性，为电力产业的发展提供法律依据。首先，根据国家发展新要求和目标修订《电力法》。新的《电力法》应该以“绿色低碳”为核心理念，应该将政策向节能环保企业倾斜。其次，加快《能源法》的出台。现在已经出台了许多单一法律，比如《电力法》、《煤炭法》等，但是这些法律均只为单个领域的发展提供了法律依据。《能源法》是一套基本法，统领了全部能源发展，可以更好地协调各个不同单行法律之间的关系。最后，加快出台与新《电力法》相配套的政策。法律是一个具有指导性的准则，但是具体的政策实施和落实情况还需要相关的配套政策。

9.3 中国水务产业规制改革与发展：放松规制与资源配置效率提升

9.3.1 水务产业规制改革的发展及历程

截至 2014 年年底，我国规模以上水的生产和供应业企业数量总计 1346 家，截至 2015 年，全国水的生产和供应业规模以上企业数量达 1491 家。2015 年，我国水务行业规模以上企业资产总额达 9807.78 亿元；水的生产和供应业企业销售收入 1756.42 亿元，同比增长了 7.23%；销售毛利率为 25.04%；成本费用利润率为 6.11%；销售利润率为 5.94%；总资产利润率为 1.06%；自来水的生产和供应行业共计实现销售收入为 1323.39 亿元，同比增长 8.26%[①]。对于水务产业而言，任何一项规制制度的效果都受其制度的制约，完全通用的规制安排是不存在的，对规制效果的评价依赖于：规制的动机；规制工具及规制过程的性质；规制产业的特征；规制的政治与法律环境。因此，了解中国城市水务产业规制改革的实践是进行规制效果评价的基础与基石。

1. 规制体制

长期以来，供水产业一直被作为一项公益事业来管理，与此相对应，对包括供水经营公司在内的公用企业进行集中统一管理。在这个时期，供水业最主要的制度特征是，城市公用事业局与供水经营企业之间政企高度合一：供水产业的投资决策和计划都由公用事业局来制定，供水的生产、经营计划是由公用事业局编制的，供水经营企业的领导是由公用事业局委派和考评的，供水的经营亏损也是通过公用事业局要求政府财政来弥补的。这种政企高度合一的体制，使供水经营企业没有制定经营决策、以市场导向灵活地开展经营活动的自由权，没有追求成本最小或利润最大化的动力，由于经营亏损都由政府财政补偿，供水经营企业根本不存在经营风险。

① 智研咨询：《2016—2022 年中国水务市场分析预测及投资方向研究报告》。

改革开放以来，新投资主体的形成以及竞争的引入，客观上要求城市水务产业的规制机构转变政府职能，实现政企分离，从而公平有效地行使规制职能。但相对其他基础设施部门如电信和航空业，城市水务产业的政府体制改革，特别是地方政府的体制改革相对滞后。虽然 1998 年政府机构开始进行改革，但我国水务部门的管理体制仍处于转型阶段，具有非常复杂的体制安排，在结构上具有多部门和中央与地方分级管理的特征。在中央政府部门中，国家发改委和原建设部主要负责供水以及水价的管理，其住房与城乡建设部的主要职能是制定全国城市水务的政策法规，相对应的地方各级建委负责所属地的水务管理。在原建设部中，城建司具体负责与城市开发、建设和管理等相关活动的行政管理，其中与供水有关的职能包括，制定城市基础设施发展战略，制定公共事业发展政策，以及国家城市公共工程和环境项目的审批等。1998 年改革以后，城建司的公共事业处负责具体制定供水、天然气、供热和城市交通的政策法规。2000 年 7 月在原公共事业处和政策法规处的基础上重组，成立了城市供水处，具体负责相关的政策法规、发展战略和规划以及改革策略的制定等职能。

我国城市水务产业政府规制体制存在的典型特征是多重规制，城市公用事业管理部门、物价管理部门、城市建设行政管理部门等共同行使规制职能，政府规制结构的设计既包括横向分散化，又包括竖向分散化。根据组织理论，这种多重规制结构虽然可以起到分权的作用，但也会产生规制外部性问题，降低规制的效率。由于供水业具有区域性经营的技术特征，从制度设计的角度看，竖向分散化有一定的合理性。但横向规制职能的过于分散化，则会造成“多龙管水”的局面。这种体制必然影响水功能的有效发挥，破坏水资源的流域性和完整性，抑制产业的发展动力，从而阻碍整体规制效率的实现。

2. 规制法律

改革开放以后，我国政府开始进行依法治水、依法管水的努力。全国人大常委会先后颁布了规范水资源管理的《中华人民共和国水法》（1988 年）、保护水土流失和规制水污染的《中华人民共和国水土保持法》（1991 年）和《中华人民共和国水污染防治法》（1996 年修订）；国务院及其所属部门还颁布了《饮用水水源保护区污染防治管理规定》(1989 年)、《中华人民共和国水污染防治法实施细则》(2000 年)、《城市供水价格管理办法》等 60 多件水事行政法规和规章条例，各省、自治区、直辖市也根据自身地域水情及产业状况先后出台了 300 余件地方性水事行政法规和规章条例。[①] 上述法规围绕水质量、水价格、水环境等问题构筑的法律、法规框架及实施细则，规范了供水与污水处理产业的发展，保护了消费者的直接利益。

3. 价格规制

多年来，中国的水价在政府的规制下一直偏低，不能真实反映供水成本。改革开放以来，随着经济发展与人民生活水平的提高，这种低水价带来严重水资源浪费，城镇供水建设、供水设施维护投资不足，导致供水能力相对处于严重短缺的局面。为了达到节水和吸引投资的目的，中央和地方政府出台一系列政策调高水价。

1998 年 9 月，原国家计委和原建设部联合制定和发布了《城市供水价格管理办法》，确定城市供水价格由供水成本、费用、税金和利润构成。2002 年 4 月的《国家计委、财政部、建设部、水利部、国家环保总局关于进一步推进城市供水价格改革工作的通知》提出要推进水价改革，建立合理的供水价格形成机制，针对不同城市的特点，实行季节性水价，以缓解城市供水的

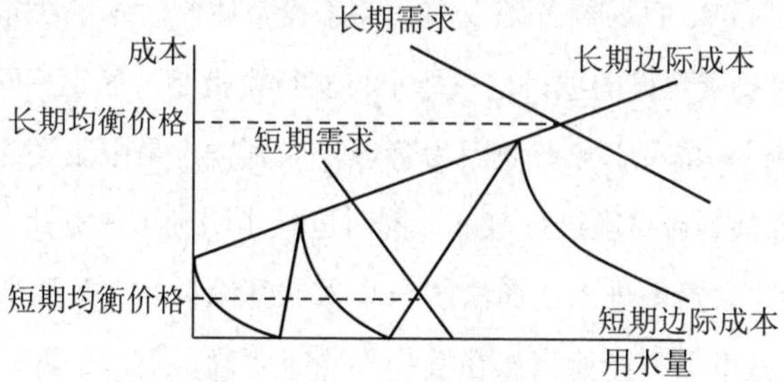

图 9.5　供水的短期和长期成本

资料来源：托马斯·思德纳：《环境与自然资源管理的政策工具》，上海人民出版社 2005 年版。

① 张昕竹：《中国基础设施产业的规制改革与发展》，国家行政学院出版社 2002 年版。

季节性矛盾。2004年1月开始实施的《水利工程供水价格管理办法》意味着中国水利工程供水价格将被纳入商品价格范畴进行管理，水利工程水费作为行政事业性收费管理的模式将彻底改变。水利工程供水实行分类定价。2004年国务院办公厅36号文件《国务院办公厅关于推进水价改革促进节约用水保护水资源的通知》，首次明确规定了水价的四元组成（水资源费、水利工程供水价格、城市供水价格、污水处理费）。

这一系列政策及相应的法规奠定中国水价价格规制的基础，概括起来中国水价规制具有如下特点：体制上，实行政府定价、分级管理的体制，在规制程序上实行听证制度和公告制度；价格水平上，实行收益率规制，供水企业销售价格由供水企业的成本、税金和利润组成，根据《城市供水价格管理办法》，供水企业合理赢利的平均水平规定为8%—10%的净资产利润率。

4. 进入规制

城市水务产业市场化改革放宽了城市水务产业的市场准入，打破垄断，开放市场，引入竞争，特许经营。原建设部颁布了《城市市政公用行业特许经营管理办法》，于2004年5月开始实施，要求建立比较规范的包括城市供水和污水处理在内的特许经营制度，把特许经营作为一种主要的模式，在中国城市水务产业改革中实践应用。

2004年7月25日，国务院发布《关于投资体制改革的决定》，"对于企业不使用政府投资建设的项目，一律不再实行审批制，区别不同情况实行核准制和备案制"。城市水务产业因为管理公众利益，是限制类项目，政府将从维护社会公共利益角度进行核准。同时进一步明确了放宽社会资本的投资领域，"允许社会资本进入法律法规未禁入的基础设施、公用事业及其他行业和领域"，城市水务产业当然在其中。同时明确了进入的方式，将通过注入资本金、贷款贴息、税收优惠等措施，鼓励和引导社会资本以独资、合资、合作、联营、项目融资等方式进入。并且确定了公共项目向社会公开实行项目业主招标。

表 9.2　中国城市水务产业规制制度演变

时期	规制体制	法律法规	进入规制	价格规则
改革开放前	特征：城市公用事业局与供水企业之间政企高度合一；缺点：水务企业独立性差，无经营风险	没有正式的针对城市水务产业的法律法规	产业内投资主体单一，市场化程度低	新中国成立初期，基本上实行无偿供水；1965 年，重新建立了水费制度，收费标准很低
改革开放后	特征：政企分离逐步展开，实行多部门和中央与地方分级管理的多重规制体制；缺点：规制体制改革落后于电信、电力等基础设施产业，规制责任不清，规制效率低下	1988 年《中华人民共和国水法》；1994 年《中华人民共和国城市供水条例》；1996 年修订《中华人民共和国水污染防治法》；1998 年《城市供水价格管理办法》等 60 多件水务行政法规和规章条例	20 世纪 90 年代后期，允许外企涉足城市水务产业；2002 年《关于加快市政公用行业民营化进程的意见》引入竞争机制，鼓励非公有资本以多种方式取得水务企业特许经营权，形成多元化投资结构；2004 年《市政公用事业特许经营管理办法》推动水务建筑和水务运营管理的全面民营化进程	1985 年《水利工程水费核订、计收和管理办法》，规定水费属行政事业性收费；2000 年（财　规〔2000〕10 号）明确水费纳入商品价格范畴；2004 年国务院办公厅 36 号文件规定水价由水资源费、水利工程供水价格、城市供水价格、污水处理费组成

9.3.2　水务产业的现状分析

1．中国水务产业发展现状

我国目前处于高速城市化和工业化的发展阶段。自 1998 年开始，我国城市化进程迅速加快，2010 年、2011 年城市化率达到 47.5%、51.3%；2010 年城镇人口较 1991 年增加 91.3%，年均增长率为 5.6%。在城市化和经济增长的持续推动下，我国水务市场持续增长。

（1）城市供水行业从成长期向成熟期过渡，城市供水总量趋于稳定，需求弹性小。尽管国民经济规模持续高速增长，但由于工业结构的调整和居民节水意识的增强，城市供水总量增长率远低于 GDP 增速。未来随着总体经济规模的扩大和城市化率的不断提高，供水总量依然存在一定的增长空间。根据历年的《中国城市建设统计年鉴》，从 2000 年到 2010 年我国城市供水总量的复合增长率为 0.73% 左右，增长缓慢；2010 年城市用水普及率已达 90% 以上；在水费上升及节水意识增强的情况下，人均生活用水量趋于下降，人均生活用水量从2000年的220L/（人·d）降至2010年的178L/（人·d）左右，随着节水技术及水循环利用率的提高，单位GDP用水量大幅下降，生产运营用水量呈下降趋势。根据2011年的《中国统计年鉴》，目前全国各城市供水总量稳定在500×1081203/a。

（2）城市污水行业处于快速成长期，处理能力快速提高，污水处理率稳定增长，处理总量逐年增加。在国家政策的推动下，近年来我国投资建设污水处理设施的步伐不断加快，城市污水处理能力快速提高。根据2011年《中国统计年鉴》，从2003年年末到2010年年末，我国城市污水处理能力从6626.4×104ITI³/d增至10262×104 m³/d，年均复合增长率为10.68%。随着政府对环境治理的逐渐重视，各项扶持政策出台，国家加大基础设施和环保投资力度，投资建设的污水处理设施陆续投入运营，我国污水总量逐年增加，城市污水处理率快速提高。

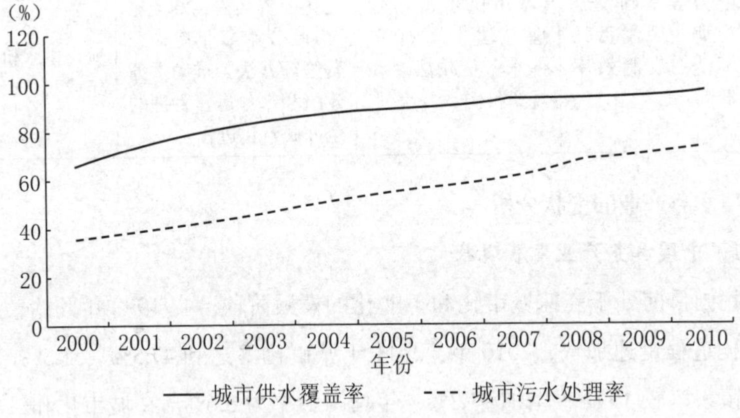

图9.6 中国城市供水覆盖率和城市污水处理率

（3）城市再生水利用刚刚起步，尚处于导入期。污水处理产业的快速发展，为再生水的回收利用提供了有利的前提条件及市场机会。近年来，在我国大力推行节能减排战略、发展循环经济政策的引导下，北京、天津、青岛等一些缺水城市的再生水资源得到了较快的推广应用，再生水被广泛用于农业灌溉、工业循环用水以及城市景观等。根据《水务管理年报》统计，截至2009年全国再生水厂有146座，生产能力仅为811×104 m³/d。再生水管道总长为3113 km。到2010年，全国城市污水处理再生回用率达到8.5%，远不能满足需求。

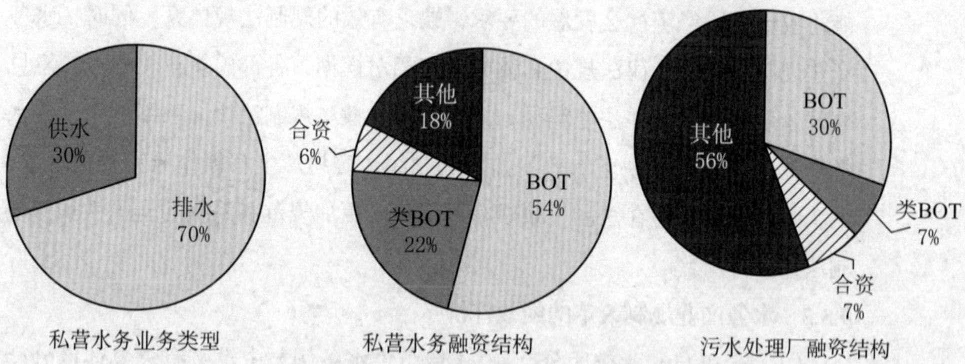

图 9.7 中国私营水务融资结构

资料来源：中国水网（2012）。

2．我国水务产业规制存在的主要问题

我国水务产业规制虽然取得了较为显著的成效，规制改革过程中仍然存在一些问题。

（1）规制目标偏离。水务产业规制改革的目的在于既能使居民获得优质的供水服务，满足社会公众利益，又能提高污水的处理效率，满足环境保护的要求。然而，实际规制过程中往往忽视公众利益，一方面，作为水务的直接消费者，应该参与到水务规制改革的各个方面。另一方面，水质直接关系公众的生活健康，是公众最关心的问题，水务行业主管部门本应该承担起水务服务全过程的监管责任，但在实际操作中，往往存在政府监管缺位和失灵，地方政府更加关注水务项目的投资和建设，而忽视对水务服务质量的监管。

（2）规制权责不清。目前我国水务产业规制职能分散于各个政府主管部门，缺乏统一的规制机构担当行政规制主体，规制主体的独立性也较弱。这种多头规制、各自为政的现象普遍存在，部门之间协调困难，甚至相互掣肘，造成规制主体缺位，导致规制责任无法落实，不仅造成规制效率，还严重妨碍了规制决策的公正、独立、有效的执行。

（3）规制法律体系不健全。虽然我国有关水务产业规制方面的法律很多，涉及水务产业的法律有《中华人民共和国水法》、《中华人民共和国水污染防治法》、《中华人民共和国城市供水条例》等，但是多数相关法律已经不能适应现阶段经济社会发展的要求，缺乏有效的规制法规体系。同时，水务产业规制相关的法律法规中具体的规定相对模糊，各部门规章、办法和意见之间矛盾突出且存在法律漏洞，缺乏可操作性。规制法律体系不健全，使水务产业规制过程中缺乏有效的监督和制约，容易产生官僚作风和寻租现象，消费者的合法权益在法制上很难得到保障，更加规范和系统的全国性水务规制法律亟待出台。

9.3.3 水务产业规制改革的绩效评价

（1）产权与经营权区分问题。《城市供水条例》中没有有关具体区分产权与管理权的条文。这样便容易导致水务运营纠纷，更糟糕的是，该法令自 1994 年颁布以来就从来没改过。在我国南方的调研考察中，海南、重庆、武汉的水务企业对《城市供水条例》的意见很大，认为该法例中管理主体和产权不明确，如其中的“配水管网可多元投资”这一段没讲清一户一表的成本要归谁，尤其在重庆由于地形限制，如鼓励各个小区建泵站而政府不建集中泵站会增加不必要的供水成本，于是就无法实行统一的集中供水成本而必须实行不同的二次供水成本来计价，而且二次供水公司以私营为主，二次供水水价不一与二次供水设施的产权不清问题更进一步影响了供水效率。武汉水务集团表示，《物业管理条例》中未明确指出高层与底层的水泵转压成本要如何分摊。另外，“一户一表”政策未能落实，比如说在湖北的农村地区，超过 85% 的家庭只安装总水表，而不是小水表，这样对于分摊水费就比较困难。进入 21 世纪以来，我国的水价持续上涨。1998—2000 年共有 62 个城市的水价上调幅度为 20%—30%。在《城市供水价格管理办法》中没有任何具体的水价计算公式，而且制订水价的原则也比较模糊：“水务行业合理的平均利润”。虽然该法规定供水价格由成本、费用、税收、利润构成，且平均利润应保持在 8%—10%，但在现实中水价的调整是基于自来水公司上报的成本，且有夸大成本的趋势（叶红蕾，2005）。在我国南方的调研考察中，许多自来水公司抱怨水价的成本结构不清楚，而且制订水价的方法也很少且不完整，海南还希望能形成完善的梯形水价。我国城市水务管理的公共政策有独立管理系统的传统，在取水、供水、用水、水质保护与废水处理业务中，明显在实际中管理系统不能很好地整合，比如没有机制保证同时在供水计划与取水计划下供水厂能用上水。

（2）取水计划中没有法律规制原水供应方与供水厂之间的合同，供水和用水合同中的水量与取水许可很难协调。除了上海、海南、武汉、深圳等地建立了自己的水务局以外，至今大部分地区没有建立自己的水务统一管理机构。在我国南方的调研考察中，发现在贵州，水利部门大约管理 40% 的水务，而建设部门管理 60% 的水务，水利厅和城建厅之间为争夺水务基础设施控制权而竞争，从而导致水利部门和建设部门分工权责不明确，但城建部门一般忽视水资源管理与农村供水，且水利部门一般不熟悉城市供水，所以非统一水务管理带来了低效率的水务运营。重庆市没有水务局，只有区县水务局，农村饮用水和原水归水利局管，而城市供排水归城建局管，这样降低了管理的效率。糟糕的水务管理主要有两个常见原因：首先，每个部分都是孤立发展的，没有充分考虑其与其他部分之间的相互联系，比如在我国，水务具体法律由不同部门来制定，多部门同时管理水务会导致管理效率的降低。其次，相关管理机构之间缺乏沟通，这种情况存在于每个调研城市的水务机构，甚至在某些地方尽管有水务局但仍然缺乏内部协作。

（3）水务法律中有重叠现象。1994 年的《城市供水管理条例》就把非居民用水包括在了计划用水与节水系统中，同时，这些使用者持有用水许可，因此要提供年取水计划，便限制了其年使用水量。这样一来便导致了对许可持证人来说用水与节水义务的重叠。相似地，在废水直接排入水体的情况下，城市排水许可与废水管理也导致了管理上的重叠。现有条例对于除了城市排水许可外的其他事务是否还需要当地环保部门规制的界定不清。如果同时运用两个体系，则需要相关机构的高度协作才能保证顺利运行。我国的城市供水，对于基础设施的关注要多于考虑水资源与需求层面。在我国，水资源分配计划在地方一级是最不完善的，甚至是缺失的。而且，即便存在这样的计划，在国家层面上也不作为取水许可的根据。在水资源分配计划与取水许可机制之间缺乏正式联系，就更难以确保城市供水的可靠性：在缺乏总体取水许可计划下持续发放取水许可势必有损既有用水者的信赖。

表 9.3　中国主要水务法律法规

法律法规名称	年　份
中华人民共和国水污染防治法	1984 年
中华人民共和国水法	1988 年
取水许可制度实施办法	1993 年
关于征收污水排污费的通知	1993 年
城市供水条例	1994 年
污水综合排放标准	1996 年
城市供水价格管理办法	1998 年
水法（修订版）	2002 年
关于加快实证公用行业市场化进程的意见	2002 年
排污费征收使用管理条例	2003 年
市政公用事业特许经营管理办法	2004 年
城市供水水质标准	2005 年
取水许可和水资源费征收管理条例	2006 年
城市供水水质管理规定	2007 年
中华人民共和国水污染防治法（修订版）	2008 年
关于进一步做好利用外资工作的若干意见	2010 年
生活饮用水卫生标准（新）	2007—2012 年

（4）水务执行问题。水务管理系统的特定实施中的一些目标与方法没有明确定义，导致在地方层面上对国家想法产生误解。比如，2002 年的《水法》要求必须准备供水计划，但范围与目标却没有在国家层面上很好地定义。所以，供水计划符合了法律要求却不一定与实际相符。比如，北京水务集团公司没有把供水计划用到每日的供水管网运作。在上海，供水计划每年由水务公司制定，并且用于与原水供应的协作。和北京相似，上海供水管网的每日管理取决于月计划，其由上海水务局的供水管理处负责。

（5）我国的水务旧设施维护更新迟滞，严重制约了水务产业发展。从会计角度来讲，水务固定资产存在着如下问题：固定资产购置程序不合规、私自采购，人情交易，多头采购；固定资产管理意识不强；固定资产管理制度不健全，只在会计总账上面反映，缺少实物明细账，造成账实不符，也没有指定专职的资产管理人员；会计核算不规范，界定存在偏差。有的单位购入固定资产时只做经费账而不做增加固定资产账，有的单位将早已完工的固定资产滞留在账外而挂在“在建工程”或往来账户中，有的单位对无偿取得的固定资产不按要求进行会计核算；有的单位私自交易，以实物抵债，而这些资产也长期游离于账外；有些单位不将固定资产改扩建增加部分计入固定资产账面价值中；有些单位没有及时将应该报废的资产报资产管理部门核销处理；固定资产租赁收入不进账直接冲减支出。有些单位不按规定审核、审批，也不进行资产评估，更不进行招标拍卖，而是随意定价处置；有些单位不对账、长期不清点，存在有账无物、有物无账的现象；没有形成网络监控优势，有些单位还在应用最传统的手工记账方式，效率低下。

表 9.4　世界各国管网漏损率

国　家	管网漏损率	国　家	管网漏损率
中　国	20%—25%	哈萨克斯坦	>40%
日　本	5%	塔吉克斯坦	50%—60%
俄罗斯	18%—20%	格鲁吉亚	30%—50%
乌克兰	40%	阿塞拜疆	50%
白俄罗斯	>20%		

（6）污水费代收问题。法律上应该是企业收取污水费，但现实中还是政府代收然后给企业。如在深圳和海南，污水厂和政府对账后还要过一两年政府才给钱。管理水务运营水资源与农村供水表问题“一户一表”政策未能落实，比如说在湖北的农村地区，超过 85% 的家庭只安装总水表，而不是小水表，这样分摊具体的水费就困难了。①

9.3.4　水务产业规制改革的经验教训

目前，中国城市水务产业仍然存在多重规制，专业法规不健全②、价格规制不科学③等问题，严重影响了城市水务产业规制效果的实现。基于研究

① 吕福胜、钟登华：《中国水务行业发展现状与趋势》，《中国给水排水》2013 年第 5 期。
② 至今没有类似《供水规制法》等法规的发布。
③ 当前价格规制实质是实行收益率规制方式，这种规制方式有利于吸引资金投入，但却无益于效率的提高。

分析，我们认为中国城市水务产业规制应从以下几个方面得到完善：

第一，推进放松规制进程，鼓励城市水务产业投融资体系主体多样化。

我国城市水务产业的放松规制过程显著促进了城市水务产业总量水平的发展，城市水务产业除了管道具有网络经济效应，需要实行以区域垄断为基础的市场机构外，其他环节具有很强的竞争性。因此应当丰富企业经营主体，创新经营模式，促进产业整体的发展以满足城市化的需要。即使在垄断环节，也可以通过使投资多样化、推进股份制，在不改变区域垄断的本质特征的基础上，解决其资金矛盾，有力促进城市水务产业基础设施建设，为整个城市水务产业发展奠定坚实的基础。

第二，完善政府规制体制，防止规制俘获，提高规制效果。

现阶段收益率规制方式下，成本是确定收益率的基础，企业的成本属于企业的私有信息，规制者一般没有能力获得其真实信息。另外，即使获得其真实信息，也极易发生规制俘获现象。尽管前面假定规制者总是在公共利益的角度来考虑问题，但是毕竟不是每一个参与人均参与具体的规制实施，因而规制的委托代理关系也注定意味着如何防止规制俘获成为一个重要的课题。首先，解决这个问题可以依赖规范价格规制程序、完善价格听证制度、加强规制过程中审计的作用等方面来考虑，后面两个角度需要相关方面的专家学者进行深入探讨。其次，我国城市水务产业规制体系还处于转轨时期，规制机构的设置还不是非常合理，政府规制机构不具有独立性，其设置不是按照市场运作的规律依据。从政府规制机构的设置及其职能来看，供水业及其相关企业的规制既有从中央到地方的垂直的层级规制，又有各地区的不同部门的分割规制。总之，规制体制存在重合与主体不明的问题，因此就为滋生规制俘获问题提供了“温床”，进而影响规制效果与效率。

第三，适时改变价格规制方式，引入激励性价格规制模式。

虽然收益率规制方式一定程度上促进了城市水务产业发展，但是这种状况长期持续必然会对城市水务产业带来不良后果。可以说收益率规制是在我国城市水务产业发展初期为了促进水务总量的增加，不得已而实行的一种规制方式。而且收益率规制方式对企业的成本信息披露性具有很强的依赖性，在成本约束制度不健全的收益率规制方式下，企业很难有动力去披露成本的相关信息，因此带来的低效率极可能比本文分析的结果还严重。另外，现在我国的城市水务产业发展已经初具规模，应当考虑在适当时候改变现在的规制方式，采取成本激励性价格规制方式（如采用价格上限规制方式）。这需要一个过程，需要整体规划与逐步实施，不可操之过急。

第四，合理调整城市化发展理念，不应片面追求发展速度。

城市水务产业的发展前期滞后于城市化的进程。尽管在长期内城市化的发展符合理论意义上的促进作用，但我们应该进一步思考城市化发展的速度与相关产业的协调问题。

第五，树立规制效果评价理念，推动城市水务产业规制“质”的提高。

传统上，我国以控制规制行为作为主要的规制监督形式，这种监督形式通过审计署的投入审计来控制规制行为的成本负担，缺乏一定的激励性。规制效果评价放弃了对规制行为的控制，通过对规制目标的实现程度进行考核来实现对规制行为的监督。这种创新完全符合竞争导向型规制和法律的内在要求，提高了对规制机构的激励强度，同时为国家其他产业规制改革提供了清晰的政策评价思路。

第六，建立健全城市水务产业乃至整个垄断产业的规制效果评价体系。

城市水务产业规制效果评价体系包括检验标准、检验指标、检验方法的选择、支持体系的创建等内容。其中，支持体系的创建又包含评价机构的建立、评价过程的程序化与明晰化、相关法律法规的建设。健全城市水务产业规制效果评价体系是进行规制效果评价的基础，更是一种制度上的保证，有利于从制度上弥补规制改革评价的“缺位”[①]。

9.4　中国城市燃气产业规制改革与发展：进入规制与价格规制

9.4.1　城市燃气产业改革理论概述与演变过程

基于燃气产业自然垄断的特性，不管是传统理论还是现代理论，都认为

① 韩超：《中国城市水务业规制效果评价理论分析》，东北财经大学硕士学位论文。

仅依赖于市场机制本身无法实现其效益最优化，需要政府规制来弥补市场结构的缺陷，但不同的理论对规制有着不同的要求。

1. 城市燃气产业规制的传统理论

传统规制理论认为在自然垄断的情况下，任何组织都有可能丧失追求成本最小化与效益最大化的动力，从而破坏帕累托最优的资源配置，需要政府对自然垄断产业进行规制，从而促进社会福利最大化。传统规制理论包括公共利益理论、规制俘虏理论和规制的经济理论三个阶段①。公共利益理论是建立在市场失灵基础上，其目标是通过提高资源配置效率，以增进社会福利最大化，实现帕累托最优。规制俘虏理论则认为规制者会被燃气产业生产者所俘虏，而制定不利于社会整体福利提高的政策。而规制经济理论则认为燃气产业利益集团能够通过游说规制者来影响政府规制。这些传统理论都不是以实现社会福利最大化为导向的，也并不能适应所有的情况，对于我国燃气产业规制改革的作用是有限的。

计划经济时期，政府与燃气企业的信息是相同的，无论是实行公共利益理论、规制俘虏理论还是规制经济理论都是可行的。我国实行社会主义市场经济以来，政府与燃气企业是完全分离的，政府无法充分了解燃气企业相关信息，传统规制理论的实施受到诸多限制。

2. 城市燃气产业规制的现代理论

20世纪70年代后期，西方国家开始以放松规制为主要内容的改革，这个时期现代规制理论应运而生，其主要包括可竞争性市场理论、自然垄断弹性管制理论和激励性规制理论②。

可竞争性市场理论认为，垄断不一定会破坏市场的竞争性，潜在的竞争决定了垄断企业无法制定垄断高价，政府不需要对其进行规制。自然垄断弹性管制理论认为并不是所有的垄断都需要政府的规制，需要根据具体情况分别采取不同的规制措施。20世纪90年代激励性规制理论已在西方国家得到广泛应用，激励性规制理论认为在保持原有规制结构的条件下，给予企业竞

① 和军：《自然垄断产业规制改革理论研究：新制度经济学视角》，经济科学出版社2008年版。

② 陈本强：《自然垄断政府规制理论研究》，云南财经大学2010年。

争压力可以提高生产效率和经营效率。

现代规制理论对我国城市燃气产业规制具有重要的借鉴意义。相对于其他规制理论，激励性规制理论更关注企业的产出效率和外部效应，给予企业更大的生产经营自主权，有利于企业利用其自身优势提高生产经营效率。在借鉴西方发达国家的成功经验的基础上，结合我国的实际情况，引入激励性规制理论，对于构建我国城市燃气产业规制体系具有重要的意义。

9.4.2　城市燃气产业的市场现状与政府规制情况

1. 城市燃气产业的市场现状

我国城市燃气事业已有 150 余年历史。我国使用的城市燃气种类主要包括天然气、人工煤气和液化石油气。改革开放初期，以液化石油气为主的城市燃气开始在全国各地大规模兴起。20 世纪 90 年代初，随着炼油工业的崛起，液化石油气供应量不断增长，尤其在国家准许液化石油气进口并取消配额限制后，广东省等沿海经济发达但能源相对缺乏的地区，开始大规模进口液化石油气，城市燃气随之进入液化石油气的时代。90 年代中后期，北京、上海、西安等城市引进天然气，我国城市燃气逐步向天然气转换。近年来，随着“西气东输、北气南下、海气登陆”等工程的实施，我国的城市燃气供应发生前所未有的重大变化，国家和地方政府加大环保执行力度，天然气在城市燃气市场中所占份额迅速提高，对加快建设现代清洁高效能源体系具有重要推动作用。

人工煤气投资大、建设周期较长，污染较强，被列入限制发展产业，2009 年以后，其供应量迅速减少。20 世纪 90 年代初开始掀起环保热潮，液化石油气供应量持续增加，天然气作为一种高效清洁能源，对液化石油气替代作用日趋明显，2007 年以后液化石油气供气量开始呈现逐年递减态势。随着市场对清洁能源需求的持续增长，天然气供应量保持较快增长，2016 年我国城市燃气中天然气供应量已超过 1171.72 亿立方米。

虽然改革开放以来我国城市燃气事业取得了显著成就，但区域发展不均衡的弊端也是显而易见的，天然气消费主要集中在东部地区，东部地区天然气消费总量达到了 697.79 亿立方米，占全国全年天然气消费总量的 61.32%。这是由于各地区经济发展水平的不均衡所致。在经济发达的城市，天然气普及率很高；而在一些相对落后的地方，天然气市场则相对贫瘠。

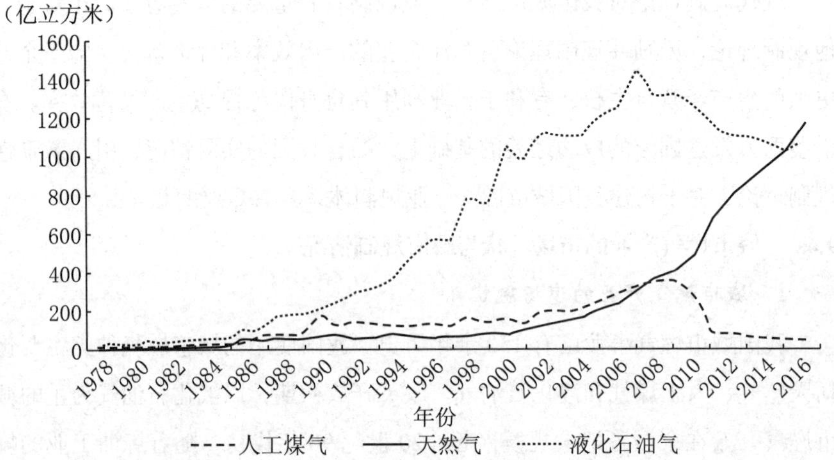

图 9.8 1978—2016 年中国城市燃气供应变化情况

资料来源：2017 年《中国城市建设统计年鉴》。

2. 政府规制情况

改革开放后，我国开始着手对公共事业领域进行规制改革，改革至今在电力、水务等行业取得了较为显著的成就，而燃气产业的改革相对落后于其他行业。我国城市燃气产业规制改革的基本思路是放松规制，引入竞争机制，提高产业效率。规制改革主要从进入规制和价格规制两个方面进行的。

（1）城市燃气产业进入规制。

燃气产业自然垄断的特点决定了进入规制的两重性。一方面，网管建设是燃气产业固定成本重要的组成部分，使其具有规模经济性；燃气产业生产经营各个环节高度相关，主要产品联系紧密，使其具有范围经济性。这就决定了燃气产业不允许较多的企业进入，需要政府通过规制手段对企业的进入进行严格控制，以避免产业内过度竞争而造成的经济损失。另一方面，进入规制不是完全限制企业的进入，政府适度放宽行业准入门槛，可以发挥竞争的激励作用，提高燃气行业整体效率。也就是说，进入规制的重点是将燃气产业的垄断性转变为可竞争性，消除燃气产业原有的进入壁垒，有序地引进新的企业，使燃气行业逐步形成多样化的竞争格局，促进了燃气产业生产运营效率和服务质量的改善，推动城市现代化建设步伐。

我国城市燃气产业进入规制改革是以放松进入规制为导向的，通过降低行业准入门槛和建立特许经营权制度来放开市场，引入市场竞争机制，形成投融资主体多元化格局。2002年3月4日发布的《外商投资产业指导目录》首次允许外资投资燃气的建设和经营。2002年12月27日，《关于加快市政公用事业市场化进程的意见》明确提出允许社会资本通过特许经营的方式经营燃气服务产业。2004年5月1日实施的《市政公用事业特许经营管理办法》建立了较为完善的燃气产业特许经营制度，打破了燃气产业原有的地方垄断经营模式，政府通过市场竞争机制选择经营者和投资者，实现燃气产业跨区域市场竞争的格局。2007年12月1日实施的《外商投资产业指导目录》全面放开了中小城市燃气产业建设与经营外资投资限制。2011年3月1日实施的《城镇燃气管理条例》鼓励社会资金投资建设燃气设施，确立燃气经营的行业准入制度。

（2）城市燃气产业价格规制。

城市燃气产业是一种关系国计民生的公用事业性服务，具有公共产品的属性，涉及燃气消费者、燃气经营者等各方面的切身利益，因此其定价需要接受政府规制。一方面，我国城市燃气产业垄断特性使得燃气经营企业与消费者之间存在信息不对称问题，燃气经营企业处于信息优势地位，而消费者处于信息劣势地位，通过价格规制能保护消费者的利益。另一方面，价格规制有利于企业间形成潜在竞争，刺激企业降低成本，优化生产要素组合，不断进行技术革新和管理创新，努力实现最大化的生产效率和经营管理效率。

改革开放以来，城市燃气价格规制经历了三个阶段。第一阶段（1978—1987年）是单一国家定价阶段，我国对燃气价格实行高度集中的计划体制，为鼓励国内燃气的使用，国家统一的优惠低价的政策，生产企业没有自主定价权。第二阶段（1987—2005年）是价格双轨制阶段，采取国家定价和国家指导定价两种机制。1987年，国务院实行商品量常数包干政策，将天然气价格分为计划内价格和计划外价格，包干基数内天然气按每千立方米130元价格结算，超过包干基数按每千立方米260元价格结算。1993年推出国家指导价定价机制，允许生产企业在国家规定基准价10%的浮动范围内定价，从此进入价格双轨制阶段。第三阶段（2005年至今）是国家指导定价阶段，

2005年12月国家发改委出台相关政策推行天然气统一的国家指导价。《关于提高国产陆上天然气出厂基准价格的通知》明确指出，2010年6月1日将全面取消天然气价格双轨制，并适当提高国产陆上天然气出厂基准价格。国家指导定价的实施逐步增强燃气企业定价的自主权，在保障消费者权益的同时充分调动其生产积极性。

9.4.3 城市燃气产业规制改革的绩效评价

1. 城市燃气产业规制改革的成效

（1）城市燃气固定资产投资快速增加。

改革开放以来，燃气产业规制改革使燃气产业快速发展，对经济发展和改善人民生活水平具有重要的推动作用。燃气行业的快速发展与燃气行业固定资产投资建设密切相关，2017年城市燃气固定资产投资完成额由2004年的917.30亿元增至7033.97亿元，复合增长率为18.53%，燃气产业建设规模逐年加大，固定资产投资已经形成较大规模，使城市供气能力进一步增强。20世纪90年代以前，燃气行业投资主要依靠政府财政、银行借贷和行政事业性收费，而随着中国城镇化建设的快速推进，已经无法满足投资需求，资金缺口日益加大。而燃气产业规制改革，特别是2004年燃气产业特许经营制度的建立，使社会资本进入燃气行业，形成了燃气行业多元化的投资结构，缓解了燃气产品投资建设资金严重短缺的现象，促进城市燃气产业快速发展。

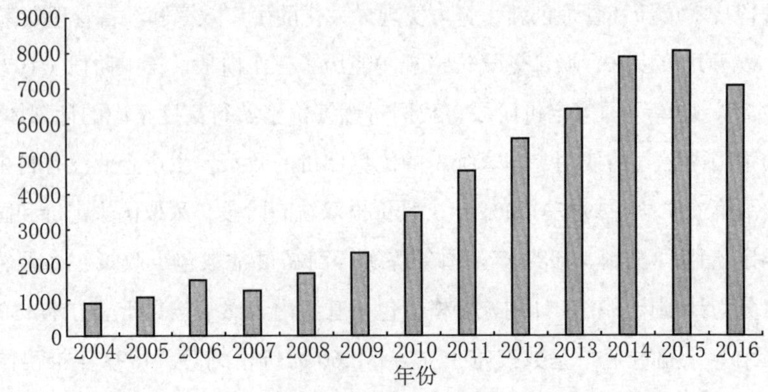

图9.9 2004—2016年中国城市燃气固定资产投资完成情况

资料来源：Wind资讯。

（2）城市燃气普及率不断增加。

改革开放以来，伴随着城市化程度的提高，我国城市燃气普及率和用气人数不断提高。2016 年，我国城市燃气普及率从 1978 年的 14.40% 提升至 95.75%。2016 年，城市燃气用气人数超过 4.57 亿人，用气人数较 1978 年增加了 4.46 亿人。由此可见，规制改革促进燃气供给量的增长，从而推动城市燃气普及率迅速提高，说明我国的规制改革对城市燃气普及的提高成效显著。

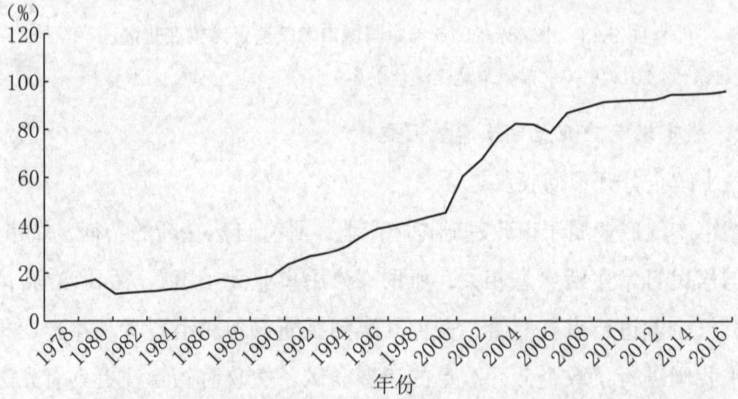

图 9.10　1978—2016 年中国城市燃气普及率变化情况

资料来源：2017 年《中国城市建设统计年鉴》。

（3）城市燃气消费结构转变。

近年来，随着产业规制改革的进行，我国城市燃气消费结构产生的重大变化，大部分城市已采用天然气作为城市清洁能源。天然气供应量保持较快增长，其供应量由 1978 年的 6.91 亿立方米上升至 2016 年的 1171.72 亿立方米，复合增长率为 14.46%，天然气占城市燃气供气总量的比重已由 1978 年的 15.84% 增至 2016 年的 51.06%。天然气不仅具有清洁性的特质，其热能利用效率也高于人工煤气和液化石油气，规制改革提高了城市用气中天然气的比重，间接提高我国能源利用效率，改善我国资源环境状况。

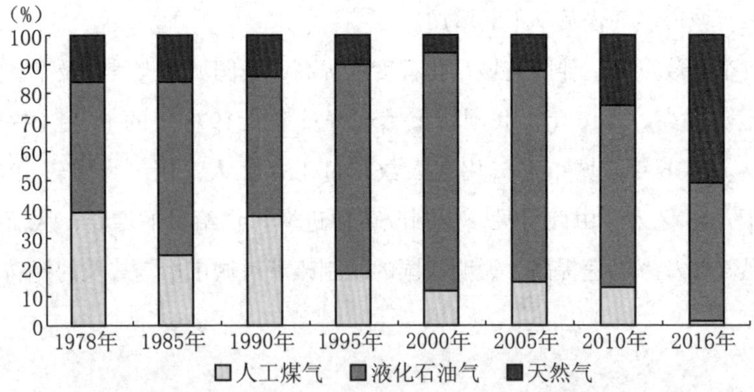

图 9.11　1978—2016 年中国城市燃气消费结构变化情况

资料来源：2017 年《中国城市建设统计年鉴》。

2. 城市燃气产业规制改革的问题

（1）政企分开不彻底。

城市燃气产业属于市政基础设施产业，具有自然垄断的特征，城市燃气产业与居民日常生活息息相关，所谓“公用事业无小事”，需要政府部门对城市燃气企业进行审查监管，避免其滥用垄断权力对消费者利益造成损害。近年来我国进行了政企分开改革的诸多尝试，使政府的管理更具有先进性，但由于历史原因形成的政企关系格局并没有从根本上改变，仅仅改变了政府对企业的控制方式，其政企合一的本质依旧存在。这种政企不分的情况容易使政府受到利益取向的影响，制定出更有利于垄断企业的政策，损害消费者的利益。

（2）产业规制立法滞后。

立法的滞后是困扰燃气产业的一大问题，燃气产业规制领域存在法律空缺，导致政府部门缺少规制的法律依据，城市燃气产业规制无法做到有法可依，往往都是按照惯例和行政指令来进行，使产业规制的人为因素盖过了法律因素，为政府部门提供了寻租和设租的空间，容易造成市场混乱，使燃气产业规制的目的难以实现。相关法律的缺失容易造成政府决策和监管政策的不连续或多变性，增加燃气企业获取政府规制相关信息的难度，企业需要投入制度性成本才能获得相关政策信息以进行投资与决策，加大了社会交易成本，影响了企业投资和决策的信心。

（3）产业规制监管缺位严重。

我国燃气产业监管部门设置较为不合理，城市燃气企业不但受到不同层次的政府部门控制，而且还会受到同一层次的政府部门中许多部门的控制，各部门监管职责不明确，多元性的监管责任主体容易造成效率低下。一旦出现问题，需要各部门协同解决的时候，各部门相互推诿，造成监管责任主体缺失，导致市场分割、定价脱离市场等问题的产生。我国燃气行业缺乏单独的监管部门，监管职责和权利是归于综合性的行政部门，进而缺乏一个强有力的专门机构负责监管，这样会使得监管流于形式，无法产生实质效果，监管的无效率就在所难免。更进一步而言，由于责任不明确，监管责任主体缺失，很多方面政府和企业都不会进行监管，形成了无人管理的状态，容易造成因“缺位”而“越位”的现象。

9.4.4　城市燃气产业规制改革的总结与建议

我国城市燃气事业已有150余年历史，作为一种公用事业，具有自然垄断的特征，政府必须对其进行合理的规制。我国城市燃气产业规制改革的基本思路是放松规制，引入竞争机制，提高产业效率，主要从进入规制和价格规制两个方面进行。近年来，我国城市燃气产业规制改革取得了显著成效，形成了多元化的投资结构，促进了城市燃气产业叙述发展；拓宽了城市燃气利用范围，推动了燃气普及率不断提高；优化了我国城市用气结构，改善城市居住环境。但是城市燃气产业规制改革过程中仍存在诸多问题，政企分开不彻底导致行政垄断产生，损害消费者的利用；产业规制立法滞后，为政府部门提供了寻租和设租的空间；多元性的监管责任主体，造成产业规制监管严重缺位。基于此提出以下建议：

第一，加快政府职能转变的进程。

政企分开是解决燃气产业规制问题的重要环节，政企分开后燃气企业可以不受政府的干预和保护，依据市场供需变化情况独立自主地进行生产经营决策，不依靠政府权力垄断经营。要想彻底改变政企不分的利益关系，关键是加快政府职能转变的进程，建立与市场经济要求相适应的燃气企业管理和运营体制，摆脱政府出资者的地位，让企业做到自负亏盈，而政府只负责对其监管，实现政府从企业经营者向宏观管理者的转变。当政府从市场的参与者变为市场的监管者后，为了对燃气产业进行有效监管，就需要政府重建独立的监管体制和独立的监管机构，这就是要求：监管机构具有完全的独立性，与燃气企业之间不存在利益关系；监管机构可以公平公正地执法而不受其他政府部门的支配；监管人员具有监管专业知识和专业的执法能力，减少执法人员的执法随意性；监管人员的收入与被监管企业无关，而是来源于监管机构专业的运营收入。

第二，建立和完善的城市燃气规制法律制度。

近几年来，我国政府出台了一系列城市燃气产业规制改革的政策文件，但城市燃气产业相关的立法工作却相对滞后，这势必会影响和制约城市燃气产业的改革。为适应社会主义市场经济的要求，提高城市燃气产业规制改革的效率，改善当前我国城市燃气领域法律不健全、不完善的状况，这就要求政府加快建立和完善城市燃气规制相关法律制度，使这些法律法规能够反映我国城市燃气产业实际情况，为有效规制提供法律依据。相关法律的制定，一方面要对城市燃气产业的市场准入资格、从事城市燃气应具备的条件、工程技术要求、产品或服务的质量标准和安全性等作详细的规定；另一方面对政府和企业在投资和价格管理方面的职责和权利、政府规制的范围和内容等作出明确的规定，这样既可规范企业的经营行为，又可避免政府越权管理。

第三，深化规制监管体制改革。

长期以来，我国城市燃气产业监管分属不同的政府行政部门。在中央层面，现阶段我国没有相对统一的城市燃气产业监管规划，缺少从顶层进行总体设计的规制机构，城市燃气产业规制的职责分散于政府各个部门，各部门具体职责不明，容易造成城市燃气产业多头监管、多门监管。在地方层面，部分城市成立的城市燃气产业监管机构仅仅专注于特许经营项目的监管运行。建议政府建立社会公众与综合监管部门共存的多元监督机制。成立综合性的监管部门，以实现对城市燃气产业的集中监管，提高监管效率；建立社会参与监督机制，通过多种渠道让社会公众了解城市燃气产业规制情况，从而保证规制过程与监管过程的公平公正、高效透明。

9.5　中国公用事业规制改革的不足之处与改革取向

9.5.1　中国公用事业规制改革的不足之处

经过 40 年的探索，中国公用事业规制已经取得了较好的成效。首先，部分传统行业的垄断地位被削弱，开始引入竞争机制。尤其部分传统垄断行业的配套领域，如自来水污水处理、天然气加工、油气提炼等领域，开始面临市场竞争。其次，公用事业逐步由垄断模式向市场模式转变，导致过去通过垄断地位在行业中拥有定价权的企业逐步丧失了控制市场价格的能力，同时中国对于价格规制的要求也逐步放松，市场定价机制逐步引入。另外，随着中国法制的不断完善，垄断行业监管相对独立，行业配套法规逐步建立，使得垄断行业不再像过去拥有大量特权。但由于中国现有体制下，公用事业投资通常由政府安排，同时公用事业一般在特定的区域内具有垄断经营权，缺乏降低成本的激励，导致效率低下，生产成本较高，服务意识淡漠。更为重要的是无论现有的哪种公用事业规制模式都无法明确公用事业改革的理念，无论是市场化模式、疏解政府压力的特许经营模式或是 PPP 等政企合作模式，都不能激发公众参与公用事业规制改革的热情。主要不足之处有以下几点：

1．对公众知情权的忽视

首先，中国公用事业虽然已经开始吸引民间资本的进入，但是主要还是依靠公共投资予以支持。既然项目资金来源于政府，纳税人就应该享有一定的项目知情权。但是至今为止，无论政府或公众对于公用事业知情权都不是很关心，而且没有健全的机制保证公众能够及时了解公用事业的建设以及具体运营情况。其次，对于公众参与权的忽视同样制约着中国公用事业的发展。中国缺乏民间组织参与公用事业，无论是在公用事业建设前的论证、公用事业建设中的资金管理、还是在公用事业建成后的运营，公众参与度都很低。虽然有些城市在公用事业价格调整之前会邀请民间代表出席，但是公众对于如何产生民间代表以及民间代表所能发挥的作用持怀疑态度，导致了对于公用事业规制改革的不信任。最后，公用事业并没有把公众利益放在首位，而是作为一般的企业将获利作为主要目的。最典型的例子就是中国部分高速公路收费时间一再延长，将已经收回成本的高速公路变为当地政府财政收入的重要来源，公众长期呼吁改革此类公用事业的不合理收费现象，但收效甚微。

2．规制机构众多，权责交叉

公用事业除受到当地政府的直接规制外，还受到发改委、公用事业局、能源局、财政系统、环保系统等多部门的规制，多头规制最典型的问题在于规制缺失以及规制越位。存在部门利益时，各部门争相行使自己的管理权力；而一旦出现问题，部门之间又相互推诿。2015年以来，中央多次要求各部委明确自身的权责范围，严控多头规制导致的规制越位或是权责交叉现象，但是由于长期形成的体制弊端导致公用事业多头规制的局面很难在短时间内得到改善。

3．公用事业规制改革的法律法规滞后

由于中国长期将公用事业视为政府主导的产业，中国公用事业相关法律仍有待完善。法律法规的不完善使得公用事业的规制时常会出现盲区，即使相关部门对地域内公用事业的不良现象加以规制也会碍于法律法规的缺失，使其难以实行。

4．消费者权益缺乏保护

在现实中，中国公用事业存在政府垄断性，公用事业在很多方面都没有使消费者受到应有的保护。以网络通信行业为例，大量的附加业务以及个人信息的泄露，使得作为消费者的公众很难安心使用网络通信服务；以水务行业为例，多地发生的自来水污染同样不能保证公众作为消费者的健康需求；以石油化工行业为例，消费者对于市场价格缺乏话语权，在油气质量以及油气安全方面，公众缺乏监控途径。

9.5.2 中国公用事业规制的改革取向

在规制实践中，利用私人参与者的知识和资源，而非将产业界视为处于被动地位的规制对象。新规制治理理论结合了传统公用事业管理模式与新公共服务的理念，其核心是提出了三种规制方法：引入第三方、公私合作、市场多样化。

1. 引入第三方

引入第三方认为，应该建立金字塔形的监管格局。公用事业以自我规制为主，合约规制为辅，命令控制规制作为最后的必要手段。自我规制构成了金字塔的塔基，合约规制构成金字塔的中间，命令规制构成金字塔的顶端。改变过去传统命令控制型监管模式，向兼顾治理模式转型。正如前文所提到的，完成这种转变的关键在于第三方中介的作用。

（1）公用事业自我规制。

自我规制不能依赖公务员体系，必须依靠第三方中介，如何保证第三方中介的独立性、专业性、功能性，本文认为应该从三个方面加以思考：第一，第三方中介的人员必须保持独立身份，应该由高校相关领域教授、专业评估人员以及民间组织代表构成，严禁政府公务人员或是国企代表加入，以保持其独立性。第二，第三方中介人员的报酬不能由政府支出，公用事业应该设立专门的监管规制费用以支付第三方监管人员报酬。而第三方监管人员的报酬应该通过公用事业一年中的表现利用绩效评估法确定，并且应该每年向公众公布其报酬，接受公众监督审查。第三，第三方中介人员在公用事业的发展中应该享有话语权，甚至否决权。具备制衡公用事业公务员的权利才能保证其更好地发挥监督管理职能。

（2）公用事业合约规制。

如果公用事业不能做到自我规制，第三方中介难以起到作用，那么合约规制是介于政府规制与自我规制的中间选择。首先，政府与公用事业单位签订合约，按照一定时间修订合同内容。其次，在合同履行过程中，政府选出代表及时反馈公用事业的合同履行状况。最后，在合同到期时政府与公用事业代表一同评估项目的完成情况，并依据评估结果调整下一个周期的合同。

（3）命令控制型规制。

如果前两种设想依旧不能实现公用事业合理健康发展的目标，只能回到传统的命令控制规制。但前文已经列举政府直接规制的诸多弊端，公用事业的发展应该尽可能地利用自我规制以及合约规制的做法，以保持公用事业的活力。

2．公私合作

以 PPP 模式为核心的思路下，具体细分出 BOT、BT、BOOT 等模式以适应不同地区不同行业公用事业的发展要求。中国从 20 世纪 90 年代开始逐步探索 PPP 模式发展公用事业，至今已经取得显著成果。但是在发展过程中依然存在很多制约公私合作的问题，其中在传统规制领域政府承诺以及政策稳定性问题一直制约着公私合作的发展。新规制治理理论为解决政府承诺问题提出了一个新的解决路径。以往在 PPP 模式下，民间企业都是与地方政府签订特许经营合同，而一旦政府有意违约或是政策改变迫使其被动违约，就会出现上述政府承诺问题。这方面可以参考英国及爱尔兰政府的做法，依靠全国性律师事务组织为 PPP 合同背书。

3．市场多样性

随着市场化的发展及制度的逐渐完善，政府部门可以考虑退出直接参与公用事业的经营管理，转变为市场的监督者。政府的角色不再是提供优质的公用事业服务而是提供一个公平有效的市场平台，将市场交由民营企业发展公用事业。正如新公共服务理念认为，政府应该依靠其自身的资源配置优势，激活市场参与公用事业建设，建立合理的企业生存环境，促进企业健康发展，保证其效率的提高，通过竞争机制为公众提供更好的服务，规制主体应该着力解决以下几个问题：接入问题、网络互通问题、普遍服务以及交叉补贴问题①。

参考文献

[1] 陈本强：《自然垄断政府规制理论研究》，云南财经大学 2010 年。

[2] 陈富良、熊毅、邓明：《公用事业规制改革路径：从新公共服务到新规制治理》，《经济与管理研究》2016 年第 12 期。

[3] 郭磊：《中国电力产业厂商市场力量的防范研究》，复旦大学 2007 年。

[4] 国家电力信息网：《电力改革发展概况》，2008 年 1 月 7 日。

[5] 国务院：《关于鼓励集资办电和实施多种电价的暂行规定》，1985 年。

[6] 韩超：《中国城市水务业规制效果评价理论分析》，东北财经大学硕士学位论文。

[7] 和军：《自然垄断产业规制改革理论研究：新制度经济学视角》，经济科学出版社

① 陈富良、熊毅、邓明：《公用事业规制改革路径：从新公共服务到新规制治理》，《经济与管理研究》2016 年第 12 期。

2008 年版。

［8］李治、杨艳、马玲玲:《中国电力行业规制集权化效果的实证研究》,《产业经济评论》2016 年第 3 期。

［9］吕福胜、钟登华:《中国水务行业发展现状与趋势》,《中国给水排水》2013 年第 5 期。

［10］托马斯·思德纳:《环境与自然资源管理的政策工具》，张蔚文、黄祖辉译，上海人民出版社 2005 年版。

［11］魏科科:《中国电力行业规制改革研究》，华中科技大学 2010 年。

［12］吴一平:《规制分权化对电力行业发展的影响：基于中国省级面板数据的经验研究》,《世界经济》2007 年第 2 期。

［13］臧旭恒:《产业经济学》，经济科学出版社 2015 年版。

［14］张昕竹:《中国基础设施产业的规制改革与发展》，国家行政学院出版社 2002 年版。

［15］智研咨询:《2016—2022 年中国水务市场分析预测及投资方向研究报告》。

［16］《中共中央国务院关于进一步深化电力体制改革的若干意见》，2015 年 3 月。

（本章主持及执笔：吴一平、唐要家、韩超、王伟、杨芳、李鹏飞）

第 10 章　改革开放以来中国铁路运输业的发展与展望

本章提要：

改革开放 40 年来，中国铁路运输业的发展经历了四个阶段：基础薄弱，总量不足；铁路运输业与经济发展不适应性日益突出；铁路运输行业改革不断深入，实现跨越式发展；高速铁路快速发展，走向世界。铁路运输业体现出了其规模经济效应、行政垄断性和非对称竞争等特征。从 1978 年至今，中国铁路运输业发展成就较为显著：铁路运输量大幅增长，铁路运输业固定资产投资迅速扩大，铁路运输设施和技术水平显著提高，现代管理和信息化应用水平不断提升、服务质量明显改善。然而，由于铁路运输业存在的公益性与营利性的冲突、高度垄断导致内部缺乏竞争机制、投资缺口与进入管制存在矛盾、技术创新与知识产权存在诸多问题，又限制了铁路运输业的高质量发展。

根据改革开放 40 年来铁路运输业的发展经验可知，铁路运输业取得成就的主要原因是：第一，发挥政府作用，确保铁路技术发展方向。第二，构建协同研发模式，推动高铁技术快速发展。第三，发挥技术优势，带动全产业链创新。第四，根据具体国情，打造满足市场需求的本土化产品。第五，发挥溢出效应，促进沿线区域发展。

未来，为了促进铁路运输业的高质量发展，需要注重以下几方面内容：第一，构建市场化的制度基础，继续深化铁路体制机制改革。合理确定公益性与营利性的关系，进一步开放铁路运输市场，塑造竞争性的市场结构和市场主体，加快投融资机制改革。第二，进一步优化相关政策，促进自主创新进程。纠正创新主体错位现象、促进合作创新，推进铁路骨干装备企业的混合所有制改革，形成制度化激励机制。第三，进一步推进“走出去”战略。加强顶层设计和统筹规划，精准把握目标国差异化需求，合理看待与其他高铁强国间竞争关系、提升自身实力，妥善处理外部舆论环境的压力。

10.1　改革开放 40 年中国铁路运输业发展阶段和特点

10.1.1　中国铁路运输业发展阶段

1．铁路运输业发展阶段一（1978 年）：基础薄弱，总量不足

改革开放初期，我国铁路运输基础薄弱，总量不足。1978 年，全国铁路运输路线总里程 4.8 万公里，全国铁路复线里程 7630 公里，占营业里程比重为 15.7%，电气化线路里程为 1030 公里，占营业里程比重为 2.1%；铁路机车拥有量 10179 台，其中蒸汽机车 8039 台，占机车比重近 80%。铁路客车拥有量为 14844 辆，货车为 250138 辆，货车总载重量为 1230.2 万吨；铁路客运量为 7.04 万人，旅客周转量 1093.22 亿人公里；铁路货运量 11.01 万吨，货物周转量为 5345.19 亿吨公里。①

2．铁路运输业发展阶段二（1979—1988 年）：铁路运输业与经济发展不适应性日益突出

1979 年至 1988 年，随着改革开放不断深入，国民经济快速发展，铁路运输与经济发展的不适应性日益突出，铁路运输已成为国民经济发展中最薄弱的环节。当时由于铁路运力不足，生产出来的产品运不出去，许多产品只能以运限产，严重影响了经济发展。由于运力不足，全国近三分之一的加工能力处于闲置状态。旅客运输也处于全面紧张状态，“行路难”成为当时突

① 《中国统计年鉴》1999 年。

出的社会问题。购买铁路客票极度困难，铁路超载十分严重；铁路设施落后、运力不足，买票难、乘车难的矛盾十分突出。[①]

3. 铁路运输业发展阶段三（1989—2007年）：铁路运输行业改革不断深入，实现跨越式发展

政府大力支持铁路运输业发展。面对这种情况，党中央、国务院对铁路运输发展问题非常重视，把能源和交通运输作为国民经济发展的重点，在“八五”计划到“十一五”规划中，提出了一系列发展交通运输业的指导思想和方针政策，不断加大对铁路运输建设的投资力度。1978年，全社会完成铁路运输固定资产投资只有63.6亿元，“六五”、“七五”计划期间，年平均投资分别为103.0亿元和221.2亿元。从“八五”计划开始，国家加大了对铁路运输建设的投资力度，全社会发展铁路运输的积极性空前高涨，这一时期是我国铁路运输建设和发展取得突破性进展的时期。“八五”计划期间年均完成铁路运输业固定资产投资393.2亿元，“十五”计划期间，我国以前所未有的投资力度和建设速度年均完成铁路运输业固定资产投资670.9亿元，2007年达11559.1亿元，创历史新高，是1978年的193倍。[②]

与此同时，铁路运输行业改革不断深入。通过调整体制、理顺关系、转换企业经营机制、优化组织结构、培育建立运输市场、转换政府职能等措施，推动和促进铁路运输业的不断发展。铁路运输实现了主辅业分离，成立了专业运输公司，并进行股份制和以减少管理层次为目标的撤销铁路分局改革、经营体制改革、投融资体制改革、财务核算制度改革等多项改革措施。从1983年开始至2005年，铁道部陆续将41个铁路分局全部撤销，扩大了路局公里范围，提高了运输效率。

4. 铁路运输业发展阶段四（2008年至今）：高速铁路快速发展，走向世界

高速铁路快速发展。自2008年8月1日中国第一条具有完全自主知识产权、时速350公里的京津城际铁路通车运营以来，高速铁路在中国大陆迅猛发展。按照国家《中长期铁路网规划》和铁路“十一五”计划、“十二五”

① 中国国家统计局官网专题分析——纪念改革开放40年。

② 《中国统计年鉴》2008年。

规划，以“四纵四横”快速客运专线网为主骨架的高速铁路建设全面加快推进，建成了京津、沪宁、京沪、京广、哈大等一批设计时速 350 公里、具有世界先进水平的高速铁路，形成了比较完善的高铁技术体系。通过引进消化吸收再创新，系统掌握了时速 200—250 公里动车组制造技术，成功搭建了时速 350 公里的动车组技术平台，研制生产了 CRH5 型动车组列车，成就了诸多个世界之最：运营时速最高（486.1 公里），轮轨试验时速最高（605 公里），世界等级最高的高铁——京沪高铁，世界首条新建高寒高铁——哈大高铁，世界单条运营里程最长高铁——京广高铁。中国高铁实现了快速发展，截至 2017 年底，中国高速铁路运营线路共计 92 条（段），运营总里程接近 3 万公里，位居世界第一位①。

高速铁路走向世界。近年来，中国已经成功拥有世界先进的高铁集成技术、施工技术、装备制造技术和运营管理技术，2018 年 6 月 7 日，中国铁路总公司在京沈高铁启动高速动车组自动驾驶系统（CTCS3+ATO 列控系统）现场试验，这标志着中国铁路在智能高铁关键核心技术自主创新上取得重要阶段成果，中国高铁整体技术持续领跑世界，已成为中国最新科技大幅进军海外的标杆。中国高铁在海外高歌猛进，凭借高性价比和成功的运营经验，在全球市场接连斩获订单，参与了土耳其、沙特、墨西哥、俄罗斯、美国、马来西亚、哈萨克斯坦等国家的高铁建设项目。有数据显示，2017 年，中国中车的业务量在铁路装备行业、轨道交通装备行业已居全球第一名，中国高铁约占全球 30% 的市场份额②。

10.1.2　中国铁路运输业发展特点

1．规模经济效应

铁路行业是传统的自然垄断行业，虽然规模经济并不是自然垄断的必要条件，决定自然垄断的是成本弱增性。但在多数情况下，自然垄断与规模经济是高度一致的，在一定范围内，成本弱增性正是规模经济作用的结果。铁路行业是典型的网络产业，需要建立从生产设备到用户室内服务所需的网络系统，这种网络系统的规模（使用者数量和距离）越大；越需要庞大的固定资本投资。

①②　数据来源：中国轨道交通网。

这种固定成本在总成本中所占比重很大的基础设施产业（一般情况下铁路线路的短期固定成本占总成本的比重在 50%—80%），在一定程度内，其需求量越大，固定成本就越可分散在每一需求上，就越能产生规模经济效益。

当然，这种规模经济也存在一定界限。比如，当运输需求扩张到足够大时，即使是较完善的铁路网也不可排斥可替代线路之间的适度竞争；又如，铁路的不同运输类别（客运、货运）面对不同市场，所以在人员、设施、设备和营销网络上仍然需要专业化分工。

2. 行政垄断性

作为我国交通运输业的骨干，铁路运输业一直被誉为国民经济的大动脉，长期以来，它在我国国民经济的发展过程中都发挥着非常重要的作用，政府为了更好地进行资源配置，对铁路运力这一重要资源进行了控制，从而导致了我国铁路运输业行政垄断的形成。此外，路径依赖作用的深刻影响、封建文化传统的束缚、计划经济体制惯性的残存、渐进式改革的诱导使得我国铁路运输业有较高的行政垄断性质。

3. 非对称竞争

中国主要的运输方式有四种：铁路运输、公路运输、航空运输、水路运输。随着中国市场化改革的推进，交通运输业的市场化程度也在不断提高，各运输方式均得到较快发展。但是，由于各类运输企业分别隶属不同部门，缺乏统一的管理和规划指导，各种运输方式发展很不平衡，相对于水运和航运，铁路和公路运输在客、货运输市场上占有绝大部分的运输份额。铁路运输有运量大、速度快、运费低、连续性好的优点，但是其线路造价高，短途运输成本较高，因而比较适合大宗货物运输和客运；公路运输则具有机动灵活、周转快、装卸方便、适应性强的优点，但是其运输成本较高，载重小能耗大，比较适合短途货运和客运，承担集散任务。

若公路与铁路在价格与产能均不受限制的情况下在运输市场上进行竞争，二者运输份额会保持在一个合理的范围内，但是由于铁路运输业由于严格的价格管制和进入规制，难以根据运输市场的变化灵活地调整产量与价格，产能和价格均受到限制，在与快速发展的公路运输的竞争中处于劣势。在国民经济的增长和人均收入水平提高的环境下，国内的客货运输需求不断上升，但铁路运输业的客、货运量却在交通运输市场总运量中的比重并没有相应上升。一个重要的原因是，在平行相关市场上，公路与铁路运输之间的竞争是非对称性的。一方面，铁路运输受到严格的进入管制和价格管制，产能和价格受到约束，铁路行业发展缓慢，运输缺口严重；另一方面，高速公路的快速发展，使公路运输的有效距离得到极大延伸，承担着大量的长短距离散货输和客运，极大地冲击了铁路运输，很多中长途运输被公路替代，公路运输对铁路运输的挤占效应非常明显。

10.2 改革开放 40 年中国铁路运输业发展成就

10.2.1 铁路运输量大幅增长

随着改革开放的不断深入和经济的发展，旅客和货物运输量和周转量迅速增长。2017 年全国铁路旅客发送量完成 30.84 亿人，比 1978 年 8.1 亿人增加 22.74 亿人，增长 280.74%，如图 10.1 所示。全国铁路旅客周转量完成 13456.92 亿人公里，是 1978 年 1093 亿人公里的 12.31 倍，如图 10.2 所示。2017 年铁路完成货运量 36.89 亿吨，是 1978 年 11.0 亿吨的 3.35 倍；全国铁路货运总周转量完成 26962.20 亿吨公里，与 1978 年 5345 亿吨公里相比，增加了 404.43%[①]，如图 10.3 所示。

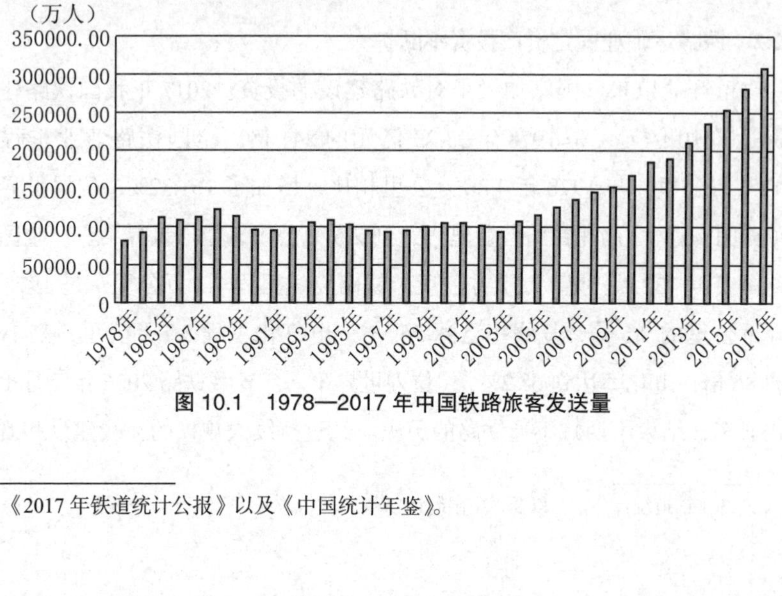

图 10.1　1978—2017 年中国铁路旅客发送量

① 《2017 年铁道统计公报》以及《中国统计年鉴》。

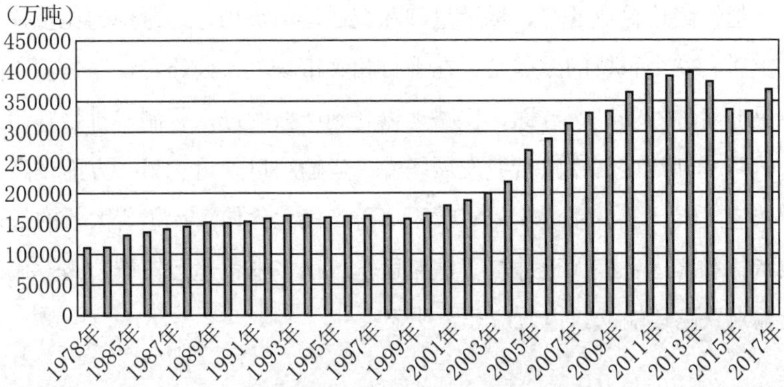

图 10.2　1978—2017 年中国铁路货物运输量

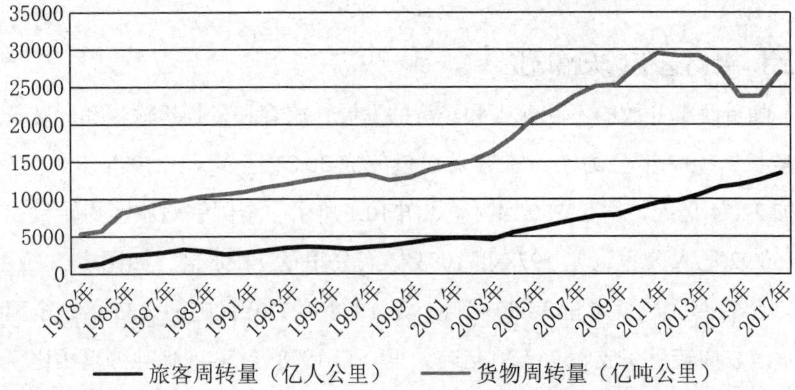

图 10.3　1978—2017 年中国旅客和货物周转量

10.2.2　铁路运输业固定资产投资不断扩大

改革开放以来，国家加大了对铁路建设的投资。2017 年我国铁路建设投资达 8010 亿元，是 1978 年 33.23 亿元的 241 倍。全国铁路营业里程达到 12.7 万公里，与 1978 年 4.86 万公里相比，增加了 161.32%，位居世界第二（见图 10.4）。高速铁路营业里程达到 2.5 万公里，位居世界第一。全国铁路路网密度 132.2 公里 / 万平方公里。铁路复线里程 7.2 万公里，是 1978 年 0.76 万公里的 9.5 倍，复线率已达 56.5%；电气化里程 8.7 万公里，是 1978 年的 86 倍，电化率达到 68.2%[①]，位列世界第一。青藏铁路 2006 年 7 月 1 日正式通车，结束了西藏不通铁路的历史。经过持续大规模的新线建设和既有

① 《2017 年铁道统计公报》以及《中国统计年鉴》。

线改造，中国铁路无论是数量还是装备水平都上了一个新台阶，铁路网规模进一步扩大，路网结构得到优化，运输限制明显减少，主要运输通道能力紧张状况大为缓解，基本打破了长期以来铁路对国民经济发展的“瓶颈”制约，改变了铁路运输生产力不适应社会经济发展的状况。

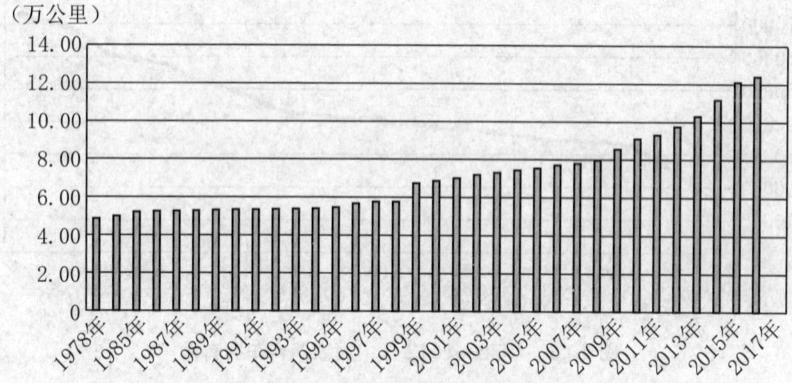

图 10.4　1978—2017 年中国铁路营业里程

10.2.3　铁路运输设施和技术水平显著提高

1. 铁路运输设施规模迅速增大

1978 年全国铁路拥有机车 0.98 万台，至 2017 年全国铁路机车拥有量为 2.1 万台，比 1978 年增加 114%（见图 10.5）。2017 年，内燃机车占全国铁路拥有机车的 40.4%，电力机车占 59.5%；1978 年，内燃机车占全国铁路拥有机车的 23.06%，电力机车占 3%。2017 年，全国铁路客车拥有量为 7.3 万辆，

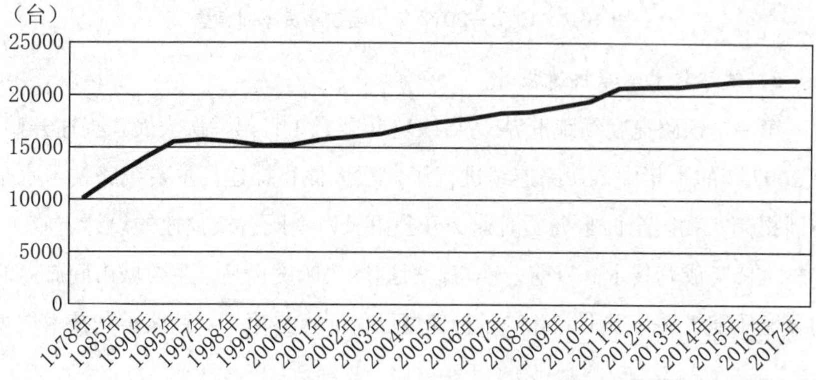

图 10.5　1978—2017 年中国铁路机车拥有量

比1978年增加5.8万辆（见图10.6）；其中，动车组2935标准组、23480辆，比上上年增加349标准组、2792辆。全国铁路货车拥有量为79.9万辆，与1978年的25万辆相比，增加了220%[①]（见图10.7）。

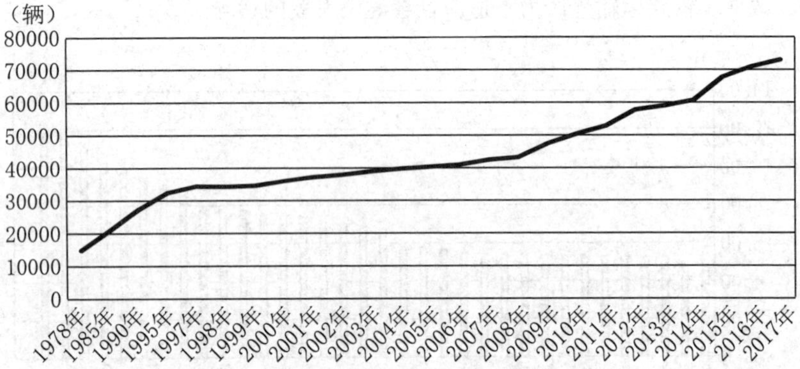

图10.6　1978—2017年中国铁路客车拥有量

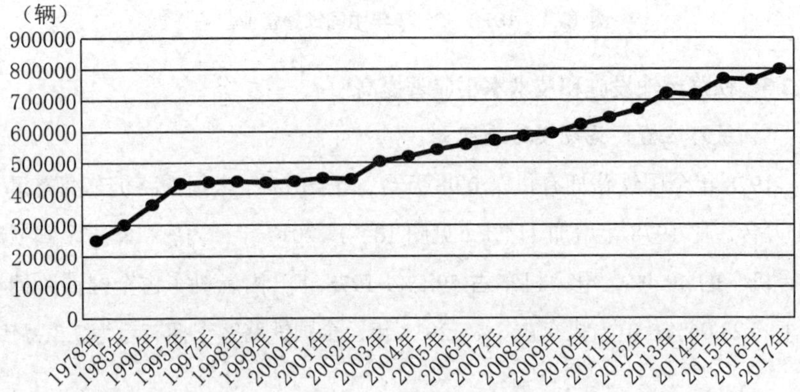

图10.7　1978—2017年中国铁路货车拥有量

2．铁路技术水平快速提升

第一，铁路速度领跑世界。从1997年4月1日第一次大面积提速开始，到2007年的十年中，铁路连续进行了六次大面积提速，主要线路技术水平不断提高。我国全面掌握了时速200公里及以上既有线提速的设计、施工、养护维修等成套技术。目前，铁路运行速度大幅度提高，主要城市间旅途时间普遍压缩了一半以上，高铁运行速度已位居世界第一。铁路重载技术取得

① 《2017年铁道统计公报》以及《中国统计年鉴》。

突破，达到世界先进水平，大秦铁路成功开行了 2 万吨煤炭重载列车，2007 年运量达 3 亿吨，创造了世界铁路重载运输的奇迹。铁路主要干线普遍开行了 5000—6500 吨货物列车，达到世界先进水平，从根本上扭转了我国铁路列车速度长期在低水平徘徊、不适应市场需求的局面。目前，铁路已经形成了“八纵八横”网络，覆盖了全国大部分地区和主要城市。

第二，重要技术标准逐渐完善。发布了《高速铁路设计规范》、《城际铁路设计规范》、《重载铁路设计规范》、《铁路线路设计规范》、《铁路列车荷载图式》、《动车组车体结构强度设计及试验》、《列控中心技术条件》、《高速铁路扣件》、《铁路车站计算机联锁技术条件》、《铁路电力设计规范》等铁路技术标准；发布了《铁路隧道设计规范》、《铁路通信设计规范》、《铁路动车组设备设计规范》、《交流传动电力机车》、《ZPW-2000 轨道电路技术条件》等铁路工程建设标准；发布了《铁路基本建设工程设计概（预）算编制办法》等铁路工程造价标准和铁路专用产品标准性技术文件。推进标准国际化工作，主持国际电工委员会（IEC）国际标准、国际铁路联盟（UIC）国际标准的制定工作。完成了多项铁路技术标准、铁路主体设计规范标准的英文翻译出版工作[①]。

第三，铁路技术取得突破。青藏铁路 2006 年 7 月 1 日正式投入运营，是我国铁路建设技术水平不断提高的最好体现，创造了世界一流水平。在青藏铁路建设中，针对高寒缺氧、多年冻土、环境保护等难题展开科研攻关，取得了重大突破，成功建设了高标准、高质量的青藏铁路伟大工程；上海磁悬浮示范运营线路的成功投产，表明中国铁路正在迅速向以高技术集成为显著特征的现代运输方式迈进；客运专线、城际铁路和高速铁路建设全面推进，高铁整体技术持续领跑世界，已成为中国最新科技大幅进军海外的标杆。

10.2.4　现代管理和信息化应用水平不断提升，服务质量明显改善

1. 客运服务质量明显改善

随着计算机和网络技术的普及，铁路车号自动识别及铁路运输管理系统

① 《铁道统计公报》。

等技术已得到普遍应用；由于现代化信息管理技术的应用和基础设施、技术装备水平的提高，运输服务质量有了较大改善。以铁路第五次提速和高速公路快速客运班车为标志，研发出夕发朝至列车、快速列车、城际列车、旅游列车、动车组、高铁等适应市场需求的运输新产品，运输服务呈现多层次、多样化、个性化和快速化的发展趋势，基本可满足非节假日条件下各类旅客出行的需求。

2017 年 7 月，铁路方推行“互联网 + 外卖”服务，铁路部门不断协调供餐商家，丰富互联网订餐品种，且从 2018 年 1 月 18 日起，将互联网订餐截至下单和取消时间由原来的 2 小时调整为 1 小时，同时推出了互联网特产预订服务，不断扩增互联网订餐站点，截至 2018 年 6 月，全国铁路互联网订餐和特产预定站达到 38 个，高铁在“行”上给旅客带来便利的同时，在“食”上也是在不断提升旅客的体验。2017 年 12 月，全国运输主要经济体的铁路部门推出了“铁路畅行”常旅客会员服务，向经常使用其产品的客户推出的以里程累积或积分累计奖励里程为主的促销手段，进一步优化铁路客运服务有效供给，为广大旅客群众乘坐火车出行提供多样化、个性化的普惠服务，带给更多的旅客便捷、舒适的出行体验。2018 年 6 月，中铁总公司通过股权转让确定与吉利控股、腾讯携手建设经营动车组 Wi-Fi 系统，推动高铁网和互联网“双网”融合发展，拓展国铁企业资产市场化经营新领域，提升铁路运输服务品质，进一步丰富和满足旅客旅途生活新需求。

2. 货运服务质量日益完善

改革开放 40 年来，中国铁路总公司改变货运服务方式，不断提升货运服务质量。第一，铁路部门通过打造“前店”货运办理平台，利用 12306 网站、电话、营销窗口、主动上门服务等方式，一次直接受理货主运输需求，敞开受理、随到随办，大大方便货主办理业务。第二，除个别能力紧张去向和接卸点外，全面放开装车限制，推行实货制运输，坚决做到有货即运，促进运力资源配置更为公平、公正。第三，铁路部门还全面清理规范全路货运收费，对所有货运收费实行一口报价、一张货票、一次性收取，并向社会统一公布，提高了收费的透明度。第四，大力整合系统内外物流资源，打造完整的“门到门”全程物流链条。目前已基本覆盖全国大中城市，为解决服务“最后一公里”问题创造了条件。第五，开设了电商班列、高铁快递等运输模式。

目前，以便捷、高效为目标的货物运输服务体系正在形成，货物运输代理、物流服务、多式联运、快递业务和信息服务等运输服务方式发展迅速，货物运输及时性和延展性有所提高，带动了运输服务质量的全面提升。

10.3　改革开放 40 年中国铁路运输业发展存在的问题

10.3.1　公益性与营利性的冲突

由于政企分开的行政垄断体制，铁路运输业只能靠计划的指令性运营，并承担着公益性运输，这种情况下，铁路运输业缺乏合理的激励机制，故导致经营效率低下，生产效率的增长主要依赖于技术进步，而不是技术效率的提高；铁路运输业虽然在上游市场存在着买方势力，在下游运输市场上存在着垄断结构，但由于价格受到严格管制，潜在的垄断市场势力无法体现在价格上，故不存在市场势力溢价，导致自身营利能力不足。

10.3.2　高度垄断致使内部缺乏竞争机制

虽然我国铁路运输业进行了现代企业制度的改制，但企业国有资本的独占性未从根本上改变，相对独立经营的体系也尚未建立。历史证明，凡是打破行业垄断的行业都得到了快速发展，而维持垄断的行业都将发展缓慢并将影响着国家整体经济的发展。正是依靠这种行业垄断方式，为铁路营造出了生存的空间，造成国家授权下的垄断力量和官本位的烙印。这种制度造成铁路运输企业及铁路企业的内部人员缺乏应有的市场竞争意识，缺乏利益激励机制和有效的约束机制，不够重视运营效益和服务质量，办事效率低下，严重影响了我国铁路运输企业的发展和创新，加大了运营成本。

10.3.3　投资缺口与进入管制的矛盾

行政垄断造成的资本进入限制使得铁路投资不足，运输线路存量较小，运输能力有限，客货运缺口很大，发展缓慢的铁路运输与飞速发展的公路、航空运输在平行相关市场的非对称替代竞争中处于劣势，客、货运总体市场份额不断缩小，替代竞争对铁路运输的挤占效应明显；新增铁路线建设资金严重短缺，封闭的投融资体制产生的高额债务付息压力使得铁路运输业自身现金流基本漏空，加之铁路产业初始投资大、回收期限长的固有属性，大额贷款举债后却没有能力偿还，使铁路运输业面临着融资难的窘境，铁路运输业陷入较为严重的财务危机。

10.3.4 技术创新与知识产权问题

我国高铁代表着中国铁路的技术水平。然而，中国高铁建设发展历史较短，自主创新能力还比较薄弱。在线下工程方面，如路基、桥梁、隧道等技术具有一定的自主研发能力和自主知识产权，但其他某些技术如高速列车运行控制系统技术、高速动车组技术、牵引供电技术、通信技术、信号技术等软件技术方面仅拥有引进后的研发能力和知识产权。一方面，虽然目前我国高铁已经形成了拥有自主知识产权的成套技术体系，但从总体上来看，我国的专利申请和授权主要集中在实用新型和外观设计方面，发明专利申请所占比重较小；另一方面，我国高铁企业在关键技术和核心领域取得的部分创新仅在国内申请了专利，在目标市场国并未取得专利，很容易被国外竞争对手污蔑为技术“抄袭”。

10.4 改革开放 40 年中国铁路运输业发展经验

10.4.1 政策引领，发挥政府引导作用

我国铁路技术能不断实现赶超的重要原因之一是政府干预的有效性，即我国特定的政府能力在铁路技术发展过程中发挥的重要引导作用。

制定和更新铁路相关技术政策。在新中国成立之初，我国铁路技术发展的方向是以电气化铁路为主，铁道部颁布《1956 年至 1967 年铁路科学技术发展远景规划纲要（草案）》；改革开放以来，铁道部先后颁布的铁路技术文件依次主要针对“新线建设与旧线改造并举方式”、“大力提高列车重量，积极增加行车密度，适度提高行车速度”、“普遍提高行车速度，积极增加行车密度，合理确定列车重量”、“建立客运快捷、货运快捷，高新技术与适用技术并重”。在我国铁路运输业从前期的“基础薄弱，总量不足”到实现

“跨越式发展”的过程中，政府关于铁路技术发展的相关政策，对推动传统铁路技术的发展具有前瞻性和现实指导意义。

政府作用的有效性在高铁前期发展阶段效果尤为明显。在过去十几年中，我国高铁技术也实现了从无到有再到领先世界的转变，政府对于高铁技术的长远规划主要是以整体性引进、消化和吸收国外先进高铁技术为基点，实现“引进消化吸收、再创新、反超领先”的三步走战略。如今，我国已经较好地完成了前期和中期的“技术引进、消化吸收并再创新”的过程。在此过程中，政府很好地发挥其作用。铁道部专门成立了动车组项目联合办公室，全方位组织高铁技术引进工作，并由其统一协调确定具体技术引进路线，同意代表中方进行谈判。又通过制定具体相关科技政策，对企业的研发投入进行补贴，主要表现在对企业工程化开发和研发体系构建进行大规模投入，并确保其初期发展方向与总体发展方向相吻合、不偏离，为下一步继续自主创新突破打下坚实基础。

当然，政府“干预”的有效性并非适用于所有行业。我国高铁发展过程中，尤其是前期，政府作用的有效发挥是建立在一系列特定条件之下，比如各国铁路市场的相对封闭为技术引进中的价格增加了谈判空间；高铁是技术相对成熟的复杂产品且具有公共物品属性，需要政府提供担保融资，确保大规模资金对于前期技术引进的投入；政府对铁路系统发展方向的指导，聚集了一大批务实且有自主创新精神的企业家及管理者，也正因为这些特定条件，政府干预的有效性才能得以实现。

10.4.2 协同研发，推动技术快速发展

协同研发模式的建立推动了高铁技术的快速发展。因为代表目前铁路运输业最前沿技术的高速铁路是从机车到路轨、从材料到控制系统等一系列尖端技术高度集成的产品，所以在整个技术引进、消化吸收和再创新过程中，仅靠单个企业的自主研发是难以完成的。我国高铁产业技术之所以能持续创新的重要原因是形成了以高速列车设计制造企业为龙头，国内多家高校、科研院所及高速列车零部件配套企业分工协作的创新机制。正是这种创新机制保证了科技资源和产业优势的有效发挥，并有利于关键技术的突破。在引进、吸收外国先进技术阶段，我国采用与外国机构联合设计的方式来尽快吸

收并掌握核心技术。这不同于技术转让，而是由外方提供技术培训、支持来合作生产，且双方互派技术人员共同参与研发过程。在成功完成技术引进过程后，科技部和当时的铁道部牵头搭建了高铁及列车技术自主创新的公共平台，形成官产学研联合的开放式协同研发模型。这种研发模式为高铁的技术研发创造了一个统一的研发平台，打破了行业、部门、企业、院校的界限，有利于调动各方人员积极性，并极大地加速了前期科研成果转化为实际生产力的进程。

共建实体模式的采用也进一步促进了技术的快速发展。除传统的产学研合作模式之外，针对高速铁路技术的研发还采用了一种新的共建实体模式。该模式是目前产学研结合中最高级、最紧密的模式，也是最有成效和合作最为成熟的模式。高速铁路建造技术国家工程实验室就是在这种模式下建立起来的，在国家发展改革委员会的领导和当时铁道部主管下，由中国铁路工程总公司、中南大学、中国铁道科学研究院和铁道第三勘察设计院集团有限公司联合建设。由此，企业与高等院校、科研院所通过建立新的研发联合体来实现资源和人才的共享，实现三方资源的最优化配置，也极大化地推动了高速铁路技术的快速发展。

10.4.3 以点带面，带动全产业链创新

高速铁路的快速发展带动产业链上相关产业的发展。目前，我国高铁规模庞大，其快速发展为我国铁路运输业、装备制造业等相关企业创造了良好机遇。由于高铁车组是各类零部件与尖端技术的高度集成，需要融合电力、冶金、新材料、机械制造等各个领域的顶尖技术。所以，高铁车组的发展，也要求全产业链中不同环节企业的同步创新与发展，发展过程中诸多的技术引进、消化吸收都在产业链上各环节中同步开展。在实现吸收与再创新过程中，核心技术与配套技术难点被产业链上的企业逐步攻克，全产业链的技术支持造就了高铁如今的成就。高铁技术的发展也为整个产业链带来发展驱动与创新扩散效应，通过这一终端消费品的带动整个产业链上技术研发、线路建设、列车生产、配套设备的同步发展。

以无砟轨道为例，作为高铁的关键技术之一，其与传统有砟轨道相比具有更好的平顺性、稳定性和耐用性，且能大幅提高列车运行速度。在我国实

行技术引进之初，无砟轨道技术被德国、日本等国家所垄断，而我国对此没有任何经验与技术。我国在引进国外技术的同时又组建了相关团队进行自主创新，采用硅酸盐水泥和普通掺和料来提高对混凝土性能的掌控性，从而降低了生产成本，提高了生产效率与产品质量；牵引机的国产化也是如此。为了避免核心技术受制于人，实现高铁牵引电机的国产化，烟台万隆公司利用具有自主知识产权的生产技术，开创了真空状态下的砂型铸造工艺，并生产出合格的铬锆铜端环和导条。这一技术创新不仅进一步提高了产品的强度、硬度、导电率等各方面性能指标并大大降低了产品生产成本，也打破了高铁牵引电机长期由美、德、日等国家垄断的局面。

10.4.4　结合国情，打造满足市场需求的本土化产品

铁路运输业的发展，尤其是高铁在前期需要借鉴和吸收其他国家已有的成功经验、并学习相关技术，然后进行自主创新。但无论是前期技术的引进还是之后的自主创新阶段，都需要结合我国实际情况，实现生产和创新的本土化。

技术引进过程需进行“本土化”处理。我国幅员辽阔，地质条件、气候状况复杂多样。因此，在高铁的轨道建设、线路规划等过程中都无法完全照搬国外现有技术，需结合我国现实状况进行相应调整。此前，我国在引进动车组列车之初就采用了与外方联合设计的合作模式，使其更好地适用于我国市场。目前，京哈线上运行的 CRH5 型车就是在引入法国的阿尔斯通高速列车技术后，又结合我国北方冬季严寒气候进行大量改进且专利属于我国的高速列车；京广高铁跨度之大，北京与广州之间温差大、湿度差大，这些对动车组空调系统及电气系统都提出了更高的要求，而当时直接从国外引进的技术很难满足这些条件，这样的技术难题也都被我们很好地解决。现在，我国的高铁可以在不同气候条件下顺利运行，就是我国对于高铁技术引进过程中“本土化”的最好证明。

技术引进和吸收过程的本土化也为进一步自主创新指明了方向。技术创新能力是内生的，先前的引进与吸收外国技术也是手段而不是最终目的，是为了更好地服务于自身创新能力的提升、自主研发更适合我国实际情况的“本土化”产品。我国现在已经构建出了拥有自主知识产权的技术体系，

掌握了在复杂地质条件下高速铁路地基处理和路基填筑等相关技术。根据我国不同地区的不同地质形态和所拥有的原材料，专家们都研制出了相应的填充和建设材料。尤其是对于难度较大的湿陷性黄土和软土地区也都有相应对策，更是攻克了在山区修建高铁的难关，并建成了世界上首条山区高铁。

10.4.5 发挥溢出效应，促进沿线区域发展

铁路线的建设有利于区域间经济溢出效应的发挥。铁路的建设大大方便了城际间货物与人员的流动，大多关于高铁的开通对产业结构调整的研究都表明高铁的开通对沿线区域旅游业发展有重要促进作用，存在区域间经济的溢出效应。相关实证研究表明，开通高铁对终点和沿线城市旅客数量、逗留时间都有明显正向作用，这很好地说明了高铁能带动相关沿线城市餐饮、酒店和商业等第三产业的发展，从而促进当地经济发展。当地经济的发展又能反过来促进本区域交通运输业的进一步完善，为其产业结构实现合理布局、促进产业升级打下良好基础，从经济层面提升区域竞争力。

知识和技术溢出效应促进区域间协调发展。铁路运输业的发展、高铁的开通还能提高城市间的可达性，促进区域间人才、信息等要素的快速流动，从而更好发挥沿线区域间知识和技术溢出效应。从人才和信息的流动来看，互联网信息技术的发展极大地降低了人们学习与交流知识的时间与空间成本。而高铁对区域间可达性的提高，进一步带动了人力资本的空间流动。这不仅能促进区域间科研人员间相互交流，并提升其流动性，从一定程度上平衡区域间科研实力强度，带来空间上的知识溢出效应，也为企业管理和技术交流提供便利，有利于区域间产业转移与分工的形成、产业和要素的集聚，产生空间上的技术溢出效应。

除溢出效应外，铁路对沿线区域经济的拉动作用还体现在以下几个方面：铁路建设的大规模投资能直接拉动当地经济发展，并提供相应就业机会；有利于金融、商贸、旅游业等第三产业的快速发展，促进铁路沿线城市的城镇化进程；拉动沿线城市房地产市场，带动周边房地产交易率和价格的上升等。

10.5　中国铁路运输业发展未来展望

10.5.1　构建市场化制度基础，深化铁路体制机制改革

从 20 世纪 90 年代开始，我国铁路运输业的集中计划体制经济开始松动，国家实行了放权让利的改革，到如今我国铁路建设事业阔步前进，这过程中的一系列市场化改革措施，不断地推动着我国铁路运输业的发展。但当下，我国铁路体制机制改革的步伐却显得颇为“蹒跚”，仍有一些问题并未从根本上得到解决，比如铁路总公司还并未成为真正意义上的市场主体，仍存在行政色彩；铁路运输的垄断行为仍然存在，导致内部竞争机制的缺乏；投资缺口的存在；运价机制尚未完全市场化等。这一系列问题都剑指我们进一步加强铁路体制机制改革，以求全面激发铁路发展活力、增强其行业竞争力和可持续发展能力，使其更好地服务于社会经济发展，形成一个统一开放、有效竞争的铁路运输业市场。

1．合理确定公益性与营利性的关系

可以通过对全国不同地区铁路线路和运输服务的公益性与营利性程度进行分类，并依据其不同的属性来界定政府与市场化主体企业的相应责任。对于以营利性为主的线路，可以采取市场化的建设和运营机制，为其吸引其他经营主体和外部资本的进入打下基础，并可采用市场化定价来最大化其利润。而对于以公益性为主的铁路线，可由政府全部或部分承担其建设成本。政府还可以通过签订公共服务合同来向铁路运输企业购买具有公益性的运输服务，或对某部分运营服务提供专项补贴来确保其运营过程的公益性。

2．进一步开放铁路运输市场，塑造竞争性的市场结构和市场主体

改革进行到今天，我国铁路的市场壁垒依旧较高，其他市场主体进入较困难，使行业竞争缺乏。

首先，加快制定市场准入相关政策和统一标准。通过制定统一标准和市场准入政策，扫清各层面直接和间接的市场进入壁垒，以此吸引有意向的社会资本进入基础建设和运营过程中，并向有资质、有条件的企业逐步开放铁路网络。逐步推进铁路行业准入的公开化、公平化与规范化，以提升铁路运

输业在行业中的竞争力。

其次，推行市场化定价机制。通过合理化的市场定价机制，更有利于平衡供需关系，资源配置的合理化。客运、货运市场选择和运输需求的多元化加剧了行业竞争，铁路运输业要想提升自身竞争力，必须加快建立起“以市场定价为主，国家宏观调控为辅”的定价机制。对于目前较为低迷的铁路货运市场，可以进一步释放价格优势，采用降价的方式来吸引部分公路货运，扩大其运输量。而对于高铁客运，可参考其最大竞争对手航空客运的定价方式，将定价完全市场化，并采用“价格歧视”的方式来实现利润最大化。

3. 加快投融资机制改革

明确各级政府对公益性线路的资金支持和补贴责任。首先，要界定政府在铁路运输业中财政支持的范围，确保其对公益性为主线路的补贴和资金支持。在明确政府的投资责任后，要建立完善的铁路公共投资制度，明确中央政府和地方政府各自在投资和补贴中的责任。通过公共投资制度对政府职责、投资补助形式、资金来源适用进行明确规定。在责任划分中，中央政府应主要负责高铁主骨架的投资和补助，地方政府则主要承担对地方铁路的投资和补助责任。在现有的投资体制基础上，还要加大对铁路债券的发行力度，对高铁建设贷款提供一定的贴息或补助，并对地方政府对于高铁建设的投资给予一定政策支持。在这些由政府资金主导的公益性路段，既要合理界定中央和地方政府的责任范围，也要建立起各级政府间铁路投资的合作机制，提高中央政府和地方政府间的资源互补性收益，最大化合作剩余，提高合作效率，实现双赢。

完善项目规划审批制度。由于高速铁路建设和运营的投入大、资产专用性强，容易造成极大的沉没成本。且各地政府对依靠基础交通建设来带动当地经济发展的动力普遍较强，可能会走入片面追求交通设施建设而不考虑后期成本的误区。所以在项目的规划、审批、决策上，要加强对投资的引导作用，并建立一定的约束机制，来提升高速铁路规划的科学性和合理性。要改革对项目的审批制度和分层投资决策制度，按照不同的铁路项目性质来划分各级政府与铁路主管部门之间的项目审批权。

扩宽融资渠道，引进外部资本。实现投资主体的多元化和融资渠道的多样化，并坚持政企分开、政资分开，明确投资主体，实现分类经营，逐步建立起“政府统筹规划、政策积极引导、社会广泛参与”的市场规范化运作的新型铁路投融资体制。目前，我国铁路资金存在较大缺口，可参考其他国家铁路融资的成功经验并结合我国实际情况，采用股权融资、合资铁路融资等模式，来实现融资的多样化。并致力于营造宽松、有利于吸引外部资本的环境，健全相关保障性法律法规。尤其对于高铁可采取不同成长阶段不同的融资方式。在前期路网形成阶段可主要依靠政府支持，并通过私募股权和债务融资相结合的方式进行融资。而当其逐步完善进入成长期，可逐步释放其盈利能力，此时可通过资本市场推动高铁产业的并购重组，充分发挥范围经济和规模经济效应。政府可鼓励采用更为灵活的融资方式，如滚动发债、进一步引入战略投资者、公开上市，加大资金运用的灵活性，实现不同阶段融资方式的多样化。

4．辅助性保障措施

为了保证铁路体制改革的进一步深化，还需要辅之以相关保障措施。

要加快修订铁路方面的法律法规，为铁路改革的进一步深化提供法律保障。对我国《铁路法》中关于市场主体、管理体制、价格机制等与改革相关内容进行修改，使其服务于铁路市场化改革的需要。并对不同类型铁路的各级政府职责进行划分、界定，明确市场与各级政府在不同类型铁路修建和运营过程中的责任。

利用网络信息技术为改革提供技术保障。互联网、大数据、云计算、北斗导航系统等信息技术的运用，能大大提升铁路在成本核算、价格机制形成、科学调度、运输全程可视化等方面的效率，充分发挥信息技术优势，提升改革效率。

加强市场化改革相关的理论宣传工作。可以通过举办相关论坛，邀请各界知名人士进行讨论、交流，并加强媒体对此的舆论宣传力度，使利益相关者和社会各界人士对此改革的必要性、紧迫性有充分认知，支持改革的进一步推进。

10.5.2　优化相关政策，促进自主创新进程

此前，我国利用独特的市场和制度优势，在成功“引进、吸收国外先进

技术，并再创新”的情况下，已经从系统层面掌握了高铁的先进技术，也拥有了一些自主知识产权。但在部分核心零部件开发、技术标准完善等方面仍与世界部分高铁强国之间存在差距。所以在下一发展阶段的发展中，我们应将重点放在进一步推动动自主创新上。

1. 纠正创新主体错位现象，促进合作创新

后技术赶超阶段自主创新的推进离不开各创新主体之间的紧密合作，且这种合作的稳定状态需要一系列正式与非正式的制度来保障。但随着各细分市场的涌现，以及科研院所实力的壮大，创新主体间出现越位现象，具体主要表现在科研院所向商业领域延伸、过度产业化和企业业务向上下游领域衍生现象。

科研院的商业化主要是由于我国知识产权保护的相对缺乏所导致。这需要我们加快建立健全相关知识产权保护机制，提高技术模仿的门槛和成本，保证其创新成果得到应有的市场回报。也要合理看待科研人员的经济诉求，改革科研院所的经费来源和科研人员薪酬体制，给予一定程度的激励以保证其将主要精力集中于前沿技术领域的研究与创新。

企业业务向上下游领域衍生主要是由于我国高铁装备企业基本以国有企业为主，国有企业对于大规模的偏好导致其不断通过水平和垂直多元化来扩大规模，且外部市场条件和技术条件的不断提升也大大加速了企业的多元化发展。当然，企业的多元化和一体化并非一定会导致效率损失，但企业的过度一体化会对上下游企业之间的创新合作产生抑制效果。所以要防止企业的过度多元化和一体化现象，通过保护企业的技术创新来避免上下游企业间的过度竞争现象，为企业间创新合作构建良好环境。

2. 推进铁路骨干装备企业的混合所有制改革

在原有薪酬体系框架下，对于用于改革和创新带来的巨大经营成效难以被管理人员所共享，造成内部激励机制的扭曲。推进企业的混合所有制改革，特别是管理层持股、人事制度改革等有利于调动企业内部技术人员和核心管理人员的积极性，并释放企业创新活力。且混合所有制改革后，由于国有股权下降，政府对其政策倾斜和补贴力度将大幅下降，企业必须通过自身改革创新来获得利润和收益，更能激励整体企业进行改革创新。

第一，发挥股权激励对核心技术人员和管理人员的激励作用。一方面要对过去在技术创新等方面作出突出贡献的核心技术人员和管理人员实行股权激励，给予肯定。另一方面，通过引进多元化投资主体，对未来在技术创新和企业发展方面做出突出贡献的技术人员和管理人员给予股权奖励。

第二，建立起市场化人事制度。构建起管理人员和研发人员能进能出、岗位能上能下、待遇能高能低的市场化人事，实现用人制度的科学化，推行绩效考核制度，转变传统的人事管理模式，为铁路运输业不断创新发展提供微观保障。

3．形成制度化激励机制

为了保证铁路运输业的持续创新能力，推动自主创新进程，必须将以往在激励创新中发挥重要作用、非正式化的“企业家精神和政治决心”过渡到正式的制度化激励机制中去。可以通过以下几个方面来推进这一机制的建立：首先，构建市场化的制度基础，来完善投融资体制，解决高铁的高债务问题，提升其可持续创新发展能力；其次，按照政企分开、权力制衡的原则，完善有利于铁路创新发展的公共治理体系。这需要打破目前铁路、公路、水路各自独立规划的组织形式，从综合交运体系的角度出发来提升铁路运营效率；最后，根据我国高铁由“技术追赶”向“技术领先”阶段转换的实际需求，进一步调整、优化相关产业政策和科技政策。

10.5.3　进一步推进“走出去”战略

我国铁路运输业发展迅速，现在已经建成并运营着世界第一大的高铁网络，能较好应对多样的地质条件和气候环境，并拥有成套完备的建设和运营体系。在国内市场发展迅速的情况下，下一步应更注重与国家“一带一路”倡议相结合，进一步开拓海外市场，加快推进贯通亚非欧区域的铁路网络建设，以此来实现铁路网络在促进区域贸易往来、资源流动等推动区域经济一体化进程中的重要作用。为了未来进一步加强我国高铁的“走出去”战略，可以关注以下几个方面的内容：

1．加强顶层设计和统筹规划

我国高铁的“走出去”战略是一项涉及洽商立项、勘察设计、投融资计划、工程实施运营管理等诸多方面的复杂系统性工程，这需要宏观层面的统筹规划来实现。在南北车合并以前，由于我国宏观层面统筹管理的缺失，南北车在面对国际市场时发生恶性竞争、相互挤压利润空间，不仅造成两败俱伤的局面且极大损害了我国高铁出口的总体利润，并对中国高铁品牌产生了负面影响。随着全球化趋势日益加深，企业间可以通过分工合作，“抱团式”参加国际性竞争，或像南北车合并那样通过战略联盟或合并等方式实现优势互补，实现互利共赢。这都需要未来政府继续发挥宏观导向性，着眼于整体利润，对整体行业进行布局规划，实现国家利益和企业利益的兼顾统一。南北车的合并是一个很好的尝试，接下来需要进一步加快我国高铁及相关金融机构的整合工作，实现金融、制造、商贸之间的良好生态圈，为我国高铁更好地走向世界打好基础，提升我国高铁的海外市场利润及全球竞争力。并由铁路总公司来具体实施整体布局，借助其行业资源优势，加强高铁内部企业间的凝聚力，提高效率、降低成本，更好地参与到海外市场的竞争中。

2. 精准把握目标国差异化需求

为了更好地让高铁走出过国门，走进目标国，需要对不同国家的多样化需求有精准把握，针对各国制定“个性化”的铁路规划布局，从投融资到建设到运营都要合理把握。我国高铁出口的各目标国在社会发展程度、经济水平、地理环境等诸多社会环境因素方面都有差异，且其当下铁路交通的发展程度、建设方式、轨道制度、投融资和运营模式方面也不尽相同。就“一带一路”沿线国家来看，其工业化程度差距明显，仅这些国家就几乎涵盖了工业化进程的各个阶段。从轨道制式来看，我国采用的是1435毫米的标准轨距，巴基斯坦、印度等国采用1676毫米宽轨距，非洲刚果等国采用的是1067毫米的窄轨距。各国国情的多样性及对铁路需求的差异性给我国进一步推进走出去战略提出了一定要求和挑战，这需要我国在对接每个目标国之前做好前期调研工作、了解目标国的实际情况和需求，并以此作为背景制定详细规划，更贴合各目标国的实际需求。

3. 合理看待与其他高铁强国间的竞争关系，提升自身实力

我国高铁发展虽然较快，但起步较晚，在实施走出去战略的时候，面临着与其他传统高铁强国之间的竞争。日本、德国、法国、加拿大等国都是发展起步早、技术成熟的国家。日本是建立世界上第一条高速铁路——“新干线”的国家，并拥有50年成熟的运营经验和高安全标准；德国在ICE高速铁路技术方面享有很高的国际声誉；法国是欧洲最早建立运行高铁的国家，其技术标准在欧洲市场有很大影响力。并且，这些传统高铁强国在技术方面都有各自的比较优势，所以高铁出口的竞争十分激烈。我国高铁出口在面临高铁强国商业竞争的同时，还存在一些地缘政治因素，所以更需要我们提升自身核心竞争力和比较优势。尤其要提升高铁建成后后期运营维护和设备升级方面的服务能力，利用我国大市场背景下的运营经验优势，为出口高铁的后期运营和维护升级提供良好保障，提升长期运营服务能力，更好地发挥我国比较优势，才能在与传统高铁强国的竞争中立于不败之地。

4．妥善处理外部舆论环境的压力

由于铁路运输关乎一国命脉，涉及国土安全和社会稳定，具有高度的政治敏锐性，只有妥善处理外部舆论对我国高铁走出去的负面影响，才能从根本上扩大我国高铁的海外市场。目前，在我国各方努力合力推进高铁的“走出去”战略、不惜打“低价牌”让利的同时，一些外部负面言论对此进行恶意中伤，认为我国高铁不仅低价还主动向目标国提供融资是不怀好意的。对此，我国要阐明自己的立场，传递和平发展的中国价值，从根本上消除目标国顾虑，从而减少负面言论对我国高铁走出国门的阻碍。这需要我们加强与目标国增加经济文化交流、促进相互了解，赢得价值认同感，并与其建立长久友好关系，塑造正面积极的互惠共赢形象，从而推动我国高铁进一步打开国际市场。

参考文献

[1] 王刚、龚六堂:《浅析高速铁路对“一带一路”沿线区域产业发展的影响》,《产业经济评论》2018年第2期。

[2] 吕铁、贺俊:《从中国高铁经验看产业政策和部门创新体系的动态有效性》,《学习与探索》2018年第1期。

[3] 路铁军:《高铁“走出去”的问题与路径分析》,《科技进步与对策》2016年第33期。

[4] 魏际刚:《新时期深化铁路体制改革思路研究》,《发展研究》2016年第3期。

[5] 李文兴、陆伟忠:《我国铁路运价形成机制改革思路探索》,《价格理论与实践》2015年第3期。

[6] 陈政:《我国铁路运输业产业创新系统模式及创新因素研究》，河北工业大学2013年。

[7] 赵庆国:《高速铁路产业发展政策研究》，江西财经大学2013年。

[8] 姜琪:《中国铁路运输业的有效竞争研究》，山东大学2013年。

[9] 王会宗:《中国铁路运输业行政垄断与引入竞争问题研究》，山东大学2010年。

[10] 余沛、杜文、池茂儒:《铁路运输与区域经济系统相关性与协调性定量评价》,《铁道运输与经济》2010年第2期。

（本章主持及执笔：姜宏、戈盈凡）

第 11 章　改革开放以来中国互联网产业的发展与展望

本章提要：

改革开放 40 年来，中国互联网产业的发展经历了从无到有、从小到大、从大到强的过程。2017 年，党的十九大报告多次提及互联网，互联网在经济社会发展中的重要地位更加凸显，中国互联网产业发展加速融合，网络强国建设迈出重大步伐，互联网基础建设不断完善，广大人民群众在共享互联网发展成果上拥有更多获得感，中国数字经济发展步入快车道。

本章首先描述了我国互联网产业的发展历程，然后分析了我国互联网产业的整体状况，并具体分析了互联网产业中的搜索引擎、电子商务、网络直播行业的发展状况，最后总结了中国互联网产业所面临的挑战，并对互联网产业的发展提供了几点政策建议。

11.1　中国互联网产业概述

11.1.1　互联网产业的定义

目前，针对互联网产业，仍未出现对其权威的定义，其原因主要有两个：一是因为互联网产业已经涉及国民经济的诸多方面，很多时候难以清晰地辨别、分类；二是因为较之传统的产业而言，互联网产业模式变化较快，新兴产业诞生较多，因此固定的定义比较难以描述互联网的新发展与新趋势。学术界关于互联网产业的界定也有相关研究。周鸿铎（2005）将互联网产业界定为“以网络为依托，以提供信息服务、电子商务等中介服务为主要内容，由网络催生的相关产业组成的新兴产业群体”。饶为民、周端明等（2006）的研究显示，互联网产业具有“网络外部性、生产的规模经济性、转换成本与锁定效应”等特性。向蓉美（2008）从生产的角度将互联网产业定义为：与计算机网络的生产相关联的各种单位的集合，包括计算机网络相关设备的生产、软件的生产和信息的传输。

经过分析与总结，互联网产业应该是指以互联网技术为基础，为互联网用户提供某项互联网服务的产业，包括互联网基础服务、互联网内容服务、电子商务服务等。

11.1.2 中国互联网产业的发展历程

改革开放的 40 年里，互联网技术发展迅速，中国的互联网产业从无到有。伴随着中国经济高速发展，互联网产业也取得了飞快的进步，并显示出巨大的活力和旺盛的生命力，在促进经济和社会发展中起着越来越重要的作用。中国互联网的发展史如表 11.1 所示。

表 11.1 中国互联网发展史

	时　间	主 要 事 件
互联网的探索阶段	1987—1993 年	1987 年 9 月 20 日，北京计算机应用技术研究所钱天白教授发出了中国第一封电子邮件，揭开了中国人使用互联网的序幕
互联网的发展阶段	1994—2001 年	1994 年，中国正式接入国际互联网；四大 Internet 主干网的相继建设，开启了铺设中国信息高速公路的历程；网易、腾讯、阿里巴巴、百度等 IT 公司相继成立
互联网 1.0（PC 互联网时代）	2001—2008 年	2003 年，淘宝网上线，后来成为全球最大 C2C 电商平台；同年，阿里巴巴推出了对生活方式产生重大影响的支付宝；2007 年，电商服务业确定为国家重要新兴产业；2008 年，中国网民首次超过美国
互联网 2.0（移动互联网时代）	2009—2014 年	2011 年，微博迅猛发展，对社会生活渗透日益深入，政务微博、企业微博等出现井喷式发展。2012 年，手机网民规模首次超过台式电脑网民。在这一阶段，互联网的接入方式开始从固定走向移动，终端从 PC 走向智能手机

（续表）

	时　间	主 要 事 件
互联网 3.0（智能互联网时代）	2015 年之后	2015 年，首次提出“互联网 +”；同年，保千里视像科技集团以“智能硬件 + 互联网 + 新媒体”为核心提出了智能互联网战略；在这一阶段，以智能互联网等为代表的信息技术正在引发新的工业革命，使传统的 B2B、B2C 将转向 C2M，即用户到厂商的模式演化

11.2　中国互联网产业的发展状况

11.2.1　中国互联网产业的整体发展状况

1. 用户数量不断增加

中国拥有全球最大的互联网用户群，截至 2018 年 6 月，我国网民规模达 8.02 亿人，互联网普及率达 57.7%；2018 年上半年新增网民 2968 万人，较 2017 年年末增长 3.8%。2017 年年末我国网民规模为 7.72 亿，普及率为 55.8%，超过全球平均水平 4.1 个百分点。我国网民规模继续保持平稳增长，互联网模式不断创新、业务日益多样化，满足了网民各种各样的需求，成为网民规模增长的重要推动力量。

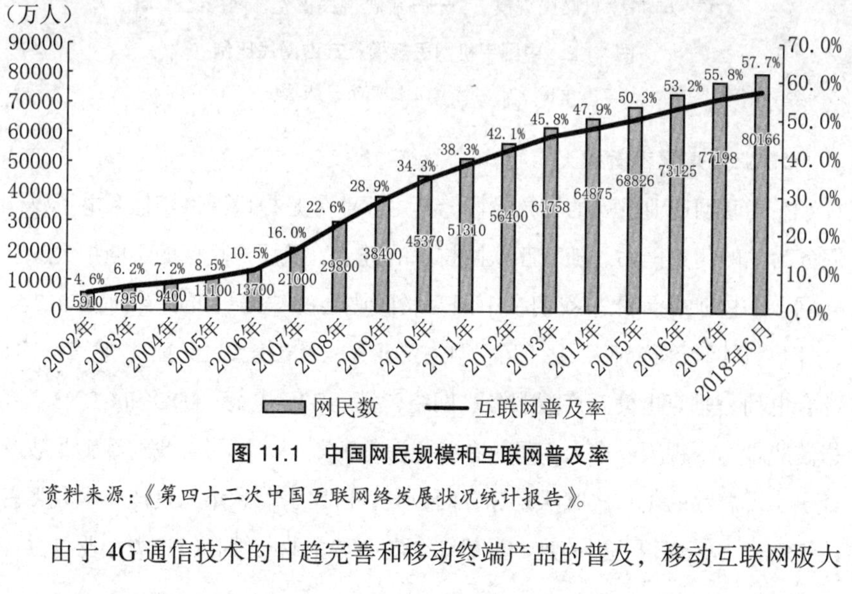

图 11.1　中国网民规模和互联网普及率

资料来源：《第四十二次中国互联网络发展状况统计报告》。

由于 4G 通信技术的日趋完善和移动终端产品的普及，移动互联网极大地推动了互联网产业的发展。根据统计报告显示：截至2018年6月，我国手机网民规模达7.88亿人，上半年新增手机网民3509万人，较2017年年末增加4.7%；网民中使用手机上网人群的占比由2017年年末的97.5%提升至2018年6月的98.3%。与此同时，使用台式电脑、笔记本电脑上网的比例分别为48.9%、34.5%，较2017年分别下降4.1个、1.3个百分点；网民使用电视上网的比例达29.7%，较2017年年末提升了1.5个百分点，可见台式电脑、笔记本电脑、平板电脑的使用率均出现下降，手机不断挤占其他个人上网设备的使用。

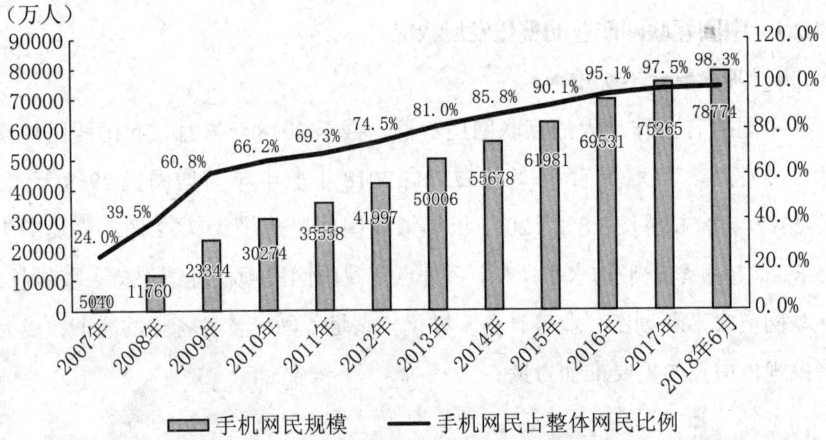

图11.2 中国手机网民规模及其占网民比例

资料来源：《第四十二次中国互联网络发展状况统计报告》。

2. 业务规模不断扩大

在互联网产业发展的初始阶段，其主要业务是提供网络媒体和电子媒体服务为主的门户网站。随着互联网技术的进步以及用户规模的不断扩大，互联网业务愈加多元化。我们在中国互联网协会的数据中可以看到，2017年“中国互联网百强企业”中，互联网主要业务领域覆盖综合门户、垂直门户、综合电商、垂直电商、产业服务、网络营销、B2B电商、IDC和CDN3、网络游戏、网络视频、个人工具、在线旅游等。其中，网络游戏类型企业数量最多，占总数的17%；其次是综合门户类，占比14%；第三是产业服务类占比13%。尤其值得一提的是，虽然综合电商类企业与综合门户类企业只占百强数量的 18%，但合计收入则达到 72.15%。

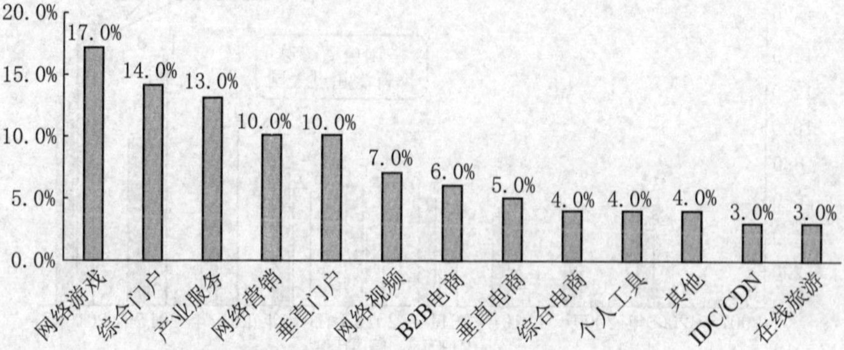

图 11.3　2017 年中国互联网企业 100 强业务类型

资料来源：《第四十一次中国互联网络发展状况统计报告》。

3．网络零售逐年增长

2017 年，全国网上零售额达到 71751 亿元（见图 11.4），同比增长 32.2%，增速较 2016 年提高了 6 个百分点。其中，实物商品的网上零售额达到 5.48 万亿元，增长 28%，占社会消费品零售总额的比重为 15%。在 2014 年时，中国网络零售在社会消费品零售总额的占比超过美国，到 2016 年时已经是美国的 1.5 倍（见图 11.5）。总而言之，网络零售对消费增长起到了强有力的拉动作用，在当前我国消费转型升级的过程中扮演者引领者的角色。

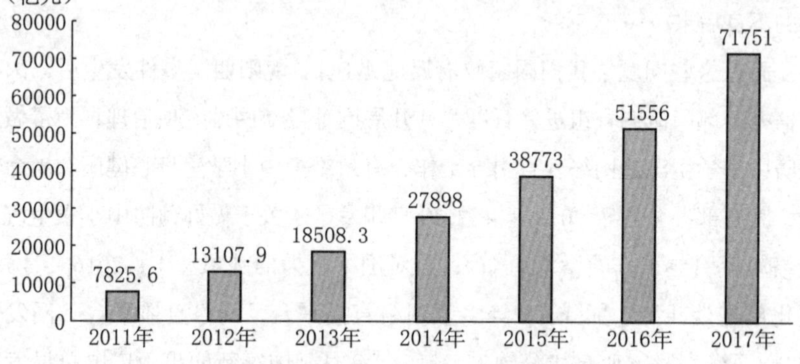

图 11.4　2011—2017 年中国网络零售额统计

资料来源：国家统计局。

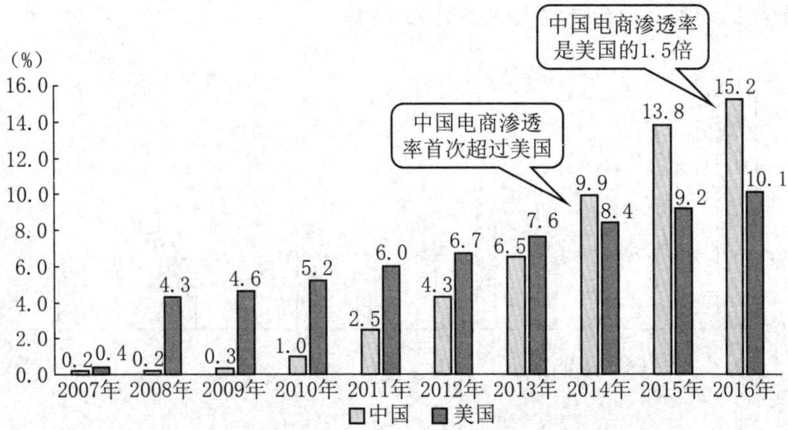

图 11.5　中美网络零售在社会消费品零售总额中的占比对比

资料来源：阿里研究院。

4．行业管理逐步规范

最近几年，中国互联网产业迎来高速发展与变革。在出行、医疗、金融、餐饮、O2O 等多个领域中衍生出新的商业应用和场景。然而，在互联网各行各业飞速发展的同时，也暴露出了一些问题：2016 年 5 月，“魏则西事件”引发了全社会关于百度搜索引擎竞价排名的热议；无孔不入的网络造成了一些中小学生沉迷游戏、行为失范，影响了中小学生的学习进步和身心健康；由于新媒体全面发展和普及，网络直播平台发展迅猛，在巨大利益驱使下，不少网络直播充斥着低俗、色情、暴力、伪慈善等乱象，给社会造成严重的不良后果……

面对这些问题，我们国家政府反应迅速：“魏则西”事件发生后，国家网信办等部门派调查组进驻百度，并开展网址导航网站专项治理；为了做好预防中小学生沉迷网络教育引导工作，有效维护中小学生身心健康和生命安全，教育部办公厅于 2018 年 4 月 20 日印发了《关于做好预防中小学生沉迷网络教育引导工作的紧急通知》；面对网络直播的乱象丛生，2016 年 4 月，文化部查处斗鱼、熊猫 TV 等多家网络直播平台，网络直播平台共同发布《北京网络直播行业自律公约》。2016 年 9 月，国家新闻出版广电总局发布《关于加强网络视听节目直播服务管理有关问题的通知》，要求直播平台必须持有《信息网络传播视听节目许可证》。

此外，网络安全立法也取得了重大进展，网络信息内容监管也在不断地加强，以及其他关于规范互联网产业的相关政策法规也陆续出台，见表 11.2。

表 11.2　规范互联网行业的政策法规

时　间	发布机构	文　件
2016 年 2 月	国家网信办	《关于进一步加强管理制止虚假新闻的通知》
2016 年 4 月	国家新闻出版广电总局	《专网及定向传播视听节目服务管理规定》
2016 年 6 月	国家网信办	《互联网信息搜索服务管理规定》
2016 年 6 月	国家新闻出版广电总局	《关于移动游戏出版服务管理的通知》
2016 年 7 月	交通运输部	《网络预约出租汽车经营服务管理暂行办法》
2016 年 8 月	国家网信办	《移动互联网应用程序信息服务管理规定》
2016 年 11 月	全国人民代表大会常务委员会	《网络安全法》
2016 年 11 月	国家新闻出版广电总局	《关于加强微博、微信等网络社交平台传播视听节目管理的通知》
2016 年 12 月	国家互联网信息办公室	国家网络空间安全战略
2017 年 11 月	全国人民代表大会常务委员会	《反不正当竞争法》（第十二届全国人民代表大会常务委员会第三十次会议修订）
2018 年 4 月	教育部办公厅	《关于做好预防中小学生沉迷网络教育引导工作的紧急通知》

资料来源：中国产业政策网。

11.2.2　中国搜索引擎行业的发展状况

1．搜索引擎的使用率超八成，市场规模持续增长

搜索引擎是互联网发展不可或缺的环节。目前我国绝大部分网民不会通过直接输入网址，而是通过搜索引擎（如百度）进行搜索，从而间接索引到目标网站。由于目前网民用户的此种搜索习惯，导致了搜索引擎在互联网行业发展中占据了非常重要的位置。目前，搜索引擎应用继续保持移动化趋势，截至 2018 年 6 月，我国搜索引擎用户规模达 6.57 亿人，使用率为 81.9%，用户规模较 2017 年末增加 1731 万人，增长率为 2.7%。自 2011 年以来，搜索引擎在网民中的使用率一直维持在 80% 左右，是中国网民的第二大互联网应用，具有不可替代的基础性作用。

2017年我国搜索引擎市场规模达1105亿元，同比增长16.32%。图11.6为2001年至2017年中国搜索引擎市场规模状况。

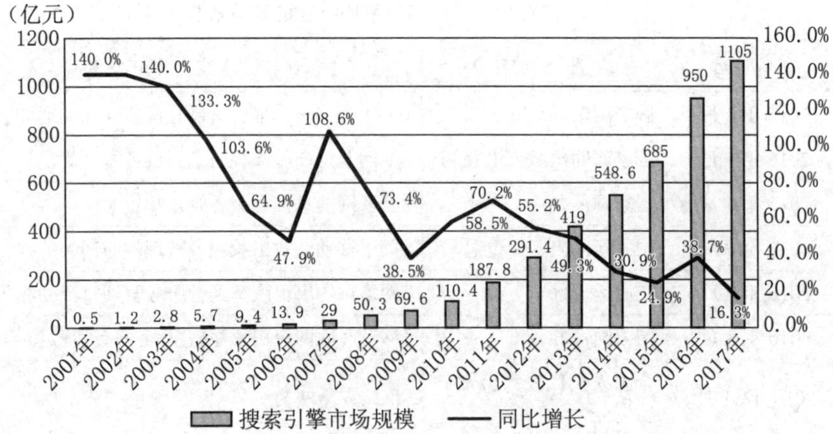

图11.6 中国搜索引擎市场规模及增长百分比

资料来源：前瞻产业研究院整理。

2. 搜索引擎的竞争格局一家独大，覆盖规模差异明显

2017年12月，搜索引擎市场占有率排行显示，国内市场份额进入行业前三的分别是百度、神马和360搜索，且排名第一的百度的国内市场份额为70.74%，呈现一家独大的局面。

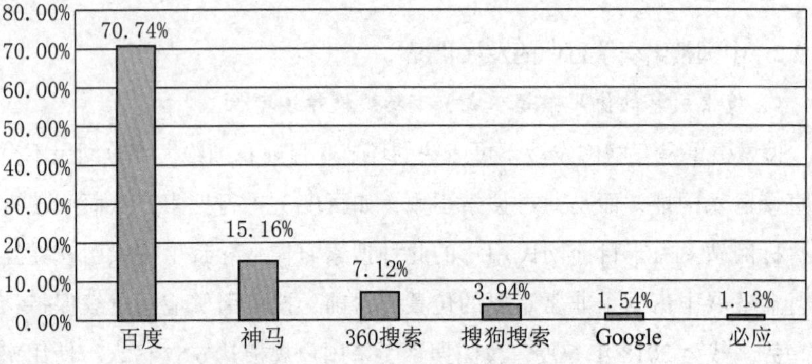

图11.7 2017年中国搜索引擎市场份额

资料来源：StatCounter Global Stats-Search Engine Market Share（数据柜台全球统计——搜索引擎市场份额，下同）。

2017 年 12 月，国内搜索引擎的 PC 端市场份额排名中，占前三的分别是百度、360 搜索、Google。从搜索引擎的 PC 端覆盖来看，百度依然位居第一的位置，覆盖人群比例为 59.04%。

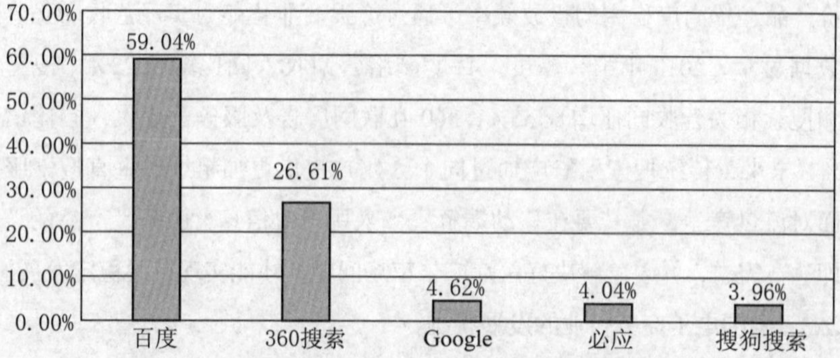

图 11.8　2017 年中国 PC 端搜索引擎市场份额

资料来源：StatCounter Global Stats-Search Engine Market Share。

截至 2017 年 12 月，基于移动端用户覆盖规模，百度居首位，神马、搜狗搜索分列二、三位，百度的覆盖规模整体均占绝大份额。

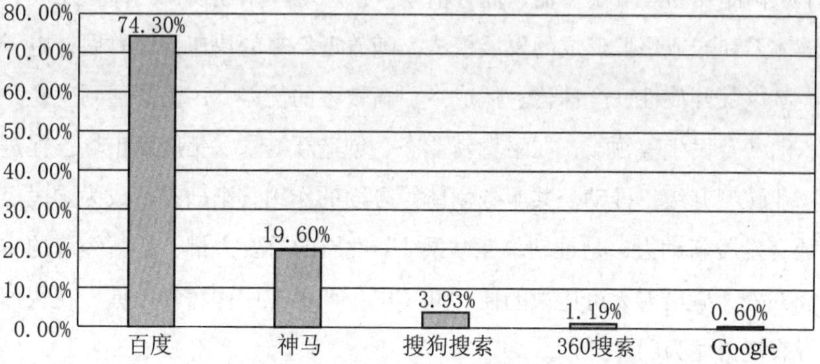

图 11.9　2017 年中国移动端搜索引擎市场份额

资料来源：StatCounter Global Stats-Search Engine Market Share。

《第四十二次中国互联网络发展状况统计报告》显示，2018 年，搜索引擎市场内外部流量争夺激烈，推动商业化能力提高。在市场内部，移动流量规模红利消减，推动搜索引擎加大与流量渠道、手机厂商的合作，从而导致流量获取成本提高。企业财报数据显示，2018 年第一季度，搜狗、百度的流量获取成本均出现同比增长，360 的互联网广告及服务营业成本也出现同比增长；在市场外部，由于网民对垂直信息搜索的需求不断增长，电子商务类、生活服务类、新闻类、视频类 App 的分流作用日益显著，从而对搜索引擎关键字广告市场产生冲击。在此背景下，搜索引擎企业通过人工智能技术优化竞价产品、提高广告主的投放效率，通过增强商业化能力实现营收增长。财报数据显示，2018 年第一季度，百度网络营销收入同比增长 23%、搜狗搜索和搜索相关营收同比增长 55%、360 互联网广告及服务营业收入同比增长 54%。未来，传统搜索引擎应通过向个人用户提供更加精细的垂直搜索服务来面对流量竞争，尤其要在移动端解决个人用户对信息、服务、产品的“一搜即达”需求，并妥善解决好医疗广告市场问题，才能实现持续稳定发展。

11.2.3 中国电子商务行业的发展状况

电子商务的快速发展源于 20 世纪 90 年代，经过二十多年的快速发展，电子商务行业走过了从电子商务技术、电子商务服务到电子商务经济的发展道路，经历了从具体的技术应用发展到相关产业的形成，并通过创新与协同发展融入国民经济的各个组成部分的发展历程。当前，电子商务经济已经形成了从商品交易、资金传输、商务活动、供应链体系建设，到商业发展、产业链体系和产业集群形成的发展模式。随着近年来的快速稳健发展，电子商务经济以其开放性、全球化、低成本、高效率的优势，广泛渗透到生产、流通、消费及民生等领域，在培育新业态、创造新需求、拓展新市场、促进传统产业转型升级、推动公共服务创新等方面的作用日渐凸显，成为国民经济和社会发展新动力，是推动“互联网 +”发展的重要力量，是新经济的主要组成部分。凭借着无可比拟的便利性，电子商务在中国蓬勃发展，在快消品领域表现得尤为明显。

中国电子商务行业在数字经济加快发展的新形势下，步入新一轮创新增长空间。电子商务交易额达 29.16 万亿，完成《电子商务“十三五”发展规划》2020 年预期目标的 72.5%；网上零售额达 7.18 万亿元，完成预期目标的 71.8%。中国电子商务行业发展优势进一步扩大，网络零售规模全球最大、产业创新活力世界领先。

中国是全球最大网络零售市场，截至 2017 年，拥有 5.33 亿网络购物用户，网民的网购使用率达到 69.1%。

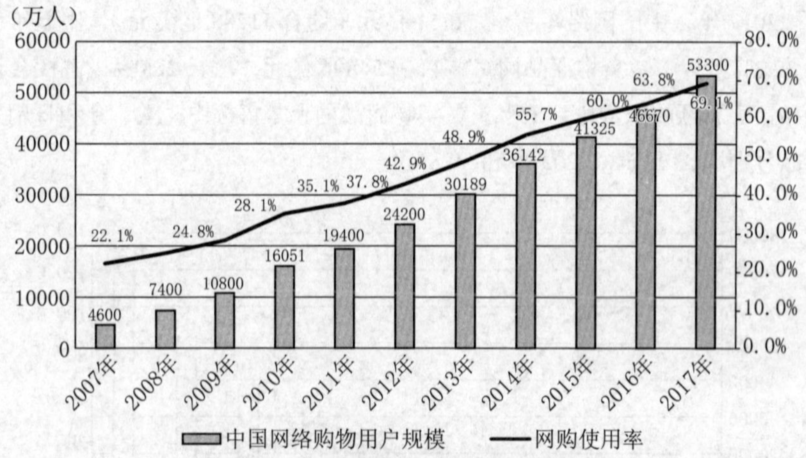

图 11.10　中国网购用户数及网购使用率

资料来源：根据国家统计局、商务部历年《中国电子商务报告》发布的数据整理。

电子商务在中国实现了长足的发展，增长潜力依然巨大。2017 年中国电子商务交易额（含 B2B 及网络零售）达 29.16 万亿元人民币（约合 4.3 万亿美元），同比增长 11.7%。其中，商品类电子商务交易额 16.87 万亿元，同比增长 21.0%；服务类电子商务交易额 4.96 万亿元，同比增长 35.1%；另外以大宗商品、权益或文化艺术品为交易标的物，以电子合约为交易对象的合约类电子商务交易额为 7.33 万亿元，同比下降 28.7%。

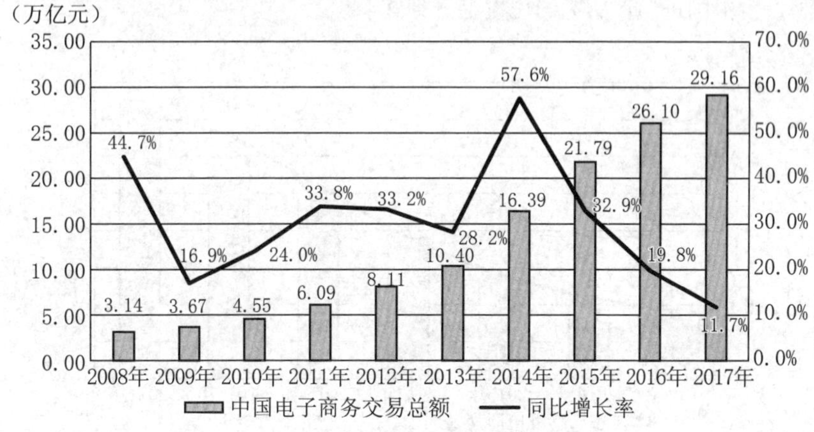

图 11.11　中国电子商务交易总额及增长率

资料来源：根据国家统计局、商务部历年《中国电子商务报告》发布的数据整理。

2017年，中国网络零售额71751亿元（约合11288亿美元），比上年增长32.2%。其中，实物商品网络零售额54806亿元，增长28.0%，占社会消费品零售总额的比重达到15%；在实物商品网上零售额中，吃、穿和日用累商品分别增长28.6%、20.3%和30.8%。

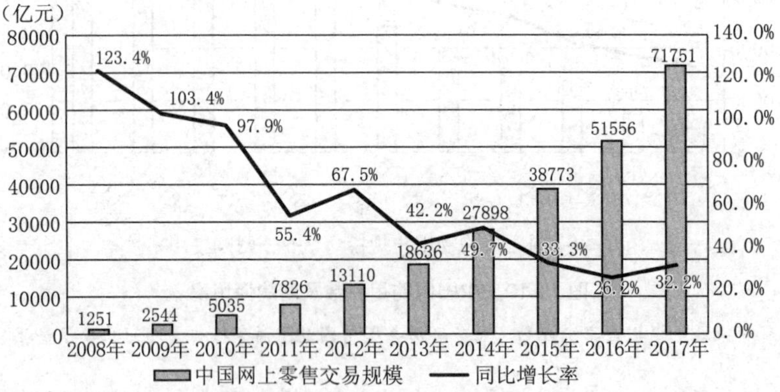

图11.12 中国网上零售交易规模

资料来源：根据国家统计局、商务部历年《中国电子商务报告》发布的数据整理。

2017年，中国跨境电子商务深入发展，不断培育贸易新业态、新模式，释放外贸增长新动力。跨境电子商务在B2B、B2C等多个方向均呈现出活跃发展态势，产业规模和辐射带动领域不断扩大。2017年中国跨境电商交易规模（含B2B及网络零售）达到7.5万亿元（约合9033亿美元），同比增长24%，占中国进出口总额的比重上升到27%。

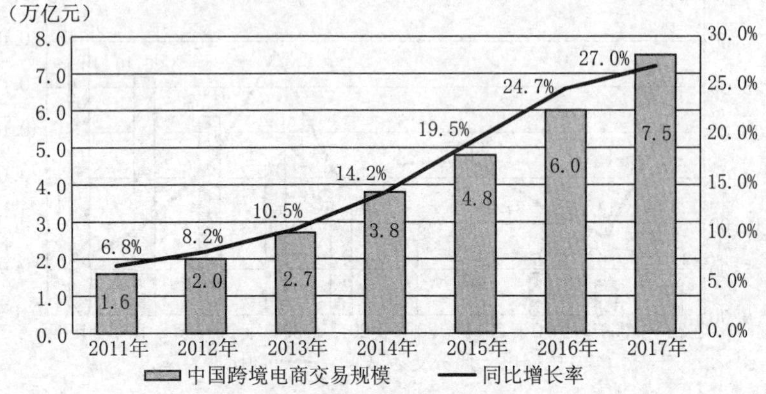

图11.13 中国跨境电商交易规模

资料来源：根据国家统计局、商务部历年《中国电子商务报告》发布的数据整理。

11.2.4　网络直播行业发展状况

11.2.4.1　行业发展历程

网络直播是一种实时性、互动性显著的互联网传播内容的形式。不同于传统的文字、图片、视频等传播形式，直播紧密地将用户与直播内容交互在一起，用户本身也是内容生产的一分子。如果按照直播在时间上的发展历程来看的话，直播大致能分为三大类：秀场直播、游戏直播和泛娱乐直播。网络直播行业发展历程如表 11.3 所示。

表 11.3　网络直播行业发展历程

	时　间	主 要 事 件
秀场直播发展期	2005—2010 年	原专注于语音的 YY 平台和专注于陌生人视屏社交的 9158 平台开始发展 PC 端主播聊天室；视频发布平台六间房由视屏网转向 PC 端秀场
游戏直播萌芽期	2011—2012 年	美国 Twitch TV 从 Justin.TV 分离，独立为首家游戏直播平台
秀场直播黄金期与游戏直播发展期	2013—2014 年	秀场直播类：YY 直播平台、9158 直播平台、六间房直播平台纷纷上市，新浪、百度、网易、搜狐进军 PC 端秀场直播； 游戏直播类：YY 游戏直播上线，接着，斗鱼直播于 2014 年上线，国内 PC 端游戏直播平台不断涌现
秀场直播转换期与泛娱乐直播起步期	2015 年至今	秀场直播类：秀场由 PC 端转换到移动端； 泛娱乐直播类：美国 MeerKat、Periscope 直播平台上线后引爆移动直播；映客、章鱼、熊猫等直播平台纷纷效仿，移动 App 全面占领直播市场，全民直播、垂直直播 App 层出不穷

11.2.4.2　行业发展现状

1．市场竞争激烈

直播伴随着科技的发展不断成为一种社会流行现象也呈现出随时随地随看的特点，全民直播逐渐成为趋势。为了迎合不断扩大的市场，多家直播平台不断兴起，想从市场之中分一杯羹。根据艾瑞咨询数据显示：2012 年直播平台开始兴起，2014 年呈现出爆发式增长的趋势。伴随着市场机制的不断地完善，2016 年市场开始不断洗牌并且在未来五年保持年平均 30% 的增速。市场的火热带来的是直播平台资本的快速积累。2016 年，多家直播平台开始进入白热化竞争阶段。

截至 2017 年末，全国一共有 200 多家从事网络表演和直播服务的企业，全年直播市场整体营收规模达到了 304.5 亿元，比 2016 年的 218.5 亿元增长了 39%。

2. 用户规模庞大

网络直播平台可以分为秀场直播、游戏直播、泛娱乐直播三大类。截至 2017 年 12 月底，各平台的覆盖率持续扩大，用户规模分别达到 3.12 亿、2.47 亿、3.6 亿。其中，泛娱乐直播平台的市场渗透率较高，秀场直播平台的用户群体增长较为稳定，游戏直播平台的用户粘贴度较好。网络直播用户的年龄阶段多为 22 岁以下人群。在主播中，85.8% 的主播为女性，男性主播占比不足 15%。但在用户群体中，男性用户占据较大份额，女性用户相对较少，女性用户市场有待开发。直播平台的主播数量较多，所受教育水平参差不齐，但经调查，主播中受过高等教育的人数比例达到 46%。

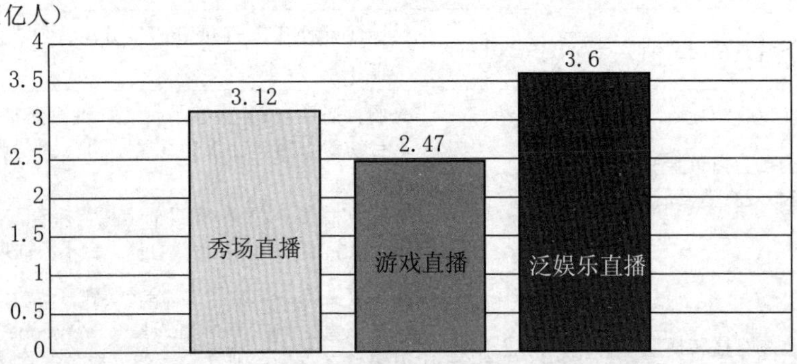

图 11.14 三大直播用户规模

3. 泛娱乐直播成为主流

根据有关数据显示，2015 年才火爆起来的泛娱乐直播已经占据市场结构的 44%，这背后表明资本市场对泛娱乐领域的良好预期。泛娱乐直播涵盖了多数新兴直播话题，其中，体育直播、电商直播成为继游戏直播后又一热点，据不完全统计，市场上目前存在 8 家移动端体育直播 App，5 家电商直播 App。游戏直播自 2014 年出现以来，迅速奠定了其在行业领域的稳固地位。

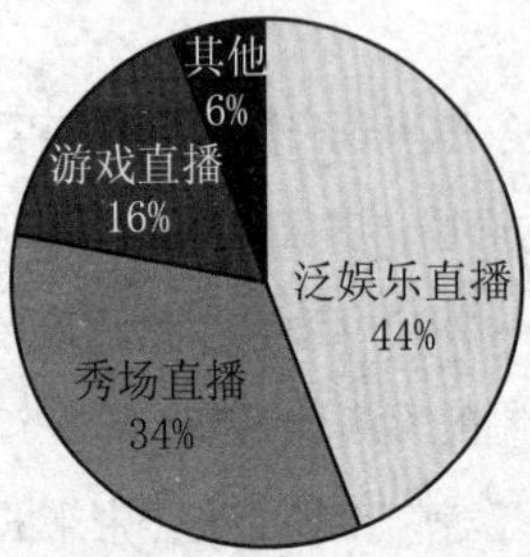

图 11.15 直播行业市场结构

目前，游戏直播平台数量占据总数的 16%。以颜值为消费卖点的秀场直播平台数量占直播平台总数的 34%，相比游戏直播平台的连年亏损，秀场直播平台运营状况良好，如 YY、9158 等直播平台实现了持续盈利。

11.2.4.3　行业产业链

直播行业各细分领域的产业链大同小异，均以直播平台为核心，上层为内容提供方，下层为商家和用户；

产业链上游一般为工会和俱乐部：秀场直播和游戏直播领域广泛存在批量管理、培训、“生产”网红的工会和俱乐部（游戏战队）。工会和俱乐部通过签约获得人气主播，平台可直接与主播的合作方合作，管理更加便捷高效。

版权方：游戏直播、体育直播、演唱会直播等平台需要获得版权方的版权来进行直播。

软硬件服务方：网络直播需要中国电信提供的网络服务，同时在直播平台上消费时也需要第三方如银行、支付宝等提供支付服务。

产业链中下游一般为商家和用户：直播平台大都通过商家广告及用户充值打赏来获取盈利，并以打赏分成、签约费的方式向主播支付酬劳。

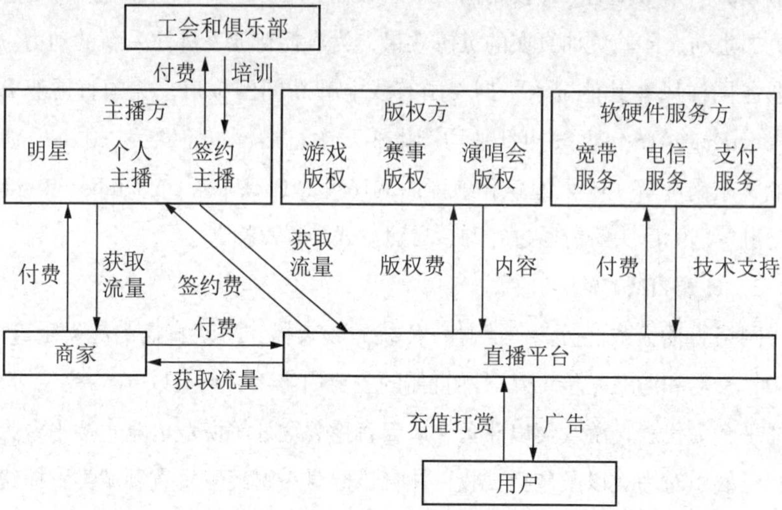

图 11.16　直播行业产业链

11.2.4.4 行业特征分析

网络直播是可以同一时间通过网络系统在不同的交流平台观看影片，是一种新兴的网络社交方式，网络直播平台也成为了一种崭新的社交媒体。最近几年，在国家文化政策支持、网络基础设施愈加完善、移动宽带加速普及、视屏技术日趋成熟等因素的推动下，网络直播行业呈现出高速发展的态势。网络直播相比于电视直播和其他媒体形式，不仅表现形式丰富，而且在场感、互动性、实时性强，能够给用户提供更好的用户体验。这是其能够快速发展的本质性原因。网络直播行业具有以下几点特征：

1．市场前景广阔

网络直播行业的发展十分迅猛，目前，市场上有200多个网络直播平台兴起，根据有关数据显示，2017年我国在线直播用户规模达到3.98亿人，我国网络直播市场营业收入达到304.5亿元，相比2016年的218.5亿元，同比增长39%。

2005年以来，我国网络领域直播经历了初创、探索、起步、爆发等不同阶段，伴随互联网的移动化，产品形态也从传统秀场、游戏直播、体育直播发展到泛娱乐直播、直播+垂直行业（电商、音乐、旅游、教育、财经）等更多领域。未来随着VR技术的突破、设备的普及，“VR+直播”将带来场景更加生动、体验更加真实的沉浸效果，为直播行业发展注入新的动力。直播业务同样风靡其他国家。据美国有线电视新闻网报道，美国直播业务鼻祖MeerKat 2015年上线初日平均产生3万次直播，覆盖欧美、中东、澳大利亚、东南亚等156个国家和地区。2016年，Facebook、Youtube、Twitter、亚马逊等国际巨头纷纷通过并购、自建方式布局直播。

2．覆盖领域广泛

网络直播大致能分为三大类：传统秀场直播、游戏直播和泛娱乐直播。其中，秀场和游戏是传统互联网直播的主要内容，秀场类以9158平台、YY直播平台为代表；游戏类以斗鱼、风云直播、虎牙等游戏电竞直播平台为代表；泛娱乐时尚类以及包括美妆、体育、健身、财经等垂直领域类直播纷纷出现，而且腾讯、秒拍、美拍等也纷纷嵌入直播功能。直播行业与其行业的联系日益紧密，“直播+”模式逐渐成形，电商直播、传统文化直播、公益直播、政务直播等多种内容并存，并向PGC（专业内容生产）模式转型，直播平台提供的内容和网络游戏、网络音乐、网络文学、网络视频等网络文化形式一样，得到了用户的广泛使用，成为网民娱乐方式的重要形式。总而言之，在当今的互联网时代，直播受到广大网民的追捧，正在不断渗透到各行各业中。

3．进入门槛低

网络直播的主播准入门槛低，无论是已经积累了一定粉丝的传统明星和公众人物，还是从未在荧屏中出境的普通老百姓，都可以很容易参与其中。而现今直播产业，传统媒体明星往往都只是在初期给直播平台做拉动流量，最终普通网民才是直播产业的中坚力量。首先，网络直播需要的设备简易，操作简单，特别是移动客户端的直播平台推广开来之后，吸引了大量平民用户和主播。比起行程满满的明星，普通网民出身的主播有更多的时间花在直播上，进而成为更具有实力的职业主播。其次，粉丝"变现"对于直播来说有巨大的吸引力。关于网络主播的新闻报道都会出现"月入百万"、"千万签约费"等字样，巨大的商业效益是诱使草根网民进入直播行业的重要原因。职业主播的个人魅力突出，多才多艺，加上自身对于直播事业的热爱，很快在直播行业里崭露头角。在优胜劣汰的网络竞争大环境下，主播的优质化，推动了整个直播行业的良性发展。

11.2.4.5 行业发展趋势

1．内容生产走向专业化品牌化

草根主播门槛低，在直播发展初期提供了大量内容，也带来内容同质、质量较低、审美疲劳等问题。高质量内容是留存用户的根本，也是市场良性健康发展的关键。不少大型平台正加大在专业内容生产上的投入力度，加强同专业内容生产方的合作。在主播培养上更加重视特色、专业的才艺型主播，摆脱靠"出位"来博取人气流量。同时，加强品牌栏目制作，加深与体育等传统IP资源结合，用品牌化、专业化、差异化的精品内容创作提升市场竞争力，促进整个行业的持续健康良性发展。

2．平台化与垂直化并行发展

用户需求既有广泛共性又有独特个性。一方面，受市场竞争加剧和资本推动影响，直播行业必将告别曾经的“千播大战”局面。一些娱乐性、游戏类、社交类直播平台因用户规模大、资源整合能力强，将成为直播领域综合性平台，并具有成为网上新流量入口的潜力。另一方面，直播这一些新业态在众多垂直领域的潜力还有待更充分释放。专注于教育、财经、商务、旅游等细分领域的垂直平台，因满足用户在特定领域的深层次价值需求将获得发展壮大。

3．直播业务与社交的深度融合

直播因其互动及时、参与广泛、黏着性强等优势，已成为国内外各大社交平台的必备功能。公开财报显示，陌陌和YY的直播业务上线后很快就成为第一营收源，直播也是QQ、微博等社交网络满足用户需求的重要业务方向。这反映了用户基于共同爱好形成有归属感的社区，特别是作为移动互联网主力军的“90后”，是物质丰富、精神孤独的一代，直播场景可以满足这一群体对展现自我、寻求归属的情感需求。

11.3 互联网企业案例分析

11.3.1 网络直播行业案例分析——以斗鱼直播为例

11.3.1.1 斗鱼公司简介

斗鱼直播是一家弹幕式直播分享网站，为用户提供视频直播和赛事直播服务。斗鱼直播以游戏直播为主，涵盖了体育、综艺、娱乐、户外等多种直播内容。斗鱼直播根据自身平台特点，运营模式为娱乐新媒体、游戏及产品分发渠道、优质视频，主要内容包括：斗鱼+“大众创业、万众创新”、斗鱼+公益、斗鱼+生活、斗鱼+游戏、斗鱼+娱乐、斗鱼+体育竞技、斗鱼+就业等。2016年8月，斗鱼直播入选武汉市工商业联合会、武汉市企业联合会、武汉企业家协会联合发布的2016年武汉十大最具创新性民营企业。

11.3.1.2 斗鱼公司发展现状

1．融资情况

作为直播行业的先进入者之一，斗鱼似乎从来不缺乏资本的追捧。斗鱼传奇地用4年时间，完成6轮的投资，融资金额70多亿元，据悉斗鱼有准备上市的计划。

2014 年 4 月，成立不久的斗鱼直播获得奥飞动漫董事长蔡东青 2000 万元的天使投资，随后在同年 6 月获得红杉资本 2000 万美元的 A 轮投资。到了 2016 年 3 月，腾讯、红杉资本等机构向斗鱼投入 1 亿美元，完成 B 轮融资。同年 8 月，斗鱼再次宣布获得凤凰资本、腾讯领投的 15 亿元 C 轮融资。在 2017 年上半年，斗鱼引进“国资”“银行系”，获得招银国际、深创投的 10 亿元 D 轮融资，斗鱼对外表示该公司已完全进入盈利状态，这还是直播平台第一次宣布盈利。在 2018 年 3 月，斗鱼获得腾讯独家投资的 6.3 亿美元 E 轮融资。

表 11.4　斗鱼公司融资进程表

斗鱼融资进程表			
轮次	时　　间	融资金融	投　　资　　方
天使轮	2014 年 4 月	2000 万元人民币	奥飞娱乐
A 轮	2014 年 9 月	2000 万美元	红杉资本
B 轮	2016 年 3 月	1 亿美元	腾讯、红杉资本、南山资本
C 轮	2016 年 8 月	15 亿元人民币	腾讯、红杉资本、深创投、国中创投、南山资本
D 轮	2017 年上半年	10 亿元人民币	招银国际、南山资本、乔母资金
E 轮	2018 年 3 月	6.3 亿美元	腾讯

2．用户流量

斗鱼 TV 在用户和流量数据方面，据第三方权威网站 Alexa 数据统计，截至目前，斗鱼 TV 已经进入全球网站前 300 名、全国前 30 名，浏览量在国内视频类网站中排名前十，游戏直播平台中排名第一。斗鱼 TV 称在 2016 年，网站晚间高峰时段的访问人数已经接近淘宝网站的 80%，超过 5000 位主播同时在线开播。有第三方平台数据显示，2016 年斗鱼 TV 日活跃用户达 1200 万人次，月活跃用户数量为 1.3—1.5 亿人次。同时，在百度发布的 2016 热搜榜单中，斗鱼直播在“90 后”十大热情关注和“00 后”十大新鲜关注中名列前五。2017 年，斗鱼直播累计注册用户 2 亿人，每天有 9 万至 10 万名主播开播，晚间高峰时段有 2 万名左右主播同时在线开播。

11.3.1.3 斗鱼公司盈利模式

直播平台的收入来源主要分为四个部分：打赏分成、游戏联运、广告及会员增值服务，从已经上市的直播平台公布的财报数据来看，目前打赏分成是直播平台的主要盈利模式。曾经电商和赛事竞猜也是直播平台的直接盈利模式，但效果不如打赏分成。

打赏分成：购买虚拟道具打赏主播。

游戏联运：和游戏厂商进行游戏联运，在观看游戏直播的同时可以点击进入联运游戏，移动端成为游戏分发新渠道。

广告：以品牌广告为核心，类似于在线视频服务商的商业模式，主要通过 CPM 等主流的售卖方式进行。

会员增值服务：支付一定费用成为会员，获得专属特权。

11.3.1.4 斗鱼公司面临的挑战

1．游戏赛事版权问题

游戏直播在目前来说分为“赛事直播”和“个人直播”。赛事直播是指在直播平台上直播电子竞技赛事，如 DOTA2（TI 邀请赛）和英雄联盟职业联赛（LPL 以及 S7）。而个人直播，是指在游戏直播平台对主播玩游戏的实时直播。但无论是赛事直播或是个人直播，版权问题始终是斗鱼直播平台越不过去的坎。例如，在 2017 年 8 月 9 日，中国法院网报道显示：在 2015 年“耀宇诉斗鱼 DOTA2 案”中，斗鱼 TV 因赛事直播版权问题（DOTA2 2015 亚洲邀请赛）赔付耀宇公司（火猫 tv）110 万元人民币作为赔偿。游戏赛事版权问题若得不到解决，斗鱼直播势必会让出游戏直播第一平台的宝座。

2．直播内容违规问题

如今，直播平台监管力度加强，斗鱼 TV 利润率受到冲击越来越大。然而，直播平台的内容泛滥、违规等问题仍然存在，政府对于网络直播平台的监管力度达到了空前的高度。2017 年 5 月，文化部在“打黄扫非”政策实施下，直播行业从之前的野蛮生长状态陷入了整顿期。关停 10 家直播平台，处罚了 48 家网络表演经营单位。值得注意的是，斗鱼 TV 也在这些受处罚的网络直播平台中。

3．居高不下的成本问题

游戏赛事版权的购买，游戏主播天价的签约金以及高额的宽带费用（以最低的码率为 800K 来算，一个同时在线百万人的直播平台，每个月仅仅带宽费用就高达 3000 万元到 4000 万元），这些都需要斗鱼 TV 来解决。

11.3.2　移动互联网行业案例分析——以共享单车为例

11.3.2.1　共享单车发展历程

2016 年以前，共享单车基本是以政府主导的公共单车为主，在某个城市内存在一定的固定桩，用户可以凭借充值刷卡使用，但只能存放在安装由固定桩设施的场所，相对来说较为原始简陋，用户体验较差。同时，因系统运作困难、运营维护成本较高、投资额大、收益率低等原因，大多数城市的公共单车均成为摆设，唯有杭州市公共自行车成为盈利的代表。

2016 年之后，无桩式共享单车横空出世，这些由各企业主导的共享单车上有电子锁，用户通过手机扫描车身上的二维码获取密码或直接开锁。这些共享单车无需停靠在固定桩上，可以随地停放，使用户既避免了自行车被偷的忧虑，又可以使用户随时随地取用自行车，极其方便。

2016 年全年及 2017 年上半年，共享单车行业发展迅速，截至 2017 年 3 月，我国 30 家共享单车品牌融资总额达到 70 亿元，6 月、7 月，摩拜单车和 ofo 分别完成 6 亿美元和 7 亿美元的 E 轮融资，行业整体出现欣欣向荣的景象。

11.3.2.2　共享单车行业发展现状

共享单车方便快捷、低碳环保、费用低廉，其繁荣发展不仅可以缓解城市交通拥堵，也对城市各类黑车造成了一定打击，同时还可促进自行车相关产业链的蓬勃发展，可谓一举多得。但随着共享单车数量的日益增多，其停放问题成为了共享单车的最大弊端，一是大量共享单车被停靠在某些特定地点（如人流量巨大的地铁换乘站等），导致影响周围正常交通；二是使用者素质参差不齐导致，导致乱停乱放的行为发生；三是部分用户为自身便利在单车上增加私人锁，不仅造成资产损失，也严重影响用户体验。

对于共享单车企业来说，政府监管的日趋严格、经营投入不断增加、利润率底下、无法筹集资金等原因造成了 2017 年下半年以来，多数共享单车企业难以为继，纷纷倒闭。而剩下的共享单车企业新车投放量逐渐减少，资本的投资重新回归理性，共享单车的热潮逐渐消退，进入淘汰整合、平稳发展的阶段。

据中国信息通信研究院发布的《2017年共享单车经济社会影响报告》，国内已有77家共享单车运营企业，已投放2300万辆共享单车，注册用户达4亿人，累计服务数量超过170亿人次，最高峰时一天有7000万人次在使用共享单车。

11.3.2.3 共享单车的盈利模式

1．押金

以摩拜单车为例，每辆车299元的押金（按300元来算），如果有100个用户就是30万元，1000万个用户就有30亿元的资金池，这些资金可以供共享单车企业投资其他领域获得收益。

2．广告

这里的广告可以是在App的打开页面上，通过点击获得流量收入。或者是当消费者骑完车在App上结束行程时，App会根据你的地理信息推送附近相关的商场，美食广告等。

3．日常的营运收入

市场价大概是1元/半个小时，然而存在着大量的共享单车用户，可以说是薄利多销。

11.3.2.4 共享单车行业的盈利驱动要素

1．短距离出行市场广阔

首先，短距离通勤骑行需求大。在一、二线城市，人口密集，流动性大，存在巨大的短距离通勤出行需求，公共交通基本满足了大部分人的出行需要，但对于从地铁口、公交站到目的地的“最后一公里”并没有覆盖到。共享单车的出现，实现了各种交通工具的无缝对接。并且与之前的有桩公共自行车相比，自由度极高，无桩借还车，需要骑行时，打开手机App，搜寻附近最近的单车，通过导航找到单车，即可使用，每半小时1元钱，骑完在任意非机动车道停车即可，便宜快捷，完美地解决了人们1—3公里短距离出行的需求。据相关统计，2015年至2016年，享单车市场整体用户数量实现了从245

万人到 1886 万人的巨大增幅，2017 年共享单车市场用户规模继续保持大幅增长。其次，短途旅游骑行需求大。在很多旅游城市，一直以来都有着成熟的骑游路线，而其中的短途游程与共享单车十分契合，扫码骑车、关锁还车，简单便捷，共享单车甚至会成为人们日常短途出行的必需品。

2．巨额的资金流

用户使用共享单车时必须先缴纳押金、充值余额，才能正常使用，多数用户在一次使用之后为了下次方便使用，一般不会立即要求退还押金和余额。伴随着共享单车市场规模的不断扩大，沉淀的押金和余额形成了巨大的资金流，无论这笔资金是存放于银行存款账户还是用于理财，收益都是十分可观的。目前，按照摩拜公司公布的数据，摩拜现阶段在全国超过 30 个城市运营，投放超过 100 万辆单车，带动超过 4 亿人次的出行，注册用户已达数千万量级。若仅以 1000 万注册用户计算，摩拜掌握的押金接近 30 亿元。虽然摩拜对外公布将用户押金存放在招行账户中专款专用，但即便如此，收益仍是十分可观。按照当前银行活期存款利率 0.35% 计算，30 亿元押金一年仅利息就为 1050 万元；如果放在收益较高且可以快速取现的货币基金余额宝里，按年化 3% 的收益计算，30 亿元押金则一年可以获得的收益高达 9000 万元；如果留足备付金，将其余的资金投入收益较高、流动性较差的理财品种中，可能一年的收益会更高。

3．融资

投资者是共享单车崛起过程中必不可少的。2016 年共享单车爆发式的增长，吸引众多资本入局，巨额融资成为各家共享单车企业占领市场的第一步，接下来第二阶段开始进行市场扩张，然后蚕食市场，最后上市通过股价回馈投资者。摩拜目前已完成了超过 10 亿美元的融资，成为共享单车市场上和 ofo 并列的首轮融资胜利者。环保健康、时尚休闲的理念。环境污染和交通拥堵已经成为影响人们幸福感的两大重要因素，骑自行车出行既健康又环保，便利的共享单车逐渐成为流行的出行方式。再者，科技感十足的共享单车，体现的是一种与时俱进的现代生活方式。

4．技术驱动

共享单车的技术驱动主要表现在三个方面：移动设备、无线网络与通信技术、支付系统。首先，在移动设备方面。智能手机的广泛使用成为共享单车企业的设备支撑；智能终端应用程序的研发，可操作性及便捷性都促进了共享单车的快速发展。其次，在无线网络与通信技术方面。移动无线网络的发展和全球定位系统 GPS 为用户提供了定位服务，可以随时随地搜索附近可使用的共享单车，有效地进行区域和时间的供需匹配。最后，在支付系统方面。高效安全的电子支付的快速发展，使共享单车有了完善的交易计价系统和支付系统，分时计价和移动支付成为可能，用户通过支付宝和微信支付进行便捷付费，同时支付的安全性有保障，用户信任度高。

11.3.2.5 共享单车行业面临的挑战

1. 市场竞争激烈

一线城市市场需求旺盛但容量有限，三、四线城市及海外市场是未来两大拓展方向。目前，共享单车市场主要集中在一线及部分发达二线城市，市场需求非常显著，但随着单车数量的急速增加以及用车场景相对单调及同质化的限制，现阶段市场竞争激烈；一线及部分发达二线城市市场容量有限，单车数量将会较快到达饱和点，向三、四线城市拓展成为必然，但市场需求及机会仍有待探索；海外市场自行车售价相对较高，但用户需求旺盛，为共享单车出海提供良好市场机会；同时，海外市场相对高的客单价将会帮助共享单车企业提升盈利能力。

2. 车辆管理困难

单车数量急速增加、车辆乱停乱放、后期维护等问题日益突出，对精细化管理的呼唤迫切。随着资本的大量涌入以及用户需求的显现，共享单车行业得到快速发展，单车数量也快速增加。然而，行业的快速发展也随之带来城市管理等诸多问题，无桩化特点导致目前乱停车的现象屡见不鲜；另外，部分共享单车由于缺少 GPS 定位，不能够及时、有效地管理车辆。共享单车的城市管理问题已经初步显现，未来需要共享单车企业与政府相关部门共同努力，建立有效机制，引导共享单车向更规范、更健康的方向发展。

3. 用户行为规范及诚信建设

规范化的用车行为将会极大促进行业发展，反之则会制约其发展。用户是共享单车行业快速发展的核心，引导用户规范用车，培养用户的诚信态度及行为，并辅助建立一套社会通用的诚信管理体系，不仅能够解决现阶段共享单车面临的一些用户问题，也能极大地促进社会规范化发展，为整体国民素质的提升起到促进作用。

11.4　中国互联网产业面临的挑战

健康、有序的互联网行业能够对经济和社会的发展进步起到重要的推动作用。然而互联网行业在发展过程中出现了一些问题，包括缺乏有效的监督机制，仍旧存在网络病毒威胁、寡头垄断现象、移动支付安全隐患等等，这些问题都会严重制约互联网产业的发展。

11.4.1　缺乏有效的监督机制

互联网经济的发展依赖于虚拟的移动互联网，因此对互联网的稳定性、安全性有较高要求。然而，政府在网络经济环境监管中还存在盲区，与实体经济相比，互联网经济在用户信息、资金安全、个人隐私等方面的安全保护相对薄弱，还缺乏有效的监管环境，这给网络经济的发展带来了隐形的风险。近年来，网络信用作假、网络诈骗等案件频发，还有不少网店被曝光存在虚假信息、信用欺诈等问题，这也反映出关于规范互联网经济的法律法规体系尚不完善，对网络犯罪的监管力度不够，使得一些不法分子能够钻法律的漏洞。例如，我国现行的法律法规中，对网络犯罪的定义尚不够清晰，对网站建立也缺乏严格的审查制度，因此网络发展环境存在虚假信息泛滥、不良信息传播等问题。互联网不是法外之地，国家政府应当不断建立健全规范互联网产业的法律法规，以保证互联网经济健康、有序地运行。

11.4.2　网络病毒威胁仍然存在

于 2017 年 5 月 12 日爆发的“蠕虫式”的勒索病毒——WannaCry，波及至少 150 个国家、30 万名用户，造成损失达 80 亿美元，已经影响金融、能源、医疗等众多行业，造成严重的危机管理问题。中国部分 Windows 操作系统用户遭受感染，校园网用户首当其冲，受害严重，大量实验室数据和毕业设计被锁定加密。部分大型企业的应用系统和数据库文件被加密后，无法正常工作，影响巨大[①]。更为人们所担忧的是，随着新一代信息通信技术普及发展，国家关键基础设施与工业生产从单机走向互联，从封闭走向开放，从自动化走向智能化，网络病毒威胁已经向工控系统扩散。此外，智能应用安全问题日益突出，移动设备和支付安全问题凸显。智能应用中数据和个人信息遭受攻击，数据信息可能通过数据线连接、在应用软件中安装恶意代码、发送网站链接等方式被获取。总而言之，网络安全问题已经深深地影响到互联网产业的健康发展。

11.4.3 市场垄断影响行业可持续发展

中国互联网企业的三巨头 BAT（百度、阿里巴巴、腾讯）中，百度占领了搜索入口，阿里巴巴占据了购物场景，腾讯霸占了社交场景。此外，三巨头凭借其雄厚的资本与用户资源，不断进军其他领域。这样的结果容易造成赢者通吃的局面，互联网行业的垄断问题日益突出。然而，垄断会对互联网行业的长期可持续发展造成负面影响，至少有以下两点体现：首先，垄断会遏制行业创新。中小互联网企业无法与互联网巨头进行正面竞争，只能走差异化路线对局部细分市场进行深耕，或者执行“蓝海战略”开拓新市场。然而，一旦中小互联网企业的创新取得初步成效，互联网巨头便迅速模仿、跟进，凭借其巨大的资金、人才、技术、用户规模等优势快速抢夺市场，导致创新者收益甚微。其次，垄断损害了消费者权益。2012 年，“快的打车”与“滴滴打车”先后面市，双方为了争夺市场份额，通过向用户和出租车司机提供大量补贴的形式大打价格战。2015 年 2 月，“快的”与“滴滴”宣布合并，至此用户能够获得的打车补贴大幅减少，在高峰期用车乘客需要额外大幅加价才能打到车。这样的现象在本质上可以理解为：打车软件通过恶性竞争挤压对手，两败俱伤后再强强联合迅速垄断市场，然后谋求超额利润，最终损害的是消费者的利益。

11.4.4 移动支付存在安全隐患

近年来，随着互联网产业的迅猛发展，移动支付在生活中已经变得非常普遍，越来越多的消费者出门都不再携带现金，只需要带上一部能上网的手

① 见 ZOL 新闻中心，http://news.zol.com.cn/640/6403445.html。

机足矣。诚然，移动支付已经成为了主流，中国正快速进入“无现金社会”。2017 年微信支付和支付宝和分别推出了“无现金日”和“无现金城市周”，使得人们更加真切地感受到无现金时代的加速到来。确实如此，如今从商业交易到公共事务，从线上场景到线下场景，无现金支付可以说是无处不在，这种方便快捷的支付方式深受消费者和众商家青睐。然而，无现金社会并非“十全十美”，它也会存在一些隐患。通过社交网络平台、欺诈 App 软件、恶意二维码等进行诈骗的案件频发，移动支付安全已经成为消费者最担心的问题之一。根据中国银联官网发布的消息，2017 年，银联累计协助公安机关查办案件 3.18 万件，其中涉及银行卡约 92.36 万张，金额 4582 亿元。移动支付存在的安全隐患急需解决，以消解广大消费者的心中忧虑，这样才能更快、更安全地推动中国进入无现金社会。

11.5 中国互联网产业的发展趋势及政策建议

11.5.1 中国互联网产业的发展趋势

1. 以创新驱动引领技术变革

（1）5G 网络。互联网产业的飞速发展离不开网络基础设施的建设，只有更快的通信网络才能满足个人、企业以及政府的需要。移动互联网和物联网是未来移动通信发展的两大加速引擎，将会为 5G 提供广阔的前景，因为移动互联网发展带来的移动流量将会超千倍的增长，必定会有力地推动移动通信技术和新兴产业的新一轮变革。随着移动互联网高速发展，各种手机应用层出不穷，网上购物，实时分享等生活方式已逐步走入千家万户，在移动互联网产业一片繁荣的背后，是用户对无线通信网络数据传输速率的高标准要求。用户的需求推动了新兴智能业务的发展，移动通信网络朝着提供高速化、智能化的方向不断发展。当前 4G 移动通信技术已得到广泛应用，但各国科学家未雨绸缪，目前已有大量公司和研究人员已着手研发速度更快、效率更高的 5G 移动通信网络。5G 移动通信网络可以帮助用户尽快实现全球智能终端的普及，加速移动互联网的发展。

（2）人工智能。阿尔法狗（AlphaGo）与人类的“世纪大战”将全世界的目光聚焦在了人工智能领域。最近几年，人工智能市场成为互联网巨头们的必争之地，以BAT为代表的互联网企业把更多的人工智能技术应用到产品中，并组建专门的研究机构进一步加速技术的发展，通过发展人机交互、深度学习、自然语言理解、机器人等核心技术，全方位布局人工智能产业。2017年我国人工智能市场规模就已经达到了216.9亿元，同比2016年增长52.8%，增长势头强劲，人工智能技术将会是未来互联网产业的重点关注对象。

2. 以“互联网+”造就制造强国

《中国制造2025》明确提出了我国要在2025年迈入制造强国行列。要实现这一宏伟目标，就必须加快传统制造业的转型升级，而“互联网+”在传统产业转型升级中起到催化剂的作用。2016年5月，国务院印发《关于深化制造业与互联网融合发展的指导意见》，协同推进“中国制造2025”和“互联网+”行动，加快制造强国建设。互联网正深刻改变制造业发展方式，使得制造业在研发设计、生产制造、供应链管理、营销推广、售后服务等全环节发生变革，促进制造业向数字化、网络化、智能化和服务化方向发展。

3. 以“共享+”创新消费模式

互联网技术的推广、移动终端的普及，以及大数据、物联网和云计算的发展，推动了共享模式的创新与应用，许许多多的共享平台如雨后春笋般涌现。从共享单车、共享汽车到共享充电宝，“共享+”模式随之而兴。共享模式的本质，归根到底是资源的优化配置，让商品、服务、数据拥有共享渠道的商业运营模式。在“互联网+”时代，共享模式主要以移动互联网为载体，利用互联网技术促进信息的高效流通，减少信息的不对称性，从而使得使用价值的获取更为廉价，也更为方便快捷。共享的对象可以包括汽车、房子、办公室或闲置设备等固定资产，也包括信息、能源、资金等资产。《中国共享经济发展年度报告（2018）》中显示，我国共享经济继续保持高速增长，2017年我国共享经济市场交易额约为49205亿元，比上年增长47.2%，预计未来五年共享经济年均增长速度在40%左右，到2020年市场规模占GDP比重将达到10%以上。共享经济正引领着消费方式的变革，并受到了广大消费者的追捧。

11.5.2　中国互联网产业发展的政策建议

对中国互联网产业的发展，提出三项建议：

第一，积极推进网络法制建设。这些年来，我国制定颁布了一系列互联网法律法规和部门规章，确立了我国网络管理的基础性制度，在实践中发挥了重要作用。但我国现有互联网法律法规还不完善，与网络管理执法工作实际需要不相适应，迫切需要健全互联网法规体系，实行依法管网、依法办网、依法上网。完善互联网监督机制，加强对现有法律法规适用网络管理的延伸和司法解释工作。同时，加大执法力度，壮大执法队伍，健全执法体系，落实执法责任，真正做到有法必依、执法必严、违法必究。

第二，突出抓好重点环节管理。近两年，新媒体的全面发展和普及使得网络直播行业呈现爆发式发展的态势。根据有关报告显示，2017 年我国网络直播市场整体营收规模达到 304.5 亿元，比 2016 年的 218.5 亿元增长 39%。网络（直播）已经成为网络文化内容供应、技术创新、商业模式创新的代表，是网络文化市场重要组成部分。然而不少网络直播充斥着低俗、色情、暴力、广告、伪慈善等内容，给社会造成不良影响。网络文化管理头绪多任务重，必须突出重点、抓住要害。要加强网站登记备案、接入服务等基础资源管理，严格规范域名和 IP 地址管理，确保网站登记备案信息真实准确完整。坚持对涉及公共利益的网络文化服务实行行政许可制度，完善网络文化服务市场准入和退出机制。严格规范网络文化信息传播秩序，高度重视对社交网络和即时通信工具等网络新应用的规范引导，坚持积极利用和加强管理并重，切实做到趋利避害、可管可控。深入推进整治网络淫秽色情和低俗信息专项行动，坚决切断违法有害信息传播利益链，依法严厉惩处传播淫秽色情信息的不法分子，净化青少年成长的网络环境。把加强日常监管和提供服务保障结合起来，不断创新管理方法，加强网站从业人员培训，落实重点岗位持证上岗制度，完善网站绩效考核评价体系，不断提高网络文化服务整体水平。

第三，切实维护网络安全。互联网已经成为国家重要的基础设施，切实维护网络安全是保障国家信息安全、促进文化繁荣发展、维护社会和谐稳定的根本要求。当前，我国网络安全面临严峻挑战，黑客攻击、移动支付安全隐患等等已经威胁到广大互联网用户的切身利益，已经成为网络安全的严重威胁。因此，要广泛开展网络安全教育，提高公众网络安全意识，增强自我防护能力。推动网站完善信息制作发布流程，建立有害信息预警、发现、处置机制，发挥技术手段防范作用，确保网上信息真实准确、安全有序传播。加大网上个人信息保护力度，建立网络安全评估机制，维护公共利益和国家信息安全。加大网络安全技术攻关力度，加快互联网核心装备技术国产化，构建新一代网络文化平台。加强网络安全国际合作，建立多层次、多渠道合作机制，形成各国共同参与、普遍受益的网络安全体系。

参考文献

[1]《第四十一次中国互联网络发展状况统计报告》，中国互联网络信息中心，2018。

[2]《第四十二次中国互联网络发展状况统计报告》，中国互联网络信息中心，2018。

[3] 周鸿铎：《网络产业经营与管理》，经济管理出版社 2005 年版。

[4] 饶为民、周端明、王鸿齐、孔舰：《挖掘互联网产业有效需求的战略选择》，《管理世界》2008 年第 1 版。

[5] 向蓉美：《互联网产业对国民经济影响的投入产出分析明》，《统计与决策》2008 年第 11 期。

[6] 刘茂红：《中国互联网产业组织实证研究》，武汉大学 2011 年。

[7] 中国互联网络信息中心：《2017 年互联网产业发展状况》，《科技中国》2018 年第 3 期。

[8] 杜睿云、蒋侃：《新零售：内涵、发展动因与关键问题》，《价格理论与实践》2018 年第 2 期。

（本章主持及执笔：谭蓉娟）

第 12 章　改革开放以来中国家电产业的发展与展望

本章提要：

中国家电行业起步于20世纪70年代末和80年代初，经过改革开放以来近40年的发展，取得了辉煌的成就，不仅成为轻工业的支柱产业之一，而且成为机电产品出口的重要组成部分，为提高和改善人民生活水平做出来极大的贡献。

改革开放初期，中国家电行业薄弱，家电消费甚至是奢侈品；之后，经历了市场扩张、重复建设和引进、过度竞争阶段，直到企业改革深化和市场机制的逐步完善，家电工业的产业组织结构进一步优化，市场集中度明显提高，产品出口能力显著增强，成为我国最具国际竞争力的产业之一。

12.1　家电产业概况

12.1.1　定义及分类

家电主要指在家庭及类似场所中使用的各种电气和电子器具，又称民用电器、日用电器。按照国民经济行业分类，家电行业包括家用电力器具制造业和家用视听设备制造业，也就是习惯上称的白色家电业、黑色家电业。

家用电力器具制造业即白色家电业，包括家用的制冷电器具制造、空气调节器制造、通风电器具制造、厨房电器具制造、清洁卫生电器具制造、美容与保健电器具制造、电力器具专用配件制造、其他家用电力器具制造八个行业小类。从产品角度来看，包括家用空调器、洗衣机、电冰箱以及各类小家电的整机组装，以及电机、压缩机等主要配件的生产制造。

家用视听设备制造业即黑色家电业，包括家庭用的影视设备制造、音响设备制造两个行业小类。从产品角度来看包括电视机、录放像机、数字激光音视盘机等各种家用影视设备以及家用音响设备的生产制造。

表 12.1　家电行业分类及代码

代码	行业名称	代码	行业名称
395	家用电力器具制造	395	家用美容、保健电器具制造
3951	家用制冷电器具制造	3957	家用电力器具专用配件制造
3952	家用空气调节器制造	3959	其他家用电力器具制造
3953	家用通风电器具制造	407	家用视听设备制造
3954	家用厨房电器具制造	4071	家用影视设备制造
3955	家用清洁卫生电器具制造	4072	家用音响设备制造

资料来源：《2008 年年度家电行业报告》，国家发展改革委中国经济导报社、北京世经未来投资咨询有限公司，2008 年。

12.1.2 产业链

家电行业的产业链比较简单。上游主要是提供原材料和零部件的行业，每年消费大量的钢材、铜铝以及塑料，白色零部件主要有压缩机、电机、控制器、铜管、两器（冷凝器和蒸发器）等，主要涉及钢铁、电子、塑料化工和零部件制造等行业。据统计，我国家电业每年钢铁消费量占全国钢铁消费总量的 30%，年消费电镀锌板 40 万吨、不锈钢板达 15 万吨、彩涂板约 6 万吨。此外，压缩机行业、液晶屏制造业都是家电行业的必不可少的上游产业。

家电产业的中游主要包括家电的设计、制造、组装、品牌、渠道等环节，主要围绕整机品牌厂商，形成上下游一体的产业生态体系。整机品牌厂商基本上都自己掌控核心技术和关键零部件。

家电产业的下游主要包括销售和维修等行业，由品牌商、经销商、连锁商超等组成，产品最终销售状况由终端消费者的需求决定。

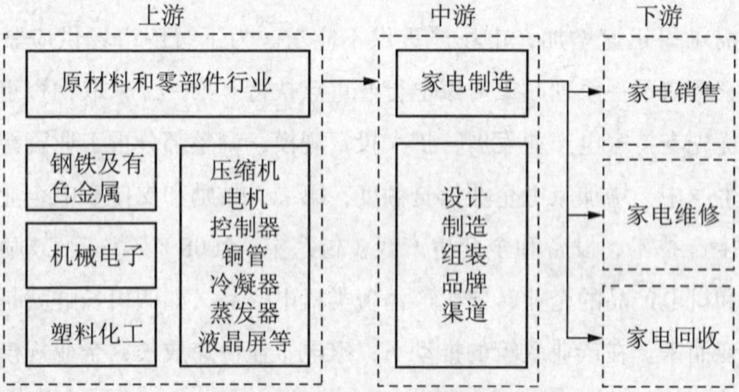

图 12.1　家电行业产业链

资料来源：《2008 年年度家电行业报告》，国家发展改革委中国经济导报社、北京世经未来投资咨询有限公司，2008 年。

12.2　中国家电工业发展历程及特点

12.2.1　发展历程

我国家电工业虽然起步于新中国成立之后，但是在改革开放之前，主要是实现了从无到有，整体发展迟缓。改革开放和市场经济的发展使得我国家电工业迅速发展，成为轻工业的重要支柱产业和出口创汇的重要产业，为国家经济建设和提高人民的生活水平作出了极大贡献。改革开放 40 年来，我国家电产业大致经历了起步、扩张、调整和转型四个阶段（吴剑奴、敖文，2012）。在市场竞争和产业政策的双重作用下，我国家电产业市场已经发展成为一个成熟、稳定、竞争有序的市场。

1．第一阶段：诞生期（1978 年以前）

在这一阶段，在计划经济体制下，家电行业以自主研发为主，在多个领域实现了零的突破，整体发展迟缓。1955 年试制成功第一台电冰箱，1958 年生产出第一台黑白电视机，1962 年生产出第一台洗衣机，1970 年诞生了第一台彩色电视机。1978 年，全国洗衣机、电冰箱和空调器的产量仅 400 万台、2.8 万台、200 万台，产品供给主要依靠进口。

2．第二阶段：起步期（1978—1981 年）

改革开放之后，随着经济快速增长和居民收入水平的提高，家电等耐用消费的需求量迅速增加，市场严重供不应求。为了缓解市场供应紧张的局面，国家采取了一系列政策对家电行业重点扶持。第一，采取物资重点倾斜的方式优先支持家电产业发展，扩大投资规模，调整部分重工业资源配置到轻工业生产中，增加家电企业信贷额度；第二，鼓励和支持家电企业引进国外先进生产技术、设备和全套生产线（付宗宝，2008）。第三，鼓励生产军用产品和机电产品的企业转向生产消费类机电产品，如四川长虹就是从军工企业转变而来。在产业政策的推动下，家电企业快速成长，企业规模和产品产量不断增大。1981 年，全国电冰箱产量达到 5.56 万台，洗衣机产量达到 128 万台（付宗宝，2008）。此外，适度的保护政策也是推动家电产业跨越式发展的重要原因。在这期间，国家通过高关税和家电产品进口许可制度，为国内的家电企业提供了相对封闭的环境，帮助企业快速度过发展瓶颈期。

3．第三阶段：快速扩张期（1982—1988 年）

这一时期，我国家电产业进入快速扩展阶段。1982 年，全国洗衣机、电冰箱和空调器的产量分别达到 253.3 万台、9.99 万台和 2.44 万台，分别比 1981 年增长了 97.7%、79.7% 和 74.3%。市场的巨大需求也引发各地区重复建设严重，导致产能过剩。在此背景下，国家产业政策从鼓励家电企业发展向控制过度投资转变，出台了系列措施。

（1）实行定点生产。早在 1980 年，当时的轻工业部就选定北京、广州、苏州、天津、上海建立 5 个电冰箱定点生产厂，形成年产 200 万台的生产能力。但是，1984 年全国电冰箱产量达到 53.7 万台，比 1980 年增加近 10 倍，产品仍然供不应求。1985 年，轻工业部进行第 2 次整体规划，计划选择 20 家优势企业实现规模化发展，但迫于各方压力，最终按照“一个省市、一个部门至少有一个电冰箱生产厂”的原则，确定了 44 家电冰箱生产企业。

（2）行政命令型政策工具。1982 年出台的《关于严格控制固定资产投资规模的补充决定》指出控制家电过度投资的手段包括项目审批、定点生产等。1985 年出台的《关于采取紧急措施严格控制盲目引进电冰箱生产线的通知》、《关于加强电冰箱行业管理、盲目引进的报告》要求，将现有的 116 家生产厂减少到 41 家，引进规模从 1350 万台减少到 822 万台，两年内“不再上新点”，“实行项目审批机制，五百万美元限额以上的项目，由国家计委审批；限额以下项目，由轻工业部会同企业主管部门或地方政府部门审批”。同年 7 月，《关于控制重复引进制止多头对外的报告》限制进口和引进洗衣机、电冰箱产品和生产线，政府采用严格的行政手段控制家电行业的过度扩张。

但是，在地方政府的庇护下，中央政府的产业抑制政策未能得到有效执行，各地区仍然有大量企业进入家电行业。到 1988 年，全国电冰箱厂家多达 100 多家，51 家电冰箱生产企业从国外引进 60 多条生产线，电冰箱生产能力达到 1500 万台，当年全国电冰箱产量达到 757.63 万台，为 1982 年产量的 76 倍，年平均增长率达到 105.7%；洗衣机产量达到 1047 万台，是 1982 年的 4.1 倍。到 1990 年。家用电冰箱、洗衣机、彩电和空调器的产能利用率只有 40.1%、40.9%、45.3% 和 24.5%，重复建设、重复引进致使家电行业进入了企业数量过多、利润率下降、过度竞争的局面。

4．第四阶段：充分竞争期（1989—1999 年）

20 世纪 90 年代初期，家电行业产业政策仍然以严格控制产能过剩为目标。1989 年《国务院关于当前产业政策要点的决定》把家电产业列为严格控制投资建设的行业，制定相应的信贷政策，限劣扶优，引导资金外流；1990 年 7 月出台的《关于贯彻国家产业政策对若干产品生产能力的建设和改造加强管理的通知》把家用电冰箱及冰柜压缩机、家用空调及压缩机、彩电及配件等家电产品列入控制建设和生产能力改造的目录中。这一时期，政府的产业政策也发生了重大转变：

一是实施手段上，行政命令式政策工具逐渐取消，市场机制的作用逐渐扩大。

二是政府不再限制和干预家电行业的过度进入和分散竞争，而是充分发挥市场竞争机制的优胜劣汰作用。产业政策致力于完善企业公平竞争的市场规则，引导和鼓励企业进行市场化兼并重组，提高市场集中度。1994 年颁布实施的《90 年代国家产业政策纲要》，通过税收、信贷等方式鼓励优势企业实现规模经济和产业组织结构优化。

三是积极采取措施，加快建立和完善市场经济体制，打破区域性行政垄断和市场分割，降低企业退出壁垒，为资源的自由流动创造良好的制度环境。在竞争中，涌现出一批实力雄厚的大企业，优势企业规模不断扩大，通过市场化兼并重组企业数量逐渐减少，市场集中度提高，家电行业开始从过度竞争走向充分竞争。

四是为了保护国内企业，政府对国外产品和资本进入也进行限制，采取了配额和关税壁垒政策。

在放松管制、市场充分竞争的条件下，中国家电产业逐渐实现生产和市场的集中，行业的生产能力和技术水平进一步提高，产业政策取得了一定成效：产业组织结构得到优化，产品国际竞争力得到提升。到1996年，国内品牌的家电产品在国内市场的占有率分别为：电冰箱93%、冰柜88.7%、洗衣机83.15%、空调器57%。2001年，我国生产电冰箱1349万台、空调器2313万台、微波炉1818万台、洗衣机1334万台，分别占全球总产量的21%、60%、51%和25%。

5．第五阶段：深度调整期（2000—2007年）

自2000年起，经过对引进技术的消化吸收再创新以及价格战、并购重组等残酷市场竞争，国内市场上形成了一批实力较为雄厚的知名企业和名牌产品，从市场的追随者逐渐演变为市场的领导者，在稳固低端市场的基础上，进一步抢占中高端市场。这一阶段，制造业陷入了规模化成本消化与市场化需求减缓的矛盾之中，加之企业同质化竞争，价格成为了竞争的武器。某些中国企业以急功近利的方式进入国际市场，遭受了重大挫折（长虹的海外应收账款损失、TCL海外收购案的失败）。商业类的家电企业渐渐处于强势地位，使得制造类的家电企业利润空间被大大压缩，面临了更大困境。一些企业纷纷倒闭。生存压力迫使部分家电企业越来越重视新产品开发和技术创新能力，技术创新优势取代价格竞争是今后国内家电企业优胜劣汰的必然趋势（胡刚，2000）。政府的产业政策也开始相应调整，政府的主导地位已经让位于市场，政策主调是创造有序的市场环境，完善市场准入机制建设，弥补市场机制的不足，逐步放开国内市场，下调家电产品的进口关税，鼓励国内企业参与国际竞争。

随着品牌力和技术实力提升，中国家电行业开始大步走向世界，出口到100多个国家和地区。与此同时，随着外资家电对中国市场的日益重视和出口增加，涉及中国家电的专利诉讼也日趋增多。2002年，中国的家电企业频遭专利之困。

从2006年起，家电行业开始重组，从高库存、价格战、销量不佳中开始恢复。2007年销量大增、内销大有起色。家电行业已逐步告别恶性价格战泥潭，转为通过品质、服务延展性销售等多样化竞争。行业集中度提高进一步使龙头企业销售收入与利润有了同步增长。

6. 第六阶段：重整转型期（2008年至今）

加入世界贸易组织之后，国内家电企业面临着来自国外企业的竞争，以规模化、低成本为主的发展模式已经无法适应经济全球化的市场，被迫在保持价格的优势基础上，在技术创新和服务上下功夫。

受2008年国际金融危机的影响，长期依靠出口和投资拉动的经济增长模式面临巨大考验，经济发展急需转型，扩大内需成为新的经济增长点。中央政府相继出台“家电下乡”和“以旧换新”政策激发国内的消费需求。“家电下乡”政策（从2009年2月1日在全国推广到于2011年12月结束）调动了农村居民的消费积极性，扩大了农村市场的产品需求，实现了财政资金支持由投资、出口向消费领域的拓展。截至2011年年末，家电下乡累计销售产品共21907万台，产品销售总额达到5115亿元，国家财政补贴额度592.2亿元。“以旧换新”从2011年4月推广至全国，历时2年零7个月，全国以旧换新共销售新家电产品9248万台，总销售额3420亿元。

产业政策的实施有效激活了国内消费市场，扭转了家电行业的困境，推动家电产业转型升级。政府为企业提供宽松的政策环境，从需求侧对企业的生产经营活动进行引导；企业根据市场需求由追求规模扩张向技术创新转型，更加注重核心技术比拼、功能升级和个性化发展，家电产业已经进入从价格战向价值战转型阶段。家电制造企业更多采取非价格竞争，如广告、售后服务、产品外观和功能、技术等方式实行差异化市场竞争战略，家电产业的规模经济和技术水平有了大幅度提高。

在国际竞争方面，“十一五”、“十二五”期间，我国家电工业既经历了全球经济快速增长带来的国内外市场需求旺盛的繁荣发展时期，也经历了国际金融危机对行业发展的巨大冲击。得益于我国经济强劲增长的大环境以及“家电节能补贴”、“家电以旧换新”、“家电下乡”等多项拉动内需政策的有力支持，家电工业实现了快速、稳步的增长，在全球家电行业的地位持续提升。目前，我国家电工业的生产规模已居世界首位，是具有较强国际竞争力的产业之一。

12.2.2 发展特点

我国家电行业与国民经济增长密切相关，家电业工业总产值随着国民经济增长而呈增长趋势，且增长趋势基本吻合。随着家电行业的发展日益完善成熟，家电行业在GDP中的比重趋于稳定，在制造业和国民经济中的地位也越来越稳固。在过去的40年间，我国家电企业经历了如何从扩大生产规模到扩张渠道，从发展产品再到发展品牌；从家庭作坊式的小企业，变成全球性的跨国企业。家电产业成为“中国制造”最具代表性的行业之一。

1. 形成庞大的生产能力

自改革开放以来，中国家电产业已经形成庞大的生产能力，产量逐年增加，主要家电产品产量占全世界的比重越来越大。从1990年到2017年，彩电的产量从1022.8万台增加到17233.1万台，年均复合增速为11%；空调的产量从1022.8万台增加到18039.8万台，年均复合增速为28.2%；家用电冰箱的产量从475.4万台增加到8670.3万台，年均复合增速为11.4%；家用洗衣机的产量从652.6万台增加到7500.9万台，年均复合增速为9.5%。

表12.2 1990—2017年主要家电产品产量 （单位：万台）

年 份	彩 电	空 调	家用电冰箱	家用洗衣机
1990年	1022.8	22.0	475.4	652.6
1991年	1246.2	56.1	478.2	678.9
1992年	1314.4	152.0	475.3	712.7
1993年	1387.3	291.8	622.0	876.3
1994年	1689.5	382.6	764.5	1096.4

（续表）

年　份	彩　电	空　调	家用电冰箱	家用洗衣机
1995 年	1958.3	519.9	929.6	944.8
1996 年	2108.9	645.9	928.2	1068.9
1997 年	2643.0	848.6	986.1	1257.1
1998 年	3496.3	1153.4	1026.7	1207.3
1999 年	4485.7	1337.6	1199.3	1342.2
2000 年	4206.9	1826.7	1278.5	1443.0
2001 年	4186.6	2312.9	1349.1	1334.3
2002 年	5155.0	3135.1	1598.9	1595.8
2003 年	6541.4	4820.9	2242.6	1964.5
2004 年	7431.8	6390.3	3007.6	2533.4
2005 年	8778.5	7469.1	3105.6	2952.6
2006 年	9390.8	7943.0	4199.6	3492.0
2007 年	8462.6	8991.7	4415.8	3856.2
2008 年	9033.1	8307.2	4756.9	4231.2
2009 年	9965.5	8153.3	6063.6	4935.8
2010 年	11937.7	11219.8	7546.2	6208.0
2011 年	12436.2	13912.5	8699.2	6671.2
2012 年	13971.0	13281.1	8427.0	6741.5
2013 年	14026.9	14333.0	9340.5	7202.0
2014 年	15542.0	15716.9	8796.1	7114.4
2015 年	16206.7	15649.8	8992.8	7274.5
2016 年	17483.4	16049.3	9238.3	7620.9
2017 年	17233.1	18039.8	8670.3	7500.9

资料来源：wind 数据库，国家统计局。

从 2003 年到 2017 年，家用电器行业主营业务收入从 2454.7 亿元提高到 15135.7 亿元，年均复合增速为 13.9%；利润总额从 91.6 亿元提高到 1169.3 亿元，年均复合增速为 20%；行业企业数从 1394 家增加到 2848 家。

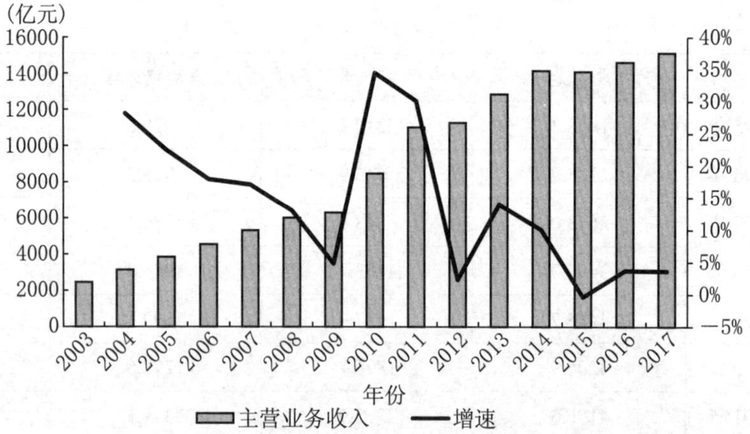

图 12.2　2003—2017 年中国家用电器行业主营业务收入及其增速

资料来源：国家统计局，工业和信息化部消费品工业司根据国家统计局数据整理。

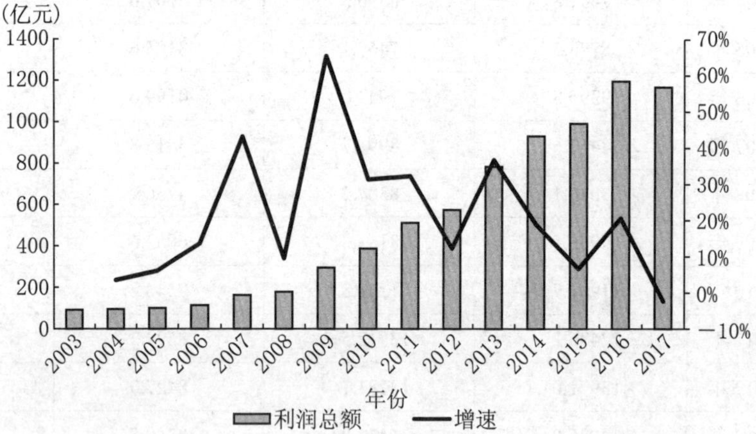

图 12.3　2003—2017 年中国家用电器行业利润总额及其增速

资料来源：国家统计局，工业和信息化部消费品工业司根据国家统计局数据整理。

2. 国际竞争力不断提升

中国家电企业国际竞争力不断提升，家电产品出口高速增长，实现大幅贸易顺差。同时，企业把开拓国际市场作为持续发展的重要途径，积极探索进入国际市场的方式，特别是在建立国际营销网络、产品分销中心，以及通过输出技术、合资办厂、OEM 加工等模式涉足国际市场方面不断创新。一批有实力的企业以品牌战略、跨国集团等通过收购和对外直接投资等方式进入了国际市场，加快国际化经营步伐，积极拓展海外市场。目前，我国主要家电龙头企业都在国外建立起生产基地和技术研发机构，充分利用国外的资源和人力资本实行“走出去”发展战略，可以有效避免出口摩擦的制约，而且有利于吸收国外先进的生产技术和管理方式，为国内家电企业更快发展提供支持。

从 2008 年到 2017 年，彩电的出口量从 4955 万台增加到 8151 万台，年均复合增速为 5.7%，出口额从 105.53 亿元增加到 138.67 亿元，年均复合增速为 3.1%；空调的出口量从 3872 万台增加到 5244 万台，年均复合增速为 3.4%，出口额从 71.16 亿元增加到 102.14 亿元，年均复合增速为 4.1%；家用电冰箱的出口量从 2485 万台增加到 4958 万台，年均复合增速为 8%，出口额从 31.16 亿元增加到 65.29 亿元，年均复合增速为 8.6%；家用洗衣机的出口量从 1481 万台增加到 2318 万台，年均复合增速为 5.1%，出口额从 19.23 亿元增加到 30.35 亿元，年均复合增速为 5.2%。

表 12.3　2008—2017 年主要家电产品出口量和出口额　　（单位：万台、亿元）

年　份	彩　电		空　调		家用电冰箱		家用洗衣机	
	出口量	出口额	出口量	出口额	出口量	出口额	出口量	出口额
2008 年	4955	105.53	3872	71.16	2485	31.16	1481	19.23
2009 年	5459	107.41	2807	51.36	2365	30.03	1386	17.33
2010 年	6628	148.33	4269	78.12	3066	38.04	1789	23.28
2011 年	6537	136.66	4474	97.48	3271	43.65	2110	28.02
2012 年	6148	121.09	4366	98.73	3324	47.76	2282	33.23
2013 年	5959	110.53	4457	102.72	3545	50.42	2127	34.27
2014 年	7405	135.53	4356	99.63	3887	55.94	2224	37.81
2015 年	7183	125.09	4140	93.79	3966	54.46	2115	35.21
2016 年	8064	122.67	4273	80.32	4433	56.40	2249	32.88
2017 年	8151	138.67	5244	102.14	4958	65.29	2318	30.35

资料来源：海关总署，wind 数据库。

近年来，我国家电企业积极拓展国际市场，稳固了欧美等发达国家市场，对俄罗斯、巴西、印度等新兴经济体的出口迅速增长，在巴西、印度、巴基斯坦、越南、南非等具有增长潜力的新兴市场建立了海外生产基地，为调整全球市场布局和产业布局奠定了重要的基础。

3. 技术水平显著提高

目前，我国家电行业的技术水平接近国际先进水平，基本能够满足全球200多个国家和地区的各细分市场对产品不断翻新的要求；给全球最顶尖的企业开发设计产品；参与到国际标准化组织并能引入我国家电标准；在某些产品中，我国自身定的标准甚至高于先进国家的标准；与国际同步研究RoHS、WEEE的技术方案和检测手段；有不少创新产品在全球获奖。但在核心技术方面，国内家电业还存在着技术缺失的问题，拥有的发明专利不到全球的2%。目前产品结构还不甚合理，产品档次、质量、开发速度和国外大企业还有一定距离，企业创新意识和创新能力有待进一步提高。

持续的技术创新是一个家电企业保持领先地位的核心因素。白色家电因发展历史较长，技术变化相对缓慢，早期受专利保护到期等因素影响，专利壁垒相对较低。虽然在核心部件如直流变频压缩机、直流无刷节能电机领域，日本企业仍有较大优势，但中国企业通过购买和合资等已经绕开该领域的专利限制，中国企业在白电领域正逐渐确立全球竞争优势。国内白色家电企业在技术上突破和领先，再加上价格、渠道等方面的优势，整个行业进入了良性的竞争状态，国内企业不断壮大。

国内黑色家电企业在CRT向平板电视转型的大背景下，由于缺乏核心技术，导致在竞争中非常被动，国内黑色家电企业依靠价格优势和渠道优势曾经取得了不错的成绩，但是随着外资厂商不断降价和对渠道的渗透，国内厂商的竞争优势正逐步削弱，竞争前景并不太乐观。

我国虽是家电生产大国，但却远不是家电生产强国。有资料显示，在全世界1.6万项国际标准中，中国参与制定的不足2‰。从“DVD专利费之争”，到彩电企业应对欧美反倾销的行动，技术标准的缺失曾让国内品牌在国际竞争中受制于人，中国家电企业要在国际竞争中取胜，就必须尽快建立自己的标准，增强企业竞争力，使中国成为真正的家电生产强国。

随着人工成本的提高、原材料和营销成本居高不下，我国家电行业再依靠高投入、低成本优势和价格战，行业增长空间有限。为此，我国家电行业必须加快技术进步，加快服务业的发展，用信息化带动工业化，走科技含量高、资源消耗低、环境污染少的路线，充分发挥人力资源优势，走知识化、绿色化、全球化的道路。

4. 市场集中度不断提高

经过市场竞争的优胜劣汰，家电行业的整体结构已经从分散走向集中，从初期繁多而松散的企业结构向大型企业集团迈进，形成了一批能够主导市场、具有知名品牌和较高营销水平的家电企业集团。从 1995 年开始，中国家电产业经历了一轮兼并活动，一些地方品牌被实力较强的企业兼并，涌现出像海尔、小天鹅、TCL 等规模较大的企业。1998 年，我国家电行业有 18 家企业销售收入超过 10 亿元，有 6 家企业出口超过 5000 万美元。科龙、海尔、新飞、美菱的电冰箱，海尔、小天鹅、荣事达的洗衣机，海尔、春兰、格力、美的的空调器，格兰仕的微波炉产量都超过百万台，规模达到了世界先进水平。家电行业基本形成了规模经济，并已开始进入产业升级的结构整合阶段。一些有实力的大企业集团通过资产重组、联合兼并、多元化经营，其经营优势和品牌优势得到了充分发挥。不少企业已从生产单一的产品扩大到多品种。白色家电和黑色家电在交叉结合，许多综合型大公司正在发展形成。

以彩电为例，在产业重组推动下，彩电生产厂商从 20 世纪 80 年代末的 120 多家减少到 1996 年的 95 家，前 4 位企业的市场占有率从 1990 年的 17.3% 提高到 1998 年的 57.8%（黄建军，2014）。2001 年又出现了新一轮兼并过程，在寡头竞争的基础上进行强强联合。2005 年洗衣机、电冰箱、空调器、彩电的市场集中度（CR4）分别达到 64.02%、58.58%、58.34%、58.42%（迟莹莹，2007）。2007 年实施“家电下乡”和“以旧换新”政策，使家电市场的集中度有了不同程度提高。2012 年 12 月，中国洗衣机、电冰箱、空调器、电视机产品的品牌占有（CR4）分别为 69%、62.5%、68.2%、54.5%。

总体来看，家电市场已经形成垄断竞争型市场结构，虽然市场上仍存在大量中小企业，寡头企业凭借资金、人力资本、渠道和技术等优势占据了家电市场 60% 以上的份额。同时，家电行业的兼并重组仍在有序进行，市场集中度进一步提高，企业规模经济将更加显著，寡头市场结构逐渐形成。

5．产业集群效应凸显

经过近40年的发展，我国家电产业基本上已经形成了珠江三角洲、长江三角洲和环渤海三大产业集群，被行业称为中国家电制造的“三极”，产生了巨大的集聚效应。一是珠江三角洲，企业数量占全国的60%，主要产品为空调、微波炉和以出口为主的小家电；二是长江三角洲，企业数量约占全国的30%，主要优势产品为洗衣机、空调和厨房电器；三是环渤海经济圈，企业数量占全国的10%，主要优势产品是空调、冷柜和冰箱。这三大家电制造基地是中国家电行业整体实力的集中反映，也正是由于这种极具竞争力的集群效应。这三大制造基地奠定了中国全球家电制造中心的地位，也成为跨国公司全球制造基地的首选地之一。

改革开放初期，随着产业转移、升级趋势的加速及产业的分工变化，广东、福建、浙江等省抓住机遇，以优惠政策、丰富而廉价的劳动力和土地资源，吸引外资，引进技术，在发展“三来一补”经济的基础上形成了家电产业集群。以广东为例，目前已经形成了东莞为家电出口基地，佛山、中山为中高档家电制造基地和粤西茂湛为经济型家电生产基地的“三大家电产业集群”。但东部家电产区已基本达到产业链的饱和状态，土地资源更是稀缺。东部经济因为相对发达，劳动力成本、生产成本、教育成本等也相对较高。据统计，东部地区劳动力成本比中西部地区高30%左右。另外，东部地区经济发达，家电等耐用消费品家庭拥有量比较高，市场相对饱和，这就形成产区和市场的脱离，东部生产的家电产品要拉到中西部地区销售，物流成本太高。同时，有的企业为了保持竞争力并没有显著提高工人的工资，相对昂贵的生活费，和相对较低的收入已很难再吸引大批的内地劳动工人，以至于近年来沿海地区工厂出现产业工人缺乏而导致的开工不足。

在这种情况下，东部家电制造基地向中西部主动转移就成为必然。西部的成本相对较低，随着西部开发的快速推进，中国家电行业所要求的上下游供应、配套等环节在中西部地区也应该会越来越成熟，这也为家电制造向西部转移提供了条件。

2006年以来，安徽、湖北、四川和重庆的家电生产能力不断提高。白色家电巨头在中西部扩张以加大规模，减少劳动力成本。安徽省在长江三角洲经济辐射下受益。目前合肥、芜湖、滁州这样一个区域，共生产各类家用电器近 2000 万台，电冰箱、洗衣机产量位居全国前三，空调器产量进入全国四强。海尔在重庆建立 200 万台空调基地、格力在合肥新增 300 万台空调产能，美的计划在合肥投资 11.7 亿元建立“冰洗产业工业园”以扩产电冰箱和洗衣机项目，建成投产后将新增洗衣机 650 万台、电冰箱 250 万台。在此过程中，小型家电企业由于在技术升级、生产基地改造等方面无法进行大规模的调整而处于竞争的下风，龙头企业在产业布局方面进一步加强了劳动力竞争优势和地区竞争优势。

胶东半岛的产业集群形成则属于内源型品牌企业带动型。在政府的引导下，以具有竞争优势的大企业为核心，建立了一批相关行业企业，进而促进了配套产业的发展，最终形成能在竞争中不断创新和升级的产业集群。青岛是我国最早形成家电集群的地区之一。历经 20 年的发展，在海尔、海信、澳柯玛三大家电巨子的带动下，青岛家电产业集群已经拥有了相当的规模，竞争力也变得空前强大。与此类似的，还有西部绵阳地区的以长虹集团为核心的家电产业集群。

我国家电企业主要分布在华东、华南地区，其余四个区域，华北、东北、西南、西北所具有的企业数量不足全国家电制造企业数量的 10%。在过去的 5 年中，中南区的企业数量全国占比数逐渐达到 50%，生产企业高度向中南区集中。其主要原因为近年来家电产业向中西部地区转移。相比较而言华北、西南、西北和东北部地区企业数量全国占比逐年减少趋势明显，由于这三个区域基本不以家电产业作为主导产业，在产业转移过程中受益相对较少或者较慢，预计未来 1—3 年内其企业数量占比会进一步下降。家电行业企业向华东，特别是中南区集中趋势明显。

12.2.3　发展经验

家电行业的发展历程可分为两大阶段：1989 年以前，家电行业一直处于快速扩张、产能过剩、过度竞争阶段；1989 年以后，随着企业改革的深化和市场机制的逐步完善，家电行业开始进入转型升级、深度调整、有效竞争阶段，主要表现为市场竞争更加激烈、经济进入性壁垒逐渐形成、产业组织结构得到优化、市场集中度逐步提高、产品出口能力显著增强、国际竞争力明显增强。特别是近10年以来，我国经济整体步入新常态发展，在保持稳中向好态势的同时，智能制造正成为加快供给侧结构性改革、带动制造业转型升级的新引擎，家电企业正在经历一场深刻的制度性、结构性、技术性变革，中国家电制造业正在向高端化、智能化转型。

1. 充分发挥市场机制调节作用

1989年以来，中国家电行业经过了两轮激烈的市场竞争：第一轮市场竞争发生在20世纪90年代初期，家电行业出现了明显的供过于求的市场态势，生产企业为争夺有限的市场，开始了激烈的价格竞争。随着企业规模的扩大，部分优势企业开始注重产品结构的调整、产品质量的提高和售后服务的改善，价格竞争逐渐演化为质量竞争、服务竞争和品牌竞争。第二轮市场竞争发生在20世纪90年代中后期，1992年邓小平南方谈话后，家电行业开始面临跨国企业竞争，企业参与国际竞争的能力得到增强，产品市场覆盖能力、产品出口和技术创新能力都有不同程度的提高。正是市场竞争机制的引入，使家电行业的产业组织结构得到优化，国际竞争能力得到提高。以电冰箱行业为例，1988年全国共有电冰箱生产企业114家，1992年锐减为72家，1994年再减至50家，1995年以后生产企业数基本稳定，市场集中度继续提高。2000年，家电行业寡占型市场结构开始形成。2002年，家电行业的市场集中度进一步提高，产业组织结构得到优化。

2. 采取适度的产业引导政策

改革开放以来，中国家电行业的产业政策可以分为三个阶段：一是改革开放初期，中央政府采取鼓励和支持政策，促进了家电行业的快速发展，适度保护的产业政策使得中国家电企业在尚未形成规模经济、企业经营管理水平不高的情况下仍能获得较为丰厚的利润，得以较快地积累资金，滚动发展，在较短的时间内培育出了一批具有较强竞争实力的大企业和一定知名度的品牌。这是中国家电行业的走向市场集中的重要基础。二是20世纪80年代，中央政府主要采取的是控制和限制重复建设、重复引进的政策，虽然这一时期实行的产业政策较多，但效果并不明显。三是20世纪90年代以来，中央政府减少了对家电行业发展的干预和限制，任其通过市场竞争，实现优胜劣汰，充分发挥市场优胜劣汰机制的基础上，完善企业竞争、破产、兼并、扩张等方面的市场规则，引导和鼓励具有较强实力的企业跨地区、跨行业、跨所有制并购弱势企业，使生产能力和市场份额集中于优势企业。另外，国家采取措施，加快建立和完善社会主义市场经济体制，打破市场分割与区域封锁，降低行政性的进入退出壁垒，实现资源的自由、合理流动，为市场集中创造了良好的制度和市场环境。

3．以技术创新促进转型升级

1989 年以前，中国家电企业一直走引进—吸收—再创新的发展道路。通过引进（购买）国外企业的技术、生产线，从而能够进行生产。相对外国品牌来说，国有品牌技术有限，产品性能不佳，而且，在改革开放初期，我国市场的价格受管制，因此，当时市场以国外品牌产品为主导。随着中国市场经济和中国家电技术的进一步发展，中国家电产品在性能上与国外品牌差距越来越小。20 世纪 90 年代，中国家电企业异军突起，海尔、长虹、康佳、美的等本土品牌占领国内市场，此时部分企业开始提出技术创新，进行产品研发，这是中国家电企业最辉煌的一个阶段。

然而，进入 21 世纪，竞争环境巨变，中国家电企业的产品同质化严重，竞争异常激烈，全行业利润低下，中国企业不断地在概念上做文章，没有任何突破；更致命的威胁是全球家电全面升级，跨国公司推出破坏性产品，中国企业由于缺乏技术，处于完全被动的局面。

近年来，随着智能制造，“互联网 +”等的快速发展，我国家电行业开始向智能化、高端化转型。自 2011 年开始，中国家电协会便陆续发布冰箱、洗衣机、空调三大产品技术路线图，2013 年又启动了这三个产品技术路线图的修订，得到了主流家电企业的全面支持和全力配合。众多家电企业都在积极布局智能家电。在彩电市场上，受到云计算、智能化等技术创新驱动，IT、互联网企业相继进入，市场迎来新的增长活力。例如，长虹先后发布全新品牌 CHIQ（启客）的智能电视、智能冰箱和智能空调新品，不仅为消费者带来全新的使用体验，还令长虹品牌价值大幅提升。海尔正逐步落实创新互联网营销战略：互联互通的消费者交互平台，以用户为中心的智慧生活体验，“一云 N 端”互联网终端产业架构，并且赢得了不俗的市场表现。海尔推出了领先业内的智能空调——天樽，这款高端家电从设计初衷、技术参数、产品命名到用户体验等每一环节，互联网均贯穿其中。其交互式的研发模式让天樽空调拥有精准的用户定位，进而获得了家电市场消费者的热捧。伴随大数据、三网融合等相关技术的开发应用以及国内4G时代的到来，家电企业纷纷意识到互联网思维的重要性，长虹的“家庭互联网”运行得风生水起，TCL在游戏市场也做得游刃有余。

4．积极融入全球市场，激活国内消费市场

中国家电行业的市场需求变化大致可以分为两个阶段，这两个阶段的需求总量和需求结构的不同变化对推动市场结构的演进发挥了重要作用。第一个阶段是20世纪90年代以前，需求总量快速增长、需求结构保持稳定的阶段。这一阶段，随着居民收入的提高，对家电产品的需求急剧膨胀，家电市场容量迅速扩大。由于国内市场的巨大需求为家电行业的迅速发展提供了空间，促进了规模经济的形成，也培育出了一批具有较强竞争实力的大型企业。第二个阶段是20世纪90年代以后，需求总量稳定、需求结构升级的阶段。随着人们生活水平的提高，人们对高性能、高质量的家电产品的需求增长较快。一些技术水平高、创新能力强、成本优势明显的企业，其产品能够产销对路，引领消费潮流，创造出新的需求。因而生产规模和市场份额进一步扩大，成为家电行业的主导企业。主导企业的形成，既提高了市场集中度，也增强了整个家电行业的国际竞争力。

总之，改革开放以来，我国家电行业灵活的企业运行机制、宽松的外部环境和产业政策的有效实施，使得行业高度市场化、竞争充分，推动了行业的快速发展。今后，我国家电产业将进一步遵循市场发展的规律，提高企业自主创新能力、建立全产业链生态系统、创新商业模式、加大政府政策扶持，推动产业发展。

12.3 我国家电工业发展趋势展望

12.3.1 发展趋势

1．新技术发展和消费水平提升推动家电产品高端化、健康化、智能化

新技术方兴未艾，将推动家电产品功能更强大。在黑电领域，互联网技术蓬勃发展推动智能电视的升级换代，显示技术的提高助力 OLED 曲面屏质量的提升；在白电领域，物联网技术、人工智能和新材料的技术进步等将带动智能家电的大众化，变频技术使得节能产品的市场占有率进一步提升；在小家电领域，加热技术升级使得电饭煲煮饭质量大幅改善，IH 电饭煲能够精准温控加热食材，通过磁力线穿透锅体进行加热，其均价远高于普通电饭煲。

在更新需求方面，消费者更多地开始关注产品的装饰性、设计感，家电产品逐步向“看脸的世界”靠拢，科技创新带动产品向节能、环保、智能化发展，消费者为避免之前产品存在的缺点，对产品要求也越来越高。消费者对家电产品的要求从能用到好用、好看、安全、便利四个方面转变。因此，格力电器推出了“画时代”油画空调。这是一款超薄空调，厚度只有 11.2 厘米。空调的油画外观可以“默认”图案，也可以根据消费者的需求、喜好进行个性定制，山水画、世界名画、全家福、宝宝照片、婚纱照等都可以，将空调与装饰有机结合。目前，各大厨电厂商也推出整体厨房概念，将厨电产品有机嵌入在厨房中，产生美学感受。随着人均收入水平的提高，消费者对价格敏感度降低，更具弹性，并且随着网络购物的普及，家电的电商渠道也开始崛起为重要力量。

随着人们对健康生活追求的提高，如何保障健康将越来越成为设计家电产品时需要考虑的重要因素，饮食保健、家居环境、个人护理等领域的家电产品或功能将成为消费热点。近几年，空气污染严重，水质不断遭受质疑，健康越来越被消费者所关注。贴有“健康”概念的家电产品，在健康问题备受关注的现状下，无疑深受消费者的欢迎。特别是空气净化器、净水器这类健康家电，俨然已经由陌生家电转变为消费者必买家电。随着健康概念的深化，健康家电将不再局限于空气净化、水净化等传统健康小家电，不少新兴的品质生活小家电产品也会快速地活跃在消费者的生活当中。

随着智能电视渗透率超过 90%，智能白电渗透率也超过 20%，智能家居生态圈将逐渐成为主流。智能家居的应用场景已经包括了卧室场景、厨房餐厅场景、卫浴场景、客厅场景、安防场景的智能产品联动。这些产品结合语音唤醒的强大功能，解放用户双手。场景内的智能单品，均可以由手机 App

进行远程操控，一键预设，省去家中到处都是遥控器的麻烦，方便了用户的统一管理和售后交流。

2．产业政策实施加大节能、高效、环保家电产品广泛应用

从产业政策方面来看，2013年10月正式实施“变频空调新标准”推动空调变频比例提升；2015年的《巴黎气候协定》约定，把全球平均气温较工业化前水平升高控制在2摄氏度之内，家电作为家庭能耗主要来源，未来推广节能产品将是主流；2015年11月颁布《家电能效领跑者实施细则》，在首批涉及平板电视、家用电冰箱和空调三大类家电产品中，将对高能效的节能产品予以奖励；2016年10月实施“冰箱新能效标准”，家电产品节能环保化趋势明显。上述产业政策均有效推动产品向环保、节能和高效的特性演进。

3．“线上＋线下＋物流＋服务”零售新模式将加速融合

“线上＋线下＋物流＋服务”的模式正在改变市场，而电商企业在保持高速增长的同时，应更加注重打通线上与线下，将二者结合起来。企业以互联网为依托，通过运用大数据、人工智能等先进技术手段，对商品的生产、流通与销售过程进行升级改造，进而重塑业态结构与生态圈，并对线上服务、线下体验以及现代物流进行深度融合的零售新模式。互联网思维下，家电企业服务的转向要从产业链的上游开始，包括从研发、设计、生产、流通，到消费者使用以及内容，都成为服务的落脚点。

4．家电企业将逐渐进入智能制造时代

在国家政策的推动下，家电企业的智能化转型将加速，未来将形成一套集研发、制造、销售、用户交互、售后服务于一体的智能生态系统。“中国制造2025”的提出，推动了不少的企业开始发力智能制造，由“中国制造”向“中国智造”转变。并且，随着云计算、大数据、人工智能等技术的自身发展与变革，新一代的智能经济沿着人与人、物与物、人与物的发展路径延伸和扩张。

12.3.2 发展对策

1．提高企业自主创新能力

根据《轻工业发展规划（2016—2020）》，“十三五”期间，我国家电工业将进一步向智能、绿色、健康方向发展。加快智能技术、变频技术、节能环保技术、新材料与新能源应用、关键零部件升级等核心技术突破。未来家电行业的竞争是以科技创新为基础的产品实力的竞争。中国家电企业需通过企业自主研发或通过科技服务机构提供的科技成果转化服务，积极在绿色家电、智能家电等方面提升自主创新能力，大力发展智慧型产业。一方面，加大对家电行业共性关键技术的研发和产业化应用，包括智能化技术，交互传感器、环境传感器的应用技术，变频驱动技术，家电产品整机智能变频控制技术，新型空气和水过滤净化技术，热泵及新能源应用技术，家用吸油烟机高效吸排及净化技术等，实现科技上的突破。另一方面，研发产品实现市场认可，让行业和用户产生技术依赖感。

2. 建立全产业链生态系统

如今，家电制造业企业间不再是单方面实力的竞争，而取决于企业能否联合供应商、经销商并融合创造价值，企业的竞争已升级为整个产业价值链的竞争。未来的家电企业需要走全产业链的布局，全产业链将助推家电产业转型升级。全产业链使家电企业成为一个整体性公司，能往上下游纵向延伸、附加值高、上下游资源配置平衡，全产业链竞争强调以客户需求为导向，推进技术进步，不但有利于强化自身薄弱环节，而且可以实现业务互补，有助于企业构建强大的利润壁垒，有利于提升行业整体水平和竞争力。由美的空调牵头建立的“全产业链一体化”则包括上游的核心部件，中游的生产制造，下游的售后服务、分销等一系列竞争体。全产业链生态系统要求价值链各个环节均衡发展，否则难以形成协同效应。

3. 创新商业模式

一是融合互联网思维。随着家电智能化，靠硬件盈利的商业模式可持续性不强，未来智能家电的盈利模式重点在于将互联网思维和互联网工具融合到自身的模式重塑和创新中，从硬件生产逐渐转移至软件服务，在大数据运营、应用程序、操作系统开发等方面投入更多资金和精力，以提供更丰富、更优质的服务。

二是大数据运营。通过大数据运营，将会使得传统家电企业拥有与用户直接沟通的渠道，从而能够更快速、更全面地了解用户需求，为用户提供更快捷、更精准、更优质的服务，成功地将产品和用户紧密联系起来。

三是提供多元化服务。如在电视机产品领域，传统家电企业可考虑与合作者开发提供游戏、应用、购物、社交等多元化服务，摆脱电视机陈旧单一的信号视频内容服务，以此增加用户与家电的交互频次，进而增加用户粘性，培养用户从“看电视”到“用电视”，在“用电视”的过程中寻找新的盈利机会。在互联网时代，互联网产品利润不是当下一次性地获取，更多的是不断通过增加用户粘性来逐步获取。通过加大软件开发力度，传统家电企业可以将单一功能的传统电子产品转型为互联网产品，以多元化服务赢得更多的商机。

4. 加大政府政策扶持力度

政府对国内市场的保护和必要的政策倾斜是家电产业顺利转型的保障。第一，加强知识产权保护体系建设，逐步完善国际贸易领域知识产权相关法律法规，突出企业创新主体地位。通过金融、财税等相关政策加大对企业创新活动的支持力度，加快改善创新服务环境。

第二，加强贸易政策与产业政策的协调。制定我国贸易政策要兼顾我国产业的国际化和制造中心的特殊地位和贸易大国的现实。

第三，要加快推进市场化进程。发挥市场在资源配置方面的主导作用，要理顺资源要素价格，创造一个全国统一、竞争有序的大市场。

第四，更加重视改善和提升劳动者教育水平。结合产业结构升级需要，调整人才支持政策体系，创造有利于技能和技术劳动者培养、生存和发展的社会环境，加大对企业、学校联合培养人才项目的资金和政策支持，运用税收优惠等方式激励企业加强技能型人才的教育和培训。

第五，完善金融支持措施。鼓励和支持家电企业充分利用银行低息贷款和资本市场进行融资，支持金融机构创新金融手段和金融信贷产品，从而为家电制造企业转型提供金融支持。

第六，给予地方政府以更多的决策权。由各地区根据自身经济发展的实际情况，产业发展实际、资源的开采使用情况、劳动力成本价格等，制定符合本地发展特色的家电制造业发展和创新规划，量力而行实施财税支持政策，产业引导政策等。

5. 提升国际化水平

积极响应“一带一路”倡议，加大对家电进出口的发展和中国品牌建设；利用这个契机，做好自己的产品升级换代，做好下一代的产品的研发与调研，缩小同国际知名品牌的差距，增强自己产品的竞争力，在最终的定价阶段提高自己的话语权，更好地实现家电产业的转型升级。此外，着眼于产品的“当地化”，各个知名家电品牌公司可以利用现有的生产线，落户当地，利用更低廉的人力成本或者运输成本或者当地的外商引进政策，更好地降低自己的生产成本，将成熟的技术和生产线外输，更多地将研发一类的工作留在本部，降低生产成本，提高利润空间，寻找更好的生存发展模式。

参考文献

[1] 吴剑奴、敖文:《论产业政策与产业竞争力的关系——基于家电产业的案例分析》,《生产力研究》2012 年第 2 期。

[2] 付保宗:《家电产业发展与产业政策绩效分析（上）》,《家电科技》2008 年第 12 期。

[3] 余东华:《中国家电行业的市场集中：从过度竞争到有效竞争》,《石油大学学报（社会科学版）》2005 年第 4 期。

[4] 胡刚:《成熟产业中的衰退产业市场行为及产业组织对策——对当前主要家电产业新一轮价格战的思考》,《中国经济问题》2000 年第 6 期。

[5] 迟莹莹:《国内家电业竞争力动态分析》,《家电科技》2007 年第 5 期。

[6] 彭博:《家电下乡和以旧换新对我国家电制造业市场势力的影响》，西南财经大学 2014 年。

[7] 甄伟丽、朱欣民:《中国家电行业的引进—吸收—再创新路径研究》,《科技管理研究》2009 年第 9 期。

[8] 汤飚:《中国家电制造业战略转型研究》,《淮海工学院学报》2015 年第 3 期。

[9] 工业和信息化部:《轻工业发展规划（2016—2020 年）》，2016 年 8 月。

（本章主持及执笔：李丹）

第 13 章　改革开放以来中国集成电路产业的发展与展望

本章提要：

集成电路产业是信息产业的核心，是支撑经济社会发展和保障国家安全的战略性、基础性、先导性产业。集成电路产业具有极强的渗透性、增值性。研究表明，每 1—2 元集成电路产值能带动 10 元左右电子信息产业产值，进而带动 100 元左右的 GDP 增长。集成电路产业的竞争力已成为衡量国家间经济和信息产业发展水平的重要标志，是各国抢占经济科技制高点他、提升综合国力的重要领域。2014 年，全球集成电路产业发展结束了过去高增长和周期性波动的不稳定局面，开始步入平稳发展阶段，产业结构调整步伐加速，设计业与晶圆代工业异军突起。近年来中国电子信息产业的全球地位快速提升，产业链日渐成熟，为中国集成电路产业的发展提供了良好的机遇。《国家集成电路产业推动纲要》的颁布实施，成立国家集成电路产业发展领导小组和建立国家集成电路产业投资基金，使中国集成电路产业告别以往专项独立作业的模式，并通过强化产业顶层设计，完善政策体系，统筹协调整个产业发展，为中国集成电路产业的发展指明道路。

13.1　集成电路产业简介

13.1.1　集成电路的定义和分类

全国科学技术名词审定委员会将集成电路定义为“将一个电路的大量元器件集合于一个单晶片上所制成的器件”。集成电路是把一定数量的电阻、电容、晶体管等常用电子元件以及这些元件之间的连线，通过半导体工艺集成在一起的具有特定功能的电路。集成电路在电子信息产业分类中处于电子器件范畴，如图 13.1 所示。

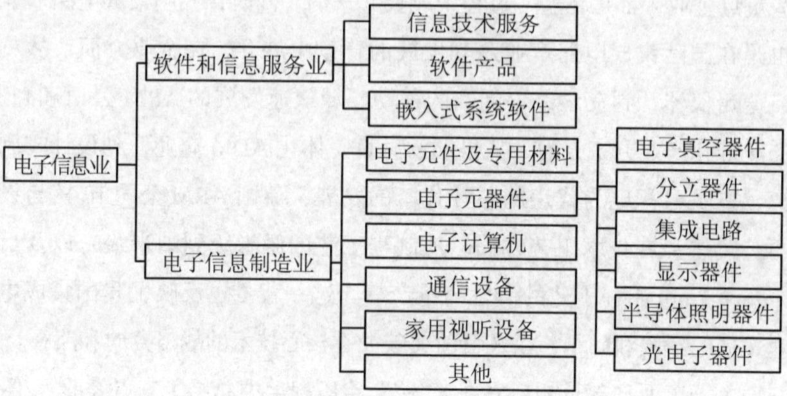

图 13.1　电子信息产业结构示意图

13.1.2　集成电路产业和产业链

集成电路产业是围绕集成电路芯片的生产制造而衍生的产业。按照集成电路产业链维度，集成电路产业可分为设计业、制造业、封装测试业、集成电路设备和材料环节。在 2017 年国民经济行业分类中，设计业属于国民经济行业分类小类 6520（集成电路设计），是指 IC 设计服务，即企业开展的集成电路功能研发、设计等服务。制造业和封装测试业属于小类 2973（集成电路制造），是指单片集成电路、混合式集成电路的制造，包括集成电路圆片、集成电路封装系列、集成电路成品、微波集成电路、混合集成电路、集成电路模块、多芯片封装组件等。设备和材料分属 3562 小类（半导体器件专用设备制造）和 3985 小类（电子专用材料制造）。

13.2 集成电路产业发展历程

我国集成电路产业发展可追溯到1956年，周恩来总理亲自主持制订了《1956年至1967年科学技术发展研究规划纲要》，把半导体、无线电电子学列为纲要的重中之重。集成电路作为重大的国家战略产业，一直是在国家战略目标的引领下发展，从20世纪80年代的“531”，到20世纪90年代的“908”和“909”工程，再到21世纪以来的核高基02专项、大基金等。特别是“908”和“909”工程，是我国集成电路起步时期的重大战略，今天的一些重点企业，都是在这一过程中成长起来的。同时，我国集成电路产业发展也是在国际集成电路产业蓬勃发展的背景中展开，在企业方面，从英特尔、德州仪器，到三星，再到新的移动领域快速发展的ARM公司和高通；在产业链和产业分工方面，从早期的垂直一体化ADM企业，到设计与制造分离，以及台积电为代表的芯片代工的发展，英国ARM公司IP核与设计的再分离等；在技术工艺方面，从制程工艺的微米级到纳米级，以及目前14 nm和7 nm制程工艺的研发与量产等。这一背景也反映了我国集成电路产业发展的经验和问题，以及目前突破关键核心技术的战略方向和路径。

原电子工业部部长胡启立在《“芯”路历程》中总结了三点经验：第一，真正的核心技术很难通过市场交换得来，引进不是目的，目的是发展自己，为我所用，最终实现自主创新，走自己的路，企业必须从引进之日就要消化吸收的具体措施和今后创新的长期战略规划，并积极努力加以实施。第二，始终坚持以市场为导向，“引进某高科技项目，往往首先向导为填补国内该领域的空白，容易导致从技术出发，忽视市场导向”，“如果与市场不合拍，即使技术水平在高，也得不到市场的回报，就会被淘汰出局”。第三，牢牢抓住人才这个高科技企业发展的核心，优秀人才是创新的主力和中坚。

在产业发展过程中的教训也发人深省。一是决策周期冗长、违背产业发展规律。集成电路产品开发和升级换代遵循“摩尔定律”，而价格只能维持原状。当时国内体制与制度环境的制约造成项目决策周期冗长，“908工程”仅审批就花了3—5年，完成整个项目更是历时十多年。项目审批之时是先进水平，项目建成之时却成为落后技术，产品面临着被市场淘汰的尴尬局面。二是后续投入不足、错失发展良机。与其他行业不同，集成电路制造企业需要持续投资以跟上技术发展的步伐。一般来说，集成电路企业每年在产品研发和固定资产更新方面的投资额约占年度销售额的 10%—20%。“908 工程”项目生产线投入运行时，企业就面临着流动资金、还贷和持续投资的巨大压力。由于后续投入的严重不足，当年知名的中国华晶电子，多次错失了发展良机而终被市场淘汰。三是统筹规划布局不足，浪费和损失严重。改革开放初期，我国集成电路产业发展处于“无政府”状态，不少部委和省市积极性很高、各自为战，国家缺乏产业发展统一的战略布局。大部分企业多是引进国外的二手生产设备，当时全国引进的 33 条晶圆生产线能为产业发展起到作用的很少。

综合考虑技术、产品、企业、市场规模等发展情况，我国集成电路产业发展大致可分为四个时期：自力更生的初创期（1956—1978 年）、改革开放后的探索发展期（1979—1988 年）、快速发展的成长期（1989—2010 年）、跨越发展的拓展期（2011 年至今）。

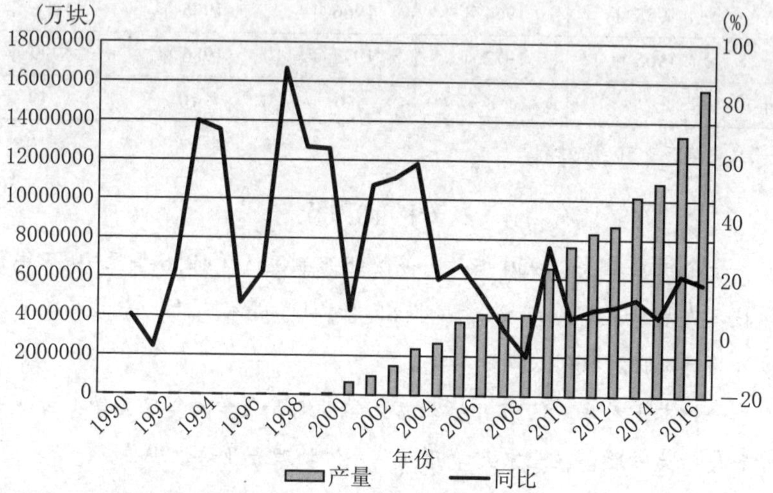

图 13.2　中国集成电路产品产量和增速（1990—2017 年）

资料来源：国家统计局。

13.2.1　自力更生的初创期（1956—1978 年）

这一时期是我国集成电路产业的初始建设时期，是产业的孕育期，标志性事件包括：1965 年国内第一代单片集成电路在河北、北京先后问世；1978 年北京 878 厂建成第一条 2in 生产线，与国外相差 12 年；1980 年北京 878 厂建成国内第一条 3in 生产线，与国外相差 8 年；截至 20 世纪 70 年代，全国已建成集成电路生产厂 40 多家，集成电路行业的“两强”——上海无线电十九厂和北京 878 厂形成。这一时期，我国处于计划经济体制，市场观念缺乏，集成电路发展主要是在封闭环境中自行设计、研制、生产，虽然建立了众多的集成电路工厂，但均执行指令性计划、生产规模很小、技术相对落后、产品品种单一、与整机厂联系少，产品多为“鉴定”、“研制成功”，只有产量没有销售额，没有形成真正的市场，错过了与国外产业同步发展的最佳时期。但从产品集成度发展历程看，中美两国差距并不大，由小规模集成（SSI）到大规模集成（LSI）所用时间相差不大，到大规模集成我国仅滞后美国 6—8 年。

表 13.1　中美集成电路发展对比

集成度	SSI	MSI	LSI	VLSI	ULSI
美　国	1958 年	1964 年	1966 年	1976 年	1986 年
中　国	1965 年	1972 年	1972 年	1986 年	1999 年
迟后时间 / 年	7	8	6	10	13

资料来源：集成电路产业 50 年回眸。

专栏 13.1

一个规划纲要：1956 年，国务院组织制定了《1956 年至 1967 年科学技术发展研究规划纲要》，并提出“向科学进军”的口号。发展半导体作为特别提案被列入规划纲要。

一批本土人才。1957 年，北京大学、南开大学、复旦大学、吉林大学和厦门大学联合在北京大学开办半导体物理专业培训班。

一批研究机构。1958 年，中科院半导体研究所和上海技术物理研究所成立。

一批产品。1958 年我国第一枚锗晶体管试制成功。1965 年我第一代硅平面晶体管问世。1965 年河北半导体研究所（13 所）研制出 DTL

型（二极管—晶体管逻辑）数字逻辑电路，同年中国科学院半导体研究所和北京市半导体器件研究所分别研制出半导体集成电路，1966 年上海元件五厂研制出 TTL 型（晶体管—晶体管逻辑）电路。20 世纪 70 年代初，四川永川半导体研究所（15 所）、上海无线电十四厂和北京 878 厂先后研制出 CMOS 电路。1975 年，北京大学电子仪器厂研制成功动态随机存取存储器，是我国 MOS 大规模集成电路研制成功的标志之一。

一批生产企业。1968 年，北京东光电工厂（878 厂）成立和上海无线电十九厂成立。截至 20 世纪 70 年代初，全国共有 40 多家集成电路厂，包括第四机械工业部所属的江南无线电器材厂（742 厂）、永红器材厂（749 厂）、天光集成电路厂（871 厂）、风光电工厂（4433 厂）、韶光电工厂（4435 厂），有关省市和其他部位所属的上海元件五厂、上海无线电七厂、上海无线电十四厂、上海无线电十九厂，苏州半导体厂、常州半导体厂，北京电子管厂（774 厂、京东方）及北京半导体器件二厂、三厂、五厂、六厂，天津半导体厂，航天部西安 691 厂、中科院 109 厂（中科院微电子所）。

13.2.2　改革开放后的探索发展期（1979—1988 年）

改革开放后，我国集成电路产业进入由封闭走向开放的新时期，是产业的形成期。标志性事件有：742 厂日本生产线的引进以及上海贝岭、上海飞利浦等合资公司的成立。到 20 世纪 80 年代末，国内已经拥有华晶电子、华越微电子、上海贝岭、上海飞利浦四家骨干企业，先后建设了 3—5in 的生产线，掌握了微米级工艺技术，企业生产模式与国外最初成立的 IDM 企业相似，涵盖设计、制造、封装测试。在这一过程中，改变了过去单纯引进设备的做法，通过设备、技术、工业化生产经验的全面引进，为我国集成电路生产线引进提供经验借鉴；同时培养了一批具有大生产经验的技术和管理人才，为国内其他企业发展提供支持，促进了国内集成电路产业的整体发展；集成电路骨干企业的形成，奠定了我国集成电路产业的雏形和国际合作的基础。然而，这一时期国内尚无系统厂商，致使集成电路企业没有明确的“系统背景”，没有掌握生产存储器和 CPU 的“系统能力”，更难以引领整机发展。与传统产业相比，集成电路产品周期短、更新换代快，“一代技术、一代设备、一代人才、一代市场”特色明显，在产业发展过程中，政府的计划管理模式和企业的市场竞争需求之间的矛盾凸显，生产线的引进跟不上全球技术发展的步伐，集成电路产业化一直没有取得重大突破。

专栏 13.2

从企业层面看，1980—1984 年，无锡 742 厂从日本东芝引进 3in/5 μm 的电视芯片生产线，同年华越微电子 3 in 生产线正式投产。1988 年，在上海无线电十四厂基础上，成立了国内集成电路行业首家中外合资企业——上海贝岭微电子，并建成国内首条 4in/3 μm 数字交换机芯片生产线，与国外相差 13 年；在上海元件五厂、无线电七厂和十九厂基础上，成立了中外合资的上海飞利浦半导体公司（现上海先进半导体公司），在 1992 年建成我国首条 5in 生产线，与国外相差 10 年；首钢日电公司在 1995 年建成国内首条 6in 生产线，与国外相差 9 年。1989 年，中国华晶电子集团公司组建，拥有当时国内最先进、代表国际 20 世纪 90 年代水平的 MOS 集成电路和双极集成电路生产线。

从政府层面看，1982 年，国务院成立以副总理万里为组长的“电子计算机和大规模集成电路工作领导小组”，提出建立“南北两个基地和一个点”的发展战略，南方基地主要指无锡、上海、浙江，北方基地主要指北京、天津、沈阳，西安点主要为航天配套；1986 年，我国提出“531”发展战略，普及推广 5 μm 技术，重点企业掌握 3 μm 技术，攻关 1 μm 技术；1989 年提出“八五”期间集成电路发展战略，加速基地建设，形成规模经济生产，注重发展专用集成电路，加强科研和支撑条件，振兴中国集成电路产业，并明确了要集中力量建设江苏无锡华晶电子、绍兴华越微电子、上海贝岭微电子、上海飞利浦半导体、北京首钢日电电子五大重点企业。

13.2.3 快速发展的成长期（1988—2010 年）

1. 重点建设时期（1988—1999 年）

1988 年我国集成电路进入产业成长期，主要标志性事件有四个：一是设计业分离。1986—1988 年，我国先后成立了北京集成电路设计中心、上海长江集成电路设计公司和深圳天潼集成电路设计公司，集成电路设计业开始萌芽。二是 Foundry 出现。1998 年，华润上华改变了过去 IDM（集成器件制造）模式，开始采用全部代工的 Foundry（晶圆代工）模式，我国集成电路产业开始进入 Foundry 时代。三是封测企业成立。江苏长电、南通富士通等封测企业成立。四是我国拥有大尺寸亚微米集成电路芯片生产能力。依托无锡华晶和上海华虹 NEC，先后实施“908”工程和“909”工程，分别建立了 6in/0.8—1 μm 芯片生产线和 8in/0.35—0.5 μm（滞后国外 11 年）芯片生产线和一批设计企业。特别是“909”工程，对我国集成电路产业的发展具有深远的影响：一是在总结过去多年来仅靠引进技术不能成功的基础上，采取以我为主的合资模式，解决投产时必须的技术、人才、市场和产品问题；二是注重效益，形成集成电路产业投入产出的良性循环；三是示范带动作用巨大，催生了国家相关政策的出台，带动了 2000 年后全国各地积极发展集成电路产业的热潮。2000 年，中芯国际和宏力半导体在上海先后建成 8in 生产线。

2. 飞速发展时期（2000—2010 年）

2000 年 6 月 24 日，国务院印发《鼓励软件产业和集成电路产业发展若干政策》(国发〔2000〕18 号)，为集成电路产业发展创造了良好的环境，我国集成电路产业开始进入政策引导、环境改善、吸引外资的快速发展时期。2008 年，“核心电子器件、高端通用芯片及基础软件”和“极大规模集成电路制造装备及成套工艺”国家科技重大专项启动实施。十年间，我国集成电路设计产业占比从 5.3% 提高到 25.3%，年均增长 43.5%，反映出我国集成电路自主创新能力不断提升。我国集成电路制造工艺进入纳米级技术阶段，国内 12in 生产线达到 6 条，8in 生产线达到 15 条；集成电路产量从 64 亿块增加到 653 亿块，年均增长 30%；销售额从 188 亿元增加到 1440 亿元，年均增长 25%；销售额占全球比重从 2% 提高到 8.6%，产量全球占比接近 10%。集成电路封装测试业的技术水平和产业规模不断提升，BGA、CSP、MCP 等新型封装技术在部分生产线得到应用，MIS 等新型封装工艺技术取得突破。我国集成电路产业国际化进程加快，国内领先厂商积极探索国际并购，英特尔成都封装测试工厂扩产，西安应用材料公司技术中心建设，展讯并购射频芯片公司，长电科技收购新加坡 APS 公司，浪潮集团收购奇梦达西安研发中心。

13.2.4 跨越发展的拓展期（2011 年至今）

“十二五”以来，国家制订了一系列政策措施，不断加大扶持力度，进一步完善集成电路产业发展环境。上海、南京、安徽、福建、重庆和成都等地也纷纷制定鼓励政策，成立集成电路产业发展基金。从 2011 年开始，我国集成电路产业进入跨越式发展的拓展期。一是 IP 快速成长。2010 年以后，中芯国际在新技术开始发展的同时就投资设计 IP。截至 2015 年底，中芯国际拥有 28 nm 到 0.18 μm 的 2000 多个 IP。其中，28 nm 的 IP 数量已经到达 150 个。二是集成电路设计业水平不断提升。设计业占比超过 30%，接近 40%。2016 年，基于 16 nm 的商用 SoC 芯片投入市场并取得良好反响。三是企业竞争实力明显增强。中芯国际 28 nm 工艺实现量产，展讯科技进入全球十大设计行列，长凌科技位居全球封测第 4 位。2011—2017 年，我国集成电路销售额年均复合增长率达到 19%，与核高基相关的集成电路复合增长率约为 22%。从价值上看，“十二五”期间，集成电路产品自给率实现翻一番，达到 26%。

表 13.2 我国集成电路重点产业政策

时间	部门	政策	政策要点
2017 年 4 月	国家发改委、工信部	信息产业发展指南	着力提升集成电路设计水平；建成技术先进、安全可靠的集成电路产业体系；重点发展 12in 集成电路成套设备
2016 年 12 月	国务院	“十三五”国家信息化规划	加大面向新型计算、5G、智能制造、工业互联网、物联网的芯片设计研发部署，推动 32/28 nm、16/14 nm 工艺线建设，加快 10/7 nm 工艺技术研究
2016 年 11 月	国务院	“十三五”国家战略性新兴产业发展规划	启动集成电路重大生产力布局规划工程，实施一批带动作用强的项目，推动产业能力实现快速跃升
2016 年 7 月	国务院	“十三五”国家科技创新规划	支持面向集成电路等优势产业领域建设若干科技创新平台；推动我国信息光电子器件技术和集成电路设计达到国际先进水平

（续表）

时　间	部　门	政　策	政策要点
2016 年 5 月	国家发改委、工信部、财政部	关于软件和集成电路产业企业所得税优惠政策有关问题的通知	规定了对软件和集成电路企业资格认定作为非行政许可审批予以取消后，相关企业享受所得税优惠的条件
2015 年 5 月	国务院	中国制造 2025	在新一代信息技术产业中，集成电路作为重点突破领域
2014 年 6 月	国务院	国家集成电路产业发展推进纲要	到 2020 年集成电路产业与国际先进水平的差距逐步缩小，全行业销售收入年均增速超过 20%，企业可持续发展能力大幅增强
2011 年 1 月	国务院	进一步鼓励软件产业和集成电路产业发展若干政策	从财税、投融资、研发、进出口、人才、知识产权和市场七大方面提出 31 条政策措施

13.3　集成电路产业发展状况

13.3.1　取得成就

1．产业规模持续增长

伴随着行业集中度的提高，以及受世界经济低迷和国际金融危机的影响，全球集成电路产业逐步结束高增长和周期性波动发展局面，开始进入平稳低速发展阶段。全球半导体贸易统计组织（WSTS）数据显示，2011—2017 年间，全球集成电路市场销售额从 2471 亿美元增加到 3432 亿美元，年均复合增长率仅 6% 左右。国内在移动智能终端、平板电脑、消费类电子以及汽车电子、工业控制等市场需求的带动和国家一系列政策的推动下，我国集成电路市场快速发展，2014 年市场规模首次突破万亿元。中国半导体行业协会数据显示，2011—2017 年间，我国集成电路产业市场规模实现翻一番，由 8066 亿元增加至 16709 亿元；销售额扩大近 2 倍，由 1934 亿元增加至 5411 亿元，年均复合增长率高达 19%。未来，随着人工智能、物联网、汽车（无人驾驶、车联网）、大数据、新一代医疗技术的突破性发展，我国集成电路将产业规模持续增长。

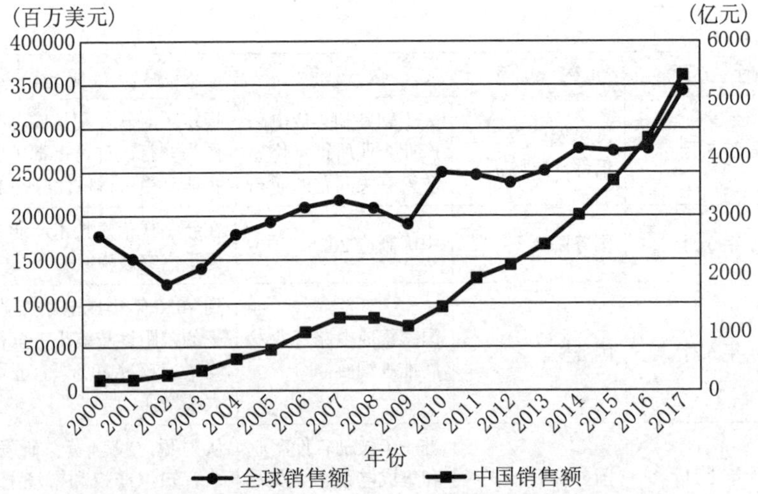

图 13.3　全球和中国集成电路产业销售额（2000—2017 年）

资料来源：Wind 数据库。

2．产业结构日趋优化

在我国集成电路产业规模持续增大的过程中，产业结构也在不断优化。在设计、制造和封装测试三个产业链细分环节，设计和制造的技术含量较高，封装测试的附加值相对较低。从图 13.4 和图 13.5 中可以看出，2011—2017 年，我国集成电路产业设计、制造、封装齐头并进，年均复合增长率

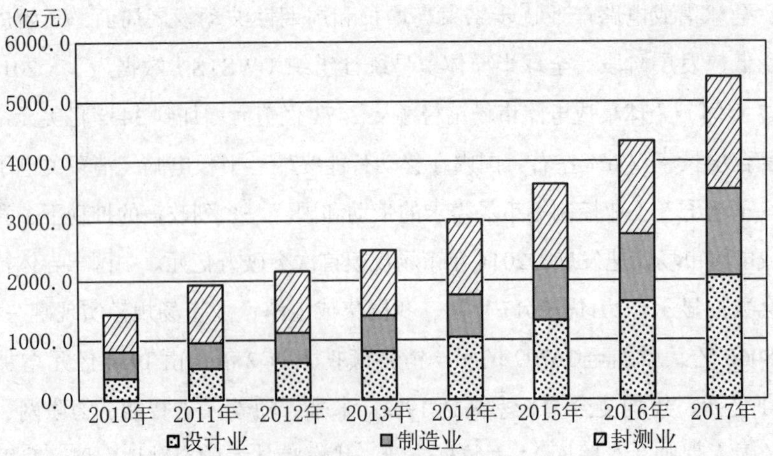

图 13.4　中国集成电路产业三大细分环节销售额（2011—2017 年）

资料来源：中国半导体行业协会。

分别为 26%、22% 和 12%。集成电路设计业在集成电路产业销售额中的占比稳步提升，由 27.2% 增加到 38.3%，在我国 IC 设计产业高端产能严重不足的情况下，2017 年销售额达到 2074 亿元，全球占比接近 30%。集成电路制造业占比平稳增长，由 22.3% 增加到 26.8%，2017 年销售额达到 1448 亿元。集成电路封装测试业占比出现大幅下降，由 50.5% 持续下降至 34.9%，2017 年销售额达到 1890 亿元。需要注意的是，2016 年集成电路设计业销售额首次超过封装测试业，位居三大细分产业环节之首，这在一定程度上表明我国集成电路产业持续多年向产业高附加值、高技术含量环节攀升已取得突破性进展。

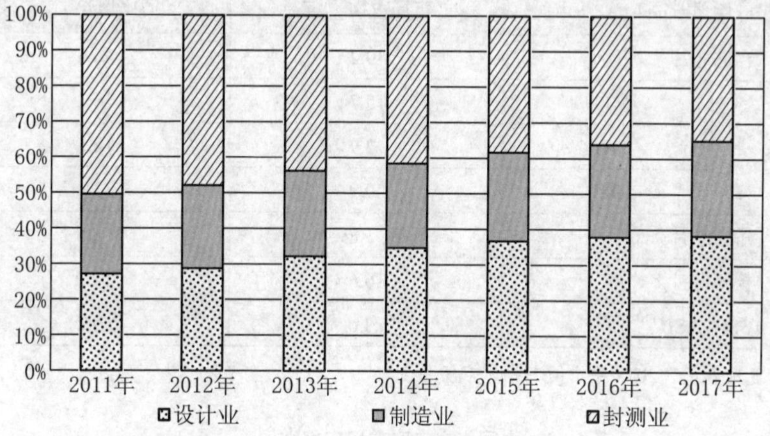

图 13.5　中国集成电路产业三大细分环节销售额占比（2011—2017 年）

资料来源：中国半导体行业协会。

3．存储产品增长显著

云计算、大数据、物联网等新兴应用领域的发展和智能制造的深度推进，我国存储器市场逐步扩大，存储芯片成为行业的主要增长点。一方面，存储芯片成为市场占比最大的细分产品，占比达到 30.2%，较上年同期增长 46.9%。另一方面，存储芯片价格持续上涨。从单位容量看，2017 年 DRAM 价格上涨幅度超过四成，NAND 价格上涨幅度也逼近四成。云计算的基础是计算、存储和网络的无缝集成和一体化，将带来存储产品技术的变革，推动分布式存储快速发展。随着移动终端、4G 网络和工业互联网的发展，全球数据正以年ZB的数级增长，大数据正带来海量存储需求。并且，随着新一代3D工艺技术的发展，将推动计算与存储深入融合。网络通信领域依然是持续引领集成电路市场增长的主要动力，对应用处理器（AP）、基带、射频、存储等芯片需求量不断增加。同时，我国计算机产量经过连续多年萎缩后，2017年首次迎来复苏式增长，成为2017年增速最快的市场。网络通信、计算机和消费电子是2017年我国集成电路最主要的应用市场，市场占比分别达到30.9%、27.3%、21.0%，三者合计共占整体市场的79.2%。

表13.3 中国集成电路市场产品结构

集成电路产品		市场占比（%）	同比增长（%）
存储芯片		30.2	46.9
处理器芯片	MPU	15.7	6.2
	MCP	2.9	14.5
	DSP	0.9	13.4
逻辑芯片		5.8	8.6
模拟芯片		16.6	14.0
ASSPs/ASIC		28.0	9.2

资料来源：赛迪顾问，2018年中国半导体市场年会。

表13.4 中国集成电路市场应用结构

应用领域	市场占比（%）	同比增长（%）
计算机	27.3	22.9
工业控制	13.1	21.8
网络通信	30.9	20.1
汽车电子	3.7	14.2
消费电子	21.0	13.9
其他	3.9	6.7

资料来源：赛迪顾问，2018年中国半导体市场年会。

4．企业实力明显增强

根据中国半导体协会统计，截至2017年，国内集成电路产业包括设计企业 1380 家，制造企业 58 家[①]，封装测试企业 89 家[②]。华为海思、紫光展锐、中兴微、华大位居全球设计类企业前 20 强，中芯国际、华虹宏力位居全球制造类企业前 20 强，江苏新潮、南通华达、天水华天等 4 家企业位居全球封装测试类企业前 10 强。3D NAND 闪存芯片研发取得重要突破，长江存储 32 层 3D NAND Flash 芯片送样验证，华为、寒武纪、地平线发布 AI 芯片。飞腾、龙芯、兆芯等国产 CPU 性能持续提升。特别是在具有重要战略意义和价值的芯片制造环节，中芯国际在国内最先实现了 28 nm 的量产，是我国集成电路产业走在国际最前沿的领头企业。中芯国际的崛起，快速缩小了我国与国际的技术差距，开创了政府与市场结合、开放发展集成电路的新模式，其战略意义远远大于下游芯片应用行业的突破。

5．产业布局日趋均衡

中国集成电路产业主要集中在长三角、以北京为核心的京津冀、以深圳为核心的珠三角以及以四川、重庆、陕西、湖北、湖南、安徽等为核心的中西部四大地区。总体来看，我国集成电路产业的地区分布正在向着比较均衡的方向发展。赛迪顾问数据表明，2017 年长三角地区占国内集成电路产能的 63.6%；京津冀地区占比达到 15.1%，珠三角地区占比达到 9.2%，中西部及其他地区占比达到 12.1%。2016 年，我国 6in 及以上半导体生产线共计 72 条，其中 12in 生产线 10 条，8in 生产线 20 条，总产能折合 12in 约 70 万片 / 月。截至 2017 年三季度，国内在建的 12in 生产线有 12 条。

6．对外依赖有所缓解

我国集成电路产品大量依赖进口，贸易逆差持续扩大。海关数据显示，从 2006 年起，我国集成电路产品的进口超过石油成为最大宗进口产品，2013 年至今每年进口额超过 2000 亿美元。2017 年集成电路进口 2601 亿美元，同比增长 14.6%，占中国总进口额的 14.1%，约为原油进口总额的 1.7 倍。且贸易逆差持续扩大，从 2010 年的 1277 亿美元增加到 2017 年的 1932 亿美元。然而，随着国内集成电路产业的发展，集成电路进口额高速增长的

① 部分为事业单位。

② 仅统计规模以上企业。

态势初步得到缓解。一是进口额增速放缓。2010—2013 年间，我国集成电路进口额增长 47%，由 1570 亿美元增加到 2313 亿美元，年均复合增长率为 11%。2014—2017 年间，我国集成电路进口额增长 20%，由 2176 亿美元增加到 2601 亿美元，年均复合增长率为 6%。二是进口额增速低于同期产业发展增速。我国集成电路产业规模的年均复合增长率约为 20%，市场规模的年均复合增长率约为 8%。在我国集成电路产业规模和市场规模均稳步增长的情况下，我国集成电路进口额增速不到产业规模增速的 1/3，只有国内市场规模增速的 75%。

7. 产业生态不断完善

近年来，我国集成电路行业采用"专利导向下的研发战略"、"自主研发为主加国际合作"的技术发展新模式、"下游考核上游，整机考核部件，应用考核技术，市场考核产品"的新机制，技术水平持续提升，创新发明不断涌现，已形成了自主知识产权体系，极大提升了我国集成电路自主创新能力。自 2008 年至今，共申请了 2.3 万余项国内发明专利和 2000 多项国际发明专利。在芯片设计领域，国内龙头企业的设计水平已经达到 16/14 nm，在移动智能终端、智能网络电视和视频监控等细分领域，国内设计企业技术水平已接近国际先进水平。制造工艺与封装集成由弱渐强，技术水平实现跨越，国际竞争力大幅提升。主流制造工艺水平提升了 5 代，55 nm、40 nm、28 nm 三代成套工艺研发成功并实现量产，22 nm、14 nm 先导技术研发取得突破，形成了自主知识产权。封装企业从低端进入高端，三维高密度集成技术达到了国际先进水平。高端装备和材料从无到有，填补产业链空白。研制成功 14 nm 刻蚀机、薄膜沉积等 30 多种高端装备和靶材、抛光液等上百种材料产品，性能达到国际先进水平，通过了大生产线考核，开始批量应用并出口海外。不完全统计，高端装备已累计销售 300 多台，国产装备在泛半导体产业已经销售 6590 台。

13.3.2 存在问题

1. 产业合理布局仍存挑战

在国家高度重视集成电路产业以及简政放权的大背景下，各地集成电路产业发展呈现一哄而上的乱象。产业布局有待优化，各地投资建线热情高涨，出现存储器项目以及先进生产线多地开花、多地竞相引进国外同一外资企业的现象，重复和低端投资仍然存在，个别地方对外招商在资金、税收和土地优惠上有“超国民”待遇，有损本土企业布局发展。外资渗透加剧，外资企业通过合资、技术授权、投资等方式加强与地方政府合作，扰乱国内产业布局。散小乱问题依然突出。据统计，2017 年集成电路设计企业达到 1380 多家，数量仍继续增长，小而散的格局有待改善。

2．产业发展资金需求依然巨大

大基金的设立和运行对推动集成电路产业发展发挥了重要作用，但解决制约产业发展的深层次矛盾和问题尚需时日，更离不开大规模、高强度、持续性的资金投入。一是大基金在重点产品领域尚未完成布局。CPU、FPGA、DSP、存储器等高端芯片进口依赖问题依然严重，技术突破仍存瓶颈，产业生态尚未建立，需要大基金在以上产品领域深入布局。二是骨干企业依然难以依靠自身力量解决资金瓶颈。中芯国际的企业规模和技术实力与台积电等国际龙头相比仍存在较大差距，长江存储和晋华存储尚未实现产品的量产出货，难以靠自身积累完成后续扩产投资。三是国内资金投入与国际龙头企业相比仍存较大差距。先进工艺技术研发和生产线建设投资门槛进一步提高，国际龙头持续投入巨额资金巩固行业地位，国内企业的赶超压力不断加大。

3．核心技术依然受制于人

国内企业核心技术积累薄弱，创新性技术和产品储备不足。高端芯片方面，中央处理器（CPU）、存储器、现场可编程门阵列（FPGA）、高速数模转换器（AD/DA）等仍高度依赖进口。国产 CPU 总体水平仍然落后国际主流 3—5 年，计算架构仍依赖于国际 X86、ARM、MIPS、Power 几大架构的授权。存储器基本完全依赖进口。先进制造工艺方面，中芯国际、华力微电子的 28 纳米工艺刚开始进入量产，与国际先进水平相差 2.5 代以上。特色制造工艺方面，高频射频器件、高功率 IGBT、化合物半导体的制造技术依然欠缺。设备和原材料等产业配套方面，高端光刻机、高端光刻胶、12 英寸硅片等仍未实现国产化。产业链系统创新不足，仍以“单打独斗”为主，有利于国产芯片产业发展的生态体系建设也有待加强。

4．产业人才仍存较大缺口

我国集成电路设计企业数量高速增长，制造生产线加速建设，人才需求缺口仍将持续扩大。一是技术人才缺乏。国内集成电路企业实力普遍不强，盈利能力较弱，薪资待遇普遍不及互联网等行业，致使集成电路行业对人才吸引力不足。二是高端人才不足。我国集成电路产业发展时间较短，高端人才积累较少，技术研发管理、产品开发管理、生产线管理等高端人才严重不足。从海外引进高端人才，又面临来自境外政府和企业的限制。三是领军人物尚待挖掘。国内集成电路企业的并购整合和海外布局将成为行业发展趋势，亟须具备全局视野和国际视野的行业领军人物。

5．产业外部压力骤然加大

我国大力发展集成电路产业引起了以美国为代表的发达国家的高度警惕。加之少数国内企业和媒体"少做多说"、"未做先说"，使得外国政府的顾虑进一步加深，并意图限制我国产业发展。一是营造不利发展环境。美国总统科技顾问委员会发布《持续巩固美国半导体产业领导地位》报告，建议美国政府限制美国公司来华投资、与盟国联合对华实施限制等。二是限制我国资本的国际并购和技术转让。美国政府开始加大对我企业并购等审查力度，近两年我国海外并购项目基本被美国外国投资委员会直接否决，或是由于美方企业担心被否决而提前终止。三是加强对我国出口管制，限制产品出口或对相关企业实施惩罚，包括限制服务器用的CPU出口以及对中兴通讯进行处罚等。四是贸易保护主义愈演愈烈，如美国特朗普政府奉行贸易保护主义，已启动对我国输入美国产品关税加征，预计在半导体领域将延续更为苛刻的政策，如限制技术和设备出口、限制高层次人才来华等。

13.3.3 发展经验

1．市场需求巨大和国内供给严重不足是产业快速发展的根本动力

全球集成电路市场规模在2011—2015年约为2995—3352亿美元，年均复合增长率为2.3%；2016—2020年约为3361—4000亿美元，年均复合增长率为3.5%。中国集成电路市场规模在2011—2015年约为1215—1660亿美元，年均复合增长率为6.4%；2016—2020年约为1805—2408亿美元，年均复合增长率为 5.9%。中国集成电路市场在 2016 年占到全球市场的 53%，成为全球最大的集成电路市场；预计 2020 年全球市场占比将达到 60%。中国集成电路的本地产值在 2016 年达到 653 亿美元，满足国内 36% 的市场需求；预计 2020 年将达到 1400 亿美元，满足美国国内 58% 的市场需求。长期来看，5G、人工智能、物联网、大数据、智能制造、智慧交通、智能电网等技术将在中国得到快速发展和应用，成为驱动全球半导体产业持续发展的关键驱动力，中国也将完成从低成本制造到系统方案再到技术创新的角色转变，成为全球产业生态链的重要合作伙伴。

2. 政府和资本合力将助推产业发展全面提速

集成电路产业技术更新速度快、持续性投资强度高、产品市场风险大。由国家统筹资源整合和产业布局，采取“聚全国之力、集中力量办大事，以中央带动地方发展”的方式，建设速度快、市场把握准，可减少重复建设和资源浪费。2014 年，国务院印发《国家集成电路产业发展推进纲要》，将集成电路产业发展上升为国家战略，明确了“十三五”期间产业发展的重点及目标。同时，在同年 9 月，成立国家集成电路产业投资基金，注册资本为 987.2 亿元人民币，一期总规模 1387 亿元。地方政府产业发展热情高涨，北京、上海、重庆、天津、南京、无锡、苏州、厦门、泉州、合肥、武汉、西安、成都等省市陆续发布专项政策，从资金、研发、投资、创新、人才等方面支持产业发展。武岳峰资本、建广资本、华创投资等资本也纷纷介入。截至 2017 年年底，各地方政府主导的集成电路产业发展投资基金总规模超过 5000 亿元。集成电路产业已经进入资本驱动的时代。

13.4　集成电路产业发展展望

13.4.1　对产业发展趋势的基本判断

1.“延续摩尔”趋势变缓

“延续摩尔”是指继续以“等比例缩小”方式，延续“摩尔定律”对集成电路集成度和性能的追求。当集成电路特征尺寸逼近物理极限时，技术难度不断加大，投资需求不断攀升，“延续摩尔”日益困难，升级换代步伐逐渐放缓。一方面，集成电路制造工业升级换代速度放缓。90 nm 工艺之前基本保持每两年一个工艺时代的更新。从 90 nm、65 nm、40 nm 到 28 nm 的发展过程看，工艺节点的替代周期已从两年延长到三年。另一方面，基于新工艺的集成电路产品量产速度降低。工艺浮动因素使得集成电路产品向新一代工艺迁移过程中面临成品率的重大挑战，设计人员必须深入了解芯片的制造以及工艺参数，IP 核的成熟和成品率的提升需要更多的时间，这增加了工艺迁移的复杂程度，延缓迁移速度。

2. 产业布局调整步伐加快

我国成为集成电路产业布局的目的地。一方面，随着集成电路工艺技术的发展，特征尺寸不断缩小，致使集成电路制造设备、工艺成本快速上升，使得集成电路产业向资本活跃地区转移，以获得产业发展必需的资金支持。我国近年来经济始终保持中高速增长、外汇储备充足、资本市场活跃，已经具备集成电路产业发展的资本基础。另一方面，经过改革开放以来近 40 年的发展，我国电子整机产业取得长足进步，消费类电子产品的生产和销售规模跃居世界前列。电子整机产业的发展使我国已成为全球主要的集成电路产品市场，为我国集成电路产业发展带来了巨大机会。

3. 代工模式面临重大转变

从产业投资角度，集成电路制造业投资大、回报周期长。在全球经济疲软的情况下，国际资本对制造业的投资十分谨慎，集成电路由 IDM 模式向 Fab Lite 模式调整的趋势日益明显，将有更多系统公司加入设计行业，拥有自己的芯片设计，例如苹果、华为、中兴、小米等。从工艺制程角度，半导体业目前已经逐渐逼近物理定律的极限，随着工艺的推进以及对芯片性能提升的要求，制造与封测将结合得更加紧密，封测厂将更多地参与到 Foundry 的后道工艺开发。从企业研发角度，随着研发费用迅速上升，未来建厂费用巨大，设计企业不太可能将成熟的产品轻易转移到另外一个代工厂生产，同时代工厂能够同时支持的新产品研发数量大大减少，迫切需要数量巨大的通用产品来填充生产线，设计企业和代工企业将形成某种形式的捆绑，以有效规避风险。这种形式不同于今天的“Fabless+Foundry”模式，与传统的 IDM 模式有类似之处，可称为“虚拟 IDM”模式。

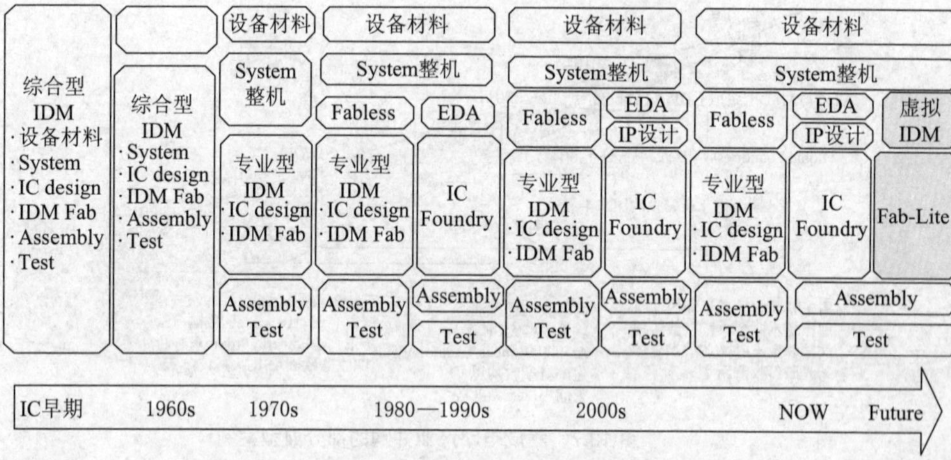

图 13.6　集成电路产业结构演变过程

4.“拓展摩尔”成为重要路径

“拓展摩尔”着眼于 CMOS 之外的多功能器件及异质结构的集成，其发展路径是利用多层薄膜封装、三维硅通孔、MEMS 真空封装和微组装等先进封装技术，将多种非常规 CMOS 器件（例如 SiGe 晶体管、高压晶体管、MEMS 器件、光电器件、图像传感器、生物芯片等）集成为高附加值的集成电路产品。随着集成电路发展“延续摩尔”路径的逐渐放缓，“拓展摩尔”路径日益重要。这一发展战略已在苹果、任天堂的 Wii 等平台中获得了应用。

5.“马太效应”日益凸显

集成电路产业过去几十年的发展经验表明，前几名企业往往占据细分领域绝大部分市场，呈现“赢者通吃、大者恒大”的寡头发展格局。设计、制造、封装和设备等领域均是如此。2008 年以来，收购和并购成为国际集成电路产业的主旋律，业界巨头纷纷通过产业整合扩展市场份额，“大者恒大”的马太效应进一步显现。这些产业整合既是国际金融危机大背景下企业个体生存发展的选择，也是“后摩尔”时代集成电路产业整体对资本需求巨大压力下的大势所趋。

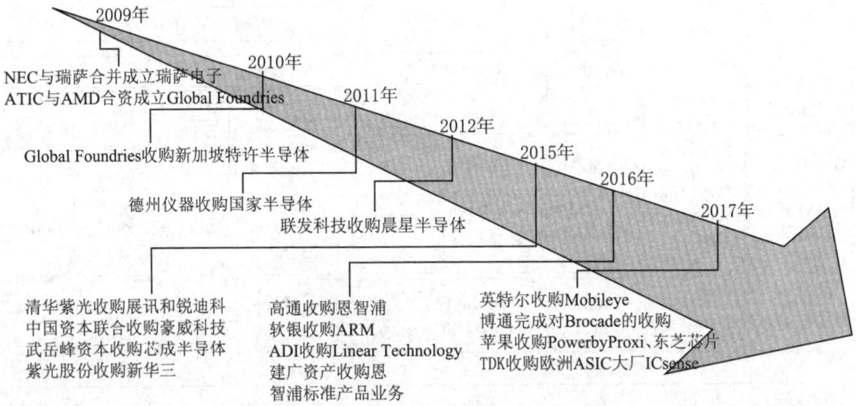

图 13.7　集成电路产业并购的部分典型案例

6．政府推动至关重要

美国、新加坡、韩国的集成电路产业发展说明，政府支持是集成电路产业发展的关键。在“后摩尔”时代，集成电路产业所需投资急剧增加的情况下，政府的引导和推动作用将更加重要。在国家层面，统一的顶层设计和扶持政策将是集成电路产业发展的根本保障。在地方层面，需要制定可操作性强、行之有效的政策细则，充分调动产业界积极性，创造良好的发展环境，整合资源投入集成电路产业中。

7．新兴领域带动作用显现

人工智能、物联网、5G通信、智能网联汽车、无人驾驶等新兴领域的蓬勃发展，给我国集成电路产业带来前所未有的发展新机遇。人工智能被看作是一项能改变人类社会发展进程的重要技术，而人工智能芯片则是人工智能产业发展的基础。随着5G通信开始进入实质性商用阶段，从运营商到终端企业均已经开始积极布局相关技术和产品。在国内消费升级和工业转型的带动下，5G技术的物联网应用也将迎来新一轮发展高潮。数字化、网络化、智能化的发展趋势，迫切需要不断提升集成电路的计算性能和效率，降低产品功耗和经济成本。

13.4.2　对策建议

1．强化顶层设计，推动解决重大关键问题

一是加强国家集成电路领导小组统筹协调作用。进一步加强顶层设计，推动资源统筹，解决产业发展中的重大问题，适时调整产业发展路径与重点，坚持国家战略与市场机制有机结合，推动集成电路产业重点突破和整体提升。二是整合资源推动高端核心芯片实现重大突破。集聚各方资源，通过技术引进、战略入股、兼并重组等方式，培育高端核心芯片实现重大破局性布局，逐步改变核心技术缺失的被动局面。三是积极引导优化重大项目建设布局。加强集成电路领导小组咨询委员会对产业布局的窗口指导，对集成电路重大项目进行评估，实现科学决策，推动重大生产力向优势企业和地区集中。

2．加强产融结合，形成可持续的产业投融资机制

一是继续支持国家集成电路产业投资基金运营。根据产业发展需求，逐步扩大国家集成电路产业基金规模或设立新一期基金。研究确定国家基金后续融资相关方案，充分发挥财政资金的引导作用，积极创新产业投资基金募资方式，吸引多渠道、多元化的资金投资。采用多元化投资模式，采用技术授权、战略入股、合资建厂等方式，持续推进多层次国际合作。二是统筹使用国家现有支持集成电路产业发展的各类资金。积极利用中央基建投资、专项建设基金、国有资本金预算内投资等现有资金渠道，加大对集成电路产业的支持力度。继续支持电子信息板块三个科技重大专项，聚焦重点专项研发任务。加强统筹规划，避免资金安排分散重复，通过集成电路研发专项、国家科技重大专项支持共性技术研发，通过国家集成电路产业投资基金支持产业化发展，形成支持合力。

3．强化需求牵引，持续推进产业生态体系建设

一是推动安全可靠关键软硬件应用。在关键部门、关键基础设施局，继续抓好安全可靠软硬件产品应用推广，研究制定鼓励推广应用的政策措施。二是加强国内产业生态体系建设。加快产业链布局，依托大企业、大平台，推动产业链各环节加快整合，尽快扭转企业小、散、弱局面。引导设计企业加大国内流片比例，推动制造、封测与装备、材料协同发展，抓住生产线大规模建设的时机，加大自主产品采购。三是注重创新发展。按照产业链部署创新链以及相应的资金链，着力培育企业创新主体，建立知识产权保护联动机制。

4. 围绕产业亟需，加快高端人才的培养和引进

一是加强集成电路人才吸引力度。进一步完善集成电路产业发展环境，降低企业用人成本，鼓励企业提高薪资水平，吸引更多集成电路人才进入集成电路行业，真正形成聚天下英才为我所用。二是加强国内高端专业人才培育。鼓励高校与企业、科研院所协同建设集教育、培训、研究为一体的区域共享型集成电路产学研融合协同育人实践平台。统筹资源，推进示范性微电子学院和学科建设，合理确定人才培育规模和类型。三是加大海外高层次人才引进力度。优化产业发展环境，为半导体等相关领域人才回国（来华）创新创业提供良好条件。进一步研究加大政策支持力度，制定集成电路人才引进与培养专项行动计划，完善人才政策环境。

5. 深化国际合作，营造良好外部环境

一是加强境外先进企业和技术引进。进一步优化环境，鼓励引进境外高质量资本和先进技术，鼓励国际领先企业以合资合作等形式在国内建设研发、生产和运营中心。二是鼓励境内企业国际合作和对外开放。鼓励境内集成电路企业通过参股、并购等多种方式整合国际资源，拓展国际市场。以资本为纽带，支持骨干企业加强战略合作。对财务性投资基金海外并购项目，引导其与产业资本合作。三是营造国际合作良好环境。通过各国际组织、双边对话机制等渠道，加强与国外政府、产业界的沟通对话，做好“释疑解惑”工作，维护我国产业利益。针对美国政府等拟限制我国产业发展的措施，及时作好应对，营造良好的国际环境。

参考文献

[1] 朱贻玮：《集成电路产业 50 年回眸》，电子工业出版社 2016 年版。

[2] 周子学：《中国集成电路产业投融资研究》，电子工业出版社 2015 年版。

[3] 王阳元、王永文：《我国集成电路产业发展之路》，科学出版社 2008 年版。

[4] 中国社科院工业经济研究所：《2017 中国工业发展报告》，经济管理出版社 2017 年版。

[5] 中国电子信息产业发展研究院：《赛迪展望 2018》，2017 年 12 月。

[6] 中国工程院工业强基战略研究项目组：《工业强基战略研究》，电子工业出版社 2017 年版。

（本章主持及执笔　王本力）

第 14 章　改革开放以来中国汽车市场的发展与展望

本章提要：

2018 年是中国改革开放第 40 个年头。回顾这 40 年中国创造的奇迹，中国的汽车市场毋庸置疑是其中最为亮眼的成就之一。首先，中国汽车产量，尤其是乘用车领域，从改革初年的基本为零，跃居全球产销第一。其次，汽车工业已经成为国民经济发展的支柱产业，这不仅表现在整车制造领域以及紧密相关的零部件、维修、金融服务等行业对于国民财富积累的贡献，也表现在这些行业所创造的大量就业机会。第三，中国汽车市场的发展还促进着相关技术的进步与商业模式的创新。

本章旨在总结造就如此成绩的制度因素，主要内容包括三个部分。一是分析总结中国汽车销量与产品结构的变化特性；二是回顾影响中国汽车产业特别是整车行业的关键政策，描述该行业的横向竞争结构特征；三是讨论汽车销售领域的纵向关系与结构特征。作为世界上最重要的汽车市场，中国汽车市场在横向与纵向的结构上，都与美国与欧洲市场特征不同。本章着重提出中国的特征，期待未来能够更加深入探讨差异的成因与不同效果。

14.1 中国汽车市场总体发展回顾和产销量变化特征

本章从总体上描述中国汽车市场结构与产销量的变化过程。一般都认为中国的市场化改革与合资建厂策略是最基本的推动因素。另外一个突出特点就是中国私人家庭对于乘用车的需求总量与车型选择在 2000 年后呈现了高速的发展，这也进一步促进了车企的竞争动力。

14.1.1 中国汽车市场的结构变化

中国汽车行业的发展路径与制度安排有着自身的特殊性，与其他发展中国家有着相当的区别，也区别于美、欧、日等主要汽车发达国家地区。本节简要回顾中国汽车市场的结构性变化。

在 1979 年之前的 30 年中，中国工业发展主要依循中央计划经济的道路。在前 30 年计划体制下，20 世纪 50 年代引进苏联技术开始生产卡车。1958 年“大跃进”造成一些扩散。70 年代又建设了二汽，还有一些地方性重车厂，例如北京货车。模式都是老厂包建新厂，各自上下垂直整合。由于这段时期的产业政策重点是扶植货车等类型产品，使得至今我国货车制造上有相当的能力而不必依赖外资。但是，当时政策上不发展轿车等乘用车，虽有有自主开发并少量生产的红旗牌、上海牌等轿车，但是仅供少数用途，例如政府的公务用途，与普通消费者无缘，这也导致相应的技术研发与生产能力极度匮乏与落后。

在改革开放之后，如同其他主要的重要行业，汽车市场也在不断尝试逐步向市场经济转型的方式。

在政企分离方面，1980 年政府令一汽与东风整合相关小型工厂建立汽车工业联营体，并据此于 1982 年成立中国汽车工业公司，兼具企业实体与行业管理职能。在 1982 年至 1993 年之间，对如何界定政企职能的探索，导致汽车业的管理制度不断更换，曾再度成立又再度撤销中国汽车工业公司，也成立过中国汽车工业联合会或工业协会。1993 年依据政企分离的方向，将汽车行业管理职能回归机械工业部汽车司，行业协会为辅。1998 年行政改革后，政策部分归入国家经贸委下机械工业局。2001 年撤销机械工业局直属经贸委，

2003 年在经贸委改组时并入国家发改委。至于国企则在 2003 年正式归由新成立的国务院国有资产监督管理委员会管理。

在政府主导的产业政策方面，中国汽车行业的最主要特征就是在 20 世纪 80 年代开始不断尝试、推广的中外合资制度，尤以乘用车、轿车领域的效果最为突出。在 70 年代末期，轿车进口量已有显著增长带来外汇上的压力，也使得轿车进口替代的问题浮上台面。1978 年年底国家已经开始考虑从外资企业引进技术，但对于是否全面发展轿车业以及如何引进国外技术仍有不少争议。1986 年的“七五”计划正式将汽车列入支柱产业之中，并在全国范围通过合资形式引入国外品牌生产技术。

1983 年成立北京吉普，1984 年成立上海大众，1985 年与标致签约成立广州标致（后因经营效果不佳，标致于 1997 年退出合资），1986 年天津汽车与大发签约引入夏利技术。在 1988 年，政府提出限定合资厂数目，并且支持三大三小合资厂策略。一汽、二汽和上汽为三大生产基地，北京、天津和广州为三小生产点，严格限制进入并高度保护。同时一汽和二汽也走向合资，成立一汽大众，并且二汽与雪铁龙合资成立神龙公司。在这一阶段政策以产业集中度和规模效应为目标。随后因为进口零件耗费大额外汇，故进一步鼓励零组件国产化。另外在微型车方面，有哈飞、长安、天津夏利等品牌（瞿宛文，2009）。

在关税及限制进入的保护下，这些合资厂的车价普遍高于国际市场水平。车厂利润高，也降低了外资方引进新技术的动力。为了促进车型升级并且鼓励竞争，中国政府于 1997 年起开始允许更多外资企业进入中国市场，并且附加要求其带来最新技术。典型案例包括上海通用和广州本田等。中国汽车特别是乘用车市场竞争逐步加剧，外资也加速技术转移与车型更新。

进入 2000 年后，一方面来源于世界贸易组织对于放松管制、开放市场的制度要求，另一方面就是中国汽车消费市场开始迸发的私人购车的意愿与能力，因此有了新的自主汽车厂兴起的客观条件。从 2001 年起中国在既有的合资厂外，出现自主开发的汽车厂，包括国有的哈飞、奇瑞以及民营的吉利与比亚迪等。

14.1.2 中国乘用车产销量的变化

中国的乘用车市场无论在总量还是结构上，自2000年以来呈现出不同以往的变化特征。乘用车产量从2002年到2007年以每年平均45%的速度成长，从2002年的100万辆攀升到2007年的近500万辆。纵观2002年以来乘用车市场的发展，其销量增长最快的当属2009年和2010年，这两年的快速增长还得益于政府税收刺激政策等原因，乘用车市场增幅超人预期均实现30%以上的增长，而且年增量均在270万辆以上。2010年中国车市超出预期，实现32.4%的增速；2010年中国车市低开高走，最终超过美国历史最高纪录。中国以年销量1806万辆成为名副其实的全球第一大汽车市场。图14.1与图14.2分别描述了中国乘用车的产销量变化。

2010年，中国汽车市场暗流涌动，新的合资公司不断涌现，合资企业纷纷推出自主车型，合资自主股比交锋越发激烈；2010年汽车经销商爆发融资上市风潮，汽车产业的另一股力量在成长中壮大。2011年汽车产销分别为1842万辆和1851万辆，产销均超过2010年。从增长率来看，产销分别增长0.8%和2.5%，均比上年回落，产销增速为13年来最低。可以看出，2011年中国汽车产销增速大幅回落，主要受到国家宏观调控、鼓励政策的退出、上年基数较高和北京等大城市限购四方面因素的影响，其中国家宏观调控和鼓励政策的退出是影响2011年汽车增长的主要因素。2012年，中国车市微增长成为主线贯穿全年。在这一年，车市面临着库存大、各地限购的压力；在这一年，许多企业忙着扩张产能，豪华车上演降价狂潮；同样在这一年，汽车召回立法为消费者维权带来新希望。

2012年，汽车销量突破1900万辆，继续蝉联世界第一。但是随着增速脚步的放缓，中国车市在2012年步入全方位的调整期。在微增长的同时，汽车市场的竞争格局和车企的发展方向也都开始了调整。

2013年，我国汽车市场呈现平稳增长态势，平均每月产销突破180万辆，全年累计产销超过2100万辆。2013年，我国汽车市场延续2012年发展态势，保持平稳增长。汽车产销稳中有增，尤其是大型汽车企业集团产销规模整体提升。

在经历了2013年强势反弹的市场增长后，2014年的中国车市增速再次回到了 10% 以下，而且如同 2013 年一样，2014 年的产量又一次大于销量，这已是中国车市连续第二年出现供大于求的现象了。2014 年，我国汽车产销量双双突破 2300 万辆，已连续第六年位居全球第一。其中，2014 年我国汽车生产 2372 万辆，同比增长 7%；销售 2349 万辆，同比增长 7%。虽然产销数据继续增长，但增幅已从 2013 年的 14% 左右下降至 7% 左右，低于中国汽车工业协会在 2014 年年初作出的 8% 到 10% 的增速预期。同时与 2013 年相似，2014 年销量增长明显低于产量增长，这已是继 2013 年后第二次出现这种现象，反映出市场供大于求的现状。

2015 年，汽车产销量分别是 2450 万辆和 2460 万辆，相较上一年同比增幅分别是 3.3% 和 4.7%。2015 年有一个显著特点，就是乘用车产销首次突破两千万辆。其中，轿车是下降的，减少了大概 66 万辆；SUV 增长了 213 万辆，增速达到 52%，SUV 是最大的增量贡献；MPV 市场增速 10%，增加了 19 万辆。从这里面能够看到，中国汽车消费中 SUV 车型呈现了巨大的增长，尤其是对自主品牌来说，SUV 确实是非常大的增量市场。2015 年 9 月 30 日，国家宣布了购买 1.6 升排量及以下汽车购置税减半政策，在 1 月份，1.6 升以下的销量比例大概 70%，到中间最低的时候跌到 65%，到了 9 月份开始逐步回升，到了 12 月份回到 71% 的水平，说明购置税减半政策对车市的拉动作用非常明显。这种拉动作用也仅仅让市场回到年初的水平，它可能很难再现像 2008 年因为购置税减免第二年整个车市增长 50% 的情况。

2016 年，我国汽车产销量再创历史新高。汽车产销 2812 万辆和 2803 万辆，同比增长 15% 和 14%，增幅比上年提升 11% 和 9%。受购置税优惠政策等促进因素影响，2016 年我国汽车产销月度销量除 2 月份以外，其余月份均明显高于上年同期，销量累计增长率呈“直线上升”走势，总体呈现产销两旺发展态势。

2017 年，我国汽车产销 2901 万辆和 2888 万辆，同比分别增长 3% 和 3%，增速比上年同期回落 11.3% 和 10.6%。其中乘用车产销 2481 万辆和 2472 万辆，同比增长 1.6% 和 1.4%；商用车产销 421 万辆和 416 万辆，同比增长 13.8% 和 14%。2017 年，我国汽车行业面临两方面压力。一方面由于购置税优惠幅度减小，乘用车市场在 2016 年 12 月份出现提前透支；另一方面新能源汽车政策调整对 2017 年第一季度销售产生一定影响。

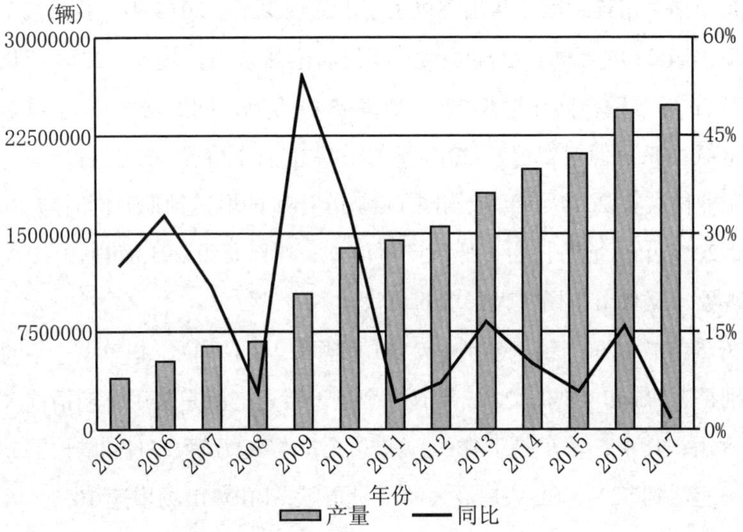

图 14.1　中国乘用车市场产量及同比趋势

资料来源：中国汽车工业协会。

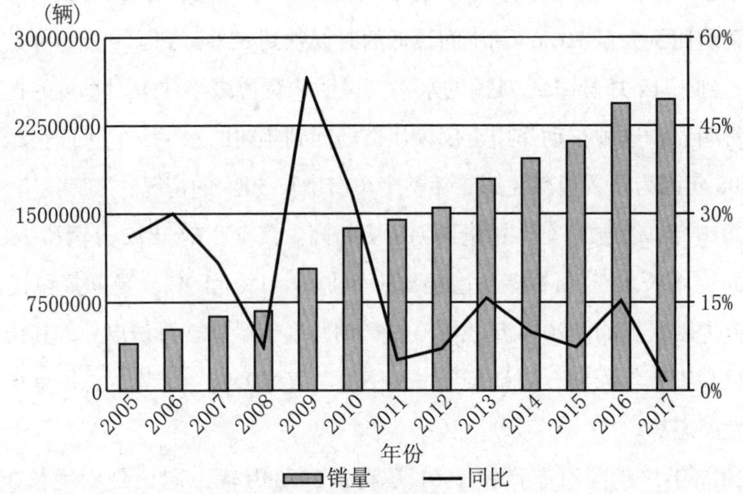

图 14.2　中国乘用车市场销量及同比趋势

资料来源：中国汽车工业协会。

14.1.3　中国汽车市场的车型变化

改革开放以来，为了避免低效的重复建设，政府特别注意将资源集中在几个重点车企，也是在这一时期汽车生产牌照准入制度建立，全国绝大部分汽车产量都集中在少数几个大型国有企业。不过，虽然生产汽车的企业和型号都很有限，这一时期引进的车型却从微型的奥拓到中大型的奥迪 100 一应俱全，而且覆盖了包括三厢轿车、两厢轿车、旅行轿车、SUV、微面、面包车、中巴、轻客、微卡、皮卡和轻卡等各类主要车型，来自德、日、美、法、意等不同的主要汽车生产国，仍然有一定程度的多样性。相比之前 30 年的汽车工业高度集中在中型以上的卡车领域，这一时期汽车市场开始小型化，而且更多地用于载人而不是货物。

从 20 世纪 80 年代后期开始，各种企事业单位开始普遍购置公务用轿车。所以这一时期的轿车，不再只是中高档轿车的天下，相对便宜的“老三样”（桑塔纳、捷达、富康）成为市场的绝对主流。之后，有越来越多的私营企业开始购买汽车。为了满足消费者的需要，大量的进口车以或合法或非法的途径流入中国，特别是在 1992—1994 年达到一个高峰。同时，轻型的客货两用车辆如微型面包车、微型卡车、皮卡和面包车流行。特别是微面几乎成为当时整个中国最常见的车型。1993 年正式开放私人购买汽车，1995 年北京的亚运村汽车市场成立以后，私家车市场真正开始蓬勃发展。

在私家车普及前沿的北京和深圳，那一时期已经有工薪阶层开始买车。1985 年中国第一次统计私家车数量时，仍然只有 28.5 万辆，其中又只有 1.93 万辆是载客汽车，并不比民国时期的水平高多少。但到 1999 年，全国已有超过 500 万辆私人汽车，其中近一半是载客汽车。但是在那一时期，对于大部分城市普通居民来说，除了可能会偶尔乘坐城市中新出现的以夏利和大发面包为主的出租车以外，距离购买拥有汽车依然很遥远。作为对比，从 20 世纪 70 年代中期开始自行车在中国全面普及，到 80 年代末，全国已经有超过 5 亿辆自行车，平均每两人就有一辆。90 年代初，摩托车也开始局部普及，到 1999 年已经有超过 3000 万辆摩托车。

公路建设在这一时期也取得了显著进展，虽然公路通车总里程仅仅从 1984 年的 93 万公里增长到 1999 年的 135 万公里，但路面状况大幅改善，其中铺装和简易铺装公路的比例从不足 10% 已增长至接近一半。而且除了水泥以外，沥青也被大规模应用于公路建设，大部分城市内部和城市之间的公路都换成了这种更高质量的材料。同时高速公路建设也开始起步，1984年中国第一条高速公路——沪嘉高速开始建设，到1999年全国已有1.6万公里的高速公路。在公路建设突飞猛进的情况下，长途客运也取得了很大发展。1980年全国公路旅客周转量只有729亿公里，大概相当于铁路客运周转量的一半多一点，甚至当年还有150亿公里的客运通过水路完成。但到了1999年已经增长了八倍，超出铁路旅客周转量50%，是水路运输的50倍以上。各种型号的国产客车在这一时期也呈现出了较大的增长。

在当时整个合资产品线中，1993年上市的铃木奥拓是其中最小的成员。这款车当时由中国兵器工业总公司统一规划，在重庆长安、吉林江北、湘潭江南和西安秦川四个原军工企业同时生产，但其中以长安奥拓最为出名。到2008年长安奥拓停产，累计销量有50多万辆，是最早进入工薪阶层的家用轿车。但生产时间最长的则是后来被众泰收购的江南奥拓，现在已经叫做江南TT。在小型轿车的级别中，当时的主要产品则是天津汽车的夏利。天津汽车从1986年开始就以CKD方式引入第二代大发Charade，之后经过跟丰田的谈判，终于又在1988年采用了技术引进而非合资的方式推出了基于1987年第三代Charade的国产夏利。夏利的累计销量超过100万辆。90年代中期以后取代了大发面包成为中国城市出租车的绝对主力，直到2000年以后才逐渐让位于“老三样”。由于中国消费者对于两厢“轿车”的需求明显弱于三厢款式，天津汽车又在丰田的协助下于1990年推出了三厢版的TJ7100U，整车轴距也有所加长，是中国市场最早的拉皮车。一汽大众的捷达原型是大众1984年推出的二代捷达，是中国第一款紧凑型轿车，虽然到1991年国产版本才上市，车型老旧但品质非常优秀，可以说奠定了后来中国家用车市场以紧凑型轿车为主流的格局。捷达到2012年停产，累计销售197万辆。由东风雪铁龙生产的富康型轿车在1992年上市，原型车是1991年雪铁龙推出的ZX，在当年是非常先进。富康的车身尺寸为4071×1702×1425 mm，采用1.36升66马力的发动机，于2008年停产，累计生产50多万辆。相比另外两位“老三样”成员捷达和桑塔纳，虽然富康的技术更新，但它的两厢造型使得它并没有获得同等程度的成功。因为中国消费者不喜欢两厢车，雪铁龙还给富康加了个箱体，变成了三厢车富康988。富康于1998年上市，尺寸跟捷达相近。家喻户晓的桑塔纳，原型车为 1981 年二代大众帕萨特。1983 年开始 CKD 生产，1984 年上海大众成立后便着手桑塔纳的国产工作。普桑从 1985 年第一辆桑塔纳下线至 2012 年停产时累计生产近 229 万辆，目前仍然保持中国单一车型产量最高的纪录，对很多人来说桑塔纳是整个 20 世纪 90 年代最鲜明的符号。1992 年还推出了桑塔纳旅行版，虽然旅行车在当时的中国并不受欢迎，但因为桑塔纳车系的流行，累计销量也有 10 万辆之多。1995 年，上海大众又推出了由巴西大众协助研发的桑塔纳 2000，尺寸比普桑更大。这是第一款针对中国市场推出的合资车型，也算是开了利用老旧平台稍加更新并研发出中国特供大尺寸车型的先河，虽然对之后中国汽车业的影响未必算好，但在当年却着实满足了很多中国中端消费者的切实需求。后来上汽又独自推出了桑塔纳 3000 和桑塔纳志俊的中期改款版本，到 2012 年停产的时候累计生产近 143 万辆。2000 年时，中国汽车销量还只有 208 万辆，也只是世界第八大汽车生产国，整个乘用车市场只有十余款车型可选。

而 10 年后的 2010 年，中国汽车销量就已经达到了 1800 万辆，几乎是 2000 年的 10 倍，中国市场可选的国产车型数量就超过百种，超过任何一个市场。从 2009 年开始中国取代美国成为第一大汽车销售国，同时取代日本成为第一大汽车生产国。伴随着汽车销量迅速增加，汽车普及率也大幅提高。1999 年时全国汽车保有量位 1453 万辆，其中私人汽车只有 500 万辆；而到了 2009 年全国汽车保有量 7619 万辆，其中私人汽车保有量 5218 万。相比 10 年前增长了超过 10 倍，而且此时每百户私人汽车保有量也突破了 10 辆。中国开始进入汽车社会，汽车开始全面普及。中国的城市也围绕着汽车开始重塑，20 世纪 90 年代的汽车贸易市场被一个又一个品牌 4S 店取代；老城市为了给汽车让路，道路不断拓宽，老房子和旧城墙被拆除。但即使如此，旧的城市规划仍然解决不了新产生的大量汽车的停车和拥堵问题。刚刚大规模普及的摩托车因为扰乱汽车行驶在城市被纷纷禁止，大量的自行车道被取消改为汽车道。那个年代高铁网络还没有真正发展起来，但高速公路里程却在 10 年间增长了 4 倍，达到 6.5 万公里。自驾成为极自由且舒适便利的旅行和旅游方式。

在这短短的10年时间里，中国汽车市场发展之迅速超出了国人的想象力。21世纪之初，市场从“两头大中间小”变成“中间大两头小”。因为当时的中国并没有真正的中产阶层，乘用车市场是两极分化的。20世纪90年代末最主要的购车用户是政府机关和企业用户，所以90年代末新一轮外资入华时，最先推出的是25万元以上的中高级轿车，包括雅阁、君威、帕萨特和奥迪A6等。2000年以后新推出的小型轿车又开始流行，比如羚羊、赛欧、派力奥和夏利2000，这几辆车加上“老三样”售价都在10万元左右。整个市场的中段几乎只有桑塔纳2000一款车型。

2002年以后，随着中国经济高速增长，城市中产阶层崛起，这个新具备购车能力的人群在规模上远远超过了富人阶层和公有单位，同时又不再满意于小型车的空间和品质。为了迎合这部分的需求，从宝来开始，尺寸和价位都居于中档的紧凑型轿车越来越多，到了2000年代末期已经成为市场的绝对主力。而随着生产规模的扩大和汽车价格不断下跌，紧凑型轿车和小型车的价格差距越来越小，也使得小型车的市场份额不断下降，最终紧凑型三厢轿车完全成为了中国人的购车标准。2008年上市的朗逸也是这个新潮流的最好注解。2004年上半年销量排行榜中只有捷达、普桑和凯越是紧凑型车，千里马、夏利和吉利是小型车，帕萨特、雅阁、君威、桑塔纳3000是中级车。2005年上半年销量前10名中有五款是微型车和小型车（夏利、吉利豪情、QQ、飞度和奥拓），还有中级车（雅阁）。

家用汽车的尺寸不断增加，这跟欧洲汽车市场的历史进程类似，在中国汽车市场迅速扩张的阶段中也出现了家用车尺寸不断增加的趋势。这个趋势体现在两方面，一方面家用车市场的级别升高，从以小型车为主开始慢慢过渡到了以紧凑型车为主；另一方面，“小型”和“紧凑型”各自的尺寸标准也有大幅上升。2000年的主流小型车是夏利、赛欧和羚羊，车长都在4米到4.1米之间，车宽在1.6米左右；而仅仅两年之后威驰这款类似今天新桑塔纳的小型加长轿车的上市，就已经大大提高了人们对于小型车尺寸的期待。到2006年，锋范和乐风等普通小型车的尺寸都已经跟威驰相仿，小型车的主流尺寸就增加到了4.3米左右，车宽1.7米左右，已经是2000年时紧凑型轿车的水准。到了2002年，主流的紧凑型轿车如宝来、富康988和捷达，车长仍然在 4.3 米左右，跟威驰在伯仲之间。但到了 2003 年以后，最畅销的紧凑型轿车如凯越、爱丽舍和伊兰特，车长都达到 4.5 米左右。

国产的家用轿车出现了一些特别的现象。第一，老车型换壳之后充当新车。早在 20 世纪 90 年代桑塔纳 2000 就是在老普桑基础上重新设计车身的产物。到了 21 世纪初这种方法更是被各大厂商应用。此外各家也很喜欢同时使用中期改款和换代，如果只是改款的车型，或者用“全新 ××”，或者换个名字变成新车。第二，多世同堂车型销售。起初国人在有限的预算下还要满足全家人的使用，对车的空间的需求远高于对车的品质和技术的要求。在这样的前提下车型换代以后，保留制造成本更低的老车款低价销售变成了一件厂商和消费者双赢的事。这种现象一直都有，但 20 世纪 90 年代中国市面上车型普遍较老，10 年以后老车型继续销售的现象又少了很多。所以 21 世纪初的中国车市正是多世同堂的顶峰。第三，两厢改三厢。大概从“文革”时期开始，中国人民心目中真正的轿车就是“两头平”，前有头后有尾才算一部轿车。20 世纪八九十年代引进中国的轿车，有不少却并不是三厢轿车。比如夏利、奥拓和富康都是两厢轿车，标致 505 则是旅行轿车。虽然其中有些也出了三厢版本，但那个年代计划经济的成分仍然很大，购车的决策权也多半不在私人手中，所以当时的市场并没有完全反映中国老百姓的喜好。进入 2000 年以后家用车市场崛起，车企很快就发现了两厢车不好卖，于是很多原本的两厢车型都被硬生生加了一个车尾，变成三厢在中国销售。第四，拉皮加长。针对一款车在一些地区推出加长版是从战后美国市场的奔驰就开始实行的，也有很多车型干脆就会有长轴距和短轴距版。但加长拉皮这件事，自从大众带了头以后在中国非常盛行。因为花低级别的钱可以买到更高级别的空间享受，受到消费者欢迎。特别是对于豪华品牌来说，在大部分国家只有到 S 级和 7 系才有的奢华后排空间，在中国在 E 级和 5 系上就有。但那段时间各种车型都在加长，有时候确实让人怀疑安全性、行驶品质、操控性是否能够保证。第五，自然吸气发动机仍然是主流，手动挡仍然是主流。虽然中国 1994 年就开始征收排量税，但直到 2008 年之前大排量汽车的税率都还不算太夸张。由于涡轮增压技术仍然比较落后，2.5 升以上的大排量 V6 发动机在 21 世纪初的中国仍然相对常见，帕萨特都还有 2.8 升 V6 的选择。

而紧凑型家用轿车几乎清一色的1.6升或1.8升自然吸气，而不像今天通用、福特、大众都已经全面转向涡轮增压，而丰田、本田、铃木和现代也都开始转型。第六，旅行车昙花一现。2010年的中国汽车市场虽然车型丰富，但高度同质化。半数以上的销量都是紧凑型三厢轿车。但在21世纪最初那几年，反而车型要相对更丰富一些。不但中型车、小型车和微型车比例更大，因为厂商还没想明白而推出的两厢车也更多，而且还有相当数量的MPV甚至是旅行车。虽然当时的国人的三厢车情结比今天更重，但因为那个年代经济条件有限，反而有更多人为了大空间而购买了这些多功能车辆。而等到2000年后人们收入逐渐提高，可以直接购买更大的三厢轿车，这些车型反而不受欢迎了。

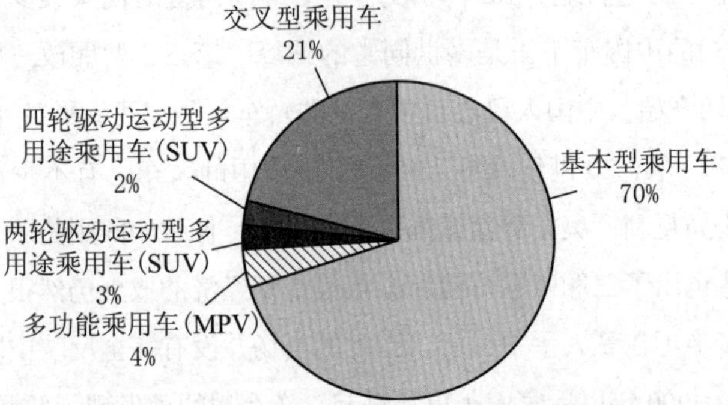

图 14.3　2005 年中国乘用车分车型销量比例

资料来源：中国汽车工业协会。

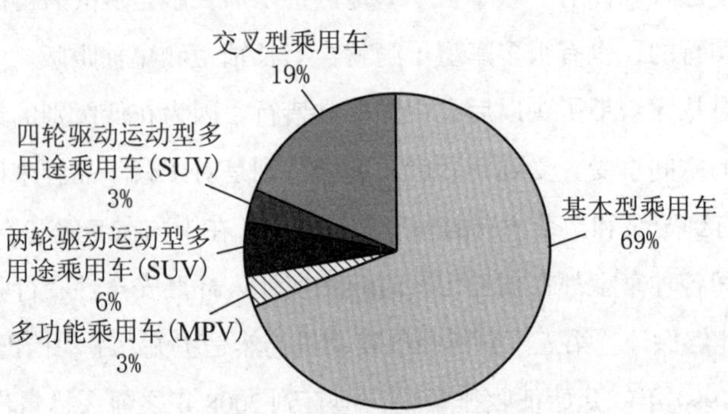

图 14.4　2010 年中国乘用车分车型销量比例

资料来源：中国汽车工业协会。

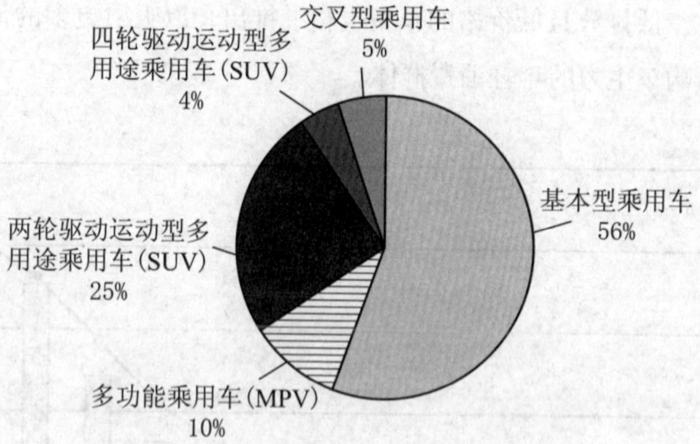

图 14.5 2015 年乘用车分车型销量比例

资料来源：中国汽车工业协会。

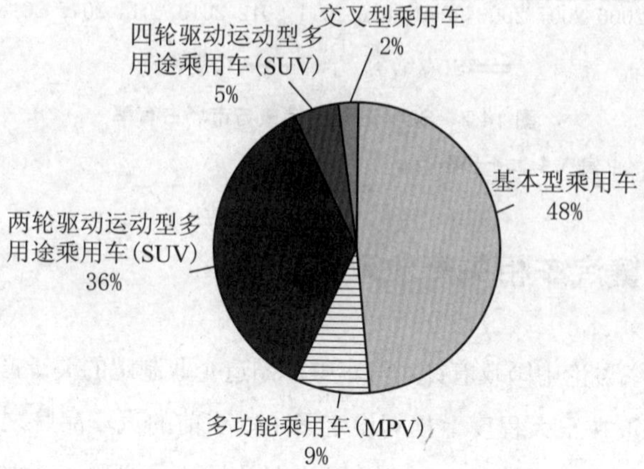

图 14.6 2017 年乘用车分车型销量比例

资料来源：中国汽车工业协会。

从上图可以看出 SUV 市场高速发展是中国乘用车汽车市场的一个重要趋势。图 14.7 列出了 SUV 车型的历年销量与市场占有率。2008 年受国际金融危机等因素的影响，SUV 销售的增幅一直较低。2009 年也没有出现显著的增长，在 2010 年市场回暖，实现同比增长 110%，此后一直保持较高增长水平。2013 年之后 SUV 销量势头迅猛，每年的增长率均在 40% 以上，2013 年甚至达到 52%。2017 年受到 1.6 升购置税减半政策的影响增长率有所收窄为 13%。但是整个 SUV 市场的竞争越来越激烈，优胜劣汰、款式越来越新颖、个性化、低排放且低价格的车型也相继推出，以吸引更多的消费者尤其是逐渐成为购车主力的年轻消费群体。

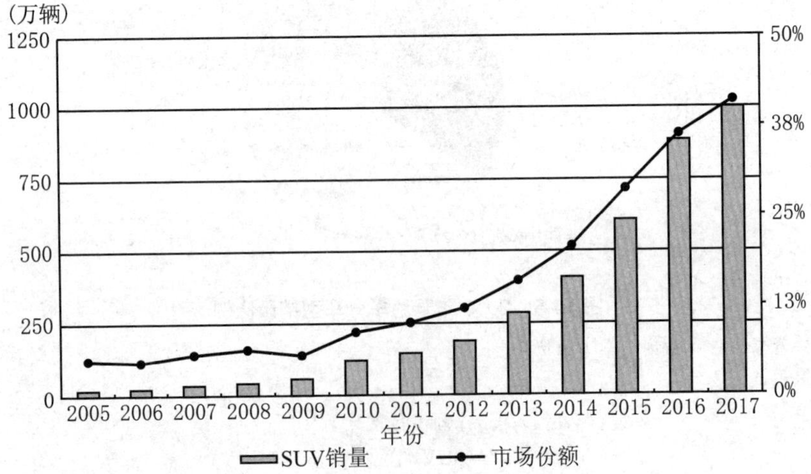

图 14.7　SUV 车型的销量与市场占有率

资料来源：中国汽车工业协会。

14.2　关键汽车相关产业政策分析

本章列举讨论中国政府针对汽车整车制造企业制定的关键产业政策。这一系列的政策在很大程度上规划设定了中国当前的汽车品牌之间的竞争格局。另外，税收政策调整（包括针对汽车排量的购置税、消费税，燃油税等）、新能源汽车发展规划等也间接影响了车型的需求与供给关系。

14.2.1 《汽车产业发展政策》

《汽车产业发展政策》于 2004 年更新发布。该政策旨在适应不断完善社会主义市场经济体制的要求以及加入世贸组织后国内外汽车产业发展的新形势，推进汽车产业结构调整和升级，全面提高汽车产业国际竞争力，满足消费者对汽车产品日益增长的需求，促进汽车产业健康发展，明确了将汽车产业发展成为中国的支柱产业。其中，第四十八条提到，汽车整车、专用汽车、农用运输车和摩托车中外合资生产企业的中方股份比例不得低于 50%。股票上市的汽车整车、专用汽车、农用运输车和摩托车股份公司对外出售法人股份时，中方法人之一必须相对控股且大于外资法人股之和。同一家外商可在国内建立两家（含两家）以下生产同类（乘用车类、商用车类、摩托车类）整车产品的合资企业，如与中方合资伙伴联合兼并国内其他汽车生产企业可不受两家的限制。境外具有法人资格的企业相对控股另一家企业，则视为同一家外商。此条款在一定程度上起到保护本土汽车工业的作用。

14.2.2 《汽车产业调整和振兴规划》

2009 年 1 月 14 日，中国政府实施了汽车产业和钢铁产业的调整及振兴规划。其中《汽车产业调整和振兴规划》从汽车消费、产业发展、科技研发、汽车流通和金融等各方面入手，是一个很全面的规划措施。汽车产业是国民经济重要的支柱产业，产业链长、关联度高、就业面广、消费拉动大，在国民经济和社会发展中发挥着重要作用。作为汽车产业综合性应对措施的行动方案，规划期为 2009—2011 年。其中的规划目标有八条：（1）汽车产销实现稳定增长；（2）汽车消费环境明显改善；（3）市场需求结构得到优化；（4）兼并重组取得重大进展；（5）自主品牌汽车市场比例扩大；（6）电动汽车产销形成规模；（7）整车研发水平大幅提高；（8）关键零部件技术实现自主化。另外配套发布了相关的汽车产业的促进政策。第一，减征乘用车购置税。自 2009 年 1 月 20 日至 12 月 31 日，对 1.6 升及以下小排量乘用车减按 5% 征收车辆购置税。第二，开展“汽车下乡”，推动汽车销售从城市延伸到乡村。第三，加快老旧汽车报废更新。第四，清理取消限购汽车的不合理规定。第五，促进和规范汽车消费信贷。第六，规范和促进二手车市场发展。第七，加快城市道路交通体系建设。第八，完善汽车企业重组政策。第九，加大技术进步和技术改造投资力度。第十，推广使用节能和新能源汽车。

该规划的实施首先有利于促进小排量汽车的快速发展，也有利于促进农村市场的开拓和发展，并且首次在中央政府层面提出促进发展新能源汽车的策略方向。

14.2.3 《汽车产业中长期发展规划》

2017 年 4 月 25 日印发的《汽车产业中长期发展规划》对于未来中国汽车行业，尤其是促进环保的新能源汽车的发展起到了重要的促进作用。该发展规划提到，到2020年，新能源汽车年产销达到200万辆；到2025年，新能源汽车占汽车产销20%以上。另外，2017年9月28日，工信部正式发布了《乘用车企业平均燃料消耗量与新能源汽车积分并行管理办法》，明确这一政策将于2018年4月1日起正式实施，并自2019年度起实施企业平均燃料消耗量积分核算。至此，新能源汽车“双积分”政策最终敲定。对传统能源乘用车年度生产量或者进口量不满3万辆的乘用车企业，不设定新能源汽车积分比例要求；达到3万辆以上的，从2019年度开始设定新能源汽车积分比例要求。在2019年和2020年，新能源汽车积分比例要求分别为10%和12%。2021年及以后的新能源汽车积分比例要求，由工业和信息化部另行公布。新能源汽车产业的发展意义重大，它涉及国家能源安全、节能减排、技术赶超、刺激经济发展等多重因素。

14.2.4 2009年和2015年汽车产业购置税优惠政策

在2008年国际金融危机的冲击下，我国出台了十大产业振兴规划，其中包括汽车产业。同时，为了鼓励小排量汽车的购买，我国在2009年1月20日至12月31日期间，对1.6升及以下排量乘用车施行减按5%征收车辆购置税政策。受惠于车购税优惠政策，我国汽车工业市场发展迅速，尤其是小排量汽车受到市场欢迎。中国汽车工业协会数据显示，2009年我国汽车销量达到1365万辆，同比增长46.2%，成为全球第一大汽车产销国。随后，我国比较谨慎地进行了刺激消费政策的退出，但并没有一下子将所有刺激政策取消，而是采取了逐步退出的方式，将减征车购税的优惠政策延续至2010年年底，但征收税率在2010年1月1日至12月31日期间调整为减按7.5%征收。2010年前11个月，我国汽车销量接近1200万辆，同比增长超过30%；车辆购置税收入也快速增长，完成1569.18亿元，同比增长53.3%。2015年9月29日，我国再次出台支持新能源和小排量汽车的发展措施，促进调结构扩内需。该救市政策对汽车市场起到进一步拉动作用，也折射出国家正在从多个方面实现促进消费、拉动经济增长的政策目标。此次政策的发布以完善新能源汽车扶持为目的，支持动力电池和燃料电池汽车等研发，开展智能网联汽车示范试点。

从2015年10月1日到2016年12月31日，国家对购买1.6升及以下排量乘用车实施减半征收车辆购置税的优惠政策。2017 年 1 月 1 日到 2017 年 12 月 1 日，再次延续了优惠政策，但征收税率在此期间调整为减按 7.5% 征收。2018 年 1 月 1 日开始，恢复 10% 的购置税政策。

对比两次小排量汽车购置税优惠政策，可以看到购置税的优惠对中国车市的产销量刺激作用非常明显。2009 年为了应对国际金融危机对车市的冲击，国家出台一系列购车优惠政策，极大地刺激了当年的汽车销量，在资本市场上也造就了当年汽车板块的牛市。2015 年政策边际效应或减弱，但依然有效。和 2009 年类似，我国经济现阶段面临一定程度的下行风险，汽车作为经济占比权重较大的产业，其销量的刺激对于提升内需尤为重要。然而和 2009 年不同的是，目前我国的宏观经济状况、交通拥堵情况和汽车的普及率都和当年有着较大的不同。具体来看，我国的限行限购城市数量在潜在增加。我国汽车行业的千人保有量已经从 2009 年的不到 50 辆上升为 2015 年的 100 辆以上。一、二线城市的汽车保有量受到了限行和限购及其他政策的影响，而一线城市是合资品牌的主要市场所在。2015 年的小排量优惠政策对于三、四线的购车的刺激作用更加明显，而自主品牌在此次优惠政策下最为受益。

表 14.1　2009 年与 2015 年中国汽车购置税优惠政策对比

		2009 年	2015 年
行业政策	汽车刺激政策	购置税减半	购置税减半
		汽车下乡	淘汰运营黄包车
		取消养路费	新能源车不限购，不限行
		农用，载客车报废更新	其他政策
	限购	上海	北京、上海、广州、深圳、杭州、贵阳、天津
经济形势	GDP 形势走势	6.2%—8.0%—10.4%—11.7%	7%—7%—6.9%—6.9%
	货币供给 M2	27.70%	13.30%
保有量	千人汽车保有量	21	91

14.2.5　汽车产业取消外资股比限制的时间表

2018 年 4 月 17 日，国家发改委正式公布了汽车产业取消外资股比限制的时间表。具体而言，2018 年我国将取消专用车、新能源汽车外资股比限制，2020 年取消商用车外资股比限制，2022 年取消乘用车外资股比限制，同时取消合资企业不超过两家的限制。通过五年过渡期，汽车行业将全部取消限制。此次时间表给了现有乘用车企业五年缓冲时间。从次序来说，实现从专用车、新能源汽车到商用车，最后到乘用车的落实顺序。

该政策在进一步扩大开放的同时，对于现有车企既有压力也有动力，毕竟自主品牌在中高级轿车、SUV 领域与合资、外资品牌尚有差距，为此必须提升产品质量、塑造品牌、改善性价比。五年后行业内的竞争将更加激烈。取消外资股比限制，将提高外资方的话语权，对各家车企的影响不尽相同。伴随新能源汽车领域取消外资股比限制，未来新能源汽车企业的工厂建设以及生产，或将不用再获取由国家发改委发放的新能源汽车生产许可。

14.3 汽车零售领域的重要结构性特征

汽车的销售过程受到诸多严格的限制，不仅是在中国，而且在美国、欧盟等发达国家和地区都有着适应本地政治与经济特性的管理办法。原则上，汽车生产企业不得直接将汽车销售给最终用户，必须授权并经由独立的销售企业开展销售服务与售后服务。这在中美欧之间是一致的。但是，在具体销售关系与合约中，各国之间有着明显的差异，表现在价格与非价格的条款设定。

中国的现有汽车销售网络基本来源于 2005 年商务部、国家发展改革委员与国家工商行政管理总局联合制定的《汽车品牌销售管理实施办法》。该办法直接约束了汽车品牌生产企业与经销商之间的合约关系，由此形成了通常所说的“4S 店销售模式”。虽然该办法已经在 2017 年被新的《汽车销售管理办法》（商务部制定颁布）替代，但是新办法的效果还未呈现，中国汽车零售的纵向格局与网络还基本保持原有形态。

本章先总结经济学中有关经销合约安排的争论，再重点分析讨论 2005 年的品牌销售管理办法，以及由此产生的利益格局和经济问题。之后，再简要讨论新办法的可能效果。

14.3.1　汽车经销合同中的经济学问题

汽车的销售过程不是一个简单的批发与零售过程。品牌企业授权经销商代为销售，这就涉及一个委托—代理的非对称信息问题。一方面，经销商更加掌握本地的市场需求特征，也能够控制自身的销售成本，这都是他们的私有信息，上游品牌企业不能完全准确获取该类信息。另一方面，上游品牌企业与下游经销企业是不同的利益主体，这就使得下游企业的行为很可能偏离上游企业的经营目标，例如下游企业可能会将车价抬高，有损于上游企业的销量目标。因此，简单的批发价格合同不能有效调整上下游企业之间的利益，也不能实现整个供应链的利益最优。这也就是汽车的供货价格呈现复杂的非线性关系的基本原因。非线性价格能够起到一定的激励相容的效果，从而能够促使销售企业在维持自身利益的同时，促进品牌企业的销售。

另外，汽车品牌企业通常会直接或间接控制经销商的最终零售价格，即经济学中研究的"转售价格维持"问题，还有着很多的非价格的限制条款，例如 4S 店只能经销一个品牌的产品，经销的地理区域受限制等。有关这类问题的争议不仅出现在经济学文献中，也是法律领域特别是竞争法领域一直关注的焦点。Smith（1982）与 Zanarone（2009）针对美国与欧洲市场的讨论是其中的代表。

从促进效率的角度来看，经销企业从销售中实现自身的利润，但是也必须为此付出必要的售前服务，例如提供良好的展厅、雇用专业的销售与技术员工，这些成本的付出并不一定能够换来销售。当经销企业面临同品牌的其他企业竞争，即"品牌内竞争"，是通过进一步投资提升服务水平来赢得消费者，还是通过降价，就成为一个重要的策略选择问题。提升服务水平，尤其是售前服务，能够提升品牌的价值，该价值也会传导给其他的同品牌经销商，这是售前服务的正外部性。如果其他经销商因为获取了该外部性影响而逃避售前服务，通过降价也能够获得消费者，这对于提供服务的经销商是一个不合理的结果。均衡状态下，正是由于正外部性的存在，会减少销售企业提供售前服务的意愿，促使他们专注于品牌内的价格竞争。服务的减少不利于品牌企业与其他品牌的竞争，这在汽车这种商品的销售中尤为重要。因此，从促进品牌间竞争、鼓励经销商提供服务的角度，一定的转售价格约束有促进市场效率的作用。

另一方面，转售价格维持直接表现为上下游企业之间的一种价格约定，通过上游企业的协调，削弱了下游企业之间的价格竞争，有可能阻碍市场竞争，不利于消费者利益。

非价格约束的问题较为复杂。此处简要讨论销售区域与排他代理（exclusive dealing）的争议。

一般认为销售区域限制能够起到保护经销商利益的作用，从很大程度上吻合转售价格维持的效率目标。但是，销售区域限制与转售价格维持联合使用可以实现三级价格歧视的效果，这又成为一个富有争议的话题。另外，是否为区域独家经销商会表现成为一个授权垄断现象（虽然还可能存在品牌间的竞争），而且 Rey 和 Stiglitz（1995）认为区域独家经销是一个促进品牌间价格合谋的策略，有碍竞争。

排他代理是指汽车经销商只能代理单一品牌。这是中国 4S 店模式的一个核心特点。排他代理有利于促进经销商针对单一品牌的专属性投资，例如更好了解该品牌产品的特性，提供更有针对性的售前售后服务，有利于提升业务质量（Segal and Whinston，2000）。另一方面，Nurski 和 Verboven（2016）通过研究欧洲市场禁止排他代理的市场前后变化，发现排他代理会导致汽车价格上升的有碍竞争效果。Lafontaine 和 Slade（2008）通过总结文献中相关研究，认为（政府）强制的排他代理与企业自愿的排他代理效果截然不同，强制代理模式更可能起到提高价格、损害消费者的效果。

在汽车品牌销售过程中，还必须注意到合约双方力量的不对称。在大多数品牌销售中，上游的生产企业要拥有远远大于经销商的势力。这就造成汽车品牌生产企业出现“机会主义”可能性（McAfee and Schwartz，1994）。例如，如果某独家经销商开拓了某个新市场后，品牌企业可能会愿意引入新的经销商，从而使得原先的经销商无法按时回收前期的营销投入；车企也可能会出于转嫁财务负担的原因，迫使下游经销商积压库存，甚至是采购滞销车型。这些潜在的问题导致美国主要的州政府都会保护本地经销商（Lafontaine and Morton，2010）、约束车企开设新经销商、解除现有经销商等，并且要求赔偿被解除经销资格的企业。

14.3.2 《汽车品牌销售管理实施办法》与中国的 4S 店模式

毋庸置疑，2005 年起实施的《汽车品牌销售管理实施办法》塑造了中国的汽车销售网络。该办法的核心是约束经销商的行为，其第三条定义为“汽车品牌经销商是指经汽车供应商授权、按汽车品牌销售方式从事汽车销售和服务活动的企业”。第九条约定品牌经销商除了需要具备必要的经营资质以外，还需“获得汽车供应商品牌汽车销售授权”；“使用的店铺名称、标识及商标与汽车供应商授权的相一致”；“具有与经营范围和规模相适应的场地、设施和专业技术人员”，等等。第四章品牌经销商规范又进一步详细约定了经销商必须在供应商指定的范围内从事经营行为，并且还需将客户记录及时反馈给供应商。在该办法下，汽车经销商承担了汽车整车销售（Sale）、零配件（Sparepart）、售后服务（Service）和信息反馈（Survey）的职能，因此也就称为 4S 店。

从这些条款中，我们可以看出该管理办法将更大的经销合约谈判优势赋予了上游供应商。经销合同的设定，无论是激励性内容还是约制性甚至是挤压性的条款，都会在最大程度上反映供应商的利益与整体策略安排。对于消费者的好处是能够保障汽车质量可靠，避免中间销售环节出现的损害质量行为。这在当时的市场与产业背景下，特别是汽车产销量高速增长的情况下，显然是有必要的。

虽然经销合同是在车企与 4S 店之间签署，4S 店背后的投资人，特别是逐步壮大起来的经销商集团也有着各自不同的实力。4S 店必须专营一个汽车品牌，经销商集团却可以同时投资多个品牌的 4S 店。另外，经销商集团往往可以借助其地域优势，吸引品牌的关注。以 2011 年为例，年销售额超百亿元的经销商有 21 家，超 500 亿元的有 3 家。

Xiao 和 Ju（2016）研究了中国汽车市场上车企与经销商集团在规划地域独家与排他代理之间的关系。地域独家是车企的决策，是否赋予某经销商集团在某市的唯一代理权；排他代理是经销商集团的决策，是否在某市仅开设某品牌的 4S 店，而不开设其他品牌的销售渠道。获得地域独家的经销商集团显然能够独占品牌销售的零售利益，而排他代理则有助于品牌企业在当地获得一定的优势地位，尤其是当该经销商集团拥有相当的地域销售控制力。

通过考察 99 个汽车品牌、11761 家 4S 店在 329 个城市的分布情况，笔者发现地域独家与排他代理存在显著的负相关关系。也就是说，给定其他条件，品牌企业更愿意将区域独家权利赋予那些同时经营其他品牌的经销商集团；而如果经销商集团选择该品牌作为排他经营对象，品牌企业更愿意在当地发展多家经销代理。

如此的负相关关系说明这两个决策并不是出于相互补偿的目的，而更大可能是来自提高经销效率的角度。如果经销商集团已经经营了多个品牌代理，那么赋予其区域独家权利，能够更加促使其提供针对该品牌的经销努力。另外，多品牌的经销商也反映了该经销商在当地市场上的优势地位。

Xiao 和 Ju（2016）的研究借助可以观察到的经销网络布局，从效率的角度解释了两类非价格合约的原因。未来的研究如能收集到汽车销售的真实价格与 4S 店层面的销量数据，则可以进一步探查非价格合约对于价格的影响。

14.3.3 《汽车销售管理办法》

在 4S 店模式下，车企与经销商之间的势力更为不平衡，经过多年、多方的角力，2017 年商务部修订了原有管理办法，颁布了《汽车销售管理办法》。

新办法试图打破“厂家授权销售体制”，通过鼓励授权销售与非授权销售并行的销售体制，鼓励新销售模式探索，希望能够促进品牌间的竞争。但是，由于上下游企业力量的不对等，现有网络的惯性作用，特别是新办法中没有提及在出现争议后如何保护弱势企业的方法，该新办法能否真正起到促进竞争的效果，还需进一步观察。

14.4 总结与讨论

本章回顾了中国汽车产业的产销量与车型结构变化，总结了影响中国汽车市场横向与纵向结构的关键政策，而且主要是针对整车的生产与销售。中国汽车市场的迅猛发展得益于需求方的购车意愿与能力的增长，也得益于供给方的各类发展型的产业政策与渠道管理政策。

有关中国汽车市场的争议还有很多，而且大多围绕着以下问题：（1）车价问题。同等车型，中国市场价格要远高于欧美市场；配置越高，价差越大；而且此价差不能完全由税收差异解释。另外，售后服务价格偏高，集中表现为“零整比”普遍高于欧美市场的 300% 水平，很多车型在中国零整比能高达 1200%。（2）车型问题。作为世界最大的汽车市场，较好的车型还是完全依靠进口，而非本土生产。（3）社会问题。汽车消费带来很多社会外部性，例如污染、城市拥堵等。这些都是值得未来进一步开展学术研究与政策讨论的领域。

| 参考文献

［1］瞿宛文：《超赶共识监督下的中国产业政策模式——以汽车产业为例》，《经济学季刊》2009 年第 2 期。

［2］Lafontaine，F. and F. S. Morton，“State Franchise Laws，Dealer Termination，and the Auto Crisis.” *Journal of Economic Perspective* 24（3），233—250.

［3］Lafontaine，F. and M. Slade（2008），*Empirical Assessment of Exclusive Contracts*，In Handbook of Antitrust Economics，ed. P. Buccirossi. Cambridge：MIT Press.

［4］Maskin，E.，and J. Riley，“Monopoly with Incomplete Information.” *RAND Journal of Economics* 15：171—96.

［5］Mussa and Rosen，“Monopoly and Product Quality.” *Journal of Economic Theory* 18：301—317.

［6］Mathewson，G. and R. Winter，“An Economic Theory of Vertical Restraints.” *RAND Journal of Economics* 15：27—38.

［7］McAfee，R.P. and M. Schwartz，“Opportunism in Multilateral Vertical Contracting：Nondiscrimination，Exclusivity，and Uniformity.” *American Economic Review* 84（1）：210—230.

［8］Nurski，L. and F. Verboven，“Exclusive Dealing as a Barrier to Entry? Evidence from Automobiles.” *The Review of Economic Studies* 83（3），1156—1188.

［9］Rey，P. and J. Tirole，“The Logic of Vertical Restraints.” *American Economic Review* 76：921—939.

［10］Rey，P.，and Stiglitz，J.，“The role of exclusive territories in producers' competition.” *RAND Journal of Economics*，26（3），431—451.

［11］Segal I.R. and M. D. Whinston，“Exclusive Contracts and Protection of Investments.” *RAND Journal of Economics* 31（4）：603—633.

［12］Smith，R. L.，“Franchise regulation：An economic analysis of state restrictions on auto-mobile distribution.” *Journal of Law and Economics*，25，125—157.

［13］Xiao，J.，and Ju，H.，“The determinants of dealership structure：empirical analysis of the chinese auto market.” *Journal of Comparative Economics* 44（4），961—981.

［14］Zanarone，G.，“Vertical restraints and the law：evidence from automobile franchising.” *Journal of Law and Economics*，52（4），691—700.

（本章主持及执笔：居恒、王璟栗）

第 15 章　改革开放以来中国房地产业的发展与展望

本章提要：

房地产是城市经济活动的物质基础，房地产的本质是城市空间的资本化，房地产业以城市空间资本化为前提，是围绕着资本对城市空间的开发与利用而展开的一个产业。在各主要市场经济国家来说，房地产业都是一个举足轻重的产业。中国的房地产业在改革开放以来的 40 年中经历了从无到有的蜕变、呈现了从小到大的巨大飞跃式发展。改革开放以来中国房地产业所走过的发展历程和制度变迁，是中国社会主义市场经济诸多典型特征的一面镜子，对深化理解这 40 年来中国社会经济的发展轨迹具有重要启示，对展望未来中国社会和经济发展趋势也有诸多裨益之处。

房地产 80% 以上是住宅房地产，为此房地产业的出现需要以住房变成可买卖和可投资的商品为前提基础。以 1978 年 9 月，邓小平关于住房问题讲话为标志的中国城镇住房制度改革，[①] 与中国经济社会整体的改革进程几乎同时起步和启动。可以说，城镇住房制度改革是我国 1978 年之后城镇领

① 1978 年邓小平在视察大庆油田和北京前三门新建公寓住宅楼时提出，“解决住房问题能不能路子宽些”。资料来源：央广新闻，回首房改 20 年：1998 年福利分房制度寿终正寝，http://china.cnr.cn/ygxw/201407/t20140718_515950768.shtml。

域诸项改革中最先酝酿、最先启动的改革，但也是进程最曲折、反复最多、变革最为激烈、市场化完成程度很高的一项改革，所取得的成就巨大，但当前争议又是最多的。中国城镇住房制度改革的最初设计就是让住房从不可交易买卖、只能实物分配的福利品变成货币化的商品，但在市场经济条件下又不可避免地逐步演变成金融属性很强的投资品，吸引了大量资金进入住房市场领域，创造了很多产业投资机会。中国城镇住房商品化的实现，是中国整体经济市场化改革的重要组成部分，不仅催生了房地产业这个巨大的产业，也对国企经营机制转换、劳动力市场发育和人口自由流动、加快城镇化、积累居民财产乃至扩展金融发展空间等诸多方面都具有十分重要的前置性意义。

房地产的可交易性，以土地所有权的可交易性为先决条件。中国城市土地要素从计划经济时代的划拨和免费使用，到使用权的市场化交易与转让，同样是中国市场经济发展的根本性制度要求之一。

回顾这 40 年历史，中国房地产业出现和发展的根本推动力，以及所产生的矛盾和问题，既来自不同时期经济社会发展需求对城镇住房与土地所扮演角色的不同要求，也来自不同时期不同执政理念对城镇住房属性和城市土地性质的不同认识。

本章以聚焦 40 年来中国城镇住房与土地“商品化—货币化—金融化”的历史演变过程为切入点，阐明中国房地产业在不同时期的动因与约束条件，进而推演其未来发展趋势，并就完善房地产领域的公共治理提出相应的政策建议。

15.1　中国房地产业的萌芽与成长：1978—2018 年

中国房地产业以城镇住房从福利品到商品的转变为前提，也跟城镇土地使用权的市场化出让休戚相关。先是经历了 20 世纪 80 年代提租与售房的改革初探与挫折、20 世纪 90 年代的双轨制并存时代等诸多曲折，直到 1998 年中央政府在内外部压力冲击下而全面停止城镇福利分房，才让中国城镇住房制度商品化货币化改革取得决定性意义的破冰。但当 21 世纪中国城镇住房进入全面商品化、货币化、社会化时代后，在全球化、市场化、自由化、金融化等潮流的冲击下，加上土地资本化在中国城镇化和工业化中的特殊融资杠杆作用，导致城镇住房快速出现金融化的特征，为此城镇住房领域很快就面临房价持续高涨、中低收入家庭住房可支付能力不足、住房不平等拉大、住房财富分化加快、房地产市场投机泡沫严重等诸多新挑战，不仅给宏观经济稳定和金融安全带来巨大的风险隐患，也造成了城乡新二元结构加剧、社会阶层分化等诸多社会问题。中国城镇住房制度变迁的主线，是住房属性在不同时期被重新定义和再认识。

15.1.1 城镇住房制度改革的背景

新中国成立之初在经济建设上采取指令性计划经济模式，对基本经济资源实行国有制基础上的公有制形态。

新中国刚成立时，百废待兴，但对城市住房私有制暂时采取了容忍态度。大规模的各种模式的城市私房公有化改造主要在1956—1959年完成，到1964年7月中国政府正式宣布私人租赁性质的住房关系基本不再存在了[①]。官方曾经公布，1956年到1965年这个时期被纳入改造的私房共62.41万户，面积11648万平方米[②]。到1978年，我国城镇住房中74.8%为公有住房。

恩格斯认为，房租不仅理应补偿房屋的损耗和资本折旧，还应该包括地租。而新中国成立之初，政府也是要求对租房，哪怕租赁公房，支付合理租金的。1951年国家把房租支出比重确定为全部工资的7.48%，1955年定为家庭收入的4.2%。还值得一提的是，1957年经济学家苏星在《学习》上发文《论房租和住宅问题》，文中明确提出，住宅具有商品属性，住宅是商品，要用市场手段经营（苏星，1957）。可见当时对住宅具有商品属性的看法并非少数。但1956年以后，在片面强调住房福利品的思想影响下，“以租养房”的思路被淡化，甚至被否认。尤其在“文革”期间，在体现社会主义优越性的口号下，各大城市公房租金标准更是全面失控（侯淅珉等，1999）。1975年城市居民住房

① 《国家房产管理局对国务院批转的关于私有出租房屋社会主义改造问题的报告的说明》（1964年7月15日），载房产通讯杂志社1982年编印：《国家房地产政策文件选编》（1949年—1981年），第299页。

② 1985年2月16日城乡建设环境保护部印发《关于城市私有出租房屋社会主义改造遗留问题的处理意见》的通知（城住字〔85〕87号）。

支出占城市家庭总支出比例平均为 2.3%，1978 年为 1.92%（中国统计年鉴，1992）。70 年代末，全国城市每月公房租金是 0.13 元 / 平方米，还不到维护成本的一半（于思远，1998）。最终，“低租金加高补贴”和“象征性房租”取代了“以租养房”成为中国计划经济时代城市公房使用的通行标准。

“文革”期间，中国的城市房产、住宅建设管理体制遭到严重破坏。1969 年国家房管局被撤销，全国城市房产住宅建设管理体系陷入瘫痪。1975 年 10 月 8 日，国家建委发出《关于加强城市房产管理工作的通知》，才让全国城市房产住宅建设管理体制逐渐得到恢复（中国住房杂志社，2009）。

纵观计划经济时代，中国在城镇地区对国有部门实行福利性质的公有住房实物分配制度，是以“高积累、低工资、低消费”来配合赶超型经济发展战略的重要体现。然而，由于不承认住房的商品属性，长期实行无偿分配和低租金的福利住房体制，资金只有投入没有回收，住房的投融资机制被严重扭曲。根据中国统计年鉴数据，1950—1978 年中国包括农村住房在内的住房总投资累计只有 362.5 亿元，年均住房建设投资 13.1 亿元，仅占同期累计基本建设投资的 7.5%（1958—1960 年和 1966—1971 年都低于 5.5%），仅占 GDP 的 0.7%（1952—1978 年期间）。作为对比，同期国际上住房投资一般占到总投资的 20%—30% 和 GDP 的 3%—8%。

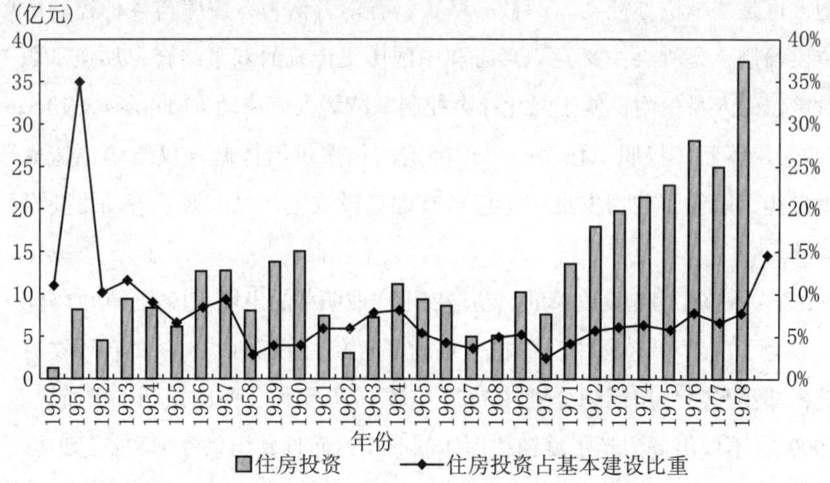

图 15.1　改革前中国住房投资及占基本建设比重（1950—1978 年）

资料来源：基本建设投资与住房投资原始数据来自朱亚鹏（2007）。

住房投资严重不足导致 1978 年末中国主要城市都面临严重的住房短缺。根据中国统计年鉴数据，1978 年中国城市住宅面积为 14 亿平方米，为 1950 年的 2.2 倍，但远远赶不上城市人口增长的速度，城市人口同期增长了 2.5 倍，1978 年末达到 1.7 亿。这样中国城市人均居住面积反而由 1950 年的 4.5 平方米下降到 3.6 平方米（人均建筑面积 6.7 平方米），缺房户 869 万户，占当时城镇总户数的 47.5%（于思远，1998：297）。1978 年当年，全国新建住宅建筑总面积只有 1 亿 3800 万平方米，其中城镇只有 3800 万平方米，这意味着当年人均新增住房建筑面积仅为 0.1 平方米。如果再考虑到房屋折旧，人均的住房条件实际上是基本没有得到任何改善反而可能是下降。同时由于没有经济利益激励，建成的公房设计也非常简单，建筑质量低劣，配套简陋不全；已有公房也往往年久失修，残破不堪。住房问题已经到了十分紧急的时刻，严重影响人们的正常生活和工作，这迫使政府必须对住房制度采取有力改革措施，比如对住房的投融资体制进行改革。

还需要特别指出，中国计划经济时代的公有住房，以单位所有制为基础，这显著区别于苏联及东欧其他社会主义国家的公房以国家所有为主的制度（Malpass & Murie，1999）。公房的单位供给制，与教育、医疗、养老的单位供给制度一样，是当时“单位办社会”的社会建构理念的必然产物，也是“单位办社会”的核心基石。有学者认为，住房与各种福利的单位供给制，是社会主义意识形态和中国历史传统的双重结合，加强了职工对单位的人身依附，便于强化社会控制和减缓人口流动（Malpass & Murie，1999）。然而，将职工住房与单位绑定的住房供给体制不仅给单位造成严重负担，制约了住房发展中本应该有的规模效应，也束缚了劳动力要素的流动。

15.1.2　城镇住房制度改革的启动与房地产业萌芽的出现（1978—1997 年）

为了应对严重的住房危机，也为了经济建设为中心的改革开放的护航，邓小平对住房问题分别在 1978 年和 1980 年作了两次谈话（侯淅珉等，1999），不仅由此启动了城镇住房体制改革，而且其构思深刻和长远地影响了后来房改的基本思路。可以说，城镇住房制度改革是我国城镇领域诸项改革中最先酝酿、也是最先启动的，远在“放权让利”等城镇国有企业改革设想之前就有了基本构思。邓小平的两次住房问题谈话，在后面近 20 年一直为住房改革指引着方向，显示了伟人的超凡预见性。

中国最开始的住房改革跟英国 20 世纪 80 年代的市政住房私有化运动、苏联和东欧转型经济国家 90 年代的公房私有化浪潮有很多类似之处，都是政府力图在最短时间内甩掉福利住房这个沉重的财政负担（Stephens et al., 2015）。所以在改革初期，国家围绕如何出售公房或提高租金进行诸多的探索与尝试。其中共同的核心问题就是，当住房长期被当作福利品后，如何重新确认住房的商品属性和恢复其金融属性。

这一时期的改革措施包括：第一，公房出售。作为向住房商品化的阶段性改革措施，虽然效果不甚理想，但是让政府意识到了租售平衡的重要性；第二，提升个人在住房投资中的作用。除住房投资转变为国家、集体、个人三方共同承担以外，国家对于自建住房的鼓励也使得个人住房投资的积极性大大增加；第三，土地制度的重新确立。总体上，该阶段采取的措施主要是为全国范围内住房改革的推行积累经验。

这一时期，由“暗补”转“明补”的政策确实从一定程度上避免了房改可能造成的社会震荡，同时城镇居民在住房观念上也开始产生了一些变化。另外，在 80 年代中期，就住宅本身来说也发生了一些变化，由严格的自上而下的住房标准和范式变成了在控制标准范围内的多样化，同时将“套”的概念引入了住房标准，使得住房建设更加规范。

经过 1979 年年末到 1986 年对于住房理论的热烈讨论，理论界达成了共识：住宅作为个人消费品可以成为私有财产，可以买卖。因此，1986 年《关于第七个五年计划报告》中提到“要结合工资调整，研究、确定合理的房租和住房销售价格，以利于逐步推行住宅商品化”，这是“住宅商品化”概念第一次在政府文件中出现。另外，1988 年到 1997 年期间，由于中央政府在住房补贴上的财政负担急剧增加（杨鲁、王育琨，1992），前一阶段的政策不得不再次作出调整。因此，在已有的政策条件和现实背景下，中央政府又连续开展了三轮的全国性房改。

这一阶段房改体现“以售带租”的特点，房租加速上调。1991—1992 年，全国公房平均月租金从 0.08—0.13 元 / 平方米上调到 0.20—0.50 元 / 平方米

（朱亚鹏，2007）①。此外，还有几点重要突破：强调新房新制度，新生住房体系要以市场为导向，希望用渐进原则重组住房中国体系；同时在出售公房方面作出新动作，以市场价格购买者可以获得完全产权，可自由流通转卖，以标准价购房者也可获得部分受限制的产权，这意味着住房第一次成为居民可以积累的资产财富，从而激发居民购房热情；同时，在鼓励多方集资进行住房建设方面也出台诸多政策；另外，各地住房政策创新热情很高，并且相互学习交流。这些举措标志着中国房改已从探索和试点阶段，进入整体推进和综合配套改革的全面起步新阶段。

1992年年初，在邓小平南方谈话的带动下，我国经济整体的对外开放及市场化改革的步伐加快。在房地产领域，全国房地产价格管制放开，政府审批权利部分下放，金融机构开始发放房地产开发贷款，借助宏观经济的“加快改革开放建设步伐”的大环境，中国房地产市场进入了快速扩张期。1992年11月，国务院发布《关于发展房地产若干问题的通知》(国发〔1992〕61号)，首次明确了房地产业的经济地位：“房地产业在我国是一个新兴产业，是第三产业的重要组成部分，随着城镇国有土地有偿使用和房屋商品化的推进，将成为国民经济发展的支柱产业之一。”

1992年后全国经济高涨，房地产过热，全国房地产开发投资在1992年和1993年的增长速度分别为117.5%和165%，新建商品房屋销售面积的增长速度分别是41.76%和55.94%，1993年新建商品房屋平均销售价是1291元/平方米，比上年上涨26.52%，当年再度上涨29.84%。房价持续高涨，带来政府的住房补贴严重不足，以提租为重点的房改难以如预期推进（李剑阁、任兴洲，2007）。

1993年11月，第三次全国房改会议中，“出售公房”取代“提租”成为又一轮改革的侧重点。意想不到的是，12月，大范围的低价售房再一次出现，售出的300万平方米公房平均价格仅为130元/平方米，严重违背了中央期望（李剑阁、任兴洲，2007）。1993年底国务院叫停公房出售，1994年

① 但由于同期城镇人均收入的增长速度更快，城镇居民平均的住房支出占生活费收入比重在1985—1992年之间反而逐年下降，从1985年的1.71%下降到1991年的1.2%，1992年略有提高也仅有1.36%（根据各年《中国统计年鉴》计算）。

初停止审批地方房改方案。本轮全国性房改也到此宣告终结。

1994 年我国改革开放进一步全面深化。党的十四届三中全会后，市场被确立为各项经济活动的主要运行机制。与此对应，1994 年 7 月国务院发布《关于深化城镇住房制度改革的决定》(国发〔1994〕43 号)，确定房改的根本目的是：建立与社会主义市场经济体制相一致、以市场为导向的住房制度，彻底实现住房的商品化、社会化，包括到住房的投资、融资、分配和管理各个环节。提出住房制度改革要坚持配套、分阶段推进。该《决定》强调“加快住房建设和推进城镇住房制度改革是各级人民政府的重要职责”。该《决定》鼓励集资合作建房，继续发展住房合作社，加快城镇危旧住房改造。在住房融资方面，首次提出全面推行住房公积金制度；积极发展住房金融和住房保险，建立政策性和商业性并存的住房信贷体系。

可以说，整个 20 世纪 90 年代，中国商品住房市场都在夹缝中默默地茁壮成长。同时，一大批房地产开发企业、中介服务企业、物业管理企业也相继出现 (侯淅珉等，1999)。住房双轨制逐步形成。

然而，20 世纪 90 年代中期，我国经济环境和住房市场发育都受到重创。1995 年海南房地产泡沫破裂，1996 年房地产业出现了全面的巨额亏损，1997 年亚洲金融危机爆发。在一系列轮番打击下，中国城镇住房制度改革与房地产市场发育都十分缓慢。

但是由于住房体制中的分配体制未发生根本变革，不少单位仍实行住房实物福利分配方式，人们仍然能够从国有住房体系中获益，使得对商品住房的需求增长比较缓慢。同时，长期的低工资制度也制约了人们对商品住房的有效需求能力。由于没有住房金融工具的配合，尤其是商业个人住房贷款的缺失，商品住房的发展在 1994—1997 年间遇到瓶颈，新建商品住房销售面积年增长率分别只有 1.3%、10.9%、1.6%、14%，停滞不前。

15.1.3　房地产业的障碍扫除和支柱产业地位的确立 (1998—2002 年)

从 1996 年开始，随着国内外经济形势的变化和短缺经济的告别，扩大内需和寻找新的内需增长点成为经济增长的当务之急，住宅房地产被认为是最有可能的新的经济增长点之一，住房制度改革也由此注入了新的驱动力和内容。1996 年，“住房建设是国民经济的新增长点”的观点得到国家计委和财政部的呼应，被主持国务院工作的朱镕基副总理所接受。[1]1997 年 9 月，党的十五大报告提出积极培育新的经济增长点。1997 年亚洲金融危机的爆发意外地促成了中国城镇住房制度的破冰，为房地产业的大爆发奠定基础。

1998 年是中国住房制度改革和房地产业发展史上历史性的一年。1997 年亚洲金融危机爆发，出口低迷、外需暴跌，而内部由于市场经济的大发展已经总体上告别了短缺经济。为了应对当时的国内外经济挑战，中国中央政府决策层达成共识，需要尽快找到新的内需增长点来替代外需成为经济增长的引擎，其中关键发力点就是将城镇住房彻底商品化以创造新的内需、由此把房地产业尽快培育成新的经济增长点。中国城镇住房制度改革与房地产业都由此迎来了历史性的发展机遇。同时，根据之前的改革经验，中央政府切实地认识到，在当时背景下必须将与计划经济相适应的实物福利分配住房制度彻底取消，才能让住房商品化社会化改革真正进行下去。

为达到这个目标，一系列配套政策开始紧锣密鼓地出台。1998 年 4 月 7 日，中国人民银行出台《关于加大住房信贷投入，支持住房建设与消费的通知》(银发〔1998〕169 号)，明确提出要全面实行购房按揭政策，鼓励住房消费，为推行住房全面商品化货币化改革做好融资方式的配套。中国人民银行随即于同年 5 月 9 日颁布了《个人住房贷款管理办法》(银发〔1998〕190 号)，鲜明地提出，这是“为促进住房消费，支持住房产业成为新的经济增长点，改善银行信贷资产结构”。同年 6 月，全国城镇住房制度改革与住宅建设工作会议上提出四项改革重点：改革城镇住房分配体制，停止住房实物分配；建立以经济适用房为主题的多层次住房供应体系；促进住房金融发展；逐步培养和规范住房交易市场。

1998 年 7 月 3 日，国务院下发《关于进一步深化城镇住房制度改革加快住房建设的通知》(国发〔1998〕23 号)这个历史性的里程碑文件。该《通知》要求全国城镇从 1998 年下半年开始停止住房实物分配，全面实行住房分配货币化，同时建立和完善以经济适用住房为主的多层次城镇住房供应体系。该《通知》明确提出，“加快住房建设，促使住宅业成为新的经济增长

① 孟晓苏：《城镇住房制度改革是逼出来的》，《证券时报》，2018 年 5 月 24 日。

点，不断满足城镇居民日益增长的住房需求”。该《通知》的颁布是我国房改的突破性标志，其实施标志着我国住房体制进入到了市场全面主导的新阶段。随后中国房地产市场大热，当年 7—10 月新建商品房销售面积同比增幅都在 50% 以上，短期内几乎消化了全国的所有存量空置房。1998 年全国新建商品住房销售面积 37.67%，是 1997 年 14% 增幅的 2.7 倍之多。

1998 年房改立即推动了巨大的公房私有化浪潮，也带来了巨大的财富转移。来自国家统计局城镇家庭调查（UHS）的数据显示，1990 年早期的房改已经推动了相当一部分城镇家庭通过市场化途径拥有了自己的住房。但在 1998 年房改之前，公房租赁家庭比重只从 1993 年的 69.76% 缓慢下降到 1997 年的 56.72%，仍然占据城镇家庭的绝对多数，从绝对规模上还从 5900 多万户增加到 6100 多万户，净增加了至少 200 万户。但 1998 年房改启动后，当年底公房租客比重就下降到 48.38%，不足城镇家庭的一半，一年净减少 8 个百分点，绝对量上有 500 多万户（套）公房被私有化。其后伴随席卷全国的公房私有化浪潮，数以千万套的公房被私有化，公房存量在短时间内快速下降，公房租客 2003 年占城镇家庭比重已经只有 12.21%。根据同期城镇家庭户数进行大致估算，1997—2003 年期间则累计有 4200 万（套）公房被私有化。按照 1998 年城镇户均住房面积 35 平方米（国家统计局 UHS 数据库）来计算，相当于这个期间有约 15 亿平方米的公房被私有化。1998 年，全国新建商品住宅销售均价为 1854 元 / 平方米、经济适用房的销售均价为 1035 元 / 平方米，参照经济适用房的价格水平，虽然老旧、但位置往往相对更加市中心的公房市值至少为 1000 元 / 平方米。由于公房在私有化过程中基本上都以很低的价格卖给原住户，即使按照原租户支付了约 30% 的市值，那么也意味着 1998 年后中国公房大规模私有化过程中有约 1.1 万亿元的财富转移到公房租户家庭，这个数字相当于中国 1998 年 GDP 的 13%。[①] 正是由于这些财富转移和原始财富积累，中国房地产市场日后爆发才成为可能。

---

① 有国外学者认为 1998—1999 年中国公房私有化规模有 25 亿平方米，按照 1998 年 1000 元 / 平方米的市值来计算，推算出私有化的公房市值为 2.5 万亿元（Adams，2009）。但笔者认为这个数字推算过程有问题，高估了公房私有化规模。

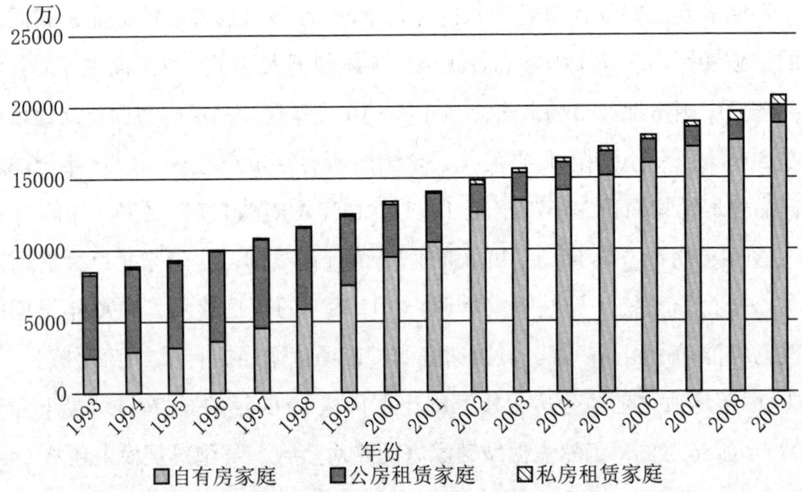

图 15.2　中国城镇居民住房所有权分类（1993—2009 年）

资料来源：作者结合国家统计局城镇家庭调查（UHS，Urban Household Survey）微观数据库的抽样比例与中国统计年鉴城镇人口与家庭总数进行推算。

2003 年 8 月，国务院《关于促进房地产市场持续健康发展的通知》（国发〔2003〕18 号）下发，首先明确提出，“房地产业关联度高，带动力强，已经成为国民经济的支柱产业”，房地产市场持续健康发展“是促进消费，扩大内需，拉动投资增长，保持国民经济持续快速健康发展的有力措施”；指出房地产市场发展的指导思想是“要坚持住房市场化的基本方向，不断完善房地产市场体系，更大程度地发挥市场在资源配置中的基础性作用”；并且取消了经济适用房作为城镇住房供应主体的提法，取而代之为“逐步实现多数家庭购买或承租普通商品住房”。受此文件刺激，全国房地产市场再度火热，2003 年全国新建商品住房销售面积增长 25.64%。

15.1.4　房地产业的逐步成熟时期（2003—2015 年）

从 2003 年年底开始，主要城市房价出现持续快速上涨。中国房地产市场发展以 2004 年为分水岭，之前以推进公房私有化、让住房制度彻底完成市场化和实现双轨制并轨、“二元”变“一元”为主要任务，此后的几年则进入了住房市场调控期，稳定房价、促进住房市场健康发展成为住房政策新重点。调控期间，中央政府一方面对房价作出持续调控，另一方面也对与房地产相关的其他体系进行调整和更改。

2003 年左右，之前因市场过热而限制房企上市的禁令到期，我国的资本市场对房地产企业关闭的大门重新开启，一时间大量资本涌入房地产市场。民间温州炒房团的出现成为该时期极具代表性的产物。2003 年中央政府逐步开始意识到房价过快上涨的危害，中国人民银行于 6 月出台《关于进一步加强房地产信贷业务管理的通知》(银发〔2003〕121 号)。该《通知》要求对购买第一套自住住房的首付款比例不低于 20%，而对购买高档商品房、别墅或第二套以上（含第二套）商品房的借款人，商业银行可以适当提高个人住房贷款首付款比例，并不再执行优惠住房利率规定。另外，该《通知》规定商业银行只能对购买主体结构已封顶的居民发放个人住房贷款。房价持续上涨的势头由此有所遏制。2004 年 9 月，中国银监会发布相关文件加强房地产贷款监管。

2005 年 3 月 26 日，国务院办公厅《关于切实稳定住房价格的通知》(国办〔2005〕8 号)(俗称“老国八条”）发布，这是第一次国务院层面的房地产市场调控政策，标志着市场调控正式成为住房政策的中心内容。该《通知》一方面仍然强调，“房地产业是我国国民经济的重要支柱产业”；另一方面也第一次公开承认“住房价格上涨过快直接影响城镇居民家庭住房条件的改善，影响金融安全和社会稳定，甚至影响整个国民经济的健康运行”。并认为，“保持住房价格特别是普通商品住房和经济适用住房价格的相对稳定，是维护广大人民群众切身利益的一项重要工作，是政府驾驭市场经济能力的具体体现”。但该《通知》认为房地产市场调控主要是地方政府的责任，“省级人民政府对本地区稳定住房价格工作负总责，同时要落实市、县人民政府的责任……对住房价格上涨过快，控制措施不力，造成当地房地产市场大起大落，影响经济稳定运行和社会发展的地区，要追究有关责任人的责任”。

2005 年 5 月 9 日，国务院办公厅《转发建设部等部门关于做好稳定住房价格工作意见的通知》(国办发〔2005〕26 号)(俗称“新国八条”）下发。该《通知》仍然在开篇强调“房地产业是国民经济支柱产业”，而后再提出“各地区、各部门要把解决房地产投资规模过大、价格上涨幅度过快等问题，作为当前加强宏观调控的一项重要任务”，可见中央政府对房地产市场的调控还是以服务经济建设、保障宏观稳定为主要出发点。所转发的建设部等七部门所起草的《关于做好稳定住房价格工作的意见》也在开篇提出，“保持房地产市场持续健康发展，事关国民经济和社会发展全局，事关全面建设小康社会目标的实现”。主管部门对房地产市场调控也主要是从经济角度来看待。

这个观点和态度也同样体现在2006年5月24日国务院办公厅的《转发建设部等部门关于调整住房供应结构稳定住房价格意见的通知》(国办发〔2006〕37号)。该《通知》仍然首先强调，“房地产业是我国新的发展阶段的一个重要支柱产业”，而后提出“引导和促进房地产业持续稳定健康发展，有利于保持国民经济的平稳较快增长，有利于满足广大群众的基本住房消费需求，有利于实现全面建设小康社会的目标”。

需要强调的是，从这一时期开始的政府文件，再也没有出现“住房制度改革”的字眼。这表明，中央政府认为，我国城镇住房完成商品化货币化和进入市场化时代，住房制度改革的历史任务就算完成，未来住房制度即使还有局部完善和继续建设的需要，但总体上达到“历史的终点”了。此后政府不再提住房制度，只提住房政策，政策着眼点也从微观的住房实物生产与分配转到宏观的市场调控，更多从房地产业整个行业视角关注。

2007年，房地产行业进入冰冻期，土地流拍、地王退地现象频频发生，已经持续多年的紧缩性调控开始放松。2008年12月，国务院办公厅发布了《关于房地产市场健康发展的若干意见》，一方面要求增加保障房建设，下调廉租房贷款利率；另一方面鼓励普通商品房消费，并提出放宽二套房购买条件、取消城市房地产税、购房超两年免营业税。

在全方位刺激楼市以后，低迷的态势并没有持续很久，2009年全国房价大幅度反弹，需求重新释放，房地产宏观调控再度从紧。2010年新一轮的紧缩性调控开启，以“限购、限贷、限价”为主的强制措施在全国多地展开，在这一历史最严格的调控下，部分热门城市出现了量缩价涨的趋势。

15.1.5 房地产业发展方向在新时代的新探索（2016年至今）

2015年全国出现大面积房地产高库存，整个行业面临严峻的形势，不少城市的房地产市场和土地市场都交易十分冷淡，情况岌岌可危。2015年年底召开的中央经济工作会议上确定2016年房地产市场主基调为去库存。2016年年初，全国共超过150个城市分别制定了去库存政策。1月1日起开始执行新的公积金贷款利率，由 4.25% 下降到 3.25%，2 月央行及银监会联合发布，在不实施限购的城市，降低首付比，首套房最低至 20%，二套房最低至 30%。另外，降契税、营业税等宽松的财税、金融政策也陆续发布。但很快全国一线大城市率先出现房价暴涨，并迅速蔓延到全国二、三线城市，房价的快速反弹，使得对房地产进行去库存的基调不得不调整为严加调控和防金融风险。

2016 年年底，中央政治局会议提出 2017 年要加快研究建立符合国情、适应市场规律的房地产平稳健康发展的长效机制；随后，中央经济工作会议提出，要坚持“房子是用来住的、不是用来炒的”定位。“因城施策去库存”不再作为新阶段的工作重点，取而代之的是“更好解决群众住房问题”，这说明二、三、四线城市的去库存工作已经告一段落，地产调控方向已经发生变化。这一阶段“高质量”和“可持续性”是重点，在这一背景下“租购并举”悄然揭幕，尤其在党的十九大报告提出“加快建立多主体供给、多渠道保障、足够并举的住房制度”后，租赁市场的重要性更显突出。从此，我国房地产市场开始由增量时代向存量时代切换。2017 年 8 月，国土资源部、住建部联合印发《利用集体建设用地建设租赁住房试点方案》，正式允许城中村、城边村集体建设用地建租赁住房。随后广州、深圳、南京等 12 个城市陆续展开住房租赁试点的城市。11 月中旬，北京率先出台了《关于进一步加强利用集体土地建设租赁住房工作的有关意见》，落实集体用地建租赁住房。

这一时期，中央政府主要作出了四点调整。第一，住房供应结构开始发生变化。住房供应由“重购轻租”开始向“租购并举”转变；第二，中央政府将住房调控责任进一步下放至地方政府。调控过程中，地方政府利益与政策存在冲突，因此中央必须施压于地方从而保证调控效率；第三，“因城施策”的调控方式更加明显化。住房具有较强的地域性，经过长期的房地产改革调控，中央意识到调控精准化的重要性，一城一策向多城多策和一城多策转化的趋势更加明显；第四，租售同权逐渐变为推进租房体系的新动力。

目前，中国房地产业进入一个新时期。要实现房地产市场长期健康发展，需要从住房保障、住房金融、住房财税、土地所有制和土地出让方式等多方面进行改进，已经过去的2016年和2017年，各级政府作出了不少努力，包括租赁住房管理条例征求意见稿已经发布，房产税立法等一些新的重大政策也正在酝酿中，但离真正设计出房地产长效发展机制还有很长的路要走。

15.2 中国房地产业40年发展的评析

15.2.1 主要成就

1. 住房短缺矛盾大大缓解

全国从城镇住房供应量来看，1978年之前年均新建住宅面积仅有0.18亿平方米，1978年城镇新建住宅面积为0.38亿平方米，1980年翻倍达到0.92亿平方米，随着改革推进，1992年，突破2亿平方米，1999年突破5亿平方米，2012年达到10亿平方米，2013年至2017年，累积城镇竣工住房面积为41.5亿平方米。城镇住宅商品化率从1991年的不足20%上升到2016年的78.42%。没有城镇住宅的商品化和市场化进程，取得这样的成绩是难以想象的。

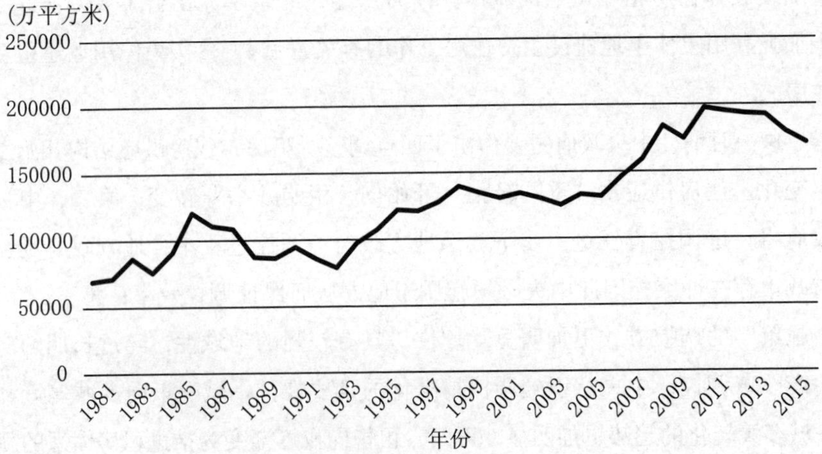

图15.3 中国住宅房屋竣工面积（1981—2016年）

资料来源：国家统计局。

房地产市场分为增量房市场和存量房市场两部分，存量房是最为主要的组成部分，房地产市场成熟度高的国家，其存量房交易占房地产市场比例较高，并且这一比例随着房地产市场成熟度的提高而上升。我国房地产市场结构与上述不同，首先必须承认的是，过去几十年中高速增长的住房供应，快速累积的住宅存量，确实使得中国摆脱了在改革开放后很长一段时间里住房绝对短缺的状况。1978 年我国城镇住宅存量面积仅为 14 亿平方米，2005 年达到 107.69 亿平方米，2010 年第六次人口普查时为 179 亿平方米，2014 年已经近 200 亿平方米，是 1978 年的 14 倍。

从城镇人均住房建筑面积来看，1978 年仅为 6.7 平方米，1985 年突破 10 平方米，2000 年达到 20.25 平方米，2016 年为 40.8 平方米。住房短缺矛盾已经基本缓解。在人均居住面积超过 35 平方米后，房地产将迎来转折点，高速增长和房价高涨的阶段结束，房地产进入平稳发展期。

2. 房地产业成为国民经济重要产业

市场化改革给住宅房地产开发投资注入巨大活力，住宅房地产开发的兴起带动了其他物业类型的房地产开发投资。房地产开发投资对改革开放尤其 1998 年之后的中国经济增长贡献巨大，房地产业确实成为了中国经济重要的新增长点。

1978 年全国住宅投资只有 38 亿元，占 GDP 的比重只有 1.2%。1986 年全国住宅投资达到 778 亿元，但其中市场导向型的房地产投资总额仅 101 亿元，只占全社会固定资产投资的 3.24%，占 GDP 的比值仅有 0.97%。1997 年全社会住宅投资为 5371 亿元，但市场化的房地产投资只有 3178 亿元，占全社会投资比重为 12.74%，占 GDP 的比值为 3.99%，其中住宅房地产开发投资占 GDP 的比值只有 1.93%。

1998 年房改后，房地产开发增速大幅度提升。2017 年，全国房地产开发投资为 10.98 万亿元（其中商品住宅投资为 7.51 万亿元），占全社会固定资产总投资的 17.12%，占 GDP 的 13.27%（住宅投资比重为 9.09%），成为拉动国民经济的重要力量。房地产业的年增加值在 1978 年时仅为 80 亿元，对 GDP 的贡献率只有 2.17%，到了 2017 年，房地产业增加值为 53851 亿元，对 GDP 的贡献率上升到了 6.51%。

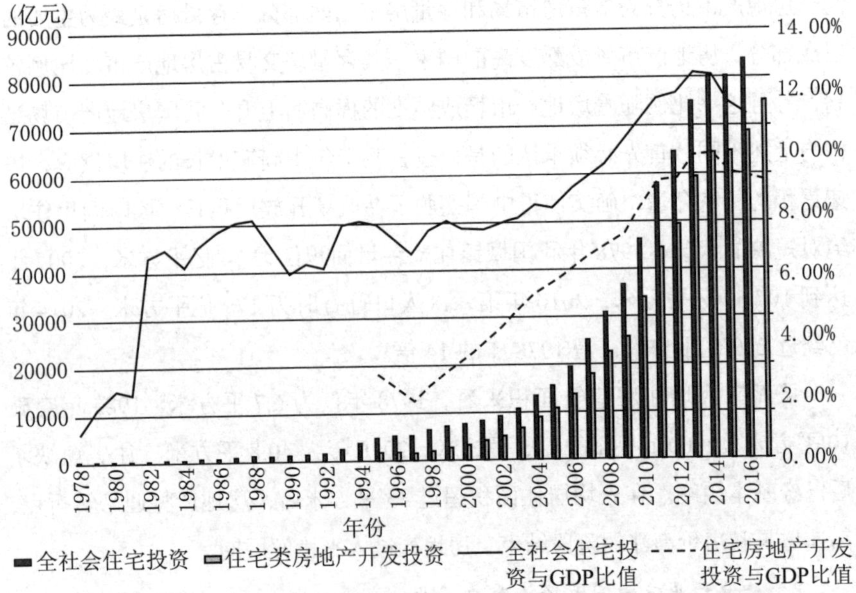

图 15.4 中国全社会住宅投资与住宅房地产开发投资（1978—2017 年）

资料来源：国家统计局；同花顺 Ifind。

1986 年全国房地产开发企业仅 1991 家，1999 年达到 25762 家，到 2013 年已发展到 91444 家，其中内资企业 86379 家，港澳台企业 3391 家，外资企业 1674 家。其中内资企业涨势最为明显，并且内资企业中国有企业和集体企业呈现逐年减少的态势，从 1998 年至 2013 年，国有企业数量从 7958 家减少到 1739 家，占比从 32.6% 下降到 1.9%；集体企业从 4538 家减少到 570 家，占比从 18.6% 下降到 0.62%。其间发展最迅猛的民营或股份制企业占全部企业数量比例从 1998 年的 30.6% 发展到 2013 年的 91.8%。

房地产业的快速发展还体现在从业人员数量的大量增加。全国房地产业从业人数在 1985 年时仅为 36 万人，占当时城镇就业人数的 0.28%；2004 年为 158.5 万人，占城镇就业人数比例达到最高峰为 6.3%，随后几年虽然房地产从业人数与城镇就业人数比例有所回落，但是人数逐年增长趋势基本不变，到 2016 年达到 275.2 万人，占城镇就业人数比例为 3.2%，30 年时间里，房地产业的快速发展直接增加了近 240 万个城镇就业机会。

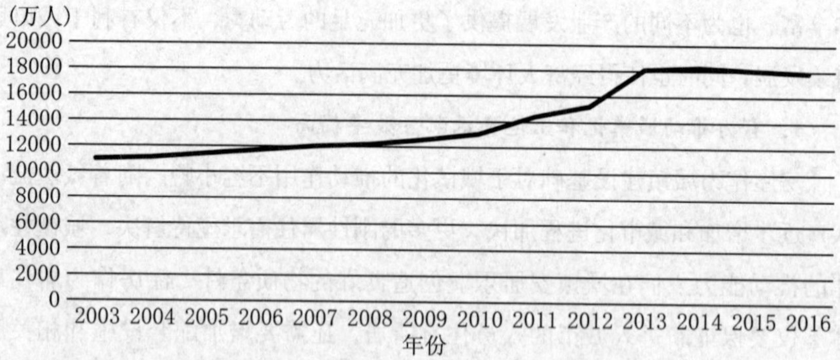

图 15.5 中国房地产业城镇单位就业人员（2003—2016 年）

资料来源：国家统计局。

房地产因其产业链长、波及面广、融资量大等特征，带动了很多周边产业。上游主要有建材、钢铁等行业，与房屋建设、施工密切相关。下游主要包括家装、家电、物业管理等。值得强调的是，随着存量房时代到来，新房市场对相关行业的支撑度已经在逐步减弱，未来二手房交易、旧房改造以及节能、环保的建筑材料将会成为市场关注焦点。

3. 人口和劳动力流动更加自由

计划经济体制下福利分房引发的最重要的社会问题之一，是严重制约了劳动力的流动性。虽然居住成本很低，但是单位成为职工取得住房的唯一途径，从而使得职工与单位紧密捆绑，导致职工很难离开工作单位自主，这对于城镇居民的职业选择和再选择过程中造成了极大束缚，也严重制约了劳动力配置效率。

住房市场化改革打破了这种束缚。商品房市场、二手房市场以及租赁房市场不断扩大和完善，使得不同人群能够以更低成本和更少时间找到适合居住的房屋。因此，在不同地点和不同城市之间人口流动更加自由，也为农村人口向城镇流动提供了条件，可以说城镇住房市场化改革增强了劳动力市场的灵活性，劳动力资源配置效率得到了提升，个体创业可能性和积极性也都大幅度增加（周京奎、黄征学，2014）。

同时，随着农村人口向中小城镇转移，中小城镇人口向城市转移，三、四线城市人口向热点城市转移，城镇人口逐渐增加，城镇人员层次和群体更加丰富，也为不同的产业发展提供了更加充足的劳动力，不仅有利于城市可持续发展，同时也使得经济大环境更加充满活力。

4. 有力推动城镇化和土地资源配置效率提高

房屋作为城镇建设基础对于城镇化的推动作用不容小觑。随着城镇流动人口逐步增加和城市化进程加快，更多的刚性居住需求亟待解决，城镇住房建的推动能为人们在城镇安居乐业创造良好的物质条件。住房作为居住载体不仅要保证新进入城市的人员住有所居，还需要增加配套设施和相关服务，这需要扩大城镇规模，所以房地产业的发展在为城镇化发展提供设施的同时，还促进了其经济增长，从而吸引更多外来人员，实现了城镇化良性循环。

根据统计数据，1978年，我国城镇人口为1.72亿，占全国总人数的17.92%，2008年为6.24亿，占总人口的46.99%，到2017年年底，我国城镇总人口已经达到8.13亿，占全国人数比为58.52%，也就是说2017年底我国城镇化率已达58.52%。1998年全社会竣工的房屋面积为17.1亿平方米，2008年达到26亿平方米，2016年为31.2亿平方米。所以为了满足更多城镇人口需求，大量住宅、商业区增长必然会消耗更多土地，导致城镇扩张。2008年我国城市建成区面积为3.63万平方公里，城市城区面积为17.8万平方公里，到2016年底城市建成区面积为6.43平方公里，9年中几乎翻倍，城市城区面积为19.8万平方公里。

房地产业还能够提升城镇的整体功能和形象。城市规划、建筑形态等都会促进城镇结构和功能优化，更加便利居民生活，同时也使得城镇更加整洁、美观，使得城镇综合竞争力得到提升，从而进一步吸引企业投资和劳动资源。

另外，房地产相关产业庞大，具有关联度大、产业链长的特点，因此房地产业发展能够促进一大批上下游产业的发展，为新兴城镇化提供基础条件，除了解决工业产能过剩的问题，还能催生城镇服务业发展，在进一步为城镇居民提供优质服务的同时还能新增就业机会，使得城镇在扩张过程中形成良性循环。

此外，通过住房市场化，带动了土地要素的市场化。研究发现，土地资源的市场化配置效率提高有力促进了经济增长的速度与质量（徐升艳等，2018）。

5. 促进金融深化和金融市场发育

房地产业和金融是互相促进、互相支持的共生关系，房地产业需要金融支持，同时金融业发育和成长也离不开房地产市场这一平台。房地产贷款业务一直是各大银行争相抢夺的重要市场，尤其在楼市繁荣期，住房信贷就是商业银行最利好的产品之一，可以说，房地产已经成为推动金融发展的重要渠道。根据统计，到 2017 年年底，房地产贷款余额占金融机构贷款余额比例达到 26.81%，中长期贷款这一比例更高为 43.33%，每年房地产新增贷款占贷款总额从 2016 年下半年开始基本保持在 40% 左右，说明金融业对于房地产依赖度很高。

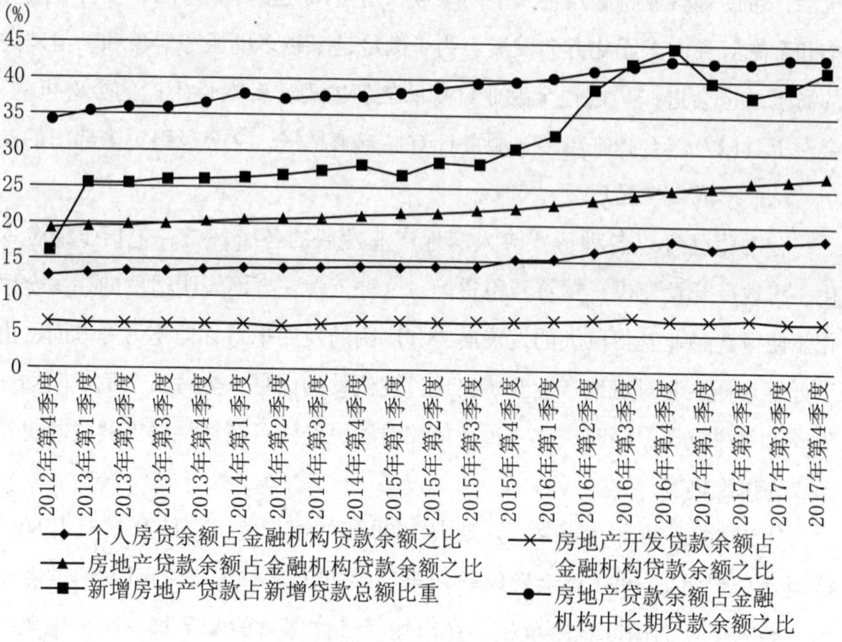

图 15.6　中国房地产金融发展及对金融体系的重要性

（2012 年第 1 季度至 2017 年第 4 季度）

资料来源：国家统计局；同花顺 Ifind。

房地产业具备价值量大、建造和使用周期长的特征，并且同时拥有居住和投资双重属性，而金融业非常需要相对安全的运作环境和稳定的收益率，所以房地产业对于金融具有强烈的吸引力。房地产业能为银行等各个金融机构带来高利润，以推动金融业发展，同时房地产涉及生产、流通、管理、消费多个领域，每个环节都需要大量资本，这使得商业银行与房地产业形成了资本上的供需关系，无论是购房者、地产开发企业还是其他相关机构都在推动金融业发展。房地产业的稳定性还基于土地有限性、不断上升的城镇化率以及人们越来越高的需求水平，长远来看依靠房地产业成长不仅风险较小，还具有较为乐观的长期经济效益。

此外，由于房地产具有广泛的辐射领域，所以对于金融业的扩张和市场渗透力也呈现出明显的正向促进作用。建筑业、制造业、服务业、商业等以不同的程度参与到房地产发展中，为金融在广度的渗透提供了良好的平台和机会，帮助金融业将触角伸入不同领域，衍生出更多金融产品，使得金融资本和金融服务向多元化方向发展。为了满足越来越多的服务对象和参与部门的需求，也会进一步倒逼金融业自身的创新能力，针对性不同的金融机构、金融工具以及组合越来越多，服务针对性越来越强，又会吸引更多部门的参与，从而形成良性循环。

金融化已经以各种形式渗入房地产业发展的各个环节，包括土地资本化、房地产开发建设、销售及租赁等。这种依赖一方面说明适度的住房金融化能使得金融业获得巨大的发展潜力和广阔的发展平台，但是另一方面，由于近年来金融业对房地产业开始出现过度依赖的信号，金融安全危机问题逐步成为关注重点，同时，这一过度依赖对国民经济可持续性发展的威胁也逐渐成为讨论热点。

从20世纪90年代以来，从瑞典1990年的银行危机、日本1991年的经济崩盘、东南亚1997年金融风暴乃至美国2006年次贷危机引发的席卷全球、影响至今的国际金融危机，在市场经济体爆发的几乎每一次金融风暴与经济危机，都与房地产有着密不可分的关系。瑞士投资家拉斯·特维德（Las Tvede）提出“房地产是周期之母”的论断，在国内外金融业广被引用。《人民日报》2016年5月30日题为《楼市去库存仍是一场硬仗》的报道也表达了相似的观点，这意味着金融业过度依赖房地产业可能引起大面积的风险爆发。另外，就整个社会的经济发展层面来看，金融业对房地产业过度依赖会造成资金大量向房地产业集中，拉长了整个社会的资金链条，使得实体产业融资困难，不利于实体产业的发展，引发脱实向虚风险，这显然会对全社会经济发展的可持续性产生负面影响。根据上海财经大学高等研究院发布的《中国宏观经济预测分析报告 2016 年中报告》，“在房地产领域，不但同时存在部分热点城市价格泡沫破裂风险与多数城市房地产高库存难去的风险，更重要的是，该行业占用了大量金融资源，抑制和延滞了对供给侧改革至关重要的新兴产业的发展”。该报告还指出，房地产在较长时间成为货币蓄水池，表面上压制了通货膨胀的爆发，但也由此带来堰塞湖效应，给金融安全和国民经济发展带来巨大的风险隐患。

15.2.2　突出矛盾

1. 住房支付力矛盾严重

1998 年开始，以市场化为主导的住房体系逐步建立后，中国城镇住房的价格就开始轮番上涨。根据易居研究发布的 2017 年中国 100 个城市房价收入比排名，排名前 22 位的城市均在 10 以上，前 5 名包括深圳、上海、三亚、北京和厦门，房价收入比均在 20 以上，深圳高居榜首为 34.9，排名后 18 位的城市，房价收入比在 6 及 6 以下，城市之间差异性非常明显。这种具有地域差异的房价收入比充分说明，我国部分地区房价的不合理性，热门城市疯长的房价不仅会挤出低收入群体的购房需求，也会使得投机行为得不到遏制从而进一步推高房价，加剧房价的地域分化。

2. 城镇居民住房差异大

住房市场化以后，不仅为住房供应创造了巨大活力，同时也为需求市场带来了更多选择空间。但是住房条件和财富积累的两极分化也随之而来，成为房地产市场新的矛盾。20 世纪 90 年代初期，居民收入和家庭财富相对差距不大，1990 年全国基尼系数为 0.348（其中城镇居民基尼系数为 0.272），1997 年全国基尼系数为 0.371（其中城镇居民基尼系数为 0.313），从 2000 年开始，全国居民基尼系数首次超过了警戒线 0.4 达到 0.4089（其中城镇居民基尼系数为 0.338），此后的八年时间，全国基尼系数一路上涨，至 2008 年达到顶峰 0.491（其中城镇居民基尼系数也达到最高值 0.417），从 2009 年开始全国基尼系数有所回落，至 2016 年为 0.465，还是明显高于 0.4 的警戒线。

增大的贫富差距一方面是由居民的存量资产增值造成的，另一方面是由于收入两极分化造成的。根据中国统计局2018年最新发布的《中华人民共和国2017年国民经济和社会发展统计公报》显示，最低收入组的可支配收入不到最高收入组的十分之一。房屋具备双重属性，既是投资品，又是消费品，但是无论何种属性房屋都会成为居民资产性收入，对居民贫富变动产生深远影响（李实，2007）。在过去房价疯涨的20年中，财产不平等程度无形中增加。根据《中国家庭财富调查报告（2017）》房产占家庭总资产的比例为65.99%，城镇和农村家庭这一比例分别为68.68%和55.08%，一线城市这一比例更高，又由于一线城市房价普遍增长更快，相对于无房者、农村家庭以及小城镇家庭来说，仅凭房价增长，一线城市有房者特别是住房条件相对更好的家庭，其拥有的家庭财富就增长更快。正如托马斯·皮凯蒂在《21世纪资本论》中得出的结论，即富人的大部分收入并非来源于他们的工作，而是来自他们已经拥有的财产。可以说，房屋是造成居民财富两极分化的重要因素，再加上收入的不均衡等其他因素的积累，共同决定了中国较高基尼系数，而财富的阶层分化又进一步决定了居民对于住房需求的差异，使得住房不平等现象严重。

这一现象的开始可以追溯到20世纪80年代福利分房时期。在住房改革之前，中国城镇居民的住房主要通过工作单位或者房管局进行供应，具体按照职工的级别、工龄、职位以及贡献度为参照对住房的大小、分配的时间进行落实。国家干部、专家和技术工人会分配到条件较好的大房子，如1983年省级干部和同等专业人员的国家住房标准为80—90平方米，几乎是普通工人的2倍（何晓斌、夏凡，2012）。住房市场化以后，为了尽快落实新政，国家通过低价方式将之前分配的公房出售给原有住户，随着房价上涨，之前居住条件较好的住户自然而然就积累了相对较多的家庭财富，尤其是原在一线城市和核心地段的公房住户，其财富增长成本低且速度快，随着住房市场化推进，福利分房阶段的分配不均不仅没有改变，反而在已有的基础上进一步扩大了，从职业角度讲，国有单位工作的家庭以及干部家庭的财富积累更快更多，从地域角度讲，在大城市、核心区居住的家庭获得了更多的财富积累。

除了原有公房出售造成了财富不均，商品房在一开始也加剧了贫富差距。

如 1984 年广州市新开发小区的商品住宅售价高于 500 元每平方米，1988 年上升到 1500 元每平方米，而广东省 1988 年可支配收入刚过 1500 元，1984 年尚不足 1000 元（李斌，2002）。因此商品房买主均为当地户口且特别富裕者，无论购买者购买这类商品房用作自住，或者当做投资，只要投入越多，参与城市财富增值分配就会越多，个人资产增速越快，而那些一开始就处于低收入阶层，买不起房的人在房价不断暴涨中一次又一次远离了这些机会。

另外，住房金融市场也是助推住房财富效应的重要因素。具体地说，这种助推作用主要包括两种渠道发挥作用，即对已有住房的家庭依照其住房市值提供相应抵押贷款，或对有一定支付能力的和还款能力的人提供抵押贷款，因而越是高收入者、拥有更多财富的家庭就越容易借助住房金融的手段获取更多财富。在房价高涨的客观背景下，这种利用住房金融机会的严重不对等使得贫穷者和富有者之间的财富差距不断拉大。

随着住房市场化深入，人员流动增强，城镇新增人员住房问题显现。流动人口尤其是农民工成为城镇特殊群体，相比于城镇原有的低收入群体，这部分人群的收入、居住环境和各种福利的覆盖情况更加复杂，并且普遍更差，根据统计资料和相关文献，流动人口的基本住房特点是：以租赁住房为主，房屋拥有率极低，基本被排斥在保障性住房体系之外，同本地居民存在明显的居住隔离（杨菊华、朱格，2016）。并且由于持续攀升的房价远超流动人口的承受能力，通过购买住房实现安定非常难以实现，另外较强的流动性和工作变动性，也进一步制约了这一人群购房的意愿。但是这并不意味着流动人口真的不想在城镇实现安居，更多是由于多方面限制条件使他们需要付出更多的安居成本。2005 年流动人口租房比例为 64.6%，自有住房比例为 11.4%（包含自建住房、商品房、经济适用房和原国有住房），2014 年流动人口中租房比例为 69.5%，拥有自有房屋比例为 17.2%，自有住房和租房比例均有所上升，但是自有房屋比例相对租房比例仍有巨大差距，并且流动人口中包含乡—城流动和城—城流动两种，乡—城人员的处境显然要糟糕很多（杨菊华，2018）。

15.2.3　问题根源

1. 过多担当经济发展工具

改革开放前，我国对城市住房进行了社会主义改造，大部分住房被公有化，以此作为我国施行福利分房制度的基础，这一住房政策作为我国计划经济体制的一部分，是为了符合我国当时最基本的政治制度。改革开放以后住房政策又开始配合经济发展，为经济体制改革、稳定国家经济发展以及增加各级政府财政收入作出了贡献。

1997 年夏，从泰国开始的一场金融危机迅速波及东南亚各国，作为这些国家密切的贸易伙伴，中国从 1997 年第四季度开始，宏观经济状况开始急转而下，政府计划通过拉动内需应对这一场经济危机。由于当时中国已经逐渐告别短缺经济时代，供过于求的商品种类日渐增多，并且随着福利政策的过时，居民的预期支出悄然增加，为了达到 8% 的经济增长速度，寻求新的经济增长点是非常迫切的需求，于是房地产业第一次成为政府拉动国家经济发展的动力源泉。

从 2003 年开始，我国经济开始以高于 10% 的速度增长，到 2007 年，我国经济增长速度已经达到 14.2% 的高度，这期间我国房地产业已经成为支柱型产业，对经济增长举足轻重。2008 年，美国次贷危机如同一盆冷水，一时间冰冻了我国的出口，当时我国外贸依存度已经达到 66.8%，经济增长面临巨大压力，房地产业再一次作为拉动内需的动力源发挥作用。这一阶段开始，我国频繁出台效应调控政策，扩大房地产投资和活跃市场交易，其中最重要的政策是加大保障房建设。

除了 1998 年和 2008 年两次金融危机，住房政策还在 1988 年治理通货膨胀、1992 年实现经济增长等时期作为经济发展工具发挥作用。与此同时，房地产业一直是地方政府财政收入、城市扩张资金的主要来源都是不争的事实。

更上升一个高度，中国住房资本化在城镇化中扮演了关键作用。在一般的市场化经济中，城市扩张理应是经济发展的结果，一般都是“工业化带动城市化”。中国 21 世纪以来的城市化进程颇具自己特色，在特殊的经济与政治等国情背景下，出现了一种特殊的城市化—工业化模式：“以城市化带动工业化”。根据实施步骤则可细分为三步，“土地城市化—工业化—人的城市化—土地和人在城市中的结合”。

这种模式的核心是“以房融资”。地方政府一方面以土地抵押及其金融衍生品为初始投入资金来源，同时以将福利与购房紧密捆绑在一起的配置方式和预期操作来推动房地产市场发展，本质就是土地资产的证券化，充分地发挥了杠杆作用，缓解了启动阶段的融资约束，再通过地方融资平台操作为城市扩张注入后续资金，有力促进了城市扩张和经济增长。一方面，重金打造之下，一举突破城市更新和扩张的“启动瓶颈”，先期形成“土地的城市化”；另一方面，期望能够通过提升城市形象而“筑巢引凤”，吸引外来投资，形成产业集聚和人口集聚，依靠企业集聚和居民消费带来的财税收入提供运营性质的公共服务，产生“人的城市化”，敦实城市发展后劲，使得先期形成的“土地的城市化”不至于落空。于是买房就像买股票。

我国的土地出让金，经常出现“面粉高于面包”、地价直接比周边房价还高的现象，但购房者也纷纷乐意为此买单，甚至不惜购买期房，交房后也要等上好几年之后才入住。这里购房者所支付的价格，显然不是基于当前市政和城市基础设施所提供的公共服务价值，而带有明显的预期投机色彩。但事实上给地方政府的城市基建提供了融资。这是一种十分具有中国特色的“以房融资”的城市建设融资模式。

2．过度的资本化金融化

房地产金融化过程中，越来越多的资本和收入以所有权证书和债权形式存在，金融化资本在各种金融产品之间循环，不断创造交易并牟利。通过银行贷款、预付资金等杠杆方式，房地产商可以在少量启动资金条件下启动房地产项目；购房者通过按揭等方式延长购买期限，利用多余的资金从事更具有回报率的活动；房屋抵押不仅可以套取现金，还可以将套取的现金再次进行金融投机；基于以上可能，金融化不仅使房地产具备建造成本的价值，还赋予其更多附加价值，如房屋所在地域价值、贷款利息、资本化地租等，可以说金融化为房价暴涨和高系统性风险埋下了伏笔。美国在 2008 年金融危机之前，每个家庭都怀有住有所居的美国梦，正因为有金融化助力，才衍生出以房贷为基础的一系列金融产品的互相交织、互相传染，最终导致危机发生。

2001 年 9 月至 2016 年，我国货币发行量 M2 已从原来的 15.29 万亿元增至 155 万亿元，但是现实中并没有形成严重的通货膨胀，这是由于大部分资金流向了房地产市场，房地产市场在连续繁荣中吸收了货币超发对物价上涨的冲击。目前我国 M2 与 GDP 比例超过 200%，与日本相当。2017 年每月银行间同业拆借利率平均为 4.09%，而同期美国的可比利率为 1.1%，日本为−0.01%。可以发现，我国货币环境相对宽松，货币流动供给非常充裕，但是实际利率相对较高，这说明金融体制存在扭曲，资金存在严重错配。同时，包括名目繁多的金融衍生品，各类具有中国特色的金融、类金融机构也是不胜枚举，正是在这样的市场背景下，房地产这一从置地、建造到出售各个阶段都与金融化发展密切联系的产业更容易过度金融化、资本化。

现阶段中国房地产金融化已经成为了宏观经济的风险点，从个人和家庭角度来看。1997 年，中国个人房贷余额 / 储蓄存款只有 0.41%，到 2008 年也仅达到 15.38%，但是 2015 年以来的三年间这一指标快速上升。2015 年个人房贷余额 / 储蓄存款还只有 26%，2017 年末已经达到 34.02%。个人房贷余额 /GDP 也从 1997 年的 0.24%、2008 年的 10.48%、2015 年的 20.69%，快速上升到 2017 年的 31.95%。虽然这个指标还远不及美国、日本、英国等发达国家，但是异常的快速增长值得高度关注。从历史经验来看，居民资金过度进入房地产市场、房贷杠杆率过高，往往是诱发房地产市场泡沫化及泡沫崩溃的重要先行指标。

居民房贷杠杆率的快速增长从时间上来看，主要发生在近十年房价攀升时期，与房价上涨紧密地相生相伴，而空间维度上主要是在一、二线城市。根据华融证券的相关统计，2016 年一、二线城市居民杠杆为 65%—70%，相较于 2014 年增长 50%，而三、四线城市这一比例近几年一直保持在 30%。近几年，居民逐渐将贷款渠道转向风险更大的消费贷款和互联网金融，楼市杠杆升级，所以要彻底控制结构性风险，还需要控制短期融资行为，并且严厉打击“首付贷”、“尾款贷”、“赎楼贷”。2016 年监管机构对此进行了整治，但是进入 2017 年后半年，“变相首付贷”又蠢蠢欲动，去除隐蔽杠杆、防止隐藏风险是一项长期而艰巨的任务。

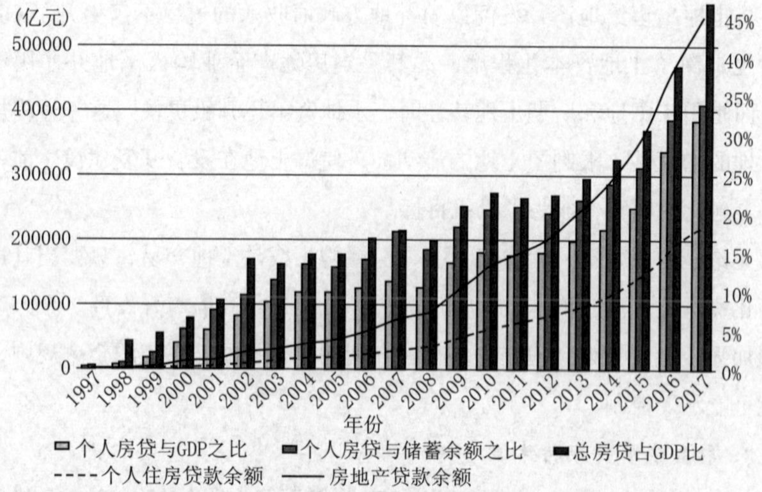

图 15.7 中国住房金融化程度（1997—2017 年）

资料来源：中国统计局、中国人民银行；同花顺 Ifind。

土地成交价占地方财政收入的比重从 2000 年开始一直呈现出波动上涨，2003 年以后基本都维持在 40% 以上水平，2010 年达到最高，将近 70%，这期间除了 2008 年和 2014 年有较为明显的下降，其他年份的土地出让面积和土地出让金均呈现一路上涨态势。

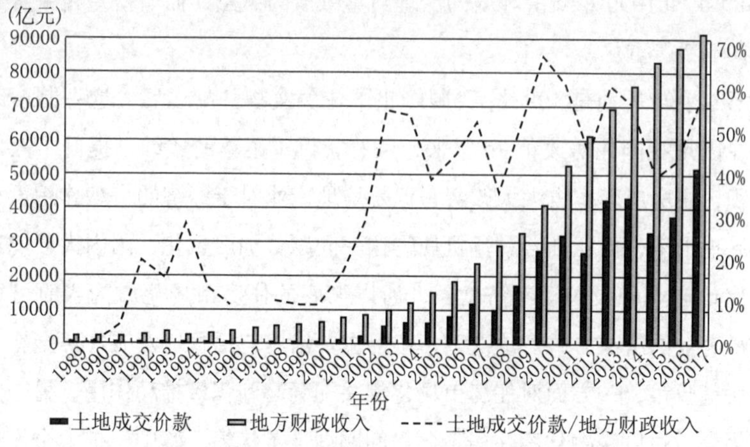

图 15.8 中国土地出让金及对地方财政收入的影响

资料来源：中国国家统计局；同花顺 Ifind。

将土地出售给地产开发商以填补地方政府收入的过程不仅提升了GDP，同时也加深了土地资本化程度，尤其是当房地产企业购入土地并非用于建设，而是用于囤地和后期土地转让时，土地资本化升级更快。这一过程加剧了土地的增值性，限制了土地的流动性，使得土地在没有开发建设之前就带有了金融化的因素，成为了投机目标。

无论是房屋建造、销售以及个人房屋购买或是土地交易，只要当其过度金融化资本化以后，泡沫就会充斥其中，虽然近年政府对开发商、个人逐渐开始加强金融化管束，但是只要存在高利润，并且缺乏系统的金融规则，危机就可能不受控制。

3. 转型发展时期特殊性

从20世纪80年代起，我国住房事业经历了多次转折。第一次转折是1998年以前的双轨制阶段，从计划经济向市场经济转变中，房地产改革最重要的是价格，为了市场能更好更快地适应，采用双轨制办法，但是这种模式在推动改革的同时也带来了严重问题，首先两种价格机制存在差距，造成市场混乱；其次住房覆盖面不够，导致一部分人既享受不到计划价格，又没有能力加入市场；最后，两种方式的价差为腐败提供了可乘之机。这些新出现的问题，为后来长期财富差距扩大、短期市场混乱等问题都埋下了伏笔。因此1989年和1990年经济环境的治理与整顿成为重点，而财富差距一直到现在还在不断严重化。

第二个转折期是1998年我国停止了住房实物分配以后。这一制度改变根本原因是我国住房改革20年来，虽然获得了不错的成绩，提升了人均住房面积，住房成套率也大大改善，但是房地产业对于经济的带动作用没有完全的展现出来，而亚洲金融危机使得这一问题更加严重化，国内大环境迫切需要房地产业积极拉动经济增长，所以彻底的住房市场化成为当时可行的并且最有效的解决方式。这次改革中的主要措施包括积极发展住房金融、出售公房等政策，一方面对住房市场化相关配套起到积极推动作用，另一方面却也为今后过度金融化和住房不公等问题埋下了伏笔。其中，扩大个人住房贷款发放范围、对经济适用房开发贷款设置优惠等具体措施正是房价暴涨的开端。

2003 年 8 月《国务院关于促进房地产市场持续建房发展的通知》标志着我国房地产成为支柱产业的同时，也标志着福利化改革阶段被住房调控替代，迎来了第三个转型期。2003 年至 2006 年期间，我国住房主要调控的目的是为了控制房价和投资过热，但是在频繁调控的过程中，不仅政策不稳定而且很多时候政策的有效性也是值得商榷的。最主要的问题在于这期间住房市场一路高歌猛进，房价和房地产投资均持续上涨，政策制定者在不断意识到原有调控不理想，从而不断推出新的措施，分别从土地供应与管理、住房供给与需求市场、住房信贷管理，以及交易秩序等多方面作出尝试，整体政策的也日趋严格，但是造成的结果就是房地产商的成本提高、房屋供应紧张，刚需却仍然没有解决，最终导致了房价进一步上涨，形成了恶性循环，同时也分散了中央的注意力。

受到美国次贷危机引发的全球金融危机影响，2007 年底我国房地产业开始由热转冷，2008 年量价齐跌，不仅使得我国居民的资产大幅度缩水，房屋交易受到冲击，更重要的是开发商和银行之间的信用和资金链如果出现危机，可能会引发我国内部的金融危机。在中央政府高度关注下，我国住房调控突然由控制过热为导向转变为以刺激楼市为导向，地方政府也开始迫切推出“救市”政策，尤其各大城市在贷款额度限制、购房补贴等方面都给予了购房支持，引起了广泛关注。由此可见，与 1998 年相类似，经济大环境的变化在我国住房政策变化中起了重要作用，为了尽快拉动经济，保障住房建设逐渐走向前台，迎来了第四个转型期。

除了以上房地产市场的几次重要转型期，还有一些其他的转折因素是不可忽略的。2003 年，我国的社会矛盾引起政府的广泛注意，2004 年党的十六届四中全会首次提出“构建社会主义和谐社会”这一完整概念，此后几年随着我国社会物质财富的积累，社会建设的重要性逐步显现，各种保障和福利项目的筹建工作日渐密集。不过随着 2003 年财税体制改革，重新划分了事权和财权，中央财政收入提高，地方政府积极性被调动。土地收入占地方财政收入比例日渐上升，造成了地方对于保障住房的冷淡态度，这种现象甚至到 2007 年保障工作地位提升后还存在，从一定程度上抑制了住房保障体系的建立，减缓了我国住房保障事业的推动。

由于社会环境、经济发展等因素的特殊性，每个转型期在推动我国房地产业发展并取得成就的同时，也为如今房地产业的困境埋下伏笔。吸取之前的教训，积极应对当下问题，是每个时期实现我国房地产业健康发展的重点。

4．相关政策稳定性不足

正如前文叙述，本章以1988年、1998年、2008年以及2016年为分界点，第一时期房地产业萌芽于探索改革福利化住房制度的过程中，第二时期是双轨制住房制度在房地产业夹缝中生长，第三个时期在停止福利分房后房地产业逐步成熟发展，第四个时期是商品房与保障房并重的时期，最后一个时期是在新时代背景下探索房地产发展长效机制。由于每个阶段目标和任务不同，同时期政策变迁也较大，我国房地产业发展轨迹经常出现断裂式的跳跃。

具体到每一个房地产政策阶段，出台的政策也非平滑而连续，尤其是在第三个时期的2003年至2007年，不仅中央政府进行了多轮调控，地方政府也在高密度地出台相关政策，多角度、综合性地对房地产市场进行全方位调整，包括积极发展二级市场、调整各类房屋的供应比例、调控土地供应、合理引导居民消费、加强房屋拆迁管理、控制投机性房屋需求、加强信贷管理以及加强住房市场交易管理等。但是由于房地产市场不成熟，制度的缺陷以及效率低下体现在多方面，再加上政策存在过度反应或时间滞后，最直观的结果就是房价在这一时期的短周期波动和长期暴增，造成了政策制定者反复调整政策，以寻求新的解决方式，导致了房地产政策的不稳定。

2008年至2015年，国家针对各地不同的房地产市场状况实施了不同的调控政策。基本以“限购、限贷”为主线，根据市场不同情况，进行放松或收紧。虽然这一时期房地产政策的聚焦点更为集中，但是与之前类似的是，政策依旧不断摇摆，根据市场反应的状况，应急性措施频出，欠缺顶层设计和长效机制构建。虽然2016年我国房地产业终于进入长效机制探索建设新阶段，但是新阶段下中国房地产业依然还处于“摸着石头过河”的情况，政策是否真能实现长期稳定性还有待进一步观察。

15.3 中国房地产业的未来展望

因为房地产问题的基础性和涉及面之广，房地产业一直是经济和社会的焦点。房地产制度变革，不仅对房地产业自身发展带来巨大的影响，还直接影响一个国家或地区经济社会发展模式的形成和经济社会问题的发生。中国40年来房地产业的发展对经济和城市建设具有巨大推动力，但其制度仍然存在很多缺陷甚至是存在重大弊端，且修正成本巨大。我们有必要在重新反思的基础上展望未来的制度发展方向。

15.3.1 重新认识住房双重属性、淡化住房资产属性

房地产的核心是住房。40年来城镇住房制度改革经历了诸多曲折，但对住房基本属性的认识仍然不清。当前高度强调“住房不是用来炒的而是用来住的”，恰恰说明，在住房制度改革中，在恢复住房商品属性的过程中，过度强化了住房的投资功能，金融属性过强，但却淡化了住房的生活必需品属性，从而忽视了住房保障制度建设。

然而，一系列国际实践经验告诉我们，居民家庭资产投资如果过度集中在房产，国家就难以抵御系统性金融风险。如以2008年以来的国际金融危机为例，住房自有率过高的国家如美国、英国、意大利、希腊等都遭受沉重打击，而住房自有率较低的德国、法国、瑞典等基本安然无恙。这并不是巧合。

要不要鼓励居民拥有自己住房，这是住房模式上英美自由资本主义与欧洲大陆福利主义的一个根本区别点。从国际文献来看，英美鼓励人们买房，住房自有率多在68%左右；欧洲大陆国家如德国、法国、瑞士和北欧，不鼓励人们买房，住房自有率只有30%—50%。但相对应的是，英美实行低福利，欧洲大陆实行高福利。道理很简单，如瑞典学者凯梅尼（Kemeny）曾经指出，高住房自有率与“福利国家”是具有替代性的制度安排。当一个国家把公共财政资源过多投入到对自有住房的扶持政策上，必然减少对其他福利的支持。这对跨越中等收入陷阱是十分有害的。

中国房地产的解决出路，显然不是让住房重新实物化和福利品化，但

也不能继续放任让其高度投资品化，需要寻找第三条道路。众所周知，世界上的经济模式，在自由放任的市场经济和计划管制经济之外，还存在一种社会市场型（social market）模式，介于过度政府干预和极端市场化之间，即所谓“第三条道路”。这种模式强调，以平衡社会目标的方式构建市场，市场竞争是“受控制和被管理的”；同时，政府以符合市场原则（market-conforming）的方式干预市场，实现“匹配性的国家干预”（compatible state intervention）（勒普克语）。这样可以较好地融和政府与市场的各自长处，缓和两者的负面副作用。这种模式以德国、法国和北欧国家为典型代表。尤其德国是这个模式的样本，不仅做到了社会和谐稳定，还具有了世界前列的经济活力。

沿着这个经济模式的理念和思路，世界上很多国家，在住房市场和政府举办的公共住房范畴外，还盛行“社会住房”（social hosing）的概念。所谓社会住房，是房屋所有者是非营利性组织，如独立于政府的非营利性住房协会或住房公司（英国、荷兰、德国、瑞典是这方面代表）、教会、慈善机构乃至保险公司等，他们存在的价值也是对其所有房屋执行不同市场竞价的另一套分配机制。一般社会住房都是租赁，虽然不能以种族、性别、宗教等原则刻意排斥特定人群，但不需要完全对公众开放。经营上以保本为原则，不刻意追求利润，一旦有超额利润多用于投资扩大住房再生产，或向租客群体分配返还掉。德国和北欧的实践则证明，社会租赁房部门可以和私人租赁市场协调发展，形成融合的一元化租赁体系。即把社会租赁房敞开大门，不局限任何特定群体去租赁。做到这点的关键不是靠政府补贴，而是建立起一批不唯利是图的非营利性运营组织。在保本非营利原则下，社会租赁房采用历史成本原则。只要租金能够抵消资本的利息成本与运营成本就可以满足，而社会租赁房的资金实际成本将随着时间因为通货膨胀的作用而不断下降，逐步体现出成本竞争力。在这个过程中，政府只是起到一个规则制定者和保护者的作用。

15.3.2 加强租赁市场建设

房地产业的核心还是要解决好住房市场的发展问题，解决住房市场发展问题要从调结构入手。住房市场的健康发展一定要“租售两条腿”一起走路。中国社会正处于高速转型和城镇化加速期，需要富有弹性的住房市场。

英国学者 A.J.Oswald 曾提出，一个社会过多人买房子，会降低劳动力市场的流动性。购买房子以后，人们的冒险精神会下降，经济活力下降，不利于经济发展。这就是有名的 Oswald homeownership trap（房屋所有权陷阱）假说（Oswald，1996）。这个假说有一定争议，但确实能给我们不少启发，在中国确实有不少这样的现象存在。住房市场的结构僵化和缺乏流动性，显然会对推进经济转型不利。年轻人被迫过早买房，对个人对于城市经济活力都不是好事。瑞典房地产研究学者 Jim Kemeny 也提出，自有住房比例应该适度。自有住房比例过高，往往意味着政府要消费过多社会资源去补贴房屋所有者，不仅对租房者不公平，也会对政府能够提供的总体福利保障水平造成负面影响。他举例说，瑞典、荷兰、德国等欧洲国家普遍住房自有率都不高，但居民得到的社会福利享受很多；美英澳大利亚人口中住房自有率高很多，但这些国家居民享受到的福利相对来说就要明显少（Kemeny，1992）。这个思想是值得我们借鉴的。

具体而言，当前需要在法律、税收、社会管理等方面采取断然措施，务必使租房市场的滞后局面尽快得到扭转。尽快全面实行网上租房合同备案制度，未登记备案租房行为视为黑市，要给予法律打击。鼓励社会力量从事经营性租房公司，新建改建或收购二手房进行自租，或收购闲置住房的使用权进行代租，享有税收优惠，规范管理。对私人房东出租收入在税收上给予免征优惠，对出租人和承租人的应有权益在法律上给予有效保障，规范和标准化租房合同。

世界上有不少国家和地区出于各种原因对租赁住房市场进行管制，主要包括租金管制和租约管制。在一定条件下，租金管制有助于保障住宅权和避免贫富分区，但造成的市场扭曲成本较大。以解约限制为中心的租约管制则相对来说市场扭曲成本较低，还可有效减少租赁合同中当事人的机会主义策略性行为，增加资产专用性投资。德国在通过限制解约权来促进稳定租赁市场和租金方面具有丰富经验，可以学习与借鉴（许德风，2009）。在我国城市住房自有率较高、住房供需总体基本平衡的情况下，租金管制不是可选之项，而应该以限制租赁合同解约权、鼓励长期性合约为入手点对租赁住房市场进行适当管制和引导，包括修订相关法律条例，限制出租人提前解约权，明确承租人有优先续约权。同时，政府对房屋租赁实现基准租金指导价网上公示制度，引导中介组织构建租赁信息的统一平台，促进租赁市场信息传播和增加透明度。

鼓励社会产业力量兴办盈利性市场化租赁住房公司。通过给予营业税收优惠、资产会计处理特许，允许通过“先租后售”、“以商养租”等办法来增加房地产企业从事经营长期性租房业务的兴趣。鼓励非营利性组织和社会团体举办不以盈利为目标的公益性质租房组织。类似英国的市政租房和北欧、荷兰的公益性社会住房协会，兴起住房模式的“第三条路”。一方面通过立法、优先优惠土地供给政策、税收减免等经济法律手段，鼓励社会资本直接参与；鼓励各类社会主体兴建向全社会开放的公租房和只向本单位内部开放的单位租赁房、各种模式的“人才公寓”，前者原则上纳入统一管理体系，后者可以自行出台政策和规章制度，政府给予政策扶持、财税资助和信贷担保，符合条件的还可以享受政府的租金补贴。但这些物业不得内部出售，总体上坚持只租不售，特别情况下才考虑先租后售，以服务城市居民的周转性住房需求为主。

15.4 总结

1978 年以来的中国房地产业从无到有地快速发展，折射了中国经济和社会变迁的诸多历史痕迹和规律特性。20 世纪八九十年代中国开始住房制度改革，以推进住房商品化、住房货币化为原则，虽然不可避免地带有一定服务经济的出发点，但总的来说还是围绕提高居民住房消费能力这个中心目标，这样居民住房条件改善与经济社会发展目标是和谐协调统一的。而 1998 年房改后到 2003 年、再到 2007 年之前这段时间，则过度提倡房地产投资化，房地产政策导向过于功利性，房地产业拉动经济的功能压倒了住房改善和城市功能的目标。房地产成为城市发展的融资工具是中国房地产业问题的根源所在。

客观而言，“以房融资”模式所引导的城市经济发展路径，在中国工业化和城镇化进程历史中有其作用和效果，但危害也是存在的，对经济发展和社会和谐都带来了负面作用，如直接导致各种房产泡沫、经济系统风险上升、社会矛盾激增等。而且这种模式至多适用于城镇化扩张早期，注定是不可持续的，当前对很多城市，尤其东部大城市而言，急需要转型和替代。

针对"以房融资"发生根源和危害性本质的分析，为顺应新型城镇化的战略需求，需要提出以下针对性措施：改变官员晋升选拔和绩效考核机制、重塑中央地方财税体制、规范地方融资体系、加快土地制度改革、在法律框架下实施住房保障、加强住房需求调节、实现住房供给多元化、加强租赁市场建设、多元化保障性住房融资、住房保障逐步实现从实物保障为主向货币化保障为主的转变等。

参考文献

［1］Adams B.，2009，"Macroeconomic Implications of China Urban Housing Privatization，1998—1999"，*Journal of Contemporary China*，18（62），pp.881—888.

［2］Kemeny J.，1992，*Housing and Social Theory*. Routledge，London.

［3］Malpass P. & Murie A.，1999，*Housing Policy and Practice*. Palgrave Macmillan，Hampshire.

［4］Oswald A. J.，1996，"A Conjecture On the Explanation for High Unemployment in the Industrialized Nations: Part 1"，*Warwick Economic Research Papers*（475）.

［5］Stephens M.，Lux M.，Sunega P.，2015，"Post-Socialist Housing Systems in Europe: Housing Welfare Regimes by Default？"，*Housing Studies*，30（8），pp.1210—1234.

［6］World-Bank，1993，*Housing: Enabling Markets to Work*. The World Bank，Washington.

［7］陈杰：《经济新常态下的中国城镇化发展模式转型》，《城市规划学刊》2016 年第 3 期。

［8］弗里德里希・恩格斯：《论住宅问题》，中共中央马克思恩格斯列宁著作编译局马恩室：《马克思恩格斯全集》，人民出版社 1993 年版。

［9］何晓斌、夏凡：《中国体制转型与城镇居民家庭财富分配差距——一个资产转换的视角》，《经济研究》2012 年第 2 期。

［10］侯淅珉、应红、张亚平：《为有广厦千万间——中国城镇住房制度的重大突破》，广西师范大学出版社 1999 年版。

［11］凯梅尼：《从公共住房到社会市场——租赁住房政策的比较研究》，王韬译，中国建筑工业出版社 2010 年版。

［12］李斌：《中国住房改革制度的分割性》，《社会学研究》2002 年第 2 期。

［13］李剑阁、任兴洲：《中国房改：现状与前景》，中国发展出版社 2007 年版。

［14］李实：《将会加剧社会财富的集中》，《人民论坛》2007 年第 23 期。

[15] 苏星:《论房租和住宅问题》,《学习》1957 年第 24 期。

[16] 魏玮、陈杰:《加杠杆是否一定会成为房价上涨的助推器?——来自省际面板门槛模型的证据》,《金融研究》2017 年第 12 期。

[17] 徐升艳、陈杰、赵刚:《土地出让市场化如何促进经济增长》,《中国工业经济》2018 年第 3 期。

[18] 许德风:《住房租赁合同的社会控制》,《中国社会科学》2009 年第 3 期。

[19] 杨菊华:《制度要素与流动人口的住房保障》,《人口研究》2018 年第 1 期。

[20] 杨菊华、朱格:《心仪而行离：流动人口与本地市民居住隔离研究》,《山东社会科学》2016 年第 1 期。

[21] 于思远:《房地产住房改革运作全书》, 中国建筑工业出版社 1998 年版。

[22] 中国住房杂志社:《中华人民共和国成立 60 年住房建设大事记》,《中国住房》2009 年第 1 期。

[23] 周京奎、黄征学:《住房制度改革、流动性约束与“下海”创业选择——理论与中国的经验研究》,《经济研究》2014 年第 3 期。

[24] 朱亚鹏:《住房制度改革：政策创新与住房公平》, 中山大学出版社 2007 年版。

（本章主持及执笔：陈杰、郭晓欣）

第 16 章　改革开放以来中国零售业的发展与展望

本章提要：

过去 40 年间，中国经历了前所未有的经济增长、人民生活水平的提升。零售业作为服务业中的重要支撑，也成为了我国经济发展支柱行业。2017 年我国社会消费品零售总额达到了 36 万亿元人民币，居民消费需求继续呈现出明显的上升趋势，中国零售业向升级、多层、个性化等方向发展。所以，零售业已经成为新技术的重要载体，是促进产业整合、重构与结构升级的推动器，是国家新一轮新旧动能转换和结构优化升级的重要支撑。

本章分析了 40 年来零售业的发展情况，梳理了产业发展的特点，从技术角度出发分析了产业链的发展，同时基于 SCP 范式分析了零售业的变迁，最后在分析问题的基础上给出政策建议。未来随着技术发展和零售企业战略的重塑，中国零售业将迎来更快速、稳定、持续的发展。

本章内容显示，中国零售业经历了由计划经济向市场经济的演进过程，外资、民营零售企业的崛起带动了产业的发展；市场结构由近似完全竞争逐渐向垄断竞争的方向转变；在零售业对外开放以后，零售企业普遍降低价格和规模扩张的市场行为，对企业市场绩效的变化产生了重要影响。未来促进零售业的健康发展，需要政府和零售企业的共同努力，同时加大对已有技术的整合利用，推动商务大数据平台建设，促进数据共享，发挥相关协会、专业服务机构作用，为企业创新转型提供技术、管理、咨询、信息等一体化支撑服务。

16.1 中国零售业发展回顾、现状与特征

中国从1978年改革开放以来，多数行业实现了历史性跨越，其中较为显著的是零售行业①。1978年中国社会消费品零售总额为1558.6亿元，而这一数据到2017年达到366262亿元。探析中国零售业40年来的变迁与成长历程，对准确把握中国零售业发展的基本规律和存在的问题，进一步探索推进零售业可持续发展的有效途径都具有重大理论与现实意义。

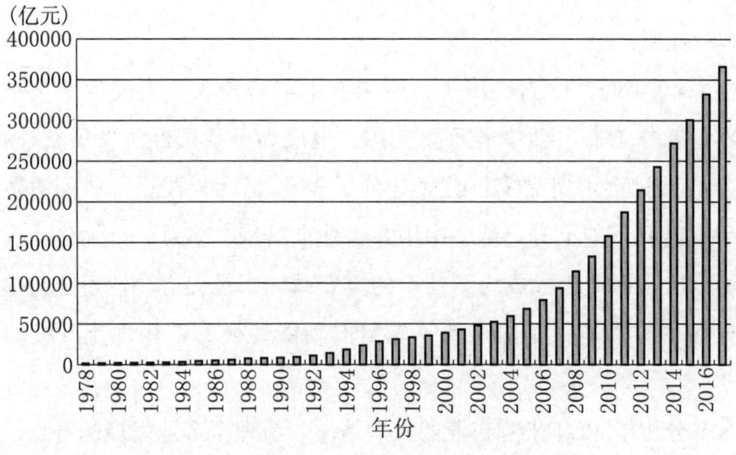

图16.1 1978—2017年中国社会消费品零售总额

资料来源：根据国家统计局资料整理。

① 国家统计局对零售业的定义为：主要针对百货商店、超级市场、专门零售商店、品牌专卖店、售货摊等主要面向最终消费者（如居民等）的销售活动，以互联网、邮政、电话、售货机等方式的销售活动，还包括在同一地点，后面加工生产，前面销售的店铺（如面包房）；谷物、种子、饲料、牲畜、矿产品、生产用原料、化工原料、农用化工产品、机械设备（乘用车、计算机及通信设备除外）等生产资料的销售不作为零售活动；多数零售商对其销售的货物拥有所有权，但有些则是充当委托人的代理人，进行委托销售或以收取佣金的方式进行销售。

16.1.1　四大发展阶段

由于改革开放后我国经济发展逻辑和市场结构发生了较大的变化，零售业迅速崛起，并且发展模式主要是围绕建立社会主义市场经济的流通体制展开，零售业的变迁也反映了中国产业经济发展模式的变化。整体而言，中国零售业的变迁成长可以分为四个阶段，在不同的阶段零售政策和环境下起着不同的作用。

1．第一阶段，零售业起步阶段：从配给制到市场化（1978—1992 年）

受长期计划经济体制影响，我国零售业长期游离于世界零售革命之外，对中国产业发展几乎没有基于市场端的贡献，这一状况一直维持到 20 世纪 90 年代初期，中国零售业发展没有本质上的变化，所以我们将 1978—1992 年长达 15 年之久的时期统称为“零售业起步阶段”。在改革开放初期，由于零售市场并不存在，粮食、棉布乃至自行车等消费商品依旧采取配给制，个体通过单位发放的兑换券（如粮票、油票以及布票等）和一定数量的现金到国营的零售店里兑换产品，而这些商品的定价也几乎由国家决定，此时几乎所有的零售类企业均为国营，例如各地的供销社负责主要的商品零售。同时，由于国内商业、物质消费的贫乏，只在城市核心地段有一些国营百货，比如北京百货大楼、上海永安百货、南京中央百货等，而在农村主要以定期集市为主。

1984 年，党的十二届三中全会要求建立公有制为主体、多种经济成分共同发展的经济体制，我国零售业才开始出现了一些变革，个体和私营的零售企业逐渐出现，小型国有零售企业实行了承包。该阶段国家出台的一些经济性规制政策，如《国营工业品零售企业管理条例》（1982）、《城镇集体商业企业财务管理试行办法》（1990）、《国营商业、供销合作社零售企业专柜联销管理试行办法》（1991）等鼓励了私有零售企业的发展。20 世纪 80 年代中后期，百货店逐渐脱离旧的范畴得以迅速发展，以原有大型百货店为主的零售企业普遍进行了改造和扩建，营业面积超过 1 万平方米的商场日渐增多。

2．第二阶段，零售业国际化阶段，从“引进来”到“走出去”（1992—2002 年）

这一阶段的起点是 1992 年 7 月国务院批准北京、上海、天津、广州、大连、青岛 6 个城市和深圳、珠海、汕头、厦门、海南 5 个经济特区为零售业对外开放的首批试点地区，从此拉开了零售业对外开放的帷幕。1992 年 6 月，燕莎友谊商城开业，它是国务院批准的、国内第一家中外合资零售商业企业。2002 年北京燕莎奥特莱斯开业，是国内第一家 outlets 模式的商业。这一阶段为了推进零售业与国际接轨，中国在零售业市场采取了渐进式的开放战略，适当允许外资进入中国零售业。在 90 年代中期外资百货陆续进入国内，如日本的伊势丹、马来西亚的百胜等成为这一阶段零售业的领军企业。外资零售业的进入不仅带来了雄厚的资金，也带来了先进的营销理念、营销策略和科学的管理方式，使得我国传统的零售业发生了深刻的变革。

到了 20 世纪 90 年代末和 21 世纪初，一批民营零售企业崛起，它们在自己所处的城市中开了第一批的商场。基于黄金地段、新颖的环境、相对领先的服务，这些商场通常经营得很红火。之后，企业开始继续拓展新店、走出城市、走向全国。例如南京的金鹰、昆明的金格和郑州的丹尼斯等。同时这一阶段以苏宁、国美为代表的家电零售企业受到了市场的关注，它们逐渐从门市部类的企业开始进入自建店发展模式，为将来专营店的发展打下了坚实的基础。

3. 第三阶段，零售业业态发展阶段，从大卖场到连锁超市（2002—2010 年）

这一时期，外资零售企业进军中国市场的步伐加快，同时零售业态也呈现出了井喷式的发展。零售市场的竞争愈发激烈，大型零售企业的渠道势力和垄断地位日益增强，同业恶性竞争、零供矛盾和冲突等问题突出。同时零售业态的丰富，也促使了消费者第一次面临消费升级，这一阶段三大类零售业态得到了消费者认可，并取得了长足的进步。

第一类是精品百货。随着一些国外地产商、国内大型百货商的进入和发展，一些高端的精品百货、购物中心出现，对国内零售业产生了巨大影响和带动。例如上海的恒隆港汇广场、瑞安新天地、来福士广场等；南京德基广场等；万达广场在全国的布局。

第二类是大卖场。沃尔玛、家乐福、麦德龙等国外大型零售卖场在中国发展，本土大型零售企业崛起，以低价为卖点、以信息技术为核心，打造了零售业态发展的新模式。

第三类是连锁超市。1992 年 10 月，便利店业态首次出现在我国深圳，尽管起步较晚，但是伴随着经济的持续增长，便利店在我国取得了较快发展。一些国内外知名品牌连锁便利店应运而生，7-ELEVEN、可的、好德、快客等为代表的一大批连锁便利店快速发展起来。

4. 第四阶段，零售业的创新再出发，从“新技术”到“新零售”（2010 年至今）

电子商务、信息技术、大数据以及云计算等技术的发展，一方面促使了原有各种零售业态逐渐转型，另一方面也形成了许多新的业态出现，例如现在所谓的“新零售”。网络零售的发展为流通领域供给侧结构性改革逐步推进，实体零售转型升级加快步伐，转型阵痛中不同业态增速明显分化。“互联网 +”最早融入零售业中，使得零售业竞争日益激烈。

2011 年开始，大型零售企业销售额增速连续放缓，近两年甚至出现负增长，进入 2016 年，见底回稳态势明显，尤其是下半年以来大型零售企业增长情况已经出现好转。面对错综复杂的国内外经济环境，我国经济结构调整加快，供给侧结构性改革初见成效，经济增长新动力不断积聚，国民经济稳中趋缓，稳中向好，居民收入稳步增长，消费升级进程不断加快，市场呈现出“新消费、新零售和新生态”特征。未来零售行业变革发展仍然面临一系列挑战，商业网点发展不均衡、结构性过剩、配套设施不完善等问题依然存在，零售企业物流成本、租金成本、人工成本上涨压力较大，数据驱动经营决策的发展格局尚未形成，零售市场公平秩序有待进一步优化，传统零售商业模式创新转型亟待加强。

16.1.2　产业发展变化特征与逻辑

截至 2016 年底，我国零售业经营单位共有 1811.91 万个①，同比增长 5.2%。改革开放后几十年的零售行业发展经历了高速发展阶段，但在近些年增速放缓压力较大，同时新型业态（电商）告别流量红利阶段，中国零售业

① 根据商务部《中国零售行业发展报告（2016—2017）》。

的发展具有了典型的中国特色和时代特征，本节将进行进一步总结。

1. 行业发展规模增长巨大

经过近 40 年的发展，中国零售行业发展突飞猛进，截至 2016 年底我国零售业经营单位共有 1811.91 万个，其中法人单位数量为 244.83 万个，个体工商户数量为 1567.08 万个。在中国第一次三产普查调查中 1991 年零售企业法人单位数量为 70 万家，商业个体商户为 775 万户[①]，从企业数量和从业人数上近 40 年的增长是巨大的。针对限额以上零售企业[②]来讲，2016 年企业数量为 98305 家，主营业务收入达到了 11 万亿元，而这一数字在 1999 年为 10733 家，主营业务收入为 3942 亿元，即使是单位企业收入也有着较大的增长。2002 年连锁零售企业门店总数为 30746 个，商品销售额为 2568 亿，2016 年达到了 232444 个，商品销售额达到了 3.6 万亿元。

零售业近 40 年的变迁与成长实际是单个产业经历其生命周期的一种过程，是从弱小到强大、从不成熟到成熟的表征。它表现为零售业规模的扩大、零售技术的进步和零售产业组织的演进，同时也折射出中国经济规模的发展壮大。

2. 业态发展模式的多样性

中国零售业自 1978 年流通体制改革后获得了巨大发展，从百货商店单一业态的格局，形成了百货、超市、便利店、专卖店等多种业态并存的格局，尤其是在电子商务崛起以来，各种基于新技术的零售业态不断涌现，面临“千店一面”的同质化竞争、网络零售的消费分流、消费需求深刻变化等，流通领域供给侧结构性改革逐步推进，实体零售转型升级加快步伐，转型阵痛中不同业态增速明显分化。

根据我国 2001 年 8 月的《零售业态分类规范意见》，依据选址、规模、商品结构、目标客户、服务功能等将我国主要零售业态分为百货店、超级市场、大型综合超市、便利店、专业店、专卖店、购物中心等。在 20 世纪 90

---

① 由于早期对零售业统计数据相对较少，国家统计局在 1992 年进行了第一次的全国性产业数据普查，其中个体商户包括所有商业企业，包含了批发等行业。

② 根据我国批发和零售业、住宿和餐饮业统计报表，年商品销售总额在 500 万元以上、同年从业人数在 60 人以上的零售企业为限额以上企业，统计数据从 1999 年开始。

年代以前以国有大型百货业态为主，而到了 1996 年后呈现以连锁超市为主体的多业态并存，2006 年以后网络零售也成为了主要的业态模式。从限额以上零售百货类企业来看，其在 1998 年销售额为 2160 亿元，在 2016 年销售额为 1.2 万亿元，但是其在所有限额以上企业销售额占比呈现逐年下降。2010 年后，网络零售进入平稳增长成熟阶段，近些年在发展质量、服务水平和购物体验方面全线提高，在 2016 年实物商品网上零售额占社会消费品零售总额比重达到 12.6%，而传统零售业（如百货）企业销售额占比持续下降。从整体来看，中国近 40 年的社会转型，零售业态的发展与变迁并没有完全遵循世界零售业态变化的一般规律，在技术跨域式发展背景下具有极强的中国特色。

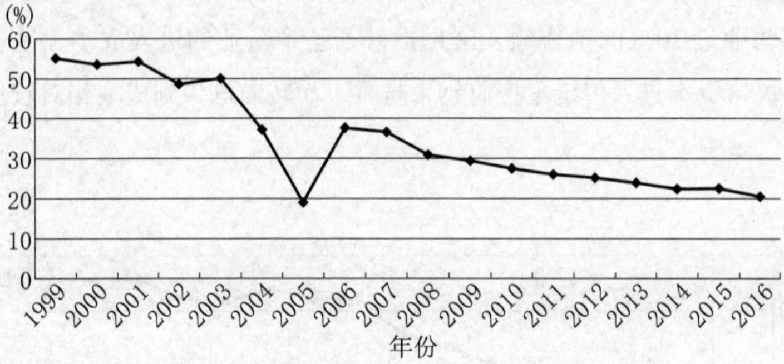

图 16.2　1999—2016 年中国限额以上百货零售额占比

资料来源：根据国家统计局资料整理。

3．民营零售企业的崛起

作为服务业最大的部门，零售业在 1978 年完全由国有企业和集体企业控制，私营部门（当时只有个体户，尤其在农村）的作用微乎其微。根据 1986 年国家统计局数据，私营零售单位所占比重为 10%，员工人数只占到 3%，销售额更加微不足道，仅占 0.1%；与此同时国有零售单位的机构数量、就业人数、销售额分别占整个行业的 34%、58% 和 90%。而到了 2013 年，90% 的零售企业都为私人所有，创造了零售业中 70% 和 60% 的利润[①]，

① 数据来源于国家统计局第三次经济普查数据，该数据包含了限额以下的零售企业数据。

也就是说，民营零售企业的销售额从早前的不足一成上升到近八成。就限额以上企业而言，2016 年私营零售企业有 55494 家，占到限额以上零售企业的 56.45%，销售额占比为 32.76%，一定程度上说明了私营零售大企业也在不断崛起，同时规模小于国有企业，并从 2008 年后趋于平稳。

整体上看，零售业属于准入壁垒较低、私营资本有条件竞争的部门，同时政府对零售业的发展也一直持鼓励的态度，这是因为零售业吸纳劳动力能力强，投资少，见效快，各级政府为了解决劳动就业通常支持新建零售企业，使得新企业进入零售业容易越过行政法规壁垒，所以零售业进入的政策屏障较低（李飞等，2006）。但是随着零售业对外开放的深入，尤其是 2001 年我国加入世贸组织以后，零售业的进入壁垒随着零售市场集中度的提高而逐渐增加。好市多、沃尔玛、家乐福、麦德龙等国外零售企业进入中国，创造了零售业近 10% 的销售额，这也提升了整个行业的进入成本，这也使得近些年民营资本进入传统零售业越来越难，而转向进入到成本相对较低的网络零售领域中。

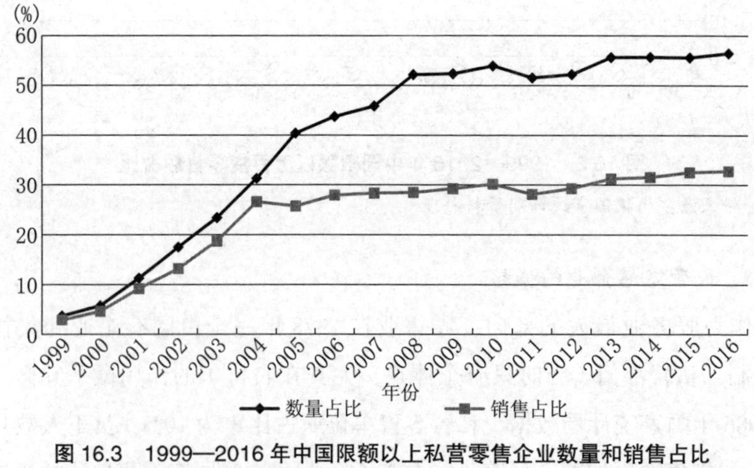

图 16.3　1999—2016 年中国限额以上私营零售企业数量和销售占比

资料来源：根据国家统计局资料整理。

4. “新”零售的跨越式发展

随着电子商务的出现，实体零售店受到网络零售巨大冲击，但是在消费诉求变化下，实体零售与网络电商正逐步从独立、对抗走向融合、协作，新的零售模式出现。受互联网、物联网、人工智能及大数据等领先技术驱动，数字化技术将虚拟与现实深度融合，传统零售在物理空间和时间维度上将获得极大延展，消费者不再受区域、时段和店面等因素限制，零售行业终将发展成面向线上线下全客群，提供全渠道、全品类、全时段、全体验的新型零售模式。

2013 年苏宁提出“云商”模式，2016 年天猫提出“新零售”模式。新零售时代中，零售企业将围绕多样化、个性化的消费需求展开，各类商业综合体将聚合教育、亲子、医疗、健身、旅游、商务等更加多样的服务业态，从以往单纯的购物中心逐渐转型为体验中心，为消费者提供全方位一站式的服务体验。我国大部分传统零售企业数据基础较为薄弱，数据管理技术落后，数据思维意识不强，在会员管理、商品管理等方面数据应用依然不足，互联网零售企业基于自身优势，已在数据挖掘、数据决策领域取得了显著成效。两者的结合在创造新模式的同时，带动了中国零售业在全球新模式发展下处于领先地位，呈现出了跨越式发展的逻辑。

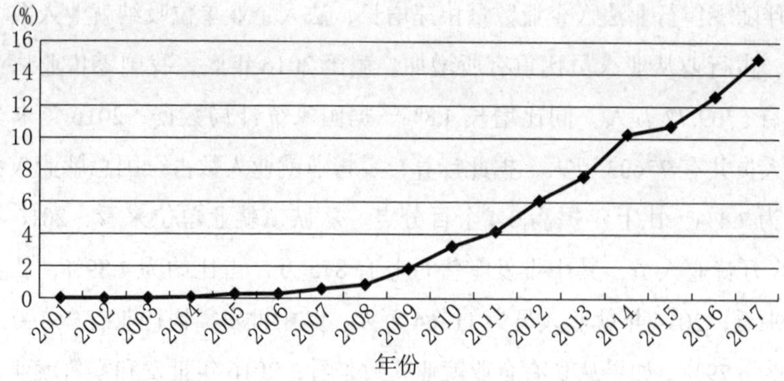

图 16.4　2001—2017 年中国网络零售额占社会消费品零售总额比例

资料来源：根据国家统计局、艾瑞咨询网资料整理。

16.1.3　零售业与中国经济发展

零售业是第三产业的重要组成部分，对我国经济发展和社会稳定发挥着重要作用。改革开放后我国经济发展的一个重要突破，就是零售行业市场化的发展以及对中国经济发展模式的影响，2016 年批发和零售业的增加值占国内生产总值近 10%，而这一数值在 1983 年为 3.3%，零售业经济地位可见一斑，这主要体现在就业、投资、纳税以及技术创新上。

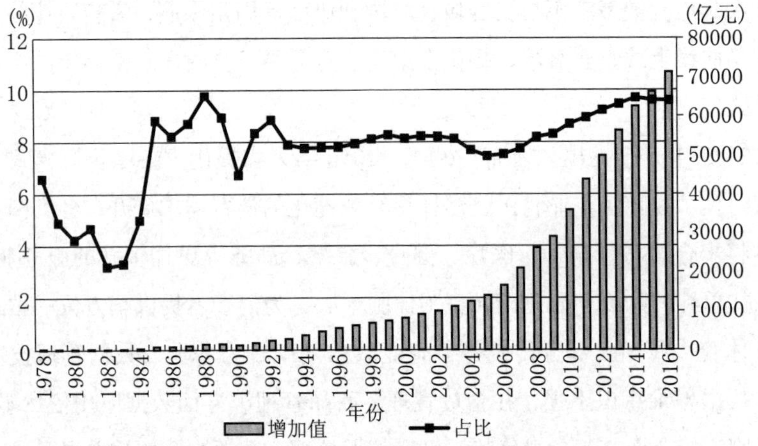

图 16.5　1978—2016 年中国批发零售企业增加值及占比

资料来源：根据国家统计局、国研网统计数据库资料整理。

1. 吸纳就业人数稳定增长

伴随零售行业法人企业数量快速增长，法人企业单位吸纳就业人数增长较快，占行业从业人员比重有所增加。截至 2016 年底，我国零售业从业人员共有 5709.72 万人，同比增长 4.8%。据国家统计局数据，2016 年末全国就业人员共有 77603 万人，据此计算，零售业就业人数占全国总就业人数的比重为 7.4%，比上年提高 0.4 个百分点。从城镇就业单位来看，2016 年有 17888 万就业人员，其中批发零售行业有 875 万，占比约为 4.89%；从乡村就业来看，2016 年就业人员为 11264 万人，其中批发零售行业有 765 万，占比约为 6.79%。如果从私有企业就业人数来看，2016 年批发和零售就业人数占所有私有企业人数约为 39.7%。这些数据显示，零售企业在私营部门增加的同时，解决了私营部门和个体的就业问题。

随着“新”零售的出现，零售企业在解决就业上具有了更大的动力。据报告显示[①]，2017 年阿里巴巴零售生态创造就业机会达 3681 万个，以盒马鲜

① 中国人民大学劳动人事学院课题组：《阿里巴巴零售电商平台就业吸纳与带动能力研究》（2017）。

生、永辉超级物种等为代表的新零售带动了大量就业，加之传统零售百货、商超企业加速拥抱互联网，纷纷涉足电子商务、新零售业务，随着产业结构的调整，相应带来就业结构、工作岗位、人才技能的改变。新型就业机会的带动不仅利好中国的就业形势，提升民众生活品质，也助推了中国产业结构升级。

2．缴纳税金规模较大

随着“营改增”等税制改革，零售企业税收负担整体在下降，但是绝对规模依然较大，对国家财政收入贡献突出。据商务部典型零售企业统计数据测算，2016 年零售行业限额以上大中型法人企业应交税金 1676 亿元，比上年减少 1.2%；限额以上大中型法人企业应交税金与其销售额的比率为 1.8%，比上年降低 0.1 个百分点。政府采取的税收优惠，促进了民营零售企业的发展，尤其是针对个体商户，创造了大量的就业机会，但是这并没有阻碍零售企业贡献的税赋对国家经济的发展。例如根据广东国税局近 5 年的国税纳税排行统计，在广东国税征管行业中，批发和零售始终位于第一名，这表明了该地区批发零售业在宏观经济中占据的支柱位置，对国税收入的支撑作用十分明显，而这一现象也体现在其他区域，流通领域的经济贡献巨大。

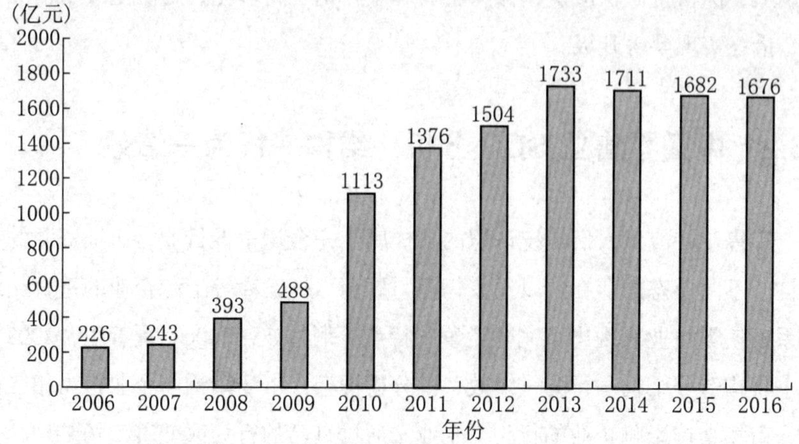

图 16.6　2006—2016 年中国大中型零售企业纳税额

资料来源：根据国家统计局、国研网统计数据库资料整理。

3. 带动投资规模效应

据商务部典型零售企业统计数据测算，2016年底零售业限额以上大中型法人企业流动资产为3.01万亿元，同比增长4.8%，占资产总额比重为66.6%，比上年同期增加0.4个百分点；固定资产为1.53万亿元，同比增长4.1%，占资产总额比重为33.4%。随着技术的发展，零售业的发展逐渐降低了固定资产方面的投资。

4. 带动技术创新

零售业的发展也带动了技术创新的发展。互联网、物联网、大数据等现代信息技术，已经成为推动零售业实现战略变革、模式再造和服务提升的新动力。中国零售业的发展并不完全遵循世界零售业态变化的一般规律，在没有相关理念的积累上，从技术角度带动了产业的发展，反过来也促进了技术的更新换代发展。在20世纪七八十年代，零售业开始利用电子结算替代手工结算，到了90年代开始应用数据库及计算机网络，信息化成为零售业发展主要的推动力。尤其是在电子商务蓬勃发展起来以后，除了在业态发展和支付手段上的技术支持，在供应链技术上也得了快速发展，重构消费主导、响应及时的供应链，实现产端、渠道和客户一体化的效能提升，将成为我国零售行业转型升级的重要举措。通过数据分析掌握消费需求，以需定产，柔性制造，深耕上游供应链，保障企业的差异化、高端化、定制化战略精准实施，最终实现零售升级。

16.2 中国零售业SCP分析：结构—行为—绩效

零售业并非像人们传统认识的那样属于完全竞争性行业，店址资源的垄断性、不同业态的存在，以及零售商与厂商、批发商等上游企业的垂直交易关系都使零售业表现出不完全竞争的特点（荆林波，2006；夏春玉，2003）。本书将构造“结构—行为—绩效”的分析框架。市场结构与企业行为相互作用，市场结构影响企业的行为，企业又通过自己的行为改变着市场结构，企业行为决定了市场绩效，同时市场绩效为企业提供了信息反馈，是企业行为调整的依据。

16.2.1 40 年零售业市场结构的变迁

本节从市场集中度、业态差异化和需求增长来看市场结构。

1．市场集中度

目前国内学术界零售行业市场集中度的研究中，大多以全国零售业内最大的前 4 家或前 8 家零售商的年销售额之和占社会消费品零售总额的比例来计算 CR4（即行业内前四位企业市场占有率总和）或 CR8（即该行业前八家企业的市场占有率总和），从而得出零售业市集中度的结论。自 1978 年改革开放以来，在零售业发展的不同历史时期，市场集中度呈现显著的变化趋势。

1978—1991 年，零售业的市场集中度还是非常低的，从全国市场看，这一时期各年度零售市场 CR4 最高值不足 0.5%，即使经济最发达的城市诸如北京、上海，零售市场 CR4 最高也没有超过 4%。所以这一时期的零售市场可谓充分竞争市场。但是自从 1992 年零售业对外开放以来，零售市场的集中度增长迅速，1992—2001 年间全国范围内零售市场集中度 CR4 年均增长 15.7%。而在中国加入世贸组织以后，零售业的 CR4 增长更快，2002—2007 年间 CR4 年均增幅超过 25%，而到了 2015 年这个数字将近 30%，市场集中度 CR4 约为 4%。从这些数据可以看到零售行业的市场集中度并不高。

由于我国零售业态分类后的统计指标在 2001 年前并未建立起来，2001 年后很多年鉴和数据库对于零售业分业态的数据统计口径存在很大差异，因此，出于数据可得性的考虑，我们只能以 2000—2016 年国家统计局统计的零售行业总的销售额（限额以上）相关资料为代表进行业态集中度的分析。我们以全国市场为背景，选择前 4 家最大零售商的销售额占整个限额以上零售总销售额的比重计算 CR4，分析零售行业的集中度变化。从前四大企业的占比来看，从 2000 年的 6.72% 增长到 2016 年的 25%，但是其中也有着周期性的波动，在 2007 年达到高峰之后有着一个下降，而到了 2011 年又开始增长。

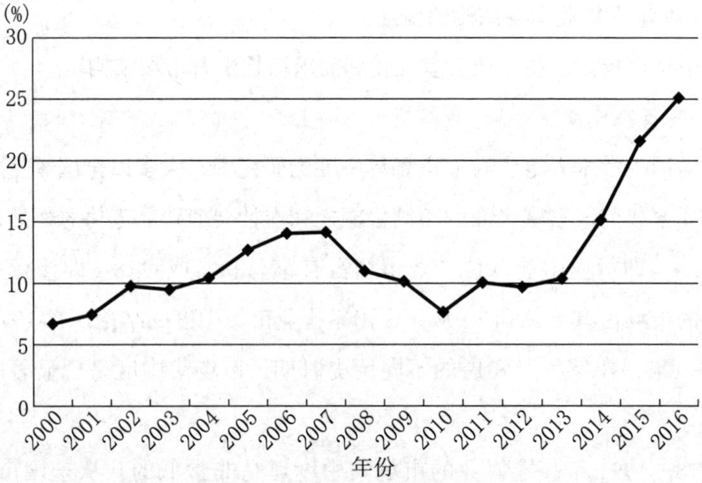

图 16.7　2000—2016 年中国销售额前四零售企业销售额占比

资料来源：根据国家统计局、中国企业联合会资料整理。

其中2000—2005年传统零售企业开始崛起，例如像百联、华润等企业成为行业中的龙头企业；而在2004年开始国美、苏宁等家电零售企业崛起，成为销售排名靠前的企业，而到了2010年电子商务崛起，天猫、京东等成为领军企业。从这些发展来看，我国零售市场已不再是完全竞争市场，在一些地区、一些零售业态上表现出明显的垄断竞争或寡头垄断态势，这和近年来众多外资零售企业在中国市场疯狂扩张以及中国零售领域涌现出许多跨区域甚至全国性的大型零售企业有关，同时也与政府鼓励外资进入、对本土大型零售企业进行扶持的政策有关。

所以，从40年行业发展来看，一方面，在2010年之前我国零售行业市场集中度偏低，激烈的竞争降低了行业的毛利率，缺少经营特色的小型零售企业发展受到一定挤压，但是技术的发展和新业态的出现改变了这一格局，呈现出了垄断竞争的格局，随着人均可支配收入和家庭消费支出的提高，庞大的消费群体和居民不断提高的消费能力保证了销售的稳定；另一方面，连锁经营模式的快速发展带动规模效应，保证了采购和物流成本的相对稳定，行业的壁垒会逐渐提升，同时并购等行为也会不断发生，可以预计到行业集中度可能会进一步提升。

2. 业态差异化

零售业态是零售企业为满足不同的消费需求而形成的不同营业形态，业态差异化包含着产品和服务差异化等一系列内容，是零售企业控制市场的重要力量。

1978—1991 年，中国零售业态处于大型百货店为主体的单一业态阶段。在 20 世纪 80 年代中后期，百货店进入了快速发展时期。这一时期，大型百货店效益普遍良好，因而成为投资的热点。一方面，老企业纷纷投资扩建改造，扩大营业面积，豪华地装修店面；另一方面，社会各部门竞相投资，兴建豪华高档的商厦，出现了一股“大商场热”。仅从 1986 年到 1990 年，我国新建的大型百货商场就相当于前 35 年建设的总和。大型百货商场由 16.4 万家发展到 17.4 万家；人员由 109.2 万人增加到 212 万人。

从 1992 年尤其是 1996 年开始，中国爆发了一场综合性的商业革命，仅仅三五年的时间，中国零售业态已由单一的百货店发展为以连锁超市为主体的多业态并存格局。从近 20 年中国零售百强企业的统计来看，仅我国百强的零售企业就已经涉及了大型综合超市、百货店、标准超市、便利店、专业店、折扣店、仓储式会员店等多种业态，可见其业态差异化程度较高。在 1999 年我国零售企业百强中，单一业态发展的占 82%，多业态发展的占 18%；在 2002 年零售百强中单一业态的企业下降至 63%，多业态的企业上升至 37%；在 2006 年单一业态企业比重进一步降为 55%，而多业态企业比重进一步升至 45%，而到了 2016 年多业态比重达到 78%。与世界零售百强企业的情况相比，我国零售企业的经营业态还显得比较单一，世界零售百强企业中大约只有 30% 的企业是单一业态发展，70% 的企业是多业态发展的。但是，我国零售百强中多业态企业比重的逐步提高，反映出我国零售业态形式越来越多地向多元化方向发展。同时，我们还发现，零售百强经营单一业态的零售企业中，百货店的比重虽然在下降，但却是单一业态中最主要的业态形式。这说明传统百货店在一定时间、一定区域内仍影响着我国零售业态的多元化结构。一家零售企业的经营绩效与它是否选择单一业态发展并无太大关系，单一业态的企业只要能够提供特色的服务，经营独特的商品，依旧可以取得良好的经营绩效。

随着消费需求的多样化，零售行业企业已不仅限于传统的百货商店，大型超市、购物中心、专卖店、连锁便利店（例如连锁门店数量从 2002 年的 30746 个增长到 2016 年的 232444 个）、网上商城等的快速发展极大地丰富了零售业态，为居民消费提供了更多便利和选择。各种业态分别确立自己的市场定位和消费群体，成为零售行业销售增长的主要动力。如大型超市提供各类食品和生活用品，便于消费者一站式购物；购物中心设有餐饮和游乐设施，便于顾客购物之余的休闲和娱乐；专卖店销售某一品牌的系列商品，受到品牌忠诚度较高的顾客和追求时尚年轻人的青睐；连锁便利店提供小型日用百货商品，为附近社区居民日常购物提供便利。

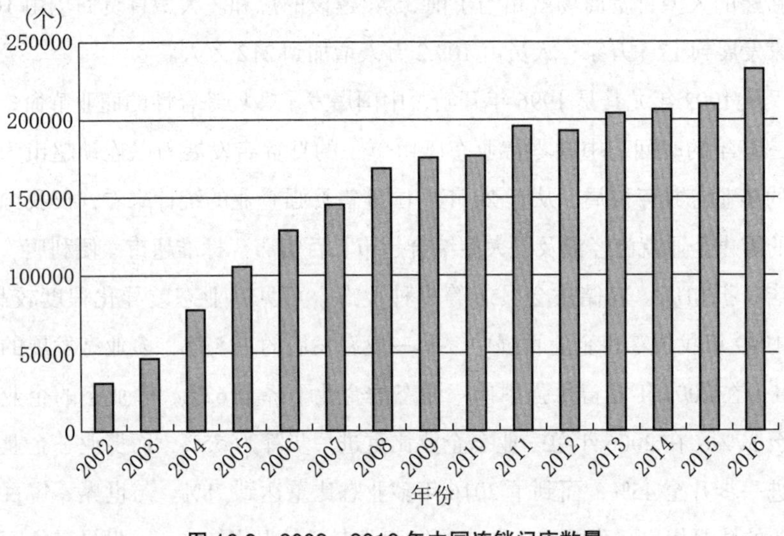

图 16.8　2002—2016 年中国连锁门店数量

资料来源：根据国家统计局资料整理。

2010 年后，电子商务等虚拟零售渠道崛起，网络购物具备搜索商品快捷便利、不受订货时间地点的约束、物流提供送货上门等服务等特点，为消费者节省了大量的时间；对于生产商和经销商，设立网上商城成本较低，网络购物的交易环节较少，不仅拓宽了销售渠道，还节约了社会的流通成本，因而网络购物成为近几年发展较快的新兴零售业态。未来多样化的零售业态将继续存在，专业化的经营和高标准的服务将逐渐显现，百货商场、购物中心、专卖店等零售业态将继续发挥规模优势，营造良好的消费环境同时保证商品的质量和及时供应，电子商务零售业态将继续发挥购物时间空间灵活、产品信息比较全面的优势，进一步降低物流成本。未来各种经营业态特色将更加明显，充分迎合不同消费者的需求。

3．需求增长

1978—2017 年，虽然随着总体经济周期波动，各年社会消费品零售总额涨幅有所不同，但是持续上涨的趋势不变（见图 16.1），社会消费品零售总额年平均增长率达到 15.21%，按照这个态势发展，我国在未来零售消费需求的增长趋势将持续下去。但是通过 40 年来社会消费品零售总额增幅与国内生产总值增幅的对比，发现 1992 年零售业对外开放以前，大部分年份社会消费品总额的增幅超过 GDP 的增幅。这说明，这一时期中国零售市场容量迅速增加，对新企业进入的吸引力很大。但是 1992 年零售业对外开放以后，尤其是 2001 年末入世后，绝大部分年份的社会消费品总额的增幅低于 GDP 的增长幅度，而且 2002 年后社会消费品总额的增幅波动大大小于前 14 年，而到了 2008 年以后社会消费品总额的增幅基本超过了 GDP 增长，尤其是在 2011 年之后。这说明虽然零售市场需求处于增长趋势，但是这种需求增长逐渐趋于稳定。这对于新企业进入产生了一定障碍，这也在一定程度上反映出中国零售市场已经不是一个完全竞争的市场，而是逐渐走向了垄断竞争的情况，一些零售巨头垄断了相关领域，技术和运行模式形成了新的行业壁垒。

图 16.9　1979—2017 年中国社会零售总额与 GDP 增长对比

资料来源：根据国家统计局资料整理。

16.2.2 40 年零售业市场行为的变迁

纵观零售业 40 年的变迁历程，当零售业由计划经济时代的完全垄断走向开放后的近似完全竞争的市场结构（1992 年以前）再逐渐走向垄断竞争（1992 年以后）方向时，行业的市场行为也发生了较大的变化。零售市场集中度逐渐在提升，大型零售企业渠道主导地位形成，同时它们与小销售商、供应商、大零售商之间的关系也在发生着变化。本节从价格行为、并购重组行为和渠道行为三个方面探讨中国零售业的市场行为变化趋势。

1. 价格行为

在 1978 年到 1992 年期间，零售企业的价格行为呈现两个阶段的变化。首先，在 1978 年到 1983 年之间，即改革开放的初期，零售行业尚处于计划经济时代，多数零售企业属于国家直管的企业，定价行为由国家来规定，企业也处于垄断发展的地位。在 1983 年到 1992 年的 10 年间，零售市场逐渐供不应求，一部分企业有了自主定价权，市场集中度低的小规模零售企业虽然产品差异性低，但整体竞争并不激烈，商品供不应求，零售企业利润空间较大，所以这一阶段零售企业价格竞争程度也并不高。到了 2002—2003 年，商品零售按市场价格成交的比例高达 95%，零售定价策略无疑更加依赖于市场环境，而企业的竞争愈加激烈。

表 16.1 不同种类商品零售的物价分布　　单位：%

年　份	市场价格	国家指导	国家定价
1978 年	0	3.0	97.0
1985 年	34.0	19.0	47.0
1991 年	69.0	10.0	21.0
1995 年	89.0	2.0	9.0
2000 年	95.8	1.0	3.2
2003 年	95.6	1.4	3.0

资料来源：尼古拉斯·拉迪：《民有民享：中国私营经济的崛起》，郑小希译，中国发展出版社 2016 年版。

由于市场竞争激烈，为了生存需要，大多数零售企业只好将价格竞争作为主要竞争手段，采取了各式各样的定价策略，如会员制、搭配销售、优惠折扣、季节性降价等，尤其是一些大型的零售商，为了进一步占据市场，打击平行的中小零售商，国外零售巨头沃尔玛的“天天平价”策略也已被国内诸如“农工商”、“好又多”等所采用，这些低价策略是中小零售商无法采用的。另外，大型零售商也开始注重和上游供应商的合作，加强渠道流通的稳定性。低价策略意味着在和市场中的同级零售商的竞争中可以获取优势，而这种优势同样建立在对供应商的优势降低的基础上，因为供应商的利润会下降，这也是供应商和大型零售商发生冲突的原因。

2．并购重组行为

随着零售行业竞争的加剧，并购重组成为大型零售企业规模扩张的重要战略方式，大型零售企业通过参股、控股、承包、兼并、收购、特许经营、托管等方式扩大规模。近年来，零售企业每年的并购重组事件越来越频繁地发生。例如 2016 年在零售行业发生的较大规模的并购达到 16 起，一些转型无望的小型零售企业加速“甩卖”，一些跨界经营的企业为建立生态圈而不断采取收购，尤其是线上线下的融合并购，如沃尔玛增持京东和阿里系入股的三江购物，永辉超市与上海易果电子商务有限公司订立股份转让协议等。并购加速了市场集中度的进一步提升，使得大型零售企业垄断势力越来越强，零售商垄断势力的产生又会带来一些负面影响，如对周边中小零售商业的排挤与损害，渠道强势地位引发的对供应商的盘剥加剧。

3．渠道行为

在 1978—1991 年期间，零售企业处于供销端的弱势地位，制造商在渠道关系中处于支配领导地位，零售商在渠道中很少有发言权，销售模式基本都是以先付货款、后从供应商提货的方式采购商品，然后加价销售，也即国外所称的“resale”模式，同时渠道冲突并不严重。1998 年以后社会主义市场经济体制初步确立，并且全面转向买方市场，零售商成为了渠道主导。大型零售商凭借渠道势力，逐渐开始向供应商收取进场费，延长与供应商的结算账期，通过对供应商的压榨来获取利润。同时也有一些零售商开始关注了与其他渠道成员的合作，例如 2008 年 8 月份由中国连锁经营协会发起的《零售商供应商公平合作促销倡议书》得到了 70 家大型零售企业、近 200 家供应商的响应和支持，众多供应商和大型零售商在促销、价格方面达成了合作的一致性意见，共同面对危机。在2008年整个经营循环中，家乐福等大型超市基本上没有提高供应商原有的供应价，而原有的“通道费”也有所降低。2010年后网络销售崛起之后，零售商的竞争在线上和线下渠道进行，尤其是一些电子产品的销售渠道，但是从2015年之后，渠道之争变成了融合，尤其是打通线上线下的渠道，在日益竞争激烈的多渠道市场结构中，如何降低消费者的渠道购买成本成为零售商提升竞争力的重要手段。在以O2O线上线下融合的商业模式大行其道的现状中，传统的零售商快速吸纳线上部分，但在大张旗鼓成为多渠道零售商的同时，只有提高业务效率，降低消费者的购买成本，才能成为市场中的胜利者。从现在来看零售商的核心竞争力是给消费者带来长久的价值，是“服务+商品”的商业本质，诸如京东的优化零售业供应链、给消费者最佳体验以及大力降低消费者物流成本的诸多做法，可能是当代零售商可以学习的路径。

16.2.3 40年零售业市场绩效的变迁

改革开放初期，计划经济下我国商品供应整体处于短缺的状态，如《1978年国民经济计划执行结果的公报》中指出，“商品供应状况虽然有所改善，但是，主要副食品供应仍比较紧，日用工业品花色品种少，不能适应人民生活水平日益增长的要求”。但是从另外一方面看，零售企业的经济效益相对较好，如李飞和汪旭辉的一项研究表明，20世纪80年代百货商店纯利率在7%左右。但是20世纪90年代以后，尤其是随着零售业对外开放的深入，许多中国零售企业在与国际零售企业的对比和较量中败下阵来，导致国内的一些大型商场纷纷倒闭，零售企业效益大幅度滑坡。本书以限额以上零售企业的财务数据为基础，从20世纪90年代末零售业成为典型微利行业并且效益下滑明显的时期开始，探究1999—2017年期间零售业的市场绩效变化。主要从盈利能力和经营风险进行分析，并对内资零售企业、外资零售企业（含港、澳、台零售企业）的财务数据进行比较，分析我国零售行业目前的运行状况。

1. 盈利能力

销售利润率越高则企业销售获取利润的能力就越强。1999—2003年间零售类企业的利润率呈现出下降趋势，利润率不足6%，而到了2004年增长到

8% 左右，在 2008 年以后基本保持在 10% 以上，处于相对利润较高的行业。从所有制角度来看，早期内资企业的利润率要高于外资企业，国有企业相对较高，但是在 2004 年以后发生了较大的变化，外资企业的利润率远远领先于其他类型企业，在 2016 年时超过了 17%。在 2008 年之前，国有企业的利润率高于私营企业，但是之后两者的利润率较为接近，私营企业的盈利水平不断上升，同时上文也论证过私营企业的规模较大，例如 2016 年私营零售企业的利润总额为 3919 亿元，而国有企业只有 175 亿元。

内资零售企业的平均销售利润率与所有零售企业的平均销售利润率基本持平，这说明我国内资零售企业仍然占有较大比重，内资企业的盈利能力在较大程度上影响了我国零售行业的平均盈利水平。外资零售企业较内资零售企业而言，增长趋势较为明显，这主要是由于外资零售企业进入中国市场的早期成本较高，为了迅速占领市场，一些外资零售企业以牺牲利润为代价，采取了低价倾销的扩张战略而降低了利润，但是当这些外资零售企业渡过了在中国市场的磨合期以后，竞争优势凸显，开始收回成本，并实现快速盈利，使得利润率快速增长，所以从盈利能力上看外资零售企业领先于内资零售企业。

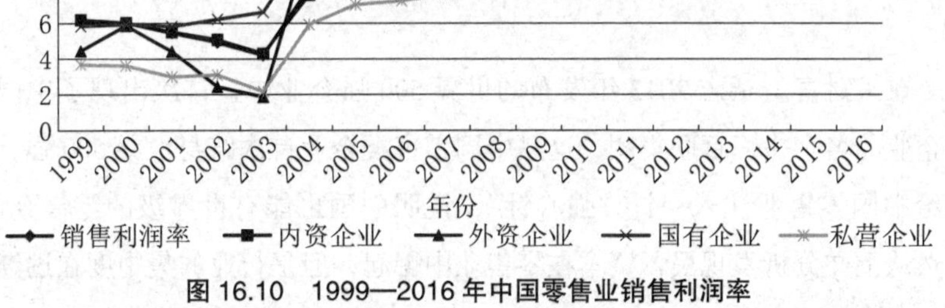

图 16.10　1999—2016 年中国零售业销售利润率

资料来源：根据国家统计局资料整理。

2. 经营风险

一般可以采用资产负债率来对企业风险程度进行判断。资产负债率是指企业一定时期负债总额同资产总额的比率。适度的资产负债率既能表明企业投资人、债权人投资风险较小，企业经营安全、稳健、有效，具有较强的筹资能力，一般公认不高于 60% 的资产负债率比较好。但是整体来看，我国零售企业的资产负债率较高，在 2016 年零售业的资产负债率为 69.65%，同时外资企业和民营企业的资产负债率并没有低于国有企业。这与很多零售企业通过延迟向供应商还款的“类金融模式”① 以及通过银行贷款或上市筹资的扩张模式有密切关系；外资零售企业的资产负债率略高于内资零售企业的资产负债率，说明外资零售企业面临的经营风险更大一些。

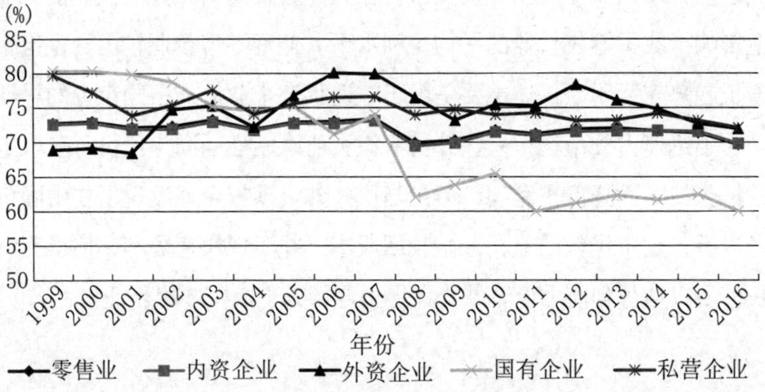

图 16.11　1999—2016 年中国零售业资产负债率

资料来源：根据国家统计局资料整理。

16.3　中国零售大企业发展趋势思考：案例分析

在《财富》杂志 2013 年发布的世界 500 强企业中，首次出现了中国零售企业的名字——百联集团，这是中国零售类企业首次跻身世界 500 强，犹如给中国零售业注入一针“强心针”，说明中国也能有世界级的零售企业。虽然从上文分析发现民营资本在零售业中崛起，但是行业的集中度在逐渐提

① 类金融模式是指零售商与消费者之间进行现金交易的同时，延期数月支付上游供应商货款，这使得其账面上长期存有大量浮存现金，并形成“规模扩张——销售规模提升带来账面浮存现金——占用供应商资金用于规模扩张或转作他用——进一步规模扩张提升零售渠道价值带来更多账面浮存现金”这样一个资金内循环体系。

升，一些零售大企业成为行业关注的对象。本节研究中国企业联合会发布的中国 500 强名单中零售业表现的情况，分析行业中大企业发展的情况。

16.3.1 零售大企业发展分析

1. 大企业发展的整体判断

从入选中国 500 强数量的大型零售企业来看，其在数量和营业收入总额上有着较大的发展，在入围中国企业 500 的零售企业中包含了“商业零售”、“连锁超市”、“电器零售”、“综合性内外贸零售”、“生产资料零售”、“金属内外贸批发零售”、“医药零售”、“粮油零售”8 个大类，本节筛选出与商业有关的“商业零售业”、“连锁超市业”、“电器零售业”以及“网络零售业”[①]4 类作为主要的研究对象。

表 16.2 中国 500 强企业中的零售类企业

年 份	数量（个）	营业收入总额（亿元）
2010 年	13	8516
2011 年	14	10614
2012 年	16	10851
2013 年	15	11552
2014 年	16	12336
2015 年	16	14082
2016 年	17	19034

资料来源：根据中国企业联合会资料整理。

整体看来，零售类企业对经济下行的冲击反应较为明显，这些企业在应对市场变化特别是急剧变化时的灵活性和快速反应能力还不高。同时，随着国家政策的改变，例如 2012 年我国的“家电下乡”、“以旧换新”等政策退出，结束了对家电消费的刺激，从而对家电等零售企业产生了不利影响。即使以苏宁为代表的零售企业开始注重发展线上销售的模式，比如开展了 O2O 等新兴战略路径，但是近几年中，零售企业可以说是遇到了空前的挑战，一是整体经济下行带来了利润的下降；而是新兴销售模式的出现给其规模带来

① 网络零售业在 2014 年之后纳入到统计范畴。

了冲击，当越来越多的人开始在互联网上购物的时候，传统的零售业态面临的压力是空前的，网上的销售规模依旧按照 30% 的速度在增加，这也是近几年零售业下滑的主因之一。但是，也应看到零售类企业一直处于成长中，这也与整个国民经济发展的关系较大，随着人民生活水平的日益改善，零售类企业的销售业绩处于增长的态势。

2. 与国外零售大企业对比

百联集团入围世界 500 强是中国零售企业得到世界认可的重要标志，体现出中国服务型企业的一个进步。但是从一些数据的对比来看，这样的进步并不能表明中国零售企业已经跨入了世界级的行列，或者从一定程度上来讲，中国零售大企业和世界其他零售大企业还是有比较大的差距，这个差距不仅仅体现在行业分布上，甚至可以说仍处于不同的发展阶段。

以 2013 年世界 500 强电器零售企业为例，本节挑选美国百思买与国美、苏宁对比。虽然百思买在中国市场的发展并不尽如人意，但是仍以 502 亿美元的主营业务收入位于世界 500 强的第 226 位。与苏宁对比来看，苏宁企业规模（从主营业务收入和员工人数来看，员工人数已经超过了百思买）与前者差距已不大，但是净利润和资产还有着较大的差距，所以可以看出百思买作为全球最大的家电零售商利润水平比苏宁高出很多，苏宁的净利润仅为百思买的 1/3，利润率也远远低于百思买的 2.5%。对这些差距，我国电器零售企业要从经营模式、供应链合作以及改善与厂商的关系进行深刻思考。从经营模式上来看吧，百思买属于“re-sell”模式，这模式在欧美较为流行，而苏宁和国美传统的零售模式更像“类金融”模式，一定程度上适应了中国的目前国情，如果这些中国企业走出去的话，是否会适应国际上的经营环境，还需要时间上的检验，也是需要这些企业去论证的。

表 16.3 苏宁电器与国外企业对比情况（2013 年数据）

企 业	主营业务收入（百万美元）	净利润（百万美元）	资产总额（百万美元）	员工人数（个）
百思买	50272	1277	17849	165000
苏宁电器	38151	438	12485	180000

资料来源：根据《财富 500 强》资料整理。

百联集团位于世界 500 强的第 466 位（2013 年数据），与世界级的商业零售企业诸如沃尔玛、希尔斯以及梅西百货对比来看，我国百货零售企业缺少跨国经营的国际化策略，海外业务经营总体规模和业务范围较小，无法获取规模经济效益，就这些零售企业在国内的发展规模而言，与世界 500 强的零售巨头的差距也是显而易见的。但是也可以看出，由于全球经济的不景气，不同国家的零售行业也受到了不同程度的影响，例如西尔斯的净利润为负数，所以应对经济危机的挑战是全球零售企业需要研究的课题。中国零售企业在增大规模的同时，也需要注重利润的提升。例如沃尔玛的劳动生产率（万元人民币 / 人）为 134.55，而百联仅为 22.72，差距是比较大的。

同时，上述的这些国外的大型零售商业逐渐进入中国，而我国零售业发展总体水平还不是很高，在经营规模等方面处于劣势，很难与实力雄厚、技术先进的外商零售商相抗衡。面对这些竞争，我国这些大型零售商要“做大做强”，选择更加合适的发展战略，从结构调整、业态选择、市场开发等方面进行改善，进一步增强竞争力。

但是也应该看到，新技术的发展不仅影响着中国零售业，也影响着全球的传统零售业模式。以美国为例，受电子商务的冲击，专业零售业（如百思买等）净利润仅为 171.3 亿美元；而像百货连锁企业 J.C.Penny 则亏损 9.85 亿美元。即使这些零售类企业成立了线上的专卖店，如何进行结合也是需要时间的检验。所以，全球在零售业上所呈现的新老模式的更替，都是这些传统企业不得不面对严峻的挑战，企业需要作出选择和战略调整。

表 16.4　百联集团与国外企业对比情况（2013 年数据）

企　业	主营业务收入（百万美元）	净利润（百万美元）	资产总额（百万美元）	员工人数（个）
沃尔玛	469162	16999	203105	2200000
西尔斯	39854	−930	19340	274000
梅西百货	27686	1335	20991	175700
百联集团	25202	93.7	12324	69976

资料来源：根据《财富 500 强》资料整理。

3. 中国零售大企业的未来

本小节对我国零售企业尤其是大型企业的发展提出一些建议：

第一，传统零售企业需要努力转型。面对日益变化复杂的市场，与消费者紧密接触的零售大企业需要不断去转型。例如苏宁集团提出了O2O的“云商”模式，全力打造连锁店和电子商务两大开放平台，进行线上线下的整合，预计用三年左右的时间将整个模式进行定型和固化。苏宁的发展对中国其他的大型零售企业极具启发性，在充满不确定因素的产业环境中，要不断开拓新的商业模式来适应所处的环境及未来变化的趋势。全新的模式是推动现代流通业发展的重要手段，而这一新型模式也为这些企业带来新的利润增长点，为其抢占市场提供了先机。当然，从短时间来看，传统零售业网上商城的发展仍显单薄，所以有着巨大的发展空间。

第二，众多的大型零售企业是国有企业，如何在经济转型过程中改革体制使之更能快速的发展也是需要解决的。体制变革使得原先束缚企业自身发展、压制公司业绩的枷锁被解除。各个企业要不断吸收市场经济的各种要素，对现有落后的企业体制模式进行改组改造，我国的零售业方能走向世界。在传统体制下，中国零售企业在内部资源管控能力、外部资源整合等方面均有所发展欠缺，甚至一些企业还在利用传统的品类管理方式进行运作，这样的模式与沃尔玛等这种大型企业相差甚远，在竞争中必定没有优势。所以，中国大型零售企业在资产结构、资产利用率、信息化管理模式等方面要不断地突破。尤其值得注意的是，随着大数据、云计算等概念的成熟，零售企业进行管理模式的变革和商业模式的进步均称为可能。

第三，传统零售大企业要打破对中国经济过去高速增长适应的惯性，逐步去调整企业自身的发展战略和模式。在中国经济真正走向中低速增长的转型期间，首先要主动去适应的就是零售企业。有研究表明，中国经济增长速度低于7%时，大部分企业是亏损的，以零售业来说，单纯的产品销售将不会增加过多的附加值，而研发、仓储、物流、营销、服务、融资和技术服务等，将会成为产品销售价值的重要来源。所以，经济增速下行有助于倒逼中国大型零售企业思考战略转型，从速度效益逐步转向质量效益，从要素投入驱动转向创新技术驱动，这些都是零售企业需要考虑的。

16.3.2　苏宁云商的发展案例

1．公司发展历程

苏宁云商 1990 年创立于中国南京，是中国商业的领先者，国家商务部重点培育的“全国 15 家大型商业企业集团”之一，中国最大的商业零售企业。2004 年 7 月，苏宁云商在深交所上市，成为国内首家 IPO 上市的家电连锁企业，市场价值位居全球家电连锁企业前列，连锁网络覆盖海内外 600 多个城市，包括中国香港和日本东京、大阪地区，拥有 1700 多家店面，海内外销售规模 2300 亿元，员工总数 18 万人，先后入选《福布斯》亚洲企业 50 强，位列全球 2000 大企业中国零售业第一、中国民营企业前三强，品牌价值 815.68 亿元。根据中国企业联合会同济评定的中国 500 强企业，苏宁从 2007 年以来历年上榜，名次如下：

表 16.5　2007—2016 年苏宁集团的排名情况　（单位：亿元 / 名）

年　份	2007 年	2008 年	2009 年	2010 年	2011 年	2012 年	2013 年	2014 年	2015 年	2016 年
营业收入	855	1023	1432	1562	1947	2327	2798	2829	3502	4129
排　名	53	54	50	51	50	43	38	40	35	31

资料来源：根据中国企业联合会整理。

20 多年来，苏宁经历了 8 个发展阶段：企业创立树立品牌（1990—1993 年）、空调专营行业第一（1994—1996 年）、壮大规模起步连锁（1997—1999 年）、综合电器探路连锁（2000—2002 年）、开发提速全国布局（2003—2005 年）、连锁升级稳健发展（2006—2008 年）、三年攻略行业领先（2009—2010 年）、科技转型智慧苏宁（2011 年至今）。

表 16.6　苏宁集团发展历程

发展时间	相　关　内　容
1990—1993 年	1990 年 12 月，苏宁诞生于中国南京宁海路 60 号，专营一家 200 平方米的空调店。
1994—1996 年	1994 年，苏宁电器立足空调专营，自建专业售后服务队伍，树立了“服务为本”的苏宁品牌，销售持续增长，成为中国最大的空调销售企业。
1997—1999 年	1997 年 2 月，苏宁电器投资 3000 万元在南京自建第一代物流配送中心和 10 个售后服务网点，初步形成了“前后台协同发展，后台优先”的经营管理模式。

（续表）

发展时间	相　关　内　容
2000—2002 年	2002 年，苏宁电器连锁网络从南京走向浙江、北京、上海、天津、重庆等地，初步建立了全国连锁发展的战略布局。
2003—2005 年	2005 年，苏宁电器在行业内率先完成全国一级市场网络布局。
2006—2008 年	2008 年 6 月，苏宁成立大开发体系，“租、建、购、并”四位一体，立体推进连锁开发。
2009—2010 年	2010，苏宁总部基地启用暨全球供应商大会隆重开幕，苏宁向全球 500 余家家电供应商及合作伙伴阐述了新十年规划与实现战略，打造现代商业服务平台。
2011 年至今	2013 年，苏宁正式公布新模式、新组织、新形象，标志着行业革命性的“云商”模式全面落地，开启了跨越式发展的新征程。

资料来源：根据苏宁官方网站整理。

2．商业模式转变

在苏宁电器的成长过程中，四次趋向多元化的业态转型，不仅迎合了现代消费者“一站式”购物的消费趋势，而且为其依托中国市场进行连锁化的规模扩张奠定了适宜的业态模式。

（1）1995 年，从“批发模式”向“自营零售体系”转型。苏宁电器的这次业态转型，不仅形成了基于“渠道控制”为核心的竞争能力，更为重要的是在利用对销售渠道控制力的基础上，对产品设计、生产制造、物流配送、订单处理等价值链环节形成了逆向控制，进而从这些组织外的环节获取了高额的利润。

（2）2000 年，从“专营空调”向“综合电器卖场”转型。

（3）2004 年，从“传统家电”向“3C”模式转型。苏宁电器充分利用终端市场资源和贴近消费需求优势，打造了集电脑、通讯、家电融合的“3C”经营模式，不仅实现规模经济和范围经济的有机结合，而且促进了产品经营结构的升级。

（4）2010 年，从“实体卖场”向“电子商务”转型。从家电产品属于耐用消费品的特性而言，苏宁电器这种大型卖场与网上商城相结合的双渠道经营模式，将是“3C”销售市场的主流模式，因为其零售商品牌、客户体验、售后服务、物流配送是无店铺零售商所无法比拟的优势。

3．核心竞争力的养成

（1）物流能力建设方面。

苏宁已经形成了遍布全国的仓储网络与完善的配送体系，随着电子商务的发展、产品类别的延伸、物流服务方式的丰富，苏宁充分结合自身管控、资金等能力，加快推进物流体系的升级，全面提升小件商品的配送覆盖范围和率，并充分利用现有的网络资源加快城市快递体系的完善，形成全国协同、立体覆盖的物流网络。

（2）信息化建设方面。

搭建了适应互联网时代开放、分布、扁平等特征的信息系统架构及人才组织形式。加大云计算、物联网技术的研究，充分与客户需求、业务运营相结合，给消费者提供最优的用户体验与增值服务能力，给供应商提供更加完善的供应链管理服务。计划通过苏宁易购研发总部的建设，美国硅谷与北京、深圳等地研发中心的建设，全面提升技术研发能力；通过在全国建设10—12个云计算数据中心，形成向合作伙伴、中小企业与消费者提供云服务与系统解决方案的能力；通过对用户体验、开放平台、金融服务、物流运营、管理创新等方面应用开发的能力提升，形成电子商务整体解决方案的能力。

（3）供应链管理方面。

二十多年的零售经营中，苏宁已经形成了以信息化为支撑的商品管理能力、供应链合作能力。公司将利用互联网的优势，加快开放平台的建设，全面开放苏宁的核心竞争力，提升全行业的供应链整合应用水平。一方面随着开放平台的完善，苏宁的品类拓展将快速推进，通过供应商与苏宁之间的有效分工协同，显著降低供应链运行成本、提升消费者响应速度；另一方面，苏宁将延续产品专业化经营的理念，细分品类、循序渐进、加大专业人才的引进，形成对每个品类商品的管理能力、客户研究能力、市场推广能力与服务保障能力，在开放的基础上，形成苏宁自身的能力，建立开放的标准、规范与体系，强化商业的本质。随着产品拓展能力的加强，苏宁将形成从电器3C到日用百货、虚拟产品、生活服务等综合品类一站式服务能力，充分挖掘客户潜力，提升客户黏性。在海量产品经营过程中，通过对客户行为的精准分析、商品特性的全面把握，结合供应链管理能力的提升，苏宁将进一步加大差异化的采购能力，扩大自有品牌、定制、包销的范围和比重，在缩短供应链层级、极大降低供应链成本的基础上，有效保证产品经营的附加值。

（4）人力资源建设方面。

公司建立了系统化的招聘选拔、培训培养、考核激励与发展规划体系，坚持“自主培养，内部提拔”的人才培养方针，全力打造事业经理人团队，陆续实施了1200梯队、总经理梯队、采购经理梯队、店长梯队、督导梯队、销售突击队、蓝领工程等数十项人才梯队，为企业的转型发展提供了有力的人才支撑。作为培养苏宁事业经理人的高等学府机构，苏宁大学建立了面向全体员工的培训计划，提升了员工专业技能和知识管理理论基础。此外，苏宁还建立起了有效的激励制度，围绕工作结果，丰富激励手段，大胆激励，大胆考核，充分调动起员工的积极性。

4. 从苏宁看零售业发展的未来

2013年后苏宁全力转型提速，明确了以互联网零售为主体，以O2O的全渠道经营模式和线上线下开放平台为两翼的“一体两翼互联网路线图”，就是要将线上线下的资源融为一体，然后按照平台经济的理念，最大限度地向市场开放、与社会共享、从而实现流通领域新一轮的资源重组与价值再造。从这个角度来看，未来零售业必须始终围绕零售本质、立足长远，加大前后台各项投入，发展核心竞争力。

互联网技术支撑下的线上线下融合的模式，即O2O模式，或者已经提出来的所谓“新零售”模式，需要强大的店面网络体系支撑，而且随着移动互联网的发展，店面的体验、服务与互联网的便利、社交会无缝结合，优质店面的资源价值会重新凸显。因此，未来零售业的发展将会在实体门店网络体系以支撑O2O的发展。相对于传统零售、纯电商或纯品牌而言，O2O模式具有先天优势，即消费者对零售企业的品牌认知度、忠诚的用户群体以及丰富的供应链体系管理经验。

16.4 中国零售业发展的对策建议

16.4.1 40年零售业发展特点总结

经过40年的发展，我国零售业取得了举世瞩目的成绩，整体具有下面的一些特点：

第一，从计划经济走向市场经济。从产品市场角度来看，40 年以来政府和市场在资源分配领域中的角色有了关键性的转变，即从计划走向了市场，产品市场和要素市场发生了较大的变化，这在零售业中体现较为完备。在民营经济崛起的同时，由市场说话成为了行业发展的主要特点。政府开放了越来越多的消费品零售市场，促使行业发展的同时也使得人民大众的生活水平质量得以提高，这都有利于零售行业的发展。零售业作为供给侧改革的重要支撑点，将在未来的市场经济中起到更大的作用。

第二，从竞争走向垄断竞争。改革开放初期至零售业对外开放以前，零售市场竞争并不激烈，零售企业效益普遍较好。但是在零售业对外开放以后，受政府规制政策演进与市场集中度变化的影响，中国零售业市场竞争逐渐升级和加剧。随着零售行业集中度的进一步提升，行业领域将形成寡头垄断竞争的局面，这个趋势在近些年体现得更加明显。同时行业的壁垒也会越来越高，国家对行业的管制会更加趋于法治化，小的零售企业将来面临的竞争会更加强烈。

第三，从“旧模式”走向“新经济”。在居民消费结构不断升级的背景下，单纯依靠商品销售的粗放型发展模式已无法适应市场需求，零售行业将继续朝多业态、多领域聚合式、协同化方向转型发展，同时从业态角度来看已经从单纯的百货变为了各种跨界的“新零售”模式。在新零售时代，零售企业围绕多样化、个性化的消费需求展开，各类商业综合体将聚合教育、亲子、医疗、健身、旅游、商务等更加多样的服务业态，从以往单纯的购物中心逐渐转型为体验中心，为消费者提供全方位一站式的服务体验。

第四，从“老手段”走向“新技术”。科技已经成为影响零售行业发展的最为重要的外部因素，随着“信息化”和“工业化”深入融合的进程加快，以软件和信息产业为主导的大数据分析、移动计算、社交商务等新兴技术全面渗透到社会生活的各个领域，并颠覆着零售业态和模式。这种转变在带给人民生活改变的同时，也给零售业的新发展奠定了基础和机遇，零售终端将演化成各种新的模式并发展壮大。

第五，从“渠道”走向“价值”。在消费升级、物资极大丰富的背景下，

“渠道”的概念将会逐渐弱化，而如何通过零售的模式改变提升消费者的“价值”是零售行业的主要现状。在新零售时代，消费者憧憬着线上线下相融合的全渠道购物体验，品牌商和零售商将会更加注重大数据积累和分析，增强对消费者的了解，提供有针对性的全渠道服务，改善购物体验，创造更大的价值。

16.4.2　40 年零售业发展问题总结

第一，传统零售模式发展已遇瓶颈，亟须新变革。我国传统零售业中，仍有部分企业将入场费、联营扣点作为其主要利润来源。零售商引厂进店、出租柜台，不掌握产品终端，不参与销售过程，不直接服务顾客，仅为品牌商提供收银和物业管理等商业服务，自主经营功能衰退，市场敏感度低，是当前零售业经营转型、业态升级缓慢的症结之一。百货店、超市、购物中心同质化较为严重，千店一面、千店同品现象突出，其中百货业约 87% 的商品雷同。同质化必然导致过度的价格竞争，零售企业微利经营甚至是无利经营。层层加价导致产品价格虚高，缺乏市场竞争力。

第二，虽然商业网点建设发展迅速，但是呈现出地域不平衡的特点。零售行业发展呈现东强西弱的特点，尤其是连锁等现代商业组织形式发展与东部有很大差距。**在城市内部，**中心城区商业网点集中，商业体建设过剩，同质化竞争严重，导致企业盈利困难。同时大型百货店、超级市场饱和，“最后一公里”社区商业仍处于初级阶段。部分老商业网点配套不完善，周边环境较差、交通路况拥堵、购物空间不佳，均在一定程度影响消费者购物体验，导致客流减少。

第三，大数据时代，数据化、智能化逐渐成为零售企业经营决策的重要前提，重建以数据链为核心的经营决策模式，是实现自身转型和升级的基石。互联网零售企业基于自身优势，已在数据挖掘、数据决策领域取得了显著成效，但我国大部分传统零售企业数据基础较为薄弱，数据管理技术落后，数据思维意识不强，在会员管理、商品管理等方面数据应用依然不足。传统零售企业数据管理技术较为薄弱，数据细粒度不够，数据标准化、数据孤岛问题尚未解决，不能从海量数据中高效地获取关键机会洞察点，数据应用范围大部分局限于商品品类分析报表，无法满足当前消费者个性化营销、重塑高效协同供应链的需求。

第四，我国在规范市场秩序、建立公平有序的市场竞争环境上取得了显著成效，但部分领域、部分环节还存在不诚信、不规范、不公平的现象。从商品服务看，假冒伪劣、虚假宣传、售后服务等问题依然突出，尤其是电子商务法律法规有待完善，涉及网络购物的投诉增长明显。

16.4.3 零售业未来发展建议

第一，充分发挥政策引导作用，促进行业协调发展。加强零售业发展的顶层设计，以总量适宜、结构合理为目标，盘活存量与优化增量并重，淘汰落后与培育新动能并举，引导业态雷同、功能重叠、市场饱和度较高的业态有序退出城市核心商圈；进一步推动社区零售发展，拓展便民增值服务，打造一刻钟便民生活服务圈；积极培育世界级消费城市和国际化商圈，完善品牌消费环境，加快培育国产优质品牌；引导企业改变千店一面、千店同品现象，不断调整和优化商品品类，着力加强供给侧改革力度。

第二，构建公平有序市场环境，激发市场主体活力。加快立法，尤其是针对电子商务、新零售等新兴领域的法律约束和监管，促进线上线下公平竞争；加大执法力度，严厉打击制售假冒伪劣商品、侵犯知识产权、不正当竞争、垄断经营、商业欺诈等违法行为；指导和督促电子商务企业加强对网络经营者的资格审查与售后保障；加快建立全国统一征信平台，建立覆盖线上线下企业及相关主体信用信息采集、共享与使用机制，并通过国家企业信用信息公示系统对外公示，健全守信联合激励和失信联合惩戒机制。

第三，加强财政金融支持力度，缓解企业融资难题。合理使用国家新兴产业创业投资引导基金、发展基金，鼓励有条件的地方按市场化原则设立投资基金，引导社会资本加大对零售新业态、新模式的投入力度；创新发展供应链融资等融资方式，拓宽企业融资渠道；支持商业银行在风险可控、商业可持续的前提下发放中长期贷款，促进企业固定资产投资和兼并重组；积极研究通过应收账款、存货、仓单等动产质押融资模式改进和完善小微企业金融服务，通过创业担保贷款积极扶持符合条件的小微企业。

第四，推进公共服务体系建设，助力行业高效发展。加强零售业统计监测和运行分析工作，梳理整合各类信息资源，构建起一套反映零售业发展环境的评价指标体系，引导市场主体合理把握发展节奏、科学配置商业资源；推动商务大数据平台建设，促进数据共享，发挥相关协会、专业服务机构作用，为企业创新转型提供技术、管理、咨询、信息等一体化支撑服务；鼓励企业开展多种形式的培训和业务交流，加大专业性技术人才培养力度，推动行业复合型高端人才合理流动，完善多层次零售业人才队伍，提高营销、管理人员的综合创新能力。

参考文献

[1] 胡碧晴：《中国民营零售企业经营绩效的实证研究》，《呼伦贝尔学院学报》2017 年第 2 期。

[2] 庄贵军、冯根福：《中国百货零售企业规模经济的实证分析》，《财贸经济》2000 年第 9 期。

[3] 刘勇、汪旭辉：《对全国 30 个地区零售行业效率的分析》，《统计与决策》2007 年第 18 期。

[4] 汪旭晖、李飞：《跨国零售商在华战略及本土零售商的应对》，《中国工业经济》2006 年第 2 期。

[5] 夏春玉、汪旭晖：《中国零售业 30 年的变迁与成长——基于拓展 SCP 范式的分析》，《市场营销导刊》2008 年第 6 期。

[6] 李飞等：《中国零售业发展历程》，社会科学文献出版社 2006 年版。

[7] 尼古拉斯·拉迪：《民有民享：中国私营经济的崛起》，郑小希译，中国发展出版社 2016 年版。

[8] 中国商业联合会：《2017 中国零售业发展报告》，中国统计出版社 2017 年版。

[9] 中国企业联合会：《2017 中国 500 强企业发展报告》，企业管理出版社 2017 年版。

（本章主持及执笔：牛志勇、石勇）

第 17 章　改革开放以来中国能源产业的发展与展望

本章提要：

能源是支撑人类经济社会发展的必要基础，能源产业的发展攸关国家能源安全格局与国民经济提质增速。改革开放以来，中国历经了 40 年的中高速经济增长，现已步入新常态阶段。随着国际能源格局的不断调整，我国的能源安全压力也不断增加，新一轮能源革命正在蓬勃兴起。生态文明建设的推进提出了更高的节能减排要求，缓解产能过剩与供给侧结构性改革刻不容缓，能源产业的发展质量、结构和效率亟待优化改善。本章从我国能源产业发展的历史阶段、现状出发，分析了能源产业发展存在的主要问题，梳理了改革开放以来煤炭、石油、天然气以及电力行业在市场化改革过程中的政策演进轨迹，并结合当前的“一带一路”建设背景探讨了中国能源产业对外合作所面临的新机遇与新挑战。最后，为促进中国煤炭、石油、天然气和电力行业有序、健康和持续发展提出了相应的政策建议。

17.1　能源产业的界定与分类

17.1.1　能源的定义及能源产业的界定

能源是含有热、光和动力等能量的资源，是能够转换为人类所需的有用能，具体包括煤、石油、天然气、水能、风能、生物质能等从自然界直接获取的一次能源，以及对一次能源进行转换或加工后所得到的二次能源，如电力、氢能、石油制品、煤制气、煤液化油、蒸汽和压缩空气等。

能源产业是指采掘、采集和开发自然界能源资源，或将自然资源加工转换为燃料、动力的产业，是为国民经济各部门和人民生活提供各种能量的产业。能源产业由无数个能源系统共同组成，而各个能源系统是由能源的开采、能源产品的生产、销售、运输及相应的服务企业和消费用户组成的有机整体（汤杰，2014）。从我国的国民经济统计口径来看，我国的能源产业主要包括：煤炭开采和洗选业、石油和天然气开采业、石油加工、炼焦和核燃料加工业、电力、热力生产和供应业、燃气生产和供应业以及其他新能源产业。我国能源及能源产业的组成结构如图17.1所示。本章主要以煤炭行业（对应于煤炭开采和洗选业）、石油和天然气行业（对应于石油和天然气开采业、石油加工、炼焦和核燃料加工业），以及电力行业（对应于电力、热力生产和供应业）为我国能源产业的典型代表进行分析。

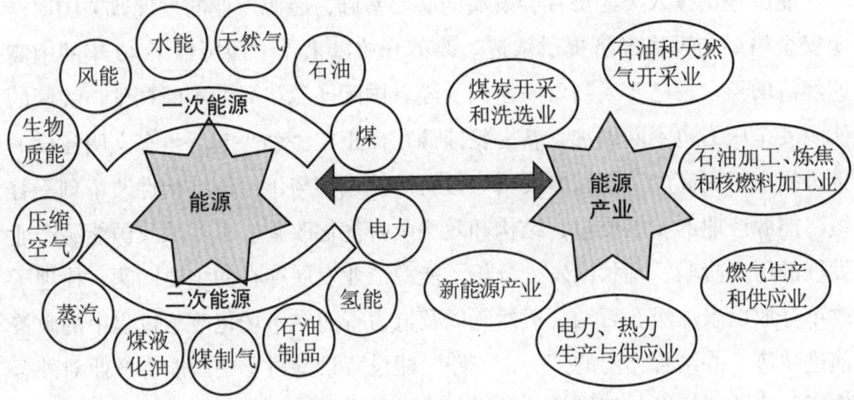

图 17.1　中国能源及能源产业的组成结构

17.1.2　能源产业的分类

1. 煤炭行业

煤炭是远古植物残骸没入水中经过生物化学作用后被地层覆盖并经过压实转化而成的有机生物岩。对各种煤炭进行开采、洗选和分级等生产活动的产业统称为煤炭行业，即煤炭开采和洗选业。该产业包括地下或地上采掘、矿井的运行，以及一般在矿址及其附近从事与加工原材料相关的所有辅助性工作，但不包括煤制品的生产、煤炭勘探和建筑工程活动。根据煤化程度，我国现行的煤炭分类标准将煤炭分为褐煤、烟煤和无烟煤三大类，因此煤炭采选业一般包括烟煤和无烟煤开采和洗选业、褐煤开采和洗选业及其他煤炭采选业。

2. 石油和天然气行业

石油是从地下深处开采的棕黑色可燃黏稠液体，是远古动物遗体在与空气隔绝情况下经过细菌和底层内高温、高压作用，逐渐分解转化而成的化石燃料。天然气泛指产生于地下的有用气体，包括烃类和非烃类气体混合物。天然气在地下的存储状态可分为两类：独立储藏的气田气和与石油一起产出到地表的溶解气。其中，气田气是中国天然气的主体。石油和天然气行业主要包括天然原油和天然气开采及石油加工业。其中，石油和天然气开采业包括原油和天然气开采业及与之相关的服务活动，而石油加工业主要指从天然石油和人造原油中提炼液态或气态燃料，以及生产石油制品的行业。

3. 电力行业

电力行业是指将一次能源，如煤炭、石油、天然气、核燃料、水能、风能、太阳能等经过发电设施转换成电能，再通过输电、变电与配电系统供给用户作为能源的产业部门。按照业务范围，电力行业可分为电力设备与器材行业、发电行业、输电行业。电力的经营过程包括发电、输电、配电和售电四大环节，对应分为电力生产企业、电网经营企业、电网调度机构、电力供应企业。根据电力的来源，电力企业可分为水电、火电、热电、核电、风电企业等类别。此外，由于目前的储能技术限制，电能的生产、供应及使用需要几乎同时完成，发电厂和电力用户通过电力线路和变电站互相连接成电网，作为一个不可分割的整体共同完成电力的生产和使用过程。

17.2　能源产业的发展回溯与发展现状

“富煤、贫油、少气”的能源禀赋特征，决定了我国能源生产与消费结构长期呈现以煤炭行业为主、油气行业次之、电力行业为辅的格局。与经济发展的不同阶段特征相联系，改革开放以来，我国能源产业的发展经历了能源短缺、能源产业供需短暂平衡、能源产业产能过剩，以及能源供给侧改革四个阶段，并呈现出能源消费结构不合理、对外依存度偏高、节能减排压力较大、能源价格扭曲等问题。

17.2.1 能源产业的发展阶段

改革开放以来，我国能源产业的发展大体上经历了以下四个阶段，这四个阶段也相应地反映了经济发展的不同阶段对能源需求的动态演变。

第一阶段：能源短缺阶段（1978—1996年）

1978年起，我国国民经济迅速发展，对能源的需求与日俱增。然而，由于基础设施建设与行业改革相对滞后，能源产业发展较为缓慢，能源短缺严重制约了经济发展。因此，国家采取了一系列措施集中精力发展能源产业，加快能源供应速度。

在煤炭生产领域，我国提出发展小煤矿的八项措施，鼓励农村集体和个人办矿，对国有矿实行统配煤矿总承包政策，逐步放开了煤价。这些举措使得乡镇煤矿逐渐发展成为煤炭增产的主力因素，推动煤炭产量在1996年达到了近14亿吨的高峰。在石油生产领域，国家实行了1亿吨原油产量包干、引进石油价格多轨制等政策措施，引进新的经营机制，促使石油勘探开发投入显著增加。这些举措推动国内石油生产量逐年增加，到1996年，中国石油产量接近1.6亿吨（袁新华，2008）。同时，注重增加石油进口并减少石油出口，使得我国从1993年起成为石油净进口国。在电力生产领域，国家采取了鼓励集资办电、多家办电等措施，并实行了多种电价并行运行等政策改革，拓宽了电力建设的投资瓶颈，初步解决了电力投资短缺问题。这些举措促使我国的发电量从1980年底的3亿千瓦时增加到1996年的1.1万亿千瓦时。

在能源短缺阶段，能源产业的发展主要体现在量的增加方面，而忽视了质的提升。国家在能源产业体制改革方面相对其他行业而言显得比较被动且滞后，其改革的主要目标是解决投资来源和推行市场机制两方面。

第二阶段：能源供需短暂平衡阶段（1997—2005年）

20世纪末，我国经济增长从过热状态中实现了软着陆，保持了相对平缓的持续增长，能源消费总量开始呈现下降趋势。能源供需出现了短暂的平衡，为能源产业提供了结构和市场调整的机会。在这一阶段，煤炭市场竞争加剧，迫使煤炭供应质量提高，进而提高了煤炭用户的能效。电力供需平衡推动了电力行业的改革，厂网分开、引入竞争机制的改革方向得以确立。

进入 21 世纪以来，我国经济进入新一轮高速增长期，高耗能工业迅速发展，导致能源需求过快增长。煤炭需求大幅反弹，煤炭价格持续上涨。电力需求增长速度从 2000 年起也一路攀升，2002 年后各地区大面积电力短缺现象频发。石油需求同样保持旺盛增长，2002 年我国成为仅次于美国的第二大石油消费国，2004 年我国石油对外依存度上升到 44%。

为了应对严峻的能源约束困局，我国提出了多元化的国际能源安全战略，充分利用国际和国内两个市场，多方面参与国际能源市场竞争，加快能源对外合作，建立能源储备基地，以确保国家能源安全。2004 年，国家发改委制定的《能源中长期发展规划纲要（2004—2020 年）》对中国能源未来的发展方向进行了明确规划，提出要在保证国内能源科学勘探和合理开发基础上，积极利用国际能源资源和市场，努力实现能源供应多元化，以保证能源的充分供给。要在加大国外能源进口的同时，积极参与国际能源开发活动。2005 年，外交部会同国家发改委，确定了 20 多个重点资源国使馆，并积极开展能源外交工作。此外，中国人民银行、中国进出口银行和各国有商业银行，不断加大政策性支持力度，推动能源企业开拓国际市场，帮助企业有效解决融资需求问题。

第三阶段：能源产业产能过剩阶段（2006—2012 年）

2006 年，《国务院关于加快推进产能过剩行业结构调整的通知》指出，由于经济增长方式粗放，体制机制不完善，钢铁、水泥、电解铝、汽车等行业在快速发展过程中出现了盲目投资、低水平扩张等问题，这些行业的产能已经出现了明显的过剩；水泥、煤炭、电力、纺织等行业目前虽然产需基本平衡，但在建规模很大，也存在着出现产能过剩问题的风险。化解产能过剩成为了经济发展的工作重点之一。

2008 年，国际金融危机爆发后，为应对经济危机对国内经济增长的冲击，中国政府实施了“四万亿元”投资计划。该计划在遏制经济增速下滑并维持经济平稳发展的同时，也造成铁路、公路、机场、水利等重大基础设施领域相关行业的产能过剩。2012 年，中国钢铁行业产能过剩率达到 21%；

水泥行业产能过剩率达到 28%；有色金属行业的产能利用率已由 2007 年的 90% 降至 65% 左右，部分行业甚至已经出现了绝对量和长期性过剩，其中电解铝产业的产能过剩率达到 35%；汽车行业产能过剩率为 12%。同时，战略性新兴产业，如光伏行业也出现了产能过剩问题。2012 年，我国太阳能光伏电池产能占全球的 60%，产能过剩率达到 95%，风电设备产能为 3000—3500 万千瓦，而实际产量只有 1800 万千瓦，产能利用率低于 60%。①

第四阶段：能源供给侧改革阶段（2012 年至今）

2014 年，国际油价大幅下跌，2015 年继续振荡下行，此后油气价格持续低迷。随着劳动力和资源等传统红利的消失，以及国内外需求的持续疲软，我国经济步入"经济增速换挡期、产业结构阵痛期、前期刺激政策消化期"三期叠加的特定阶段，经济增长下行压力较大，经济发展进入"新常态"。由于经济增长方式不合理，投资持续过快增长，我国的一些行业，如煤炭、钢铁、有色金属和水泥行业的投资明显过热，导致产能扩张的速度明显高于需求扩张的速度，煤炭、炼油、火电等传统能源行业产能严重过剩。2015 年，中国煤炭行业的产能已经接近 50 亿吨 / 年，批准在建的项目规模也逼近 10 亿吨 / 年，而行业年产量仅维持在 37 亿吨左右，亏损面已经超过 80%。全国火电行业全口径发电装机容量已经超过 14 亿千瓦，火电设备平均利用小时数由 2014 年的 4706 小时降至 2015 年的 4200 小时左右，跌至 1978 年以来的新低（岳立和杨帆，2016）。

随着我国经济进入以增速放缓为典型特征的"新常态"时期，2015 年 11 月以来全国范围内掀起的"供给侧改革"热潮日益渗透到能源行业改革领域，主要体现在"去产能、去库存、增加清洁能源供给"等层面。我国"去煤"领域的供给侧改革措施主要包括：计划 3—5 年内使大约 5 亿吨的过剩产能退出市场，并将大约 5 亿吨产能进行减量重组，3 年内原则上不审批新的煤矿项目，加快推进煤炭行业的兼并重组。② 这一阶段，我国电力供给侧改革的重点任务是发展核电。截至 2016 年，我国核电运行机组为 30 台，占全国电力装机容量的比重仅为 1.8%，核能发电的比重不足 3%，部分核电机组不能够全程参与电

① 参见 http：//www.sic.gov.cn/News/455/3068.htm。

② 参见 http：//www.gov.cn/xinwen/2016-02/05/content_5039752.htm。

力供应，造成了核电机组的大量闲置和浪费。[①] 火力发电领域出台了控制燃煤电站总量政策，及时抑制了火电装机容量的井喷式扩张。在油气行业供给侧改革方面，2016 年 2 月国家发改委明确发文要求规范成品油交易市场，推动成品油质量升级和加强市场监管，淘汰劣质石化市场。天然气行业供给侧改革的中长期目标是使得我国天然气消费占一次能源消费的比重在 2020 年和 2030 年分别达到 10% 和 15%，充分发挥天然气行业供给侧改革的低碳效应。[②]

17.2.2　能源及能源产业发展现状

1. 能源储量

图 17.2 反映了我国三种一次能源的储量结构。2002—2016 年，我国煤炭探明储量为 2—3.5 千亿吨，且呈逐年下降趋势。2012—2016 年的探明储量虽然有所增加，但仍低于 2010 年之前的水平，表明我国煤炭资源可开采量在一定程度上趋于紧缩，同时也意味着我国开始调整能源消费结构，弱化煤炭资源占主导的地位。与之相反的是，1980—2016 年间，我国的石油和天然气储量总体上呈上升趋势，2006 年之前的上升趋势较为平缓，而 2006 年以后的上升趋势更加明显，尤其是天然气的储量更是大幅攀升，说明天然气作为清洁能源在能源消费结构中的重要地位不断凸显。

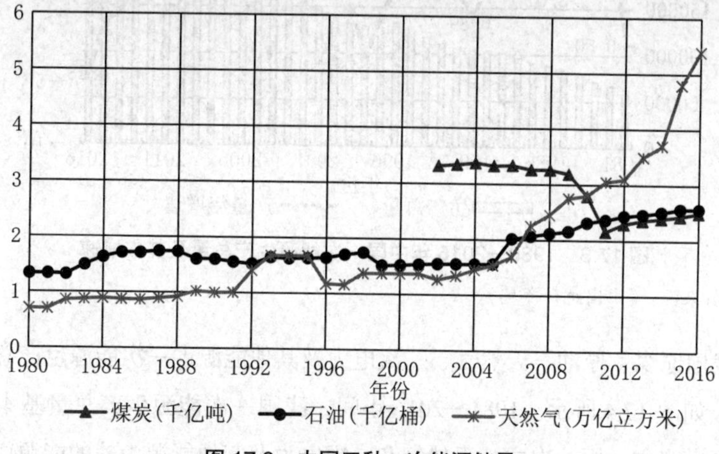

图 17.2　中国三种一次能源储量

资料来源：《中国统计年鉴》。

① 参见 http：//news.bjx.com.cn/html/20170125/805618.shtml。
② 参见 http：//gas.in-en.com/html/gas-2500372.shtml。

2．一次能源生产总量及其构成

图17.3反映了我国一次能源生产总量以及主要能源产量占比情况。可以看出，1981—2015年我国一次能源生产总量呈明显的上升趋势，由1981年的63227万吨标准煤增加到2015年的361476万吨标准煤（发电煤耗计算法），2016年则出现明显下降。总体来看，不到40年的时间内，一次能源生产量增加了5倍以上。从产量的各年增速来看，波动性较为明显。其中，1998—2004年增速较为迅猛，2004年一次能源生产总量年增速达到历史高位，达到15.6%。而在2005年之后其增速开始趋缓并呈下降趋势，在2010年小幅回升后又出现大幅下降，2015年和2016年均出现了负增长，2016年一次能源产量年增速达到−4.28%的历史新低。

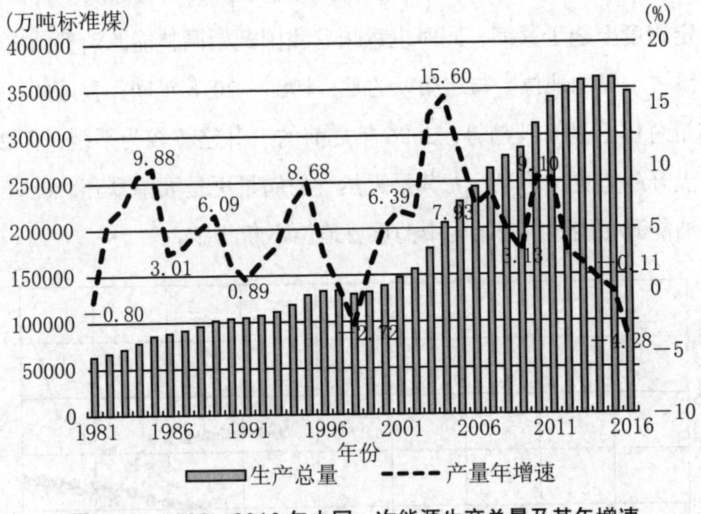

图17.3　1980—2016年中国一次能源生产总量及其年增速

资料来源：《中国统计年鉴》。

我国原煤、原油、天然气、一次电力及其他能源占一次能源生产总量的比重，如图17.4所示。1981—2016年间，我国一次能源生产总量基本呈现出以原煤为主、原油次之、天然气和一次电力及其他能源为辅的能源产量结构。具体而言，原煤产量占比稳居第一，基本持续保持在70%以上；原油产量占比则逐年下降，由1981年的22.9%下降到2016年的8.2%；与之相反的是，天然气和一次电力及其他能源的比重逐年上升，分别由1981年的

2.7% 和 4.2% 上升到 2016 年的 5.3% 和 16.9%。这表明我国逐渐加强对天然气、水电、核电等相对清洁高效的能源的开发与应用。

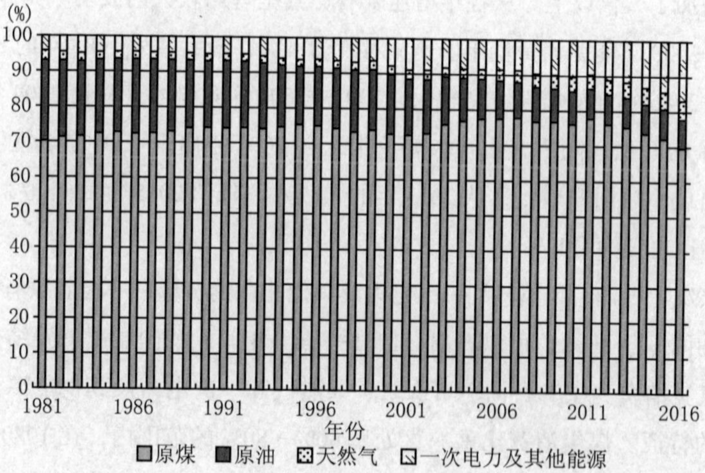

图 17.4　1981—2016 年中国主要能源产量占一次能源总产量的比重

资料来源：《中国统计年鉴》。

3．一次能源消费总量及其构成

随着我国经济的快速发展，能源消费需求也与日俱增。如图 17.5 所示，

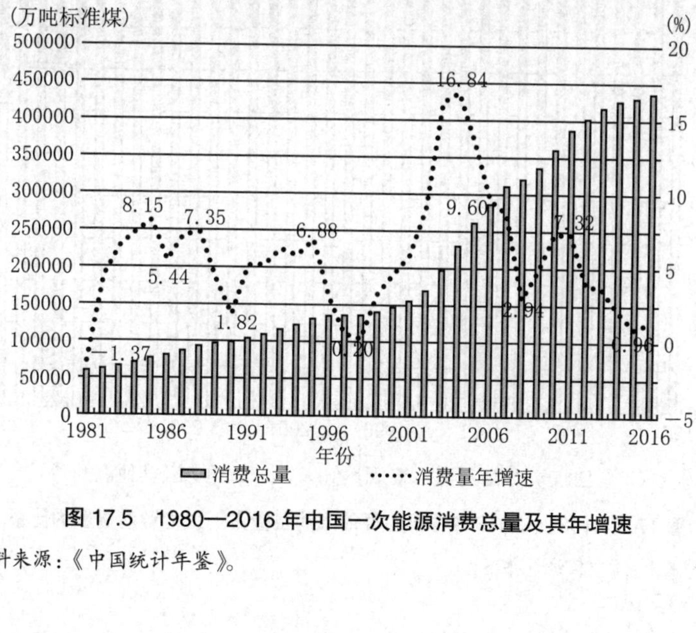

图 17.5　1980—2016 年中国一次能源消费总量及其年增速

资料来源：《中国统计年鉴》。

1981—2016 年间，我国一次能源消费总量总体呈上升趋势，从 1981 年的 59447 万吨标准煤增加到 2016 年的 436000 万吨标准煤，35 年间一次能源消费量增加了 7 倍以上。从各年增速来看，其呈现出较大的波动。具体而言，1981—2000 年能源消费量年增速相对波动不大，最大值为 1985 年的 8.15%。2001—2016 年间的增速波动较大，2001—2004 年急剧攀升并在 2004 年达到 16.84% 的峰值，随后又出现大幅下滑，在 2008 年出现一个 2.94% 的低值，之后出现小幅回升后，又从 2011 年的 7.32% 下降到 2015 年的 0.96%，2016 年的增速也仅为 1.42%。

煤炭、石油、天然气和一次电力及其他能源消费量占一次能源消费量的比重如图 17.6 所示。可以看出，1981—2016 年间，我国能源消费结构呈现出“煤炭消费为主、石油消费次之、天然气和一次电力及其他能源消费为辅”的特征。煤炭消费比重一直处于 60%—80% 的范围内，在 1980—1999 年其比重达 70% 以上，但 2000—2004 年煤炭消费比重有所下滑，一直低于 70%，2005—2009 年又有所回升，超过了 70%，随后在 2010—2016 年间又出现大幅下降，2016 年达到 62% 的历史最低值，但仍然占据主导地位。石

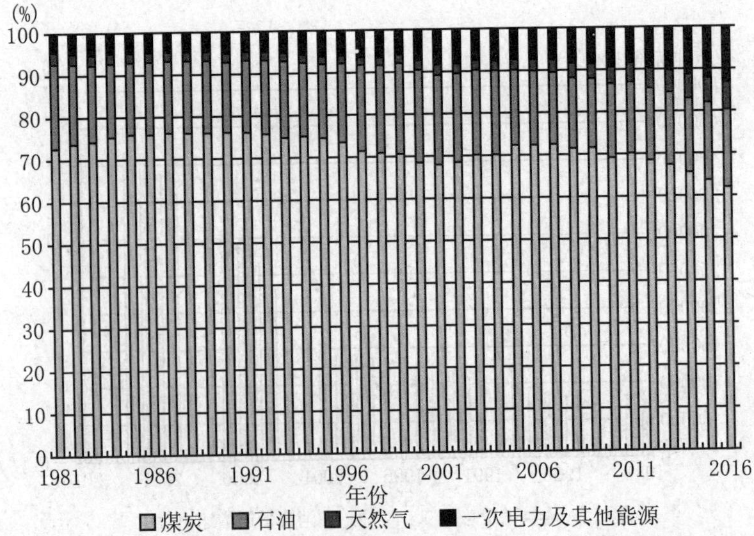

图 17.6　1981—2016 年中国主要能源消费量占一次能源消费量的比重

资料来源：《中国统计年鉴》。

油消费比重相对稳定，保持在 16%—25% 的范围内，除 1997—2004 年其比重上升相对较快之外，其他年份均保持较为平稳。1981—2008 年天然气和一次电力及其他能源消费占比的变化趋势更加平缓，分别位于 2%—4% 和 4%—9% 的区间范围内，二者的比重均在 2009 年后出现较为明显的增加趋势，2016 年二者的比重分别为 6.4% 和 13.3%。这表明天然气、水电、核电等相对清洁高效的能源逐渐得到重视，开始在一定程度上对传统能源形成替代。

4. 能源产业中规模以上企业发展水平

改革开放以来，我国能源产业发展经历了由慢到快再到结构调整的三大阶段，结合能源产业中规模以上工业企业单位数量的变化趋势，能够更加清晰地观察能源产业发展的演进过程（见图 17.7）。改革开放初期，为了解决国内能源短缺问题，煤炭行业的企业单位数量逐年大幅增加，1996 年企业单位数超过了 12000 家。随后，受到国家经济发展形势变化以及能源产业政策调整的影响，煤炭企业单位数量大幅下降，1999 年仅为 2795 家，2000—2010 年虽有所回升但仍远低于 1996 年的水平。2011 年之后，煤炭企业单位数量再次呈现下降趋势，2016 年仅为 5049 家，不到 1996 年的一半。电力行

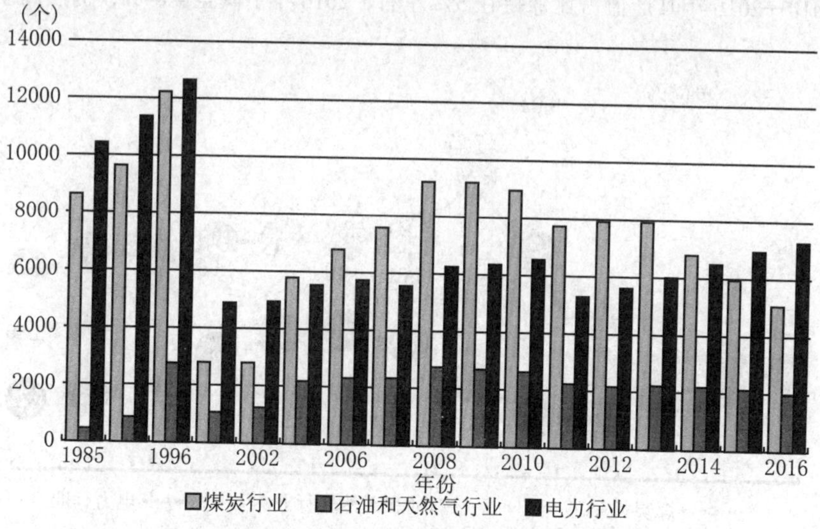

图 17.7　中国能源产业中规模以上企业单位数量

资料来源：《中国工业统计年鉴》。

业的企业单位数总体呈波动上升趋势，1999 年前其企业数量逐年大幅增加，1996 年达到了 12644 家的历史峰值。1999—2016 年间总体呈上升趋势，但仍明显低于 1996 年的水平，2016 年其企业单位数量为 7280 家。石油和天然气行业的企业单位数大体上呈倒 U 形变化趋势，2005 年之前除 1996 年外其他年份其企业单位数增幅较小；2005—2008 年增幅较为明显，2008 年达到 2715 家的峰值；随后其企业数量逐年下降，由 2009 年的 2660 家下降到 2016 年的 2012 家，2012—2016 年间其企业数量变化相对较小。

5．能源产业的生产规模

图 17.8 反映了煤炭行业、石油和天然气行业以及电力行业产值占工业总产值的比重变化趋势。可以看出，三大能源行业产值占比总体上均呈现出先下降后上升再下降的变化趋势。具体而言，2000 年之前，三大能源产业产值占比均呈缓慢下降趋势，产值占比差异相对较小，均处于 1%—6%。随后，三者产值占比的差异逐渐扩大，其中石油和天然气行业、电力行业产值占比增幅较为明显，而煤炭行业产值占比增幅则相对较小。石油和天然气行业产值占比在 2000 年达到最大值为 8.82%，之后逐年下降，2016 年仅为 3.40%。电力行业产值占比在 2005 年达到 7.07% 的历年最大值，之后出现缓慢下降，2010—2016 年其产值占比保持在 5% 左右，2016 年下降至 4.84%，仍然高于

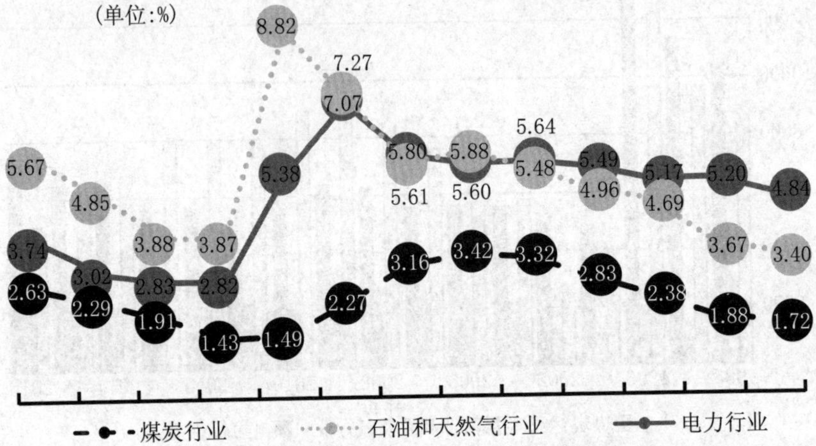

图 17.8　中国能源产业总产值占工业总产值的比重

资料来源：《中国工业统计年鉴》。

其他两类能源产业。煤炭行业产值占比在 2000—2011 年间处于上升阶段，但在 2012—2016 年间逐年下降，由 2011 年的峰值 3.42% 下降到 2016 年的谷值 1.72%。这与我国出台了一系列化解煤炭行业过剩产能相关改革措施有关。

6. 能源产业的就业规模

从图 17.9 反映的三大能源产业的就业情况来看，1980—2016 年期间，三大能源行业就业人数差异明显，其中煤炭行业就业人数最多，其次是电力行业，而石油和天然气行业就业人数最少。具体而言，煤炭行业年均职工人数波动较大，1980—1993 年期间除 1986 年外总体呈上升趋势，由 1980 年的 430.19 万人增加到 1993 年 631.19 万人的历史峰值；1994—2003 年其就业人数下降十分明显，2003 年仅为 376.60 万人，人数锐减了一半左右；随后就业人数缓慢增加至 2013 年又开始出现大幅下降，2016 年煤炭行业就业人数仅为 397.11 万人。电力行业的就业人数一直呈平稳上升趋势，由 1980 年的 96.78 万人增加到 2016 年的 288.09 万人。而石油和天然气行业在 1999 年之前其就业人数增加较为明显，但在 1999—2002 年出现大幅下降。2003—2011 年其就业人数又呈上升趋势，由 2003 年的 132.34 万人增加到 2011 年的 207.10 万人。2011 年之后石油和天然气行业就业人数又出现小幅下降，2016 年就业人数为 158.13 万人，仅比 1980 年增加了 94.32 万人。

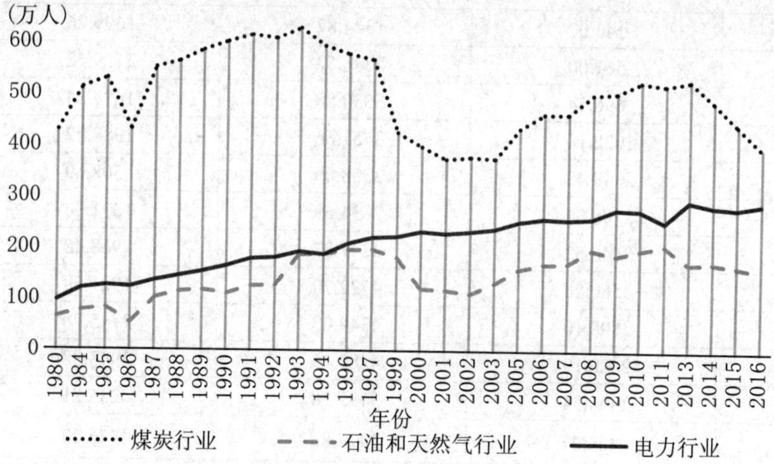

图 17.9　中国能源产业年平均职工人数

资料来源：《中国工业统计年鉴》。

7. 能源产业的盈利能力

如表17.1所示，1980—2016年间，三大能源产业的利润总额变化差异较大，仅电力行业历年利润总额均为正且呈稳定的递增趋势，而其他两个

表17.1 1980—2016年中国能源产业的利润总额　（单位：亿元）

年　份	煤炭行业	石油和天然气行业	电力行业
1980年	6.36	98.75	57.12
1986年	**−10.56**	76.93	54.34
1987年	**−14.07**	84.43	64.04
1988年	**−12.84**	61.34	56.52
1989年	**−26.72**	6.57	67.05
1990年	**−55.12**	**−9.74**	75.87
1991年	**−55.48**	13.49	90.70
1992年	**−45.43**	**−9.22**	120.02
1993年	**−6.50**	105.28	147.34
1994年	3.90	187.36	218.84
1996年	39.64	218.69	285.41
1997年	50.60	270.83	285.63
1999年	**−18.10**	320.34	305.15
2000年	0.50	1150.80	457.16
2001年	41.83	966.10	529.97
2002年	84.81	1268.87	579.29
2003年	140.07	1344.87	699.26
2005年	561.00	2838.52	1139.52
2006年	690.54	3339.88	1689.34
2007年	1022.18	3751.66	1982.22
2008年	2348.45	3598.09	508.69
2009年	2208.31	2834.69	1291.06
2010年	3446.52	4247.87	1968.48
2011年	4560.86	4722.70	1921.58
2012年	3808.10	4349.08	2745.78
2013年	2680.19	4280.45	3943.88
2014年	1424.34	3192.38	4235.81
2015年	405.07	1424.86	4976.28
2016年	1159.53	1317.92	4126.41

资料来源：《中国工业统计年鉴》。

能源产业的利润总额波动较大且在个别年份为负值。具体而言，煤炭行业在 1986—1993 年期间处于严重亏损状态，1991 年出现 55.48 亿元的最大亏损额；1994 年首次实现扭亏为盈，并在 2003 年利润总额突破 100 亿元，随后稳步上升，在 2011 年利润总额达到 4560.86 亿元的历史峰值，2012—2016 年间呈波动下降状态。石油和天然气行业在 1980—1992 年间其利润总额呈下降趋势，并且在 1990 年和 1992 年处于亏损状态；1993 年，其利润总额为正，随着国际油价行情出现高涨，我国石油和天然气行业利润在其后年份逐年大幅递增，并在 2011 年创下 4722.70 亿元的历史新高；随后，受到全球金融危机以及国际油价出现低迷等不利因素的影响，石油和天然气行业获利能力受损，2011—2016 年其利润总额呈波动下降趋势，2016 年仅为 1317.92 亿元。电力行业长期处于盈利状态，且利润总额逐年稳步上升，由 1980 年的 57.12 亿元增加到 2016 年的 4126.41 亿元。

17.2.3　能源产业发展的主要问题

中国能源资源分布极不均衡，优质资源更是相对不足，其中煤炭资源和水电资源人均资源量与石油和天然气人均资源量相比较为丰富，能源消费过度依赖化石燃料，已经形成了以煤为主的能源生产和消费格局。随着能源开发与利用技术的不断进步，中国的单位 GDP 能耗不断下降，虽然这使得能源供需矛盾在一定程度上得到了缓解，但能源消费结构性矛盾、能源效率低下、环境污染加剧、油气资源对外依存度偏高、价格机制不合理等问题逐渐成为了制约能源产业进一步发展的桎梏。

1. 能源消费结构性矛盾突出、能源效率偏低

“富煤、贫油、少气”是我国能源资源禀赋结构的典型特征，煤炭在我国能源消费结构中长期占据主导地位，石油对外依存度不断上升，电力产业结构亟待调整，而可再生能源发展滞后且占比偏低。中国作为世界上最大的煤炭消费国，煤炭消费量远高于世界上主要发达国家。如表 17.2 所示，2016 年中国煤炭消费占世界煤炭消费总量的比重为 50.6%（1887.6/3732），是同期美国煤炭消费总量（358.4）的 5.3 倍，印度（411.9）的 4.6 倍，日本（119.9）的 15.7 倍。而中国石油和天然气消费量占比则相对较少，分别仅为 13.1% 和 5.9%，且均低于美国。中国的水电和可再生能源消费占比均超过了

20%，分别为 28.9% 和 20.5%，均高于同期的美国、日本和印度。

表 17.2　2016 年中国一次能源分燃料消费量与世界对比情况

	煤炭	占比	石油	占比	天然气	占比	水电	占比	可再生能源	占比
	百万吨油当量	%	百万吨	%	百万吨油当量	%	百万吨油当量	%	百万吨油当量	%
中国	1887.6	50.6	578.7	13.1	189.3	5.9	263.1	28.9	86.1	20.5
美国	358.4	9.6	863.1	19.5	716.3	22.4	59.2	6.5	83.8	20.0
印度	411.9	11.0	212.7	4.8	45.1	1.4	29.1	3.2	16.5	3.9
日本	119.9	3.2	184.3	4.2	100.1	3.1	18.1	2.0	18.8	4.5
全球	3732.0	—	4418.2	—	3204.1	—	910.3	—	419.6	—

资料来源：《2017 年 BP 世界能源统计年鉴》。

此外，从能源供给角度来看，煤炭行业和电力行业的发展分别存在较为棘手的问题。煤炭资源地域分布不均，主要产煤区（中西部内陆省份）与煤炭集中消费区（东部沿海省份）距离较远，因此运输距离过长和运输成本过高是中国煤炭行业发展面临的主要问题。电力行业面临着煤炭燃料供给不足或不及时而导致电力供应不稳定的问题。中国大部分发电量来自煤炭燃烧，因此电力供应保障依赖于煤炭供应保障。输电基础设施投资不足导致电力调度安排不稳定。输电和配电分离管理，导致电网投资与市场脱节，电网投资缺口长期难以弥补。

改革开放以来，随着我国经济规模的日益扩大以及城镇化进程的逐步加快，能源消费总量也不断攀升。2016 年，我国能源消费总量达 436000 万吨标准煤，比 2015 年增加了 1.4%（见图 17.10）。为解决日趋严峻的能源安全与环境污染问题，我国采取了一系列措施降低能源强度。如图 17.10 所示，1978—2016 年期间，我国能源强度（单位 GDP 能耗）下降趋势较为明显，从 1978 年的 4.33 万吨标准煤 / 亿元下降到 2016 年的 1.02 万吨标准煤 / 亿元。然而，从国际比较来看，目前我国能源效率仍然十分低下。如图 17.11 所示，1990—2014 年我国能源效率（每千克石油当量的能源消耗所产生的按购买力平价计算的 GDP）虽然整体呈上升趋势，但长期低于世界平均水平，且与英国、日本、印度、美国的差距较为明显。2014 年，我国能源效率达到 5.70 美元 / 千克石油当量，比 1990 年（1.99 美元 / 千克石油当量）增加了 2.9 倍，却分别落后于同期英国能源效率（14.78 美元 / 千克石油当量）的 2.6 倍、日本（10.76 美元 / 千克石油当量）的 1.9 倍、印度（8.45 美元 / 千克石油当量）的 1.5 倍、美国（7.46 美元 / 千克石油当量）的 1.3 倍。

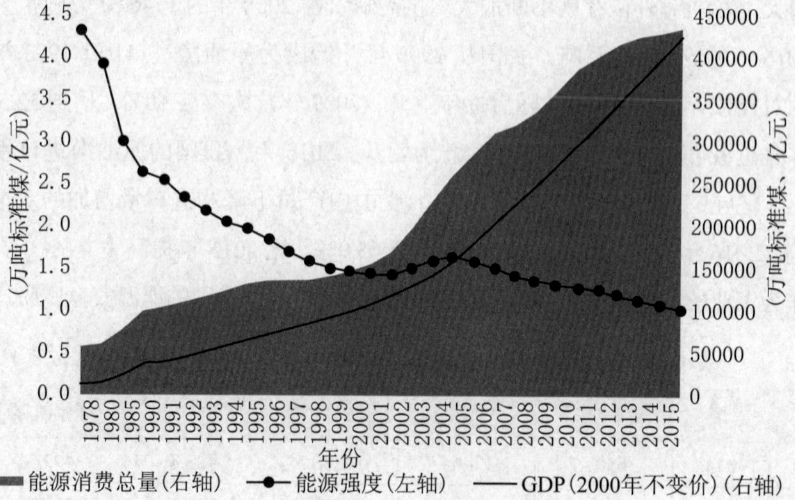

图 17.10　1978—2016 年中国能源强度

资料来源：《中国统计年鉴》。

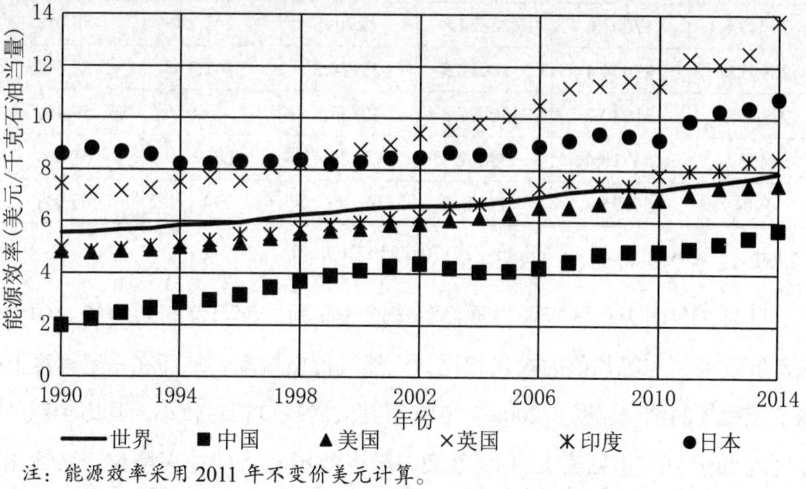

注：能源效率采用 2011 年不变价美元计算。

图 17.11　1990—2014 年能源效率的国际比较

资料来源：世界银行数据库。

2．能源对外依存度偏高、能源安全隐患凸显

我国的能源结构中低污染、高效率的石油资源的供应十分有限。据《2017年BP世界能源统计年鉴》显示，2016年我国石油储产比为17.5，人均消费量低于0.75吨。如表17.3所示，近年来，我国石油国内供需缺口不断增大，石油对外依存度不断加大。供需缺口由2008年的17464.7万吨扩大到2016年的57775.3万吨。我国从1993年开始成为原油净进口国，1993年原油对外依存度约为6%，随后逐年上升，2009年首次突破50%，达到52.5%，并且近几年的石油对外依存度继续攀升。2015年，我国的原油净进口量达3.35亿吨，对外依存度达到61.3%。受国内产量下降和进口量增加的双重影响，2016年我国原油对外依存度升至65.9%，比2015年提高了4.6%。石油作为工业的“血液”，其对外依存度提高无疑加剧了我国的能源安全威胁。

表17.3 2008—2016年我国原油对外依存度 （单位：万吨）

年 份	产 量	需 求	缺 口	进 口	出 口	对外依存度
2008年	19044	36508.7	−17464.7	17888.5	423.8	49.0%
2009年	19949	38820.3	−18871.3	20378.6	507.3	52.5%
2010年	20301.4	43929.4	−23628	23930.9	302.9	54.5%
2011年	20287.6	45413.1	−25125.5	25376.9	251.4	55.9%
2012年	20747.8	47602.6	−26854.8	27098	243.2	56.9%
2013年	20991.9	49004.4	−28012.5	28174.2	161.7	57.5%
2014年	21142.9	51920.7	−30777.8	30837.8	60	59.4%
2015年	21455.6	54718.4	−33262.8	33549.4	286.6	61.3%
2016年	19969	57775.3	−37806.3	38100.4	294.1	65.9%

资料来源：http：//www.chyxx.com/industry/201709/556736.html.

目前，我国天然气行业发展尚处于起步阶段，而且实行政府指导的天然气定价政策，与等热值的煤炭相比，天然气价格偏高，从而在一定程度上抑制了天然气的消费增长，2006—2010年其供需缺口相对较小，其历年对外依存度均低于20%（见表17.4）。然而，随着我国经济的快速增长、城镇化的加速推进，以及“气化”时代的到来，国内天然气供需缺口不断拉大，对外依存度不断攀升。同时，为了应对国际减排压力并缓解环境污染程度，我国实施了天然气进口税收优惠政策以鼓励天然气进口，2016 年天然气对外依存度达到 34.3%。为了解决天然气供需矛盾，我国提出了“海陆并举、液气俱重、多种渠道、保障供应”的天然气行业发展举措，天然气供应格局呈现出“西气东输、海气上岸、北气南下”以及“就近外供”的局面①。然而，天然气进口面临的地缘政治风险也在加剧。一是双边贸易中长期天然气供给协议的可持续性难有保证；二是跨境管道面临着各国内部冲突、恐怖主义袭击以及双边关系恶化等一系列问题，严重影响着正在开发的管道的安全性；三是国际关系也会影响我国能源供给关系以及能源安全程度。

3．以煤炭为主的能源产需结构加剧环境污染与减排压力

据“全球碳计划（Global Carbon Project）”②的数据显示，1960—2016 年间全球碳排放累计达 12483.64 亿吨，其中，我国的碳排放总量达到了 1905 亿吨，约占总量的 15.26%。③我国以煤炭为主的能源产需结构成为碳排放居高不下的主要原因。据测算，空气中 70% 的烟尘和二氧化碳排放量、90% 的二氧化硫以及 67% 的氮氧化物均源于大量煤炭的开发与燃烧。④如表 17.5 所示，2007—2016 年我国煤电行业的碳排放量占全国碳排放总量的比重高达 30% 以上。2016 年，全国发电总量为 59378 亿千瓦时，其中煤电发电量约为 3.9 万亿千瓦时，以 2015 年的二氧化碳排放强度 890 克 / 千瓦时计算，2016 年煤电行业总计向空气中排放了 34.76 亿吨二氧化碳⑤，而当年的全国碳排放总量为 101.51 亿吨，占比超过 34.24%。

目前，我国正处于工业化进程阶段，经济发展在很大程度上存在对能源消费的刚性需求。与此同时，我国还需要承担减少温室气体排放应对全球气候变化的大国责任。这就使得我国不得不面临经济增长与环境保护的两难困境。为改善空气质量、减少环境污染，我国在能源产业领域采取了一系列环境技术政策，包括关停燃煤小机组、引入厂网分开竞争机制。然而，由于许多地区重工业占比较大，导致能源消费过快增长，能源效率仍然偏低。

① 参见 http：//www.chyxx.com/industry/201707/542467.html。
② 参见 http：//www.globalcarbonproject.org/。
③ 参见 https：//www.sohu.com/a/204987810_505851。
④ 参见 http：//news.bjx.com.cn/html/20060106/52709.shtml。
⑤ 参见 https：//www.sohu.com/a/204987810_505851。

表 17.4　2006—2016 年中国天然气对外依存度　　（单位：10 亿立方米）

年　份	产量	需求	缺口	进口	出口	对外依存度
2006 年	60.6	59.3	1.3	1.0	2.9	1.7%
2007 年	71.6	73.0	−1.4	4.0	2.6	5.5%
2008 年	83.1	84.1	−1.0	4.6	3.2	5.5%
2009 年	88.2	92.6	−4.4	7.6	3.2	8.2%
2010 年	99.1	111.2	−12.1	16.5	4.0	14.8%
2011 年	109.0	137.1	−28.1	31.2	3.2	22.8%
2012 年	111.8	150.9	−39.1	42.1	2.9	27.9%
2013 年	122.2	171.9	−49.7	53.6	3.5	31.2%
2014 年	131.6	188.4	−56.8	59.5	2.6	31.6%
2015 年	136.1	194.8	−58.7	62.1	3.3	31.9%
2016 年	138.4	210.3	−71.9	72.3		34.4%

资料来源：http：//www.chyxx.com/industry/201612/474535.html.

表 17.5　2007—2016 年中国煤电碳排放量及其占比

年　份	发电量（亿千瓦时）	煤电碳排放（亿吨）	全国碳排放（亿吨）	煤电占比（%）
2007 年	27229	24.23	70.25	34.49
2008 年	28665	25.51	75.47	33.80
2009 年	28348	25.23	79.95	31.56
2010 年	32524	28.95	87.69	33.01
2011 年	36913	32.85	97.26	33.78
2012 年	36994	32.92	100.20	32.85
2013 年	39474	35.13	102.50	34.27
2014 年	40266	35.84	102.84	34.85
2015 年	38977	34.69	101.50	34.18
2016 年	39058	34.76	101.51	34.24

资料来源：https：//www.sohu.com/a/204987810_505851.

4. 能源价格扭曲掣肘能源产业持续发展

改革开放以来，我国对各种能源的定价机制逐步进行了一系列改革，但由于一些配套措施没有得到相应的完善，以及缺乏整体设计和整体规划，能源定价机制不合理而导致的能源价格扭曲问题仍然存在，能源市场呈现出一些违背市场经济运行规律的怪象，如“市场煤”和“计划煤”等。此外，我国各种能源产品的定价机制不一致，增加了市场定价以及协调定价机制方面改革的难度，比如石油的国际定价机制与天然气、电力政府定价机制间的巨大差异。具体而言，煤炭、石油、天然气及电力产品的定价机制存在如下问题：

（1）**煤炭定价机制**。自 2013 年起，我国实行电煤价格并轨，电煤重点合同改为中长期合同，由煤炭企业和电力企业自主协商确定中长期合同的价格。然而，在煤炭价格由市场决定而电力价格仍为政府指导定价的现实条件下，在煤企与电企协商电煤价格的过程中仍存在一定程度的政府干预行为，完全的煤炭市场化定价机制尚未真正形成。宋丹指出，由于历史的惯性，很多地方政府干预当地煤炭价格及销售去向，再加上电力企业集中采购的优势，使得煤炭价格受到多方打压，煤炭价格并未真正反映供求关系。

（2）**石油定价机制**。首先，我国成品油价格执行与国际原油价格挂钩的间接定价方法，实质上仍为成本加成的定价思路，价格调整滞后于市场供需变化。其次，我国石油市场基本上由中石油、中石化、中海油三家石油公司垄断，石油市场缺乏竞争。此外，我国缺乏石油期货市场和各种套期保值的手段来规避石油价格波动带来的风险，大部分石油消费企业还没有进行境外石油期货套期保值的资格，以缓冲石油价格波动对企业、产业和国民经济的影响和冲击。

（3）**天然气定价机制**。我国的天然气价格实行政府定价政策而并非市场定价机制，这就使得天然气定价机制存在以下弊端。第一，政府在制定天然气价格时，很少考虑上游的资源量、气田位置与消费区域的距离、天然气埋藏条件、天然气开采不同阶段的采气成本差异等影响天然气成本的因素，也未与竞争原料的市场价格挂钩，导致天然气定价机制并不能如实反映生产成本和市场供求状况。第二，与国外天然气价格及相关替代能源价格相比，我国的天然气价格过低，不仅削弱了天然气生产企业的积极性，而且导致了化肥生产等天然气化工产业的不合理消费现象出现。

（4）**电力定价机制。**概括而言，我国现行的电价机制主要存在以下几个方面的问题：一是偏低的电价水平以及混乱的价格体系，“老电老价”、“还本付息电价”、“新电新价”和“一机一价”等多种定价方式并存，未能真正反映电力生产成本，且无法运用经济手段促进消费端节电；二是电价结构不合理，长期存在“重发、轻供、不管用”的现象，在供应侧重发电、轻供电，而输配电价仅通过销售电价和上网电价的价格差来体现，造成发电、输配电资产投资比例失调；三是交叉补贴问题非常突出，出现了工业与商业补贴居民生活用电、城市补贴农村用电等不合理的现象。

17.3 能源产业的市场化改革演进

17.3.1 煤炭行业的市场化改革演进

与其他能源行业相比，煤炭行业是我国能源产业中市场化改革起点较早、改革范围最广、市场化程度最高的行业（见表17.6）。

表17.6 中国煤炭行业市场化改革政策梳理

	年份	改革内容
价格形成机制	1985年	国家对统配煤矿实行行业总承包，允许煤矿超产煤和超能力煤加价，不纳入国家分配的，价格不受限制；乡镇小煤矿生产的原煤也开始允许随行就市
	1992年	逐步取消计划分配和国家定价政策，开始实行价格放开和市场调节政策
	1993年	国家逐步放松对统配煤的指令性价格，实行市场调节
	1994年	取消了统一的煤炭计划价格，除电力煤实行政府指导定价外，炼焦用煤、建材用煤和化工用煤等电煤以外的煤炭价格全部放开，由煤炭生产企业根据市场需求状况自主销售、自主定价
	1995年	放开非发电用煤价格，电煤与非电煤、电煤中的重点与非重点合同价格出现“双轨制”
	2002年	取消电煤指导价格，煤炭产品完全实行市场调节
	2004年	《关于建立煤电联动机制的意见》提出，建立煤电价格联动机制
	2005年	《关于做好2006年全国煤炭产运需衔接工作的通知》指出，在政府监控重点煤炭产运需衔接工作下，由供需方协定电煤价，取消2004年的电煤价临时性干预措施，鼓励大型煤炭供需企业签订长期合同
	2013年	《关于深化电煤价格改革指导意见》指出，取消合同电煤，实施电煤价格并轨，煤炭价格由此实现了完全市场化

（续表）

	年　份	改　革　内　容
财税政策	1992 年	采取“三年放开煤价，三年抽回补贴”的重大改革措施，决定从 1993 年起放开国有重点煤矿的指令性煤价，对煤炭亏损补贴采取分步取消、逐步过渡的策略
	2014 年	《关于实施煤炭资源税改革的通知》（财税〔2014〕72 号）规定，自 2014 年 12 月 1 日起在全国范围内实施煤炭资源税从价计征改革，同时清理相关收费基金
企业市场准入	1984 年	《关于进一步放宽政策，放手发展地方煤矿的通知》和《关于积极支持群众办矿的通知》，要求在资源利用、办矿体制、供运销、劳动工资等方面进一步放宽政策。在国家政策的鼓励下，地方煤矿、乡镇煤矿迅速发展
	2007 年	《煤炭产业政策》规定，逐步提高煤矿企业最低规模标准，山西、内蒙古、陕西北部等地区煤矿企业规模不低于 300 万吨 / 年，福建、江西、湖北、湖南、广西、重庆、四川等省（自治区、直辖市）煤矿企业规模不低于 30 万吨 / 年，其他地区煤矿企业规模不低于 60 万吨 / 年
	2013 年	《煤炭法》修改通过，去掉了煤炭经营审批和生产许可制；《关于促进煤炭行业平稳运行的意见》提出严格新建煤矿准入标准，停止核准新建低于 30 万吨 / 年的煤矿、低于 90 万吨 / 年的煤与瓦斯突出矿井；逐步淘汰 9 万吨 / 年及以下煤矿，重点关闭不具备安全生产条件的煤矿
交易市场	2013 年	炼焦煤期货合约、动力煤期货合约分别在大连、郑州商品交易所上市交易
	2014 年	《关于深入推进煤炭交易市场体系建设的指导意见》指出，推进全国煤炭交易市场体系建设，为实施电煤市场化改革提供比较完善的市场载体

资料来源：作者根据公开资料进行整理。

我国的煤炭定价机制经历了完全由政府定价到逐步放开煤炭价格、完全实现煤炭市场化的过程。1985 年，国家对统配煤矿实行行业总承包政策，放开超产煤价格，自此煤炭行业迎来了真正意义上的定价改革。此后，由于煤电链上下游体制改革的不配套、不协调，以及电力体制改革相对滞后，电煤在 1995 年开始实行“双轨制”定价机制，在 2004 年建立了煤电价格联动机制，直到 2013 年才实现电煤价格并轨，标志着煤炭价格完全实现了市场化。

在财税政策方面，2014 年，煤炭资源税开始由从量计征改为从价计征，并清费立税。这一改革不仅有利于建立与市场波动相挂钩的应急调节机制，而且能够减轻企业负担，增加地方政府的税收收入。“量改价”“费改税”将倒逼煤炭市场化进程提速，对煤炭行业产生深远影响。①

① 参见 http://news.163.com/14/1022/16/A96591OA00014JB5.html。

在企业市场准入以及煤炭交易市场体系方面，我国在2013年修订《煤炭法》后，取消了煤炭生产许可证和煤炭经营许可证。“双证”的取消，有利于煤企降低管理成本，放活了中小企业，加剧了行业竞争，加快了行业的市场化进程。在取消行业许可制的同时，为了遏制煤炭行业产能过剩，严格了市场准入标准。2013年，动力煤和燃料煤期货上市，标志着我国煤炭的期货市场与现货市场共同发展，推动该行业的市场化程度进一步深化。

17.3.2 石油行业的市场化改革演进

石油行业的市场化改革主要是从定价机制改革开始的。改革开放后，我国石油价格体制大体上经历了实行价格“双轨制”、取消价格“双轨制”、与国际油价接轨、成品油价格定价机制完善以及建立能源现货交易平台五个阶段。

（1）价格“双轨制”阶段。20世纪80年代末至90年代初，我国实行能源产品价格“双轨制”，即同一种商品在同一时期实行计划内价格和计划外价格，在国家指令性产量之内的产品执行计划内价格，超出计划产量的产品执行计划外价格。“双轨制”价格体制体现了增产增收的原则，刺激了生产者的生产积极性。但由于国际油价在20世纪80年代处于低迷状态，国内石油价格也持续走低，油田生产成本大幅增加，使得1988年开始石油行业长期亏损，石油产量增长幅度减缓，已不能满足国内石油需求，1993年我国由石油出口国转为石油进口国。

（2）取消“双轨制”阶段。1994年，石油价格“双轨制”被取消，使得原有的石油价格混乱状态得以终结。之后，石油价格水平逐渐上升，石油行业盈利能力不断提高。然而，取消“双轨制”后，虽然名义上放开原油价格由市场定价，但实际上仍由国家掌控原油价格，只是合并原油的计划价格和市场价格，由国家根据不同油田的具体情况将原油价格分为两挡五类价格。

（3）与国际油价接轨阶段。1998年6月，我国石油工业进行了重组，实行上下游、内外贸易一体化经营机制。相关企业可根据国内市场供需在国家指导价的基础上上下浮动5%。由于油价接轨时机选择在1998年国际油价暴涨时期，接轨后我国石油企业获得了丰厚的利润。2001年，我国对成品油定价机制进行了调整，国内成品油价格由单一与亚洲市场挂钩改为与亚洲、欧洲和北美三大地区市场价格挂钩。当国际原油价格高于一定水平时，由国内炼化企业消化部分原油涨价因素，成品油价格适当上调；当国际原油价格低于一定水平时，考虑国内石油企业面临的压力，成品油价格适当下调，以减少价格波动。2009 年，我国石油价格逐渐实现国际化，基准价格与布伦特、迪拜和辛塔原油价格挂钩，再加上炼油成本与适当的利润空间以及运输关税和其他税收等因素，共同形成了国内成品油零售基准价格。

（4）成品油定价机制完善阶段。2013 年 3 月 26 日，国家出台了国内成品油价格机制完善方案：一是缩短调价周期（10 个工作日），成品油调价周期由 22 个工作日缩短至 10 个工作日；二是取消挂靠国际市场油种平均价格波动 4% 的调价幅度限制；三是汽油、柴油的涨价或降价幅度低于每吨 50 元，折合到每升调价金额不足 5 分钱，为节约社会成本，零售价格暂不作调整，纳入下次调价时累加或冲抵。① 新机制使国内油价能更好地反映国际油价的变化，但也为石油企业的经营带来了变化。2015 年 10 月 12 日，国务院公布了《关于推进价格机制改革的若干意见》，提出择机放开成品油价格，尽快全面理顺天然气价格，加快放开天然气气源和销售价格。② 为适应低油价环境下的市场新常态，国家发改委于 2016 年 1 月下发了《石油价格管理办法》，进一步完善我国成品油价格形成机制。在原来规定的国际油价在超过 130 美元 / 桶时国内成品油价格不变或小幅调高的基础上，新价格机制规定在国际油价低于 40 美元 / 桶时，国内成品油价格不再下调。③

（5）建立能源现货交易平台阶段。2016 年 11 月 26 日，上海石油天然气交易中心正式投入运行。这是迄今为止国内品种最齐全、规模最大的国家级油气现货交易平台，标志着我国油气市场化改革再次迈出一大步。近年来，随着油气市场逐步放开，大连、重庆、北京等一批石油交易所先后成立。公平、透明、规范的交易平台，正在推动油气领域改革的继续深化，“法治完备、依法管理、主体多元、市场主导、有效监管”的市场化格局正在形成。④

① 参见 http：//www.gov.cn/gzdt/2013-03/26/content_2362940.htm。
② 参见 http：//www.gov.cn/xinwen/2015-10/15/content_2947548.htm。
③ 参见 http：//www.ndrc.gov.cn/zcfb/zcfbtz/201601/t20160113_771288.html。
④ 参见 http：//news.cnpc.com.cn/system/2016/11/28/001622709.shtml。

表 17.7　中国石油行业投资主体多元化改革政策梳理

	年　份	改　革　内　容
对外合作与外资进入	1982 年	1 月 30 日，国务院颁布《中华人民共和国对外合作开采海洋石油资源条例》，决定成立中国海洋石油公司，以立法形式授予中国海洋石油总公司在中国对外合作海区内进行石油勘探、开发、生产和销售的专营权，全面负责对外合作开采海洋石油资源业务
	1998 年	石油工业三大总公司中国石油天然气集团、中国石油化工集团、中国海洋石油总公司实施重组，三大公司转变为上下游一体化的企业集团，实现了政企分开，公司运营基本采用了市场化运作方式
	2001 年	埃克森-美孚、壳牌和 BP 三大跨国公司先后分别与中国石化和中国石油成立了成品油合资公司，计划在 5 年内分别在福建、广东、江苏及浙江建设经营 2900 座加油站
	2004—2006 年	加入世界贸易组织后，我国成品油零售环节最迟于 2004 年 12 月 11 日允许每家外国石油公司建立 30 个独资加油站，超过 30 家则应与国内企业合资，而且外商不得控股；批发零售环节不迟于 2006 年 12 月 11 日允许外商经营成品油和原油批发业务；在运输、仓储及社会服务业方面取消了对港口共用码头的中方控股要求，鼓励外商建设、经营输油（气）管道、油（气）库及石油专用码头
民间资本和非国有资本进入	2010 年	5 月 13 日，国务院发布了《国务院关于鼓励和引导民间投资健康发展的若干意见》(“新 36 条”)，鼓励民间资本进入油气领域
		6 月 15 日，国土资源部发布《关于进一步鼓励和引导民间资本投资国土资源领域的意见》，鼓励民间资本参与煤层气、页岩气、页岩油、油砂等非常规油气资源的勘查开发
		6 月 16 日，国家能源局发布《关于鼓励和引导民间资本进一步扩大能源领域投资的实施意见》，支持民间资本进入油气勘探开发领域、合资建设跨境跨区石油和天然气干线管道项目、参股建设大型炼油项目等方面
		6 月 18 日，商务部发布《关于鼓励和引导民间资本进入商贸流通领域的实施意见》，支持民营油企采取多种形式获得稳定的油源
	2013 年	国家能源局制订了《国家能源局落实民间投资政策工作方案》，梳理出支持民间资本进入油气勘探开发领域、简化火电和电网项目审批程序、使用原油的炼油企业资质标准和拟定准许进口等 20 项工作任务
	2015 年	9 月 24 日，国务院对外发布的《关于国有企业发展混合所有制经济的意见》提出，除对自然垄断环节的管网实行国有独资或绝对控股外，放开竞争性业务，允许非国有资本平等进入

资料来源：作者根据公开资料进行整理。

我国石油行业的市场化改革还体现在该行业投资主体的变化上。改革开放以来，石油行业投资主体多元化改革政策演进如表 17.7 所示。石油工业投资主体多元化首先起步于利用外资和对外开放，而后民间资本投资也逐渐进入油气领域。1982 年，中国海洋石油总公司获得了在中国对外合作海区内进行石油勘探、开发、生产和销售的专营权，全面负责对外合作开采海洋石油资源业务。海洋石油是我国改革开放后石油工业第一个全方位对外开放的领域。1993 年，国务院颁布《中华人民共和国对外合作开采陆上石油资源条例》，我国开始对外合作开采陆上石油资源。20 世纪 90 年代末期，我国加入世界贸易组织的前景开始明朗化，跨国公司开始对我国进行大规模、系统化的战略投资。随着能源领域市场化改革不断深入。2010 年以后，我国民间资本力量不断壮大，逐渐参与到油气上中下游的各个环节中。

17.3.3 天然气行业的市场化改革演进

进入 21 世纪以来，随着我国经济的快速增长以及天然气勘探开发不断取得重大突破，天然气行业的发展速度也逐渐加快。经过十几年的发展，我国天然气行业已经初成体系，天然气市场化改革逐步深入。在经过 2002 年到 2010 年间的数次价格调整后，天然气价格市场化改革于 2011 年开始拉开序幕，同时相关产业链各环节的市场化改革也并行启动。

我国天然气价格的构成如图 17.12 所示，其中出厂价为政府定价，管输费为政府指导价并采取老线老价、新线新价的定价政策；城市配气价是由各地方政府确定，即天然气的终端价格由出厂价、管输费和城市配气费组成。出厂价是全国统一价，管输价和城市配气价对于不同的气田、不同的管线和不同的城市均有所差异。

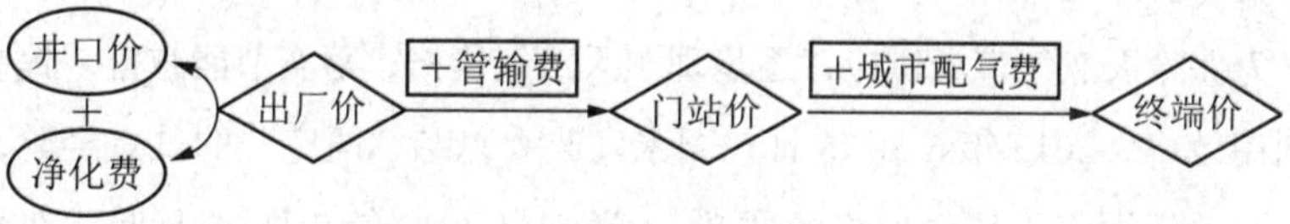

图 17.12 中国天然气价格的构成

我国天然气价格市场化改革经历了政府定价“双轨制”、政府指导价、取消价格“双轨制”、实现门站价格上限管理、增量气与存量气价格并轨，以及放开气源价格和销售价格等过程。上海和重庆天然气交易中心的建设及运行，以及新疆油气交易中心前期工作的推进，标志着我国天然气市场化改革逐渐完善。

1978—1987年，天然气井口价推行了计划内、计划外价格“双轨制”，由政府直接定价。1987年，国务院决定在全国范围内实行天然气基数包干，包干基数价格不变，超产部分按照高价格销售。1992年实行分类定价，气价由井口价、净化费、管输费三部分组成。井口价实行分类定价，具体分为化肥用气、居民用气、商业用气以及其他用气四类，各类价格又分为计划价和自销价。国家对企业自销价规定基准价，允许企业在上下不超过10%的范围内浮动。1997年，开始对老的管线运输按里程收费，在陕京一线①开始实行输气管道“新线新价、一线一价”的政策。地方政府对配气终端气价直接管制，而不是仅对城市配气费用进行管制。

2005年，国家发改委出台了《发展改革委关于改革天然气出厂价格形成机制及近期适当提高天然气出厂价格的通知》，将天然气出厂价格全部改为政府指导价，开始简化气价分类，将天然气出厂价格归并为两档价格。气价分为化肥制造、工业用气和城镇用气三类。天然气出厂价根据出厂产品的状况和末端用户的价格承受力决定，将实际执行价格水平接近计划内气价且差距不大的油气田的气量以及全部计划内气量归并为一档气，执行一档价格，其他天然气归并为二挡气，执行二挡价格。

2010年，国家发改委发布了《国家发展改革委关于提高国产陆上天然气出厂基准价格的通知》，规定自2010年6月1日起，各油气田出厂基准价格每千立方米均提高230元，将大港、辽河和中原三个油气田一、二档出厂基准价格加权并轨，取消了价格“双轨制”。

为保障天然气市场供应，逐步理顺天然气价格，落实节能减排，提高资源利用效率，2013年6月28日，国家发改委总结“两广”的试点经验，出台了《关于调整天然气价格的通知》，通知自2013年7月10日起，在全国（除福建、西藏外）范围内实行省门站“一省一价”，增量气与存量价格并存，力争“十二五”末调整到位。国家对天然气价格管理由出厂环节调整为门站环节，门站价格为政府指导价，实行最高上限价格管理，供需双方可在国家规定的价格范围内协商确定；门站价格以下的销售价格，由地方价格主

① 陕西省靖边县至北京市石景山区，途经陕西省、山西省、河北省、北京市和天津市。

管部门管理。到 2013 年底，已有 18 个省（自治区、直辖市）调整了天然气供应价格。事实上，存量气和增量气的双轨制尚属短暂的过渡机制，我国正酝酿逐步建立能够反映市场供需和资源稀缺性的天然气定价机制。

按照 2014 年天然气价格改革提出的实现增量气与存量气价格并轨的要求，2015 年中国天然气价格机制取得新进展，经过两次调整，整体降低了非居民用气的门站价格水平，实现了增量气与存量气的价格并轨（陈嘉茹等，2016）。

2015 年 7 月 1 日，上海石油天然气交易中心启动运行。该交易中心通过现代化交易系统和交易模式设计，用市场方式保障上下游企业的平稳运营和用气需求，为国内客户创造一个进出方便、交易自由、风险可控、品类完整的天然气采购市场，增强了现有天然气市场的灵活性和流动性。上海石油天然气交易中心的建立是中国天然气价格从政府定价到市场定价迈出的重要一步（陈嘉茹等，2016）。2017 年 1 月，重庆石油天然气交易中心揭牌成立；同年 4 月，新疆自治区发改委复函同意克拉玛依市开展新疆油气交易中心前期工作。上述事件标志着政府支持油气多交易中心格局，逐步淡化交易平台的行政化色彩，不断扩大交易规模，提高服务质量，鼓励交易中心间的良性竞争，推进完善天然气价格市场形成机制。

17.3.4　电力行业的市场化改革演进

总体来看，我国电力市场化改革包括管理体制、价格体制、投资体制改革等重要内容。与其他能源行业相比，电力行业的市场化改革比较复杂，改革之路较为曲折。

1. 电力行业的管理体制改革

（1）国家垄断向政企分开转变时期（1978—1996 年）。新中国成立到改革开放前，我国一直实行中央政府独家办电制度。改革开放后，一系列集资办电和多渠道筹资办电的政策相继出台，促进了电力行业的发展和独立发电企业的形成，使我国电力行业改革迈出了重要的一步（夏珑和李冰水，2007）。然而，在 1985 年之前，我国对电力行业一直实行“政企合一”的中央纵向垄断管理体制，电力工业的投资和运营费用由中央政府拨款（或贷款），收入全部上缴国家。1985 年以后，为了解决电力建设资金短缺的问题，国家有关部门出台了《关于鼓励集资办电和实行多种电价的暂行规定》，电力行业政企不分的格局在 1996 年撤销电力工业部后被彻底打破（史丹，2006），电力工业管理体制改革至此在中央层面实现了政企分开。而同时，由国家电力公司承担国有资产经营职能和企业经营管理职能，原电力部拥有的行政管理职能移交国家经贸委，行业管理与服务职能移交中国电力企业联合会。

（2）"厂网合一"转为"厂网分开"时期（1997—2002 年）。虽然 1996 年以后国家电力公司不再拥有行政管理的政府职能，中央有关部委收回了电力项目审批权和电价定价权，但是国家电力公司依然保持着"厂网合一"的纵向垄断格局。2002 年，电力工业改革的重点转向打破电力垄断，建立竞争市场。国家电力公司管理的电力资产按照发电和电网两类业务进行划分，其中发电环节将国家电力公司管理的发电资产直接改组或重组为规模大致相当的 5 个全国性独立发电公司，逐步实行"竞价上网"，开展公平竞争。电力输送环节也进行了适度的拆分，成立了国家电网公司和南方电网公司（史丹，2008）。

2. 电力行业的价格体制改革

（1）上网电价、销售电价、输配电价市场机制形成时期（2001—2005 年）。"十五"时期以来，为了促进电力工业的发展和加速电价市场化的步伐，国家有关部门出台了《电价改革方案》，改革的近期目标是在"厂网分开"的基础上，建立与发电环节适度竞争相适应的上网电价机制，实现销售电价与上网电价联动；改革的长期目标是将电价分为上网电价、输电价格、配电价格和终端销售电价。发电、售电价格由市场竞争形成，输电、配电价格由政府制定。2002 年，电力行业实现了电网运营商和发电商间的脱钩，电网运营商不再为末端用户制定用电价格；2003 年，明确了竞价上网的电价形成机制，将电价按电力生产经营环节分上网电价、输配电价和销售电价，实行厂网价格分开，即对一大批原来与电网实行统一核算的电厂核定上网电价，改革上网电价形成机制，实行容量电价和电量电价"两部制"电价。2005 年 4 月，国家发改委出台了《上网电价管理暂行办法》《输配电价管理暂行办法》和《销售电价管理暂行办法》，规定容量电价由政府来确定，电量电价由市场竞争形成（史丹，2008）。

（2）创造公平竞争的电力市场时期（2013 年至今）。2013 年，国家发改委公布了《关于调整发电企业上网电价有关事项的通知》，从当年 9 月 25 日起，发电企业的上网电价将得到调整。①2015 年 3 月 15 日出台的《中共中央国务院关于进一步深化电力体制改革的若干意见》② 推动了电力市场的改革进程。根据该政策，电网运营商将被纳入收入上限监管制度，多方电力零售商也被纳入工业园、高新技术产业园、社会资本投资运营公司、分布式发电末端用户、水和煤气工程及发电厂等销售市场，允许用电大户绕过电网企业直接和发电厂协商电价。2015 年 10 月 12 日，国务院发布了《关于推进价格机制改革的若干意见》③，指出有序放开上网电价和公益性以外的销售电价，将输配电价与发售电价在形成机制上分开，单独核定输配电价，分步实现公益性以外的发售电价由市场形成，此项内容简称为“新电改”（见图 17.13）。2017 年 11 月 8 日，《国家发展改革委关于全面深化价格机制改革的意见》④ 指出，结合有序放开发用电计划，扩大市场形成发电、售电价格的范围，加快推进电力市场交易，完善电力市场交易价格规则，健全煤电价格联动机制。

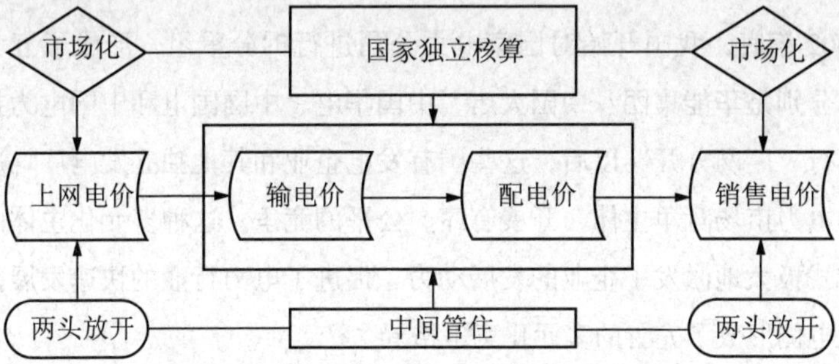

图 17.13　2015 年中国“新电改”的核心内容

3．电力行业的投资体制改革

在电力行业处于国家垄断的时期，由于国际财政投资有限，难以满足电

① 参见 http：//www.ndrc.gov.cn/zcfb/zcfbtz/201310/t20131015_562419.html。

② 参见 http：//tgs.ndrc.gov.cn/zywj/201601/t20160129_773852.html。

③ 参见 http：//www.gov.cn/xinwen/2015-10/15/content_2947548.htm。

④ 参见 http：//www.ndrc.gov.cn/zcfb/zcfbtz/201711/t20171110_866776.html。

力工业发展的需要，1985年以后中国出台了一系列有关鼓励电力建设投资的政策措施。例如，1985年国务院批转了《关于鼓励集资办电和实行多种电价的暂行规定》，确立了“电厂大家办，电网国家管”的集资办电方针，并在电价、税收、利率、折旧、资金筹集等方面陆续出台了一系列鼓励多方办电的措施（史丹，2006、2008），推动了我国电力体制改革及多家办电、多渠道投资办电新格局的形成。

1992—1994年间，我国电力企业通过在国内外资本市场上发行债券、股票等方式扩大了集资、融资渠道。电力投融资体制改革吸引了大量非中央政府的投资主体进行投资，集资办电迅速由少数沿海经济发达省、市扩展到绝大部分省、自治区、直辖市，由集资搞电厂扩建、改建发展到新建火电厂、水电厂、送变电工程，形成了一批独立发电厂商，改变了中央独占发电市场的格局。一批分属于华能集团、地方政府、中央与地方合资、中外合资的独立发电企业迅速增长，初步解决了电力建设资金来源单一、投资不足的问题，推动了电力行业的快速发展，缓解了电力短缺的矛盾，同时也提高了我国电力企业的经营管理水平，促进了发电环节电力市场的发育（史丹，2006）。

2002年底，我国开始对国家电力公司进行拆分重组，形成了五大发电集团，分别是华能集团、中国大唐、中国华电、中国国电和中国电力投资集团。实行“厂网分开”以后，这些国有发电企业和其他独立发电厂均成为了平等的电力市场竞争主体，开展有序、公平的竞争。这种多元化主体的市场竞争方式极大地激发了企业的发展动力，促进了电力行业的快速发展，促使我国发电侧形成了完善的多元化竞争格局。

17.4 “一带一路”背景下能源产业对外合作的新机遇与新挑战

经过几十年的发展，中国的能源企业不仅掌握了国际能源合作项目的运作模式，同时也积累了丰富的资本运作、合同谈判等经验，海外投资效率不断提高，自身的实力和国际影响力日益增强。目前，中国已与近40个国家建立了双边能源合作机制，合作国家已经从最初的周边国家和中东地区，逐渐扩展至中亚、非洲、美洲、大洋洲的大部分地区，覆盖了世界主要能源生产国、消费国和途经国（许勤华和钟兆伟，2017）。中国探索出两大创新的合作方式：一是金融要素介入，即利用外汇储备实现能源和金融上的国际能源合作；二是鼓励民营企业参与，即形成多层次、多国家、多所有制的合作体，以国有企业为基础，资源生产国和投资国的非国有企业也可参与合作。

17.4.1　能源产业对外合作的新机遇

"一带一路"倡议是促进能源合作的起点，掀起了全球能源秩序的新格局。"一带一路"框架下目前共有 65 个国家，包括东南地区 11 个国家、独联体 6 个国家、南亚地区 8 个国家、西亚北非地区 16 个国家、中东欧地区 16 个国家以及中亚地区 5 个国家。这些沿线国家的石油、天然气及煤炭资源均较为丰富，有利于加强中国的能源安全。中国可以通过"一带一路"平台满足包括自身需求在内的不同能源安全需求。中国在未来几年将仍是"一带一路"地区主要能源消费国和供应国之间的能源合作引擎。可以说，能源供应安全的共同利益促进了诸如中国和印度等"一带一路"沿线国家之间的合作，也推动了"一带一路"沿线国家与美国、日本、韩国及西欧国家等非"一带一路"国家之间的合作。

此外，中亚地区和俄罗斯能源资源蕴藏量庞大。该地区的油气资源可通过管道、铁路、电网、水路等途径直接运输到中国。双方能够采取灵活的交易方式，无需以美元结算，而且中国与该地区有着亲密的民族关系。东盟"10+1"成员国与中国有着深厚的外交友谊，亚太地区的能源资源储量相对丰富，生产油田与中国东部地区相邻，而中国东部地区则属于经济发达地区，不仅能源需求巨大，而且对东盟经济体开放程度较高，因而可以通过陆路运输更加便捷安全地满足中国的主要能源消费市场。

最后，我国油气进口能力稳步提高，初步形成了西北、东北、西南以及海上四大油气进口战略通道，火电、水电、核电、新能源、电网、煤炭等领域的国际合作全面拓展[①]。随着能源科技创新加速推进，智能电网的发展、

① 参见 http：//www.stats.gov.cn/tjsj/sjjd/201603/t20160304_1326843.html。

分布式智能供能系统的应用以及新能源汽车产业化，我国智慧能源新业态已经出现雏形。在“一带一路”建设背景下，我国能源领域的对外合作有助于深化现代制造业、大数据中心、新能源汽车等领域的发展，加大国际能源合作，积极参与全球能源治理。

17.4.2 能源产业对外合作的新挑战

一是地缘政治风险。大多数“一带一路”沿线国家拥有丰富的自然资源，但地区种族群体和宗教派别之间的社会矛盾根深蒂固，因而存在较大的政治不稳定性，导致我国能源产业对外合作面临较多的地缘政治风险。

二是中国企业“走出去”政策存在一定政治风险。“走出去”政策势必会受到全球、地区以及地缘政治经济的影响。“走出去”的步伐越大，意味着相互依存的程度越高，我国对外的正常双边关系可能被贴上“能源”标签，从而可能增加伙伴国对我国“资源掠夺”的质疑。

三是经济、文化差异的潜在威胁。“一带一路”沿线国家和地区的经济发展水平差异较大，对我国能源产业对外合作模式的多元化以及产业政策的差别化提出了较大的挑战。比如，非洲经济体发展相对滞后，资金、技术短缺，能源基础设施落后，能源产业合作成本相对居高。同时，“一带一路”沿线国家和地区文化差异明显，在能源产业合作过程中将可能出现政策分歧、合同纠纷、法律对抗等障碍。

17.5 能源产业可持续发展的政策思路

中国是世界上最大的一次能源消费国，随着国家现代化进程的大幅推进，受资源禀赋和能源利用技术的制约，能源消费增长和节能减排目标之间的冲突、高污染行业产能过剩与清洁能源供应短缺之间的矛盾，以及能源安全的威胁将长期存在。因此，为了加快我国能源产业实现有序、健康、快速的发展，首先需要优化能源消费和生产结构，构建清洁低碳、安全高效的现代能源体系；同时，还需要通过兼并重组、转型升级、退出机制等措施清除能源供给冗余，以创新为引领，削减过剩产能，提高能源效率；最后，需要利用我国推进“一带一路”建设的契机，加快国际能源领域的交流与合作，加速化解化石能源行业的过剩产能，有效打造能源战略储备基地和国际能源进口安全通道。

17.5.1　煤炭行业可持续的政策思路

（1）加强运输、互联网技术等煤炭行业配套机制的改革。我国煤炭资源在地理分布上的总体特征是北富南贫、西多东少，煤炭资源分布与地区经济发达程度逆向分布，远距离的煤炭运输是一系列困难和问题产生的原因。因此，必须改革铁路运行管理体制，加快铁路建设，加大煤炭运输交通基础设施投资，解决铁路运输瓶颈制约，实现铁路运力分配市场化，提高分配效率。积极使用先进技术装备，融入大数据、互联网 +、工业 4.0 等智能化、信息化技术。

（2）双管齐下保障煤炭供应。一是突破煤炭富集区的水资源短缺和电力传输网超载等瓶颈，降低运输需求。例如，应该更多运输电力或煤炭密集型产品，而不是原煤。二是进一步积极参与国际煤炭市场交易，东部沿海省份可就近从东南亚、澳大利亚进口更多煤炭，而内陆煤炭富集省份可经北方天津港、大连港、青岛港等港口向邻国出口煤炭。

（3）有效化解以煤为主的能源结构和低碳发展之间的矛盾。通过使用绿色开采转化技术的应用，加快推进煤炭清洁利用，促进煤—化—电—热协同发展，稳步推进“煤改气”、“煤改电”等技术研发，加快发展天然气和可再生能源等清洁能源行业，安全发展核电。

（4）积极稳妥化解煤炭过剩产能。建立科学的煤炭成本核算框架，使煤炭价格真实全面地反映生产过程中的实际耗费。加大煤炭落后产能淘汰力度，有序关闭退出不合规、亏损重、矿产枯竭的煤矿，同时提高行业准入门槛，严控新产能的增加。

17.5.2　石油和天然气行业可持续发展的政策思路

（1）加速石油国企改革。由于我国油气资源目前仍主要由中石油、中石化和中海油三家大型国企掌控，因此在油气行业供给侧改革过程中应加速石油国有企业改革，降低油气行业的垄断程度，加快油气行业市场化进程。另外，还应该适当放开矿业权，鼓励民营企业进入到上游勘探环节，并逐步实现由工业化管道向市场化管网的改进。

（2）加快建立石油战略储备。我国石油战略储备尚且不足，应对进口石油中断的能力和抵御市场变动的能力极其脆弱，不能有效地保障国内石油供应和国家能源安全以及稳定市场价格。因此，应该借鉴国外相关经验，加快石油战略储备相关机制的建立。

（3）推进页岩气商业化开发与利用。基于政策、技术和资金的大力支持，我国页岩气的商业性开发利用已步入新征程，成为继美国、德国之后的第三个能够实现页岩气商业化开发利用的国家。页岩气前景广阔，将为我国天然气的供给提供资源保障，为天然气领域的供给侧改革提供新的空间。

（4）扩大天然气消费市场。高成本与窄应用是天然气消费规模长期偏低的根源。应该坚持价改与市场建设并举，探索建立合理的气电价格联动机制，降低天然气综合使用成本；稳步推进天然气接收和储运设施公平开放，合理布局天然气销售网络和服务设施，进一步扩大天然气消费规模。

17.5.3 电力行业可持续发展的政策思路

（1）加大电网投资与储能工程建设。以全国范围内的远程连接为基础，整合不同大小和不同层面的超高压输电能力，突破技术难关；加大既有热电联产机组、燃煤发电机组的调峰灵活性改造力度，改善电力系统的调峰性能；积极开展储能示范工程建设，推动储能系统与新能源、电力系统的协调优化运行。

（2）提高输配电环节效率。2015年"新电改"实行的"两头放开、中间管住"新政策，成为了电力改革的核心方向。输配电是我国电力行业供给侧改革的关键环节，应由国家核定输配电成本，制定反映生产成本和资源稀缺性的输电价和配电价，充分打造电网作为"服务商"的角色，并对电网进行实时监测，以提高输配电环节的效率。

（3）扩大核能发电占比。核电具有高效清洁的属性，提高核能发电占比有利于提高燃料利用效率，有助于进一步促进节能减排。积极发展核电、利用煤电参与调峰，应该是电力供给侧改革的核心思路，未来应稳妥推进核电机组安全运行，避免核电机组的大量闲置和浪费。

（4）加强电力安全监管。着力规范电力市场的准入标准、电力调度交易与市场秩序；完善电力安全生产领域的法律法规，创新安全生产监管的执法机制；强化安全生产理念，落实以政府为主导、以企业为主体的电力安全生产责任制；完善电力应急管理制度，强化电力企业的应急能力建设。

参考文献

［1］陈嘉茹、刘东旭、陈建荣:《市场化改革加速推进——2015 年中国油气政策回顾及“十三五”展望》,《国际石油经济》2016 年第 2 期。

［2］丛威、陈晓平、吕明:《新形势下深化我国石油天然气行业市场化改革问题研究》,《中国能源》2016 年第 9 期。

［3］刘毅军:《中国天然气价格形成机制演变及趋势》,《天然气工业》2015 年第 4 期。

［4］史丹:《中国能源工业市场化改革研究报告》，经济管理出版社 2006 年版。

［5］史丹:《能源工业改革开放 30 年回顾与评述》,《中国能源》2008 年第 6 期。

［6］宋丹:《供给侧改革视角下我国煤炭定价机制探析》,《煤炭经济研究》2017 年第 10 期。

［7］汤杰:《能源产业投资对我国区域经济增长的溢出效应研究》，哈尔滨工业大学博士学位论文，2014 年。

［8］夏珑、李冰水:《我国电力行业市场化改革述评》,《经营与管理》2007 年第 3 期。

［9］肖兴志、李少林:《能源供给侧改革：实践反思、国际镜鉴与动力找寻》,《价格理论与实践》2016 年第 2 期。

［10］许勤华、钟兆伟:《中国能源政策解读：能源革命与“一带一路”倡议》，石油工业出版社 2017 年版。

［11］袁新华:《改革开放以来我国的石油发展战略》,《东南亚纵横》2008 年第 12 期。

［12］岳立、杨帆:《新常态下中国能源供给侧改革的路径探析——基于产能、结构和消费模式的视角》,《经济问题》2016 年第 10 期。

（本章主持及执笔人：邵帅、张燕）

图书在版编目(CIP)数据

2018中国产业发展报告:改革开放40年中国产业发展:转型升级与未来趋势/余典范主编.—上海:上海人民出版社,2018
ISBN 978-7-208-15570-1

Ⅰ.①2… Ⅱ.①余… Ⅲ.①产业发展-研究报告-中国-2018 Ⅳ.①F124

中国版本图书馆CIP数据核字(2018)第278758号

责任编辑 秦 堃 肖 峰
封面设计 夏 芳

2018中国产业发展报告
——改革开放40年中国产业发展:转型升级与未来趋势
余典范 主编

出　　版 上海人民出版社
(200001 上海福建中路193号)
发　　行 上海人民出版社发行中心
印　　刷 常熟市新骅印刷有限公司
开　　本 720×1000 1/16
印　　张 36.5
插　　页 4
字　　数 550,000
版　　次 2018年11月第1版
印　　次 2018年11月第1次印刷
ISBN 978-7-208-15570-1/F·2570
定　　价 130.00元